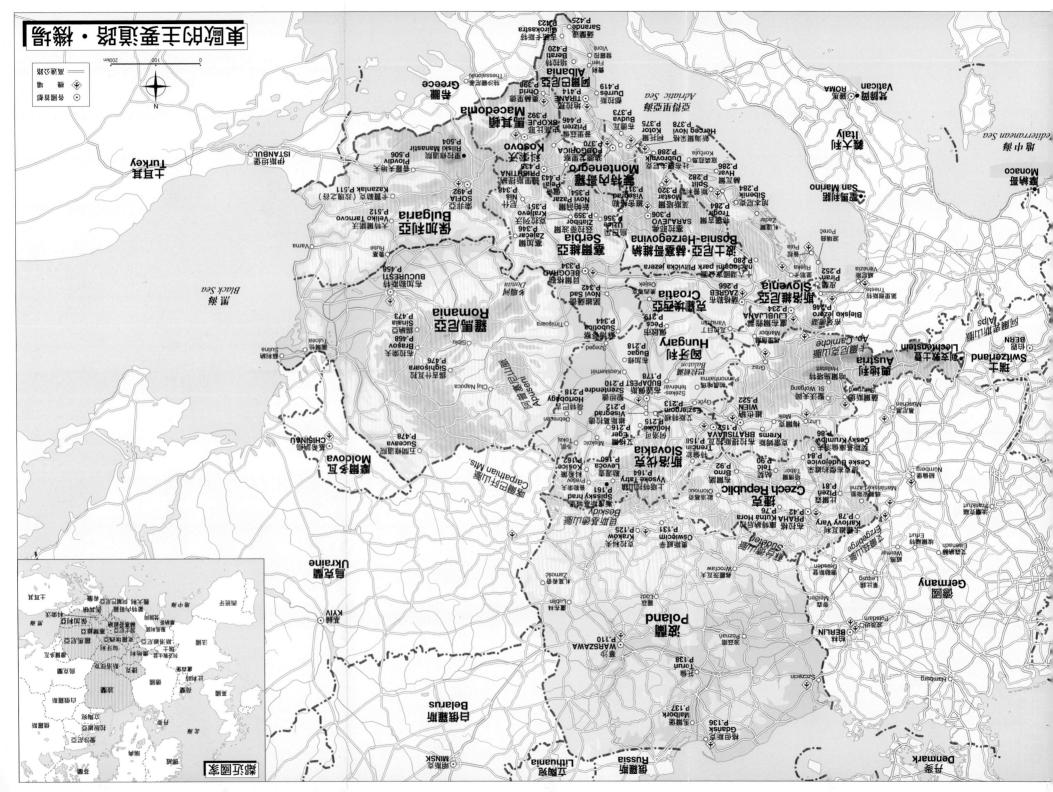

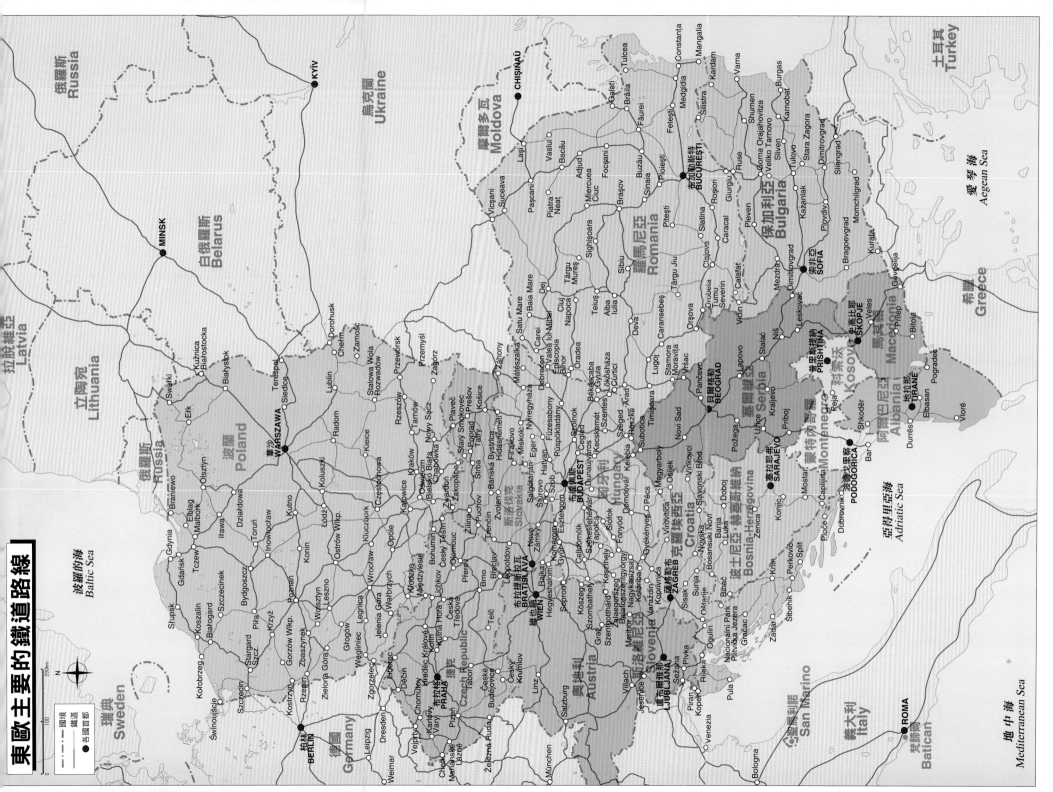

地球の歩き方 KJ0033

東　歐

捷克／波蘭／斯洛伐克／匈牙利／斯洛維尼亞

克羅埃西亞／波士尼亞・赫塞哥維納／塞爾維亞／蒙特內哥羅

馬其頓／阿爾巴尼亞／科索沃／羅馬尼亞／保加利亞／奧地利 (維也納)

Eastern Europe

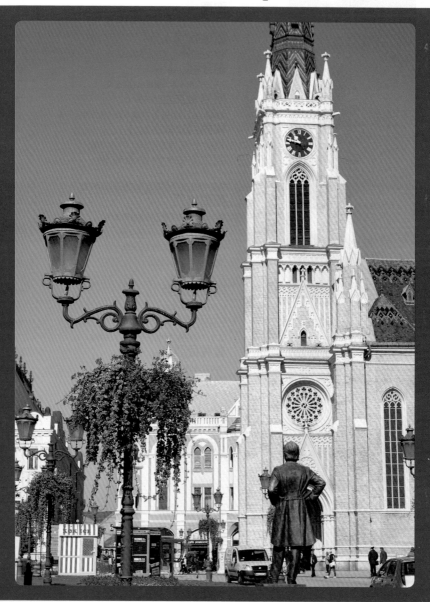

地球の歩き方編集室　MOOK墨刻出版

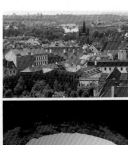

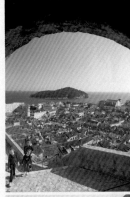

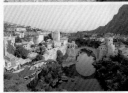

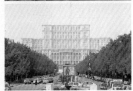

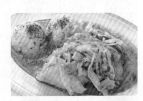

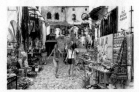

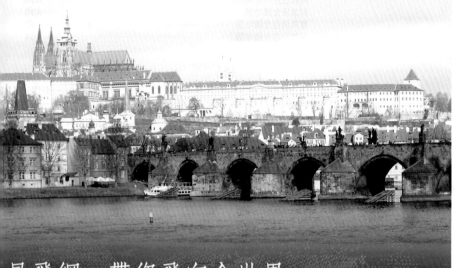

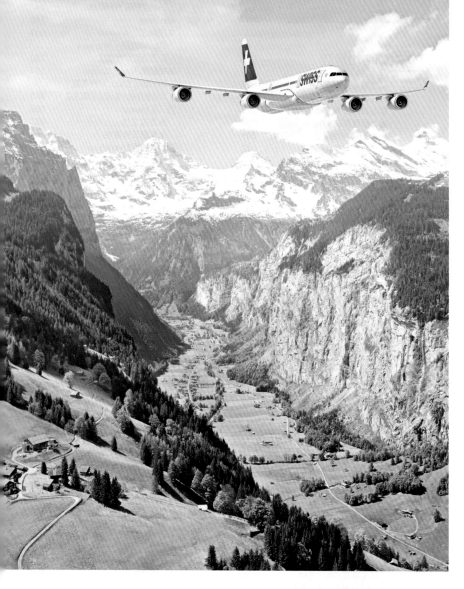

盛情的款待猶如著名的美景

誠摯的待客之道, 親切的服務及精緻的美食 在您驚鴻一瞥阿爾卑斯山之前 –
輕易就愛上了瑞士! 瑞航每日經由香港前往瑞士可順暢銜接到歐洲各大城市
查詢訂票, 請洽各大旅行社, 瑞航服務專線 台北 (02) 2325 0069,
台中 (04) 2329 4321, 高雄 (07) 251 1403 或 www.swiss.com

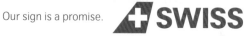

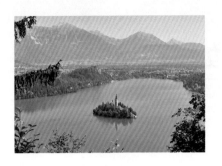

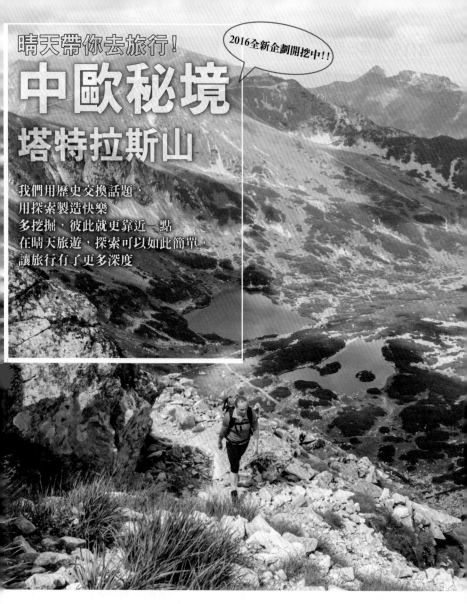

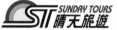

出發前請務必詳細閱讀！
旅行糾紛和安全情報···P.37、P.105、P.149、P.173、P.231、P.263、P.303、P.331、P.367、P.389、
P.411、P.435、P.455、P.489、P.560

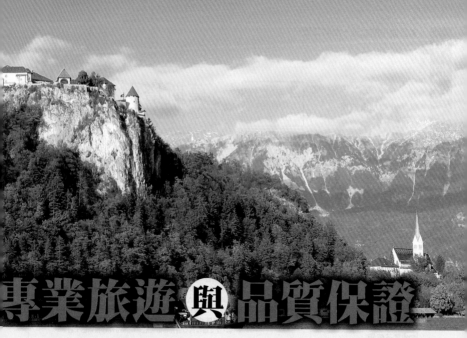

專業旅遊與品質保證

全台灣旅遊市場最合理價格

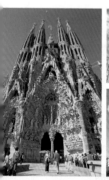
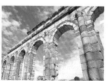
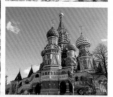
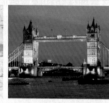

- ■克羅埃西亞四國 12 日
- ■克羅埃西亞五國 13 日
- ■德國深度全覽 16 日
- ■英格蘭＋愛爾蘭＋法國＋瑞士＋列支敦斯登＋義大利六國 19 日
- ■義大利全覽 16 日
- ■純英國全覽 15 日
- ■巴爾幹半島十一國 22 日
- ■保加利亞＋羅馬尼亞 10 日
- ■法南＋西班牙＋安道爾＋葡萄牙＋摩洛哥＋直布羅陀六國 18 日
- ■杜拜＋阿布達比＋土耳其＋希臘四國 16 日
- ■俄羅斯 9 日
- ■俄羅斯＋波羅的海＋東歐等十國 19 日

- ■北歐四國 12 日
- ■北歐五國 15 日
- ■冰島極光 10 日【冬季限定】
- ■伊朗 10 日
- ■約旦＋以色列＋埃及古文明 13 日

- ■南美洲四國 26 日

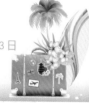

abc TOURS

昂齊旅行社有限公司

交觀甲 0994 品保 0809

台北市長安東路二段 112 號 7 樓　　TEL：02-251-66666

如何使用地球步方

本書使用的記號・簡略符號

標示介紹地區的所在位置。

✈ 飛機
🚂 火車
🚌 巴士
🚕 計程車
⛴ 渡輪
✉ 地址
TEL 電話號碼
FAX 傳真號碼
email 電子信箱
URL 網址
（省略http://）
開 開館時間
休 公休日
費 入場費用

登錄為世界遺產的物件，在該地區或是主要觀光景點處，會有 世界遺產 的標示。

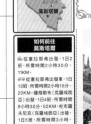

莫斯塔爾 Mostar

URL www.hercegovina.ba

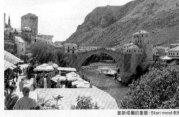

如何前往莫斯塔爾

🚂 從塞拉耶弗出發，1日2班，所需時間2小時30分，11KM。
🚌 從塞拉耶弗出發，1日13班，所需時間2小時15分，20KM。薩格勒布（克羅埃西亞）出發，1日4班，所需時間9小時30分。52KM。杜布羅夫尼克（克羅埃西亞）出發，1日5班，所需時間3小時，200KM。杜布羅夫尼克當地也有推出1日遊行程。由於會從克羅埃西亞穿越國境，千萬要記得帶著護照。

莫斯塔爾的❶
◆Turistička Zajednica
Map P.320-A2
✉ Rade Bitange 5
TEL (036) 580275
email info@hercegovina.ba
URL hercegovina.ba
開 11:00~19:00
休 11~4月

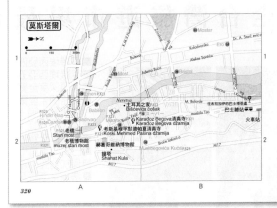

莫斯塔爾的象徵，Stari most老橋

聶雷托巴河Neretva貫穿於城鎮中央，有著美麗拱形老橋Stari Most連接兩岸城鎮的莫斯塔爾，在波士尼亞語中的Mostar是「守橋人」的意思。

正如其名，莫斯塔爾是以該橋為中心而發展的城鎮，象徵此城鎮的這座橋在1993年11月遭戰火無情破壞，直到2004年之後才在聯合國教科文組織的協助下修復完成。

這座橋因深受鄂圖曼帝國時代的影響，殘存著濃郁的東方色彩，從克羅埃西亞的杜布羅夫尼克Dubrovnik搭乘巴士過來，

320

■關於刊載資訊的使用

編輯部盡所有可能致力於提供最新且正確的資訊，但是經常會因為當地的規則或是手續不時的變動，或者也會因為看法不同而產生文意上的落差。如果是因為上述的理由，或是本公司在沒有重大缺失的情況下，因為使用本書而導致損失和不便之處，本公司將不會承擔任何責任，敬請理解。另外，請讀者在使用本書時，務必依照自己的判斷能力來決定書中所刊載的資訊和建議，是否符合自身的需求以及當時的情況，敬請對自己的決定負起全部責任。

■當地採訪和調查時間

本書的編輯是依據2013年8~10月之間的採訪資訊，再加上2014~2015年8月的更新資訊，但隨著時間的經過，資訊可能會出現變動，尤其是飯店或是餐廳的費用，可能會和讀者實際前往時有所差異。因此，本書上的資訊請當作參考之用，到了當地後，盡可能在遊客中心索取最新的資訊。另外，有時店家會因為宗教上的節日或是慶典而無預告的休息或是縮短營業時間。

購物

Dom Map P.237-D3

●位於Vodnikov trg附近的紀念品店，商品種類相當豐富。不光是盧布爾雅那，還有斯洛維尼亞各地的各種工藝品、糕點等，以及多種的白蘭地。

⊠Ciril Metodov 5 ☎(01) 2347630
週一～五 8:00～21:00
夏季
週六 8:00～20:00
週日 10:00～20:00
冬季 8:00～19:00
⊕冬季的週日 圖M Ⓥ

餐廳

Blejski Grad Map P.247-B

●位於布列德城內，湖邊的座位景色絕佳，好天氣的日子，也可以在戶外的餐桌用餐。預算約€20～30左右，不能只點飲料，如果想喝飲料的話，可以前往餐廳下方的咖啡廳。

⊠Grajska cesta 61 ☎(04) 794424
夏季 10:00～23:00
冬季 10:00～20:00
⊕無休
圖ADMⓋ

住宿

Hotel Astoria ★★★★ 客房數:9 Map P.376-A2

●這是利用13世紀建造的宮殿改建而成的精品飯店，在2010年開幕，客房擺飾了古董風的家具，給人沉穩的感覺。附設的餐廳、酒吧都很有歷史感，氣氛很棒。

⊠Stari grad
☎(032) 302720
☎(032) 302721
圖www.astoriamontenegro.com
圖kotor@astoriamontenegro.com
Ⓢ🛏A/C🚿圖€90～165
Ⓦ🛏A/C🚿圖€125～195
圖ADMⓋ

地　圖		房間的種類・設備	
⊠	郵局	Ⓓ 多人房／團體房	A/C 房間有空調
⊕	遊客中心	Ⓢ 單人房	🚿 房間有淋浴設施
🏛	博物館	Ⓦ 1大床或2小床雙人房	淋浴設施共用
⊕	教堂	🏧 現金	房間有浴缸
✡	猶太教堂	C/C 信用卡	房間沒有浴缸
☪	伊斯蘭教寺院	Ⓐ 美國運通卡	房間有廁所
🚌	巴士總站	Ⓓ 大來卡	廁所共用
🚏	巴士站牌	Ⓙ JCB	住宿費用含早餐
Ⓗ	飯店	Ⓜ MasterCard	住宿費用未含早餐
Ⓡ	餐廳	Ⓥ VISA	
Ⓢ	商店		

※本書在波士尼亞・塞哥維納、塞爾維亞、蒙特內哥羅、馬其頓、阿爾巴尼亞、科索沃等國家的房間設備，會以圖示的方式解說∞

■關於投稿

　關於飯店資訊或是觀光景點等，若文章出現☺☺圖案，並在其最後的（　　）裡有名字的，全都是讀者的個人經驗談。投稿者個人的感想以及當時的旅遊經驗，可作為即將前往的旅遊者的旅遊指針，基於這個觀點，我們對於投稿的文章都盡可能地忠於原文刊載。另外，☺代表很棒的體驗，☺代表令人失望的體驗。若同一家飯店有許多投稿的話，我們會將肯定和否定的意見以圖案的數量標示。舉例而言「其他投稿＝☺☺☺☺」，這代表除了刊載的投稿之外還有3封肯定的投稿，以及1封否定的意見。另外，在投稿年之後所標示的春為2～5月、夏為6～10月，秋為10～11月，以及12月和1月。

■博物館的展示

　博物館的文物，可能會因為租借給其他設施，或因為修繕等原因而不對外公開。

東歐的誘惑

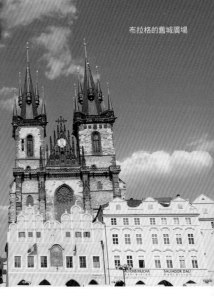

布拉格的舊城廣場

統稱為「東歐」的這個地區，
其實是由許多不同民族、文化相融共存，
充滿豐富的多樣性。
在這個單元裡，
就讓我們一一瀏覽本書介紹的14個國家，
先來認識每個國家的特色吧！

捷克
Czech Republic P.31

**盡情享受出現在童話故事裡的
可愛城市風情**

捷克這座城市的最大魅力，莫過於是夢裡出現的歐洲景象，就這樣完整被保留下來。特別是首都布拉格Praha，只要提到歐洲最美的城市，布拉格總是榜上有名。另外還有伏爾塔瓦河Vltava環繞、城堡高築的契斯基庫倫洛夫Český Krumlov、時光凝結在文藝復興時期的帖契Telč、優雅建築堆疊的溫泉養生地卡羅維瓦利Karlovy Vary等，這個國家，簡直就像是一個綴滿珠玉般城鎮的精緻珠寶盒。

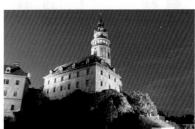

晚間打上燈光的契斯基庫倫洛夫城（→P.87）

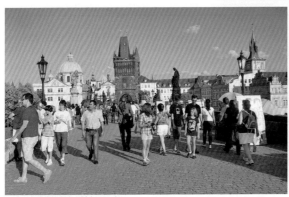

30座聖人雕像的查理大橋（→P.57）

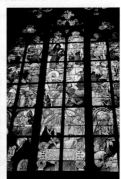

聖維特大教堂裡（→P.62）出自於慕夏之手的彩色玻璃工藝品

波蘭
Poland P.99

暗藏魅力的
草原之國

曾經到過波蘭旅行的人，應該都會為它那多彩的風景感到驚訝！「波蘭」意指平原之國，土地面積是東歐之冠，但事實上波蘭的國土裡不光只有平原地形，與斯洛伐克國境銜接的特拉山地Tatry Wysokie，以及波羅的海沿岸，擁有多樣且豐富的大自然資源，國內還有23座國家公園。

另外，有不少古老城鎮在第二次世界大戰期間遭到破壞，但華沙Warszawa和格但斯克Gdańsk在市民的努力下重建，而幸運地逃過戰火摧殘的克拉科夫Kraków、托倫Toruń等城鎮，則雙雙登錄為世界遺產。

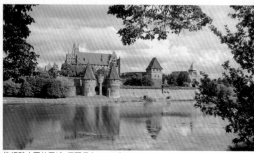

條頓騎士團的居城，馬爾堡（→P.137）

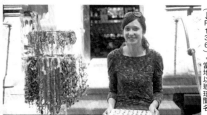

波羅的海沿岸的城市格但斯克（→P.136），當地以琥珀聞名

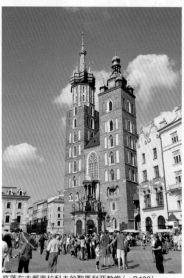

座落在古都克拉科夫的聖馬利亞教堂（→P.129）

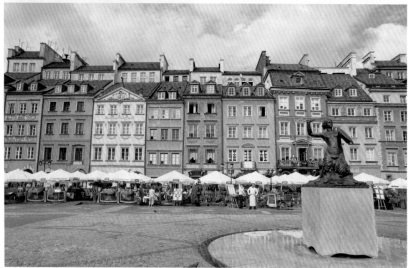

華沙舊城廣場（→P.115）的中心有人魚雕像

9

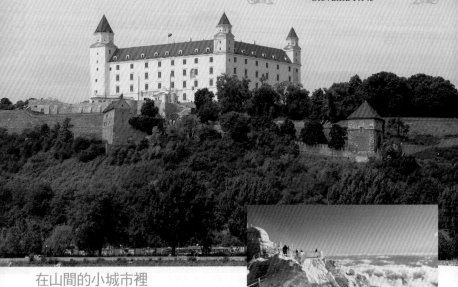

座落在多瑙河畔山丘上的布拉提斯拉瓦城堡（→P.155）

斯洛伐克
Slovakia P.143

在山間的小城市裡
時光慢慢地流逝

國土大多為山脈地形的斯洛伐克，是個總人口只有540萬人的小國。其首都布拉提斯拉瓦Bratislava位於多瑙河旁，曾是哈布斯堡王朝的首都，擁有重要的歷史地位。除此之外沒有大城市，幾乎都是隱居山間的小城鎮，而這正是斯洛伐克的魅力所在，其中又以特倫欽Trenčín和勒渥查Levoča為典型的山城代表。

搭乘纜車登上上塔特拉山鎮（→P.164）的洛米基山

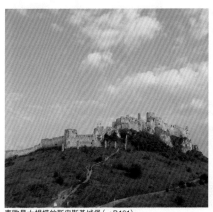

東歐最大規模的斯皮斯基城堡（→P.161）

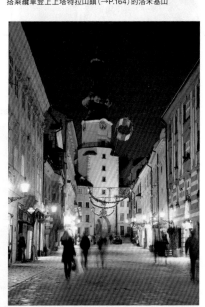

以燈光點綴的布拉提斯拉瓦（→P.152）城市風光

10

匈牙利
Hungary P.167

遙想騎馬民族的英姿
悠閒地泡湯

　　東歐國家幾乎都是由斯拉夫民族所組成，而匈牙利人的祖先，卻是來自亞洲的游牧民族馬札兒人Magyarok，整個國家的氛圍也與周圍國家非常不同。在世界遺產的荷特巴吉國家公園Hortobágyi Nemzeti Park裡，有著名的馬術表演，透過這些表演，對游牧民族的文化有概略認識。

　　另外，匈牙利也是歐洲著名的溫泉大國，特別是位於首都布達佩斯Budapest，在新藝術風格飯店內的蓋勒特溫泉Gellért、以下棋而聞名的聖齊尼溫泉Széchenyi等，都是匈牙利引以為傲的景點。

為了紀念建國100年而蓋的國會大廈（→P.197）

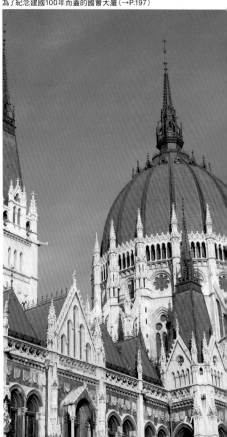

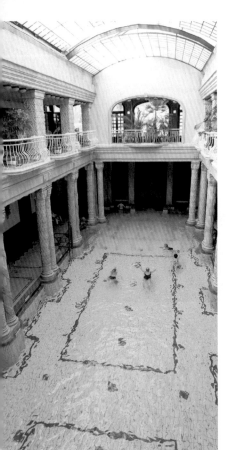

充滿新藝術建築之美的蓋勒特溫泉（→P.203）

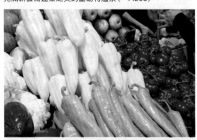

料理中絕對少不了的紅椒，還有白色、綠色等許多種類

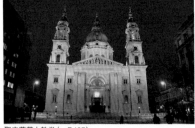

聖史蒂芬大教堂（→P.197）

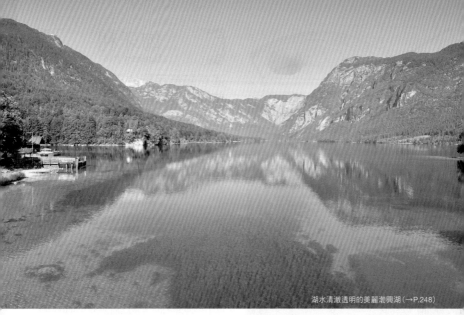

湖水清澈透明的美麗渤興湖（→P.248）

斯洛維尼亞
Slovenia P.225

朱利安阿爾卑斯山
編織出的自然美

斯洛維尼亞的人口不超過200萬，國土面積也不大，但北倚朱利安阿爾卑斯山、西瀕亞得里亞海，所擁有的自然絕景在歐洲屈指可數。每逢夏天，來自世界各地的登山好手就會聚集到朱利安阿爾卑斯山脈地區。

位於朱利安阿爾卑斯山間的布列德湖，更是斯洛維尼亞最具代表的觀光勝地。湖畔城鎮、湖中小島上的教堂，彷彿就像是從風景畫中擷取的景致在眼前展開。

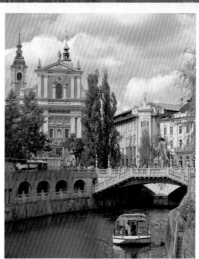

盧布爾雅那的三座橋（→P.238）

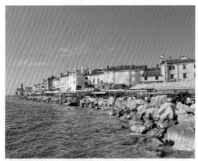

亞得里亞海的度假勝地，皮蘭（→P.252）

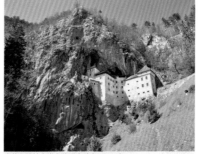

座落在陡峭山崖上的洞窟城（→P.241）

12

克羅埃西亞
Croatia P.257

面向湛藍亞得里亞海
東歐首屈一指的度假王國

　　克羅埃西亞是當今歐洲國家當中，度假勝地開發最新進的地區，而它人氣直升的祕密就在於完美融合了亞得里亞海的自然之美，以及歷史街道等人文景觀。

　　其中最具代表性的城市就是杜布羅夫尼克Dubrovnik，四周被古城牆圍繞的舊城區充滿人文氣息，而一步之遙的度假飯店又呈現另一種悠閒的氛圍，還有很多適合短程旅行的路線。

　　另外，擁有羅馬時代宮殿的斯普利特Split，以及充滿島嶼度假風情的赫瓦爾Hvar和寇裘菈島Korčula，也具有超高人氣。

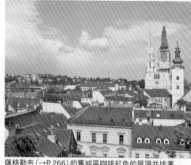

薩格勒布(→P.266)的舊城區咖啡紅色的屋頂並排著

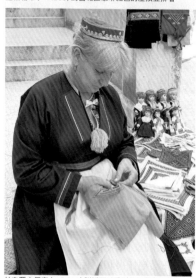

杜布羅夫尼克(→P.288)附近可以看到幾何圖案的刺繡

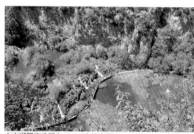

十六湖國家公園(→P.280)的步道

從城牆遠眺杜布羅夫尼克(→P.288)的舊城區

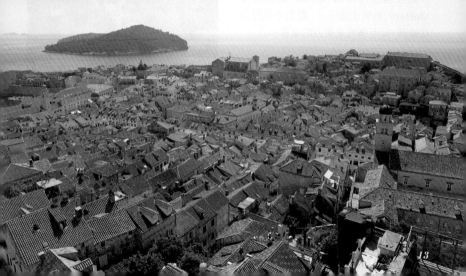

13

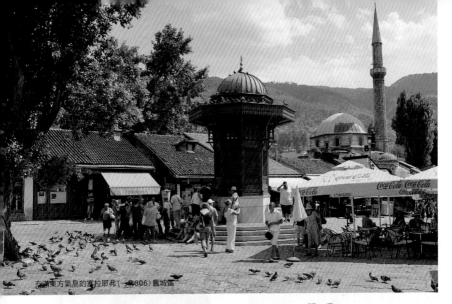
充滿東方氣息的塞拉耶弗（→P.806）舊城區

波士尼亞‧赫塞哥維納
Bosnia-Herzegovina P.297

基督教文化
和伊斯蘭教文化並存的國家

　　波士尼亞‧赫塞哥維納境內，有天主教、塞爾維亞正教以及伊斯蘭教3大宗教共存。遺憾的是，因為宗教、民族的分歧，造成國家多年陷於戰火的悲劇中，所幸現在已經恢復和平，而最吸引觀光客的，正是這些由多重宗教、文化交織而成的獨特城市景觀。

　　走在塞拉耶弗Sarajevo、莫斯塔爾Mostar的舊城街道上，一點也不覺得身在歐洲，反而瀰漫著東方的氣息。

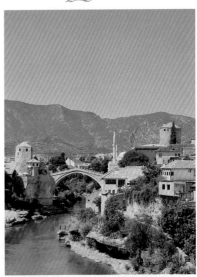
象徵莫斯塔爾景觀之一的老橋（→P.321）

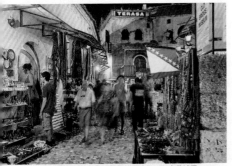
入夜後依舊相當熱鬧的莫斯塔爾（→P.320）舊城區

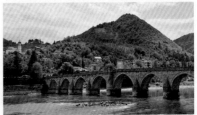
維舍格勒的橋（→P.317）登錄為世界遺產

14

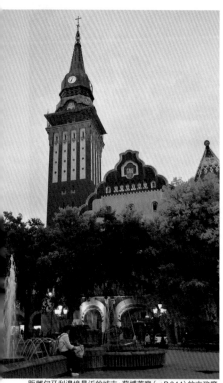

距離匈牙利邊境最近的城市，蘇博蒂察（→P.344）的市政廳

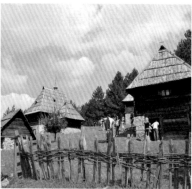

Сирогојно（→P.358）的民俗村

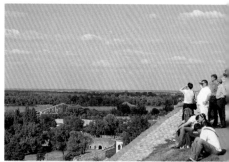

從卡萊梅格丹公園（→P.335）遠眺多瑙河（貝爾格勒）

塞爾維亞
Serbia P.325

捍衛中世紀以來的基督教文化並以此自豪

塞爾維亞是舊南斯拉夫的中心屬邦，但是在1990年代聯邦加盟國相繼獨立後，塞爾維亞也以共和國之名步上自己的道路。

首都貝爾格勒Београд和第2大城的諾維薩德Нови Сад都是多瑙河流域的重要都市，各自有卡萊梅格丹要塞Калемегдан、彼得羅瓦拉丁要塞Петроварадинска тврђава負責防護重任，而現在則成為市民的休憩場所。

塞爾維亞的宗教屬於希臘正教當中的塞爾維亞正教，古老的修道院座落在離城市稍遠的郊外地區，院內的聖像畫、濕壁畫等，保留了中世紀的藝術風格，是塞爾維亞最值得誇耀的遺產。

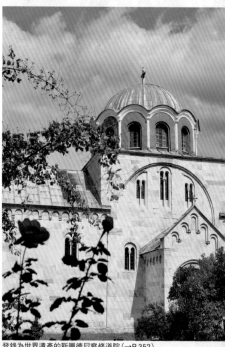

登錄為世界遺產的斯圖德尼察修道院（→P.352）

蒙特內哥羅
Montenegro P.361

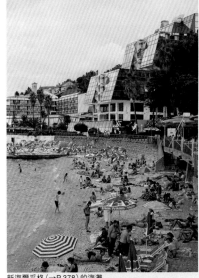

意味著黑山
充滿變化的大自然之地

　　蒙特內哥羅是舊南斯拉夫共和國6個國家當中最小的，人口不到62萬人，然而像柯托爾Kotor、布德瓦Budva這樣的小鎮，卻擁有充分的觀光資源，積極地推動觀光立國。

　　蒙特內哥羅受矚目的焦點雖然都集中在海岸，但內陸山岳也擁有值得一看的特色，其中以杜彌托爾國家公園Nacionalni park Durmitor內的塔拉大峽谷Kanjon Tare最有名，號稱是世界第2長的溪谷。

新海爾采格（→P.378）的海灘

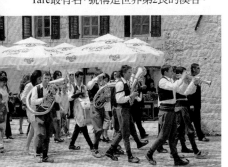

在蒙特內哥羅，婚禮的行列中會出現銅管樂隊

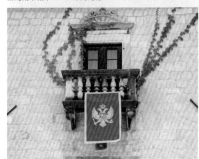

2006年獨立後制訂的蒙特內哥羅國徽

從城牆（→P.376）俯瞰柯托爾灣

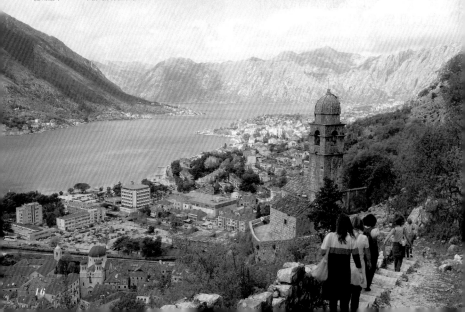

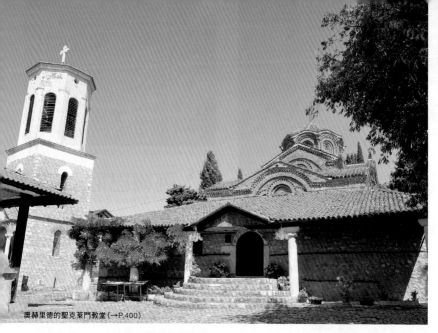

奧赫里德的聖克萊門教堂 (→P.400)

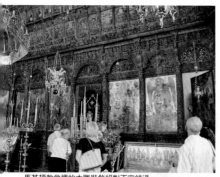

馬其頓教堂裡的木雕裝飾絕對不容錯過

座落在奧赫里德山丘上的塞繆爾要塞 (→P.400)

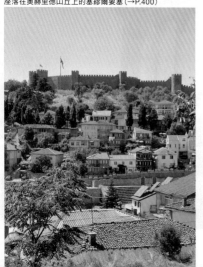

馬其頓
Macedonia P.383

被大自然包圍
與文明的交叉點

　　馬其頓是一個不臨海的內陸國家，全境布滿山色美景，除了有美麗又陡峻的溪谷外，還有奧赫里德湖Охридско Езеро、普勒斯帕湖Преспанско Езеро等廣大湖泊，是個自然資源豐富的國度。

　　最主要的觀光勝地除了首都史高比耶Скопје之外，還有馬其頓境內最大的度假勝地奧赫里德Охрид。尤其是奧赫里德，當地不僅是湖光山色的度假勝地，同時還擁有豐富的歷史，曾是斯拉夫世界中的基督教文化中心，湖畔的小城鎮上保存許多歷史教堂建築，非常適合散步。每逢夏季，會舉行奧赫里德國際慶典，吸引世界各地的人潮。

據說因為詛咒讓人變成了石頭的人像石 (→P.396)

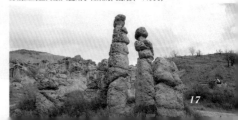

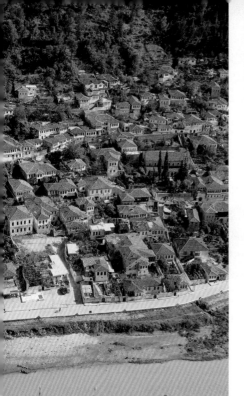

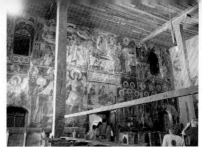

保留於Ardenica修道院(→P.422)的濕壁畫

阿爾巴尼亞
Albania P.405

歐洲最後的祕境

　　位於巴爾幹半島西南部的阿爾巴尼亞，歷經長期的鎖國時代，可說是歐洲最神祕的國家之一。現在隨著民主化政策的實施，外國觀光客慢慢增加。

　　布特林特Butrint、阿波羅尼亞Apollonia等城市擁有豐富的羅馬遺跡，而薩蘭達Sarandë、都拉斯Durrës則呈現悠閒的度假風情，觀光資源豐富，未來的發展令人期待。

登錄為世界遺產的培拉特(→P.420)街景

保留著壯觀神殿遺跡的阿波羅尼亞遺址(→P.421)

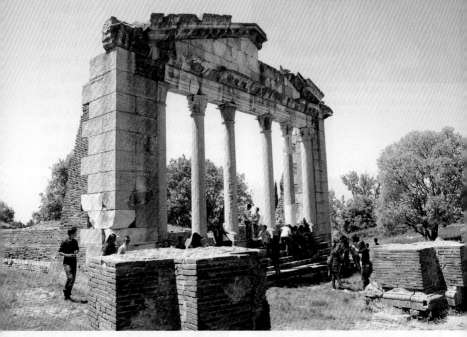

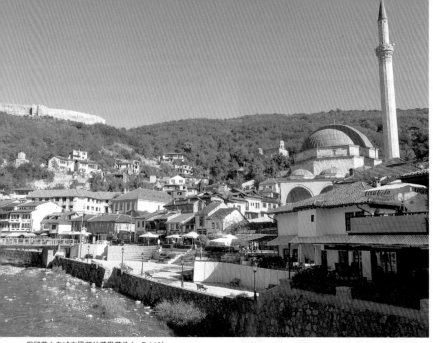

保留著古老城市風貌的普里茲倫 (→P.446)

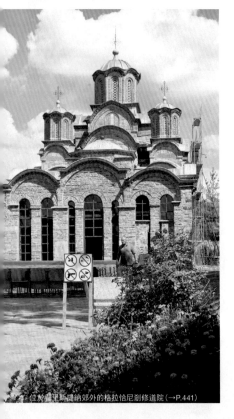

位於普里斯提納郊外的格拉恰尼剎修道院 (→P.441)

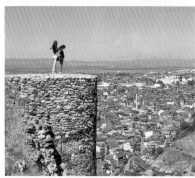

從普里茲倫 (→P.446) 的城塞俯瞰城市

科索沃
Kosovo P.429

歐洲最年輕的國家

　　2008年宣布獨立的科索沃,儘管是歐洲最年輕的國家,但這塊土地卻讓人感受到古老的歷史與傳統,而且愈是了解愈是覺得深奧。來到科索沃,可以來一趟中世紀基督教修道院之旅,或是走在有著清真寺尖塔的城市,感受東方氣息,體驗兩個彼此相鄰的不同文化。

羅馬尼亞
Romania P.449

至今仍保留夢幻中世紀世界的淳樸國家

　　最能展現古老歐洲之美的國家就是羅馬尼亞，境內有「喀爾巴阡山脈珍珠」美稱的錫納亞修道院Mănăstirea Sinaia、由薩克遜人建造的錫吉什瓦拉Sighişoara以及其他要塞城堡教堂，都是值得探訪的觀光勝地。東北部的摩爾多瓦、布科維納地區Bucovina等，零星分布許多修道院。外牆上繪有華麗的濕壁畫，統稱「五間修道院」的這個地區，是絕對不能錯過的地方。

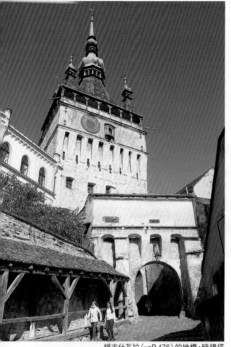

錫吉什瓦拉（→P.476）的地標，時鐘塔

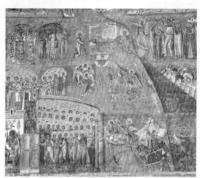

五間修道院之一，沃羅內茨修道院（→P.479）的壁畫

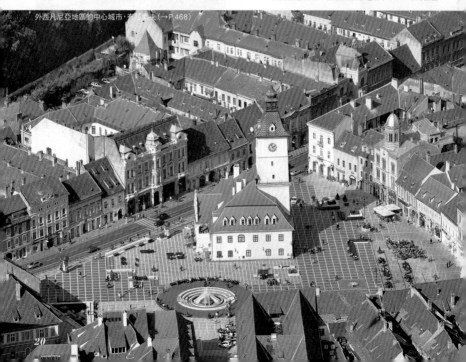

外西凡尼亞地區的中心城市，布拉索夫（→P.468）

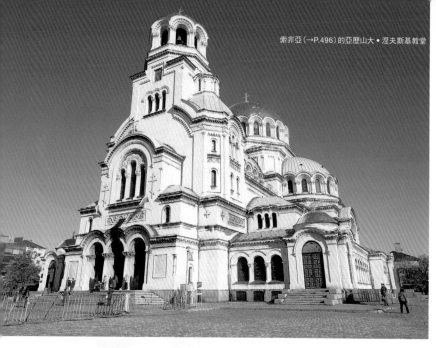

索非亞(→P.496)的亞歷山大‧涅夫斯基教堂

保加利亞
Bulgaria P.483

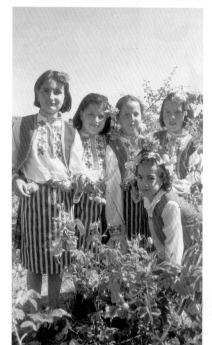

每年6月初登場的玫瑰祭

玫瑰綻放的美麗國度

　　以優酪乳聞名世界的保加利亞，有巴爾幹山脈貫穿國土中央，觀光勝地普羅夫地夫Пловдив與大特爾諾沃Велико Търново的舊城區沿著山坡而建，兩側並排著民族復興樣式的建築，呈現立體的歷史古山城景觀。遊客來到這裡，彷彿時光倒轉回到舊日生活。另外，遠離人煙的深山裡，矗立著一座座古老的修道院，其中以里拉修道院Рилски Манастир為保加利亞境內最大規模。其他還有生產玫瑰香油著稱的玫瑰谷Розовата Долина，每年6月盛大舉行的玫瑰祭，接連數日都有精采的活動，熱鬧繽紛。

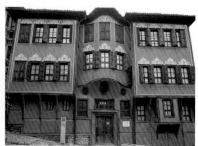

位於普羅夫地夫(→P.506)舊城區的建築物，色彩鮮豔

東歐 美食樂趣

東歐的料理受到德國、土耳其、希臘等周圍國家料理的影響，每個國家都發展出不同特色的飲食文化。有些食物會在不同國家有不同的名稱，但事實上有不少料理，在好幾個國家都能吃到。品嚐當地才有的風味料理，並同時繼續自己的旅程，這也是東歐之旅的最大魅力。

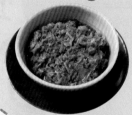

獵人燉肉 Bigos
德國酸菜加上香腸等一起熬煮，是波蘭最具代表性的家庭料理。

Pilsner Urpuell
東歐各國都非常盛行釀製啤酒，每個國家都有自己的品牌。其中，捷克人平均花在喝啤酒的費用上位居世界第一，是個啤酒消費大國。被全球民眾深愛的Pilsner Urpuell就是來自捷克。

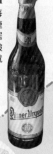

烤豬肉、蒸麵包、德國酸菜
Vepřo, Knedliky, Zelo
這是最典型的捷克料理拼盤。所謂的蒸麵包Knedlíky是將小麥糰蒸熟後切成片狀，這是捷克料理中最常見的配菜。如果不是使用小麥而是改用馬鈴薯的話，則叫做bramborové knedlíky。

奶油烤鱒魚
Pstruh na Másle
捷克因為離海較遠，民眾餐桌上所出現的魚類，以鱒魚和鯉魚等淡水魚為主，除了烤之外也會用炸的。

清燉牛肉
Tafelspitz
這是一道以牛肉清湯熬燉牛肉的料理，通常會搭配蘋果慕斯或是辣根（西洋山葵）。

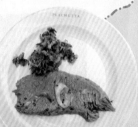

維也納炸肉排
Wiener Schnitzel
維也納最有名的料理炸小牛肉排，吃的時候灑點檸檬汁，味道更棒。

Wyborowa

伏特加是波蘭人的國民酒精飲料，其中又以黑麥為原料的維波羅瓦蘭牌Wyborowa，評價最高。

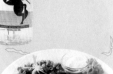

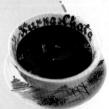

甜菜湯 Barszcz

這是以發酵過的甜菜根烹調的湯，在烏克蘭和俄羅斯也能喝到，可說是該地區最具代表性的湯品。

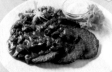

馬鈴薯煎餅 Plácki

整個東歐都能吃到馬鈴薯煎餅。
奧地利：Kartoffelpuffer
捷克：Bramborák

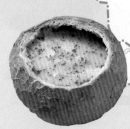

黑麥湯 Żurek

以黑麥發酵製成的湯品，帶點酸味，非常合大眾口味。使用的食材包括了水煮蛋、香腸等，圖中是將麵包當作裝湯的器皿。

羊奶起司麵疙瘩
Bryndzové Halušky

這是斯洛伐克的料理當中，最具代表性的一道菜。由馬鈴薯麵疙瘩加上起司醬和培根煮成的鄉土料理。

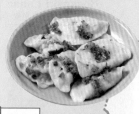

洋水餃 Pierogi

水餃的一種，內餡有絞肉、起司和香菇等各式各樣食材，另外也有甜的餡料。
斯洛伐克：Pirohy

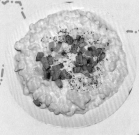

多凱甜酒
Tokaji Aszú

法國國王路易十四世Louis XIV曾經稱讚這個酒是「王者之酒，酒中之王」，而讓這款葡萄酒的知名度大增，被稱為世界3大貴腐酒之一。其中又以匈牙利產的最為有名，多凱Tokaj這個地區橫跨匈牙利和斯洛伐克兩國，斯洛伐克那一側也有生產多凱甜酒。

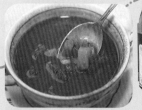

牛肉湯 Gulyás

以牛肉為主，還加入許多食材的牛肉湯。
奧地利：Gulyas
波蘭：Gulasz
斯洛伐克：Guláš
克羅埃西亞：Gulaš

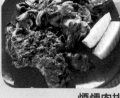

煙燻肉排
Pastrama de Berbecut

源自土耳其，在義大利和美國也能吃到的煙燻肉，這道菜在羅馬尼亞有獨特的吃法，像上圖中的烤肉排風味，只有在羅馬尼亞才能吃到。

豬血米腸 Krvavica
以豬肉加上豬血和米混合做成的香腸。

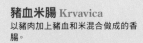

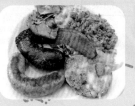

鮮魚湯 halászlé
這是以彩椒熬煮的海鮮湯。
克羅埃西亞：Riblji Paprikaš

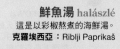

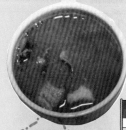

薩格勒布風炸豬排
Zagrebački Odrezak
在維也納炸肉排裡放入了起司和火腿。

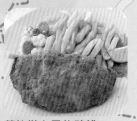

Bosanski Lonac
以肉類和蔬菜以及番茄熬煮，波士尼亞風的馬鈴薯燉肉。

Мућалица/Mućkalica
將肉和番茄以及紅椒一起熬煮的料理，分量非常足夠。

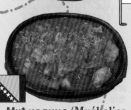

帕爾馬火腿 Pršut
達爾馬提亞Dalmacija和伊斯特拉半島Istra產的生火腿是不可少的前菜。

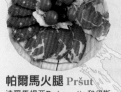

漢堡
Пљескавица/Pljeskavica
巴爾幹風味的漢堡，在當地的路邊攤經常可以看到的速食品。另外，也稱為普列斯卡維查。

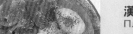

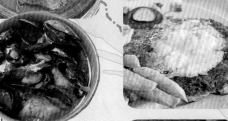

燉魚湯 Brodet
以海鮮和蔬菜以及番茄熬燉的料理。

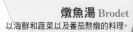

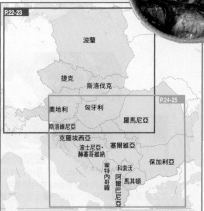

海鮮燉飯
Рижота од Плодова Мора/
Rižota od Plodova Mora
這是亞得里亞海沿岸城市最具代表性的料理。

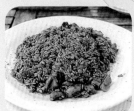

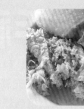

燉高麗菜捲 Sarmale

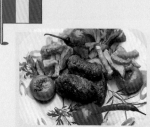

將絞肉等許多食材以高麗菜包住，這道美食在整個東歐都能吃到。
保加利亞：Сарми
舊南斯拉夫：Sarma/Сарма
波蘭：Gołąbki
匈牙利：Töltött Káposzta
捷克和斯洛伐克：holubky

Ciulama de pui cu smantana si mamaliguta

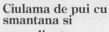

稱為Ciulama的酸奶搭配以玉米粉做成的玉米糕，這是羅馬尼亞的代表料理。

肉腸 Mititei

絞肉做成的肉腸，也可以夾在麵包裡外帶食用。
舊南斯拉夫：Ćevapi/Ћевапи
Ćevapčić/Ћевапчићи
保加利亞：Кебапче

Јагнетиња испод сача/ Jagnetinja ispod Saca

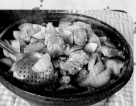

將馬鈴薯和羊肉放在鍋子裡長時間加熱，這是舊南斯拉夫最常見的一道料理。由於需要花上2個小時，如果想要品嚐最好要事先預約。

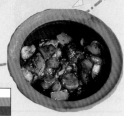

Кавърма

以肉、蔬菜、菇類和起司一起炒的食物，這是保加利亞最常見的一道家常菜。

Мусака/Musaka

將茄子、絞肉和馬鈴薯泥等食材相疊放進烤箱烤，這道菜起源自中東地區，有各種不同的組合。

肉丸 Qoftë

將絞肉以辛香料調味，然後做成丸子狀燒烤的料理。這道菜東從印度，西到巴爾幹半島都能看到，食物會因為區域不同而有所差異。
保加利亞：Кюфте
舊南斯拉夫：Ćufta/Ћуфта
羅馬尼亞：Chiftele

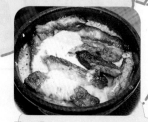

Гювече

鍋燒料理，依放入材料不同而有各式各樣的種類。

Селоско Месо

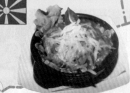

將起司放在肉和蔬菜上以烤箱料理的馬其頓鄉土料理。

25

東歐伴手禮

東歐的伴手禮種類很多元，不但有波希米亞玻璃、赫倫瓷器等的高級品，也有復活節彩蛋或手工編織的桌巾等樸素商品。在充滿個性的東歐諸國裡，可以買到具有該國特色的伴手禮。想要買什麼為這趟旅行留作紀念呢？

捷克 Czech Republic

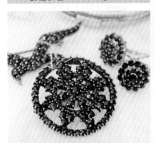

石榴石
石榴石是捷克的特產，在布拉格舊城區裡有許多販售石榴石的商店

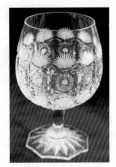

波希米亞玻璃杯
技術純熟的專家，小心翼翼完成的波希米亞玻璃杯，是捷克最具代表性的工藝品

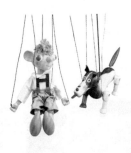

牽線人偶
捷克是人偶劇王國，牽線木偶有國王、公主、小丑等種類

波蘭 Poland

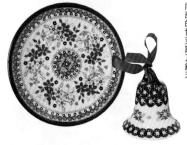

博萊斯瓦維茨陶器
樸素設計的可愛陶器，來自於波蘭西南部的博萊斯瓦維茨

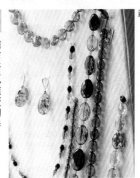

琥珀的首飾
波羅的海沿岸是琥珀的知名產地。琥珀自古就是「不死」、「永遠」的象徵，受世人珍藏

斯洛伐克 Slovakia

玉米皮娃娃
以輕薄的玉米外殼材質製成，有非常可愛的天使和綿羊玩偶

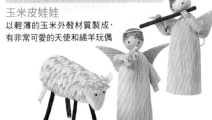

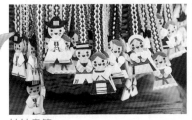

娃娃書籤
穿著斯洛伐克各地傳統服飾的娃娃書籤，娃娃的笑臉非常可愛

匈牙利 Hungary

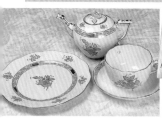

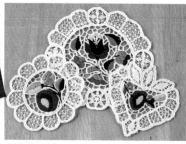

赫倫瓷器的茶具組
自古就是歐洲王侯貴族使用的品牌，評價非常高

紅椒粉
匈牙利料理不可缺少的一味，有了它就能在台灣重現匈牙利料理的美味

考洛喬刺繡
以棉布和蕾絲製成的可愛花卉圖樣

斯洛維尼亞 Slovenia

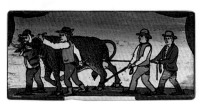

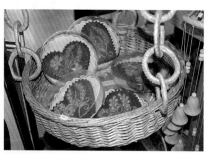

蜜蜂蜂箱的木板畫
斯洛維尼亞養蜂相當盛行，會在蜂箱上畫上農夫、動物等各種圖案。這個是紀念品用的複製畫

以糖果做成的裝飾
在斯洛維尼亞經常可見心形的圖案，因為在斯洛維尼亞的拼音Slovenia有個愛字（love），這種說法是斯洛維尼亞人的解釋

克羅埃西亞 Croatia

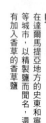

鹽
在達爾馬提亞地方的史東和寧等城市，以精製鹽而聞名，還有加入香草的香草鹽

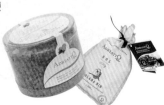

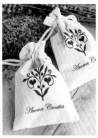

薰衣草製品
薰衣草是亞得里亞海沿岸的特產，由乾燥花瓣和香料製成的百花香以及薰衣草水、保濕乳液等，種類相當多

刺繡絲巾
絲巾上有著杜布羅夫尼的傳統刺繡，有著各式各樣的圖案，像是花、貓的足跡和漩渦等

塞爾維亞 Serbia

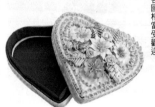

心形的木箱
心形的圖樣在舊南斯拉夫的各國相當受歡迎

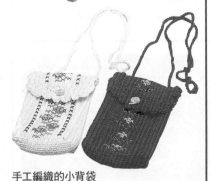

手工編織的小背袋
背袋的花色相當可愛

蒙特內哥羅 Montenegro

貝殼製的箱子
表面以貝殼裝飾,是柯托爾最有名的伴手禮

開飯鈴
有著可愛插畫的開飯鈴

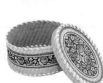

木箱
會散發迷人香味的木箱,裡面要裝什麼好?

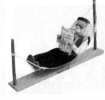

老爺爺玩偶
非常悠閒,充滿濃濃的蒙特內哥羅風情,穿著傳統服飾的老爺爺。

波士尼亞・赫塞哥維納 Bosina-Herzegovina

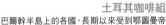

土耳其咖啡組
巴爾幹半島上的各國,長期以來受到鄂圖曼帝國的文化影響,如果提到咖啡,通常指的是土耳其咖啡。

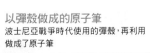

以彈殼做成的原子筆
波士尼亞戰爭時代使用的彈殼,再利用做成了原子筆

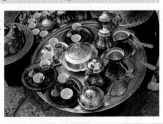

馬其頓 Macedonia

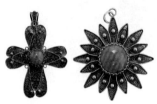

奧赫里德的珍珠
以奧赫里德湖裡的魚鱗和貝殼,利用特殊加工製成

馬其頓紅寶石
粉紅色的紅寶石是馬其頓最引以為傲的礦產資源,搭配傳統技術做成的銀飾品非常漂亮

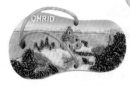

磁鐵
海灘拖鞋的形狀非常有趣,描繪著奧赫里德的聖約翰教堂

阿爾巴尼亞 Albania

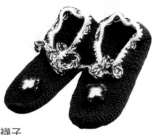

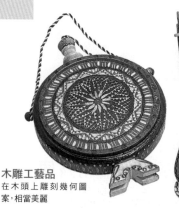

傳統樂器裝飾品
這是阿爾巴尼亞的傳統樂器Saz的小模型

襪子
穿在鞋子裡的襪子，這是克魯亞地方的傳統樣式，非常實用

木雕工藝品
在木頭上雕刻幾何圖案，相當美麗

科索沃 Kosovo

教堂模型
世界遺產的格拉恰尼剎修道院

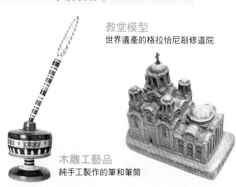

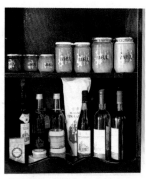

木雕工藝品
純手工製作的筆和筆筒

修道院生產的加工食品
在修道院生產的蜂蜜、果醬、葡萄酒等

保加利亞 Bulgaria

玫瑰製品
以玫瑰產地而聞名的保加利亞，使用玫瑰香料製成的香水和沐浴皂，種類相當多

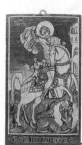

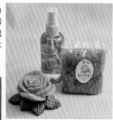

聖像
聖像對東正教系統的基督教而言，是相當重要的存在。這是一幅描寫聖喬治屠龍的傳說

羅馬尼亞 Romania

傳統服裝
有著荷葉邊的傳統服裝非常可愛，用色相當鮮豔

復活節彩蛋
蛋的表面有著做工精緻的圖案，每一個都是精心傑作

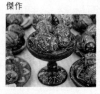

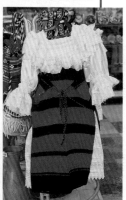

地球步方姊妹作

aruco 小步旅

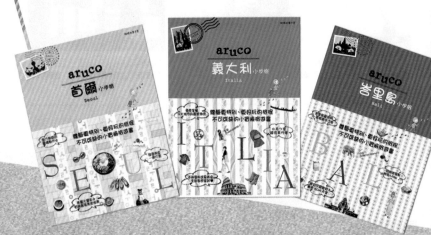

aruco 首爾 小步旅 Seoul

aruco 義大利 小步旅 Italia

aruco 峇里島 小步旅 Bali

地球步方姊妹作《aruco》，是為了支援喜愛旅行的讀者，所規劃的小冒險之旅。針對人氣地點，規劃出「與大家有點小小的不同，卻又充新鮮感、讓人興奮的旅程」。

自2010年3月在日本發行以來便深受歡迎，是所有喜愛旅行的人都想要體驗看看，充滿魅力的主題式旅行。

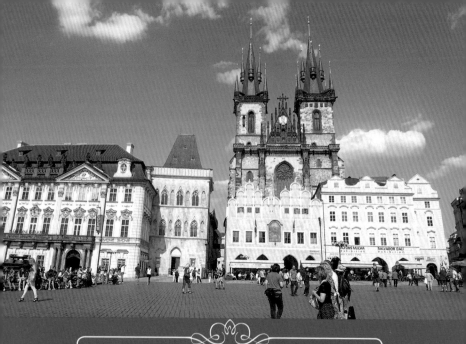

捷 克

Czech Republic

布拉格的舊城廣場

捷克概要

捷克共和國在1993年1月1日，脫離與斯洛伐克Slovakia的聯邦關係，成為主權獨立的國家，其地理位置在歐洲的中心，是個內陸國家。捷克的國土可以分成西部的波希米亞Čechy和東部的摩拉維亞Morava等2大地區，歷史上有著領土紛爭的西里西亞地區Slezsko，也涵蓋在捷克的領土內。

波希米亞地區的中央有一條伏爾塔瓦河Vltava，從南往北流，首都布拉格Praha就位於伏爾塔瓦河旁，大約是在中心的位置。布拉格將中世紀的街景完整保留至今，是個非常誘人的古都，這裡孕育出史麥塔納Bedřich Smetana和德弗札克Antonín Dvořák兩位著名的音樂家，而且也是莫札特最愛的城市。每年5月，當地都會舉行音樂祭典「布拉格之春Pražské jaro」，在音樂祭典的舉辦期間，布拉格的各處音樂廳和教堂都會舉行音樂會，這裡也是個頗負盛名的音樂之都。

捷克有小麥田、葡萄園，以及古老的城市風貌和古城，還有溫泉勝地，在這塊狹小的土地上，有著各式各樣的景致。和歐洲其他國家不同的是，這裡並沒有受到戰爭的破壞，因此不只是布拉格，其他的城市也保有著舊時的美麗街景。

在第一次世界大戰和第二次世界大戰之間，捷克發展為先進工業國，目前捷克的航空業、汽車業都相當興盛而且大量生產。捷克的手工藝品種類相當多樣，包括了以舉世無雙的透明度和充滿藝術性的設計而引以為傲的波希米亞玻璃杯、色彩鮮豔且表情豐富的牽線玩偶、各式各樣的陶瓷器和羊毛工藝品等等。此外，這裡的畜牧業和農業也很興盛，知名的特產包括了布拉格火腿Pražská Šunka、被譽為是世界最好喝的波希米亞產的啤酒，以及摩拉維亞地方生產的白葡萄酒等。

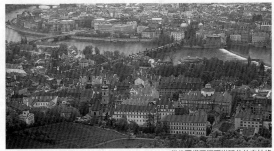

從伏爾塔瓦河兩岸延伸的布拉格

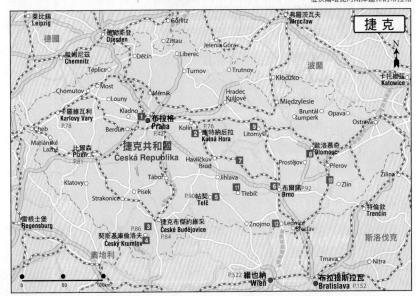

UNESCO的世界遺產

1 布拉格歷史地區
Praha - Historické centrum →P.42

14世紀，在查理四世Karl IV的統治下，布拉格迎接黃金時代的到來，雄偉的布拉格城就是在當時建造的，堪稱是布拉格的象徵。

2 庫特納后拉歷史地區：有著聖芭芭拉教堂和Sedlec聖母馬利亞教堂的歷史都市
Historické jádro Kutné Hory s chrámem sv. Barbory a katedrálou Nanebevzeti Panny Marie v Sedlci →P.76

13世紀，當地以盛產銀礦而繁榮，是當時波希米亞的第2大城，直到16世紀銀礦被採盡而逐漸衰退，這段輝煌的歷史，至今仍殘留在這座城市的各角落。

3 霍拉索維采歷史村落保護區
Holašovice-Vesnická rezervace

位於捷克布傑約維采České Budějovice西方約15km處的歷史村落，充滿波希米亞南方的巴洛克風格，有著樸素裝飾的矮小建築物並排於田園風景中。
【交通】從捷克布傑約維采搭巴士約20～30分，在Jankov-Holašovice下車。

4 契斯基庫倫洛夫歷史地區
Český Krumlov - Historické centrum →P.86

在距離奧地利國境非常近的波西米亞森林裡，有著被彎曲的伏爾塔瓦河所環抱的契斯基庫倫洛夫的舊城。建造於13世紀的契斯基庫倫洛夫城，令人印象深刻。

5 帖契歷史地區
Telč - Historické centrum →P.90

位於波希米亞·摩拉維亞高地Českomoravská Vysočina的帖契是個安靜的小鎮，中世紀的時光彷彿在此停住。1530年帖契慘遭祝融之災，整個城市付之一炬，在城主Zachariáše z Hradce的呼籲下，像廣場的房屋全都改建成為文藝復興或是巴洛克初期的風格。

6 布爾諾的圖根哈特宅邸
Brno - Vila Tugendhat →P.94

這是德國建築師密斯·凡德羅Ludwig Mies van der Rohe所設計，堪稱是近代建築的傑作，於1929～1930年間建造，座落在能俯瞰布爾諾城市的山丘上。從客廳經過了玻璃門的往庭園，流動式的空間是這棟建築物的最大特色。

7 澤萊納霍拉的內波穆克聖約翰朝聖教堂
Žďár nad Sázavou - Poutní kostel sv. Jana Nepomuckého na Zelené hoře

1720年被認定是聖地的朝聖教堂。以巴洛克風格和哥德式建築相結合的五角形內波穆克聖約翰朝聖教堂，被5個禮拜堂所圍繞。
【交通】從布爾諾Brno搭乘列車約1小時10分～，在Žďár nad Sázavou下車。

8 歐洛慕奇的三位一體聖柱
Olomouc - Sloup Nejsvětější Trojice

位於歐洛慕奇舊城區中心的霍爾尼廣場Náměstí Horni，是一座高35m的三位一體聖柱，是18世紀前半所建造的巴洛克風格的圓柱。
【交通】從布拉格搭乘火車約2小時10分～。

9 利托米什爾城堡
Litomyšl - Zámek a zámecký areál

利托米什爾城堡是16世紀在東歐相當流行的文藝復興風格的建築物，同時也受到18世紀後期巴洛克風格的影響，品味出眾的設計，至今仍被完整保存。位於城堡旁的貴族別墅以及啤酒釀製廠，也都是不容錯過的景點。
【交通】 從布拉格搭乘列車約3小時，在Hradec Králové換車也相當方便。

10 克羅梅日什的花園和城堡
Kroměříž - Zahrady a zámek

這裡保留著許多哥德式、文藝復興風格和巴洛克式的華麗建築，克羅梅日什城本來是屬於哥德式的建築，18世紀後半改為巴洛克風格。1848～1849年，這個城堡因為舉行了奧地利帝國議會而聲名大噪。
【交通】從布爾諾搭乘列車約1小時～。

11 特熱比奇的猶太社區和聖普羅科皮烏斯大教堂
Třebíč - Židovská čtvrť a bazilika sv. Prokopa

特熱比奇的猶太社區和聖普羅科皮烏斯大教堂，是猶太教和基督教共存好幾世紀的歷史象徵。
【交通】從布爾諾搭乘列車約1小時10分～。

12 萊德尼采·瓦爾季采文化景觀
Lednicko-valtický areál

從13世紀中葉到1945年為止，這裡歸統治當地的列支敦士登家族Liechtenstein所有。在這個城市裡，有許多文化景觀被保存下來。
【交通】 從布爾諾搭乘列車至布熱茨拉夫Břeclav約45分～；從這裡的巴士總站搭巴士到萊德尼采約30分，於瓦爾季采下車。萊德尼采～瓦爾季采之間巴士車程約20分。

捷克基本資訊

國 旗
由波希米亞的紅白旗加上斯洛伐克、摩拉維亞的藍色三角形所構成,與捷克斯洛伐克時代是相同的國旗。

正式國名
捷克共和國
Česká Republika

國 歌
Kde domov můj?(我家在何處?)

面 積
約7萬8866km²

人 口
1051萬2922人(2013年6月)

首 都
布拉格Praha

▶旅行關鍵字
→ P.95

元 首
米洛什・澤曼總統 Miloš Zeman

政治體制
共和制(2004年5月加入歐盟)

民族構成
捷克人95.5%,此外還有斯洛伐克人、德國人、波蘭人、匈牙利人、羅馬人等。

宗 教
天主教26.3%、無信仰者58.3%、其他15.4%。

語 言
官方語言為捷克語(斯拉夫語系)。至於外國語言,年長者會說德語,中年和年輕人會說英語較多。

貨幣與匯率

Kč

▶旅行預算與金錢
→ P.548

捷克的貨幣為捷克克朗,本書以Kč表示。

2015年8月匯率,1Kč=約台幣1.37元、€1=約27.4Kč。

紙鈔有5000Kč、2000Kč、1000Kč、500Kč、200Kč、100Kč。硬幣則有50Kč、20Kč、10Kč、5Kč、2Kč、1Kč。

信用卡
在捷克信用卡的使用相當普及,大型的飯店、餐廳、旅行社和觀光客常去的商店,幾乎都能使用信用卡,不過鄉下地方的城市或便宜的餐廳,可能就無法使用。大多數的城市,都有ATM。

匯兌
在大車站或巴士總站、機場等地,都有外幣匯兌所,火車和巴士出發和抵達時間內,匯兌所都有營業。匯率比較好的地方是銀行和國營旅行社Čedok(→P.41)。

1Kč

2Kč

5Kč

10Kč

20Kč

50Kč

100Kč 200Kč 500Kč 1000Kč

2000Kč 5000Kč

如何撥打電話

▶郵政與電話
→ P.556

從台灣撥往捷克　　例 撥往布拉格(212)123-456時

國際電話識別碼		捷克國碼		區域號碼		對方的電話號碼
002	+	**420**	+	**212**	+	**123-456**

簽證

6個月以內,停留天數在90天之內,並且是以觀光為目的不需要辦理簽證。

護照

離開申根當日,護照的有效期限為6個月以上,護照內的空白欄必須有2頁以上。

出入境

▶台灣出入境
→P.552
▶東歐國家出入境
→P.552

※停留在捷克期間,必須要隨身攜帶海外旅遊保險證明。
→P.541

目前台灣並沒有直飛捷克的班機,必須要在鄰近城市轉機,可在維也納、法蘭克福、慕尼黑、阿姆斯特丹、巴黎等都市轉機,飛行時數包含轉機時間在內,大約15～17小時。

從台灣出發的飛行時間

▶從台灣前往東歐的交通
→ P.551

鐵路

捷克和德國、奧地利、斯洛伐克及波蘭等國的國境相連接,其中火車班次最多的就是德國～布拉格之間,斯洛伐克的布拉提斯拉瓦Bratislava與布拉格之間的列車班次也不少,最方便的就是從波蘭進入捷克,不但火車班次少,而且很花時間。

巴士

從鄰近各國也可搭乘巴士進入捷克,但是路線和班次都少,如果遇到冬天或是週末還會減班,需要確認。

從鄰近各國出發的交通

▶當地交通
→ P.553

從鄰近各國出發的主要直達火車

柏林(德國)～布拉格	每日8班	所需時間4小時30分～5小時
慕尼黑(德國)～布拉格	每日4班	所需時間6小時
維也納(奧地利)～布拉格	每日8～9班	所需時間4小時30分～5小時40分
布拉提斯拉瓦(斯洛伐克)～布拉格	每日8～9班	所需時間4小時10分～7小時20分
布達佩斯(匈牙利)～布拉格	每日6～8班	所需時間6小時53分～10小時15分
華沙(波蘭)～布拉格	每日3班	需時間8小時25分～11小時40分
克拉科夫(波蘭)～布拉格	每日1班	所需時間9小時50分

從鄰近各國出發的主要長途巴士

柏林(德國)～布拉格	每日7～9班	所需時間4小時30分～6小時30分
維也納(奧地利)～布拉格	每日11～13班	所需時間4小時～5小時30分
布拉提斯拉瓦(斯洛伐克)～布拉格	每日14～16班	所需時間4小時15分～5小時20分
布達佩斯(匈牙利)～布拉格	每日5班	所需時間7小時～8小時15分
華沙(波蘭)～布拉格	每週6班	所需時間10小時～11小時30分

與台灣時差為7小時,只要將台灣時間減去7個小時就可以。換言之,台灣6:00時,捷克則是前一天的晚上23:00。夏令時間的話,時差則變為6小時。

夏令時間的實施時間,從3月最後一個週日的AM2:00(＝AM3:00)～10月最後一個週日的AM3:00(＝AM2:00)。

時差和夏令時間

從捷克撥往台灣 　**例** 撥往 (02)1234-5678時

國際電話識別碼 **00** ※1	＋	台灣國碼 **886**	＋	去除區域號碼最前面的0 **2**	＋	對方的電話號碼 **1234-5678**

※1 如果以公共電話撥打的話,步驟如左述。從飯店的房間打電話的話,連接外線的號碼要放在前面

▶**捷克國內通話**　無論撥打市內、市外或是行動電話,9個數字都要撥打。
▶**如何撥打公共電話**　公共電話依照機種不同,分成了只接受電話卡,和只接受硬幣2種。如果是硬幣的話只能使用克朗,無論撥打市內、市外或是行動電話,9個數字都要撥打,至於電話卡的部分,分成了IC晶片和輸入PIN號碼2種,兩者使用方式不同,要注意。

以下是店家一般的營業時間。

銀　行
週一～五 9:00～17:00，週六、日休息。

百貨公司和商店
週一～五 9:00～18:00、週六9:00～12:00，週日和節日休息。在布拉格等的

觀光城市，有些商店會比較晚打烊，週日營業的店家也變多了。

餐廳
大多為11:00～23:00。在小城市，尤其是週日晚上，很多餐廳都早早打烊，這點要多加留意。

氣　候

捷克屬於大陸型氣候，擁有分明且美麗的四季，冬天非常寒冷，夏天日曬強烈。

捷克的國土相當平坦，城市與城市之間溫差並不大，即使下雨也會很快就雨過天晴，但雨傘還是隨身攜帶較好。

布拉格的氣溫和降雨量

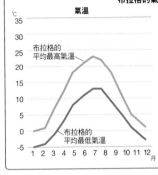

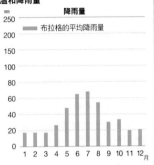

節日
（主要節日）

每年會異動的節日以(※) 標示，要注意。

1/1		元旦
4/5 ('15)	※	復活節
5/1		勞動節
5/8		解放紀念日
7/5		東正教傳入紀念日
7/6		胡斯紀念日
9/28		捷克國家日
10/28		建國紀念日
11/17		自由紀念日
12/24 ～ 26		耶誕節

電壓與插頭

電壓230V，頻率50Hz，插頭為C型和SE型（如右圖）。若要在當地要使用台灣的電器產品，需要攜帶變壓器和轉接插頭。

播放規格

DVD
捷克的電視和錄影帶規格為PAL、SECAM，台灣、日本或是美國則屬於NTSC，兩者並不相同，在當地購買的錄影帶或是DVD，通常無法用台灣的電器播放。而捷克的DVD區碼Region Code為2，也與台灣不同（台灣為3），因此也無法使用一般家用DVD播放器觀賞。

計程車
基本上不需要給小費,如果對司機提出特別的要求時,要給小費。

餐廳
在高級餐廳用餐時,如果對服務感到滿意,通常給的小費大約是費用的10%。

飯店
飯店的服務人員,每件行李大約是10Kč。

廁所
車站或是巴士總站的廁所,大多需要付費,一次約5Kč(布拉格的話大約是5〜10Kč)。如果在餐廳的話,廁所通常可免費使用,但有些餐廳的廁所還是需要付費。廁所的標示:女廁為Z、Ženy、dámy或●,男廁為M、muži、páni或▼,可千萬別搞錯了。

基本上,當地的自來水是無法飲用的,建議購買保特瓶裝的礦泉水。500mℓ約13Kč,最受歡迎的品牌是Mattoni。

▶郵政與電話
→ P.556

當地的郵局是以喇叭為標誌,捷克的郵政相當發達,營業時間為週一〜五8:00〜17:00,週六8:00〜12:00,週日休息。在布拉格等大都市,有些郵局甚至會營業到深夜。

郵資
寄往台灣的航空郵件,明信片或50g以內的信件25Kč〜。航空包裹1kg以內527Kč〜、2kg以內558Kč〜,上限是30kg。平信大約10天送達。

捷克的郵筒相當樸素

▶東歐國家出入境
→ P.552

大多數的商品都要加上15〜21%的附加價值稅DPH,遊客購物時如果辦理手續的話,最多可以退回14%的稅金。一次的購物金額要滿2001Kč以上,從商品購入月份最後一天起的3個月內,商品保持在未使用的狀態下,在EU加盟國中的最後一個出境國家,讓該國的海關蓋上印章,從商品購買日起的5個月內,完成退稅手續。

▶旅行糾紛與安全對策
→ P.560

捷克的治安和其他歐洲各國相比,發生對身體造成傷害的暴力犯罪並不多見,可以說是相對安全的國家,但惡質的詐欺案件和扒手愈來愈多,觀光客被騙的案件也不少,另外布拉格也常見理著光頭的年輕人,成群結隊動粗的暴力事件。在觀光客很多的布拉格,警察會經常到處巡邏,但還是要隨時注意自身安全。

警察
在捷克語裡警察稱為Policie,捷克的每座城市,都一定會有好幾處的警局,尤其是觀光景點的警局,一定會在市中心,一旦遊客需要幫助時,警察會立刻趕到。

扒手
地下鐵或路面電車裡的扒手竊案層出不窮,當交通工具的出入口出現了詭異的擁擠情況時,要提高警覺。

冒牌警察
在布拉格會有不肖人士假裝警察,要遊客出示護照,或是對遊客搜身,甚至是確認錢包內的錢財,趁機騙取金錢。首先,在路上會有人來詢問要不要換錢,或者是問路,如果給予回應的話,這時冒牌的警察就會出現,並且對遊客說:「請出示護照並且打開錢包。」如果打開錢包的話,錢包內的錢財就會被奪走。為此,不要和不認識的人交談,或是假裝聽不懂外文趁機脫身。不過,近年來這樣的案例逐漸減少。

捷克共和國警察 **158**

消防 **150**

急救醫療 **155**

統一緊急電話號碼 **112**

在捷克,購買菸酒需要滿18歲以上。

和台灣相同,距離以公尺,重量以公克、公斤,液體以公升計算。

捷克 旅行基礎知識

國內的移動方式

捷克是個很小的國家，想在國內移動的話，最主要的交通工具還是以火車或是巴士為首選。無論是從東西南北的哪個角落，要到另一個角落去，通常早上出發，晚上就可以到達。

鐵路

ČD（České Dráhy）就是捷克的國鐵，通達全國各地，四通八達完善的鐵路網，不光是對在地人，也是遊客最方便的交通工具。境內有布拉格～奧斯特拉瓦Ostrava之間運行的高速列車超級城際列車Super City Pendolino（SC），以及城際列車Inter-City（IC）、歐洲城際Euro-City（EC）等的特快列車，還有被稱為Ryclik的快速列車。

在捷克，所有座位都是指定席且必須事先預約的列車只有SC，除此之外，IC、EC、Ryclik也有指定席。

布拉格～奧斯特拉瓦～捷克捷欣Český Těšín之間運行的私鐵REGIOJET和LEO EXPRESS的列車，是無法使用ČD的車票或是火車通行證，請多加注意。

捷克國鐵
URLwww.cd.cz
捷克國內交通查詢
URLjizdnirady.idnes.cz

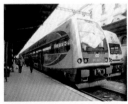
舒適的鐵路之旅

◆如何查詢火車時刻

想要查火車時刻，最好早點抵達車站。每條路線都標上號碼的鐵路全圖和時刻表，都貼在車站的某個角落，想知道確實的發車時刻，可以前往車站的鐵路服務中心詢問。有些班次週末不發車，雖然時刻表上會加以註記，但很難搞懂，另外在旅遊的旺季也會增加臨時班次。通常在車站的服務中心，都有會講英語的服務人員，可以請他們以電腦查詢列車時刻並列印出來。不過，捷克的列車經常會誤點，所以可能會無法順利轉車，這點要多加留意。另外，國營旅行社Čedok（→P.41）或是❶，也可幫忙查詢火車時刻。

火車時刻表Jízdní Rád，可以在捷克國鐵的官網下載。

◆如何購買火車票

在布拉格車站這種大站，販售車票的窗口分成了當日車票、預售車票、國內線、國外線等不同售票口，如果不知道該如何購買，最好請教車站內的服務處。

台灣車站的售票窗口，可以直接告訴購買者列車時刻，以及是否還有空位，而且也會售票，但是在捷克，即使是在布拉格這麼大的車站，也會出現英語無法溝通的問題，最好事先決定要搭幾點幾分的列車去哪裡，然後再到售票口購票，拿著鐵路服務中心的人員所印下來的時刻表，並將自己想搭的列車畫上標記，拿到售票窗口去的話，絕對不會出錯。想坐1等還是2等車廂，也要清楚表達。

較小的車站售票口也較少，只要車站不擁擠，比較容易買到票。

國營旅行社Čedok有很多

服務處，都有販售火車票，雖然可能需要支付些許手續費，但能以英語溝通，因此在購票時，可以確認座位和臥鋪的預約狀況，以及火車的時刻。

除了部分列車之外，捷克國鐵的2等車1日券Celodenni jízdenka票價550Kč，可以在售票窗口購買。另外，還有25～50%折扣的乘車卡In Karta，費用會因有效期限不同而異。

◆捷克火車通行證

捷克國鐵可以使用的通行證包括了Eurail Czech Pass、European East Pass、Eurail Select Pass、Eurail Global Pass等。

巴士

巴士的路線有如綿密的網路，涵蓋整個捷克，而且班次又多，是相當方便的交通工具。或許在長距離的移動時，其舒適感不如火車，但中、近距離的移動時，巴士不但速度快也很輕鬆。主要的城市都設有巴士總站，大型巴士繁忙不停地出發或抵達。

事先購票的話，可以指定座位。如果是中途上車，或是在巴士總站向司機買票的話，座位是先到先贏，不過很多巴士將第3或是第4排設為博愛座，這點要多加留意。

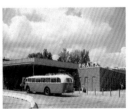
布拉格的Praha Florenc巴士總站

另外，鄉下地區的巴士，通常也是當地居民日常的代步工具，最好不要攜帶大件行李。如果多支付車資，司機會願意讓遊客搭乘，但這畢竟不是專門提供給旅客用的大型巴士，這一點最好要牢記。通常車票是在上車時向司機購票。

◆如何查詢巴士時刻表

在巴士總站的窗口或是服務中心查詢，是最確實的，但很多時候無法以英語溝通，不妨將目的地和希望出發的時間寫在紙上。

◆如何購買巴士車票

可以在巴士總站購買，或是直接向司機購買。如果是在總站上車的話，最好在車站窗口事先購買，就算不是指定席，但通常會讓有車票的人先上車。如果是在中途的巴士站上車，或是遇到巴士總站的窗口關閉而買不到票的話，可以在上車時直接向司機購票，告訴司機目的地，機器就會自動出票，確認車資之後再付錢。如果行李過大，需要放入巴士的行李置物處，則需要另外再付費。

遊客經常利用的巴士，尤其是旅遊旺季期間車上相當擁擠，為了避免乘車當天因為客滿而買不到車票，最好事先前往巴士總站的窗口購票。如果巴士客滿，乘客也不介意一直站著的話，還是可以向司機購票上車。巴士總站的售票窗口，原則上在巴士客滿後就不再售票。

租車

大型的租車公司也已經進軍捷克（依據租車公司的規定，25歲以上且擁有駕照超過1年的人，才能租車），但最好事先預約。捷克的道路四通八達，只要敢在國外開車，就能享受舒適的兜風之旅。不過布拉格市內街道狹窄，

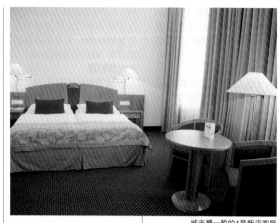

還有很多行人專用道路，而且沒有停車空間，並不推薦在市區開車。

想要租車的話，需要準備國際駕照和台灣本國駕照、護照，以及用來付帳的信用卡，很多租車公司無法以現金租車。

住宿

在捷克的城市裡，並沒有所謂飯店集中的地區。只要發現有空房的飯店，直接訂房通常都沒問題，在街上漫無目的的尋找，效率並不高，請❶幫忙介紹比較輕鬆。通常愈靠近傍晚，飯店就愈容易客滿，最好提前抵達目的地，才有足夠的時間去找飯店。

布拉格的飯店，經常都是人多擁擠，尤其是年底年初或是復活節前後，以及超人氣音樂節舉行期間，更是一房難求。另外，6～9月的觀光旺季，飯店的住宿費也比冬季來得貴，雖然還不至於找不到飯店，但最好不要認為找到的飯店就一定會有空房間。

布爾諾Brno通常在9月會有國際商展，商展舉辦期間，當地的飯店幾乎大爆滿，而且住宿費也三級跳。

除此之外，距離德國和

奧地利交界附近的觀光景點（卡羅維瓦利Karlovy Vary、捷克布傑約維采České Budějovice等），一到週末團體遊客相當多，附近的飯店很容易客滿。

◆高級飯店

在布拉格通常一個人一晚的住宿費要花4000Kč，就算是鄉下地方住宿費也超過2000Kč。飯店的櫃台人員會說英語和德語，房間內還附有浴缸（或是淋浴）以及廁所，當然也少不了電話和電視等設備，很多飯店都能看到衛星節目。

◆中級飯店、民宿

單人房通常一晚約800～1500Kč，如果是浴室和廁所與他人共用的房間，房價又會更便宜。近年來，捷克當地的民宿愈來愈多，雖然規模較小，但有些民宿以料理自豪，或是位在歷史建築裡，每家民宿都各具特色。

◆私人房間

這是當地人利用家中空出來的房間，提供給旅行者過夜。通常❶會為遊客介紹這樣的地方，不過有些房間會有住宿日數的最低限制，也有人在國際列車抵達的車站，對著遊客拉攏生意。這些私人房間的地點可能是在郊外，或是交通不方便的地方，

最好在與對方交涉時，要確認金額以及地點。別忘了，是要去別人家裡暫住，該有的禮貌千萬不能少。

◆青年旅館

一個人一晚大約400Kč左右，這是專門提供給學生或背包客的住宿地點，有些青年旅館、學生宿舍只在固定的期間開放，房間的種類有多人房和個人房等。若持有國際學生證（ISIC卡）或國際青年證、青年旅館會員證，還可以享有住房折扣。

→國際學生證P.541

用餐

捷克的餐廳叫做Restaurace，等級從平易近人的地方到高級飯店裡的一流餐廳，在當地都能找到。如果是便宜的大眾化餐廳，一人份大約是200～400Kč，布拉格的高級餐廳，大約是在1000～1500Kč的價位。觀光景點的餐廳，通常會準備英文菜單。

喝遍一間又一間的啤酒屋Pivnice或是葡萄酒餐廳Vinárna，也是當地觀光的一種樂趣。摩拉維亞地區Morava是葡萄酒的知名產地，在啤酒屋或是葡萄酒餐廳，也能享受簡單的料理。

在車站和熱鬧的市區裡，也能看到販售三明治或飲料的小店，買一份三明治和飲料，大約70Kč就足夠了。設立在車站和巴士總站裡的自助餐廳Bufet，也是想要省錢的旅客，最好的用餐之處。

◆肉類料理

將整塊的豬肉放入烤箱燒烤成金黃色，然後將切成小塊狀的豬肉淋上醬汁，再搭配帶點甜味的德國酸菜（高麗菜以醋醃漬），並與蒸麵包Knedlíky（下圖）組合而成的「Vepřoknedlozelo」，是捷克食物的代名詞。

垂吊著各式各樣香腸的肉店，可以在店內享用簡單的窯烤三明治，如果運氣好，在店內發現了帶骨的布拉格火腿Pražská Šunka的話，務必要嚐嚐看。布拉格火腿的味道，可是遠遠超過高級餐廳作為前菜料理的火腿。

◆蒸麵包Knedlíky

若稱Knedlíky是典型的捷克食物，再適合不過了，搭配肉類食物一起享用，在捷克的旅程中，應該會經常看見這個食物。

所謂的Knedlíky是一種很像蒸麵包的食物。將顆粒較粗的麵粉，以牛奶和水加以攪拌，做成直徑5cm左右的圓筒形狀，煮熟之後再將麵包切成1cm大小的厚度，基本上Knedlíky並沒有任何味道，蘸上大量的肉汁或是醬料就非常好吃。在主食吃完之後，用Knedlíky沾著殘留在盤子上的醬汁，就像洗盤子一樣地清乾淨，這樣的行為在當地並非是不禮貌的。

Knedlíky依據裡面包的餡不同，種類也很多。將一種叫做Houskové的麵包塞進Knedlíky裡，就成了捷克麵包糰子Houskové Knedlíky，包了很多馬鈴薯的話，就成了Bramborové Knedlíky，基本上這2種是最常見的。

除此之外，放入水果的Ovocné Knedlíky，也一定要試試看。餃子裡包著草莓、杏桃、櫻桃和梅子等各種果物，選擇性相當多樣。將水果去核加糖熬煮，再用麵粉裹住水果做成球狀，煮熟後裝盤，撒上起司粉、細砂糖和融化的奶油一起享用，充滿嚼勁的口感，完全滿足口腹之欲。

◆捷克的啤酒

提到捷克的啤酒，其美味舉世聞名，尤其是以底層發酵法的啤酒，要以捷克的比爾森Plzeň所釀製的Plzeňský Prazdroj（德國名稱叫做Pilsner Urquell）是始祖。此外，當地還有司達諾拉曼啤酒Staropramen等70家的啤酒廠。

捷克的啤酒標籤上，標示著很像是酒精濃度的數字，其實那是啤酒的濃度，用來顯示啤酒在發酵前麥汁裡的

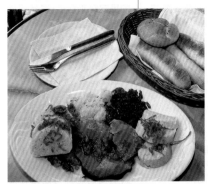

烤豬肉、蒸麵包Knedlíky、德國酸菜的拼盤組合

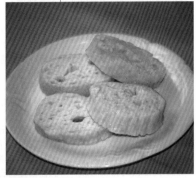

捷克食物的配菜代表蒸麵包Knedlíky

含糖濃度。通常啤酒的濃度為10％的話，酒精濃度約在4～4.2％；若是17％，則酒精濃度相當於6～7％。如果超過12％，則是沒有添加其他物質，是百分之百的純麥啤酒。

資訊收集

◆遊客中心

主要的觀光景點都設有遊客中心，為觀光客提供景點介紹、車票販售以及代訂飯店等服務，同時也能免費索取刊載許多有用資訊的地圖和旅遊手冊，每到一個新城市，首先去當地的遊客中心看看吧。

在布拉格很受遊客倚賴的是在舊市政廳和布拉格中央車站都有辦公室的PIS（Pražská informační služba），這裡的工作人員都很親切，會說英語、德語和法語。在訂房的櫃台，會將飯店的照片和摺頁介紹整合做成檔案，作為遊客選擇的參考。這裡也有許多超便宜的民宿資訊，以及團體旅遊行程的情報和音樂會等資訊。

◆旅行社

在共產時代，專門負責捷克國內旅遊業務的就是捷克國營旅行社Čedok。在遊客經常前往的城市都有Čedok的分店，提供團體旅遊行程、代訂飯店、火車，或是巴士的預約、外幣的兌換等服務。但近年來，民營的旅行社也增多起來。

Čedok最主要的業務，是為捷克民眾負責旅行事宜的居中協助工作，每間店鋪負責的業務不盡相同，有些店鋪可能對一般的國外遊客並沒有太大的幫助。

實用資訊

【緊急時】
● 捷克共和國警察　TEL158
● 急救　TEL155　● 消防　TEL150
● 統一緊急電話　TEL122
● 可協助外籍人士的診所、急救醫院、牙科

Nemocnice Na Homolce　Map P.48-A4
　⊠Roentgenova 2, Praha 5
　TEL257-271-111（代表號24小時）
　TEL257-252-144（外國人專用）
　TEL257-272-522（成人緊急時）
　URLwww.homolka.cz
　⏰7:30～16:00　㊫週六・日・節日

Nemocnice Motol　Map P.48-A4外
　⊠V úvalu 84, Praha 5
　TEL224-431-111（代表號24小時）
　TEL224-433-652～3（兒童緊急時）
　TEL224-438-590（成人緊急時）
　URLwww.fnmotol.cz
　⏰週一～五 7:00～21:00
　　週六・日 8:00～21:00　㊫無休

European Dental Center　Map P.49-F3
　⊠Pekova 9, Praha 8
　TEL224-228-984、224-228-993～4
　URLwww.edcdental.cz
　⏰週一～五 8:30～20:00　週六 9:00～18:00
　㊫週日

【駐外館處】
● 駐捷克代表處

Taipei Economic and Cultural Office, Prague　Map P.48-A2
　⊠Evropska 2590/33C, 160 00 Praha 6
　TEL233-320-606（代表）
　TEL603-166-707（急難救助電話，專供如車禍、搶

劫、有關生命安危緊急情況等緊急求助之用，非急難重大事件請勿撥打）
　FAX233-326-906
　URLwww.taiwanembassy.org/CZ
　⏰9:00～12:30、13:30～16:30
　㊫週六・日・節日

【其他】
● 電話號碼查詢
　TEL1180、1181（付費）
● 中央郵局　　　　　　　　　Map P.51-E3
　⊠Jindřišská 909/14, Praha 1
　TEL221-131-111
　⏰2:00～24:00　㊫無休
● DHL（國際快遞）
　TEL800-103-000　URLwww.dhl.cz

【航空公司】
● 捷克航空
　TEL239-007-007
● 俄羅斯航空
　TEL227-020-020
● KLM荷蘭航空
　TEL233-090-933
● 奧地利航空
　TEL227-231-231
● 芬蘭航空
　TEL220-117-540
● 英國航空
　TEL239-000-299
● 德國漢莎航空
　TEL234-008-234
● LOT波蘭航空
　TEL220-117-729

（皆位於布拉格）

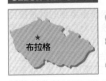

布拉格

布拉格 *Praha*

URL www.praguewelcome.cz

◆布拉格瓦茨拉夫哈維爾國際機場
TEL 220-111-888
URL www.prg.aero

◆機場快線
開 6:30～22:00
圖 60Kč（到布拉格中央車站）
　40Kč（到Dejvická車站）
　約30分鐘一班。

◆市巴士119號
開 4:12～23:30
　約7分鐘一班（清晨和晚上、週六・日班次少），車票在機場的自動售票機或是巴士站的自動售票機購買。

◆機場迷你巴士（ČEDAZ）
TEL 220-116-758
URL www.cedaz.cz
開機場出發　7:30～19:00
　V Celenci路出發
　7:30～19:00（每小時整點和30分從市區出發）
圖 到 V Celenci路
　150Kč

◆機場內的計程車公司
AAA Radiotaxi
TEL 14014
Fix taxi
TEL 220-117-078
　AAA Radiotaxi和Fix taxi都是跳表制，到市中心大約600～700kč左右。

●搭乘計程車的注意事項
　在出境大廳等候客人的計程車，很可能會敲竹槓，搭車前最好先和司機談好車資。想確認自己是否被敲竹槓，可以看跳表右邊的數字，就能判斷，通常應該是顯示數字1，如果出現2或是3的話，是會被乘以2或是3倍計價。搭乘這樣的計程車時，得要注意跳表才行，雖然不能一概而論，但這是個判斷基準。

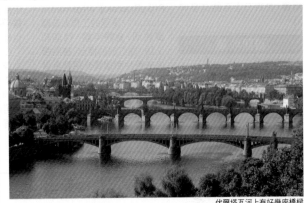
伏爾塔瓦河上有好幾座橋樑

　　走在沒有人煙的布拉格的小巷內，突然間會忘了自己到底是活在哪個時代？石頭相疊的狹窄小徑，各個時代的建築物林立，到處都能看見經過歲月洗禮的教堂和廣場。

　　流經布拉格市內的伏爾塔瓦河Vltava（德國名稱為莫爾道河Moldau），從橫跨伏爾塔瓦河的查理大橋Karlův most上，可以仰望布拉格城的雄偉英姿。相反地，從布拉格城往下俯瞰，紅瓦屋頂之間高塔林立，充分感受到布拉格為何又稱為「百塔之城」。

　　哥德式建築、文藝復興式建築、巴洛克建築、新藝術建築等，中世紀以來的各種建築風格，都能在布拉格一網打盡。整個歐洲，布拉格是最具有中世紀氣氛的城市，何不順著自己的雙腳，開始在這座城市漫步吧。

抵達布拉格後前往市區

✈ 搭乘飛機抵達

　　布拉格的國際機場，原本叫做布拉格盧茲內國際機場Praha-Ruzyně，2012年以捷克共和國第一任總統的名字命名，改名為布拉格瓦茨拉夫哈維爾國際機場Václava Havla Praha。

●布拉格瓦茨拉夫哈維爾國際機場

Václava Havla Praha　　Map P.48-A2外

　　布拉格瓦茨拉夫哈維爾國際機場位於布拉格市中心西方17km處，歐洲的申根國家飛機大都是降落在第2航廈，其他國家的航班則是在第1航廈。入境大廳有銀行（匯兌櫃台）、❶、計程車公司、租車公司等，2樓也有餐廳和咖啡館。

◆如何從機場前往市區◆

　　從機場前往布拉格市區，有機場快線、市巴士、機場迷你巴士（ČEDAZ）、計程車等4種方式。

●機場快線 *Airport Express*

連結機場與市區的快速巴士，會直達布拉格中央車站Praha-hlavní nádraží，所需時間約35分，中途可在Praha-Masarykovo車站和共和國廣場下車（僅限機場前往市區的方向）。車票在車內購買。

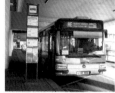

快速又舒適的機場快線

●市巴士 *Autobus*

踏出機場的出境大廳時，到對面就可以搭乘119號市巴士前往市區的Nádraží Veleslavín車站，所需時間約15分。另外，100號巴士能前往地下鐵B線的Zličín站（關於車票請參照→P.46）。

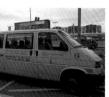

ČEDAZ所經營，行駛於機場與共和國廣場的迷你巴士

●機場迷你巴士 *Airport minibus*

民營的巴士公司ČEDAZ專門型駛往來布拉格市區和機場的小型巴士。市區內的巴士搭乘處，距離共和國廣場Nám. Republiky很近，位在V Celenci路上（→Map P.51-E2）。每30分鐘一班車，所需時間為20～30分。

🚗 搭乘火車抵達

布拉格有幾處火車站，國際線列車的主要車站為布拉格中央車站和Praha-Holešovice車站2處。

●布拉格中央車站 *Praha-hlavní nádraží*

Map P.49-E3、P.51-F3

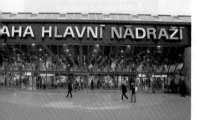

脫胎成為現代化的車站

布拉格中央車站是最大的國際線列車站，車站距離市中心是步行可達的範圍。車站本身為地上3層的建築物，火車的月台位於2樓，搭乘列車抵達布拉格的遊客，全都是從建築物的2樓出站。近幾年，車站進行大規模的整修工程，並於2011年4月中旬完工。

2樓有廁所、速食店和藥局等，1樓是車票售票處、鐵路服務中心、商店、超市等。此外也和地下鐵C線Hlavní Nádraží站相連。

這裡的3樓，有一間以新藝術式樣裝飾的美麗咖啡館。

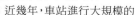
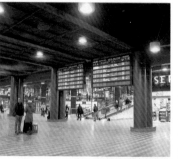

透過告示板確認搭乘月台號碼

◆布拉格中央車站
✉Wilsonova 80, Praha 2
地下鐵C線Hlavní Nádraží站下車。

◆鐵路服務中心
☎840-112-113
與火車有關的資訊都可以在這裡詢問。

◆布拉格中央車站的車票售票處（Pokladní Přepážka）
🕐3:25～翌日0:45

◆布拉格中央車站的ⓘ
tourist point
☎224-243-663
🌐www.touristpoint.cz
🕐8:00～22:00
休無休
景點介紹、飯店預約或是行程安排，都可以在這裡洽詢。

◆車站的投幣式寄物櫃
💰60Kč
位於2樓，數量相當多。

其他車站

◆Praha-Holešovice車站
žel. st. Praha-Holešovice
Map P.49-E1
✉Partizánská 1504, Praha 7
與地下鐵C線Nádraží Holešovice站連結。

◆Praha-Masarykovo車站
Praha-Masarykovo nádraží
Map P.51-E～F2
✉Hybernská 13, Praha 1
從地下鐵B線Náměsti Republiky站徒步5分。

◆Praha-Smíchov車站
žel. st. Praha-Smíchov
Map P.48-C5
✉Nádražní 279/1, Praha 5
與地下鐵B線Smíchovské Nádraží站連結。

復古的Praha-Masarykovo車站

◆Florenc巴士總站

✉Křižíkova 4-6, Praha 8

☎900-144-444

URL www.florenc.cz

🕒3:00～翌日0:30

在地下鐵B、C線的Florenc站下車即可到達。

比較麻煩的是,巴士一定是從這裡發車,但抵達的話有時會是在附近的大馬路,而非在巴士總站這裡。如果想到巴士總站的話,步行就可以抵達,如果想要直接前往市中心,下車地點附近一定會有地下鐵的入口,如果不知道自己下車的地點,問司機比較快。

◆地下鐵Florenc站

出了巴士總站,很快就能找到地下鐵Florenc站的入口,該車站有多個出入口,從Florenc站要前往巴士總站有點難找。

想要前往巴士總站的人,順著Autobusové nádraží標示的樓梯往上爬,便可以來到地面上。

其他的巴士總站

◆Na Knížecí巴士總站
autobusové nádraží
Na Knížecí

Map P.48-C5、P.50-B5

✉Nádražní, Praha 5

與地下鐵B線Anděl站連結。

◆Roztyly巴士總站
autobusové nádraží
Roztyly

✉Ryšavého, Praha 4

與地下鐵C線Roztyly站連結。

◆Holešovice巴士總站
autobusové nádraží
Praha-Holešovice

Map P.49-E1

✉Partyzánská, Praha 7

與地下鐵C線Nádraží Holešovice站連結。

◆**如何從布拉格中央車站前往市區**◆

從布拉格中央車站要前往市區,可以步行或是搭乘地下鐵。從車站1樓往外走,眼前以及左右兩側都是草坪和綠樹、座椅並排的公園Vrchlického sady,占地相當寬敞。穿過背對車站的公園草坪中的下坡路,馬上就能走到大馬路,從布拉格中央車站走到市區,大約要15分鐘。

若搭乘地下鐵C線到Museum站,僅有一個車站的距離,在那裡下車換搭地下鐵A線,前往下個車站Můstek,就能抵達熱鬧的市中心。地下鐵的入口在布拉格中央車站的1樓,至於地下鐵的車票,則在地下鐵入口附近的自動售票機購票。

●**Praha-Holešovice車站** *žel. st. Praha-Holešovice*　Map P.49-E1

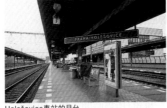

Holešovice車站的月台

往來德國柏林或是波蘭華沙等舊東歐國家列車,都是在Holešovice車站出發或到達。不過,也有一些列車是在布拉格中央車站出發或抵達。

這個車站的規模比布拉格中央車站要小很多,建築物也只有1樓而已,距離布拉格市中心也比較遠。下了列車後從月台前端的樓梯往下走,狹窄的車站內有匯兌櫃台、商店、座椅以及售票窗口等等,順著通道往前走,出了車站之後的左邊就是地下鐵的出入口。車站內有服務中心,但僅提供電腦的查詢服務,並非個有專人常駐的遊客中心❶,要在這個車站預定飯店、獲得觀光資訊較難,建議旅客最好還是到市中心,比較方便。

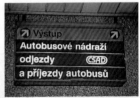

從地下鐵Florenc車站往巴士總站的話,遵循該標示即可

◆**如何從Praha-Holešovice車站到市區**◆

從這個車站到市中心,並非步行可及的距離,可選擇搭乘計程車或是地下鐵前往,但搭乘計程車很容易被敲竹槓,並不推薦,還是建議搭乘方便的地下鐵。這裡有地下鐵C線,要前往市中心的話,可搭乘地下鐵前往Háje站。雖然說該車站距離市中心較遠,但前往布拉格中央車站Hlavní Nádraží無須換車,第3站就到了。車票在地下鐵入口的售票機購買。

🚌 搭乘巴士抵達

布拉格最大的巴士總站為Praha-Florenc巴士總站autobusové nádraží Praha-Florenc,幾乎國內線大多數的巴士,都是在這裡出發或抵達。

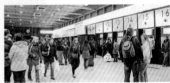

不斷有巴士抵達的Florenc巴士總站的建築物內

●Praha-Florence巴士總站

autobusové nádraží Praha-Florenc

Map P.49-E3、P.51-F2

起初以國際線為主,如今幾乎所有的國內線都在這裡出發或是抵達,是布拉格最大的巴士總站。大廳非常漂亮,有服務台、寄物櫃、ATM、速食店和商店等,相當便利。1～6號是STUDENT AGENCY公司的窗口,7～20號是其他巴士公司的窗口。

近年來,因為交通阻塞的原因,部分巴士的到達地點會選在離市區有點距離的車站。往契斯基庫倫洛夫Český Krumlov方向等的部分路線,出發或是抵達都是在其他的巴士總站,這一點要事先確認。

◆如何從Praha Florenc巴士總站前往市區◆

慢步走到舊市區約15分鐘,出了巴士總站後,立刻就是地下鐵的Florenc站,搭乘地下鐵不但比較方便,同時也比較快。要到瓦次拉夫廣場Václavské nám.旁的商店街,可搭乘地下鐵B線,在第2站的Můstek站下車。

━━━━●布拉格的市區交通●━━━━

布拉格市內的交通工具,有地下鐵Metro、路面電車Tramvaj、巴士Autobus 3種,車票可以通用,纜車Lanová dráha(→P.65邊欄)的車票也能與前三者共通。除此之外,還有計程車。

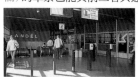
別忘了車票要驗票

●地下鐵 *Metro*

有A線、B線、C線等3條路線,分別以綠色、黃色和紅色來區分,車站的出入口分別以各路線的顏色和箭頭記號作為標示,所以很容易辨別。由於舊城區附近的街道比較狹窄,為了不破壞原有的景觀,通常都利用建築物1樓的部分空間,作為地下鐵的出入口,也因此比較不顯眼,需要多加留意。

地下鐵內有車內廣播,但僅以捷克語說明,只要仔細聆聽,應該可以聽出下一站的站名。

●路面電車 *Tramvaj*

路面電車在布拉格市內橫縱行駛著,在每個車站都能看到車站名稱、經過的路面電車號碼,以及該路面電車的所有停靠站名和時刻表。由於路面電車比起地下鐵複雜許多,建議搭乘之前,最好事先仔細閱讀地圖,找到下車車站後再搭車。停車時,車內會以捷克語廣播,「○○(停車的車站站名)、Příští zastávka XX(下個停靠站的站名)」。

◆布拉格的市區交通
℡296-191-817
URLwww.dpp.cz

◆地下鐵
地下鐵的行駛時間為每日5:00～24:00(週五・六～翌日1:00),週一～五的通勤時間,每隔2～4分鐘一班。此外的時間,每隔4～10分鐘一班。

◆地下鐵標示
地下鐵車站的標示很容易辨識,下車後能看到車站的出口以及轉乘的指標。在前往搭車月台之前,包括這條路線的終點站,還有這條路線的所有站名,以及現在的所在地都會以白色的記號標示,而能夠轉乘其他路線的車站,則以其他顏色標示。

Vstup	入口
Výstup	出口
Přestup	轉乘
Směr	目的地
Stanice	車站

Florenc的地下鐵出入口

◆路面電車
路面電車的行駛時間為每日4:30～翌日0:15(週五・六～翌日1:30),尖峰時段為每2～8分鐘一班,平常時段約10分鐘一班,週六・日為每7～15分鐘一班。另外,在0:15～4:30之間,51～59號約每30分鐘一班。

路面電車的路線經常會施工,這時會以巴士取代,搭車前最好先確認是否有張貼告示,或是詢問附近的路人比較好。

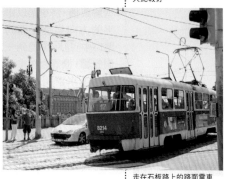
走在石板路上的路面電車

◆巴士

運行時間4:30～翌日0:15左右（週五・六・翌日1:30），尖峰時段每5～20分鐘一班，離峰時段每10～30分鐘一班，週六每10～60分鐘一班。0:15～4:30之間，501～515號巴士每隔30～60分鐘有一班車。巴士站上會標示巴士時刻表和路線。

◆主要的無線電計程車

AAA Radiotaxi
☎14014
☎221-333-222

City Taxi
☎257-257-257

方便的AAA Taxi

布拉格的交通工具查票次數很頻繁

尤其是地下鐵，查票的頻率非常高，穿著便服的查票員會突然靠近，偷偷地出示他藏在手裡交通局徽章，這時如果手上的車票不是有效票的話，就會被處以罰款，如果車票忘記通過驗票機也不行。很多查票員都會在車站出口或是月台等候，在離開車站的出口前，最好不要遺失車票。

兒童的車資

兒童的車資是大人的一半，單程車票有12Kč、16Kč，1日券為55Kč。這裡的兒童是指6～14歲，兒童票沒有3日券，但是持票的大人可以免費攜帶一位兒童一起搭乘。

地下鐵的月台

● 巴士 *Autobus*

每個巴士站的標示方式與路面電車相同，只不過布拉格因為街道狹窄，為了防止交通工具所排放的廢棄污染，禁止搭乘巴士進入市中心。由於布拉格的觀光景點集中在市中心，幾乎不太需要搭乘巴士去這些景點觀光。

● **計程車** *Taxi*

如果只是在觀光景點集中的範圍內移動的話，搭乘地下鐵或路面電車又快又便宜。如果要搭乘計程車，最好不要選擇在有名觀光景點、機場或車站等客人的空車，想要安心搭計程車，最好打電話叫無線電計程車。當地計程車的起跳為40Kč，每1km多增加28Kč，等待時間（包含塞車）每分鐘增加6Kč。飯店叫車的話，有獨自的車資計算方式，會比一般計程車要貴，利用前請多加確認。

🚐 車票的種類和使用方式

車票無法在車內購買，請在搭車前先行購票。搭車時，也得自己驗票，這點要多加留意。車票有幾種不同的種類，會有有效時間、有效範圍以及換車次數等的限制，有點複雜，在此介紹2種使用頻率最高的基本車票，以及多日有效的周遊券。

◆**1次券**

● **30分鐘有效票、90分鐘有效票 24Kč、32Kč**

1次券有30分鐘有效的Krátkodobá以及90分鐘有效的Základní 2種，從驗票時起算的有效時間內，可以任意搭乘地下鐵、路面電車、巴士以及纜車。如果途中超過時間，新的車票必須在車內驗票，因此若有超過時間的可能，最好事先多購買備用車票。

如果行李箱較大或是要攜帶狗等動物上車，必須要多購買16Kč的車票。

◆**1次券的使用方式**

搭車時，得自己將車票插入驗票機，依照車票上面的箭頭放進驗票機裡，如果以反方向插入的話，則為無效票，若遇上了查票會被處罰。

例如搭乘地下鐵時，在進入月台的入口處，會有個黃色的小型驗票機，將車票以水平的方向插進正面的票口中，這時會聽到一個聲響，機器會在車票上印上車票開始使用的時刻。

若是路面電車或是巴士的話，車內會有好幾台驗票機，依照相同的方式驗票。

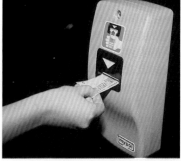

自動驗票機。車票插入時要注意方向是否正確

◆周遊券

●1日券、3日券／110Kc、300Kč

有效時間分別為24小時、72小時。第一次使用時,其驗票方式與1次券相同,之後無論搭乘幾次車都不需要再驗票。另外,持有周遊券的乘客,若遇到行李要收費,有一件行李可以免費。

當然,在車票的有效期間內,若遇到查票人員,立刻出示車票即可,不要遺失了。若非需要經常搭乘交通工具,買多日周遊券恐怕較划不來,但是倒可以免於四處尋找購票處的麻煩,同時無須擔心車票何時會過期。

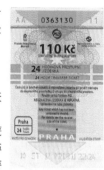

1日券

🚌 購買車票

在地下鐵月台的入口、路面電車、巴士站,都有售票機。此外,街頭的小商店、賣報紙的攤販、服務中心、飯店大廳等地,也能買到車票,不過1日券以外的票種,無法使用機器購買,最好在服務中心購票。在必要的時刻,卻遲遲找不到售票的地方,浪費不少時間的情況也經常發生,因此最好事先就把需要的車票買齊。

◆如何使用售票機

使用售票機時,只要按下想要購買的車票按鈕(買2張按2次),機器上方的液晶畫面會顯示車票金額,只要投入足夠的金額,車票就會從下方的出口出現。

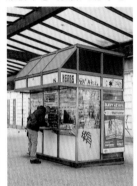

街頭的小商店有時難以用英語溝通

因為售票機不接受紙鈔,最好準備剛剛好的零錢。而售票機上有許多按鈕,左列最上方是90分鐘有效(32Kč)的1次券,購買兒童票時,則先按右列最上方的按鈕(Discounted)。

第一次前往布拉格,並且從機場、火車站前往市中心的人,若只是想前往本書所介紹的市區觀光景點,按下左上方32Kč車票(90分鐘有效)的按鈕,應該就足夠了。

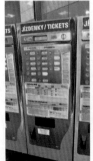

這是自動售票機,有很多按鈕

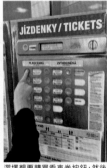

選擇想要購買乘車券按鈕,然後投入硬幣

帶入車內必須付費的東西

25X45X70cm以上的行李、150X20cm以上的棍狀行李、100X100X5cm以上的板狀行李,以及沒有兒童坐在上面的娃娃車,還有寵物狗,都需要支付16Kč。

乘車免付費的情況

未滿6歲的兒童、身障卡所有者(包含輪椅、導盲犬等在內)、放進籠子裡的動物、有兒童坐在上面的娃娃車,以及比25X45X70cm小件行李和短於150X20cm的棍狀行李,都可以免費。

注意扒手!

在人潮洶湧的地下鐵、地面電車和巴士內,遭扒手偷竊的案件頻傳,要隨時注意自己隨身攜帶的東西和貴重物品。

沒有持有效車票時的罰款

在地下鐵車站或是車內,如果有人出示紅色或金色的徽章,把乘客叫住的話,那個人就是查票員。此時若手上沒有有效車票,將會被罰以800Kč的罰款(如果沒有當場繳納或是在15天營業日的13:00之前繳納,罰款則為1000Kč),如果沒有幫需要付費的行李買單的話,則要處以200Kč的罰款。

如何購買周遊券

販售周遊券的票券中心(Ticket Office),幾乎都會說英語,只要對售票人員說「One-day ticket」、「Three days ticket」,就能買到票。

周遊券的捷克語標示

30分鐘券
Krátkodobá
90分鐘券
Základní
1日券
Jízdenka síťová na 1 den
3日券
Jízdenka síťová na 3 dny

布拉格

N

```
0    450m   900m
```

● 地下鐵A線
地下鐵B線
● 地下鐵C線
--- 路面電車

○ Praha

Crowne Plaza Prague
P.71

Jugoslávských partyzánů

BUBENEČ

DEJVICE

5.8

往布拉格瓦茨拉夫哈維爾國際機場

Europská 2.20.26

● DEJVICKÁ

Diplomat

P.41駐捷克代表處

●警察

斯卑布與黑尼威劇場
divadlo Spejbla a Hurvínka

2.5.8.20.26

HRADČANSKÁ

Mashha

斯洛伐克大使館

Pod Hradbami

Milady Horákové 1.5.8.18.20.25.26

市內交通博物館
muzeum městské
hromadné dopravy

放大圖 P.50-51

1.2.18

Střešovická

1.2.18.25

22

HRADČANY

布拉格城
Pražský hrad
P.62

MALOSTRANSKÁ

Patočkova

聖維特大教堂
katedrála sv. Víta
P.62

放大圖 P.62

5.12.20.22

25

23

Golden Tulip Savoy P.71

史特拉霍夫修道院
Strahovský klášter
P.65

12.20.22

Pyramida

P.57查理大
Karlův mo

22.25

Strahovský tunel
史特拉霍夫隧道

凱旋之門

MALÁ STRANA

展望台
Petřínská rozhledna

纜車

射擊島
Střelecký ostrov
6.9.22

楓特辛公園
Petřínské sady

捷克軍團橋
most Leg

史特拉霍夫競技場

往Nemocnice Motol P.41

兒童之島
Dětský ostrov

伊拉賣克橋
Jiráskův mo

● Nemocnice Na Homolce P.41

4.9.10.16

NH

4.7.10.14.16

Kartouzská

6.9.12.20

Bertramka
P.67

ANDĚL

布拉格地下鐵路線圖

● 地下鐵A線
地下鐵B線
● 地下鐵C線
● 轉乘車站

Kobylisy Ládví Letňany
Střížkov   Černý Most
Prosek   Rajská Zahrada
Nádraží Holešovice Vysočanská
Hloubětín
Dejvická Vltavská Kolbenova
Hradčanská Palmovka Českomoravská
Náměstí Křižíkova
Malostranská Republiky Invalidovna
Staroměstská Florenc
Mústek Hlavní Nádraží Flora
※Národní Třída Muzeum Želivského
Karlovo Náměstí Jiřího Z Poděbrad Strašnická
Náměstí Míru Depo
Anděl I.P.Pavlova Skalka Hostivař
Zličín Smíchovské Nádraží Vyšehrad
Stodůlky Hůrka Jinonice Radlická Pražského Povstání
Luka Lužiny Nové Butovice Pankrác
Budějovická Kačerov
Roztyly
Chodov Opatov Háje

Na Knížecí巴士總站
autobusové nádraží Na Knížecí

SMÍCHOV

6.12.14.20

Praha-Smíchov車站
žel. st. Praha-Smíchov

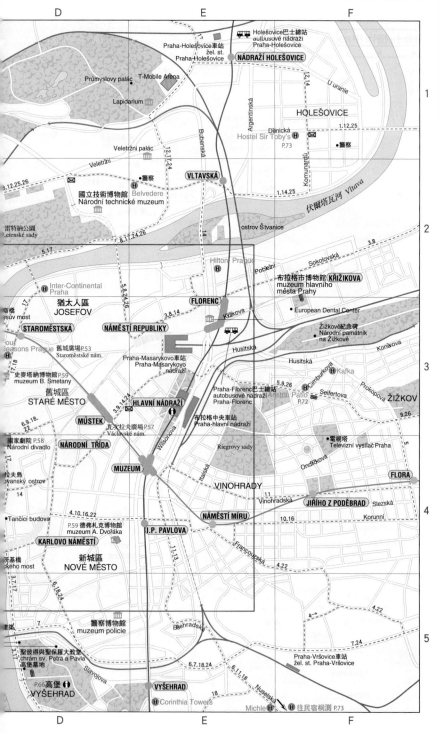

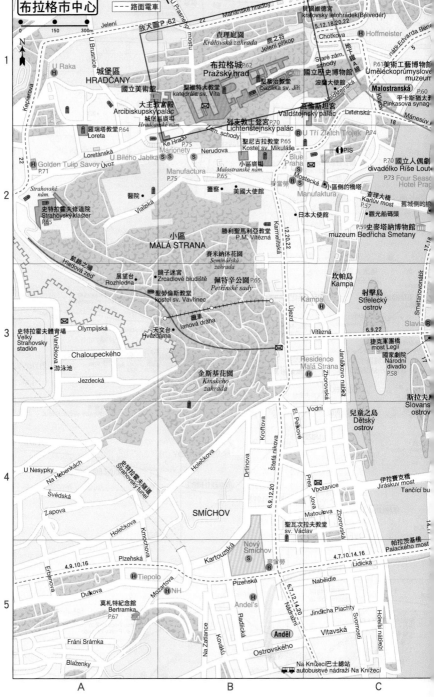

布拉格市中心

放天園 P.62　　路面電車

往斯洛伐克大使館
U Prašného mostu

Mariánské hradby

贝爾維德宮
královský letohrádek(Bélvedér)
5.12.18.20.22

查理庭園
Královská zahrada

鹿之谷
Jelení příkop

Chotkova

Hoffmeister

Jelení

U Brusnice

城堡區
HRADČANY

布拉格城 P.62
Pražský hrad

聖喬治教堂
bazilika sv. Jiří

國立歷史博物館
波蘭大使館

地下鐵車站
Malostranská

náb. Edvarda Bene

U Raka

P.61美術工藝博物館
Uměleckoprůmyslové
muzeum

國立美術館

聖維特大教堂
katedrála sv. Víta

Malostranská

Malostranská

P.60
平卡斯猶太
Pinkasova synag

Keplerova

大主教宮殿
Arcibiskupský palác

城堡前廣場
Hradčanské nám.

瓦倫斯坦宮
Valdštejnský palác

Mánesův

羅瑞塔教堂 P.64
Loreta

Ke Hradu

列支敦士登宮 P.70
Lichtenštejnský palác

Letenská

18

Loretánská

Marionety
P.75

Nerudova

聖尼古拉教堂
Kostel sv. Mikuláše

U Tří Zlatých Trojek P.74

PIS

P.70國立人偶劇
divadélko Říše Lout

Manufactura
P.75

U Bílého Jablka

Malostranské nám.

小區廣場
Malostranské nám.

Mostecká

Blue Praha

P.73 Four Seas
Hotel Prac

Strahovské
nám.

醫院

Vlašská

警察

美國大使館

小區側的橋塔

查理大橋
Karlův most P.57

舊城側的橋

史特拉霍夫修道院
Strahovský klášter
P.65

日本大使館

Manufactura

觀光船碼頭

P.59史麥塔納博物館
muzeum Bedřicha Smetany

小區
MALÁ STRANA

勝利聖馬利亞教堂
P.M. Vítězná

Karmelitská

12.20.22

凱薩之墻
Hladová zeď'

展望台
Rozhledna

鏡子迷宮
Zrcadlové bludiště

賽米納休花園
Seminářská
zahrada

佩特辛公園 P.65
Petřínské sady

坎帕島
Kampa

Újezd

射擊島
Strelecký
ostrov

Smetanovonábř.

史特拉霍夫體育場
Velký
Strahovský
stadión

Olympijská

Vaníčkova

聖勞倫斯教堂
kostel sv. Vavřinec

天文台
Hvězdárna

纜車
lanová dráha

Vítězná

Kampal

6.9.22

Slavia

17.11

游泳池

Chaloupeckého

Jezdecká

金斯基花園
Kinského
zahrada

Janáčkovo nábř.

Residence
Malá Strana

捷克軍團橋
most Legií

國家劇院
Národní
divadlo
P.58

斯拉夫
Slovans
ostrov

17

U Nesypky

Na Hřebenkách

Strahovský tunel

Švédská

Zapova

Holečkova

Kmochova

Holečkova

Drtinova

Kroftova

El. Peškové

Štefánikova

6.9.12.20

Vodní

Zborovská

伊拉普克橋
Jiráskuv most
Tančící bu

Matoušova

Jova

14.11

SMÍCHOV

Zborovská

兒童之島
Dětský
ostrov

聖瓦次拉夫教堂
sv. Václav

帕拉茨基橋
Palackého most

Pres

Vbotanice

Echrova

Duškova

Mozartova

Plzeňská

Kartouzská

Nový
Smíchov

Plzeňská

Lidická

4.7.10.14.16

4.9.10.16

Tiepolo

NH

莫札特紀念館
Bertramka
P.67

Andel's

Nabéfile

6.7.12.14.20

Jindřicha Plachty

Andĕl

斯拉夫
Nádraží

Vltavská

Svornosti

Hořejší nábřeží

Fráni Šrámka

Na Zátiance

Radlická

Kováků

Ostrovského

往斯洛伐克大使館

Na Knížecí巴士總站
autobusové nádraží Na Knížecí

Blaženky

0　150　300m

N

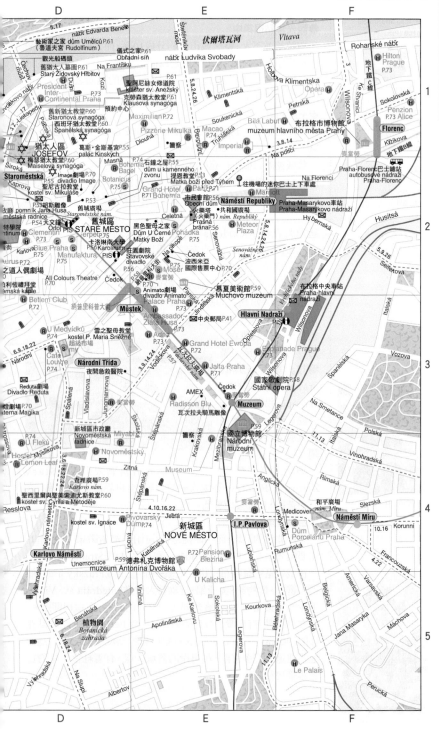

布拉格的❶
◆Pražká Informační
Služba（PIS）
URL www.praguewelcome.cz
舊市政廳辦公室
Map P.51-D2
✉Staroměstské nám.1,
　Praha 1
🕐9:00～19:00
❎無休
Rytí ská路辦公室
Map P.51-D2
🕐10:00～18:00
❎週日
小區的塔橋辦公室
Map P.50-C2
🕐10:00～18:00
❎11～3月

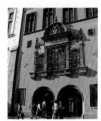

舊市政廳的❶

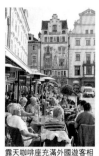

露天咖啡座充滿外國遊客相
當熱鬧

◆◆◆◆◆◆◆◆◆◆◆◆◆◆漫遊布拉格◆◆◆◆◆◆◆◆◆◆◆◆◆

●觀光景點很集中

布拉格並不大，整座城市大約分成10區，而大部分的觀光景點都集中在1區裡。所謂的1區是以橫跨伏爾塔瓦河Vltava的最古老橋樑——查理大橋為中心，半徑約2km的範圍之內，往東西兩岸延伸的地區。

●東岸的景點

東岸的景點大約可以分成舊城區Staré Město、新城區Nové Město、猶太人區Josefov等3處。

舊城裡的石板小徑宛如迷宮般交錯，中世紀街景原汁原味被保留，是個相當美麗的地區。在這個地區的中心，有著天文鐘的舊市政廳Staroměstská radnice、提恩教堂Matka boží před Týnem所在地的舊城廣場Staroměstské nám.。順著從廣場往西延伸的查理街Karlova一直走，就會來到查理大橋Karlův most。連結東岸和西岸的查理大橋是布拉格最重要的景點。

新城則位於舊城東方往南延伸過去的範圍，中心區域是布拉格最熱鬧的商圈瓦次拉夫廣場Václavské nám.，如今這裡是飯店和咖啡館林立的熱鬧廣場，同時也是捷克共和國朝民主化發展的過程中，許多歷史事件的舞台。另外，從瓦次拉夫廣場往火藥塔Prašná brána方向延伸的Na příkopě，沿路也有許多商店和餐廳，總是充滿觀光客而相當熱鬧。

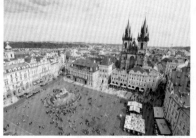

東岸的中心，舊城廣場

猶太人區在舊城的北部，目前有著舊猶太人墓園Starý Židovský Hřbitov、猶太人的教堂等，全世界最重要的猶太人歷史遺跡，也都殘留於此。

●西岸的景點

東岸非常的平坦，而西岸則是個小山丘，能俯瞰東岸。西岸的主要觀光景點為城堡區Hradčany和小區Malá Strana。

在城堡區裡有著布拉格的地標——布拉格城Pražský hrad，城裡有畫廊、博物館、美術館、聖維特大教堂katedrála sv. Víta等不少知名景點，會讓遊客想要花一整天的時間，在這裡閒逛。

在小區裡，有著纜車行走的佩特辛公園Petřínské sady，站在公園的瞭望台，能以360度欣賞整座布拉格城市。此外，在這個地區裡還有許多宮殿，和東岸的舊城一樣，有著紅色屋頂的古老建築物林立。

舊城廣場 Staroměstské nám.

Old Town Square | Map P.51-D2

　　舊城廣場堪稱是布拉格的心臟，約在11世紀左右，這裡大多是教堂或是商人的住處，隨後逐漸形成廣場。之後，這個地方成了許多歷史事件的舞台，舊市政廳前方的地面上，畫上了27個白色的十字架，就是其中一項見證。1620年的白山戰役Bitva na Bílé hoře，被哈布斯堡家族Habsburkové擊垮的27位波希米亞的貴族，在這個廣場遭到處決，據說每個十字架，就是他們頭顱的所在位置。

　　另外，包圍廣場的這些建築物，有哥德式建築、文藝復興式建築、巴洛克風格建築等等，不同時代的建築物混合在一起，為廣場增色不少。而在廣場的北邊，有一座相當雄偉的雕像，那是捷克的民族英雄胡斯Jan Hus，這座雕像也是舊城廣場的地標。

胡斯雕像 pomník Jana Husa

Statue of Jan Hus | Map P.51-D2

　　胡斯是15世紀捷克宗教改革的先驅者，他原本擔任查理大學的校長，同時也是布拉格伯利恆禮拜堂Betlémská kaple的傳教師，他以淺顯易懂的方式來傳教，廣受許多階層民眾的支持。身為虔誠基督教徒的胡斯，因為強烈抨擊羅馬教會的墮落，而被召喚到康士坦茲Konstanz的宗教會議，而他所貫徹的信念否定了教皇和教會的權威，因而在1415年以異端之罪被處以火刑。胡斯的死，帶給捷克民眾莫大的衝擊，胡斯的信徒自成一黨，取名為胡斯派，和之後的天主教展開激烈的戰爭。

　　胡斯的雕像在他過世500年之後的1915年，由雕刻家薩魯恩Ladislav Saloud（1870～1946）所打造。胡斯雕像的四周，還刻上了胡斯派的戰士以及帶有國家重生意味的母親雕像。

提恩教堂 Matka boží před Týnem

Church of Our Lady before Tyn | Map P.51-D2

　　位在舊城廣場的東側，有著2座高塔、相當引人注目的哥德式教堂。一般人稱這座教堂為提恩教堂，但其正式的名稱為「提恩（海關）前的聖母馬利亞教堂」。以前當地的海關就是在教堂裡面，才因而得名。該座教堂創建於1135年，現在的模樣是在1365年改建後所保留下來，2座塔高80m。約在15世紀前半，這裡也是胡斯派的大本營。

舊市政廳 Staroměstská radnice

Old Town Hall | Map P.51-D2

　　隔著廣場和提恩教堂面對面有一座塔型的建築物，那就是舊市政廳的所在地。舊市政廳最有名的是天文鐘，而該棟建築物本身也相當特別。

　　現在看到的模樣是在第二次世界大戰時，遭到破壞後再次修復完成的。舊市政廳的建築，並非從零開始，而是花了好幾世

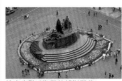

世 界 遺 產
布拉格歷史地區
Praha - Historické centrum
1992年登錄

白山戰役
　　這場戰役發生在1620年11月，地點是當時波西米亞王國的首都布拉格西方的白山Bílá Hora。這是神聖羅馬皇帝軍隊和波西米亞的貴族傭兵之間的戰爭，結果波西米亞這方大敗，被哈布斯堡家族統治。而戰敗的波西米亞27名貴族，則被視為是帶頭叛亂者，最後在舊城廣場遭到處決。

捷克人引以為傲的胡斯雕像

◆**伯利恆禮拜堂**
Map P.51-D2
✉Betlémské nám., Praha 1
☎224-248-595
🕐4～10月　10:00～18:30
　11～3月　10:00～17:30
🚫週一
💰大人60Kč　學生30Kč

　　胡斯在這座教堂裡以捷克語對捷克民眾傳教，是一座很樸實的教堂。從1391年起，花了10年以上的時間所打造的哥德式建築，卻在18世紀後半全毀，現在所看到建築物，都是在1950年根據資料，花了2年的時間重新修復完成。

◆**提恩教堂**
✉Celetná 5, Praha
☎222-318-186
🌐www.tyn.cz（捷克語）
🕐週二～六 10:00～13:00、
　　　　　　15:00～17:00
　週日　　10:30～12:00
🚫週一

53

◆舊市政廳高塔
| 圖週一 | 11:00～22:00 |
| 週二～日 | 9:00～22:00 |
困無休
| 圖大人 | 100Kč |
| 兒童、學生 | 50Kč |

入口處從粉紅色建築物1樓的❶後方樓梯上去，或是搭電梯上樓，在3樓購票。天文鐘右側也有售票處。

◆舊市政廳的導覽
保留15世紀哥德式壁畫的國王房間，展示19世紀後半相當活躍的畫家Vaclav Brozik作品的房間、舊會議室等，這些地方都另有導覽行程，費用另計。（大人100Kč、學生50Kč）。

美麗的灰泥彩畫裝飾

天文鐘製作作者的傳說
關於天文鐘的製造者有2個傳說，一個是由鐘表工匠Mikuláš of Kadaň在1490年左右完成的，另一個說法是由Hanuš所打造的。
關於後者的說法，至今仍被傳誦著。由於這座天文鐘實在太棒了，其他的都市也委託他製作天文鐘，布拉格市議會為了不讓他做出第2座天文鐘，於是在某個夜晚弄瞎了Hanuš的雙眼，雙眼失明的他仍負責管理時鐘，但最後因病去世。據說就在他去世的同時，這座時鐘也停止轉動。
之後，這座天文鐘經過好幾次的修理，又再度恢復計時的功能。現在我們所看到的天文鐘是在1948年裝上了電動裝置，讓時鐘能持續轉動直到現在。

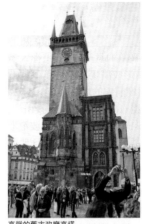
高聳的舊市政廳高塔

紀，以原來的建築物慢慢增建、改建，為了業務上的需要，還收購建築物兩側的民宅。正因為如此，裝飾和大小完全不同的建築物，彼此相連成了今天所看到的景象，這也讓外界搞不清楚，到底舊市政廳的建築物，到底從哪裡到哪裡？其實舊市政廳是從有時鐘的塔樓開始，一直到有著黑色牆面，牆上描繪著人物的灰泥彩畫那棟相當引人注意的建築物為止，這整個範圍都屬於舊市政廳。

在正中央的粉紅色建築物裡，有著舊城的徽章和寫上「布拉格‧王國之都」的裝飾。在其1樓有著PIS的❶。另外，舊市政廳裡有個小小禮拜堂，是最受布拉格民眾喜愛的結婚場所。

天文鐘 Orloj

| **Astronomical Clock** | Map P.51-D2 |

建造於15世紀，至今仍保持著當時的原貌，並且還繼續轉動著的天文鐘，就位於舊市政廳高塔的下方。這個天文鐘，上下有2個圓並列，2個時鐘分別以當時的宇宙觀（天動說），顯示天體的運轉和時間。

上面的圓稱為天象儀，用來顯示以地球為中心而繞行的太陽和月亮，以及其他的天體運轉，能顯示年月日和時間，繞行一圈要花上1年的時間；下面的圓稱為日曆盤，代表黃道12宮和四季農耕節氣，每天只會移動一點點。天象儀的兩側有人偶，象徵人的虛榮心、貪念、死神和異教徒的侵略等4個恐懼，而日曆盤兩側的人偶，則是代表歷史紀錄者、天使、天文學家、哲學家。

這個時鐘最有名的就是在9:00～21:00的這段時間，每個整點都會有人偶出現在窗口。當時間一到，天象儀兩側的死神就會讓時鐘發出聲響，就在鐘響的同時，耶穌的12位門徒會輪番出現在鐘塔上方的窗戶，時鐘最上方的雞一叫，就代表整點報時秀要結束了。每當快接近整點時，大家都會聚集在這個時鐘的前面。

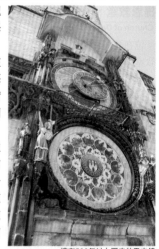
擁有500年以上歷史的天文鐘

聖尼古拉教堂 kostel sv. Mikuláše

Church of St. Nicholas　　　　　　　　　Map P.51-D2

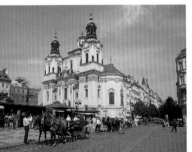

　　這座教堂位於舊城廣場西側，是一棟白色牆壁的巴洛克風格建築，教堂的設計師是波西米亞巴洛克風格建築的代表人物之一基利安・伊格納茨・丁岑霍費Kilián Ignác Dientzenhofer（1689～1751）。歷經多年的重建和改建，最後完成於18世紀初期。教堂的天花板，有著以聖尼古拉的生涯和聖經為題材的華麗繪畫，此外還有許多巴洛克風格的渾厚雕刻作品，現在成為胡斯派的教堂。由於教堂的音效很棒，夏夜裡這裡也成為小型音樂會的場地。

觀光馬車和聖尼古拉教堂

葛茲・金斯基宮 palác Kinských

Kinský Palace　　　　　　　　　　　　Map P.51-D2

　　和提恩教堂並列，面對著胡斯雕像，是一棟有著粉紅色裝飾的醒目建築物，優雅的洛可可風格建築，非常吸引眾人目光。這座宮殿是因葛茲伯爵的請託，在1755～1765年間建造，目前則成為國立美術館的企劃展場地之用。

石鐘之屋 dům u kamenného zvonu

House of the Stone Bell　　　　　　　　Map P.51-D2

　　座落於葛茲・金斯基宮和提恩教堂之間，乍看之下可能不是非常醒目，卻也是布拉格14世紀最具代表性的巴洛克風建築，非常珍貴。雖然建築物樸素不顯眼，卻為熱鬧的廣場帶來一絲幽靜感，而在建築物的角落有一個石鐘，也成為這棟建築物的命名由來。這裡也是布拉格市立美術館Galerie hlavního města Prahy企劃展的場地。

克萊門特學院 Klementinum

Clementinum　　　　　　　　　　　　　Map P.51-D2

　　萊門特學院位於查理大橋舊城那一側的橋旁，無視於胡斯派人馬日漸壯大的斐迪南一世Ferdinand I，想借用宗教勢力來對抗胡斯派，於是將天主教的耶穌會人馬請到了布拉格，於1556年創立修道院。

　　在哈布斯堡家族的特別保護下，於占地約2公頃的用地裡，相繼蓋了3座教堂，以及禮拜堂、圖書館、天文台等設施，最後成了建築規模僅次於布拉格城的巨大複合式建築。

　　這裡的修道院在1773年廢除，現在則作為捷克國立圖書館和國立技術圖書館之用。館內導覽的行程重點包括了壯觀的巴洛克風格的「圖書室」、鏡子禮拜堂和天文塔等地。鏡子禮拜堂來舉辦企劃音樂會。

◆聖尼古拉教堂
圖10:00～16:00
（彌撒為週日10:00～）
休無休

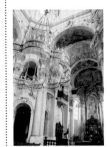
聖尼古拉教堂內部

◆國立美術館
（葛茲・金斯基宮內）
⊠Staroměstské nám.12,
　Praha 1
☎224-810-758
URLwww.ngprague.cz
圖10:00～18:00
休週一
圖大人　　　　　　50Kč
　兒童・學生　　　30Kč
※企劃展另外收費

◆石鐘之屋
⊠Staroměstské nám.13,
　Praha 1
☎224-828-245
圖10:00～20:00
URLwww.ghmp.cz（捷克語）
休週一
圖大人　　　　　　120Kč
　兒童・學生　　　60Kč

◆克萊門特學院
⊠Klementinum 190,
　Praha 1
☎222-220-879
URLwww.klementinum.com
圖4～10月　10:00～19:00
　11～3月　10:00～16:00
（導覽行程週一～四的每個整點，週五～日和3～10月，每隔30分鐘出發）
休無休
圖大人　　　　　　220Kč
　兒童・學生　　　140Kč

克萊門特學院

◆火藥塔

✉Na příkopě, Praha 1

4~9月	10:00~22:00
10・3月	10:00~20:00
11~2月	10:00~18:00

無休

大人　　　　　　75Kč

兒童・學生　　　55Kč

◆市民會館

✉nám. Republiky 5, Praha 1

☎222-002-101

🔗www.obecnidum.cz

10:00~20:00

（服務中心）

大人　　　　　290Kč

兒童・學生　　　240Kč

透過館內導覽可以看到史麥塔納廳和市長辦公室等許多美麗的房間，服務中心就在入口左側。導覽並非每天都有，最好要確認一下。

莫札特

Wolfgang Amadeus Mozart

（1756~1791）

奧地利出生的天才作曲家。從小父親就帶著他到歐洲各地去旅遊，在他短暫的生命中，曾四度到訪布拉格，他生命中的最後一次旅行，也是來到布拉格。莫札特第一次來到布拉格是在他31歲那一年，同年，他第二度造訪，並且在停留期間完成了《唐・喬凡尼》這部歌劇的創作，並選在莊園劇院首度公演，贏得布拉格市民熱烈好評。在這之前，莫札特所創作的歌劇《費加洛婚禮Le Nozze di Figaro》在全球各地成功上演，也在布拉格受到極大的歡迎，布拉格市委託莫札特再創作另一齣歌劇，《唐・喬凡尼》就是這樣誕生的。莫札特的作品和布拉格有深厚關係的，還有第38號交響曲《布拉格》（Symphonies No.38 "Prague"）。

◆莊園劇院

✉Ovocný trh 1, Praha 1

☎224-902-231

🔗www.narodni-divadlo.cz

這座劇院是在1783年，受諾斯第切伯爵Nostic的委託而興建的，起初叫做諾斯第切劇院 Nosticovo divadlo，後來也曾以捷克演員的名字，一度改名為堤勒劇院Tylovo divadlo。

火藥塔（火藥門）Prašná brána

Powder Tower　　　　　　　Map P.51-E2

順著舊城廣場往東延伸的Celetná（國王之路）直走，就位在道路的盡頭。這是一棟黑色外觀的哥德式風格建築，建造於1475年，原本是保護舊城城牆中唯一的一道門。17世紀時，這裡當作火藥庫使用，因此取名為火藥塔。目前所看到的樣貌是在19世紀末修復的，塔的高度為65m，內部也當作美術館使用。

市民會館 Obecní dům

Municipal House　　　　　　Map P.51-E2

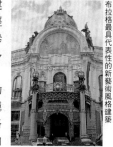

布拉格最具代表性的新藝術風格建築

在火藥塔旁，有一座豪華裝飾的建築物，那就是市民會館。這個地方曾經是歷代國王的宮廷，卻在17世紀後半慘遭祝融之災而付之一炬。之後歷經許多波折，在1911年建造了這座市民會館，主要用途是提供大眾服務和文化活動的舉辦，市民會館裡的史麥塔納廳Smetanová síň，也是音樂祭典「布拉格之春Pražské Jaro」的會場。此外，廳內還裝飾著慕夏Alfons Mucha等多位捷克知名的藝術家所設計的新藝術風格的華麗作品。

卡洛琳南大學 Karolinum

Carolinum　　　　　　　　　Map P.51-D2

卡洛琳南大學就在從舊城廣場往東南方向延伸的Železná旁，這裡是查理大學的本部。查理大學在1348年由查理四世Karel IV所創立，是東歐最古老的大學。當時的建築物現在幾乎完全看不到了，唯一保留下來的只有南邊有一個很大的哥德式風格的窗戶，而這個窗戶的設計師和設計聖維特大教堂katedrála sv. Víta（→P.62）以及查理大橋是同一人，皆出自建築師彼得・巴勒Petr Parléř之手，舊市政廳塔的禮拜堂的窗戶，也是他的作品。

莊園劇院 Stavovské divadlo

Estate Theatre　　　　　　Map P.51-D~E2

在卡洛琳南大學正面，有一座相當高雅的劇場。1787年10月29日，莫札特的《唐・喬凡尼Don Giovanni》在此首度演出而讓劇場聲名大噪。捷克電影導演米洛許・佛曼Miloš Forman所執導的《阿瑪迪斯Amadeus》，電影中的歌劇場景就是在這裡拍攝的。現在大家所看到的莊園劇院，是從1983年起花了5年的時間整修的成果。

查理街 Karlova

Charles Street　　　　　　Map P.51-D2

從舊城廣場走到查理大橋的一條狹窄彎曲的街道，現在這裡因為觀光客而相當熱鬧。這是一條自古就有的道路，沿途散

步可以欣賞街道兩旁的民宅徽章，以及不同的建築風格，中途會看到有一處民宅，裝飾著一個以金色的蛇捲成的漩渦狀徽章，那裡是布拉格第一間咖啡館「金色之蛇」的徽章。

查理大橋 Karlův most

Charles Bridge	Map P.50-C2

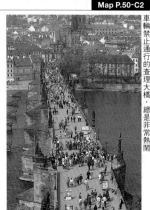
車輛禁止通行的查理大橋，總是非常熱鬧

橫跨伏爾塔瓦河，是布拉格最古老的石橋，由查理四世下令建造，於1357年開始動工，耗費將近60年才完成，是一座哥德式建築風格的美麗橋樑。這座橋樑出自於年僅27歲的天才建築師彼得‧巴勒Petr Parléř之手，整座橋全長520m、寬約10m，而橋樑兩側的欄杆有聖人雕像，相當引人注目。

成為查理大橋特殊景觀的聖人雕像一共有30座，創作取材於聖經、歷史上的聖人或是捷克的民族英雄等。在橋樑完成當時並沒有這些雕像，大約是在17～19世紀之間才慢慢加上去的，也因為如此，橋樑本身屬於哥德式建築，但大多數的雕像卻是充滿濃濃的巴洛克風格。

從舊城那側數過來，右邊第8座雕像是聖約翰‧聶波慕斯基Sv. Jan Nepomucký，這是第一座完成的雕像，製作於1683年。另外，從舊城那側走過來左邊第5座雕像，是很多人相當熟悉的聖人沙物略Francisco de Xavier，而支撐著沙物略的雕像人物當中，有許多的東方人物。

瓦次拉夫廣場 Václavské nám.

Wenceslas Square	Map P.51-E3

這裡是布拉格新城中最熱鬧的商圈，可以說是布拉格的銀座。這處廣場以前是馬市集，從地下鐵A、B線交錯的Můstek站一直到國立博物館Národní muzeum為止，全長約750m、寬60m，與其說這裡是廣場，倒不如說是大馬路來得更貼切。

在這處廣場最靠近博物館的地方有一座雕像，那是瓦次拉夫Václavské的騎馬雕像。瓦次拉夫是波西米亞第一個國王，傳說中他曾在遭遇困難時，讓沉睡在波西米亞中部某處洞穴的騎士兵團甦醒，率領他們擊退敵人。

這個廣場如今成了熱鬧的商圈，但這裡也是捷克民主化的歷史中非常重要的場所。1968年，為了壓制捷克的自由化路線，當時以蘇聯為中心的華沙公約國的軍隊，將戰車開進了瓦次拉夫廣場，使得「布拉格之春Pražské jaro」運動受到挫折。為了抗議，1969年1月，學生Jan Palach在瓦次拉夫騎馬雕像前引火自焚，而在這次事件發生的20年後，也就是1989年，100萬布拉格市民聚集在這座廣場，完成一項不流血的民主運動，那就是

◆舊城側的橋塔
Map P.50-C2
圖4～9月　10:00～22:00
　10‧3月　10:00～20:00
　11～2月　10:00～18:00
困無休
圖大人　　　　　75Kč
　兒童、學生　　55Kč

◆小區側的橋塔
Map P.50-C2
圖4～9月　10:00～22:00
　10‧3月　10:00～20:00
　11～2月　10:00～18:00
困無休
圖大人　　　　　75Kč
　兒童、學生　　55Kč
1樓有4～10月才營業的PIS❶。

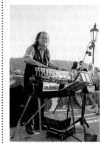
各式各樣的表演吸引觀光客的視線

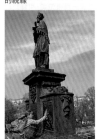
在聖約翰‧聶波慕斯基雕像的附近，有一個十字的金屬板，那是他倒地的地方，據說只要撫摸每一個星星，願望就能實現

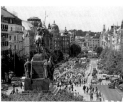
瓦次拉夫雕像俯瞰整座廣場

布拉格之春

1968年，在舊捷克斯洛伐克時期發起的政治改革運動的總稱。進入1960年代，捷克斯洛伐克國內，對於一直以來所採行的「史達林主義」的共產獨裁政治經濟體制出現了批判，改革派的勢力突起，認為國家應該朝向更自由的社會邁進。國內的保守派無法壓制改革派的勢力，1968年1月，保守派的共產黨總書記Antonín Novotný失去權力，改革派的杜布契克Alexander Dubček取而代之成為總書記，一口氣讓言論自由，並且朝讓許多民眾擁有更多權利和自由的方向邁進。但以蘇聯為首的東歐各國，擔心這股改革的浪潮也會朝向自己的國家而來，於是開始抨擊這項改革運動，並且在同年8月21日，華沙公約的締結國家決定出兵，以軍事行動阻止捷克的這項民主革命。舊蘇聯軍隊直接將戰車開進瓦次拉夫廣場並強行占據，稱為「捷克事件」，一位捷克學生Jan Palach因而自焚抗議。這場捷克斯洛伐克爭取自由的革命「布拉格之春」，最後還是沒能開花結果。

絲絨革命

1989年11月，在舊捷克斯洛伐克發生一場學生要求民主的大規模示威，引發該國共產政權瓦解的歷史事件。這場革命沒有流血就成功，因此取名為「絲絨革命」。在「布拉格之春」的運動中，積極參與推動改革的編劇家瓦茨拉夫‧哈維爾Václav Havel就任為該國總統，捷克這次終於將真正的自由和權利，爭取到手。

◆國家劇院
✉Ostrovní 1, Praha 1
☎224-901-448
🔗www.narodni-divadlo.cz
🎫售票處
　10:00～18:00

◆國家歌劇院
✉Wilsonova 4, Praha 1
☎224-901-448
🔗www.narodni-divadlo.cz
🎫售票處
　10:00～18:00
　（開演前45分鐘才開賣）

「絲絨革命Sametová revoluce」，一個全新時代就此揭開序幕。

過去，捷克脫離奧地利而獨立的紀念日，布拉格市民也會聚集在這座廣場，而歷經多次革命性歷史事件的這處廣場，留下了背負著苦難歷史的捷克人精神。

納普里科普大街 Na příkopě

Na príkope Street	Map P.51-E2

這是與瓦次拉夫廣場成L字形交叉的大馬路，在這條路上有捷克國營旅行社Čedok總店、銀行，以及咖啡館或是電影院、書店、玻璃藝術品店等，各種商店林立。其實這條大馬路，曾經是為了保護舊城區而挖掘的護城河所在地，1760年左右護城河被填平，蓋了這條大馬路。Na příkopě這句話，在捷克語中就是「在護城河之上」的意思。

國家劇院 Národní divadlo

National Theatre	Map P.50-C3

捷克人基於自我認同所建造的劇場，堪稱是捷克文藝復興的象徵，建立於新城區的伏爾塔瓦河旁。

捷克在被德國統治時期，民眾被強制要求說德語，不能自由說捷克語，當時捷克民眾想要建立一個屬於自己的劇場。1849年國家劇院建設委員會成立，開始在捷克各地進行募款，當時和德國站在同一陣線的捷克人則拒絕出錢。

這座劇場以「屬於捷克人說捷克語的舞台」這樣的標語，收到來自捷克各地民眾的捐款，並且順利在1881年落成，但就在落成儀式舉行前，卻被無情大火吞噬。為此，再度進行熱心募款，終於在2年後，也就是1883年重建完成。

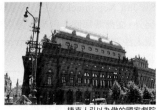
捷克人引以為傲的國家劇院

這座劇場出自於捷克建築師約瑟夫‧希德克Josef Zitek之手，內部的裝飾也全都是捷克藝術家的作品。舞台的正上方刻著金色的文字，上面寫著「全體國民為了自己而造」。世界知名的作曲家史麥塔納Bedřich Smetana，也將此納入他的歌劇創作《李布謝Libuše》中。

國家歌劇院 Státní opera

State Opera	Map P.51-E～F3

位於布拉格中央車站Praha-hlavní nádraží和國立博物館之間，原本是要和國家劇院相抗衡，德國人暗地裡打著「德國人的劇場」這樣的口號所興建的劇院，因此也被稱為德國劇場。

現在所看到的劇院是在1960～1970年代之間，全面改建後的風貌，因此名稱也改為國家歌劇院。相較於國家劇院上演的戲劇是以捷克人表演自己的創作為主，國家歌劇院則是將演出重點放在世界各國的作品。

國立博物館 Národní muzeum

National Museum	Map P.51-E3～4

　位在地下鐵Muzeum站的正上方、瓦次拉夫廣場的南端，是捷克最大的綜合博物館。館內相當寬敞，展示內容包括了古代歷史、礦物、化石和動物標本等等。美麗挑高的大廳以及豪華的室內裝飾，也是博物館迷人之處。

慕夏美術館 Muchovo muzeum

Mucha Museum	Map P.51-E2

　新藝術風格的代表畫家，在台灣也相當受到歡迎的慕夏Alfons Mucha（1860～1939）是捷克人，他在巴黎時代所發表的作品聞名世界，或許慕夏這個稱呼，會比他的捷克發音Muchovo更讓人熟悉。1998年開幕的這座美術館，展示的畫作大多都是慕夏的家族所保管，鮮少出現在世人眼前的作品。最讓人印象深刻的是他在巴黎和美國嶄露頭角後，於1910年回到故鄉捷克的創作系列，包括了地方展示會的海報、奧匈帝國時代為了募集捷克語教育資金的海報等等，他都參與製作。從這些作品裡，能看到慕夏的愛國情操。

史麥塔納博物館 muzeum Bedřicha Smetany

Bedřich Smetana Museum	Map P.50-C2

　展示捷克最偉大的作曲家史麥塔納相關資料的博物館，就坐落於查理大橋舊城那頭的橋旁南側，史麥塔納最愛的伏爾塔瓦河就流經博物館旁。他在1863～1869年曾住在這裡，並且寫下了《被出賣的新娘Prodaná nevěsta》和《達利波Dalibor》等曲子。

德弗札克博物館 muzeum Antonína Dvořáka

Antonín Dvořák Museum	Map P.51-E4

　這是與史麥塔納同列為捷克最具代表性作曲家德弗札克Antonín Dvořák的資料館，由建築師基利安・伊格納茨・丁岑霍費Kilián Ignác Dientzenhofer於1720年建造，屬於巴洛克風格的美麗建築。館內展示

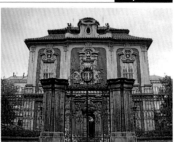

也稱為Villa Amerika的美麗建築

了德弗札克所使用過的鋼琴、中提琴等樂器，還有他的書桌和親筆譜寫的樂譜。

查理廣場 Karlovo nám.

Charles Square	Map P.51-D4

　這座廣場位於瓦次拉夫廣場的西南方，寬約50m，長約150m。這裡當初在查理四世規劃下，一度是牛的市集，現在的樣貌是以19世紀當時所打造的公園為主，給人一種恬靜的感覺。

◆國立博物館
⊠Václavské nám. 68, Praha 1
TEL224-497-111
URLwww.nm.cz
⏰10:00～18:00
　（每月第1個週三～20:00）
🚫每月第1個週二
💰大人　　　　　200Kč
　兒童、學生　　150Kč
　（每月第1個週一免費）

◆慕夏美術館
⊠Panská 7, Praha 1
TEL224-216-415
URLwww.mucha.cz
⏰10:00～18:00　🚫無休
💰大人　　　　　180Kč
　兒童、學生　　120Kč

◆史麥塔納博物館
⊠Novotného lávka 1, Praha 1
TEL222-220-082
URLwww.nm.cz
⏰10:00～17:00　🚫週二
💰大人　　　　　50Kč
　兒童、學生　　25Kč

史麥塔納
Bedřich Smetana（1824～1884）
　捷克最具代表性的作曲家。他從小就展露音樂才華，一度在維也納相當活躍，隨後返回捷克。史麥塔納透過音樂，展現出他對於捷克獨立，以及民族復興運動的熱誠，他熱愛自己的國家和音樂，「捷克人的生命在音樂裡」這句話是他人生的座右銘。在國家劇院上演的第一部戲劇《李布謝Libuše》，堪稱是捷克民族的代表戲劇，是他在1872年所編寫的。
　史麥塔納的音樂創作中，《我的祖國Má vlast》是最負盛名的代表作，這是他晚年聽力喪失後的作品，可惜自己卻從來沒聽過。

◆德弗札克博物館
⊠Ke Karlovu 20, Praha 2
TEL224-918-013
URLwww.nm.cz
⏰10:00～13:30、
　14:00～17:00
🚫週一
💰大人　　　　　50Kč
　兒童、學生　　25Kč

德弗札克

Antonín Dvořák (1841～1904)

捷克所孕育的浪漫派作曲家。德弗札克出生於波西米亞的一個貧窮村落，老家經營肉舖，他是家中的長男。德弗札克在16歲時進入布拉格的音樂學校，讓他在音樂方面的才能得以開花，1873年以一首愛國詩《白山的繼承者Dědicové bílé hory》而獲得大成功，奠定了他作曲家的地位，隨後獲得獎學金前往維也納深造。1892～1895年，德弗札克在紐約的音樂學院任教，1901年出任布拉格音樂學院的院長。1904年過世時以國葬的方式下葬，並且埋葬於高堡Vyšehard(→P.66)。

回顧德弗札克的一生，他是一位偉大作曲家，代表作品有《斯拉夫舞曲Slovanské tance》、《新世界交響曲Z nového světa》、《大提琴協奏曲Violoncellový koncert》等。

◆**聖西里爾與聖美索迪尤斯教堂**

✉Resslova 9a, Praha 2
☎224-916-100
🕐10:00～17:00
🚫週一、11～2月的週日
💴大人　　　　75Kč
　兒童、學生　　35Kč

◆**猶太教堂的入場費和門票**

舊新猶太教堂以外的所有猶太教堂，如今成為博物館對外開放，可以持共通的門票入內參觀。門票可至各猶太教堂的售票窗口購買。

預約中心

Map P.51-D1
✉U Starého hřbitova 3a, Praha 1
☎222-317-191
🌐www.jewishmuseum.cz
💴**舊新猶太教堂**
　大人　　　　200Kč
　兒童、學生　　140Kč
猶太博物館
　大人　　　　300Kč
　兒童、學生　　200Kč

◆**猶太教堂的開館時間**

🕐夏季　　9:00～18:00
　冬季　　9:00～16:30
🚫週六、猶太的節日

基本上這些猶太教堂都是共通的，舊新猶太教堂直到現在還具有猶太教堂的機能，每逢週五猶太教徒因為要做禮拜，因此觀光客無法入內。

聖西里爾與聖美索迪尤斯教堂 kostel sv. Cyrila a Metoděje

Church of SS. Cyril & Methodius　　　　　　Map P.51-D4

在查理廣場西側的Resslova旁，有一座18世紀打造的巴洛克風格的教堂。聖西里爾與聖美索迪尤是一對在希臘出生的兄弟，在860年時於摩拉維亞地區Morava宣傳基督教，不過這座教堂之所以會眾所周知，是因為這裡是當初對抗德國納粹的捷克反抗人士最後藏身之處。

1942年，殺害希特勒親信萊因哈德•海德里希Reinhard Tristan Eugen Heydrich的反抗運動人士，躲在這個教堂的地下禮拜堂，沒過多久他們的蹤跡就被納粹發現，並且全都被處死。當時德國納粹對於萊因哈德•海德里希傷害感到相當震怒，而事件發生的村落，所有的男人都被處死，女人和小孩則被送往集中營。得知捷克反抗人士躲在該處教堂的德軍，將整座教堂團團包圍，展開激烈的槍戰。這場戰役的槍彈痕跡，至今仍留在教堂的牆壁上，清晰可見。

舊新猶太教堂 Staronová synagóga

Old-New Synagogue　　　　　　　　　　　　Map P.51-D1

這座教堂就位於Pařížská路要進入Červená路的地方，是1270年左右建造，歐洲最古老的猶太教堂（猶太教徒的集會場所）。這座教堂是初期的哥德式建築，教堂裡的五角形柱子延伸為弓狀的樑，非常別緻，教堂裡還展示了猶太教祭司所坐的椅子以及猶太教的旗幟等。

梅瑟猶太教堂 Maiselova synagóga

Maisel Synagogue　　　　　　　　　　　　　Map P.51-D2

16世紀後半，獲得神聖羅馬帝國魯道夫二世（Rudolf II）皇帝的許可，由當時的地區行政最高首長梅瑟Mordechaj Maisel（1582～1601）個人所建。目前教堂內展示了捷克猶太民族的歷史以及學術資料，還有銀器、書籍等，以及和猶太民族相關的物品。

西班牙猶太教堂 Španělská synagóga

Spanish Synagogue　　　　　　　　　　　　Map P.51-D1

這座教堂就位於布拉格第一座猶太教堂的遺址上，目前大家所看到的教堂，是在1868年重新建造的。由於外觀很像西班牙的阿罕布拉宮Alhambra，因而得名，內牆以金飾所打造的阿拉伯裝飾花紋，非常壯觀。

平卡斯猶太教堂 Pinkasova synagóga

Pinkas Synagogue　　　　　　　　　　　　　Map P.51-D2

位於舊猶太墓園的南側，是布拉格第2古老的猶太教堂，這座教堂是在15世紀後半，由猶太教祭司平卡斯Pinkasova所建造。在教堂內的一面牆上，刻上了大約8萬名慘遭納粹殺害的猶太人姓名、死亡年月日以及死亡地點。

舊猶太人墓園 Starý Židovský Hřbitov

Old Jewish Cemetery | Map P.51-D1

出了平卡斯猶太教堂後，就是舊猶太人墓園的入口，在狹窄的墓地裡，堆滿了1萬2000座墓碑，瀰漫著一股弔詭的氣氛。這裡最古老的墓碑是1439年所埋葬的，1787年這座猶太人墓園遭到廢止，之後就沒有猶太人被埋葬於此。

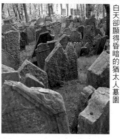
白天卻顯得昏暗的猶太人墓園

克勞森猶太教堂 Klausová synagóga

Klausen Synagogue | Map P.51-D1

位於舊猶太人墓園的出口附近的猶太教堂，克勞森猶太教堂是猶太人街上最大的猶太教堂，同時也扮演著猶太人墓園的重要據點，現在教堂裡展示著與猶太人的傳統或生活習慣相關的物品。

儀式之家 Obřadní síň

Celemonial Hall | Map P.51-D1

位於舊猶太人墓園的出口附近，這棟建築物是在1912年建造，主要是作為舉辦儀式之用，同時也是停放屍體的地方。這裡現在是猶太教堂參觀行程的最後一站，展示著與猶太人的傳統和生活習慣以及疾病、死亡或墓葬等相關文物。

美術工藝博物館 Uměleckoprůmyslové muzeum

Museum of Decorative Arts | Map P.51-D1

在舊猶太人墓園的西邊，面對17. Listopadu而建，是一棟文藝復興風格的建築物，最大的特色在於收藏了16～19世紀波西米亞和威尼斯的玻璃製品，無論是質或是量都堪稱世界最高水準。此外，館內收藏的陶瓷品、染織布、家具等，也都很值得一看。

聖阿尼絲女修道院 klášter sv. Anežský

Convent of St. Agnes Bohemia | Map P.51-D～E1

建造於1230年，是布拉格最古老的哥德式建築之一，有2座教堂和修道院相連，是一座相當雄偉的建築物。聖阿尼絲是瓦次拉夫一世Václav I的妹妹，是將聖方濟會和佳蘭修女會帶進布拉格的聖人。目前這裡面被當作國立美術館的中世紀展示區以及音樂廳使用。

藝術家之家（魯道夫宮）dům Umělců (Rudolfinum)

Rudolfinum | Map P.51-D1

建造於19世紀後半，大約花了10年的時間，是一棟文藝復興風格的代表性建築物。裡面除了有「布拉格之春」音樂祭典的主要會場Dvořákva síň外，還有其他大小不同的音樂廳以及美術館，目前也是布拉格交響樂團的根據地。

猶太人街

猶太人區是布拉格的猶太人聚集之地。所謂的猶太人街，指的是准許猶太教徒居住的固定區域，以往猶太教徒被隔離在某個地方居住，而且禁止擁有土地，在漫長的歷史中受到差別待遇。

19世紀中葉，這個地區被認為是布拉格市的一部分，市政府將當地的狹窄道路和不衛生的建築物拆除，重新規劃。

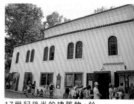
17世紀後半的建築物，於1880年改建完成的克勞森猶太教堂

◆美術工藝博物館
✉17. Listopadu 2, Praha 1
☎251-093-111
🔗www.upm.cz
🕐週二　　　10:00～19:00
　週三～日　10:00～18:00
✕週一
💰大人　　　120Kč
　兒童、學生　70Kč
可付費租借英語語音導覽。

◆聖阿尼絲女修道院
✉U milosrdných 17, Praha 1
☎224-810-628
🔗www.ngprague.cz
🕐10:00～18:00
✕週一
💰大人　　　150Kč
　兒童、學生　80Kč

◆藝術家之家
✉Alšovo 12, Praha 1
☎227-059-309
🔗www.galerierudolfinum.cz
🕐週二・三・五～日
　　　　　　10:00～17:30
　週四　　　10:00～19:30
✕週一
💰大人　　　80Kč～
　兒童、學生　50Kč～

◆◆◆◆◆◆◆◆◆◆布拉格西岸的主要景點◆◆◆◆◆◆◆◆◆◆

布拉格城 Pražský hrad

Prague Castle | Map P.48-C2～3、P.50-B1

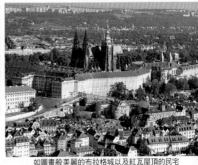

如同畫般美麗的布拉格城以及紅瓦屋頂的民宅

<table>
<tr><td colspan="2">

如何前往布拉格城

從東岸前往

①穿越查理大橋，經過聖尼古拉教堂爬上Nerudova路的斜坡，途中往右轉爬上了Ke Hradu路，就能抵達城堡區廣場。

②在Nerudova路的中途轉入右手邊的Zámecká路爬上新登城道Zám. schody的階梯

搭乘地下鐵或路面電車

① 搭乘地下鐵Ａ線在Malostranská站下車，往舊登城道Staré zám. schody走上去

② 搭乘路面電車22號在Pražský hrad下車。

◆布拉格城

TEL224-373-368

URLwww.hrad.cz

開4～10月　　9:00～17:00

　11～3月　　9:00～16:00

休無休

費長行程（聖維特大教堂、舊皇宮、布拉格城的展示、聖喬治教堂、黃金巷、達利波塔、皇宮美術館、火藥塔、羅森堡宮）

大人　　　　350Kč

兒童、學生　175Kč

短行程（聖維特大教堂、舊皇宮、聖喬治教堂、黃金巷、達利波塔）

大人　　　　250Kč

兒童、學生　125Kč

購買門票

第二中庭的售票處以及聖維特大教堂對面的❶，都可以買到門票。

</td></tr>
</table>

　　布拉格城位於伏爾塔瓦河西岸小山丘上的城堡區Hradčany，能俯瞰布拉格街道，是歷代國王的住所，同時也是布拉格市的象徵。這座城堡從9世紀開始建造，隨後經過時代變遷，14世紀在查理四世的統治下，才有了現在的雄偉風貌。被城牆圍繞的廣大占地內，有舊皇宮、宮殿、教堂和修道院等。此外，部分的建築物如今也成了博物館和美術館。

　　城堡正門是從布拉格城西南方，也就是城堡區廣場的第一個中庭進入，正門兩側擺置了2座充滿力量的雕像「搏鬥的巨人們」，這是18世紀後半，由雕刻家普雷Ignaz Plazer所打造（目前看到的是在20世紀初期的複製品）。

　　在這個門的兩側有衛兵站崗，每個整點可以看到衛兵的交班儀式，尤其是每天中午的那一場儀式，還有樂隊一起演出，相當壯觀。如果想要拍照留念，建議遊客最好早點去站在前排的位置。

　　城裡有郵局、可以索取城內簡單地圖的❶、咖啡館、餐廳和商點等。

聖維特大教堂 katedrála sv. Víta

St. Vitus's Cathedral | Map P.62

　　穿越第二中庭的門，進入第三中庭時，眼前出現了一座相當

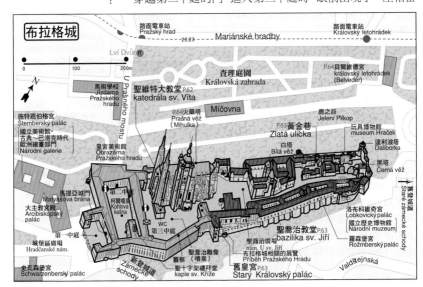

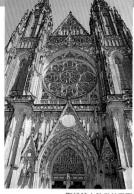

雄偉又充滿魄力的聖維特大教堂。尖塔高96.6m，內部寬60m，教堂深度有124m，這座教堂是布拉格哥德式建築的代表。從東岸遠眺布拉格城，首先映入眼簾的就是這座教堂的2座尖塔。

這座教堂的前身是在930年建造，當時是圓筒形的樸素設計，屬典型的仿羅馬式建築。中間經過數度改建，於1344年進行的大規模改建工程後，這座教堂才轉變

聖維特大教堂的正面

為今日大家看到的雄偉哥德式樣貌，最後完成時已經是20世紀初期。

踏進大教堂的內部，可以看到好幾座非常漂亮的彩色玻璃工藝品。左側入口的第3座，是出生於捷克新藝術代表畫家慕夏Alfons Mucha的作品。

舊皇宮 Starý Královský palác

Old Royal Palace `Map P.62`

當聖維特教堂在左側時，站在第三中庭，正面所看到的就是舊皇宮。其實一直到16世紀為止，這裡是歷代國王的皇宮。

從入口進去的左側房間，取名為「綠色房間」，現在成了賣店，販售紀念品、書籍等商品。而繼續往裡走，會看到維拉迪斯拉夫大廳Vladislavský sál，這裡曾是歐洲最大的大廳，無論是騎士的馬上競技或加冕等國家重大儀式，都選在這裡舉行。1934年的總統大選投票，也是在這裡進行。由肋骨形狀的樑所支撐的拱型天花板，令人印象深刻。

而在大廳的後面有全聖人禮拜堂Kostel Všech svatých。

聖喬治教堂 bazilika sv. Jiří

Basilica of St. George `Map P.62`

穿越舊皇宮和聖維特大教堂之間，就來到了聖喬治廣場nám. U sv. Jiří。廣場北側的聖喬治教堂於920年完成，可說是布拉格城內最古老的教堂，2座白色尖塔相當醒目，其美麗程度在布拉格所有仿羅馬式的建築物中數一數二。教堂的音響設備很棒，「布拉格之春」音樂祭典等的音樂會也在此舉行。

黃金巷 Zlatá ulička

Golden Lane `Map P.62`

經過聖喬治教堂往下坡的方向前進時，中途會看到左邊有一條小巷子，走進這條小徑時，則有一條各種顏色小房子並列的小路，這裡就是所謂的黃金巷。

這裡於1597年建造，當時是隨從和僕人居住的地方，而其中一角是鍊金術師的住所，因而得名。黃金巷的建築物都很狹窄，就連入口都要委身才能進入。現在這裡的房屋，都成了一間間的商店。

◆布拉格城內設施的開館時間
舊皇宮、布拉格城的相關展覽、聖喬治教堂、黃金巷、達利波塔、火藥塔、皇宮美術館等都一樣。

◆聖維特大教堂
URLwww.katedralasvatehovita.cz
圓週一～六　　9:00～18:00
　週日　　　　12:00～18:00
休無休　費部分免費

◆聖維特大教堂的南大塔
圓10:00～18:00
休無休
費150Kč

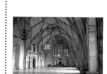

舊皇宮的維拉迪斯拉夫大廳

布拉格城內及其周邊的博物館和美術館

◆國立美術館
（施特恩伯格宮Štemberský palác）
`Map P.62`
⊠Hradčanské nám. 15, Praha 1
☎233-090-570
URLwww.ngprague.cz
圓10:00～18:00
休週一
費大人　　　　150Kč
　學生　　　　　80Kč
從城堡區廣場的左側拱型門進入後，就會看到。宮殿內成為國立美術館的一個部門，收藏著14～18世紀的歐洲繪畫。

◆洛布科維奇宮
Lobkovický palác
`Map P.62`
⊠Jiřská 3, Praha 1
☎233-312-925
URLwww.lobkowicz.cz
圓10:00～18:00
休無休
費大人　　　　275Kč
　學生　　　　200Kč
展示著捷克最有勢力的貴族洛布科維奇家族Lobkovický的收藏品，包括了布勒哲爾Pieter Bruegel de Oude、魯本斯Peter Paul Rubens等巨匠的作品，還有貝多芬和莫札特等人的親筆樂譜，收藏的藝術品相當多元。

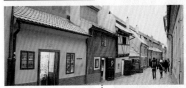

在這條小巷子的中間有一座小屋，藍色牆上寫著No.22，捷克作家卡夫卡Franz Kafka（1883～1924）曾在1916年的11月來此居住半年左右，而如今這間小屋，販售著卡夫卡相關資料和書籍。

藍色的牆壁是卡夫卡之家的標記

◆玩具博物館
Map P.62
✉Jiřská 6, Praha 1
☎224-372-294
🕐9:30～17:30 休無休
💰大人 70Kč
　兒童 30Kč

19世紀～20世紀前半的玩具，大多聚集於此，收藏了古典偶偶、車站、汽車模型以及軍隊人偶。

成排的娃娃令人著迷

達利波塔 Daliborka

穿過黃金巷順著階梯往下走，會來到達利波塔。這裡是中世紀時代的監獄，小提琴名家達利波被關在這裡，史麥塔納Bedřich Smetana的歌劇《達利波Dalibor》，就是以他的故事為題材所創作的。

火藥塔 Prašná věž

Powder Tower　　　　　　　　　　　Map P.62

在聖維特大教堂的北側有一個小小的出入口，從這裡進去，就可前往曾經是布拉格城彈藥庫的火藥塔，現在成了軍事歷史博物館Vojenský Historický Ústav。這裡不但有文藝復興時代用於科學實驗的各種道具，還有與鍊金術有關的展示，令人充滿興趣。

在布拉格城裡還有白塔Bílá věž、黑塔Černá věž等高塔，無論哪一座塔，當初都是為了軍事目的所建造，平常這裡和達利波塔一樣，當作監獄之用。

貝爾維德宮 královský letohrádek (Belvedér)

Belvedér　　　　　　　　　　　　　Map P.62

穿越第二中庭北側的門，有一處叫做鹿之谷Jelení Příkop的地方，通過橫跨鹿之谷的火藥橋Prašný most，廣大的查理庭園Královská Zahrada就在其右側，庭園裡的貝爾維德宮是國王夏天的離宮。

羅瑞塔教堂 Loreta

Loreto　　　　　　　　　　　　Map P.50-A2

1626年建造的這座教堂是基督教的聖地，進入13世紀後，最後的十字軍出發，天主教為了擴大勢力，在波西米亞的各地興建教堂。他們以巴勒斯坦的聖母馬利亞的神聖之家Santa Casa，被天使移到義大利羅瑞塔村這個傳說為背景，仿造了神聖之家。而在這些教堂中，羅瑞塔教堂不但是最古老的一個，更是布拉格最美的教堂。

被2層樓的迴廊所包圍的中庭，有一棟建築物，那就是神聖之家，裡面有一座以杉木做成的聖母馬利亞雕像，以及銀製的祭壇等。迴廊2樓有個寶物室，展示著宗教儀式舉行時所使用的道具，其中最值得一看的就是1699年製造的聖體顯示台，上面鑲了6222顆鑽石，光彩奪目。

聳立於入口的高塔上有27個鐘，每個整點時都會響起「聖母馬利亞之歌」（過往的巡禮之歌）。

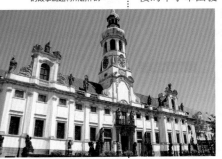

美麗的羅瑞塔教堂

◆羅瑞塔教堂
✉Loretánské nám. 7, Praha 1
☎220-516-740
🔗www.loreta.cz
🕐夏季　　9:00～12:15、
　　　　　13:00～17:00
　冬季　　9:30～12:15、
　　　　　13:00～16:00
休週一
💰大人　　　　130Kč
　兒童、學生　100Kč

史特拉霍夫修道院 Strahovský klášter

Strahov Monastery `Map P.50-A2`

　　美麗的白色牆壁搭配紅色的屋頂，以及巴洛克風格的2根尖塔，這就是史特拉霍夫修道院給人的印象。這裡位於布拉格城的西南方，直線距離約1km處。

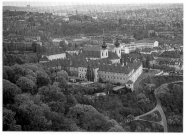
完整保存中世紀圖書室的史特拉霍夫修道院

　　1140年建造的這棟建築物，既是修道院也是博物館，其中一部分區域對外開放。最棒的是，裡面的圖書室至今仍保留著中世紀當時的原貌，可惜的是圖書室並不對外開放，只能站在入口眺望室內。「哲學之室」裡的書架看起來有2層樓高，書籍井然有序地排列著，藏書量令人咋舌。天花板以壁畫裝飾，擺放著大型天球儀和地球儀的「神學之室」更令人感到震撼。

小區廣場 Malostranské nám.

Little Quarter Square `Map P.50-B2`

　　以西岸小區Malá Strana為中心的廣場，這裡在1257年開幕之初是一個食物市集。小區廣場相當寬敞，將聖尼古拉教堂包圍住。

　　廣場的西邊有個圓柱，被稱為「瘟疫之柱」，是為了紀念18世紀初期，曾在布拉格大流行的瘟疫終於結束而建。

　　廣場北邊的大型建築物是列支敦士登宮Lichtenštejnský palác，那是在白山戰役（→P.53邊欄）中獲得勝利、將捷克貴族處以死刑的卡爾一世Karl I. von Liechtenstein居住的地方。

聖尼古拉教堂 kostel sv. Mikuláše

Church of St. Nicholas `Map P.50-B2`

　　就在小區廣場正中央，可說是小區的中心教堂。建造於13世紀後半左右的這座教堂，當初是哥德式建築，在18世紀前期改建成現在大家所見到的華麗又壯觀的巴洛克風格教堂。內部的裝潢也相當華麗，圓形的天花板上，以壁畫的方式描繪了「聖三位一體慶祝典禮盛況」，集結當時頂尖技術所創造的裝飾藝術，令人嘆為觀止。

　　另外，莫札特在1787年曾在這座教堂演奏過管風琴，而當他過世時，率先全球的追悼彌撒，就是在這座教堂進行的。由於教堂的音響效果很棒，夏天的傍晚，這裡經常會舉行迷你音樂會。

佩特辛公園 Petřínské sady

Petřín Park `Map P.50-A～B2～4`

　　從東岸往西岸看過去，在布拉格城左側，有一大片綠意盎然的山丘，這座綠色山丘面向伏爾塔瓦河這一側，是一片寬敞的

◆史特拉霍夫修道院
⊠Strahovské nádvoří
　1/132, Praha 1
☎233-107-718
URL www.strahovskyklaster.cz
◷9:00～12:00、
　13:00～17:00
休無休
費大人80Kč 學生50Kč

◆聖尼古拉教堂
⊠Malostranské nám.,
　Praha 1
☎257-534-215
URL www.stnicholas.cz
◷3～10月　　9:00～17:00
　11～2月　　9:00～16:00
休無休
費大人70Kč 學生35Kč

◆纜車
Map P.50-B3
◷9:00～23:30之間，每10～15分鐘一班。
費車票與市區的交通工具共通（→P.45～）
　搭乘路面電車6、9、12、20、22號車在Újezd下車，在最頂端有一個關於纜車歷史的小型博物館，可以免費參觀。

◆佩特辛公園的瞭望台
Map P.50-A3
☎257-320-112
◷4～9月　　10:00～22:00
　10・3月　　10:00～20:00
　11～2月　　10:00～18:00
休無休
費大人　　　　　105Kč
　兒童、學生　　 55Kč
　電梯　　　　　 55Kč

◆鏡子迷宮
Map P.50-A3
☎257-315-112
◷4～9月　　10:00～22:00
　10・3月　　10:00～20:00
　11～2月　　10:00～18:00
休無休
費大人　　　　　 75Kč
　兒童、學生　　 55Kč

◆聖勞倫斯教堂
Map P.50-A3
⊠Petřín, Praha 1

18世紀後半建造的巴洛克風格教堂，在入口處左側的Calvary禮拜堂裡，裝飾著描繪基督復活的灰泥彩畫裝飾（→P.54邊欄）。

◆天文台
Map P.50-B3
⊠Petřín 205, Praha 1
☎257-320-540
URLwww.observatory.cz
圖4‧5月
　週二～五 14:00～19:00、
　　　　　 21:00～23:00
　週六‧日 11:00～19:00、
　　　　　 21:00～23:00
6～9月
　週一～五 14:00～18:00、
　　　　　 20:00～23:00
　週六‧日 11:00～18:00、
　　　　　 20:00～23:00
10‧3月
　週二～五 19:00～21:00
　週六‧日 11:00～18:00、
　　　　　 19:00～21:00
11～2月
　週二～五 18:00～20:00
　週六‧日 11:00～20:00
困10～3月的週一
圖大人　　　　 55Kč～
　兒童‧學生　 40Kč～

如何前往高堡

🚇搭乘地下鐵C線在Vyšehrad站車，出了地面後，來到文化宮殿Palác Kultury旁的廣場往西（往伏爾塔瓦河）走，會看到老舊的城門，裡面是一座公園，隨時都可以進去。

◆高堡的ℹ
Map P.49-D5
☎241-410-348
URLwww.praha-vysehrad.cz
圖4～10月　　 9:30～18:00
　11～3月　　 9:30～17:00
困無休

◆高堡墓地
Map P.49-D5
圖3‧4‧10月　 8:00～18:00
　5～9月　　　8:00～19:00
　11～2月　　 8:00～17:00

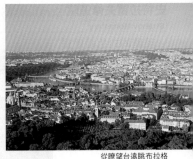

從瞭望台遠眺布拉格

公園，同時也是布拉格市民休憩的最佳去處。在山丘頂端，有一處可以眺望布拉格市的觀景台Rozhledna，以及有著美麗白牆的聖勞倫斯教堂kostel sv. Vavřinec，還有大人小孩都愛的鏡子迷宮Zrcadlové bludiště，以及天文台Hvězdárna。

可以搭纜車到山丘的最高點，中途可在Nebozízek車站停車，這裡有餐廳，天氣好的話可以遠眺布拉格，同時享用美食。

在佩特辛公園的西側，順著道路的石牆，延伸到了史特拉霍夫修道院。從1360年開始花了2年的時間，建造了全長1200m的牆壁，而這座牆壁稱為飢餓之牆Hladová zed'，因為當時的查理四世為了救助窮困、飢餓的民眾，讓這群貧民興建這座牆，並且給了他們工資。

◆◆◆◆◆◆◆◆◆◆ 布拉格其他景點 ◆◆◆◆◆◆◆◆◆

高堡 Vyšehrad

Vysehrad	Map P.49-D5

相傳在7世紀時，王妃李布謝Libuše曾這麼說：「那裡將會是個富裕繁榮的國家。」當時她是這麼預言布拉格的繁榮。據說李布謝當時就居住在高堡裡（布拉格舊城）。

高堡位於面向伏爾塔瓦河的岩山山頂，雖然現在這裡已經看不到當時的風貌，但整個區域成了一處公園，可以沿著城堡的遺跡繞行。這裡所殘留的最古老建築是聖馬丁大教堂的圓形塔rotunda sv. Martina，而圓形塔就在K Rotundě路和V Pevnosi路交會處。據說這裡建於1100年，是布拉格最古老的仿羅馬式建築之一。

另外，作曲家史麥塔納（→P.59邊欄）、德弗札克（→P.60邊欄）、畫家慕夏（→P.59）等對捷克文化有貢獻的知名人，都長眠與此。聳立在旁邊的聖彼得與聖保羅大教堂chrám sv. Petra a Pavla，則靜靜守護著埋葬於此的這些人。

史麥塔納所創造的交響曲《我的祖國Má vlast》，其第一樂章〈高堡Vyšehrad〉就是在歌詠這個地方，這裡也可以說是捷克人心靈所歸之處。讓思緒沉浸在傳說裡，花點時間在這裡悠哉的散步吧。

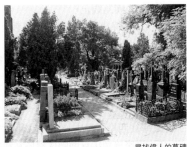

尋找偉人的墓碑

莫札特紀念館 Bertramka

| Mozart Museum | Map P.50-A5 |

這裡是作曲家莫札特到訪布拉格時，經常下榻的地方。1787年在莊園劇院Stavovské divadlo（→P.56）首度公演的歌劇《唐·喬凡尼Don Giovanni》的序曲，就是在這裡創作的，而完成的日期，竟然是在公演的前一天，據說發給管弦樂團的樂譜，上面的筆墨都還沒完全乾。現在這裡成為莫札特紀念館並對外開放，展示著莫札特曾在諾斯第切宮Nostický palác演奏過的大鍵琴、信件等複製品。

特洛亞城 Trojský zámeku

| Troja Palace |

在布拉格市北方的郊區，有一處貴族居住的城堡遺跡，是座典型的巴洛克風格建築，並配上城堡裡的華麗庭園。現在，城堡內成為布拉格市的美術館對外開放，裡面展示了許多19世紀的美

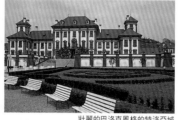

壯麗的巴洛克風格的特洛亞城

術作品或波西米亞玻璃品創作。

隔著巴士停靠站的馬路西側，有一座動物園Zoologická zahada。過了橋之後的南邊，有個廣大的公園，那裡是布拉格市民休閒的好去處。

◆◆◆◆◆◆◆◆◆◆◆◆從布拉格出發的小旅行◆◆◆◆◆◆◆◆◆◆◆◆

卡爾修坦城 hrad Karlštejn

位於布拉格西南約25km，在美麗的綠色丘陵地帶中央，有一座雄偉景觀的哥德式建築古城。由波西米亞國王，也就是神聖羅馬帝國查理四世Karel IV於14世紀所興建，當時是王族居住的地方，同時也肩負保管王族財寶的要塞角色。

想要進入城內，只能參加團體的導覽行程。而參觀行程有2條路線，路線I是參觀查理四世實際使用的禮拜堂和謁見室（所需時間約1小時）；路線II則是多加了參觀聖馬利亞禮拜堂（僅限5月1日～11月3日，所需時間約1小時50分）。當時為了能讓帶著超大皇冠的查理四世，隨心所欲帶著皇冠通行無阻，於是削去了中央部分的那根樑柱，這根樑柱至今也被保留下來，非常有趣。城內的聖馬利亞禮拜堂，現在仍保留著創建當時的模樣，畫滿星星和天使圖案的天花板，尤其美麗。

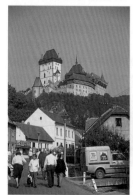

高聳於山丘上的堅固城堡

◆莫札特紀念館
- ✉Mozartova 169, Praha 5
- ☎241-493-547
- URL www.mozartovaobec.cz
- 🕐10:00～18:00
- 休無休
- 💰大人　　　　　50Kč
- 地下鐵B線Anděl站下車，徒步約10分。

◆特洛亞城
- ✉U Trojského zámku 1, Praha 7
- ☎283-851-614
- 🕐4～10月
  - 週二～四、週六·日
  - 　　　　10:00～18:00
  - 週五　　13:00～18:00
- 休週一·11～3月
- 💰大人　　　　　120Kč
- 兒童、學生　　　60Kč
- 地下鐵C線Nádraží Holešovice站轉乘112號巴士，在Zoo下車即達。

如何前往卡爾修坦城

🚃搭乘往貝羅恩Beroun方向的火車，在卡爾修坦車站Karíštejn下車。布拉格中央車站每小時大約有1～2班列車，所需時間約40分，52Kč～。從車站徒步到城堡約30～40分。

◆卡爾修坦城
- ✉Karlštejn
- ☎311-681-617
- URL www.hradkarlstejn.cz
- 🕐2月的週六·日、11/1～10和11/11～12/22的週六·日、12/25～1/6

	10:00～15:00
3月	9:30～16:00
4月	9:30～17:00
5·9月	9:30～17:30
6月	9:00～17:30
7·8月	9:00～18:30
10月	9:30～16:30

※有午休
- 休週一（7·8月無休）、2月和11/11～12/24的週一～五、1/7～31
- 💰路線I

英·德語	大人	270Kč
	兒童、學生	180Kč
路線II	大人	300Kč
	兒童、學生	200Kč

**如何前往
科諾皮修契城堡**

🚃從布拉格中央車站搭乘往
Benešov u Prahy方向的列
車，在終點站下車，所需時
間約40分～，72Kč～。從班
尼索夫車站往城堡徒步約
40分。

🚌從布拉格的Roztyly巴
士總站到Benešov，1小時1
～3班，所需時間30分，
47Kč～。

◆科諾皮修契城
☎317-721-366
🌐www.zamek-konopiste.cz
📅4・5・9月　10:00～16:00
　　6～8月　　10:00～17:00
　　10・11月　10:00～15:00
　（12:00～13:00為午休時間）
📅週一・10・11月的週一～
五・12～3月
💰路線I、路線II
　捷克語　大人　　150Kč
　　　　　兒童・學生　100Kč
　外國人　大人　　220Kč
　　　　　兒童・學生　140Kč
路線III
　捷克語　大人　　220Kč
　　　　　兒童・學生　150Kč
　外國人　大人　　320Kč
　　　　　兒童・學生　220Kč
（路線III於11月休息）

如何前往特雷辛

🚌🚃從布拉格的Holešovice
巴士總站搭乘前往Ústi nad
Labem或是Litoměřice的巴
士，在Terezin，U
Památníku下車，所需時間1
小時，88Kč～。

往日士前來的方向往回走
約5分鐘，穿越國民墓地旁的
綠蔭小路，會到達小要塞。相
反地，順著巴士前進的方向
走，可以來到大要塞。而下一
個巴士站是在特雷辛市區中
心的廣場，也可以在那裡下
車。

◆特雷辛小要塞
✉Principova alej 304,
Terezín
🌐www.pamatnik-terezin.cz
📅4～10月　　8:00～18:00
　　11～3月　　8:00～16:30
📅無休
💰大人　　　　170Kč
　　兒童・學生　140Kč

科諾皮修契城堡
zamek Konopiště

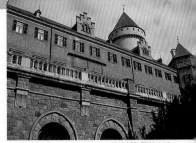
被寂靜包圍的古城

　在布拉格南方約44km、班尼索夫Benešov郊外的森林裡，佇立了一座巴洛克風格的美麗古城。這座古城建造於13世紀後半，歷經捷克和德國貴族之手後，最後一位城主是1887年購買這座城堡的奧地利皇儲斐迪南Franz Ferdinand d'Este（1864～1914）。1914年6月28日，他在塞拉耶弗Sarajevo被一位塞爾維亞的年輕人暗殺身亡，而這起事件也成為第一次世界大戰的導火線。

　現在城內展示了奧地利皇族所使用的家具，以及堪稱歐洲最美麗的刀劍和槍砲，而最令人瞠目結舌的是將獵捕到的獵物做成的標本。斐迪南皇太子非常喜歡打獵，因此在城內設立了狩獵場，據說斐迪南這一生，狩獵到的動物約有30萬隻（平均一天15隻）。

　想要入內只能參加導覽行程，路線I可以參觀斐迪南狩獵成果，路線II則是欣賞城內所收藏的武器，路線III則是貼近斐迪南的日常生活（各行程所需時間約1小時）。

特雷辛 Terezín

　為了保護波西米亞免於普魯士公國的侵略，於1780年在布拉格北方，建造了一座棋盤式的巴洛克後期風格的小鎮。當地的南方有一個小型要塞，在奧匈帝國時代，這個要塞被當作監獄使用。

　第二次世界大戰時，德國納粹在這裡打造了捷克斯洛伐克境內最大的集中營，大約有超過16萬名猶太、捷克、斯洛伐克等地的反抗人士，從各地被送往這裡。其中的3萬6000人被送到奧斯威辛集中營Auschwitz Birkenau或是比卡瑙集中營Birkenau處決，在特雷辛集中營裡的27號牆壁前，有超過7000名捷克人和斯洛伐克人在此被槍決。集中營裡所收容的人士，還包括了1萬5000名未滿14歲的小孩，其中的生還者僅只有100多人。

　1945年5月7日，蘇聯軍解放了這座集中營，而從德軍撤退時未處理的行李中，發現了4000幅小朋友所畫的圖畫，現放在布拉格市內猶太人地區裡的平卡斯猶太教堂Pinkasova synagóga（→P.60）公開展示。要塞的遺跡對面，有一個國民墓地，埋葬了2萬9172名被納粹奪去生命的犧牲者。

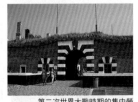
第二次世界大戰時期的集中營

布拉格出發的行程

科諾皮修契城堡和卡爾修坦城
　　除了4～10月的週一之外，每日9:30出發
　　所需時間8小時30分
　　圈大人€81.50　學生€75.50
　　　兒童€59
　　　　　　　　　　　　（Best Tour）

伏爾塔瓦河觀光船之旅
附咖啡和蛋糕
　　每日　13:30出發
　　所需時間1小時
　　圈大人550Kč　兒童400Kč
　　　　　　（Prague Sightseeing Tours）

騎賽格威繞市區
　　每日9:00～19:00每隔30分鐘出發
　　圈大人1800Kč
　　　　　　（Prague Sightseeing Tours）

玩遍布拉格之旅
　　步行繞遍布拉格的主要景點。
　　每日　13:30出發　所需時間4小時
　　圈大人600Kč
　　　　　　　　　　　（Prague Tours）

庫特納后拉（世界遺產都市）
　　每日　13:00出發
　　所需時間5小時
　　圈大人€40.50　學生€38　兒童€31
　　　　　　　　　　　（Best Tour）

契斯基庫倫洛夫
（世界遺產都市）
　　4～10月的週二‧五‧日、11～3月的週五
　　9:00出發　所需時間11小時
　　圈大人1650Kč（冬季1550Kč）
　　　學生1470Kč（冬季1370Kč）
　　　兒童1110Kč（冬季1010Kč）
　　　　　　（Prague Sightseeing Tours）

◆Best Tour
✉Voctářova 261/6, Praha 8
☎284-814-141
URL www.besttour.cz
◆Prague Sightseeing Tours
✉Klimentská 52, Praha 1
☎222-314-661
URL www.pstours.cz
◆Prague Tours
✉Dlouhá 37, Prahá 1
☎608-200-912（行動電話）
URL www.praguer.com

Theater & Concert Hall　　　**布 拉 格 的 劇 場 • 音 樂 廳**

　　孕育出史麥塔納和德弗札克，同時和莫札特有著很深淵源的布拉格，每天在這座城市一定會有音樂會。走在街頭，總可以拿到音樂會的傳單，城市的每個角落或餐廳，都有樂團演奏。布拉格這座城市，充滿著音樂。

　　另外，捷克傳統戲劇的人偶劇相當盛行，走在街上，會發現當地有許多人偶商店。千萬別以為捷克的人偶劇是給小朋友看的，人偶劇的劇目包括了莫札特的知名歌劇《唐‧喬凡尼Don Giovanni》在內，還有其他歷史故事，可說是一種散發出捷克獨特藝術風格的表演。在戲劇方面，有演員、人偶、影像和默劇等等，將這些方式隨意組合，讓舞台表演更顯豐富。在布拉格停留期間，一定要前往觀賞。

　　此外，無論是音樂會或是戲劇，演出的時間大約是從17:00或20:00開始，價格會依照場地和表演內容而有所不同，票價以500Kč居多。詳情可洽劇場或是❶、售票處確認。

正統的管弦樂音樂廳

Dvořákva音樂廳 *Dvořákva síň*
　　　　　　　　　　Map P.51-D1
位於藝術家之家dům Umělců（魯道夫宮Rudolfinum）內（→P.61）

史麥塔納廳 *Smětanova síň*
　　　　　　　　　　Map P.51-E2
位於市民會館Obecní dům內（→P.56）

小規模的市內音樂會場

聖阿尼絲女修道院 *klášter sv. Anežský*
（→P.61）　　　　　Map P.51-D～E1

石鐘之屋 *dům u kamenného zvonu*
（→P.55）　　　　　Map P.51-D2

聖尼古拉教堂 *kostel sv. Mikuláše*
（→P.55）　　　　　Map P.51-D2

莫札特紀念館 *Bertramka*
(→P.67)　　　　　　　　Map P.50-A5

鏡子禮拜堂 *Zrcadlová kaple*
　　　　　　　　　　　　Map P.51-D2
位於克萊門特學院Klementinum內（→P.55）

列支敦士登宮 *Lichtenštejnský palác*
　　　　　　　　　　　　Map P.50-B2
小區廣場北側

聖喬治教堂 *bazilika sv. Jiří*
(→P.63)　　　　　　　　Map P.62

🎵 歌劇、芭蕾舞

莊園劇院 *Stavovské divadlo*
(→P.56)　　　　　　　Map P.51-D～E2

國家歌劇院 *Státní opera*
(→P.58)　　　　　　　Map P.51-E～F3

國家劇院 *Národní divadlo*
(→P.58)　　　　　　　Map P.50-C3

🎵 人偶戲、戲劇

國立人偶劇場 *divadélko Říše Loutek*
　　　　　　　　　　　　Map P.51-D2
✉ Žatecká 1, Praha 1
☎ 224-819-322
🌐 www.mozart.cz

捷克的傳統藝術——人偶劇表演的正宗劇場，以演出莫札特的歌劇《唐·喬凡尼》為主。

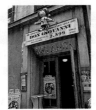

劇場入口

王之道人偶劇場 *divadloLoutek*
　　　　　　　　　　　　Map P.51-D2
✉ Karlova 12, Praha 1
☎ 222-220-928

設於人偶博物館內的劇場，演出劇目為《唐·喬凡尼》或是《費加洛婚禮Le Nozze di Figaro》等。

魔燈劇場 *Laterna Magika*
　　　　　　　　　　　　Map P.51-D3
✉ Národní 4, Praha 1
☎ 224-901-448
🌐 www.narodni-divadlo.cz

自1958年成立以來，以戲劇結合影像產生新的視覺震撼，在布拉格多媒體的舞台界，占有領導地位。

Animato劇場 *divadlo Animato*
　　　　　　　　　　　　Map P.51-E2
✉ Na příkopě 10, Praha 1
☎ 281-932-665
🌐 www.blacklighttheatreprague.cz

以披頭四The Beatles的《黃色潛水艇Yellow Submarine》為故事背景的黑光秀，非常受到歡迎。

Image劇場 *divadlo Image*
　　　　　　　　　　　　Map P.51-D2
✉ Pařížská 4, Praha 1
☎ 222-314-448
🌐 www.imagetheatre.cz

將默劇和音樂以及舞蹈相結合，再加上黑光劇，夢幻且美麗的世界在眼前展開。4種表演節目，每天輪流演出。

All Colours Theatre
　　　　　　　　　　　　Map P.51-D2
✉ Rytířská 31, Praha 1
☎ 222-610-114　🌐 www.blacktheatre.cz

由黑光營造的夢幻世界，人偶在黑暗的舞台上橫縱來回。由演員和人偶一起演出音樂劇《浮士德Faust》等節目。

🎵 主要的售票處

波西米亞國際售票中心 *Bohemia Ticket International*
　　　　　　　　　　　　Map P.51-E2
✉ Na příkopě 16, Praha 1
☎ 224-215-031
🕐 週一～五9:00～18:00　週六10:00～17:00
　　週日10:00～15:00
休 無休

Ticketpro
🌐 www.ticketpro.cz

Ticket Art
🌐 vstupenky.ticket-art.cz

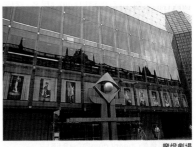

魔燈劇場

Hotel

布拉格的住宿

從台灣撥打電話 002＋420（捷克國碼）＋電話號碼

　　布拉格的飯店分布非常廣，而且經常人多擁擠，邊走邊找並非是個好方法。如果已經決定投宿的飯店，最好事先預約，或是在當地的❶請專人代為預約。書上刊登的飯店費用，基本上以6～9月的旺季為主，冬季飯店可能會有折扣，但年底和年初的旺季或是復活節期間，可能會多加特別費用，必須要先確認。

Golden Tulip Savoy
★★★★★　客房數：61
Map P.50-A2

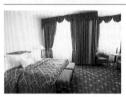

靠近布拉格城的高級飯店，維也納風格的新藝術風格建築，非常漂亮。現代化且舒適的設備，將古典與優雅的氣氛完美結合，每間客房的裝潢都品味獨具。

✉Keplerova 6, Praha 1
☎224-302-430
FAX224-302-128
URLwww.goldentulipsavoyprague.com
✉info@goldentulipsavoyprague.com
⑤⑩€120～　附早餐
ⓒⒶⒹⒿⓂⓋ

Hotel Paříž
★★★★★　客房數：86
Map P.51-E2

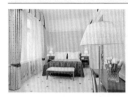

1904年建造的飯店，新藝術風格的裝飾相當美麗，1984年被指定為國家的文化古蹟。客房給人時髦感，設備完善，裝潢高雅的餐廳和咖啡廳，讓人想要好好享受一下。

✉U Obecního domu 1, Praha 1
☎222-195-195
FAX224-225-475
URLwww.hotel-paris.cz
✉booking@hotel-paris.cz
⑤⑩€129～　附早餐
ⓒⒶⒹⒿⓂⓋ

Grand Hotel Bohemia
★★★★　客房數：78
Map P.51-E2

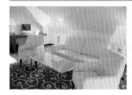

建造於1925年，走的是裝飾藝術風，客房裡有Minibar、浴袍、吹風機和保險箱，設備相當完善。在1樓的餐廳，可以吃到波西米亞的地方料理。

✉Králodvorská 4, Praha 1
☎234-608-111　FAX234-608-877
URLwww.grandhotelbohemia.cz
✉office@grandhotelbohemia.cz
⑤€130～　⑩€144～　附早餐
ⓒⒶⒹⒿⓂⓋ

Hotel Jalta Praha
★★★★　客房數：94
Map P.51-E3

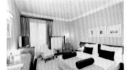

面對瓦次拉夫廣場Václavské nám.，觀光相當方便。客房裝潢高雅，房內有浴缸、吹風機和Minibar等。每到夏季會有露天咖啡座，一邊欣賞路過的行人，度過悠哉時光也不錯。

✉Václavské nám. 45, Praha 1
☎222-822-888
FAX222-822-833
URLwww.hoteljalta.com
✉booking@hoteljalta.com
⑤⑩€100～　附早餐
ⓒⒶⒹⒿⓂⓋ

Crowne Plaza Prague
★★★★　客房數：254
Map P.48-B1

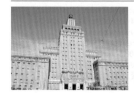

從地下鐵A線Dejvická站徒步約10分，路面電車站就在眼前。20世紀中葉興建的這棟飯店，走的是格調雅致的裝飾藝術風格，古董藝術品讓飯店裝潢更顯優雅，頂樓有空中酒吧，可以眺望整個城市。

✉Koulova 15, Praha 6
☎296-537-111　FAX296-537-535
URLwww.crowneplaza.cz
✉stay@crowneplaza.cz
⑤⑩€130～　附早餐
ⓒⒶⒹⒿⓂⓋ

Maximilian Hotel

★★★★ 客房數：70
Map P.51-E1

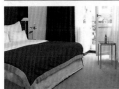

● 從舊城廣場步行馬上就可以到達，位於安靜區域裡的飯店，這是一棟1904年的建築物，重新整修後的內部煥然一新。客房有吹風機、浴袍、DVD播放器等，設備相當完善，館內還設有泰式按摩。

✉ **Haštalská 14, Praha 1**
☎ 225-303-111
FAX 225-303-110
URL www.maximilianhotel.com
email reservations@maximilianhotel.com
S W €89〜　附早餐
CC A D J M V

Ariston Patio Hotel

★★★★ 客房數：62
Map P.49-F3

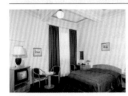

● 從布拉格中央車站步行可及的飯店，或是搭乘路面電車（5、9、26號電車，在第1站Husinecká下車），相當方便。這是一間猶如置身家裡的溫馨飯店，客房裝潢非常簡單，備有吹風機、咖啡組合非常舒適。

✉ **Seifertova 65, Praha 3**
☎ 222-728-517
FAX 222-780-347
URL www.hhotels.cz
email ariston@hhotels.cz
S W €49〜
附早餐
CC A D J M V

Hotel Aurus

★★★★ 客房數：8
Map P.51-D2

● 這是一棟將16世紀建築改建而成的飯店，有著美麗的外牆裝飾，在人來人往的查理街Karlova格外醒目。每間房間的裝潢不太一樣，但都豪華又可愛，所有房間都有空調、浴缸、Minibar和保險箱。

✉ **Karlova 3, Praha 1**
☎&FAX 222-221-113
URL www.aurushotel.cz
email info@aurushotel.cz
S W €99〜　附早餐
CC A D J M V

Betlem Club

★★★ 客房數：22
Map P.51-D3

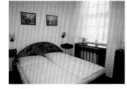

● 位於伯利恆禮拜堂Betlémská kaple正對面的小飯店，館內的建材以木頭為主，裝潢相當簡樸。早餐是在地下室的13〜14世紀仿羅馬式哥德風格的酒窖享用，屋頂上還有個小花園。

✉ **Betlémské nám. 9, Praha 1**
☎ 222-221-574
FAX 222-220-580
URL www.betlemclub.cz
email betlem.club@betlemclub.cz
S 1225Kč〜　W 1700Kč〜
附早餐
CC M V

Pension Březina

★★★ 客房數：50
Map P.51-E4

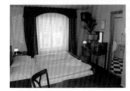

● 從瓦次拉夫廣場步行就可以抵達，地理位置非常好。這是一間由家族經營的民宿，客房乾淨又舒服，還有適合家族共住的公寓式房間，民宿後方有個可愛的中庭，只有夏季才會開放。

✉ **Legerova 39-41, Praha 2**
☎ 224-266-779　FAX 224-266-777
URL www.brezina.cz
email info@brezina.cz
S 900Kč〜
W 1000Kč〜
早餐120Kč
CC A D M V

Grand Hotel Evropa

★★ 客房數：90
Map P.51-E3

● 在瓦次拉夫廣場成排的建築物中，最引人注目的飯店，建造於1889年。20世紀初期，改建為新藝術風格建築，仍保留著當時的原貌。內部多少有些老舊，但也是飯店的獨特魅力。某些時間，以現金支付會打9折。

✉ **Václavské nám. 25, Praha 1**
☎ 224-215-387　FAX 224-224-544
URL www.evropahotel.cz
email reception@evropahotel.cz
S 500Kč　W 900Kč（浴室•廁所共用）
S 1500Kč　W 2000Kč（附浴室•廁所）
附早餐 CC A D M V

民宿桐渕 *Privateroom Kiribuchi*

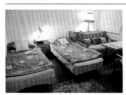

● 這是布拉格市內唯一一間日本人經營的旅館，搭乘11號路面電車在Chodovská下車，馬上就能看到。住在這裡就好像是在布拉格生活一樣，非常愉快。另外支付費用的話，會提供觀光、冰上曲棍球觀賞和機場的接送服務（有時會因為住宿天數而免費）。

✉ **Na Bohdalci 1441/8, Michle, Praha 10**
☎&FAX **222-715-302**
URL minshukukiribuchi.web.fc2.com
email naopon@volny.cz
Ⓢ 1200Kč　Ⓦ 2200Kč（浴室•廁所共用）
Ⓢ 1350Kč　Ⓦ 2500Kč（附浴室•廁所）
附早餐　CC 不可

Hostel Sir Toby's

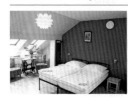

● 新藝術風格建築的外觀，非常引人注目。這是一間給人有如回家般溫暖感受的飯店，近幾年剛改裝完成，室內很乾淨有品味，1樓有酒吧。若搭乘路面電車1、12、14、25，都可以在Dělnická下車，徒步1分。

✉ **Dělnická 24, Praha 7**
☎ **246-032-610**　FAX **283-870-636**
URL www.sirtobys.com
email info@sirtobys.com
Ⓓ 207Kč～
Ⓢ 840Kč　Ⓦ 1000Kč（浴室•廁所共用）
Ⓢ 990Kč　Ⓦ 1300Kč（附浴室•廁所）
早餐90Kč　CC Ⓓ Ⓙ Ⓜ Ⓥ

飯店名	地址•電話•FAX	費用•客房數	URL•e-mail
Hotel Inter-Continental Praha	Map P.51-D1 ✉ Pařížská 30, Praha 1 ☎ 296-631-111 FAX 296-811-216	Ⓢ Ⓦ €199～ 早餐€27 客房數：372 CC Ⓐ Ⓓ Ⓙ Ⓜ Ⓥ	URL www.icprague.com email prague@icprague.com 從舊城廣場徒步3分，地點很棒。 ★★★★★
Hotel Palace Praha	Map P.51-E3 ✉ Panská 12, Praha 1 ☎ 224-093-111 FAX 224-221-240	Ⓢ Ⓦ €252～ 附早餐 客房數：124 CC Ⓐ Ⓓ Ⓙ Ⓜ Ⓥ	URL www.palacehotel.cz email info@palacehotel.cz 新藝術風格的外觀是在1909年建造，目前還保有當時的風貌，但內部是現代裝潢。 ★★★★★
Four Seasons Hotel Prague	Map P.50-C2 ✉ Veleslavínova 2a, Praha 1 ☎ 221-427-000 FAX 221-426-000	Ⓢ Ⓦ €320～ 附早餐　客房數：161 CC Ⓐ Ⓓ Ⓙ Ⓜ Ⓥ	URL www.fourseasons.com/prague/ email reservations.prg@fourseasons.com 位於查理大橋旁。 ★★★★★
Hotel Esplanade Prague	Map P.51-E3 ✉ Washingtonova 19, Praha 1 ☎ 224-501-111 FAX 224-229-306	Ⓢ €108～ Ⓦ €119～ 附早餐　客房數：74 CC Ⓐ Ⓓ Ⓙ Ⓜ Ⓥ	URL www.esplanade.cz email esplanade@esplanade.cz 位於布拉格中央車站和瓦次拉夫廣場之間，相當方便。新藝術風格的建築，充滿了高級感。 ★★★★★
Hotel Ambassador-Zlatá Husa	Map P.51-E3 ✉ Václavské nám. 5-7, Praha 1 ☎ 224-193-876 FAX 224-226-167	Ⓢ Ⓦ €108～ 附早餐 客房數：162 CC Ⓐ Ⓓ Ⓙ Ⓜ Ⓥ	URL www.ambassador.cz email reservation@ambassador.cz 離Můstek車站很近，面向瓦次拉夫廣場，是由2棟建築物組合成的大飯店。 ★★★★
Hilton Prague	Map P.51-F1 ✉ Pobřežní 1, Praha 8 ☎ 224-841-111 FAX 224-842-378	Ⓢ Ⓦ 3000Kč～ 附早餐 客房數：791 CC Ⓐ Ⓓ Ⓙ Ⓜ Ⓥ	URL www.3.hilton.com email guestcentre.prague@hilton.com 是布拉格最大且最現代化的飯店。 ★★★★
Hotel Clementin	Map P.51-D2 ✉ Seminářská 4, Praha 1 ☎ 222-231-520 FAX 222-231-521	Ⓢ €80～　Ⓦ €89～ 附早餐 客房數：9 CC Ⓐ Ⓓ Ⓙ Ⓜ Ⓥ	URL www.clementin.cz email clementin@avehotels.cz 位於克萊門特學院和查理街旁，是一棟細長的淺綠色建築。 ★★★★
Hotel Adria	Map P.51-E3 ✉ Václavské nám. 26, Praha 1 ☎ 221-081-111 FAX 221-081-300	Ⓢ €90～ Ⓦ €109～ 附早餐　客房數：89 CC Ⓐ Ⓓ Ⓙ Ⓜ Ⓥ	URL www.adria.cz email accom@adria.cz 面對瓦次拉夫廣場，地下樓有現場演奏的餐廳可一邊用餐同時享受音樂。 ★★★★
Penzion Alice	Map P.51-F1 ✉ Sokolovská 30, Praha 8 ☎&FAX 222-310-469	Ⓓ 680Kč　Ⓢ 1310Kč～ Ⓦ 1440Kč～ 早餐200Kč　客房數：21 CC Ⓐ Ⓓ Ⓙ Ⓜ Ⓥ	URL www.penzion-alice.cz email info@penzion-alice.cz 距離地下鐵B、C線Florence站約50m距離，相當方便。還有附廚房的公寓式套房。 民宿
Chili Hostel	Map P.51-D4 ✉ Pštrossova 7/205, Praha 1 ☎ 603-119-113（行動電話） FAX 222-522-441	Ⓓ €4～17 Ⓦ €22～120 附早餐　客房數：220床 CC Ⓐ Ⓓ Ⓙ Ⓜ Ⓥ	URL www.chili.dj email info@chili.dj 由古老的民宅改建的，適合年輕人入住的飯店。單人房和雙人房附浴室和廁所。 青年旅館

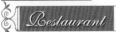

在布拉格，有餐廳、咖啡館、速食餐廳等，用餐的地方相當多，不怕會找不到地方吃飯。舊城廣場Staroměstské nám.或是Na Příkopě路附近，有許多為觀光客而開的餐廳，有的餐廳會準備外文菜單，不過價位偏高。

U Fleků
Map P.51-D4

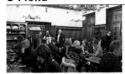

●創業於1499年，是布拉格最古老也是最有名的啤酒屋。這裡以前是修道院，以當時流傳下來的獨特製法釀製的黑啤酒（400mℓ 59Kč），超有人氣。

✉Křemencova 11, Praha 1
☎224-934-019
🌐www.ufleku.cz
🕙10:00～23:00
休 CC A D J M V

Medvídků
Map P.51-D3

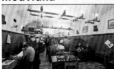

●可以喝到百威啤酒的始祖Budějovický Budvar啤酒。朝入口處的左邊是酒吧，右邊則是餐廳。

✉Na Perštýně 7, Praha 1
☎224-211-916　🌐www.umedvidku.cz
🕙週一～五11:00～23:00　週六11:30～23:00
週日11:30～22:00
（酒吧營業到深夜）
休無休 CC A M V

Pivovarský dům
Map P.51-D4

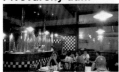

●店內的釀製桶所製造的自家啤酒是該餐廳的招牌，可以品嚐到咖啡、櫻桃等各種不同風味的啤酒。料理是傳統的捷克美食。

✉Ječná/Lípová 15, Praha 2
☎296-216-666
🌐www.pivovarskydum.com
🕙11:00～23:30
休無休
CC A D J M V

U Tří Zlatých Trojek
Map P.50-B2

●位於小區廣場Malostranské nám.附近，是一家相當庶民的餐廳。炸起司、烤牛肉佐奶油醬汁等的捷克料理，這裡都可以吃到。預算每人180Kč～。

✉Tomášská 6, Praha 1
☎257-534-377
🕙11:00～23:00
休無休
CC M V

Café Louvre
Map P.51-D3

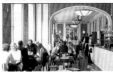

●1902年創業，這是一間深受卡夫卡和卡雷爾·恰佩克Karel Čapek等許多文化人喜愛的咖啡館。預算午餐130Kč～、晚餐200Kč～。蛋糕的種類也很多。

✉Národní 22, Praha 1
☎224-930-949
🌐www.cafelouvre.cz
🕙週一～五　8:00～23:30
週六・日　9:00～23:30
休無休　CC A D M V

Bohemia Bagel
Map P.51-D2

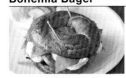

●這是一家專賣夾著起司或是雞肉的貝果三明治139～175Kč的餐廳，貝果種類有14種可選擇。每日湯品65Kč、沙拉125Kč也很推薦。

✉Masná 2, Praha 1
☎224-812-560
🌐www.bohemiabagel.cz
🕙8:00～21:00
休無休
CC不可

Macao
Map P.51-E1

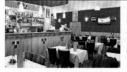

●這是住在布拉格的亞洲人經常光顧的中華料理餐廳，菜色相當豐富，炒青菜169Kč、麻婆豆腐199Kč、炒飯99Kč等，都非常受到歡迎。

✉Truhlářská 3/1108, Praha 1
☎222-316-093
🌐www.macaorestaurant.cz（捷克語）
🕙11:00～23:00
休無休
CC A M V

Shopping

布拉格的購物

　　最具代表性的捷克伴手禮，非波西米亞玻璃莫屬，到處都可以看到玻璃製品的商店，商品的品質以及價格從便宜到昂貴都有，值得多方思考。此外，還有石榴石、陶瓷器、捷克人偶、木雕工藝品等等，在捷克也能享受購物的樂趣。

erpet

Map P.51-D2

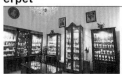

●就在舊市政廳前面，販售的商品從傳統的透明玻璃到彩色玻璃、石榴石飾品等等。

⊠Staroměstské nám. 27, Praha 1
☎224-229-755
URL www.erpetcrystal.cz
🕙10:00～23:00
休無休
CC Ⓐ Ⓓ Ⓙ Ⓜ Ⓥ

Moser

Map P.51-E2

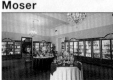

●創業於1857年，是一家頗具規模的波西米亞玻璃的傳統老店，華麗的「Marie Terezie」和「Baroko」系列商品，最受到青睞。

⊠Na příkopě 12, Praha 1
☎224-211-293
URL www.moser-glass.com
🕙週一～五 10:00～20:00
　（11～3月的週六‧日10:00～19:00）
休無休 CC Ⓐ Ⓓ Ⓙ Ⓜ Ⓥ

Blue Praha

Map P.51-D2

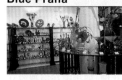

●若想要尋找色彩鮮艷且流行感十足的玻璃製品，到這裡來就對了，這裡的商品和典型的波西米亞玻璃完全不同，全是捷克製的。布拉格1區裡有4間門市。

⊠Malé nám. 14, Praha 1
☎224-216-717
URL www.bluepraha.cz
🕙10:30～23:30
休無休　CC Ⓐ Ⓓ Ⓙ Ⓜ Ⓥ

Pohádka

Map P.51-E2

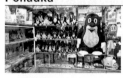

●這間店的捷克文意思是「給小朋友的故事」，店內滿滿的人偶全都是捷克製，而且還是純手工製作。除了捷克的玩具之外，還有《小鼴鼠妙妙奇遇記Krteček》的周邊商品。

⊠Celetná 32, Praha 1
☎224-239-469
URL www.czechtoys.cz
🕙夏季　9:00～20:00
　冬季　10:00～19:00　休無休
CC Ⓐ Ⓓ Ⓙ Ⓜ Ⓥ

Manufaktura

Map P.51-D2

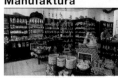

●木製的玩具外，還有以玉米皮做成的玩偶，以及藍染的布料和彩蛋等，專門販售捷克的樸素傳統工藝品，布拉格1區內有7家門市。

⊠Melantrichova 17, Praha 1
☎230-234-376
URL www.manufaktura.biz
🕙10:00～20:00
休無休
CC Ⓐ Ⓜ Ⓥ

Botanicus

Map P.51-D2

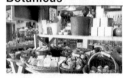

●堅持傳統手法的天然保養品專賣店，店內除了有肥皂、浴室用品、蠟燭等商品外，還有各種辛香料和果醬。

⊠Týn 3/1049, Praha 1
☎234-767-446
URL www.botanicus.cz
🕙4～9‧11‧12月　10:00～20:00
　1～3‧10月　　10:00～18:30
休無休　CC Ⓓ Ⓙ Ⓜ Ⓥ

Marionety

Map P.50-B2

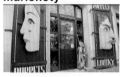

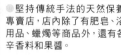

●魔女、公主、小木偶等，童話裡出現的牽線人偶，應有盡有。由於是純手工製造，因此每個人偶的表情都不一樣，小木偶約300Kč～。

⊠Nerudova 51, Praha 1
☎774-418-236
🕙10:00～18:00（夏季會延長營業時間）
休無休
CC Ⓐ Ⓜ Ⓥ

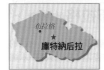

庫特納后拉 *Kutná Hora*

URLwww.kutnahora.cz

如何前往 庫特納后拉

🚃從布拉格中央車站往庫特納后拉中央車站1日10～13班，所需時間55分，2等車廂104Kč～，1等車廂156Kč～。在Kolín換車也很方便。前往Kutná Hora město車站的話，從庫特納后拉中央車站出發1小時1～2班，所需時間6～7分，11Kč。

世 界 遺 產
庫特納后拉歷史地區：有著聖芭芭拉教堂和Sedlec聖母馬利亞教堂的歷史都市
Historické jadro Kutné Horys chrámem sv. Barbory a katedrálou Nanebevzetí Panny Marie v Sedlci 1995年登錄

庫特納后拉的 ❶
◆Informační Centrum
Map P.77-A1
✉Palackého nám. 377
☎&FAX327-512-378
URLguide.kh.cz
🕐4～9月　　　9:00～18:00
　10～3月
　週一～五　　9:00～17:00
　週六‧日　　10:00～16:00
🈺無休

◆赫拉德克礦業博物館
Map P.77-A2
✉Barborská 28
☎327-512-159
URLwww.cms-kh.cz
🕐4‧10月　　　9:00～17:00
　5‧6‧9月　　9:00～18:00
　7‧8月　　　10:00～18:00
　11月　　　　10:00～16:00
🈺週一、12～3月
💰展示
　大人　　　　　　70Kč
　兒童、學生　　　40Kč
　展示和坑道導覽
　大人　　　　　　140Kč
　兒童‧學生　　　90Kč

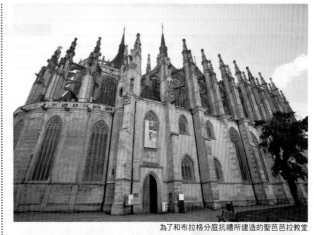

為了和布拉格分庭抗禮所建造的聖芭芭拉教堂

　從布拉格往東約65km，位於波西米亞中部的小城庫特納后拉，這裡過往的繁榮程度僅次於布拉格，如今當地的寂靜街景，很難讓人想像當時的盛況。13世紀後半，這裡發現了大量的優質銀礦，從此急速發展，當時的國王也經常來到此地。隨後還在這裡設立了鑄幣局，專門生產東歐地區所使用的布拉格銀幣，整座城市也因此富裕起來。但隨著銀礦在16世紀開始枯竭，當地也逐漸沒落，鑄幣局更是在1726年走入歷史。1995年，見證中世紀盛況的建築物被登錄為世界遺產。

◆◆◆◆◆◆◆◆◆◆◆◆**漫遊庫特納后拉**◆◆◆◆◆◆◆◆◆◆◆◆

　搭乘火車的話，因為前往距舊城較近的Kutná Hora město車站的班次較少，換車比較不方便。在位於Sedlec的庫特納后拉中央車站Kutná Hora hl. n.下車，可以前往聖母馬利亞教堂Katedrála Nanebevzetí P. Marie或是到以4萬人的人骨裝飾而成的墓地教堂（人骨禮拜堂）Hřbitovní kostel všech Svatých s kostnicí參觀。從這裡到庫特納后拉的舊城，順著Masarykova路走，大約要30分鐘，又或者可以搭乘1號市區巴士（假日時改搭7號）前往。

　進入舊城之後，首先以舊城中心的波拉凱赫廣場Palackého nám.為目標，聳立在教堂旁的聖詹姆斯教堂kostel sv. Jakuba，遠遠就能看到，是個很明顯的標的。從

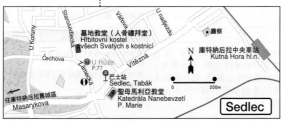

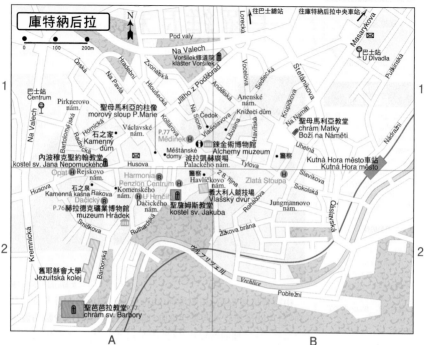

聖詹姆斯教堂往Ruthardská路走，就來到赫拉德克礦業博物館 muzeum Hrádek，裡面展示著石器、鐵器、青銅器和精巧的銀飾品。此外，還能到昔日的銀礦礦坑參觀。

從博物館順著巴爾波爾斯卡街Barborská直走，壯麗的聖芭芭拉教堂chrám sv. Barbory就在眼前，雄偉的建築讓人難以忽視它的存在，這座教堂是後哥德式建築風格的代表作之一。聖芭芭拉是礦工的守護神，教堂內有穿著17世紀左右民族服飾的礦夫像，還有鑄幣工匠的壁畫。這座教堂是在1388年開始興建，於1558年底完工。

◆聖芭芭拉教堂
Map P.77-A2
TEL775-363-938
URLwww.khfarnost.cz
開4～10月　　9:00～18:00
　11～3月　　10:00～16:00
休無休　費大人　　　60Kč
　兒童、學生　　　40Kč

◆划算的共通門票
聖母馬利亞教堂、墓地教堂、聖芭芭拉教堂的共通門票，在各設施的入口處可以購買。
費大人　　　160Kč
　兒童、學生　　110Kč

𝓗otel 　　　**庫特納后拉的住宿**

從台灣撥打電話　002＋420（捷克國碼）＋電話號碼

Hotel U Růže
★★★　客房數：11　**Map P.76**
✉Zámecká 52
TEL327-314-692　FAX無
URLwww.ruzehotel.com　✉info@ruzehotel.com
S850Kč～　W1350Kč～　附早餐
CC A M V

位在庫特納后拉中央車站附近、墓地教堂（人骨禮拜堂）旁。這是由19世紀中期的建築物改建而成，客房裡擺放了超有氣氛的家具，館內附設餐廳。

Hotel Mědínek
★★★　客房數：50　**Map P.77-A1**
✉Palackého nám. 316
TEL327-512-741　FAX327-512-743
URLwww.medinek.cz　✉hotel@medinek.cz
S825Kč～　W1200Kč～　附早餐
CC A D J M V

創業於1967年，是庫特納后拉當地最大規模的飯店，面向波拉凱赫廣場，觀光非常方便。飯店內有咖啡廳、酒吧、捷克料理餐廳和健身房等，硬體設備完善。

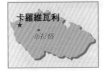

卡羅維瓦利 *Karlovy Vary*

URL www.karlovyvary.cz

如何前往
卡羅維瓦利

🚄從布拉格中央車站出發,所需時間約3小時18分～1日7班,2等車廂316Kč～1等車廂474Kč。

🚌從布拉格出發,1小時1～2班,所需時間約2小時15分～,150Kč。從比爾森Plzeň出發,1日9～14班,所需時間1小時30分～,92Kč。

卡羅維瓦利的 ❶
◆Infocentrum Města
Map P.79-C4
✉Lázeńská 14
☎773-290-632(行動電話)
URLwww.karlovyvary.cz
🕐週一～五　8:00～18:00
　　週六・日　9:00～17:00
🚫無休

◆纜車
Map P.79-A～B4
☎353-222-638
URLwww.dpkv.cz(捷克語)
🕐2・3・11・12月　9:00～17:00
　4・5・10月　9:00～18:00
　6～9月　9:00～19:00
　(每隔15分,所需時間10分)
🚫1月
🎫單程45Kč、來回80Kč

卡羅維瓦利的名產
貝赫洛夫卡酒Becherovka
　卡羅維瓦利的名產是一種烈酒,擁有12座溫泉的這座城市,將這種烈酒稱為第13座溫泉,據說烈酒裡有100種藥草。

溫泉餅乾
　直徑15cm的圓形薄餅,中間夾著奶油,口味包括了香草、巧克力等多種口味。可以只買一片邊走邊吃,也有送禮專用的禮盒包裝。

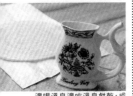

邊喝溫泉邊吃溫泉餅乾,成了一種習慣

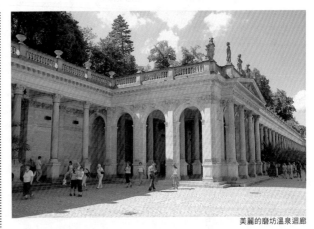

美麗的磨坊溫泉迴廊

　由特普拉河Teplá和奧瑞河Ohře交會侵蝕成的河谷卡羅維瓦利,自古就是捷克波西米亞地區,同時也是整個歐洲少數的溫泉療養勝地。這裡的歷史悠久,據說是14世紀中葉,神聖羅馬帝國皇帝的查理四世Karel IV,在狩獵的途中發現了湧出的溫泉。18世紀末,一位名叫貝赫David Becher的醫生,提倡喝溫泉水有助於治病,從此以後,當地的溫泉水多拿來飲用。

　這個溫泉鄉之所以眾所周知,是因為莫札特、貝多芬、歌德、托爾斯泰等知名人士以及各國的王侯貴族相繼到訪,這座城市也曾扮演了重要社交場合的角色。在溫泉迴廊裡,可以看到每個人拿著特殊形狀的杯子,一邊散步一邊喝著杯中的溫泉水,相當悠閒。

◆◆◆◆◆◆◆◆◆◆ 漫遊卡羅維瓦利 ◆◆◆◆◆◆◆◆◆◆

　在卡羅維瓦利有2座車站,分別是Karlovy Vary horní nádraží和Karlovy Vary dolní nádraží。horní車站位於市中心渡過奧瑞河後的北側,幾乎所有列車都是從這裡發車。如果要到市中心,可以搭乘1號巴士。dolní車站就在市區巴士總站的附近,走路即可到達,或搭乘1號或4號巴士,也很方便。如果要往溫泉區的話,都是在終點站Lázně III下車。長途巴士的乘車處就位於dolní車站大廳的下方,乘客都在前面的市區巴士總站下車。從這裡沿著特普拉河邊走,從nábř. Osvobození路往南走,就可進入溫泉區。

　讓前來享受溫泉的遊客,一邊喝著溫泉一邊散步而造的建築物,稱為溫泉迴廊Kolonáda。許多溫泉迴廊和飯店以及咖啡館,都集中在特普拉河旁的街道。

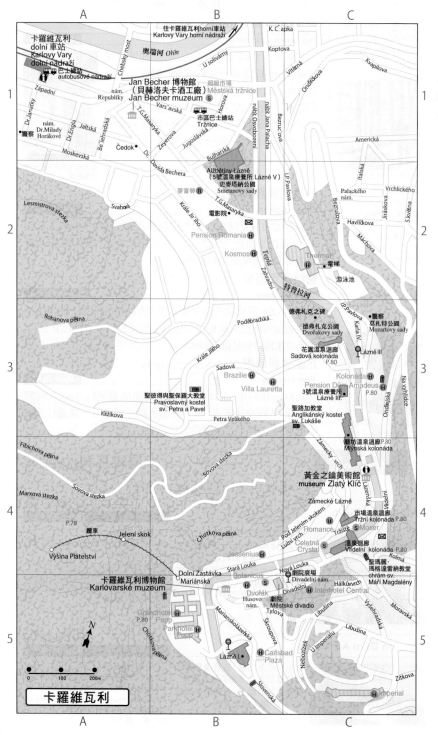

◆溫泉迴廊
⊠Vřídelní
🕐週一～五　9:00～17:00
　週六・日　10:00～17:00
　（依日期或許會有變動）
🈳無休

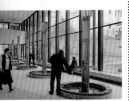

可以喝喜歡的溫泉水

◆市場溫泉迴廊
⊠Tržiště
🕐24小時　🈳無休

◆磨坊溫泉迴廊
⊠I. P. Pavlova
🕐24小時　🈳無休

◆花園溫泉迴廊
⊠Zahradní
🕐6:00～18:30　🈳無休

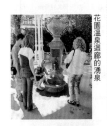

花園溫泉迴廊的湧泉

◆◆◆◆◆◆◆◆◆**卡羅維瓦利的主要景點**◆◆◆◆◆◆◆◆

溫泉迴廊 Vřídelní kolonáda

| Hot Spring Colonnade | MapP.79-C4 |

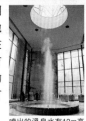

　　卡羅維瓦利最值得一看的地方，就是有間歇泉Vřídro的迴廊，在建築物裡，間歇泉從地下2500m處，每分鐘噴出2000ℓ的溫泉水。來到這裡，不光是欣賞這處溫泉，建築物裡還有5處的水龍頭，可以接溫泉水飲用。溫泉裡的鐵和硫磺味有點刺鼻，不能說好喝，但還是可以嘗試看看。

噴出的溫泉水有12m高的間歇泉

市場溫泉迴廊 Tržní kolonáda

| Market Colonnade | MapP.79-C4 |

　　有著如白色蕾絲造型的美麗溫泉迴廊，就在卡羅維瓦利西南方，據說是由查理四世命名。在這裡有一個木製的雕刻，上面描述著國王發現溫泉的經過。

磨坊溫泉迴廊 Mlýnská kolonáda

| Mill Colonnade | MapP.79-C3～4 |

　　1871～1881年由捷克建築師季迪克Josef Zítek所打造，屬於新文藝復興時期的風格。100根以上的支柱所支撐的屋頂上，雕刻了象徵12個月份的圖騰。

花園溫泉迴廊 Sadová kolonáda

| Park Colonnade | MapP.79-C3 |

　　1880～1881年，由2位維也納的建築師費納Fellner和荷默Helmer共同設計建造，順著淡藍色圓形屋頂有一條通往公園的步道，是一座非常美麗的溫泉迴廊。

 Hotel　　　　　　　　**卡羅維瓦利**的住宿

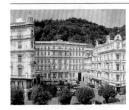

從台灣撥打電話　002+420（捷克國碼）+電話號碼

Grandhotel Pupp

★★★★★　客房數：228
Map P.79-B5

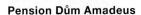

●1760年造訪卡羅維瓦利的帕布Johann Georg Pupp，在1773～1778年間收購了這棟建築物，並且改造為飯店。現在的模樣是在1905～1907年，由維也納的建築師所設計建造。

⊠Mírové nám. 2
☎353-109-111　FAX353-224-032
URLwww.pupp.cz
email pupp@pupp.cz
Ⓢ€158～
Ⓦ€178～　附早餐
CCⒶⒹⒿⓂⓋ

Pension Dům Amadeus

★★★　客房數：16
Map P.79-C3

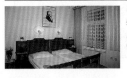

●以粉紅色點綴，並且還有莫札特的雕刻為裝飾的這棟建築物，具有百年的歷史。客房的裝潢非常有趣，讓人完全放鬆。

⊠Ondřejská 37
☎353-235-334　FAX353-235-336
URLwww.pension-amadeus.cz
email pension-amadeus@pension-amadeus.cz
Ⓢ1300Kč～　Ⓦ1700Kč～
附早餐　CC不可

比爾森 *Plzeň*

URL www.plzen.eu

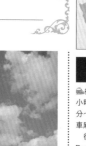
布拉格
★比爾森

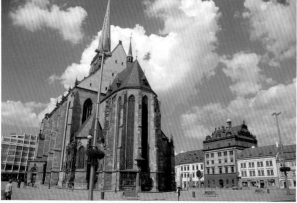

共和國廣場的聖巴托洛梅教堂

如何前往比爾森

🚂從布拉格中央車站出發，1小時1班，所需時間1小時35分～，2等車廂100Kč～、1等車廂234Kč～。

從捷克布傑約維采České Budějovice出發，1日6～7班，所需時間約2小時，2等車廂186Kč～、1等車廂279Kč～。

🚌從布拉格出發，1小時1～2班，所需時間1小時～1小時45分～，100Kč～。

從卡羅維瓦利horní車站出發，1日6～10班，所需時間1小時30分～，92Kč～。

比爾森的❶

◆Informační Centrum Města Plzně

Map P.82-A1

✉nám. Republiky 41

TEL378-035-330

URLwww.icpilsen.cz

🕐4～9月　9:00～19:00
　10～3月　9:00～18:00

🚫無休

捷克是世界上名列前茅的啤酒生產以及消費大國，而其中最有名的要算是比爾森（德文叫做Pilsen）。現在全球喝的褐色啤酒，就是在這裡誕生的。

大約在700年以前，比爾森開始釀製啤酒。1841年，當地使用與以往完全不同的底層酵母發酵，釀製出金黃色帶有啤酒花香，喝起來相當順口，也就是所謂的Pilsener啤酒。此後，採用清澈湖水以及富饒的波西米亞大地所栽培出的麥和啤酒花，再加上傳統技術，釀製出世界第一的芳醇啤酒。來到生產地，千萬別錯失一嚐道地比爾森啤酒的滋味。

比爾森也是捷克首屈一指的工業都市，到第二次世界大戰為止，當地主要生產兵器，現在則是以汽車生產為主。世界知名的斯科達Škoda汽車，其總公司就是在這裡。

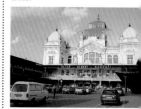

外觀雄偉的比爾森中央車站

搭乘路面電車前往舊城區

從車站進入地下道，從寫著「Zastávky Tramvaj」的出口出去，會來到路面電車搭乘處，搭乘1、2號路面電車，在第2站下車就是共和國廣場。車票可以在車站的遊客中心或是直接向司機購買。

◆◆◆◆◆◆◆◆◆ 漫遊比爾森 ◆◆◆◆◆◆◆◆◆

比爾森的火車站是位於舊城區東方的比爾森中央車站žel. st. Plzeň hlavní nádraží，從車站步行到舊城大約10分鐘。出了車站後，朝正面的道路走到底後往右轉，有個地下道入口，通過地下道後，出了車道的反方向稍微步行一下，往左轉過了拉布薩河Radbuza後就進入了舊城區，也可以選擇搭乘路面電車。長途巴士會停靠在舊城區西方的中央巴士總站Centrální autobusové nádraží，若想從巴士總站到市中心，只要順著Husova路往東步行約7～8分鐘，馬上就可以到達。

比爾森的舊城區被鮮綠色的公園所圍繞，市中心是共和國廣場nám. Republiky，市政廳Radnice和民族博物館Národopisně muzeum面向廣場而立，在廣場中央則有聖巴托洛梅教堂kostel sv. Bartoloměj。

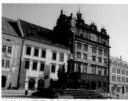

位於共和國廣場北面的文藝復興風格的市政廳，以及建造於17世紀，紀念瘟疫大流行終結的柱子

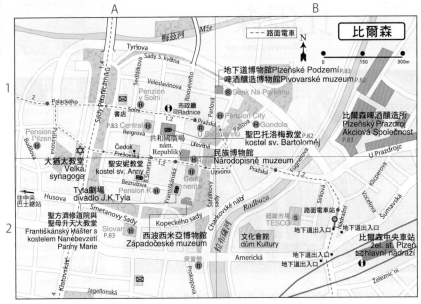

比爾森

◆聖巴托洛梅教堂
✉nám. Republiky 35
☎377-236-753
⏰10:00〜16:00
🚫4〜10月　週日〜二
　11〜3月　週六〜二
💰大人　　　　20Kč
　兒童　　　　10Kč

◆聖巴托洛梅教堂之塔
⏰10:00〜18:00
🚫無休
💰大人　　　　30Kč
　兒童　　　　20Kč

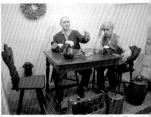

從聖巴托洛梅教堂之塔遠眺的風景

◆啤酒釀造博物館
✉Veleslavínova 6
☎377-235-574
⏰4〜9月　　10:00〜18:00
　10〜3月　10:00〜17:00
🚫無休
💰大人　　　　70Kč〜
　學生、兒童　50Kč〜

◆◆◆◆◆◆◆◆◆◆◆◆◆比爾森的主要景點◆◆◆◆◆◆◆◆◆◆◆◆◆◆

聖巴托洛梅教堂 kostel sv. Bartoloměj

St. Bartholomew's Church　　　　　　　MapP.82-A1

　位於共和國廣場中央，是一座壓倒群倫、相當醒目的哥德式教堂，於1320〜1470年間興建，塔尖高103m，是捷克國內最高的塔。遊客可以爬上301階又窄又陡的木頭階梯，前往塔的最高點。從塔尖上可以俯瞰整座比爾森城市，一眼就能看到建造於19世紀末期，同時也是全球第3大的大猶太教堂Velká synagoga的紅色圓形塔，還有工廠的煙囪也讓人印象深刻。

啤酒釀造博物館 Pivovarské muzeum

Brewery Museum　　　　　　　　　　MapP.82-B1

　在這座博物館裡，可以知道比爾森當地是如何釀製啤酒，以及啤酒的歷史。這棟建築物是由15世紀，儲藏小麥的倉庫改建而成，在服務台付費之後，會拿到一本說明簡介，順著書上的介紹進入館內參觀。

　第一個房間展示的是19世紀的居酒屋所不能缺少的用具，展示內容包括啤酒屋的裝飾品、當時釀製啤酒的用具等。這裡展示的水井和小麥乾燥室，實際上曾被當地人使用過，建築物的下方空間，可以放很多冰塊，成了天然的冰箱，作為保存啤酒之用。除此之外，還收藏了從中世紀到現代的許多與啤酒有關的資料和收藏。

愛好啤酒的人如果不來這裡，就失去了造訪比爾森的價值

地下道博物館 Plzeňské Podzemí

Pilsen Historical Underground `MapP.82-B1`

其實在比爾森這座城市的下方建構著有如網狀的地下道，連結教堂和主要的建築物，全長20km，最古老的路段就在比爾森南部15km的教堂之下，據說建造於976年。這座城市的地下道興建於13～19世紀，主要用於儲存食物。另外，將流經比爾森的梅茲河Mže和拉布薩河Radbuza的水，汲到水道塔上的系統，也位於該座地下道。

部分的地下道設備當完善，可以參加當地導覽行程親自下去走一趟，不過可通行的路段只有舊城區周圍，一圈大約750m。遊客在入口戴上安全帽，順著又窄又暗的地下道往下走，會被一股濕濕涼涼的空氣所包圍，放眼望去，展示著中世紀的陶器、波西米亞玻璃和武器。所需時間約30～40分，最好穿運動鞋。

比爾森啤酒釀造所
Plzeňský Prazdroj Akciová Společnost

Pilsner Urquell Brewery `MapP.82-B1`

無論到捷克的那個城市，都能喝到Pilsner啤酒的始祖，同時也是比爾森的招牌啤酒Plzeňský Prazdroj（德國名字叫做Pilsner Urquell）。在離舊城區有點遠的這座釀酒廠，開放讓遊客入內參觀，了解啤酒的釀製過程，或許可以一窺這個迷倒無數人的黃金飲料其背後的祕密。遊客還可以暢飲以傳統方式釀製、只有此處才能喝到的美味啤酒。

◆地下道博物館
⊠Veleslavínova 6
☎724-618-357
圖4～9月　　　10:00～18:00
　10～12・2・3月
　　　　　　　10:00～17:00
圀1月
圖大人　　　　　　80Kč～
　兒童、學生　　　60Kč～
　相機　　　　　　100Kč
　導覽行程每日11:00・12:00・
14:00・15:30・16:30出發，所需
時間50分，與啤酒釀造博物館
同一個報名處。

◆比爾森啤酒釀造所
⊠U Prazdroje 7
☎377-062-111
URLwww.prazdrojvisit.cz
圖4～9月　　　　8:00～18:00
　10～3月　　　　8:00～17:00
圀無休
圖大人　　　　　140Kč～
　學生　　　　　　80Kč～
　只有參加導覽才能入內，所
需時間1小時40分，英語導覽
每日10:45・12:45・14:15・16:15
出發。

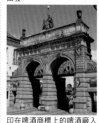
印在啤酒商標上的啤酒廠入口大門

Hotel 比爾森的住宿

從台灣撥打電話　002＋420（捷克國碼）＋電話號碼

Hotel Central

`★★★★ 客房數：77`
`Map P.82-A1`

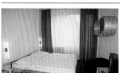
●面向共和國廣場，充滿現代感的外觀有點煞風景。飯店的入口位在從廣場看過去的左邊通道，客房的布置雖然樸素，卻很有品味，還可以看到衛星節目。

⊠nám. Republiky 33
☎377-226-757　FAX377-226-064
URLwww.central-hotel.cz
emailhotel-central@zkdplzen.cz
Ⓢ1320Kč～　Ⓦ1720Kč～
附早餐
CCⒶⒹⒿⓂⓋ

Hotel Slovan

`★★★ 客房數：103`
`Map P.82-A2`

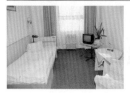
●石造的氣派外觀令人印象深刻，緊鄰舊城區外側，客房的空間寬敞，單人房的天花板很高。共同使用的浴室只有隔間沒有門。

⊠Smetanovy sady 1
☎377-227-256　FAX377-227-012
URLhotelslovan.pilsen.cz
emailhotel@slovanplzen.cz
Ⓢ1050Kč　Ⓦ1400Kč
附早餐
CCⒿⓂⓋ

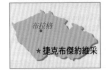

★捷克布傑約維采

捷克布傑約維采 *České Budějovice*

URL www.c-budejovice.cz

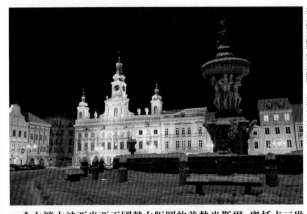

打上燈光的普熱米斯爾・奧托卡二世廣場

如何前往
捷克布傑約維采

🚄從布拉格中央車站出發，1日14～16班，所需時間2小時40分，2等車廂160Kč～、1等車廂334Kč～。

從比爾森出發，2小時1班，所需時間1小時56分，2等車廂186Kč～、1等車廂271Kč～。

🚌從布拉格出發，1小時1～3班，所需時間2小時20分～3小時20分，136Kč～。

捷克布傑約維采的🛈
◆Městské Informační Centrum　Map P.84-A
✉nám. Přemysla Otakara II. 2
☎386-801-413
📧infocb@c-budejovice.cz
🗓6～9月
週一～五　8:30～18:00
週六　　　8:30～17:00
週日　　　10:00～16:00
10～5月
週一・三　9:00～17:00
週二・四・五9:00～16:00
週六　　　9:00～13:00
🚫10～5月的週日
提供集結所有飯店資訊檔案資料，可以當場預約。

全力擴大波西米亞王國勢力版圖的普熱米斯爾・奧托卡二世Přemysle Otakar II（1230左右～1278），與南波西米亞的擁權者──維特科夫家族Vítkov對抗，在1265年建設了一個皇家都市，那就是捷克布傑約維采。16世紀的捷克布傑約維采，因為成為鹽巴交易、釀造業、近郊銀礦集散地，進入了全盛時期。1618年開始的30年戰爭，再加上1641年的那場大火，讓這座城市一度衰退。19世紀因為鋪設了通往奧地利林茲Linz的全歐洲第一條馬車軌道，成為交通要鎮而再度蓬勃發展。

◆◆◆◆◆◆◆◆◆◆◆漫遊捷克布傑約維采◆◆◆◆◆◆◆◆◆◆◆

　　捷克布傑約維采的參觀景點都集中在舊城區，火車站České Budějovice nádraží和巴士總站autbusové nádraží，都位於舊城往東徒步約10分鐘的地方。連結車站到舊城區的Lannova路

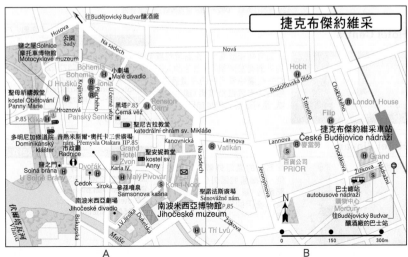

上，咖啡館和商店林立，同時還有行人專用道路，方便行人通行。舊城區的中心，有一處被巴洛克風格和文藝復興風格的美麗建築物所環繞的普熱米斯爾・奧托卡二世廣場ｎám. Přemysla Otakar II，在廣場的中央有一座1721～1726年建造的參孫噴泉Samsonova kašna，不斷有水噴出。從Lannova路走進廣場，在其右前方有一座72m高的黑塔Černá věž，遊客可以爬到塔上，從上往下看美不勝收的舊城風光。

將舊城區包圍的綠地中央，有一棟南波西米亞博物館Jihočeské muzeum，裡面展示了捷克布傑約維采以及南波希米亞地區一帶的歷史、地質和動物等相關物品，內容相當豐富。

◆◆◆◆◆◆◆◆◆◆從捷克布傑約維采出發的小旅行◆◆◆◆◆◆◆◆◆

胡波卡城堡 zámek Hluboká

在距離捷克布傑約維采北方約4km處，有一個叫做Hluboká nad Vltavou的小鎮，從稍微有點高度的山丘上往下看，就能看到堪稱是捷克最美的城堡——胡波卡城堡zámek Hluboká。

這座城堡是由誰建造？現在已經不可考。從普熱米斯爾・奧托卡二世開始，前後大約3世紀的時間，這座城堡為波西米亞歷代皇族擁有，隨後所有權轉移到了德國出身的貴族史瓦森堡家族Schwarzenberg的手上。由於史瓦森堡家族財力相當雄厚，於是將胡波卡城堡的內部裝潢得富麗堂皇，收藏了許多美術品，奢華的裝飾以及氣派的家具，美得令人嘆為觀止。庭園以及中庭可以自由進出，但若要入內參觀需要門票，不妨參加有導遊解說的參觀行程，一邊聽著解說一邊好好欣賞。

◆黑塔　Map P.84-A
⏰10:00～18:00
⏰4・6・9・10月的週一・11～3月
💰大人　　　　　　30Kč
　　兒童・學生　　20Kč

◆南波西米亞博物館
Map P.84-A
☎391-001-505
🔗www.muzeumcb.cz（捷克語）
⏰週二～五　9:00～12:30、
　　　　　　13:00～17:30
⏰週六・日・節日　9:00～11:30、
　　　　　　13:00～17:30
⏰週一　💰大人　　60Kč
　　兒童・學生　　30Kč

如何前往胡波卡城堡
🚌從捷克布傑約維采搭乘往Hluboká nad Vltavou的巴士，所需時間20～35分，平日1小時1班（週末1～3班），18Kč～。從Hluboká nad Vltavou, Pod Kostelem的巴士站到城堡徒步約10分。

◆胡波卡城堡內的參觀行程
🔗www.zamek-hluboka.eu
⏰4・9・10月　9:00～16:30
⏰5～8月　　　9:00～17:00
⏰11～3月　　10:00～16:00
　（12:00～12:30為午休時間）
⏰9～6月的週一
💰捷克語 導覽
　　大人　　　40～150Kč
　　兒童 學生　25～90Kč
　　英・德語導覽
　　大人　　　40～250Kč
　　兒童 學生　25～160Kč

捷克布傑約維采的住宿

從台灣撥打電話　002＋420（捷克國碼）＋電話號碼

Grand Hotel Zvon

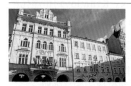

●面向普熱米斯爾・奧托卡二世廣場的3棟建築，內部並沒有相通。在餐廳Gourmet Symphony，可以享用到美味的捷克鄉土料理和紅酒料理。

★★★★　客房數：65
Map P.84-A
✉nám. Přemysla Otakara II 28
☎381-601-601　FAX381-601-605
🔗www.hotel-zvon.cz
📧ghz@hotel-zvon.cz
Ⓢ Ⓦ2100Kč～　附早餐
CC Ⓐ Ⓓ Ⓙ Ⓜ Ⓥ

Hotel Klika

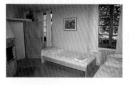

●1樓是餐廳，2樓以上的樓層才是飯店，從有著閣樓風情的可愛房間看出去，能遠眺對岸的公園。可以入住4人的套房要價3500Kč，非常寬敞，房內還有暖爐，氣氛超棒。

★★★　客房數：26
Map P.84-A
✉Hroznová 25
☎387-318-171　FAX387-222-775
🔗www.hotelklika.cz
📧hotel@hotelklika.cz
Ⓢ1360Kč～
Ⓦ1790Kč～　附早餐
CC Ⓐ Ⓓ Ⓜ Ⓥ

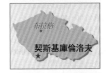

契斯基庫倫洛夫 *Český Krumlov*

URL www.ckrumlov.info

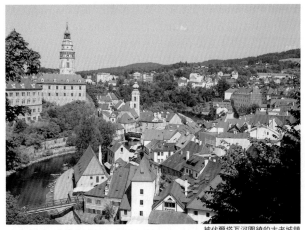

被伏爾塔瓦河圍繞的古老城鎮

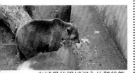

在城堡的護城河內休憩的熊

　契斯基庫倫洛夫在1992年被聯合國教科文組織列入為世界遺產，是全球最美的城鎮之一。

　被彎曲的伏爾塔瓦河Vltava環抱，昔日美景現今仍完整被保留的這座城市，在13世紀由南波西米亞的貴族維特科夫Vítkov所建。14世紀初，維特科夫家族絕後，羅森堡家族Rožemberk成了這個地方的統治者，並於16世紀進入全盛時期。隨後，艾根堡家族Eggenberg和史瓦森堡家族Schwarzenberg相繼成了當地的領主，分別對這個地方留下了不小的影響。

　出了這座城市，物產豐富的波西米亞大地在眼前延伸，舊城區裡石頭鋪成的狹窄小徑蜿蜒，保留著中世紀時代的氛圍。2002年8月當地遭逢世紀大洪水侵襲，造成慘重災情，幸而城堡和舊城區等觀光區域幾乎已經修復完畢。

◆◆◆◆◆◆◆◆ 漫遊契斯基庫倫洛夫 ◆◆◆◆◆◆◆◆

　從契斯基庫倫洛夫車站žel. st. Český Krumlov到布達札維城門Budějovická brána約1.5km，徒步約20分。雖然可以搭計程車，但車資相當昂貴，搭乘市區巴士比較方便（車票直接向司機購買）。徒步的話，背對車站往右走，在Třída Míru路走到底再左轉，順著彎曲的道路往下走，稍微走一段路後，契斯基庫倫洛夫城的雄偉英姿映入眼簾，是一個很棒的觀景地點。

　巴士總站在舊城區東邊，如果在終點站的前一站Český Krumlov-Špičák下車，從布傑約維采門Budějovická brána進入，就可以到達舊城區。

　整個契斯基庫倫洛夫就是一個觀光景點，恣意地在這裡隨意散步吧。

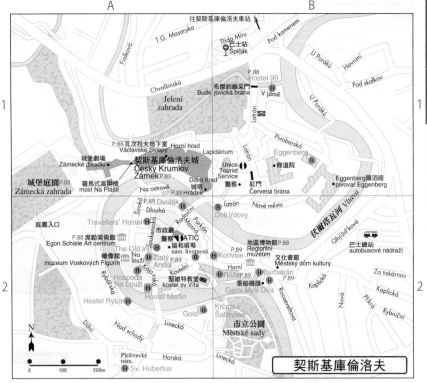

契斯基庫倫洛夫

◆契斯基庫倫洛夫城
⊠Zámek 59
☎380-704-721
URLwww.zamek-ceskykruml
ov.eu
◆城內參觀行程
開4・5・9・10月9:00～17:00
6～8月　9:00～18:00
(12:00～13:00為午休時間)
休週一・11～3月
費捷克語導覽
　　大人　　　150(130)Kč
　　兒童・學生　80(60)Kč
　英・德語導覽
　　大人　　　250(240)Kč
　　兒童・學生　160(140)Kč
城堡內的參觀行程只有導
遊解說的行程,括弧裡的費
用是第2條路線的費用,所需
時間1小時。
◆城堡劇場的參觀行程
開10:00～15:00每個整點出
發,12:00休息
休週一・11～4月
費捷克語導覽
　　大人　　　200Kč
　　兒童・學生　130Kč
　英・德語導覽
　　大人　　　250Kč
　　兒童・學生　150Kč

◆◆◆◆◆◆◆◆契斯基庫倫洛夫的主要景點◆◆◆◆◆◆◆◆

契斯基庫倫洛夫城 Český Krumlov Zámek

Castle Český Krumlov　　　　　**MapP.87-A1**

　　在波西米亞地區,契斯基庫倫洛夫城是僅次於布拉格城的大城堡,建立於13世紀的這座城堡,在不斷增建新建築物之下,不同時代風格的建築物協調地矗立於此,成為巨大的複合建築群。

　　往東西兩側延伸的城堡,是整座建築物最古老的部分,稱之為城塔Hrádek。穿越紅門Červená brána後,就來到中庭(第一中庭),迎面所見的是一棟有著高塔的建築物。整座城堡從第一中庭延伸到第五中庭,而在第四和第五中庭之間,有羅馬式高拱橋most Na Pláští。過了這座橋,就是寬敞的庭園。

　　想要進入主要城堡,可以參加有導遊解說的參觀行程。參觀行程有2條路線,第1條路線是包括化妝舞會大廳在內的文藝復興、巴洛克時代的房間;第2條路線則是與史瓦森堡家族有關,可以看到19世紀的室內裝潢和相關物品。

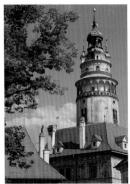

聳立於高台的契斯基庫倫洛夫城

87

◆城塔

圈4・5・9・10月
　　　　　9:00～17:00
　6～8月　　9:00～18:00
　11～3月　　9:00～16:00
休9～3月的週一
圖大人　　　　50Kč
　兒童、學生　　30Kč

◆城堡庭園
圈4・10月　8:00～17:00
　5～9月　9:00～19:00
休11～3月
圖免費

◆瓦次拉夫地下室
TEL380-715-753
圈4～10月　10:00～17:00
　11・12月　11:00～17:00
休11～3月
圖大人　　　　50Kč
　兒童、學生　　30Kč

◆地區博物館
⊠Horní 152
TEL380-711-674
URLwww.muzeum-krumlov.cz
圈9:00～18:00
休週一
圖大人　　　　120Kč
　兒童　　　　100Kč

◆席勒美術館
⊠Široká 71
TEL380-704-011
URLwww.schieleartcentrum.cz
圈10:00～18:00
休無休
圖大人　　　　120Kč
　兒童、學生　　70Kč

席勒
Egon Schiele
　20世紀初期活躍於維也納的藝文界，卻在28歲英年早逝的畫家。席勒出生於維也納近郊的小鎮凱爾恩Tulln，1915年，也就是他婚後的第4年，被徵召前往布拉格，在波西米亞地區接受軍事訓練。由於他的母親是在契斯基庫倫洛夫出生，因此他也把這裡當作自己的第二故鄉。

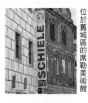
位於舊城區的席勒美術館

城塔 Hrádek
Castle Tower　　　　MapP.87-A1

　遊客可以爬上名為城塔的塔上，站在高塔上遠眺這座城市，眼前所看到的風光，美得令人說不出話來。這座高塔原本是哥德式建築，1580～1590年之間，改建為現在所看到的文藝復興風格，圓筒形的設計搭配紅色和綠色的鮮豔色彩，令人印象深刻。走在當地狹窄的街道上，隨時都能看到它的存在，也可說是這座城鎮的地標。

城堡庭園 Zámecká zahrada
Castle Garden　　　　MapP.87-A1～2

　在城堡的西側，越過羅馬式高拱橋most Na Plášti後繼續往前進，不久後可以來到一座巴洛克風格的庭園。在這座美麗庭園的中央，有一座淡粉色、巴洛克風格的美麗露天劇場，在這個可旋轉的舞台上，每年夏季都會有活動在此舉行。

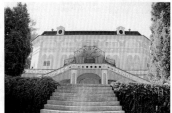
巴洛克風格的美麗露天劇場

瓦次拉夫地下室 Václavské sklepy
Wenceslas' Cellars　　　　MapP.87-A1

　在走過第四和第五中庭間的羅馬式高拱橋之前，有一個利用地下洞窟做成的美術館，包括捷克、波蘭、匈牙利、羅馬尼亞等世界各國的現代藝術作品，在這座宛如迷宮的洞窟裡展示著。

　在昏暗、冰涼的洞窟美術館中，讓人暫時逃離塵世的喧囂，像是處在一個朦朧的異次元空間，這裡收集了東歐各國的美術作品，很值得一看。

地區博物館 Regioňlní muzeum
District Museum of National History in Český Krumlov　　　　MapP.87-B2

　這裡展示了契斯基庫倫洛夫以及南波西米亞的歷史、民俗、基督教美術和民族工藝品等，有英語的解說小冊，展示的方式和展示品的品質相當高，很容易理解，是一處高水準的博物館。

席勒美術館 Egon Schiele Art centrum
Egon Schiele Art Center　　　　MapP.87-A2

　改建自古老的啤酒釀造工廠，位於舊城區的西端，在這座美術館裡，以畫板的方式介紹了20世紀初期的畫家席勒Egon Schiele的生涯。此外，還展示了80多幅席勒的作品，以及他的照片、親筆信函和使用過的家具等等，雖然規模不大，卻非常有趣，館內還展示席勒的面具。除了與席勒有關的展示外，還有其他的企劃展也同時舉行。參觀結束後，不妨在入口的咖啡座稍微休息一下。

Hotel 契斯基庫倫洛夫的住宿

從台灣撥打電話 002＋420（捷克國碼）＋電話號碼

由於這個城市很小，花一天的時間應該可以逛遍。當地有不少住起來相當舒適的中級飯店和民宿，若時間許可的話，不妨住上一晚，悠哉地到處逛逛。❶會幫忙介紹合適的飯店或民宿，舊城區裡的住宿設施有很多家，最好先就設施和住宿費用比價後，再行決定也不遲。

Hotel Růže
★★★★★　客房數：70
Map P.87-B2

●這是一棟在1586年興建的耶穌會修道院，於1889年改建為飯店，飯店員工穿的是文藝復興風格的傳統服裝，營造出懷舊氣氛。雖然建築物本身很老舊，但設備卻很現代化，飯店內還有能眺望伏爾塔瓦河的露台。

⊠Horní 154
☎380-772-100　FAX380-713-146
URLwww.janhotels.cz
✉info@hotelruze.cz
Ⓢ2400Kč～
Ⓦ3800Kč～
附早餐　ⒸⒶⒹⒿⓂⓋ

Hotel Dvořák
★★★★　客房數：22
Map P.87-A2

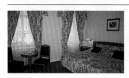

●隔著河川位於契斯基庫倫洛夫城的對岸，建於橋邊，是一座外觀很高雅的飯店。夏天可以在河岸邊的露台上，欣賞城堡同時用餐。

⊠Radniční 101
☎380-711-020　FAX380-711-024
URLwww.hoteldvorak.com
✉info@hoteldvorak.com
Ⓢ2090Kč～　Ⓦ3490Kč～
附早餐　ⒸⒶⒹⒿⓂⓋ

Zlatý Anděl
★★★★　客房數：42
Map P.87-A2

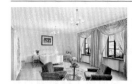

●面向協和廣場náměstí Svornosti，殘留著中世紀氣息，住起來相當舒適的飯店，飯店的名稱帶有「黃金天使」的意義。飯店裡附設餐廳、啤酒屋、酒吧和咖啡廳等。

⊠nám. Svornosti 11
☎380-712-310　FAX380-712-927
URLwww.hotelzlatyandel.cz
✉info@hotelzlatyandel.cz
Ⓢ1700Kč～　Ⓦ2900Kč～
附早餐
ⒸⒶⒿⓂⓋ

Pension Barbakán
★★★　客房數：8
Map P.87-B2

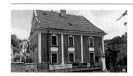

●緊鄰河畔，能俯瞰伏爾塔瓦河，是一間小規模的民宿。從建築物的階梯往下走就是餐廳的入口，可以享受燒烤料理。

⊠Kaplická 26
☎&FAX380-717-017
URLwww.barbakan.cz
✉info@barbakan.cz
Ⓢ Ⓦ1200Kč～　附早餐
ⒸⒿⓂⓋ

Konvice
客房數：13
Map P.87-B2

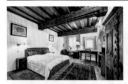

●這個飯店的名稱是指用來裝葡萄酒的容器，將興建於16世紀的建築物修繕後，成為舒適的飯店。能夠大啖捷克料理的葡萄酒餐廳也很受歡迎，大廳有免費無線網路。

⊠Horní 144
☎380-711-611　FAX380-711-327
URLwww.boehmerwaldhotels.de
✉info@stadthotel-krummau.de
Ⓢ1300Kč～　Ⓦ1500Kč～
附早餐
ⒸⒹⒿⓂⓋ

Hostel 99
青年旅館　客房數：60床
Map P.87-B1

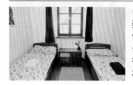

●利用700年前的老舊建築改建而成的飯店，多人房和淋浴設備都是男女混合，備有廚房，露台設有餐廳。夏季時，每天有開往維也納、薩格勒布Zagreb和林茲Linz的巴士。

⊠Věžní 99
☎380-712-812　FAX無
URLwww.hostel99.cz
✉hostel99@hostel99.cz
Ⓓ300Kč～
Ⓦ800～1100Kč
Ⓒ不可

右拉格

★帖契

帖契 *Telč*

www.telc.eu

如何前往帖契

從布拉格中央車站出發經由Havlíčkův Brod前往Kostelec u Jihlavy，再轉乘地方火車。所需時間3小時45分～、2等車廂270Kč～、1等車廂405Kč～。

從捷克布傑約維采和布爾諾出發前往Kostelec u Jihlavy，所需時間2小時15分～、2等車廂161Kč～、1等車廂242Kč。

從Kostelec u Jihlavy出發，1～2小時1班，所需時間36分、29Kč。

捷克布傑約維采～布爾諾之間的巴士1日5班，會經過帖契。無論哪一班車所需時間約2小時、95Kč。

從布拉格出發，1日3～6班，所需時間2小時30分～、145Kč。

世 界 遺 產

帖契歷史地區
Telč-Historické centrum
1992年登錄

帖契的❶ Map P.91-A
✉nám. Zachariáše
z Hradce 10
☎567-112-407
✉info@telc-etc.cz
🕐5～9月
　週一～五　8:00～17:00
　週六・日　10:00～17:00
　（6～8月～18:00）
10月
　週一～五　8:00～17:00
　週六・日　10:00～16:00
11～3月
　週一・三　7:30～17:00
　週二・四・五8:00～16:00
4月
　週一・三　8:00～17:00
　週二・四・五8:00～16:00
　週六・日　10:00～16:00
　（有午休時間）
🚫11～3月的週六・日

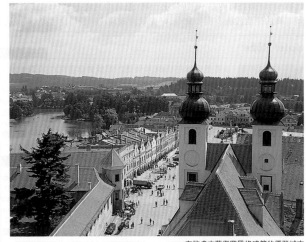
有許多文藝復興風格建築的優雅城市

　　這座小鎮靜靜地佇立在波西米亞・摩拉維亞高地Českomoravská Vysočina上，時間彷彿在這裡停止了好幾個世紀。帖契的歷史，據說可以追溯到12世紀，1339年開始，這裡被Hradec家族所統治，發展成為一處具有優雅文藝復興風格的城市。這座城市被3個池子所圍繞，自古就肩負起天然護城河的重任，現在這裡仍維持著在16世紀的領主薩哈利亞修Zachariáš統治時的樣貌，如圖畫般的美麗景致，讓遠道前來的遊客眼見大開。這個地區在1992年被聯合國教科文組織登錄為世界遺產。

◆◆◆◆◆◆◆◆◆◆◆◆◆**漫遊帖契**◆◆◆◆◆◆◆◆◆◆◆◆◆◆◆

　　從帖契車站和巴士總站前往舊城區，步行約10分鐘。順著車站前方延伸出去的Masarykova和Svatoanenská路走，右側會看到霍爾尼門Horní brána。穿過這個門之後就是舊城區了。

舊城區的中心，是有著許多可愛建築物的薩哈利亞修廣場nám. Zachariáše z Hradce。這樣的街景誕生於

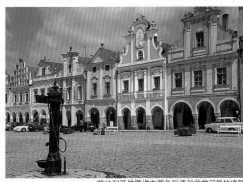
薩哈利亞修廣場有著色彩柔和和非常可愛的建築

1530年，帖契這座城市因為慘遭祝融而全毀，當時的領主薩哈利亞修Zachariáš呼籲所有居民在改建家園時，都以文藝復興時期或是巴洛克初期的風格建造，因此每棟建築物都是市民別具心裁所設計建造的，來到這裡，一定要慢慢欣賞這一棟棟被仔細修繕保存的房子。建築物的入口有拱廊商場，有販售紀念品的小商店。

位於廣場盡頭的帖契城Telčský zámek，是一座在13世紀建造的哥德式建築風格的城堡，16世紀後半，薩哈利亞修找來義大利建築師，將城堡改成文藝復興風格。城堡內裝飾相當豪華，可以參加導覽行程入內參觀，而位於霍爾尼門Horní brána旁的聖靈教堂kostel sv. Ducha，以及帖契城旁的聖詹姆斯教堂kostel sv. Jakuba，都可以爬到塔頂上欣賞帖契的風光。在廣場內稍微步行，走過池子上方的橋之後，從外側遠眺舊城區，景致也很美，夏天在此還能享受划船的樂趣。

◆帖契城	Map P.91-A	
TEL567-243-943		
URLwww.zamek-telc.eu		
開4・10月	10:00～16:00	
5・9月	9:00～16:00	
6月	9:00～17:00	
7・8月	9:00～18:00	
(12:00～13:00為午休時間)		
困週一(遇到節日順延一天)、		
11～3月		
費行程A		
大人	110Kč	
兒童・學生	70Kč	
(英・德語導覽多加100Kč)		
行程B		
大人	90Kč	
兒童・學生	60Kč	
(行程B4・10月休息)		

 Hotel　　　　　　　　　　　　帖契的住宿

從台灣撥打電話　002＋420（捷克國碼）＋電話號碼

Hotel Černý Orel
★★★　客房數：28　**Map P.91-A1**
✉nám. Zachariáše z Hradce 7
TEL567-243-222　FAX567-243-221
URLwww.cernyorel.cz
emailhotel@cernyorel.cz
S890Kč～　W1400Kč～　附早餐　CCMV

●面對薩哈利亞修廣場，在市政廳的第3大樓旁，黃色和白色相間的飯店外觀相當可愛。每間客房雖然稱不上寬敞，但擺設了木製的新家具，非常漂亮，可以隨意使用。

Hotel Celerin
★★★　客房數：12　**Map P.91-A1**
✉nám. Zachariáše z Hradce 1/43
TEL567-243-477　FAX567-213-581
URLwww.hotelcelerin.cz（捷克語）　emailoffice@hotelcelerin.cz
S820～1200Kč　W1260～1750Kč　附早餐
CCAJMV

●這是位於薩哈利亞修廣場一角的小型3星飯店，建築物本身是16世紀的建築，有著奶油黃的外牆。附設的咖啡廳在當地相當有名，非常推薦。

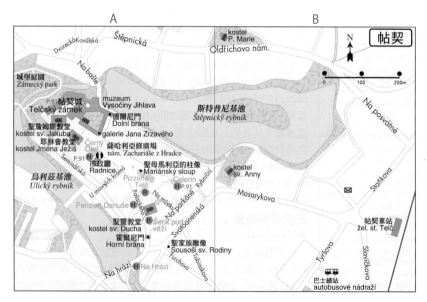

布爾諾 *Brno*

URLwww.brno.cz

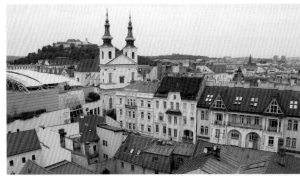

摩拉維亞地區的中心都市

如何前往布爾諾

🚃從布拉格中央車站出發，1小時1～3班左右，所需時間2小時40分～3小時45分，2等車廂210Kč～，1等車廂495Kč。

從匈牙利布達佩斯Budapest出發，經由斯洛伐克的布拉提斯拉瓦Bratislava並穿越布爾諾的列車，也會在布爾諾停靠，1日6班左右，從布達佩斯出發4小時15分～，從布拉提斯拉瓦出發1小時25分～。

🚌從布拉格出發的巴士班次非常頻繁，所需時間2小時30分～215Kč。

從捷克布傑約維采出發，1～2小時1班，所需時間3小時45分～4小時30分200Kč～。

從歐洛慕奇Olomouc出發的巴士也很頻繁，所需時間約1小時5分～95Kč～。

世界遺產

布爾諾的圖根哈特宅邸
Brno-Vila Tugendhat
2001年登錄

布爾諾的❶

◆Informační Centrum
Map P.93-B2
✉Radnická 8
☎542-427-150～1
URLwww.ticbrno.cz
🕐週一～五 8:00～18:00
　週六・日 9:00～18:00
休無休

布爾諾的市區交通

路面電車或是巴士的車票請在自動售票機或是小賣店購買。
URLwww.dpmb.cz
🎫10分鐘券 16Kč（8Kč）
　60分鐘券 25Kč（12Kč）
　90分鐘券 27Kč（13Kč）
　24小時券 90Kč
（括弧內的數字是6～15歲的孩童，或是大件行李的車資）

◆史皮爾柏城堡
☎542-123-611
URLwww.spilberk.cz
🎫大人 300Kč
　兒童・學生 180Kč
門票售票口是共通的，庭園全年免費開放。

◆城堡監獄
🕐7～9月 10:00～18:00
　10～6月 9:00～17:00
休10～4月的週一
🎫大人 100Kč
　兒童・學生 60Kč

捷克的國土大約可分成西部的波西米亞Čechy，以及東部的摩拉維亞Morava等2大地區，而布爾諾是摩拉維亞地區的中心都市，同時也是捷克國內僅次於布拉格，規模第2大的城市。每年的2、4、9月，大規模的商展在此舉行，是捷克的工商業重鎮，而位於郊外的環狀道路，也會舉辦摩托車和賽車競賽。

曾是摩拉維亞王國首都而蓬勃發展的布爾諾，有史皮爾柏城堡以及教堂等等，保留許多文化遺產。這裡自古就是該地區文化、學問的中心，遺傳學之父孟德爾Gregor Johann Mendel一邊從事祭司工作，同時進行豌豆實驗的地點就在布爾諾舊城西邊郊外的修道院。

◆◆◆◆◆◆◆◆◆◆ 漫遊布爾諾 ◆◆◆◆◆◆◆◆◆◆

布爾諾的巴士總站距離布爾諾中央車站，步行約10分鐘，另外有些巴士則是在飯店Grandhotel Brno斜對面的巴士總站發車。

布爾諾的主要景點都集中在舊城區附近，要前往舊城區的中心自由廣場nám. Svogody，則是從布爾諾中央車站Brno hlavní nádraží往北延伸的熱鬧街道Masarykova，步行約10分鐘就可抵達。而在車站和自由廣場之間，有一座綠色廣場Zelný trh，這裡每天早上都有熱鬧市集，販售著新鮮的蔬菜和水果。除此之外，從自由廣場看出去，西邊山丘上的是史皮爾柏城堡hrad Špilberk，南邊是聖彼得與聖保羅大教堂katedrála sv. Petra a Pavla，而北邊則是聖詹姆斯教堂kostel sv. Jakuba。

◆◆◆◆◆◆◆◆ 布爾諾的主要景點 ◆◆◆◆◆◆◆◆

史皮爾柏城堡 hrad Špilberk

Špilberk Castle	MapP.93-A2

位於舊城區西邊的山丘上，是13世紀建造的城堡遺跡。17世紀，這裡的部分建築被改建為監獄，到了19世紀，專門收容義大利、匈牙利、波蘭等地的革命家。第二次世界大戰時，這個設

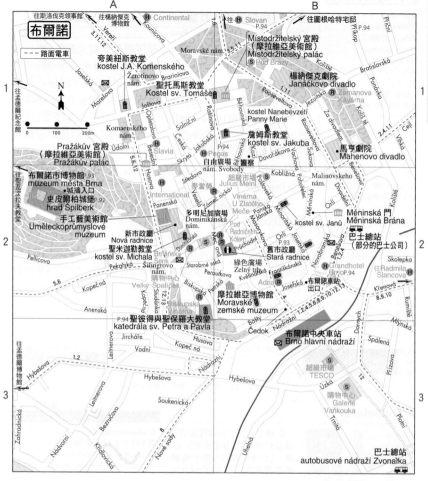

布爾諾

- - - 路面電車

往斯洛伐克領事館　往楊納傑克博物館　H Continental　往 H Slovan P.94　往圖根哈特宅邸

夸美紐斯教堂
kostel J. A. Komenského

Místodržitelský 宮殿
（摩拉維亞美術館）
Místodržitelský palác
S Pod Brazy

聖托馬斯教堂
Kostel sv. Tomáše

楊納傑克劇院
Janáčkovo divadlo

Zemanova Kavárna

kostel Nanebevzetí
Panny Marie

詹姆斯教堂
kostel sv. Jakuba

馬亨劇院
Mahenovo divadlo

Pražákův 宮殿
（摩拉維亞美術館）
Pražákův palác

布爾諾市博物館
muzeum města Brna
城入口

史皮爾柏城堡
hrad Spilberk

手工藝美術館
Uměleckoprůmyslové
muzeum

新市政廳
Nová radnice

聖米迦勒教堂
kostel sv. Michala

Slavia

International

自由廣場
nám. Svobody

超級市場
Julius Meinl

麥當勞

Vinárna
U Zlatého
Meče

kostel sv. Janů

Měnínská 門
Měnínská Brána

巴士總站
（部分的巴士公司）

多明尼加廣場
Dominikánská nám.

舊市政廳
Stará radnice

綠色廣場
Zelný trh

Grandhotel P.94
往 Radmila
Slancova

摩拉維亞博物館
Moravské
zemské muzeum

布爾諾車站
出口

聖彼得與聖保羅大教堂
katedrála sv. Petra a Pavla

Čedok

布爾諾中央車站
Brno hlavní nádraží

超級市場
TESCO

購物中心
Galerie
Vaňkouka

巴士總站
autobusové nádraží Zvonařka

施被德國納粹利用，而當時使用的監獄和烤問的刑具，都對外開放參觀。

2樓是布爾諾市博物館muzeum města Brna，展示了與歷史有關的文物，以及文藝復興時期到現代的美術收藏品，3樓則是咖啡廳和美術館。

舊市政廳 Stará radnice

Old Town Hall　　　　　　　　　　Map P.93-B2

面向綠色廣場的舊市政廳，建築物入口的哥德式風格精緻石雕藝術是最大的特徵。舊市政廳的裝飾是在1511年由安頓‧皮爾格拉姆Anton Pilgram所打造，中間的小塔呈現歪斜，據說是因為沒有獲得應有酬勞的皮爾格拉姆一氣之下的結果。

內部展示著做工精緻的音樂盒和留聲機、鑲著彩色玻璃以及有美麗壁畫的房間，遊客可以入內參觀，或是到塔上一覽布爾諾風光。

◆史皮爾柏城堡高塔
圖5～9月　　　　9:00～18:00
4・10月　　　　10:00～17:00
困週一、4・10月的週二～五、11～3月
圖大人　　　　　50Kč
兒童、學生　　　30Kč

◆布爾諾市博物館
圖7～9月　　　　10:00～18:00
6・10月　　　　9:00～17:00
困11～5月
圖大人　　　　　150Kč
兒童、學生　　　90Kč

史皮爾柏城堡監獄的展示

◆舊市政廳
✉Radnická 8
☎542-427-106
🌐www.ticbrno.cz
🕐9:30～17:30
休10～3月
💰大人　　　　　50Kč
　兒童、學生　　25Kč

◆聖彼得與聖保羅大教堂
✉Petrov 9
☎543-235-031
🕐週一～六　　8:15～18:30
　週日　　　　7:00～18:30
休無休
　教會裡有個13世紀建造的
地下室對外開放，可以看到古
羅馬時代的牆壁和支柱。

◆圖根哈特宅邸
✉Černopolní 45
☎515-511-015
🌐www.tugendhat.eu
🕐10:00～18:00
　（導覽至17:00，每小時一次）
休週一
💰大人　　　　　300Kč～
　兒童、學生　　180Kč～
　（費用因行程而異）

聖彼得與聖保羅大教堂 katedrála sv. Petra a Pavla
Cathedral of St. Peter and St. Paul　　　MapP.93-A2

　　遠遠望去宛如浮在空中的聖彼得與聖保羅大教堂，據文獻記載，1092年在這個地方，就已經有一座仿羅馬式建築的基督教教堂，現在大家所見的哥德式建築，是在14世紀後才改建的。之後，這座大教堂又不斷的改建直到18世紀為止，最後完成的這部分是在1904～1905年所建，新哥德式風格的2座高塔。踏進這裡面，首先會震驚於天花板的高度，祭壇對面的彩色玻璃，更是光彩奪目。

圖根哈特宅邸 Tugendhatova vila
Villa Tugendhat　　　MapP.93-B1外

　　在布諾爾舊城區的北邊，有一棟被譽為近代建築名作的宅邸。德國的建築師路密斯·凡德Ludwig Mies van der Rohe（1886～1969）接受圖根哈特Fritz Tugendhat的委託，在1929～1930年所建造的。面向庭院的牆壁採用了一整面的玻璃，空間寬敞的程度令人驚訝。2001年這裡被聯合國教科文組織登錄為世界遺產。

 Hotel　　　　　　　　　　**布爾諾**的住宿

從台灣撥打電話　002＋420（捷克國碼）＋電話號碼

Grandhotel Brno
★★★★　客房數：105
Map P.93-B2

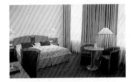

　●距離車站最近的高級飯店，無論是規模、格局都是布爾諾最棒的。入口兩側有咖啡廳和餐廳，飯店裡還設有三溫暖、健身房、賭場以及租車公司。

✉Benešova 18-20
☎542-518-111　FAX542-210-345
🌐www.grandhotelbrno.cz
✉reservation@grandhotelbrno.cz
Ⓢ€105～　Ⓦ€130～
附早餐　🆑ⒶⒹⒿⓂⓋ

Hotel Slovan
★★★　客房數：90
Map P.93-B1外

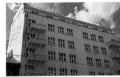

　●在舊城區北邊，面向大馬路的大型飯店，內部的裝潢很簡單，但機能性很高，方便住宿客使用。在飯店的餐廳裡可以享用捷克料理，所有客房皆可免費上網。

✉Lidická 23
☎533-422-111　FAX541-211-137
🌐www.hotelslovan.cz
✉hotel@hotelslovan.cz
Ⓢ1290Kč～　Ⓦ1690Kč～
附早餐
🆑ⒶⒹⒿⓂⓋ

Hotel Pegas
客房數：24
Map P.93-A1

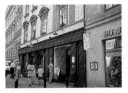

　●接待櫃台在2樓，1樓是啤酒屋和餐廳（9:00～24:00）。飯店的優點是可以喝到特製的Pegas啤酒，釀酒用的桶子就在眼前，啤酒喝起來格外美味。飯店曾於2007年改裝完成。

✉Jakubská 4
☎542-210-104　FAX542-211-232
🌐www.hotelpegas.cz
Ⓢ2000Kč～　Ⓦ2500Kč～
附早餐
🆑ⒶⒹⒿⓂⓋ

捷克 旅行關鍵字

打招呼

你好	Dobrý den.
早安	Dobré ráno.
晚安（見面問候）	Dobrý večer.
再見	Na shledanou.
Hello、Bye-Bye	Ahoj.／Čau.

回答

是的	Ano.
不是	Ne.
謝謝	Děkuju vám.
對不起	Promiňte.
不客氣	Není zač.
我不知道	Nerozumím.
我知道了	Chápu.

實用單字

廁所	záchod
男廁／女廁	pánský／dámský
無人／使用中	volno／obsazeno
推／拉	tlačit／táhnout
禁止～	zákaz
警察	policie
入口／出口	vchod／východ
營業中／打烊	otevřeno／zav´reno
出發／抵達	odjezd／příjezd
服務中心	informace
銀行	bankách
郵局	pošta
車站	nádraží
機場	letiště
收據	potvrzení
預約	rezervace
車票售票處	prodj jízdenek
單程車票	jízdenka tam
來回車票	zpáteční jízdenka
東／西	východ／západ
南／北	jih／sever
右／左	vpravo／vzadu
上／下	nahoře／dole
貴的／便宜的	drahý／levný
大的／小的	velký／malý

數字

1	jeden（男性名詞）
	jedna（女性名詞）
	jedno（中性名詞）
2	dva（男性名詞）
	dvě（女・中性名詞）
3	tři
4	čtyři
5	pět
6	šest
7	sedm
8	osm
9	devět
10	deset
11	jedenáct
12	dvanáct
13	třináct
14	čtrnáct
15	patnáct
16	šestnáct
17	sedmnáct
18	osmnáct
19	devatenáct
20	dvacet
30	třicet
50	padesát
100	sto
1000	tisíc

星期

週一	pondělí
週二	úterý
週三	středa
週四	čtvrtek
週五	pátek
週六	sobota
週日	neděle

月

1月	leden
2月	únor
3月	březen

捷克 旅行關鍵字

4月	duben
5月	květen
6月	červen
7月	cervenec
8月	srpen
9月	září
10月	říjen
11月	listopad
12月	prosinec

詢問

~在哪裡？　　　　Kde je～?

入場費多少錢？
　Kolik stojí vstupné?

什麼時候？　　　　Kdy?

要花多少時間？
　Jak dlouhotrvá cesta?

幾點？　　　Kolik je hodin?

可以幫我叫輛計程車嗎？
　Můžete mi zavolat taxi?

請問廁所在哪裡？　Kde je záchod?

請問你叫什麼名字？
　Jak se jmenujete?

我叫做～　　　　Jmenuji se ～.

可以告訴我地址嗎？
　Můžete mi dát vaši adresu?

住宿

可以告訴我哪裡有便宜的飯店嗎？
　Můžete mi doporučit levný hotel?

請問有空房間嗎？
　Máte pokoj na dnes?

有淋浴設備的單人房（雙人房）多少錢？
　Kolik stojí
　jednolůžkový(dvoulůžkový) pokoj se
　prchou?

有附早餐嗎？
　Je to se snídaní?

沒有熱水
　Neteče teplá voda.

用餐

我餓了　　　　Mám hlad.

這附近有沒有便宜的餐廳？
　Je v blízkosti nějaká dobrá a levná
　restaurace?

請給我菜單
　Jídelní lístek, prosím.

我想要吃捷克風味的料理
　Chci jíst české jídlo.

請問招牌菜是什麼？
　Co je vaše specialita?

請給我咖啡　　　Prosím kávu.

請結帳　　　　Platit, prosím.

非常好吃
　Bylo to velmi dobré.

購物

可以給我看那個嗎？
　Můžete mi to ukázat?

這個多少錢？　　Kolik to stojí?

請給我這個　　　Tohle, prosím.

可以試穿看看嗎？
　Mohu si to ozkusit?

這個我不喜歡　　To se mi nelíbí.

可以使用信用卡嗎？
　Berete tuto kreditní kartu?

郵政‧電話‧匯兌

這個寄到台灣多少錢？
　Kolik to stojÐ letecky do Taiwanska?

我想要打電話回台灣
Chci zavolat do Taiwanska.

我想要將20元美金換成捷克克朗
　Proměňte mi dvacet dolarů na koruny.

糾紛、醫療

救命！　　　　Pomoc！

小偷！　　　　Zloděj！

我的護照不見了
　Ztratil jsem cestovní pas.

身體不舒服　　　Je mi špatně.

感冒了　　　　Nachladil (a) jsem se.

頭（肚子）痛　　Bolí mé hlava(břicho).

請幫我找醫生來
　Zavolejte doktora.

捷克簡史

◆**波西米亞王國的全盛時代**

在現在的捷克國土上最初成立的國家，據說是在7世紀的薩莫王國Samo，但這個國家很快就滅亡了。之後在830年左右，為了對抗來自西方卡洛林王朝Carolingian的法蘭克王國Frankish Kingdom的入侵，西斯拉夫民族以摩拉維亞地區Morava為中心，建立了大摩拉維亞王國。這個國家的領土不只涵蓋現今的捷克和斯洛伐克，甚至連波蘭東部也涵蓋在內，國土相當遼闊。當時摩拉維亞加強與拜占庭帝國的關係，因此擁有相當高水準的文化，但這個王國卻在906年被馬札兒人（匈牙利人）消滅。

隨後西斯拉夫人彼此為了爭奪領土而互相戰爭，這時輪到了以波西米亞的布拉格為根據地的普熱米斯爾家族Přemysl的勢力抬頭，他們將所有的部族統一起來，開啟了普熱米斯爾王朝。

在10世紀末期，波西米亞地區完全統一，被稱為是捷克第一位國王的瓦次拉夫一世Václav I積極地接受基督教，致力於國內的傳教，但最後卻遭到反對國內基督教化的弟弟波勒斯拉夫一世Boleslav I暗殺（瓦次拉夫一世被列為波西米亞守護聖人之一）。不過波勒斯拉夫一世最後還是接受了基督教，獲得德國的協助，成功阻擋了馬札兒人的進攻，並在962年聽令於神聖羅馬帝國皇帝。到了波勒斯拉夫二世Boleslav II的時代，合併了摩拉維亞地區，擴大了勢力版圖。

進入11世紀後，各地的交易活動日趨頻繁，都市因此迅速發展。13世紀德國人往東方移民相當盛行，很多工匠和農民紛紛從德國遷移到這裡來，從事都市建設和採礦的工作。庫特納后拉Kutná Hora當地的銀礦產量相當豐富，受到大土地所有制和貿易等因素刺激，加速經濟發展，捷克成為神聖羅馬帝國轄內最富裕的地區。

1253～1278年在位的波西米亞國王普熱米斯爾‧奧托卡二世Přemysle Otakar II為了壯大國力，打算實施中央集權化，搶走了國內所有大領主的土地所有權，還強化軍備陣容，這也讓波西米亞國王的領土，從北海一直延伸到亞得里亞海。後來因為瓦次拉夫三世Václav III遭到暗殺，捷克王朝就此結束，並在14世紀，由盧森堡王朝Lucemburkové繼承王位。而同王朝查理一世Karel I與哈布斯堡家族Habsburkové互相競爭，後來被德國的諸侯選為神聖羅馬帝國皇帝（擔任神聖羅馬帝國時稱為查理四世Karel IV）。查理一世不但致力於國力的充實，同時也很重視文化面，在布拉格設立大主教一職，並倣效巴黎大學，於1348年設立了查理大學（東歐第一所大學），興建布拉格城Pražský hrad和新城區Nové Město以及查理大橋Karlův most。現在所看到的布拉格，其基礎建設都是在那個時代打造的。

◆**胡斯戰爭～30年戰爭**

來自全歐洲的資訊在此匯集，成為高度文化城市的布拉格，在15世紀初期已經展開宗教革命，比起馬丁‧路德Martin Luther的宗教改革還要早一個世紀。

因為納入德國經濟體系裡，讓當地民眾對於德國化產生了民族性的反抗，引發宗教改革導火線的人，就是胡斯Jan Hus。

出生於波西米亞窮困農家的胡斯，在至今仍保存於布拉格的伯利恆禮拜堂Betlémská kaple裡，以捷克語傳教（當時只允許說拉丁語），他不但是傳教師，同時也是查理大學的校長。胡斯向大眾舉發了教會的專政和腐敗，贏得低階僧侶和貧民的廣大支持。擔心胡斯人氣太高的羅馬教皇，在1415年將胡斯召喚到康士坦茲Konstanz的宗教會議，不但將他驅逐出門，還以重大犯罪之名處以火刑。

事件發生後，生氣的農民和市井小民們，高舉象徵廢止教會特權的旗幟，和教會勢力以及相關的德國貴族展開了激烈的戰爭。胡斯派的人馬由獨眼的退役軍人——傑斯卡Jan Žižka領率領一支強大的人民軍攻打羅馬教皇，歷經5次戰役終於擊潰十字軍。

胡斯派最後團結一致以貴族為中心，推派哈布斯堡家族為王，繼續抵抗天主教廷。進入17世紀之後，捷克的新教貴族將天主教之王斐迪南二世Ferdinand II國王的參事，從布拉格城的窗戶丟出去，爆發了天主教和新教的宗教戰爭（30年戰爭1618～1648年）。1620年捷克軍在布拉格郊外的白山Bílá Hora被天主教軍擊潰，27位捷克軍的領導人在布拉格的舊城廣場Staroměstské nám.被處死，其他大多數的貴族則被流放海外。

在長達30年的戰爭裡，捷克好幾次都成為戰場，國家因此嚴重荒廢，之後在哈布斯堡家族統治下的400年，被譽為是捷克史上的「黑暗時代」。新教派遭到迫害，無法逃到海外，整

個捷克國內正在進行天主教化和德國化，捷克人被當作農奴，失去了民族的獨立。

◆脫離哈布斯堡家族的統治

進入17世紀，捷克的經濟復甦開始出現曙光。18世紀後半，保守的哈布斯堡帝國被近代化的浪潮洗禮，而受到法國革命影響的約瑟夫二世Josef II，他所施行的農奴解放政策和教育政策，觸動了18世紀後半到19世紀相當盛行的民族再生運動。不被當作官方語言，只能在生活中使用的捷克語，由語言學者多布羅夫斯基Josef Dobrovský將自己的著作《捷克語文法》、《古代斯拉夫語基礎》，以文章用語呈現，並在布拉格的瓦次拉夫廣場Václavské nám.演出捷克語的戲劇，捷克語的出版品也開始相繼問世。

受到捷克語確立刺激的知識分子，同時也受到德國浪漫主義的影響，在捷克民族的精神復興過程中擔任重要的角色。榮曼Josef Jungmann完成了《捷克‧德語字典》；歷史學家帕拉茨基František Palacky出版了共10本的《捷克民族史》，傳遞了讓捷克人感到自豪的胡斯傳統。

藝術也在這個時候百花齊放，詩人Karel Hynek Mácha在《五月》這個作品中，歌頌了充滿民族活力的氣息；而女作家涅姆科娃Božena Němcová的作品，更展現了捷克語之美；作曲家史麥塔納Bedřich Smetana和德弗札克Antonín Dvořák，也在這個時期相當活躍。當時並非獨立國家的捷克，在文化方面並沒有領導階層的存在，作家和新聞工作者成了政治中心，其傳統一直持續到今天。

1848年的革命從法國開始，在全歐洲蔓延，奧地利帝國內也發生民族運動，捷克人的政治活動也日趨熱烈。在第一次世界大戰中，誠如哈謝克Jaroslav Hašek在著作《好兵帥克奇遇記》裡所描述的，捷克士兵對於奧地利皇帝並不忠誠，大多數的士兵則是投降同為斯拉夫民族的俄羅斯，組成捷克軍團與敵軍對抗。

1918年第一次世界大戰結束，奧匈帝國內各民族紛紛獨立，其中之一就是捷克斯洛伐克共和國，首任總統是有著捷克人父親與斯洛伐克人母親、出生於摩拉維亞的馬薩里克Tomáš Garrigue Masaryk。

馬薩里克以高超的政治手腕進行民主化政治，讓捷克斯洛伐克晉升為先進工業國家之列，卻引發國內的德國人和斯洛伐克人的不滿。隨著鄰國德國納粹政權的誕生，衝突更加深，1938年的慕尼黑協定中，將德國人居民較多的蘇台德地區Sudety割讓給德國，隔年

1939年斯洛伐克宣佈獨立，並與德國簽訂保護條約（實際上是傀儡政權），捷克則成為波西米亞‧摩拉維亞的保護領主，納入德國的統治下。

◆共產黨政權以及民主化

1945年第二次世界大戰結束，捷克斯洛伐克共和國又再度成立。在1946年5月的憲法制訂國民會議選舉上，共產黨成了第一大黨，藉由議會民主主義的手段，讓捷克成為一個共產黨主導體制的國家而備受矚目，代表勞工利益的共產黨，獲得廣大的支持，土地改革與工業國有化的制度快速推動著。但隨後因為共產黨的獨裁體制，對國民的精神生活造成迫害，社會主義被蘇聯的戰車所蹂躪（1968年布拉格之春～捷克事件），推動改革的杜布切克Alexander Dubček遭到免職，人民的言論自由再度被剝奪，這時出現了許多流亡人士。但一部分的文化人勇敢抵抗強權，守護人權的運動繼續進行，1977年組成了地下組織「七七憲章Charta 77」。

柏林圍牆倒塌的1989年11月17日，警察對於要求民主化的學生遊行施予暴行，引發群眾的憤怒，反政府的示威遊行，連日萬人的程度不斷增加，受到全國國民的支持，才短短20多天共產政權就此瓦解。「七七憲章」的主要人物，同時也是戲劇創作家的瓦茨拉夫‧哈維爾Václav Havel被選為捷克總統，捷克斯洛伐克就此重生。

但是自由也引來分裂，政變後，具體的政策也導致捷克和斯洛伐克之間產生嫌隙，1993年1月1日，捷克和斯洛伐克聯邦取消了，捷克成為獨立國家。快速的經濟改革也有了成效，市民生活和社會情勢在舊東歐諸國裡，格外顯得安定。

1999年捷克加入了北大西洋公約組織（NATO），2003年哈維爾下台，由克勞斯Václav Klaus繼任總統，隨後在6月進行國民投票，以77%的贊成率於2004年5月加入歐盟，踏出嶄新的第一步。

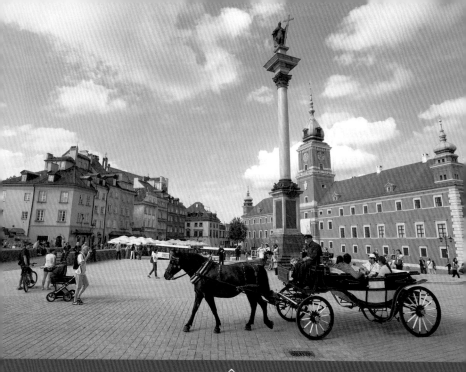

波 蘭
● Poland ●

華沙的皇宮廣場

波蘭概要

過去曾在地圖上消失過幾次，但最後又像是不死鳥般重新復甦的波蘭，其歷史背景充滿了動盪與波折。

在目前波蘭的領土上最早出現的國家，根據史載是在9～10世紀左右，取名為「平原之民」的波蘭族，為了抵抗日耳曼民族的壓力，與斯拉夫部族國家統一而開始。此後，因其地理位置剛好在連結東西歐的中繼點上，這也為波蘭帶來好處以及災難。在漫長的歷史上，波蘭好幾度遭其他國家侵略或是分割領土，但這一連串的苦難，並沒有讓他們失去民族的認同感，反而是吸收各種文化、思想和藝術，發展成獨自的文化。

第二次世界大戰，波蘭成為戰場，除了克拉科夫Kraków和札莫希奇Zamość等少數幾個城市外，主要的都市幾乎都被破壞殆盡。但是戰後在國民團結一致的努力下，將城市修復到可能的極限，很多地方城市修復後的風光，更勝於中世紀時期。

波蘭國土有著綠意盎然的大平原，以及無數的河川和湖泊，自古農業相當興盛，美麗的大自然風景被完整保

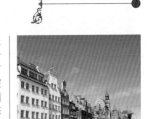
波羅的海沿岸的海港，格但斯克的運河和城市風光

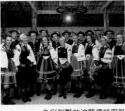
色彩鮮豔的波蘭傳統服裝

留，從行進間的火車窗戶看出去，甚至能看到野鹿在鐵軌旁奔馳。

波蘭南部與斯洛伐克國境交界之處，橫隔著塔特拉山地Tatry Wysokie，這裡也成了平原之國波蘭最重要的山岳度假勝地。

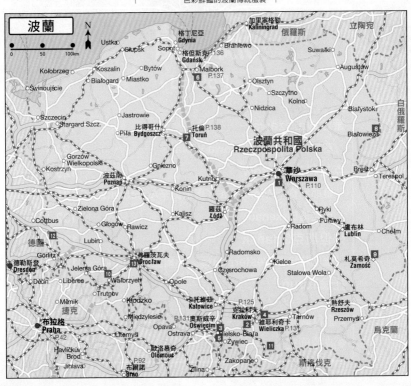

UNESCO的世界遺產

1 華沙歷史地區
Stare Miasto w Warszawie　　→P.110

1596年波蘭從克拉科夫遷都到華沙，一直到1611年，華沙才成為正式的首都。當地的建築物在第二次世界大戰中幾乎被破壞殆盡，

華沙的舊城區

戰後在華沙市民的齊心努力下，忠實重現華沙的昔日之美。

2 克拉科夫歷史地區
Stare Miasto w Krakowie　　→P.125

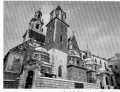

1386～1572年的亞捷隆王朝Jagiellonowie時代迎接波蘭全盛時期的到來，當時的王朝首都克拉科夫相當興盛繁榮，直到遷

克拉科夫的舊城區

都華沙為止，克拉科夫一直是政治、文化的中心。

3 奧斯威辛‧比克瑙 德國納粹集中營
Auschwitz-Birkenau. Niemiecki nazistowski obóz koncentracyjny i zagłady
　　→P.131

奧斯威辛Oświęcim（德語稱為Auschwitz）有個集中營，1940年開始興建，到1945年之前，與距此2km外的比克瑙集中營，一共奪走了150萬條人命。

4 維耶利奇卡鹽礦
Kopalnia Soli w Wieliczce　　→P.131

從10世紀開始開採的維耶利奇卡鹽礦坑，不斷開挖的結果，造就了地下300m，總長度長達300km，宛如螞蟻巢穴一樣的坑道。

5 卡爾瓦里亞‧澤布日多夫斯卡：富風格主義色彩的建築和園林景觀群朝聖公園
Kalwaria Zebrzydowska: Manierystyczny zespół architektoniczny i krajobrazowy oraz park pielgrzymkowy

卡爾瓦里亞‧澤布日多夫斯卡的文化景觀，呈現出人造建築物和大自然融合之美，既美麗又高雅。

【交通】從克拉科夫中央車站出發1日3班，所需時間1小時20分。另外，從克拉科夫也有巴士頻繁前往，所需時間45分～。

6 馬爾堡城堡
Zamek krzyżacki w Malborku　　→P.137

1226年入侵的條頓騎士團的城堡，條頓騎士團以此為根據地，以武力對周邊地區進行基督教化，隨後和波蘭王國對抗。

7 中世紀城市托倫
Średniowieczny zespół miejski Torunia →P.138

13～15世紀，嚴重威脅波蘭的條頓騎士團的根據地之一，這裡曾經因為是波羅的海沿岸地區所產的琥珀運送中繼站而繁榮。

8 比亞沃維耶扎森林保護區
Puszcza Białowieska/Białowieżskaja Puszcza

橫跨白俄羅斯的歐洲最大森林地區，可說是珍貴動植物的大寶庫，瀕臨絕種的歐洲野牛，就是在這裡棲息。

【交通】從華沙搭車到Hajnówka，途中必須在Siedlce或是Czeremcha換車1～2次，1日3～5班車，所需時間3小時45分～。從Hajnówka出發的話，可以搭市區巴士或是計程車。

9 札莫希奇舊城
Stare Miasto w Zamościu

從1582年起花了9年的時間，打造出義大利文藝復興風格的美麗都市，這是波蘭貴族Jan Zamoyski因為嚮往義大利而興建。

【交通】從華沙搭乘巴士，1日5班，所需時間4小時50分～5小時20分。

10 亞沃爾與希維德尼查的和平教堂
Kościoły Pokoju w Jaworze i Świdnicy

17世紀中左右，新教被允許興建的3座教堂中，只有2座被保留下來。

11 小波蘭南部的木造教堂群
Drewniane kościoły południowej Małopolski

小波蘭Małopolska是個以克拉科夫為中心的農業地區，座落在各地的木造教堂，保留著中世紀哥德式教堂的傳統。

12 穆沙可斯基公園
Park Mużakowski

位於波蘭與德國國境交界，1815～1844年所興建的公園，這個公園與大自然相融合，對於往後歐洲和美國的公園設計產生很大的影響。

13 弗羅茨瓦百年廳
Hala Stulecia we Wrocławiu

20世紀初期最大的鋼筋混凝土建築物，巨蛋形狀的大廳，出自建築大師Max Berg之手。

波蘭基本資訊

▶旅行關鍵字
→ P.140

國 旗
白色和紅色的雙色旗

正式國名
波蘭共和國
Rzeczpospolita Polska

國 歌
Mazurek Dąbrowskiego
（波蘭沒有滅亡）

面 積
約32萬2575km²

人 口
3854萬人（2012年）

首 都
華沙Warszawa

元 首
科莫羅斯基總統

Bronisław Komorowski

政治體制
共和制（2004年5月月加入歐盟）

民族構成
波蘭人96.7%，剩下的則是德國裔0.4%、
白俄羅斯裔0.1%、烏克蘭裔0.1%、其他
2.7%。

宗 教
羅馬天主教90%，其他為波蘭正教（東
正教）、新教等。

語 言
官方語言為波蘭語（斯拉夫語系）。在
外語方面，年長者多通德語和俄羅斯
語，年輕一代較通英語、德語和法語。

貨幣與匯率

zł

▶旅行預算與金錢
→ P.548

波蘭的貨幣為茲羅提（złoty），本
書以zł標示，較小的單位則是格羅
什（grosz），本書以gz標示，1zł＝
100grosz。2015年8月匯率，1zł＝約台
幣8.58元，€1＝4.23zł。歐元導入的時
間未定。

紙鈔有200zł、100zł、50zł、20zł、
10zł，硬幣則有5zł、2zł、1zł、50gr、
20gr、10gr、5gr、2gr、1gr。

信用卡
中級以上的飯店或是旅行社、餐廳等
處，幾乎都可以使用，ATM也很普及。

匯兌
在城市裡有許多稱為KANTOR的匯
兌商，但不接受T/C的兌換，每家的匯率
都不盡相同。週末的匯率以及飯店內和
車站附近的店家，匯率會比較差。

1zł

2zł

5zł

10zł

20zł

50zł

100zł

200zł

1gz

2gz

5gz　　10gz　　20gz　　20gz

如何撥打電話

▶郵政與電話
→ P.556

從台灣撥往波蘭 　例撥往華沙22-123-4567時

國際電話識別碼	+	波蘭國碼	+	區域號碼	+	對方的電話號碼
002		**48**		**22**		**123-4567**

出入境

▶台灣出入境
→P.552

▶東歐國家出入境
→P.552

簽證
6個月以內，停留天數在90天之內，並且是以觀光為目的不需要辦理簽證。

護照
離開申根國當日，護照的有效期限為3個月以上。

從台灣出發的飛行時間

現在台灣並沒有直飛波蘭的班機，最少要在鄰近城市轉機一次，可在維也納、法蘭克福、阿姆斯特丹等都市轉機，飛行時數包含轉機時間在內，大約15小時～18小時30分。2015年3月台灣和波蘭簽署空運協定，未來台灣將可直飛波蘭，省去轉機時間。

▶從台灣前往東歐的交通
→ P.551

鐵路 波蘭位於俄羅斯和德國之間，以華沙為中心點，連結東西向的國際列車班次相當多。
巴士 近年來，波蘭連結鄰近各國的國際巴士班次愈來愈多。
船 格但斯克～斯德哥爾摩等，連結北海沿岸北歐各國的渡輪相當多。

從周邊各國出發的交通

▶當地交通
→ P.553

從鄰近各國出發的主要直達火車

柏林(德國)～華沙	每日5班	所需時間5小時30分～6小時30分
布拉格(捷克)～華沙	每日3班	所需時間7小時50分～13小時
布拉提斯拉瓦(斯洛伐克)～華沙	每日1班	所需時間8小時10分
莫斯科(俄羅斯)～華沙	每日1～2班	所需時間16小時20分～20小時50分
維也納(奧地利)～華沙	每日4班	所需時間7小時40分～9小時10分
布拉格(捷克)～克拉科夫	每日1班	所需時間約8小時
維也納(奧地利)～克拉科夫	每日1班	所需時間8小時30分
布達佩斯(匈牙利)～克拉科夫	每日1班	所需時間10小時50分

從鄰近各國出發的主要長途巴士

柏林(德國)～華沙	每日1班	所需時間8小時～8小時10分

連結鄰近國家的主要航路 (Polferries)

尼奈斯港Nynäshamn(瑞典)～格但斯克	每週2～3班	所需時間約19小時
於斯塔德Ystad(瑞典)～Świnoujście	每日1～2班	所需時間6小時～7小時45分

與台灣時差為7小時，只要將台灣時間減去7個小時就可以。換言之，台灣6:00時，波蘭則是前一天的晚上23:00。夏令時間的話，時差則變為6小時。

夏令時間的實施時間，從3月最後一個週日的AM2:00(＝AM3:00)～10月最後一個週日的AM3:00(＝AM2:00)。

時差和夏令時間

從波蘭撥往台灣　**例** 撥往 (02)1234-5678時

國際電話識別碼	+	台灣國碼	+	去除區域號碼最前面的0	+	對方的電話號碼
00		**886**		**2**		**1234-5678**

▶ **波蘭國內通話**　無論是打市內、市外或是行動電話，9個數字都要撥打。
▶ **如何撥打公共電話**　公共電話所使用的電話卡 Karta Telefoniczna，除了有舊有的磁條卡之外，還有內含 IC 晶片、稍微有點厚度的電話卡。依照公共電話的種類，可能有些公共電話只能使用某種電話卡。目前磁條卡的電話卡愈來愈少，逐漸以 IC 電話卡取代。另外，部分的民間公司還發行了輸入 PIN 號碼的電話卡。

營業時間

　　以下是店家一般的營業時間。

銀　行

　　週一～五8:00～17:00。部分銀行週六上午也有營業，週日休息。

百貨公司和商店

　　一般的商店或是Kantor（匯兌所）平日10:00～11:00左右開門，18:00～19:00左右打烊，週六13:00，週日和節日休息。

　　百貨公司多為10:00～20:00、超市則是9:00～21:00。

餐廳

　　大多為11:00～23:00，在華沙也有24小時營業的餐廳。

氣　候

　　波蘭屬於大陸型氣候，有著分明的四季。冬天大多是灰濛濛的陰天，不過這也稍微緩和寒冷的程度，雖然位於高緯度，卻不是冷得讓人難以忍受。一到春天，大地因為新芽而轉為一片翠綠，夏季的日曬非常強烈，等到8月一過，白天的時間快速縮短，華沙10月會下雪。

華沙的氣溫和降雨量

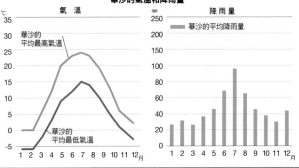

氣　溫
- 華沙的平均最高氣溫
- 華沙的平均最低氣溫

降雨量
- 華沙的平均降雨量

節日（主要節日）

　　每年會異動的節日以（※）標示，要注意。

1/1		元旦
1/6		主顯節
4/5（'15）	※	復活節
4/6（'15）	※	復活節後週一
5/1		勞動節
5/3		憲法節
6/4（'15）	※	基督聖體節
8/15		聖母升天節
11/1		萬聖節
11/11		獨立紀念日
12/25・26		耶誕節

電壓與插頭

　　電壓為230V，頻率50Hz，插頭為C型（雙孔圓形插座）。若要在當地使用台灣的電器產品，需要攜帶變壓器和轉接插頭。

播放規格

DVD

　　波蘭的電視和錄影帶規格為PAL，台灣、日本或是美國則屬於NTSC，兩者並不相同，在當地購買的錄影帶或是DVD，通常無法用台灣的電器播放。而波蘭的DVD區碼Region Code為2，也與台灣不同（台灣為3），因此也無法使用一般家用DVD播放器觀賞。

飲用水

基本上自來水是無法飲用的，可購買保特瓶裝的礦泉水飲用。當地的礦泉水以氣泡式（gazowana）居多，喝不慣氣泡式礦泉水的人，可以購買非氣泡式礦泉水（neigazowana），500mℓ、1.65zł～。

小費

計程車
免找零的程度就可以了。

餐廳
在高級餐廳，如果服務讓人滿意的話，一般會給消費金額10%的小費。

飯店
飯店搬運行李的服務人員，一件行李3zł，清潔房間的小費3～4zł。

廁所
除了飯店的客房或是博物館等需要付費入場的場所外，大部分的廁所都是需要付費的，費用大約1～3zł。男廁和女廁分別以不同的標示顯示，●代表女廁，▼或▲代表男廁。

◆綜合資訊

郵政

郵局和電話局的營業時間平日10:00～18:00，週六只有上午營業，週日休息。在大城市有些郵局24小時營業。

郵資
寄往台灣的航空郵件，明信片和信件50g以內4.60zł，國際經濟包裹1kg以內59zł、2kg以內65zł。國際優先包裹1kg以內89zł、2kg以內116zł，兩者最多只能寄20kg。

▶郵政與電話 → P.556

稅 金

幾乎所有的商品在購買時，都會加上5～23%的附加價值稅PTU（VAT），遊客只要辦理手續，就能退回稅金。

退稅的對象僅限於同一天在同一家商店裡，一次購買200zł以上的商品，從商品購入月份的最後一天起的3個月內，商品保持未使用的狀態下被帶出國外（歐盟境外）。

▶東歐國家出入境 → P.552

安全與糾紛

和其他歐洲國家相比，波蘭算是較為安全的，但是針對外國遊客的扒手和敲竹槓經常發生，要多加留意。

警察
波蘭語當中警察稱為Policja。

扒手
巴士或是路面電車等大眾運輸工具的車內，要留意扒手出沒，尤其是從華沙蕭邦國際機場前往市區的175號巴士，還有從克拉科夫前往奧斯威辛的巴士上，經常有扒手集團在車上犯案，要多加留意。

火車站和車廂內
專門找外國人下手的竊盜集團，經常活動的場所為火車站和國際列車內，其中又以華沙中央車站和華沙東站居多，要多加小心。

波蘭的火車車廂都是小包廂的形式居多，長時間搭車的話很容易睡著，況且坐在隔壁的乘客未必值得信任，因此去上廁所時，貴重物品最好隨身攜帶，而旅行的旅費也不要放在同一個地方，最好分散多處放置。另外，歹徒以利器割破袋子奪走貴重物品，或是拿刀威脅恐嚇等惡劣的竊盜案件頻傳，可以的話，最好在搭火車時將小包廂上鎖，尤其女性獨自搭乘火車時，最好是在白天抵達目的地。

如果無論如何都得在傍晚以後移動的話，搭乘長途巴士會比火車來得安全。

▶旅行糾紛與安全對策 → P.560

警察 **997**（行動電話撥打 **112**）

消防 **998** 急救 **999**

年齡限制

在波蘭，購買菸酒需要滿18歲以上。

度量衡

和台灣相同，距離以公尺，重量以公克、公斤，液體以公升計算。

國內的移動方式

飛機

　　LOT波蘭航空連結國內的重要都市，因波蘭國土範圍廣闊，搭乘火車、巴士常常得耗去半天以上的時間，有時可多善用飛機運輸。購買機票時，可前往市內的波蘭航空辦公室，或是透過旅行社。

鐵路

　　稱為PKP（Polski Koleje Państowow）的波蘭國鐵，鐵路網相當發達。由於波蘭國土相當平坦，所以列車的速度都很快，而且也比較準時。只是國際列車經常大遲到，出發的月台和車輛會突然變更，最好要經常確認車站的看板，再不然就拿著車票詢問車站人員。

　　以華沙為中心，連結國內外主要都市間的鐵路分別有EurocCity（EC）、ExpressInterCity（EIC）等特快車，以及Express（Ex）的快車、便宜快車TanieLinieKolejowe（TLK）、特別快車InterRegioExpress（RE）、快車Inter Regio（IR）、次快車RegioPlus和普通車Regio（R）等，就算是區間相同，但因為車種不同，車資也會不同。EC、EIC、Ex、TLK等，所有座位都是指定席，必須要支付額外的費用，同時也會提供小點心，非常舒適。

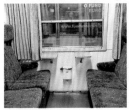
波蘭國鐵車廂內

　　波蘭的列車上經常十分擁擠，座位通常屬於小包廂式，車廂內的通道也很狹窄，尤其是夏季的旅行旺季時，有很多帶著大包包的旅客，即使手上拿的是1等車廂的票，有時恐怕也得被迫站在通道上。如果是可以預約的列車，最好事先預約，可以事先預約的列車，會在時刻表上出現R的記號。

　　如果要搭乘地方線的火車，可在車站內的蓋章式自動驗票機驗票。如果沒有沒有驗票，就算是不知道有這項系統，一旦被查到的話，可是要被處以高額的罰款，需要多加留意。

波蘭國鐵
URL www.pkp.pl

◆如何查詢火車時刻

　　除了車站之外，旅行社或是飯店的大廳等地方，都會標示距離最近的車站，其出發或是抵達的列車時間表和其他歐洲國家相同，以黃色紙印刷的是從該車站出發的列車時刻表（Odjazdy），以白色紙印刷的是列車抵達的時間（Przyjazdy）。在時刻表上，除了標有發車的月台和時刻外，還會印上中途停靠的主要車站和時刻表。

　　想知道連結自己現在所在的都市和其他地方的列車時刻，可以前往車站的服務中心或是旅行社，請對方幫忙查詢，或是上網查詢波蘭國鐵的時刻表也相當方便。

波蘭國鐵的時刻表檢索
URL rozklad-pkp.pl

◆如何購買火車票

　　波蘭的火車幾乎由長程部門的PKP Intercity（EC、EIC、Ex、IR、TLK）和地方運輸部門PKP Prezewozy Regionalne（RE、IR、Regio Plus、R）2家公司包辦。在較大的車站，售票窗口會不一樣，但是在小車站通常都在同一個售票窗口。就算相同的區間，但2家的車票不能互換，這點要多加留意。

　　在車站的售票窗口，會說英語的人較少，車站的服務中心會說英語的人較多，將目的地、火車的出發時刻、車票的張數和車廂等級，以及是當日票還是預售票等必要事項請人寫在紙上，交給窗口的售票人員，就可以順利買到車票。

　　PKP可以利用的火車通行證有Eurail Poland Pass、Eurail German Pass、Poland Pass等。搭乘EC、EIC、Ex、TLK或是夜間列車，要追加座位預約的費用。

巴士

　　PKS（Polski Express）的舊國營巴士網非常發達，而且班次也很多。如果攜帶較大的行李搭乘長途巴士時，可以利用巴士行李置物箱，還可以預約。

　　尤其像是Zakopane周邊等鐵路較不發達的山區，以及地方城市之間的移動，搭乘巴士比較方便，而且車資也很便宜。

◆如何購買巴士車票

　　PKS的巴士總站幾乎每個城市都有，大多數是緊鄰火車站。在巴士總站的牆壁上，

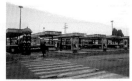
華沙的PKS巴士總站

貼著前往巴士目的地和發車時間以及時刻表。不過隨著星期和季節的不同，有時會有班次停止發車，事先前往 ❶ 請教會說英語的工作人員，這是最保險的做法。

巴士的車票，基本上可以在車站的窗口購買。遇到座位客滿時，如果可以接受站票，也可以向司機購票上車。

若是民營的巴士車票，分別有專用的購票處或可直接向司機購買。

租車

大型的租車公司也已經進軍波蘭（依據租車公司的規定，25歲以上且擁有駕照1年以上的人才能租車），但最好先預約。

想要租車的話，需要準備國際駕照和台灣駕照、護照，付款時以信用卡付費，很多租車公司，無法以現金租車。

→國際駕照P.541

住宿

如果有空房的話，立刻住進去應該沒問題。但波蘭大部分的都市，飯店散落在城市的各處，要邊走邊找自己喜歡的飯店其實很辛苦，透過 ❶ 或旅行社幫忙介紹或是預約，會比較省時省事。

飯店的住宿費用大抵可分成6～9月的旺季，以及10～5月的淡季。華沙Warszawa或克拉科夫Kraków、格但斯克Gdańsk等城市，每到旅遊旺季，便宜又舒適的飯店老是大爆滿，如果已經決定想要下榻的飯店，最好事先訂房。

◆高級飯店

和當地的物價相比，飯店費用明顯貴了些，這樣的情況讓遊客感到意外。在華沙等大都市裡，外資投資的飯店單人房一晚要630zł以上，至於地方城市，最貴的飯店一晚大約要95zł左右，感覺比較便宜。高級飯店的客房裡，都附設衛浴設備和浴缸，直撥電話、Minibar和可以收到衛星節目的電視等設備也很齊全，很多飯店會有週末折扣。

◆中級飯店

在華沙或是克拉科夫，附早餐的單人房，一晚要150～300zł左右，地方都市的話大約是125～250zł左右，如果是衛浴設備共用的房間，則只要125zł。這些中級飯店的外觀看起來有點老舊，但內部大多經過整修，設備相當完善。房間愈寬敞，並不代表住宿費愈貴，至於飯店的舒適性，每家飯店也有所差異。

◆私人房間

這是當地人利用家中空出來的房間，提供給旅行者過夜，通常可以透過旅行社預約。華沙的私人房間大多在維斯瓦河Wisła東岸的布拉格地區Praga。

◆青年旅館

一般廉價旅館單人房每晚約65～95zł左右，地方都市的話，住宿費可能會更便宜，但很多建築物都相當老舊，反而各地都有的青年旅館會比較舒適。另外，不屬於青年旅館協會的獨立青年旅館也愈來愈多，多人合住的大房間，每晚大約30zł左右。另外也有暑假開放學生宿舍充當學生飯店的學校，住宿費和青年旅館相同，但是住在這種等級的旅館，要注意偷竊和安眠藥強盜。持有國際學生證（ISIC卡）或國際青年證、青年旅館會員證，還可以享有住房折扣。

→學生、青年優惠P.541

用餐

即使是在華沙這樣的大都市，在餐廳用餐很少會超過160zł。在當地除了波蘭料理外，義大利料理、墨西哥料理和中華料理，都很受到歡迎。

想要吃頓像樣但又便宜的食物，Bar是個不錯的選擇。Bar採取自助式，選擇自己愛吃的食物放在盤子上，然後到櫃台算帳。尤其是名為Bar Mleczny的酒吧（英語為Milk Bar），店內沒有多餘的裝飾，保有昔日的傳統風格，只要花10zł就能吃得很飽。

在食品店和超級市場，可以買到非常便宜的熟食、罐頭和起司等，不妨多加利用。另外，務必嘗試的食物就是冰淇淋，只要看到寫著Lody的招牌就是了。

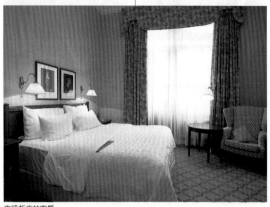

高級飯店的客房

◆波蘭料理的特色

畜牧業非常興盛的波蘭,當地的肉品相當好吃,為了要延長食物壽命而做成的火腿、香腸等也都很美味。最為推薦的是被稱為kabanosy的細長且較乾硬的香腸,以及以牛或是豬的腰部肉做成的火腿poledwica,而比較特別的食物則是將磨碎的麥和豬血混和做成一種名為kaszanka的黑色香腸。

◆代表性食物

黑麥湯 Żurek

使用發酵的黑麥,帶點少許酸味的湯。通常會在湯裡放些香腸或是水煮蛋,口味還不錯,可以在美食區吃到。

甜菜湯 Barszcz

昔日是以一種名為barszcz的酸味野草做成的濃湯,隨著時代的改變,改以農作物取代野草。現在的做法是以紅色的甜菜根醃製,使之發酵為紅色的湯汁,最普遍的吃法是把類似水餃的uszka放進湯裡一起享用。

奶油蘑菇湯 Grzybowa Zupa

放入大量蘑菇的奶油濃湯,波蘭的秋天可以採到許多菇類,是最棒的當令濃湯。濃郁的味道相當美味,有時也會搭配蕎麥一起享用。

內臟料理 Flaki

以牛或是雞腸熬煮而成,是波蘭的傳統內臟料理。具有獨特的風味,就算是波蘭人,也分成了喜歡和不喜歡兩派。

高麗菜捲 Gołabki

這是波蘭風味的高麗菜捲,內有豬絞肉、蔬菜和米,分量十足。

獵人燉肉 Bigos

以生高麗菜或是德國酸菜以及香腸長時間熬煮的波蘭家庭料理,這是當地耶誕節的餐桌上一定會出現的一品。

洋水餃 Pierogi

中國的水餃經過俄羅斯傳到了歐洲,改變而成的食物。裡面包的餡料種類很多,其中以絞肉、香腸和高麗菜最普遍。通常會以水煮的方式烹調,但有些店家也會做成煎餃。

韃靼牛肉 Befsztyk tatarski

將切成碎狀的生牛肉加上醃黃瓜、洋蔥、蛋黃和辛香料混合,就這樣直接吃,或是塗在麵包上來吃。一般是當作前菜,分量比較少。

馬鈴薯煎餅 Placki ziemniaczane

以馬鈴薯和麵粉做成的馬鈴薯煎餅,然後將雞肉、香菇和大量的紅椒熬煮的湯淋在煎餅上,這樣的吃法是最普遍的。

炸豬排 Kotlet schabowy

波蘭風味的炸豬排,到處都能吃到,是人氣相當高的一道料理。

Zrazy zawijane

將薄牛肉、培根和香菇等食材捲起來,在平底鍋上煎。

波蘭豬腳 Golonka

燒烤帶骨的豬腳。將豬屁股到大腿這整塊肉調味煮熟之後,再放進烤箱烤成了金黃色,通常會搭配西洋芥末一起吃。

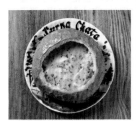

獵人燉肉是路邊攤的招牌菜色

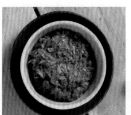

馬鈴薯煎餅。淋上濃湯就成了主食

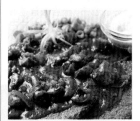

有時黑麥湯會裝在麵包裡

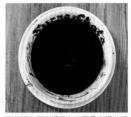

甜菜湯和黑麥湯同為波蘭最普遍的湯品

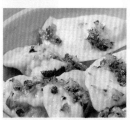

洋水餃是波蘭風味的餃子,可以有許多不同的餡料

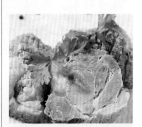

波蘭豬腳也是路邊攤的代表菜色之一

波蘭披薩 Zapiekanka

蘑菇披薩風味的點心,在蘑菇和蔬菜上放入大量的起司然後放進烤箱烤,可以在賣輕食的地方吃到。

◆波蘭的酒

波蘭最具代表性的酒有伏特加wódka、蜂蜜酒miód和啤酒piwo 3種。伏特加有很多的種類,「Polonaise」、「維波羅瓦蘭牌Wyborowa」,以及歐洲野牛最愛吃的草浸製的「野牛草伏特加Żubrówka」等最為有名。蜂蜜酒是中世紀以來的傳統,給人甜甜的印象,但有些也非常辛辣。近年來,波蘭的國產啤酒也很受歡迎,「Lech」、「Żywiec」、「Okocim」等品牌非常流行。

資訊收集

◆遊客中心

在波蘭的主要都市裡,都會有遊客中心(Informacja Turistyczna),it的標誌很醒目。工作人員會講英語和德語,同時也提供地圖和活動的相關資訊以及代訂飯店。

◆旅行社

在波蘭有大大小小的旅行社,充滿元氣的是新成立的中小型旅行社,他們提供24小時的機票販售、快遞服務、運動旅遊行程或是便宜的門票,靠著獨特的服務拉抬業績。

除此之外,像是在PTTK(波蘭旅遊協會)裡有免費的地圖,以及資訊豐富的觀光情報,在各地也經營飯店。

Almatur(旅遊組織)的主要業務是以學生的活動為主,也經營夏季才開放的學生宿舍,同時也發行國際學生證。

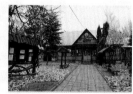
位於比亞沃維耶扎原始森林(→P101)的PTTK辦公室

實用資訊

【緊急時】
● 警察　TEL997 (行動電話請撥打TEL112)
● 急救　TEL999　● 消防　TEL998
● 可協助外籍人士的診所、急救醫院

Lim Medical Center　Map P.114-A4
✉ al. Jerozolimskie 65/79, Warszawa
(Warszawa Marriott Hotel內)
TEL22-332-2888(24小時)
URL www.luxmed.pl
営 週一~五　8:00~20:00
　　週六　8:00~10:00
休 週日・節日
有醫生24小時常駐,會說英語。

Scanmed　Map P.126-C3外
✉ al. Bratysławska 1A, Kraków
TEL12-629-8800(克拉科夫)
URL www.scanmed.pl(波蘭語)

【駐外館處】
● 駐波蘭代表處
Taipei Economic and Cultural Office in Poland　Map P.114-A3
✉ 30th Floor, Ul. Emilii Plater 53, 00-113 Warsaw
TEL22-213-0060
　　公用或室內電話撥打:0668-027-574
　　留學生專用:0668-096-909
TEL行動電話撥打:668-027-574
　　留學生專用: 668-096-90
　　(急難救助電話,專供如車禍、搶劫、有關生命安危緊急情況等緊急求助之用,非急難重大事件請

勿撥打)
FAX 22-213-0070
URL www.taiwanembassy.org/PL
営 週一~四9:00~13:00(領務申辦時間)

【其他】
● 電話號碼查詢　TEL118913
● 中央郵局

Poczta Główna　Map P.114-B3
✉ Świętokrzyska 31/33, Warszawa
TEL22-505-3316
営 24小時　休 無休
● DHL(國際快遞)
TEL42-634-5345
URL www.dhl.com.pl

【航空公司】
● LOT波蘭航空
TEL22-577-6111
● 俄羅斯航空
TEL22-628-1710、22-621-1611
● 奧地利航空
TEL22-520-3420
● KLM荷蘭航空
TEL22-556-6444
● 英國航空
TEL00800-44-11592
● 德國漢莎航空
TEL22-338-1300

(皆位於華沙)

華沙 ★

華沙 *Warszawa*

URLwww.warsawtour.pl

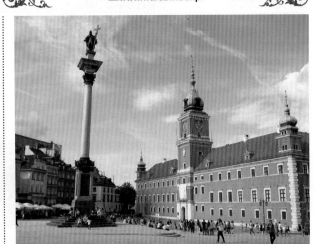

觀光的中心地，皇宮廣場和舊皇宮

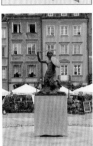

位於舊城區廣場的華沙地
標，人魚雕像

◆華沙蕭邦國際機場

✉Żwirki i Wigury 1

機場服務中心

☎22-650-4220

URLwww.lotnisko-chopina.pl

◆在機場兌換外幣

　入境大廳裡有ATM和多個
匯兌所KANTOR，在這裡可
以先換一些急需要用的金
額，因為這裡的匯率並不
好。

◆第2航廈(Exit 2)的❶

☎22-19431

🕐4～9月 8:00～20:00
　10～3月 8:00～18:00

🚫不定休

URLwww.warsawtour.pl

　蕭邦度過前半生、居禮夫人的出生地、波蘭首都華沙，原本當
地不過是個小漁村，14世紀之後慢慢發展。1596年齊格穆特三世
Zygmunt III Waza遷都，華沙才取代克拉科夫Kraków成為波
蘭的首都。歷史地區分成舊城區和新城區2大部分，舊城區是首
都之前的風貌，新城區是成為首都之後。近郊有著索貝斯基三世
Jan III Sobieski所興建的維蘭諾夫宮Pałac Wilanowski，以及
斯坦尼斯瓦夫二世Stanisław August Poniatowski興建的瓦津
基宮Park Łazienkowski等，許多歷代國王興建的宮殿和庭園，
更添這座城市的美麗。

　華沙這座城市的悲劇發生在第二次世界大戰，戰爭末期的
1944年因為對抗德國納粹的華沙起義失敗，整座城市遭到報復
性的徹底毀滅。戰後，熱愛華沙的市民們抱持著「就連城牆的一
條裂痕都盡可能原貌重現」的心態，終於讓舊城恢復昔日的風
貌，並且在1980年登錄為世界遺產。

抵達華沙後前往市區

✈搭乘飛機抵達

　華沙的空中玄關是距離市中心西南方約10km的華沙蕭邦國
際機場（別名奧肯切機場Okęcie）。

●華沙蕭邦國際機場　　　　　　　　　`Map P.111-A2外`
Port Lotniczy im. Fryderyka Chopina

　從鄰近國家一飛抵該機場，隨著搭乘的航空公司不同，有些
得搭乘巴士前往入境大廳，有些則是直接從登機門搭電扶梯

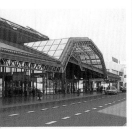

華沙蕭邦國際機場

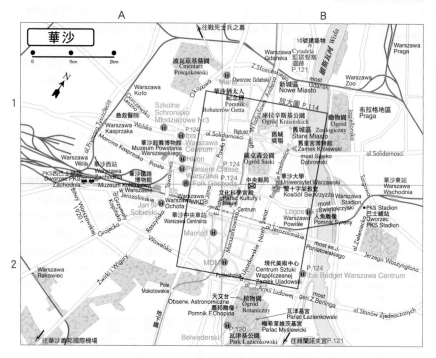

到1樓的入境大廳。機內有餐廳、匯兌櫃台、ATM、郵局、旅行社和ⓘ。

◆如何從機場前往市區◆

連接機場和華沙市區的交通工具有火車、市巴士和計程車。

●火車 Koleje

近郊列車(SKM)的S2、S3和鐵路公司Koleje Mazowieckie(KM)的列車,連結緊鄰機場的火車站和華沙市中心。每隔10～30分鐘有1班車,到市中心約20～25分。

●市巴士 Autobus

175號巴士連結機場和華沙市中心,巴士從機場航廈前方出發,行經華沙中央車站前的馬路抵達舊城區。23:00以後有N32號的深夜巴士,這條路線連結機場到華沙中央車站。

●計程車 Taxi

在出境大廳的中央出口前,機場計程車並排著,計程車資照表計費,請遊客放心。在大廳裡攬客的計程車,大多都是白牌計程車,最好不要搭乘。

🚗搭乘火車抵達

在華沙有好幾處火車站,主要的列車幾乎都停在華沙中央車站Warszawa Centralna,或經由華沙中央車站抵達華沙東站Warszawa Wschodnia。搭乘前往東站的列車乘客,最好在中央車站下車比較方便。

◆市巴士(175號)
🕐4:58～23:27
💰3.60zł
◆深夜巴士(N32號)
🕐23:09～翌日4:39
💰3.60zł
◆計程車
💰前往華沙中央車站周邊車資約40zł～,所需時間15～45分。
◆SKM
　紅白兩色的車廂,從機場站出發經由華沙西站,S3會在華沙中央站停車,S2會在華沙都心車站Warszawa Śródmieście停車。車票與市巴士和路面電車共通,一旦上車要立刻驗票。
運行:6:05～22:35
💰4.40zł
◆KM
　黃綠白三色的車廂,經由華沙西站在中央車站停車,車票與市區交通工具的共通車票不同,車資因距離而異。如果沒有事先購票的話,請在第1節車廂上車向車掌購票。
運行:5:50～23:05
💰6.10zł～

◆華沙中央車站
✉al. Jerozolimskie 54
鐵路服務中心
☎22-19436

◆PKS西巴士總站
✉al. Jerozolimskie 144
☎703-403330
🌐www.pksbilety.pl(波蘭語)
🕐6:00～21:00
休無休

　巴士總站和華沙中央車站以近郊列車SKM的S2、S3、N85號連接,所需時間約25分。

市區交通費用
　1次券 4.40zł(7zł)
　20分鐘券 3.40zł
　40分鐘券 4.60zł
　60分鐘券 6.40zł
　24小時券 15zł(24zł)
　3日券 30zł(48zł)
　除了1次券之外,其他的車票皆可在限制時間內自由換車,車資會依照區域(Strefa)不同而異。華沙市內包含機場在內是1區,市外是2區,括弧內是2區的費用。

市區交通的運行時間
　一般巴士(100～500號巴士、700～800號巴士、字母和數字的組合)、路面電車和地下鐵。
◆巴士、路面電車
　　　　　5:00～23:00
◆深夜巴士
　　　23:00～翌日5:00
◆地下鐵
　週日～四5:00～翌日1:00
　週五•六5:00～翌日3:00

◆市交通局ZTM
☎801-044-484(24小時)
🌐www.ztm.waw.pl
計程車
　計程車可以在車站前或是鬧區裡的計程車招呼站招車,但是很容易被敲竹槓,尤其是在華沙中央車站四周攬客的計程車,幾乎都是白牌,最好不要搭乘。想要叫車可以請飯店人員幫忙,或是透過電話呼叫無線電計程車。

主要的無線電計程車
MPT ☎22-19191
Merc Taxi
☎22-677-7777
Sawa Taxi
☎22-644-4444

●**華沙中央車站**　*Warszawa Centralna*

Map P.114-A4

　波蘭首都華沙最具代表性的近代建築物,地上2層樓的車站裡有寬敞的挑高大廳,月台通通設在地下。

　從中央車站出發,如果不穿越地下道,是無法到達南側的Marriot Hotel以及巴士或是路面電車經過的耶路撒冷大道。

🚌**搭乘巴士抵達**

　除了舊國營的PKS之外,還有幾家民營的巴士公司經營長途巴士路線。不過沒有一家公司的路線是涵蓋整個波蘭,因此如果決定了目的地,詳細的資訊可洽❶。

●**PKS西巴士總站**

Map P.111-A1

　華沙西站Warszawa Zachodnia(從中央車站的耶路撒冷大道al. Jerozolimskie往西走4～5km之處)的旁邊,有PKS西巴士總站Dworzec PKS Warszawa Zachodnia,部分國際巴士和前往波蘭國內各地的長途巴士,都是在這個大型的巴士總站出發或抵達。另外在維斯瓦河Wisła東側有PKS Stadion巴士總站Dworzec PKS Stadion,連結東部的巴士主要是從這裡出發。

華沙的市區交通

◆**巴士、路面電車很便利**◆

　華沙的市區交通工具有巴士Autobus、路面電車Tramwaj、近郊列車SKM、地下鐵Metro和計程車等5種。在市內構成綿密交通網的有巴士和路面電車,是當地市民方便的

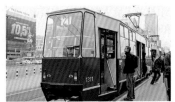

路面電車是市民的代步工具

代步工具。在巴士的部分有100號、300號的普通巴士,以及400號、500號的特快巴士,特快巴士只停靠少數站牌,這點需要多加注意。地下鐵有南北向和東西向路線2條。

🚗**車票的種類**

　市內的交通工具,其車票通通共用。

◆**1次券**

　只能搭乘一次的車票。車票可在市區內叫做RUCH的小商店購買,RUCH有時週末並不營業,最好事先多準備一些車票在身上。

◆**20分鐘券、40分鐘券、60分鐘券、24小時券、3日券**

　在有效期限內,可以無限次搭乘很方便。這些車票必須在市交通局ZTM的辦事處、郵局、售票機和指定的商店購買。

　一開始使用時,會蓋上有效期限的章,之後就不用每次再驗票。

🚃 車票的使用方式

若使用1次券，上車後必須得自己驗票，就算身上有票，如果沒有驗票的話視同無票搭車，如果被頻繁驗票的查票人員發現，將被處以高額罰款，這點必須注意。搭乘巴士、路面電車或是近郊列車時，一上車立刻到裝在車內柱子上的驗票機前，將車票依照紅色箭頭方向插入，並確認車票上是否有印字，若搭乘地下鐵的話，在進入月台前有驗票機。

◆◆◆◆◆◆◆◆◆◆◆ 漫遊華沙 ◆◆◆◆◆◆◆◆◆◆◆

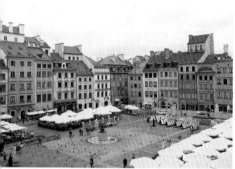
舊城區的中心，舊城廣場

華沙的景點主要集中在舊城區Stare Miasto以及新城區Nowe Miasto四周，還有從舊城區往南延伸的克拉科夫市郊大道Krakowskie Przedmieście，到新世界大道Nowy Świat，以及文化科學宮殿所在之處的Marszałkowska大道和耶路撒冷大道al. Jerozolimskie交叉口周邊。

●舊城區和新城區周邊

舊城區的中心有舊城廣場Rynek Starego Miasta，在其南端有著橘紅色舊皇宮的所在處——皇宮廣場pl. Zamkowy。從皇宮廣場往克拉科夫市郊大道走去，美麗的街景一路延伸過去。

在舊城區北方有一處稱為巴爾巴坎Barbakan的半圓筒形碉堡，穿過那裡之後就是新城區了。從舊城區開始，一邊欣賞著充滿中世紀氣息的街景，同時往Freta路前進，中途會看到諾貝爾獎得主居禮夫人Maria Skłodowska-Curie的老家，目前這裡成為博物館對外開放。再繼續往前走，右邊就是新城廣場Rynek Nowego Miasta。

●Marszałkowska大道和
耶路撒冷大道交叉口周邊

交叉口南側有一棟高樓建築，那是Novotel Hotel，北邊是史達林所贈送的文化科學宮殿Pałac Kultury I Nauki。在這附近有百貨公司、餐廳、咖啡館和商店等，是華沙最熱鬧的商圈。

華沙的 ❶

◆文化科學宮殿的 ❶
Map P.114-A4
✉ pl. Defilad 1
☎ 22-656-7600
URL www.warsawtour.pl
⏰ 4〜9月　　9:00〜20:00
　　10〜3月　　8:00〜18:00
休 無休

◆華沙中央車站的 ❶
Map P.114-A4
⏰ 8:00〜20:00
休 無休
URL www.warsawtour.pl

◆舊城區的 ❶
Map 114-C1
✉ Rynek Strarego Miasta 19/21/21a
URL www.warsawtour.pl
⏰ 4〜9月　　9:00〜20:00
　　10〜3月　　9:00〜18:00
休 無休

華沙的地圖

華沙的地圖可以在 ❶、商店、小賣店買到。而由交通局ZTM免費提供的路面電車、巴士、地下鐵的交通網地圖，相當方便，同樣可以在市內的 ❶ 索取。

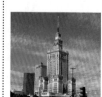
文化科學宮殿是地標

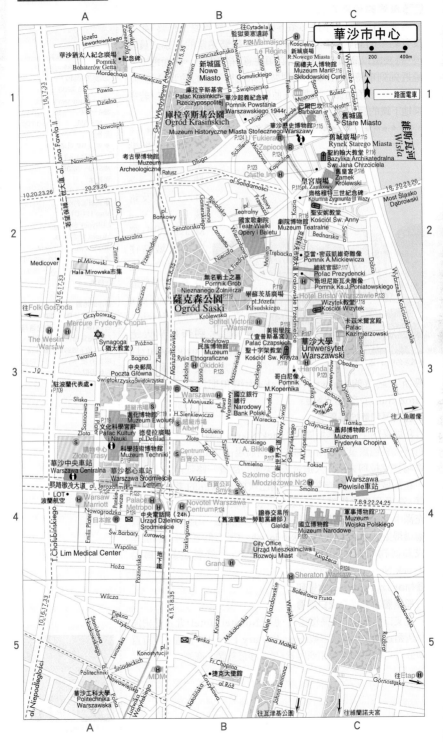

華沙市中心

◆◆◆◆◆◆◆◆◆◆◆◆◆◆ 華沙的主要景點 ◆◆◆◆◆◆◆◆◆◆◆◆◆

舊城廣場 Rynek Starego Miasta

Old Town Market Square MapP.114-C1

位於舊城區中心的超大廣場，有露天咖啡座、露天畫商等聚集在此。環繞廣場的建築物有書店、紀念品店等各式各樣的商店，其中還包括了創業超過300年的餐廳「U Fukiera」(→P.124)在內，高級餐廳也相當多。廣場中央有個人魚雕像，堪稱是華沙的地標。據傳被壞人捕捉的人魚，得到住在華沙的一位漁民出手相助，為了感謝漁民的救命之恩，此後一直守護著華沙這座城市，也正因為如此，人魚手上拿著的是劍和盾牌。

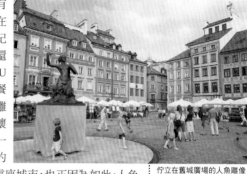
佇立在舊城廣場的人魚雕像

華沙歷史博物館
Muzeum Historyczne Miasta Stołecznego Warszawy

Historical Museum of Warsaw MapP.114-C1

位於舊城廣場的這棟博物館就如同其名，將華沙的歷史以淺顯易懂的方式展示。雖然這棟建築物並不大，內部空間的使用卻毫不浪費，有值得一看的價值。最令人驚訝的展示，要算是關於第二次世界大戰波蘭遭到迫害的相關文物，在館內可以看到很多華沙在戰後的照片，照片中盡是遭到戰火無情摧殘的建築物。看看照片的影像，再來對照華沙現在的風貌，遊客肯定會對整座城市的復原程度感動不已。除了週日之外，每天都會有20分鐘的紀錄片播放，為了修復華沙市容而努力的市民，其毅力令人動容

◆華沙歷史博物館
✉ Rynek Starego Miasta 28/42
☎22-531-3813
URL www.mhw.pl
開 週二～四　10:00～18:00
週五～日　10:00～20:00
英文版紀錄片播放
週二～五　10:00、12:00
週六、日　12:00、14:00
休 週一
費 6zł　紀錄片10zł

巴爾巴坎 Barbakan

Barbakan MapP.114-C1

位於舊城區北側的半圓筒形碉堡，是一棟巴洛克風格的建築，平常作為監獄和火藥庫之用。現在這裡有紀念品店，販售著波蘭名產的琥珀和其他的工藝品。

皇宮廣場 pl. Zamkowy

Castle Square MapP.114-C2

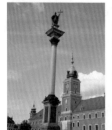
齊格穆特三世紀念碑佇立的皇宮廣場

這是位在舊城區南端的大廣場，其中心有一座齊格穆特三世紀念碑Kolumna Zygmunta III Wazy，用來紀念將波蘭的首都從克拉科夫移到華沙的齊格穆特三世。

在廣場的東側，有一座面向廣場且對外開放的博物館，那是舊皇宮Zamek Królewski，這裡充滿了觀光客相當熱鬧，還有觀光馬車等著載客。

齊格穆特三世
1596年將波蘭的首都從克拉科夫遷移到華沙的國王(1566～1632)，從1611年起住在華沙皇宮裡，並且興建了新世界大道Nowy Świat和聖十字架教堂Kościół Św. Krzyża。皇宮廣場上的紀念碑在1644年，由齊格穆特三世的兒子瓦迪斯瓦夫四世Władysław IV Waza找來義大利的工匠所打造。紅色的大理石上雕刻著巴洛克風格的圖案，而這個紀念碑也成了許多詩詞和繪畫的創意來源。不過現在所看到的紀念碑，是在1949年重建的。

◆舊皇宮

✉pl. Zamkowy 4

☎22-355-5170

🌐www.zamek-krolewski.
pl

🕐5～9月

　週一～三　　10:00～18:00
　週四～六　　10:00～20:00
　週日　　　　11:00～18:00
　10～4月
　週二～六　　9:50～15:00
　週日　　　　10:50～15:00
　（依展示內容而有異動）

❌節日、10～4月的週一

🎫皇宮導覽
　大人　　　　22zł
　兒童、學生　15zł
　　（週日免費）
　英・德・法・俄・西・義語
　的導覽要多收110zł。

Lanckoroński收藏展
　大人　　　　20zł
　兒童、學生　15zł

貨幣展
　大人　　　　13zł
　兒童、學生　7zł

Kubicki Arcades
　免費

◆聖約翰大教堂

✉Kanonia 6

☎22-831-0289

🕐10:00～12:00、
　16:00～18:00

❌無休　🎫歡迎捐獻

◆劇場博物館

✉pl. Teatralny 1

☎22-692-0756

開館時間、休館日、入場費依展
示內容而異。

◆居禮夫人博物館

✉Freta 16

☎22-831-8092

🌐muzeum-msc.pl

🕐週二　　　　8:30～16:00
　週三～五　　9:30～16:00
　週六　　　　10:00～16:00
　週日　　　　10:00～15:00
　（夏季會延長）

❌週一●節日

🎫大人　　　　11zł
　兒童、學生　6zł

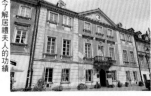

來了解居禮夫人的功績

舊皇宮 Zamek Królewski

Royal Castle　　　　　　　　　　　　　MapP.114-C2

　面向皇宮廣場有一棟咖啡色的優雅建築物，那就是華沙舊皇宮。舊皇宮的歷史，也就等同於華沙的歷史，這裡不光是國王居住的地方，同時也被當作國會或總統辦公的場所，士官學校和國立劇場也都在此，堪稱是政治、文化的舞台。將首都從克拉科夫遷到華沙的齊格穆特三世Zygmunt III Waza住在這裡的期間，這裡被譽為是「歐洲最美的宮殿之一」。這裡也在第二次世界大戰中遭到嚴重破壞，內部的裝飾品因被美術史

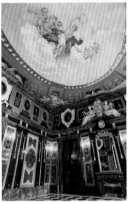

充滿奢華裝飾的舊皇宮

學家、藝術品修復工匠帶到國外而倖免於難。舊皇宮的修復工程在1988年完成，巴洛克風格的室內，重現齊格穆特三世住在這裡時的風采。

聖約翰大教堂
Bazylika Archikatedralna Św. Jana Chrzciciela

Archicathedral Basilica of St. John the Baptist　　MapP.114-C1

　興建於14世紀，歷代國王的加冕儀式和憲法宣言等許多歷史上的重要儀式，都是在這裡舉行的。同時這裡也是華沙最古老的教堂，華沙市內第一架風琴，就是在這裡誕生的。

劇院博物館 Muzeum Teatralne

Theatre Museum　　　　　　　　　　　MapP.114-B2

　建於廣大的薩克森公園Ogród Saski北側的國家歌劇院（大劇院）Teatr Wielki Opery i Baletu，除了7～8月的休息期間外，國立芭蕾舞劇團和國立歌劇團，都會定期在這裡公演。

　1825～1833年興建的這座大劇院，除了劇院正面的牆壁外，全都在第二次世界大戰中被燒毀。現在所看到的建築物，是在1965年時將當初的遺跡重新修復而成。劇院內有座小型的博物館，公開展示著與波蘭歌劇有關的史料。

居禮夫人博物館
Muzeum Marii Skłodowskiej Curie

Marie Curie Museum　　　　　　　　　MapP.114-C1

　從舊城區穿過了巴爾巴坎Barbakan，直直往北前進，就會看到右邊有一棟小小的建築物，牆壁上有一塊金屬牌子。

　這裡就是台灣人也耳熟能詳的諾貝爾得主居禮夫人出生的地方，現在成為博物館對外開放，展示著與居禮夫人有關的物品、實驗使用的器材等等，讓人回想起她偉大的發現。

從克拉科夫市郊大道到新世界大道
Krakowskie Przedmieście, Nowy Świat

Krakowskie Przedmieście St., Nowy Świat St.　　MapP.114-C2‧3～B3‧4

　　從皇宮廣場往南延伸就是克拉科夫市郊大道,因為是往克拉科夫方向,才因此命名。沿路可以看到波蘭國民詩人亞當•密茲凱維奇Adam Mickiewicz雕像、華沙大學和聖十字架教堂等充滿歷史性的建築物。

　　再繼續往南走,馬路的名稱就改為新世界大道。這裡有時髦的咖啡館和商店林立,明亮又整齊的美麗街道,座鎮於波蘭大學的化學學院前廣場上的是哥白尼Mikołaj Kopernik雕像。

總統官邸 Pałac Prezydencki

Presidential Palace　　MapP.114-C2

　　從亞當•密茲凱維奇雕像稍微往南走,出入口有獅像和衛兵重重警戒的就是總統官邸。這裡本來是貴族拉濟維烏家族Radziwiłł的豪宅,1765年時館內的部分建築物被當作劇場對外開放,波蘭首度的歌劇公演就是在這裡舉行的,蕭邦第一次的鋼琴演奏會也是在這裡登場。目前這裡是波蘭的總統官邸,因此才格外警戒森嚴。

華沙大學 Uniwersytet Warszawski

Warsaw University　　MapP.114-C3

位於克拉科夫市郊大道旁,於1816年創校。在校園的最後方有著卡茲米爾宮殿Pałac Kazimierzowski,1817年,Warszawa Liceum中學和高中以及音樂學校在此創立,1823～1829之間,蕭邦也在此就讀。宮殿的別

保留著蕭邦牌子的卡茲米爾宮殿

館裡,還保留著蕭邦第2個住所的遺跡,同時掛上一塊蕭邦的牌子。

蕭邦博物館 Muzeum Fryderyka Chopina

Fryderyk Chopin Museum　　MapP.114-C3

　　在17世紀初期,由克拉科夫的騎士Ostrovsky所建造的巴洛克風格的Zamek Ostrogskich宮殿內,有著蕭邦博物館。國內外熱心的粉絲爭相前來的這座博物館,展示著蕭邦生前最後使用的PLEYEL製的鋼琴等,超過2500件的相關資料和照片。

　　此外,還有不喜歡提筆寫信的蕭邦,寫給朋友和家族的親筆信函和樂譜,以及他個人和家人的肖像畫等,部分收藏品是常設展覽,每5年(0和5結尾的年份的10月),會舉行蕭邦國際鋼

居禮夫人
Maria Skłodowska-Curie

出生於華沙的物理‧化學學者(1867～1934),她的波蘭名為Maria Skłodowska,丈夫則是Pierre Curie,兩人一起發現了放射性元素,而她個人還獲得2次諾貝爾獎。

亞當‧密茲凱維奇
Adam Mickiewicz

波蘭最具代表性的浪漫派詩人(1798～1855),他除了創作詩之外,也積極參與波蘭獨立的政治活動,是位相當知名的愛國詩人。住在巴黎期間,也和蕭邦有所交流,據說蕭邦就是因為接觸了他的作品後,才有了靈感寫下《Ballade in G minor op. 23》這首曲子。

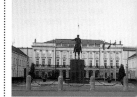

總統官邸有美麗的白色外牆

蕭邦
Frédéric François Chopin

將瑪祖卡舞曲Mazurek、波蘭舞Polonaise等傳統音樂注入新生命,重新詮釋為鋼琴演奏曲的蕭邦(1810～1849)‧出生在華沙市郊外的塞拉佐瓦�welazowa Wola。1830年前往維也納進行演奏旅行時,華沙剛好發生了反抗俄羅斯的暴動,此後他再也沒有回到波蘭,而是以巴黎為據點相當活躍。但他終其一生,都以身為波蘭人而感到驕傲。

2010年為了紀念蕭邦200歲誕辰而設置的蕭邦長椅,在華沙市區15處與蕭邦有著淵源的地方都可以看到,只要按下按鈕就會聽到蕭邦的曲目

◆蕭邦博物館
✉Okólnik 1
☎22-441-6274
🌐chopin.museum
🕐11:00～20:00
🚫週一
💵大人　　　　　22zł
　兒童、學生　　13zł
（週二免費）
　1小時有70人的入內限制，必須要先指定入場的時間（可以在官網預約）。淡季的話，直接前往也可以入場。

◆蕭邦之家展覽館
✉2F, Krakowskie Przedmieście 5
☎22-320-0275
🌐chopin.museum
🕐週一～五　9:00～17:00
　週六　　　9:00～13:00
🚫週日
💵大人3zł　學生2zł
（週三免費）

◆聖十字架教堂
✉Krakowskie Przedmieście 3
🕐週一～五　10:00～12:00
　　　　　　16:00～18:00
　週六　　　10:00～20:00
🚫週日
💵捐獻

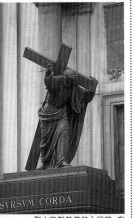

聖十字架教堂的入口前，有一座背著十字架的耶穌雕像

琴比賽，而在比賽期間，平日沒有對外公開的資料，這時也會特地展出。

這裡一度因為進行改建工程，關閉了2年之久，並選在蕭邦200歲誕辰的2010年重新對外開放。地上3層樓，地下1層樓的展示空間，採用了最新設備，以不同的角度介紹了蕭邦的生涯、作品以及與波蘭有關的事情。

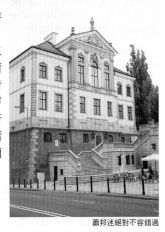

蕭邦迷絕對不容錯過

查普斯基宮 Pałac Czapskich

Czapski Palace `MapP.114-B～C3`

在華沙大學正對面、聖十字架教堂旁邊，曾經是庫拉辛斯基宮Pałac Krasińskich（現在是美術學院Akademia Sztuk Pięknych），在此處的左側3樓，是蕭邦一家從1827年起在華沙的第3個住處，直到蕭邦於1830年離開波蘭為止，這是他在祖國最後的家。

現在這裡成為蕭邦之家展覽館Salonik Chopinów，並且對外開放，蕭邦在這裡創作了幾首波蘭舞曲和練習曲。可惜這裡在第二次世界大戰中遭到完全破壞，現在所看到的都是戰後重建的。

Wizytek教堂 Kościół Wizytek

Nuns of the Visitation Church `MapP.114-C3`

這座教堂緊鄰華沙大學北側，建造於18世紀，屬於巴洛克後期風格，屋內的裝飾相當美麗。在Warszawa Liceum念書的蕭邦，在這座教堂週日彌撒裡，擔任風琴手的工作。

聖十字架教堂 Kościół Św. Krzyża

Church of the Holy Cross `MapP.114-B～C3`

在克拉科夫市郊大道跨入新世界大道之前，面對哥白尼雕像和華沙大學的聖十字架教堂，與蕭邦有著很深厚的關係。

踏入教堂內，在左前方的石柱下，蕭邦的心臟就埋葬於此。第二次世界大戰中，這座教堂也和其他建築物一樣被德軍攻擊，教堂的1/3慘遭破壞，所幸蕭邦的心臟及時被取出。教堂在戰後重建，而蕭邦的心臟也於1945年10月17日（蕭邦的忌日）被放回原來的地方。

文化科學宮殿 Pałac Kultury i Nauki
Palace of Culture and Science　　　　MapP.114-A3～4

　　華沙中央車站的東北側、Marszałkowska大道和耶路撒冷大道al. Jerozolimkie交叉口旁的德斐拉廣場pl. Defilad上，有一棟37樓高的高樓。在這座塔高234m，地上總面積為12萬3000m²，總房間數為3288的巨大建築內，有包括波蘭科學學院在內的各種研究機構、波蘭電視台、可容納3000人的大會廳、音樂廳、電影院和劇院等。

　　這是史達林送給波蘭的禮物，從1952年開始興建，費時4年的歲月終於完成。無論從華沙的那個地方都能看到這棟建築物，在充滿協調性的華沙市裡，這棟權威主義的建築物顯得格格不入。華沙市民對它的評價很糟，有很多諷刺這棟建築物的笑話，甚至有人稱它為「蘇維埃所建的華沙墓碑」。

　　在30樓有迴廊，露天的展望台對外開放。從Marszałkowska大道的入口進來後，爬上迎面而來的樓梯，那裡有電梯售票處。買了門票後，就能搭乘專用電梯來到展望台。

　　從展望台看出去的風景相當美麗，維斯瓦河Wisła就在眼下緩緩流動。從上俯瞰這座城市，或許會驚訝於華沙雖然是首都，但面積並不大。

　　在這棟文化科學宮殿裡，還有科學技術博物館Muzeum Techniki，展示的內容包括電話、錄音機、印刷機器、古代的照相機和天文觀測機器、石炭挖掘機和汽車等。另一側則是進化博物館Muzeum Ewolucji，雖然規模不大，但展示的標本包括恐龍化石、昆蟲標本等，展品相當豐富。

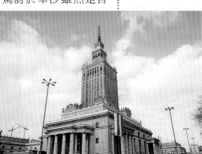

不受市民歡迎的巨大建築物

薩克森公園 Ogród Saski
Saxon Garden　　　　MapP.114-B2～3

　　從文化科學宮殿順著Marszałkowska大道往北走，會看到在右邊有個很大的公園。18世紀，當時的波蘭國王奧古斯特二世August II蓋了這座薩克森公園。在公園東側的畢蘇茨基廣場pl. Józefa Piłsudskiego裡，於1925年蓋了無名戰士之墓P. Grób Nieznanego Zomierza，左右兩側有衛兵站立守護著。墓地的燈光蘊含著民眾祈禱世界和平的希望，每個整點可看到精采的衛兵交接儀式。

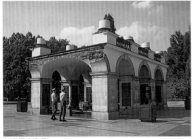

無名戰士之墓

◆文化科學宮殿
✉pl. Defilad 1
☎22-656-7600
🌐www.pkin.pl

◆前往展望台的電梯
☎22-656-7382
🕐9:00～18:00
※夏季的週五・六20:00～23:30也對外開放（20zł）
🚫無休
💰大人　　　　18zł
　兒童、學生　　12zł

◆科學技術博物館
Map P.114-A4
☎22-656-6747
🌐muzeumtechniki.
warszawa.pl（波蘭語）
🕐週二～五　9:00～17:00
　週六・日　10:00～17:00
🚫週一
💰大人　　　　14zł
　兒童、學生　　8zł

◆進化博物館
Map P.114-A3
☎22-656-6637
🌐www.muzewol.pan.pl
（波蘭語）
🕐週五～六　8:00～16:00
　週日　　10:00～14:30
🚫週一
💰大人　　　　10zł
　兒童、學生　　5zł

畢蘇茨基廣場
Map P.114-B2～3
　　1979年波蘭出身的教宗若望・保祿二世訪問祖國時，就是在這個廣場上，對大批歡迎他的群眾致詞。

◆國立博物館
✉al. Jerozolimskie 3
☎22-621-1031
URLwww.mnw.art.pl
🕐週二・三・五～日
　　　　　10:00～18:00
　週四　10:00～21:00
🚫週一
💰常設展　大人　　15zł
　　　　　兒童・學生　10zł
　企劃展　大人　　20zł
　　　　　兒童・學生　15zł
（常設展週二免費）

◆軍事博物館
✉al. Jerozolimskie 3
☎22-629-5271
URLwww.muzeumwp.pl（波
蘭語）
🕐週四～日 10:00～16:00
　週三　10:00～17:00
🚫週一・二
💰大人12zł　兒童6zł

展示著實際的武器

◆瓦津基公園
✉Agrykoli 1
☎22-506-0028
URLwww.lazienki-
krolewskie.pl
🕐日出～19:00
💰免費
　從新世界大道Nowy
Świat搭乘116號、180號巴士
會通過公園旁，蕭邦雕像附
近的巴士站叫做Łazienki
Królewskie。

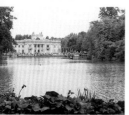

美麗的水上宮殿

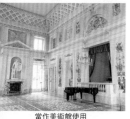

當作美術館使用

國立博物館 Muzeum Narodowe

National Museum　　　　MapP.114-C4

　博物館裡收藏了古希臘、羅馬、拜占庭時代的美術品和波蘭美術、15世紀以後的歐洲繪畫等。此外，8世紀的壁畫、魯本斯Peter Paul Rubens、林布蘭Rembrandt van Rijn等人的作品，也能在這裡看到。緊鄰的建築物曾經是波蘭勞動黨的總部大樓，現在成為股票交易所。

軍事博物館 Muzeum Wojska Polskiego

Polish Army Museum　　　　MapP.114-C4

　與國立博物館並列，中庭裡展示著一整排真正的武器。第二次世界大戰當時的戰車和大砲，甚至是戰鬥機和艦載用的魚雷發射管，還有現代的彈道飛彈和噴射戰機，通通一字排開。展示的武器以很少看到的舊蘇聯製為主，非常值得一看。

　踏進館內，能看到古今的小型大砲和攜帶型武器。這裡的展示內容清一色都和戰爭有關，日本的盔甲以及武士刀，也在博物館的收藏之列。

瓦津基公園 Park Łazienkowski

Lazienki Park　　　　MapP.111-B2

　這是一座讓華沙市民引以為傲的公園，由最後一任的波蘭國王斯坦尼斯瓦夫二世Stanisław August Poniatowski所建，從1766年開始，耗費了30多年的歲月才完工。公園內有個

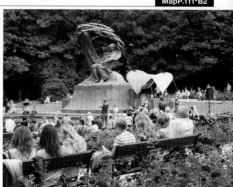

蕭邦雕像前的音樂會，為華沙的夏天增添色彩

大池子，旁邊就蓋了一棟國王的夏季離宮瓦津基宮（水上宮殿）Pałac Łazienkowski。建築物優雅的身影倒映在水面上，非常美麗。順道一提的是Łazienkowski是浴場的意思，散落在公園的離宮，每一處都有令人嘆為觀止的浴場，因此而得名。

　斯坦尼斯瓦夫二世在位時，波蘭的土地被俄羅斯、奧地利和普魯士3個國家瓜分，就此從地圖上消失。這座公園也受到歷史的作弄，在國王死後賣給了俄羅斯，1918年隨著波蘭的獨立，這座公園成了國家所有。之後在第二次世界大戰中被德軍占領，宮殿內的所有美術品通通被德軍拿走，內部裝潢也慘遭破壞。所幸在戰後完美的修復重現，如今宮殿成為國立博物館的分館，展示著17～18世紀的美術品。

維蘭諾夫宮 Pałac Wilanowski

Wilanów Palace | MapP.111-B2外

17世紀末（1677～1696），當時的波蘭國王索貝斯基三世Jan III Sobieski所興建的夏季離宮。從華沙南邊郊外的Wilanów巴士總站出發，隔著街道就在其東南方的角落。進入宮殿大門後，右側就是售票處，販售著參觀宮殿建築物以及入口左側庭園的入場券，至於中庭的範圍可免費自由散步。

被法式庭園所環繞的宮殿，是一棟巴洛克風格的美麗建築物，至於宮殿內誇張的裝飾

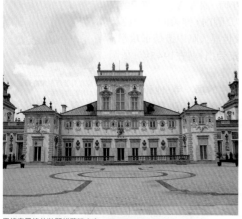
巴洛克風格的壯麗維蘭諾夫宮

和家具，還有奢華的日常用品，令人瞠目結舌。這裡曾經進行好幾次的擴建工程，最終成為現在大家所看到的複雜建築，加上了由歷代貴族所收集的美術品、肖像畫等，可以把這裡當作博物館參觀，非常值得一看。

宮殿的入口就在大門進去的右後方，因為有入場限制，一到下午就算是開館時間也無法入內參觀，最好在上午前往。展示物品都附有英文解說，光是參觀博物館需預留1小時，而美麗的庭園千萬也別錯過。

Cytadela監獄要塞遺跡

Citadel | MapP.111-B1

華沙北部的Zoliborz的山丘上，有Cytadela大監獄要塞遺跡。1830年11月到隔年9月為止，華沙當地為了反抗俄羅斯帝政的迫害而發動了「11月起義」，當時的沙皇尼古拉一世Николай I因此於1832年，花了2年的時間建蓋這座要塞。現在的中庭裡還擺放了好幾座大砲，而大砲的方向則是對著華沙市區，據說大砲最多高達550座。另外，俄羅斯的守備軍人數，也高達1萬6000人。

要塞的內部打造成收容政治犯的監獄，在編號10號建築物裡有84個收容所，曾經收容了4萬名政治犯，現在這棟10號監獄成了博物館，保留當時的監獄原貌。在充滿霉臭味而且又暗又濕的建築物裡，讓人感到監獄裡的鬱悶氣氛。

◆維蘭諾夫宮
Map P.111-B2
夏季
週一　　11:00～16:00
週二・三・日9:00～18:00
週四・六 9:00～20:00
冬季
週一　　11:00～18:00
週二～日 9:00～18:00
無休
大人　　　　20zł
兒童・學生　15zł
冬季17:00～免費。

瓦津基公園裡的蕭邦雕像
　　從新世界大道Nowy Świat搭乘巴士的話，剛好可以在公園的正面入口下車。從那裡走進公園，馬上會看到一座小廣場，再往前有一個小池塘，而呈現坐姿的蕭邦雕像就位在池畔的垂柳旁。5月下旬～9月下旬的週日12:00、16:00，蕭邦音樂會就在雕像旁舉行。

◆維蘭諾夫宮
Stanisława Kostki Potockiego 10/16
22-842-2509
www.wilanow-palac.art.pl
4月下旬～9月
　　週一・六 9:30～18:00
　　週二・四・五9:30～16:00
　　週三　　　9:30～20:00
　　週日　　　10:30～18:00
10月～3月上旬
　　週一・三・六9:30～16:00
　　週日　　10:30～16:00
10月～3月上旬的週二、3月中旬～4月中旬
大人　　　　20zł
兒童・學生　15zł
（週日免費）
　　從舊城區的Stare Miasto搭乘116、180號巴士，或從Centrum搭乘519號巴士，在終點站下車。

◆Cytadela 10號建築物博物館 Muzeum X Pawilonu Cytadeli Warszawskiej
Skazańców 25
22-839-1268
muzeum-niepodleglosci.pl/category/xpawilon/（波蘭語）
9:00～16:00
週一・二
大人　　　　6zł
兒童・學生　4zł
　　搭乘路面電車到Most Gdański下車，順著牆壁往北走很快就能來到10號建築物博物館。

**如何前往
塞拉佐瓦渥拉**

🚃從華沙中央車站Warszawa Centralna或是華沙都心車站Warszawa Śródmieście搭乘前往Sochaczew的列車。從中央車站出發的列車1小時1～2班，所需時間35分～1小時。2等車廂14.90zł～、1等車廂23zł～。從Scochaczew車站搭乘當地的6號巴士前往塞拉佐瓦渥拉。3zł

◆蕭邦博物館
✉Żelazowa Wola 15, Sochaczew
☎46-863-3300
🌐chopin.museum
🕐週一　　　9:00～19:00
　10～3月　　9:00～17:00
🚫月
💰大人　　　　23zł
　兒童、學生　14zł

◆◆◆◆◆◆◆ 從 華 沙 出 發 的 小 旅 行 ◆◆◆◆◆◆◆

塞拉佐瓦渥拉 Żelazowa Wola

　　被譽為是「鋼琴詩人」，同時也是將波蘭的傳統音樂改編為曲調優雅的鋼琴演奏曲的蕭邦，就是在塞拉佐瓦渥拉這個小鎮出生。這裡位於華沙西方約54km處，搭車約1小時。蕭邦的老家在一處白楊樹林立的公園內，樸素的這棟建築物，在第二次世界大戰中遭德軍攻擊，導致部分建築受損，並在1945年，依照原來的樣子重建。

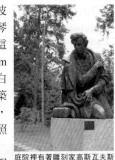
庭院裡有著雕刻家高斯瓦夫斯基創作的蕭邦雕像

　　就在蕭邦出生的那一年，他和父母親搬到了華沙，每逢夏天，他還是會回來這裡。現在這裡成了蕭邦博物館，蕭邦出生的房間、他的出生證明、受洗證明以及雙親的結婚登記影本，都在館內公開展示。此外，還有蕭邦年幼時第一次寫的樂譜複製品，以及寫給雙親的祝福卡等珍貴物品，也在展示的行列中。5～9月的每個週日11:00和15:00，以及7～8月的每個週六，都有鋼琴演奏會。

　　位於塞拉佐瓦渥拉北方10km的Brochow村，有座蕭邦受洗的教堂，那是一棟建造於16世紀中期，有著文藝復興風格的美麗教堂。

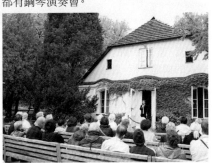
在蕭邦老家舉行的鋼琴演奏會

華沙出發的行程

華沙巴士遊
　週一～五11:00～16:00、週六•日10:00～17:00每1小時出發　所需時間2小時
　💰24小時 60zł　48小時 80zł
　（CitySightseeing）

華沙市區觀光
　上午、下午、傍晚出發　所需時間3小時30分
　💰€35（Mazurkas Travel）

華沙市區觀光
　上午、下午、傍晚出發　所需時間3小時
　💰€35～（依人數而異）
　（Warsaw City Tours）

蕭邦之旅
　2/28～10/15之間每日出發　所需時間5小時
　💰€95（Warsaw City Tours）

克拉科夫1日遊
　依前往的地點而異　所需時間1天
　💰€115～（依人數而異）
　（Mazurkas Travel）

◆**CitySightseeing**
☎79-397-3356　🌐www.city-sightseeing.com
◆**Mazurkas Travel**
✉Wojska Polskiego 27
☎22-536-4600
🌐www.mazurkas.com.pl
◆**Warsaw City Tours**
✉Marszałkowska 140
☎22-826-7100
🌐warsawcitytours.info

Hotel 　華沙的住宿

　　華沙的飯店散落在市區內，尤其是便宜的飯店經常大爆滿，隨意四處尋找，通常只會徒勞無功，最好多利用❶或是旅行社。至少在華沙的第一晚，最好先預約飯店會比較安心，很多飯店都有週末住房折扣。

Hotel Bristol Warszawie

★★★★★　客房數：206
Map P.114-C2

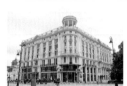

●歐洲有名的高級飯店，建於1899～1901年，出自建築師Marconi之手，是一棟文藝復興風格的建築。約翰·甘迺迪、畢卡索等人都曾入住此飯店。

✉ **Krakowskie Przedmieście 42/44**
☎22-551-1000
FAX 22-625-2577
URL www.hotelbristolwarsaw.pl
email bristol@luxurycollection.com
S W 328zł～　附早餐
CC A D J M V

Polonia Palace Hotel

★★★★　客房數：206
Map P.114-A4

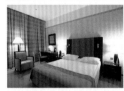

●無論地點或是設備都相當棒的飯店，建造於1930年。第二次世界大戰時倖免於難，戰後美國和英國等各國的大使館都設置於此，前美國總統艾森豪也多次下榻，該飯店有不少歷史的趣聞。

✉ **al. Jerozolimskie 45**
☎22-318-2800
FAX 22-318-2801
URL www.poloniapalace.com
email poloniapalace@syrena.com.pl
S W €80～　早餐另計
CC A D J M V

Hotel Harenda

★★★　客房數：41
Map P.114-C3

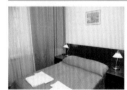

●緊鄰華沙大學的黃色超大建築物，就在華沙大學的南側，從克拉科夫市郊大道轉進Oboźna不久即可看到。只有4間房間有附浴缸，飯店旁還有同一位老闆開設的鄉土料理餐廳。

✉ **Krakowskie Przedmieście 4/6**
☎22-826-0071
FAX 22-826-2625
URL www.hotelharenda.com.pl
email rezerwacja@hotelharenda.com.pl
S 310zł～　W 340zł～　早餐另計
CC A D J M V

Castle Inn

★★★　客房數：22
Map P.114-C2

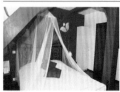

●位於舊城區的皇宮廣場pl. Zamkowy，在2008年開幕，是華沙罕見的設計飯店。所有的客房設計都不一樣，可以在網路上選擇喜歡的房間，預約入住。

✉ **Świętojańska 2, pl Zamkowy**
☎22-425-0100
FAX 22-635-0425
URL www.castleinn.pl
email castleinn@castleinn.pl
S 172zł～　W 230zł～　早餐另計
CC M V

Hostel Okidoki

青年旅館　客房數：120床
Map P.114-B3

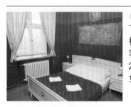

●位於市中心的超人氣飯店，按下大樓入口的鈴聲進入，上了樓梯之後就是服務櫃台。除了有可容納3～8人的多人房外，還有25間講究裝潢的個人房。提供免費的網路，也可以使用DVD。

✉ **pl. Dąbrowskiego 3**
☎22-8280-122　FAX 22-4231-212
URL www.okidoki.pl
email okidoki@okidoki.pl
D 29～90zł
S 100～180zł（浴室·廁所共用）
W 154～260zł～　早餐只有 S W 有提供
CC M V

飯店名	地址•電話•FAX	費用•客房數	URL／e-mail／備註
Sheraton Warsaw Hotel	Map P.114-C4〜5 ✉ Bolesława Prusa 2 TEL 22-450-6100 FAX 22-450-6200	S W 290zł〜 早餐另計 客房數：350 CC A D J M V	URL www.sheraton.pl e-mail warsaw@sheraton.com 白色牆壁相當耀眼的高級飯店。 ★★★★★
Mamaison Hotel Le Régina	Map P.114-C1 ✉ Kościelna 12 TEL 22-531-6000 FAX 22-531-6001	S W €59〜 早餐另計 客房數：61 CC A D M V	URL www.mamaison.com e-mail reservations.leregina@mamaison.com 位於新城區，將18世紀興建的宮殿Pałac Mostowski 改建而成的精品飯店。
Warsaw Marriott Hotel	Map P.114-A4 ✉ al. Jerozolimskie 65/79 TEL 22-630-6306 FAX 22-830-0311	S W 339zł〜 早餐另計 客房數：523 CC A D J M V	URL www.marriott.com/wawpl e-mail mail@marriott.com.pl ★★★★
Novotel Warszawa Centrum	Map P.114-B4 ✉ Marszałkowska 94/98 TEL 22-596-0000 FAX 22-596-0647	S W 720zł〜 早餐另計 客房數：733 CC A D J M V	URL www.accorhotels.com e-mail H3383@accor.com 33層樓高的飯店。 ★★★★
Hotel Metropol	Map P.114-B4 ✉ Marszałkowska 99a TEL 22-325-3100 FAX 22-628-6622	S €60〜 W €75〜 早餐另計 客房數：192 CC A D J M V	URL www.hotelmetropol.com.pl e-mail hotel.metropol@syrena.com.pl 距離華沙中央車站很近，要去哪裡都很方便。房間雖 然有點老舊但又大又乾淨，還有陽台。 ★★★
Ibis Warszawa Centrum	Map P.111-A1 ✉ al. Solodarności 165 TEL 22-520-3000 FAX 22-520-3030	S W 144zł〜 早餐另計 客房數：189 CC A M V	URL www.ibishotel.com e-mail H2894@accor.com 房間有電視、冰箱、吹風機，可以連接網路上網，CP值 相當高。 ★★
Premiere Classe Warszawa	Map P.111-A1 ✉ Towarowa 2 TEL 22-624-0800 FAX 22-620-2629	S W 149zł〜 早餐84zł 客房數：126 CC A D J M V	URL www.premiereclasse.com.pl e-mail warszawa@premiereclasse.com 從中央車站搭乘路面電車7、8、9、22、24、25號約 2〜3分。飯店旁還緊鄰著同系列的2星和3星飯店。
Ibis Budget Warszawa Centrum	Map P.111-B2 ✉ Zagórna 1 TEL 22-745-3660 FAX 22-622-5501	S W 149zł〜 早餐另計 客房數：176 CC A D M V	URL www.accorhotels.com e-mail H6401@accor.com 就在維斯瓦河畔，設備簡單卻很乾淨，住起來很舒 適，沒有餐廳。 ★

Restaurant 華沙的餐廳

U Fukiera
Map P.114-C1

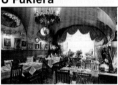

●這是一間菜色獨特、擁有超高人氣的高級餐廳。燭光照亮了橡木的室內裝潢，以蛋糕和水果堆積而成的裝飾，營造出獨特的氣氛。每個人的用餐預算約120〜150zł。

✉ **Rynek Starego Miasta 27**
TEL 22-831-1013
URL www.ufukiera.pl
⏱ 12:00〜23:00LO
休 無休
CC A D J M V

Zapiecek
Map P.114-C1

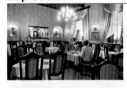

●位於舊城廣場旁，是一間波蘭料理餐廳。舊城區裡的餐廳價位都不便宜，但這間餐廳的價格還算合理。烤鴨約49zł、波蘭風味的獵人燉肉20zł〜、洋水餃18zł等。

✉ **Piwna 34/36**
TEL 22-831-5693
URL www.zapiecek.win.pl
⏱ 11:00〜23:00
休 無休
CC A D J M V

Folk Gospoda
Map P.111-A12

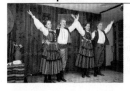

●穿著波蘭傳統服飾的服務人員迎接顧客上門，這裡只提供傳統的波蘭料理，主菜約24zł〜，價位相當合理，晚上還有民族音樂和傳統舞蹈的表演。

✉ **Waliców 13**
TEL 22-890-1605
URL www.folkgospoda.pl
⏱ 12:00〜23:00LO
休 無休
CC A D J M V

克拉科夫 *Kraków*

URLwww.krakow.pl

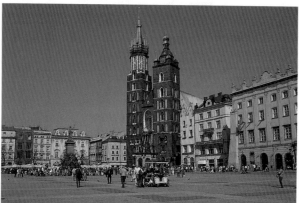

聖馬利亞教堂聳立的中央市場廣場

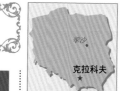

華沙

克拉科夫
★

如何前往克拉科夫

✈從華沙出發，1日6～7班，所需時間約1小時。

🚃從華沙出發，1小時1班左右，所需時間3小時10分～5小時30分，2等車廂53.90zł～、1等車廂86zł～。

🚌從華沙出發，1小時1班左右，所需時間4小時55分～8小時25分，50zł～。

◆克拉科夫若望保祿二世國際機場
Międzynarodowy Port Lotniczy im. Jana Pawła II Kraków-Balice
✉Kapitana Medweckiego 1
☎12-295-5800
URLwww.krakowairport.pl
　位於克拉科夫市區西方約18km處，連結Kraków-Balice車站和克拉科夫中央車站的列車，5：00～22：00之間1小時1～2班車，所需時間20分，12zł。如果搭乘錶表的計程車，到市區約80zł～。

◆克拉科夫中央車站
Map P.126-C1
✉pl. Jana Nowaka Jeziorańskiego 3
☎12-393-1580

◆克拉科夫巴士總站
Map P.126-C1
✉Bosacka 18
☎703-40-3340
URLwww.mda.malopolska.pl

克拉科夫的市區交通
URLwww.mpk.krakow.pl
　A代表巴士站、T代表路面電車站，1次券3.80zł、1小時券5zł、24小時券15zł、72小時券36zł，23：00～翌日4：30之間有深夜巴士。車票可以在貼有MPK標誌的小商店購買。如果隨身行李大於20x40x60cm，則要多購買一張1次券。

從波蘭王國的全盛時期1386年開始，一直到1572年的亞捷隆王朝Jagiellonowie，首都克拉科夫就已經有了今日的規模。當時的克拉科夫和屬於神聖羅馬帝國一部分的波西米亞的布拉格、奧地利的維也納，並列為東歐的文化中心，因此蓬勃發展。位於舊城區南側、維斯瓦河畔山丘上的華麗瓦維爾皇家城堡Zamek Królewski na Wawelu，是歷代波蘭國王居住的地方。於1364年創校的亞捷隆大學Uniwersytet Jagielloński，在東歐的歷史僅次於布拉格的查理大學。

克拉科夫是波蘭所有城市中，少數沒有在第二次大戰中遭到德軍摧毀的城市，因此得以將中世紀風情完整保留至現在。1978年，整個舊城區被聯合國教科文組織指定為世界遺產。另外，在克拉科夫的郊外，還有從中世紀就開始開採的地底鹽礦場維耶利奇卡Wieliczka，以及第二次世界大戰中的德國納粹集中營奧斯威辛Oświęcim等，這些地方都被登錄為世界遺產。這3處世界遺產距離並不遠，實在是很少見。

整座城市瀰漫著藝術古都的氣息，值得慢慢散步欣賞。

◆◆◆◆◆◆◆◆◆◆◆◆◆◆漫遊克拉科夫◆◆◆◆◆◆◆◆◆◆◆◆

●從車站或巴士總站前往舊城區

所有長途火車或是國際列車都是在克拉科夫中央車站Kraków Główny出發或抵達，車站附近也有巴士總站，克拉科夫的觀光起點，就從這座車站開始。

克拉科夫的景點主要集中在舊城區Stare Miasto，中央車站位於舊城區東北部步行可及的距離。出了車站後，穿過Pawia路和Lubicz路交叉口的地下道，就可抵達對面的公園。樹林間小路交錯，設有長椅的這座公園，原本是城牆所在地，將舊城區

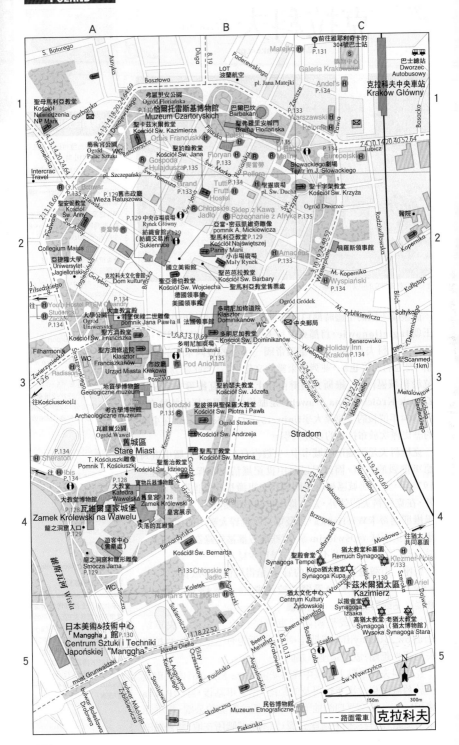

克拉科夫

S. Batorego

弗羅里安安公園
Ogród Floriański P.130

怡爾托雷斯基博物館
Muzeum Czartoryskich

聖卡茲米爾教堂
Kościół Sw. Kazimierza
Orbis Francuski

聖母馬利亞教堂
Kościół
Nawiedzenia
NP Marii

藝術宮公園
Ogród
Pałac Sztuki

聖安妮教堂
Kościół
Sw. Anny

O.K. Browar P.135

Intercrac
Travel

聖弗羅里安門
Brama Floriańska

巴爾巴坎
Barbakan

Galeria Krakowska

克拉科夫中央車站
Kraków Główny

巴士總站
Dworzec
Autobusowy

聖弗羅里安安門

聖卡茲伯爾街教堂
Kościół Sw. Jana
Hulajdusza P.135

Floryan
P.133

舊市政廳
Wieża Ratuszowa

Gospoda

中央市場廣場
Rynek Główny

紡織會館
Sukiennice P.129

Collegium Maius

亞捷隆大學
Uniwersytet
Jagielloński

克拉科夫文化會館
Dom kultury

Tutti
Frutti
Hostel P.134

Chłopskie
Jadło

Sklep z Kawa
i Afryką P.135

亞當·密茲凱維奇雕像
pomnik A. Mickiewicza

聖馬利亞教堂 P.129
Kościół Najświętszej
Panny Marii

小市場廣場
Mały Rynek P.133

聖十字架教堂
Kościół Sw. Krzyża

Ogród Dworzec

Teatr im. J. Słowackiego

聖亞德伯教堂
Kościół Sw. Wojciecha

國立美術館

聖芭芭拉教堂
Kościół Sw. Barbary

聖馬利亞教堂售票處

Amadeus P.133

俄羅斯領事館

德國領事館
美國領事館

大主教宮殿

若望保祿二世雕像
pomnik Jana Pawła II

聖方濟教堂
Kościół Sw. Franciszka

聖方濟修道院
Klasztor
Franciszkanów

法國領事館

多明尼加修道院
Klasztor
Dominikanów

多明尼加教堂
Kościół Sw. Dominikan

Holiday Inn
Kraków P.134

至Scanmed
(1km)

Ogród
Uniwersytet

市政廳
Urzad Miasta Krakowa

Pod Aniołami

地質學博物館
Geologiczne muzeum

考古學博物館
Archeologiczne muzeum

Poselska

Bar Grodzki P.135

瓦維爾公園
Ogród Wawel

聖約瑟夫教堂
Kościół Sw. Józefa

聖彼得與聖保羅大教堂
Kościół Sw. Piotra i Pawła

Ogród Stradom

聖安德烈教堂
Kościół Sw. Andrzeja

Stradom

舊城區
Stare Miast

聖馬丁教堂
Kościół Sw. Marcina

聖喬治教堂
Kościół Sw. Idziego

大教堂博物館

Ibis P.134

大教堂
Katedra
Wawelska P.128

寶物兵器博物館

瓦維爾皇家城堡
Zamek Królewski na Wawelu

舊皇宮 P.128
Zamek Królewski

皇宮展示

Royal

龍之洞窟入口 P.129

Kościół Św. Bernarda

龍之洞窟和龍形雕像
Smocza Jama P.129

Chłopskie
Jadło P.135

Koletek

Nathan's Villa Hostel

猶太教堂和墓園
Synagoga Tempel

Remuch Synagoga

Klezmer-Hois P.133

猶太猶太教堂
Synagoga Kupa

卡茲米爾猶太區
Kazimierz

P.130

Ariel

猶太文化中心
Centrum Kultury
Żydowskiej

以撒會堂
Synagoga
Izaaka

高猶太教堂 老猶太教堂
Synagoga （猶太博物館）
Wysoka Synagoga Stara

日本美術&技術中心
「Manggha」館 P.130
Centrum Sztuki i Techniki
Japońskiej "Manggha"

維斯瓦河
Wisła

most Grunwaldzki

民俗博物館
Muzeum Etnograficzne

0   150m   300m

路面電車

克拉科夫

完全包圍。

從這座公園往右走，馬上就會看到超大的圓柱形碉堡巴爾巴坎Barbakan。15世紀建造的這座碉堡，和城牆一起守護著舊城區，碉堡裡還殘留部分城牆。

◆◆◆◆◆◆◆◆◆◆◆◆ 漫遊克拉科夫舊城區 ◆◆◆◆◆◆◆◆◆◆◆

位於巴爾巴坎內側的弗羅里安門Brama Floriańska，就是舊城區的入口。順著Floriańska路一直往下走，道路的兩側有著各式各樣的餐廳和商店，大約走5分鐘左右，就來到克拉科夫舊城區中心位置的中央市場廣場Rynek Główny。高聳於眼前的是聖馬利亞教堂Kościół Najświętszej Panny Mariii的2座高塔，另外，橫在廣場中央的奶油色優美建築物則是紡織會館（織品交易所）Sukiennice，廣場上還有很多露天咖啡座。

穿過了位於中央市場廣場南側的聖亞德伯教堂Kościół Św. Wojciecha旁，來到了Grodzka路，就進入了殘留最古老建築物的區域。順著道路往前走，會看到一個很大的十字路口，從那裡可以看到綿延的城牆，還有高聳的瓦維爾皇家城堡Zamek Królewskina Wawelu。從中央市場廣場走到這座城堡，徒步大約10分左右。

這裡曾經是歐洲最大的猶太人區，也是在第二次世界大戰中慘遭德國納粹蹂躪的卡茲米爾猶太區Kazimierz，一定要前往看看。

◆◆◆◆◆◆◆◆◆◆ 克拉科夫的主要景點 ◆◆◆◆◆◆◆◆◆◆◆

瓦維爾皇家城堡 Zamek Królewski na Wawelu

Wawel Royal Castle | MapP.126-A4

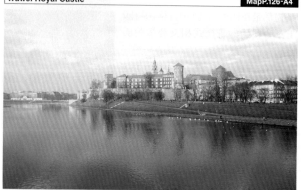

座落於維斯瓦河畔的瓦維爾皇家城堡

因為是歷代波蘭國王的住所而聲名大噪的瓦維爾皇家城堡，位在舊城區的南邊，就在維斯瓦河大轉彎的角落山丘上。城內有大教堂、舊皇宮等建築物，絕對不容錯過。立於城門旁的雕像是波蘭第一次獨立起義的領導者T. Kościuszki，該座雕像某天被人偷走，直到1976年才又重建。

克拉科夫的❶
◆Punkt Informacji Miejskiej
URL www.krakow.travel
Pavillon Wyspiańskiego
Map P.126-B3
✉ pl. Wszystkich Świętych 2
TEL 12-616-1886
圖 9:00～17:00
休 無休
就在Grodzka路旁。
Św. Jana路
Map P.126-B2
✉ św. Jana 2
TEL 12-421-7787
圖 夏季 9:00～19:00
　　冬季 9:00～18:00
休 無休
紡織會館
Map P.126-B2
✉ Rynek Główny 1-3
TEL 12-433-7310
圖 夏季 9:00～19:00
　　冬季 9:00～17:00
休 無休
卡茲米爾猶太區
Map P.126-C5
✉ Józefa 7
TEL 12-422-0471
圖 9:00～17:00　休 無休
◆Centrum Obsługi Ruchu Turystycznego(CORT)
Map P.126-A4
✉ Powiśle 11
TEL 12-417-5810
圖 9:00～19:00
休 無休
這裡不光是克拉科夫的遊客中心，同時也兼作小波蘭地區Małopolska的觀光介紹所。

世 界 遺 産
克拉科夫歷史地區
Stare Miasto w Krakówie
1978年登錄

◆瓦維爾皇家城堡
✉ Wawel 5
TEL 12-422-5155
URL www.wawel.krakow.pl
圖 夏季
週二～五 9:30～17:00
週六・日 10:00～17:00
冬季 9:30～16:00
休 週一

◆瓦維爾大教堂

URL www.katedra-wawelska.pl

圃4～9月
　週一～六　9:00～17:00
　週日　12:30～17:00
10～3月
　週一～六　9:00～16:00
　週日　12:30～16:00
困節日、大教堂博物館週日休館
圖大人　　　　　12zł
　兒童・學生　　7zł
　語音導覽
　大人　　　　　7zł
　兒童・學生　　5zł
售票處就在大教堂對面建築1樓的後方，門票還包含了大教堂博物館的門票。

◆瓦維爾城舊皇宮

圃4～10月
　週一　　　9:30～13:00
　週二～五　9:30～17:00
　週六・日・節日10:00～17:00
11～3月
　週二～六　9:30～16:00
　週日　　　10:00～16:00
困11～3月的週一（皇宮展示4～10月的週一・皇家私人宅邸、東方藝術4～10月的週一和11～3月的週日，寶物兵器博物館11～3月的週日也休館）
圖皇宮展示
　大人　　　18zł(16zł)
　兒童・學生　11zł(9zł)
　皇家私人宅邸
　（只有導覽行程）
　大人　　　25zł(19zł)
　兒童・學生　19zł(16zł)
　寶物兵器博物館
　大人　　　18zł(16zł)
　兒童・學生　11zł(9zł)
　東方藝術
　大人　　　10zł(7zł)
　兒童・學生　7zł(4zł)
　失落的瓦維爾
　大人　　　10zł(8zł)
　兒童・學生　7zł(5zł)
（括弧內是11～3月的費用。皇宮展示在11～3月的週日，寶物兵器博物館和失落的瓦維爾在4～10月的週一和11～3月的週日免費）
由於有入場限制，尤其是夏季，最好在上午前往。

瓦維爾大教堂 Katedra Wawelska

Wawel Cathedral　　　　　　　　　　MapP.126-A4

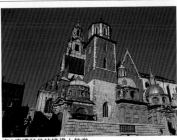

有3座禮拜堂的雄偉大教堂

穿過城門左邊就是有3座禮拜堂的大教堂，1320年動工時是哥德式風格，經過了好幾個世紀，又加上了文藝復興和巴洛克風格，直到遷都華沙為止，歷代的波蘭國王都是在這裡舉行加冕儀式。大教堂的地下設有墓園，歷代國王和英雄們的氣派棺木都葬在這裡，永遠長眠於此。

大教堂外觀的最大特點，在於面向建築物南邊廣場、有著金色圓頂的齊格穆特禮拜堂Kaplica Zygmuntowska，1519年時，在齊格穆特一世Zygmunt I Stary的請託下，找來義大利建築師打造，於1533年完成，而這棟建築物，堪稱是波蘭文藝復興建築的傑作。

另外，在大教堂西北邊有大教堂博物館Muzeum Katedralne，展示著珍貴的美術品。

瓦維爾城舊皇宮 Zamek Królewski

Castle　　　　　　　　　　　　　　　MapP.126-A4

從中庭順著大教堂往裡面走，就會看到瓦維爾城舊皇宮的入口，並來到被美麗建築物包圍的中庭。四周的建築物都是在16世紀初，由齊格穆特國王下令興建的哥德式和文藝復興風格的複合建築。

現在內部皇宮展示Komnaty Królewskie對外開放參觀，在這裡能看到16～17世紀當時的奢華房間，歷代國王的肖像畫和豪華家具等等。1320年以來，波蘭國王在加冕儀式上

安靜又美麗的舊皇宮中庭

所用的稱為「Szczerbiec」的寶劍、齊格穆特二世Zygmunt II August所收集的16世紀法蘭德斯的刺繡壁畫，絕對不容錯過。

在同樣的建築物裡，還有專門收集中世紀的盔甲、刀劍等的寶物兵器博物館Skarbiec i Zbrojownia、皇家私人宅邸Królewskie Apartamenty Prywatne、東方藝術Sztuka Wschodu等。

中庭東側的建築物裡，則有著失落的瓦維爾Wawel Zaginioy，保存著古代瓦維爾城堡遺址被挖掘時的狀態，並且公開展示。

龍之洞窟 Smocza Jama

Dragon's Den `MapP.126-A4`

瓦維爾皇家城堡最靠近河川的地方,有個叫做龍之洞窟的洞穴。據傳在很久以前,維斯瓦河裡住了一條龍,牠將一位住在附近的美麗姑娘擄走,並且還吃下肚。有一天,一位製鞋的學徒騙了這條龍,讓牠吃下以瀝青和硫磺染色的羊,口渴的龍不斷喝著河水,終於讓牠撐破肚子而亡,而這位聰明的製鞋學徒,後來與國王的女兒結婚。

中央市場廣場和紡織會館(紡織交易所)
Rynek Główny, Sukiennice

Main Market Square, Cloth Hall `MapP.126-A～B2`

位於克拉科夫舊城區市中心的中央市場廣場,總面積約4萬m²,在歐洲所有保留中世紀風貌的市場廣場中,這裡的規模是最大的。面向廣場有許多的餐廳和咖啡館,充滿許多民眾和遊客,相當熱鬧。

而在這座廣場中央的氣派建築物,是充滿文藝復興風格的紡織會館(紡織交易所),100m長的奶油色外觀,十分美麗。紡織會館建造於14世紀,原本這裡是布料的交易場所,因此而得名。現在建築物1樓的通道上,有許多各式各樣的紀念品店,販售著木雕的飾品和美麗的刺繡,光是在這裡走走看看,都覺得十分有趣;2樓是國立美術館的分館,有馬泰伊科Jan Matejko和羅達科夫斯基Rodakowski等18～19世紀波蘭藝術家的畫作。

位於紡織會館東邊的雕像,與華沙克拉科夫市郊大道上的是相同的,都是波蘭的國民詩人亞當•密茲凱維奇Adam Mickiewicz。另外,廣場南邊有個小小的聖亞德伯教堂Kościół Św. Wojciecha,建造於10世紀,是克拉科夫當地最古老的教堂。

舊市政廳 Wieża Ratuszowa

Town Hall Tower `MapP.126-A2`

中央市場廣場有一座高塔相當醒目,1820年,克拉科夫的舊市政廳遭到破壞,只留下這座高塔,它的最上面有一個直徑3m的大鐘以及一尊鷲鳥雕像,坐鎮在這座城市。每年夏天,遊客可以爬上最高點,眺望整座城市。而高塔的地下室,過去曾當作監獄使用。

聖馬利亞教堂 Kościół Najświętszej Panny Marii

St. Mary's Church `MapP.126-B2`

中央市場廣場東邊的聖馬利亞教堂建造於1222年,是一棟美麗的哥德式建築。教堂裡的聖壇花了12年的歲月才完成,是歐洲第2高的木造雕刻,被指定為國寶,教堂內的彩色鑲嵌玻璃以及藝術品,每一件都非常漂亮。教堂內總是擠滿了虔誠祈禱的信徒,夏季時,有很多新人選在這裡完婚。

傳說中的龍雕像立於城堡下方

◆龍之洞窟
4～6月　　10:00～18:00
7・8月　　10:00～19:00
9・10月　　10:00～17:00
11～3月　　3zł
◆紡織會館的國立美術館
✉Rynek Główny 1-3
☎12-433-5400
🌐www.muzeum.krakow.pl
週二～六　10:00～20:00
週日　　　10:00～18:00
週一
大人12zł　兒童・學生6zł

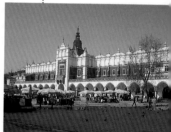
位於中央市場廣場正中央,配色相當優美的紡織會館

散發沉穩氣氛的聖馬利亞教堂

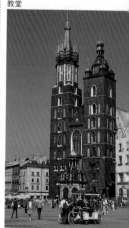

◆恰爾托雷斯基博物館
✉Św. Jana 19
☎12-370-5460
URL www.muzeum.krakow.pl

◆日本美術&技術中心「Manggha」館
✉M. Konopnickiej 26
☎12-267-2703
URL manggha.krakow.pl
🕙10:00～18:00
休週一
💰大人15zł 兒童、學生10zł
（週二免費）

◆老猶太教堂
（猶太博物館）
Map P.126-C5
✉Szeroka 24
☎12-422-0962
URL www.mhk.pl
🕙4～10月
　　週一　　10:00～14:00
　　週二～日　9:00～17:00
　11～3月
　　週一　　10:00～14:00
　　週二～四・六・日
　　　　　　9:00～16:00
　　週五　　10:00～17:00
休無休
💰大人9zł 兒童、學生5.50zł
（週一免費）

恰爾托雷斯基博物館 Muzeum Czartoryskich

Czartoryski Museum　　　MapP.126-B1

從弗羅里安城門Brama Floriańska進入舊城區後立刻往右轉，下一個三岔路口就是恰爾托雷斯基博物館。

當初是為了展示亞當・卡茲米爾・恰爾托雷斯基親王Adam Kazimierz Czartoryski的夫人伊莎貝拉Izabela Czartoryska的收藏，而在1801年對外開放展示，是波蘭國內最古老的博物館。展示內容包括了14～18世紀的歐洲以及波蘭的繪畫、雕刻、武器和古董等等，有許多珍貴的收藏，其中達文西的作品《抱著白貂的女子Cecilia Gallevani》，絕對不容錯過。出自達文西之手的油畫人像，全球只有3張，而這幅就是其中一張。

日本美術&技術中心「Manggha」館
Centrum Sztuki i Techniki Japońskiej "Manggha"

Manggha Centre of Japanese Art & Technology　MapP.126-A5

已故的Feliks Jasienski非常熱衷日本美術，這裡展示了他所收藏的7000多件日本美術品。這些收藏一度捐贈給國立美術館，但全都放在倉庫，沒有公開展示，在電影導演安德烈・華依達Andrzej Wajda的奔走下，展覽館於1994年11月開幕。

「Manggha」這個字是Jasienski個人愛用的筆名以及中間名，據說是取自「北齋漫畫」，而這棟建築物出自日本建築師磯崎新之手。

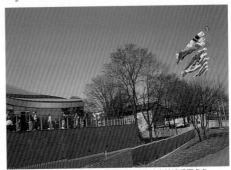
近代建築「Manggha」館，在波蘭與日本的交流中扮演重要角色

收藏品大多以浮世繪為主，超過4600件，其中有2000多件都是安藤廣重的作品。此外，還有師宣、重政、歌麿、寫樂和北齋等日本史上多位重量級浮世繪畫家的作品。除了這些日本畫之外，還有木雕、刀等武器和漆器、和服等。

卡茲米爾猶太區 Kazimierz

Kazimierz　　　MapP.126-C4～5

瓦維爾皇家城堡東南方的卡茲米爾地區，是在1335年因卡茲米爾三世Kazimierz III Wielki的要求，所建造出一個與克拉科夫完全不同的城鎮。這裡也是電影《辛德勒的名單Schindler's List》中，猶太人聚集的地方。目前在這個地區有波蘭最古老的猶太教堂——老猶太教堂（猶太博物館）Synagoga Stara，以及以撒會堂Synagoga Izaaka和猶太人共同墓園。

◆◆◆◆◆◆◆◆從克拉科夫出發的小旅行◆◆◆◆◆◆◆◆

維耶利奇卡 Wieliczka

　　位於克拉科夫東南方約15km的小鎮維耶利奇卡,在這座城市的底下,從1250年左右到1950年代為止,一直有礦工在這裡辛勤工作,因為這裡是全球少數的大規模鹽礦。

　　位於地底下的採礦場,其坑道相當複雜,參觀者在聚集一定的人數之後,以團體的方式由導遊帶領,前往礦坑參觀。透過假人和模型的方式,重現當年礦工採礦的盛況,非常有趣。除此之外,還能看到以岩鹽做成的國王像、精靈像,以及礦工和哥白尼像等等。礦坑的壁面和頂端則有像鐘乳石般的冰柱垂下

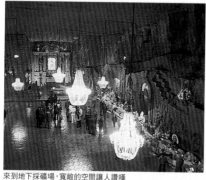

來,滴下來的水滴都是濃度很高的鹽水。

　　在參觀行程的途中,可以看到利用礦坑的巨大空間所打造的禮拜堂、籃球場和排球場等等。禮拜堂的天花板垂吊著許多華麗的水晶燈,

來到地下採礦場,寬敞的空間讓人讚嘆

這也是鹽巴的結晶做出來的。地底下還有幾座地下湖,美得令人驚豔。

奧斯威辛
Auschwitz (Oświęcim)

　　在第二次世界大戰中,德國納粹軍所占領的土地下,其中猶太人、波蘭人、羅馬人、共產主義者、反納粹者、同性戀者通通被捕,送到各地的集中營,有些人立即被處死,有些人則是被迫從事殘酷的勞動,最後同樣難逃一劫。

　　堪稱是殺人工廠的集中營,就在克拉科夫西邊54km處的奧斯威辛郊外,德語稱為「Auschwitz」。據說在這個集中營裡,有28個

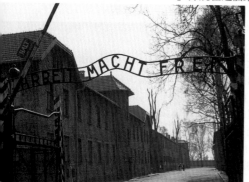

民族、超過150萬人在這裡遇害。

　　現在這個集中營成了博物館,並對外公開,從服務中心順著標示走到外面,就能看到集中營的入口。在這座大門上懸掛著

仔細一看英文字母的B上下顛倒,據說這是收容者們盡力反抗的證據。

如何前往維耶利奇卡

🚉從克拉科夫中央車站出發,1小時1班左右,所需時間30分,5.30zł~。

🚌在Kumiki路(Map P.126-C1)搭乘304號巴士,1小時1~5班,在Wieliczka Kopalnia Soli下車。所需時間35分,3zł。

世界遺產

維耶利奇卡鹽礦
Kopalnia Soli w Wieliczce
1978年登錄

◆維耶利奇卡礦坑
✉Daniłowicza 10
☎12-278-7375
URLwww.kopalnia.pl
🕐4~10月　7:30~19:30
　11~3月　8:00~17:00
🈺節日
💰大人52zł 兒童、學生38zł
　礦坑內很冷,最好要帶外套。到地下坑道參觀只能參加導覽行程,所需時間約2小時,一次要湊齊35人才會出發,不過不會等超過1小時。

外語的導覽行程
💰大人75zł 兒童、學生60zł
　英語導覽6~9月每隔30分鐘一次,10~5月則每隔1小時。

如何前往奧斯威辛

🚉從克拉科夫中央車站出發,1小時1班左右,所需時間2小時,15.60zł。從車站到奧斯威辛博物館徒步約20分,也可搭乘巴士。

🚌從克拉科夫到奧斯威辛博物館的巴士,1小時1班左右,所需時間1小時14分~,單程14zł~。

世界遺產

奧斯威辛·比克瑙
德國納粹集中營
Auschwitz-Birkenau.
Niemiecki nazistowski obóz koncentracyjny i zagłady
1979年登錄

◆奧斯威辛博物館
✉ Więzniow Oświęcimia 20, Oświęcim
☎33-844-8100／33-844-8099
🌐www.auschwitz.org
🕐6～8月　8:00～19:00
　5・9月　8:00～18:00
　4・10月　8:00～17:00
　3・11月　8:00～16:00
　12～2月　8:00～15:00
🚫1/1、復活節的週日、12/25
🎫入場免費（4～10月的10:00～15:00，只有導覽行程可參加），個人的英語導覽1人40zł。其他各種導覽行程的費用，請至官網確認。

「ARBEIT MACHT FREI（努力工作就會自由）」的標語，當時被關在集中營的人，是抱著什麼樣的心情，穿過這個門的呢？

這座集中營裡有28棟關囚犯的牢房，據說曾同時收容了2萬8000名犯人，究竟在這裡發生了什麼慘烈的歷史呢？殘留下來的證據說明了一切。

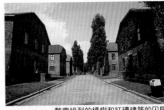

整齊排列的樺樹和紅磚建築的囚房

被稱為是「死亡監獄」的11號建築物，幾乎完整保留當時的原貌，包括收容等待臨時判決的囚犯監禁室、鞭打台、移動式的絞刑台、懸掛犯人的橫木，以及飢餓室、站立式牢房等等。而10號建築和11號建築物之間的牆壁，被喻為是「死亡之牆」，據說囚犯是在這裡被槍決的。

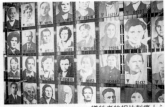

犧牲者的相片刺痛人心

而在其他監禁囚犯的建築物裡，還展示了囚犯被沒收的生活用品，堆積如山的衣服以及裝著日常用品的行李箱、刷子、鞋子，還有從屍體身上取下的義肢和眼鏡等等。囚犯在抵達集中營後立刻拍下的檔案照片，都讓每位到訪的人，對這段慘痛的歷史感到悲痛。

比克瑙（第2奧斯威辛集中營）
Birkenau

距離奧斯威辛2km處，有個規模更大的集中營，被喻為是第2奧斯威辛集中營的比克瑙，占地1.4km²，超過300棟以上的牢房，堪稱是一個超大的殺人工廠。

從1941年開始興建，直到1945年被蘇聯軍解放為止，有百萬條人命在這裡慘遭不幸。穿過了被稱為「死亡之門」的大門往裡面走，放眼望去盡是綠色的草坪，上面有一棟木造建築，建築物裡保留著當時的原貌，可以自由入內參觀。

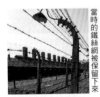

當時的鐵絲網被保留下來

比克瑙

從奧斯威辛到比克瑙有免費的巴士，1小時1班（夏季會增加班次）。

地上的鐵軌穿過了「死亡之門」，而鐵軌的盡頭有個大型的石碑，那就是國際慰靈碑，四周鋪滿了400萬個石頭，這裡的每一塊石頭，都象徵著一條無辜犧牲的人命（目前最可信的說法是150萬人）。

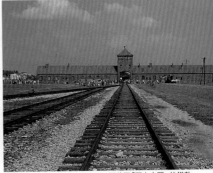

延伸至「死亡之門」的鐵軌

Hotel

克拉科夫的住宿

從台灣撥打電話　002＋48（波蘭國碼）＋電話號碼

最近這幾年，設備齊全又漂亮的飯店相繼開幕。雖然如此，但克拉科夫一年四季都擠滿觀光客，如果有中意的飯店，最好事先預約，也可以透過❶或旅行社，介紹合乎預算的飯店。

Grand Hotel

★★★★★　客房數：64
Map P.126-B2

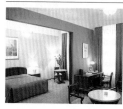

離中央市場廣場非常近，是一間歷史悠久的高級飯店。古典的家具、古典的彩繪玻璃，營造出一股高雅的氣氛。自1886年創業以來，迎接許多知名人士，同時也是克拉科夫當地最知名的5星飯店。

✉ **Sławkowska 5/7**
TEL 12-424-0800
FAX 12-421-8360
URL www.grand.pl
email hotel@grand.pl
S 360zł～
W 400zł～　附早餐
CC A D J M V

Hotel Amadeus

★★★★　客房數：22
Map P.126-B2

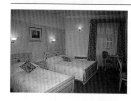

飯店內的裝潢相當奢華而且高雅，滿臉笑容的工作人員，讓顧客悠哉地度過在飯店的時光。位於地下樓層的餐廳氣氛佳，非常推薦。飯店內有三溫暖和健身房，設備齊全。

✉ **Mikołajska 20**
TEL 12-429-6070
FAX 12-429-6062
URL www.hotel-amadeus.pl
email amadeus@janpol.com.pl
S €115～
W €125～　附早餐
CC A D J M V

Klezmer-Hois

客房數：10
Map P.126-C4

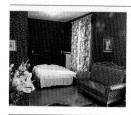

位於卡茲米爾猶太區裡，飯店內有許多古董家具，裝潢非常高雅。1樓的猶太料理餐廳每日20:00起，可以一邊聆聽猶太音樂，一邊輕鬆用餐。所有客房都可以使用無線網路。

✉ **Szeroka 6**
TEL&FAX 12-411-1245
URL www.klezmer.pl
email klezmer@klezmer.pl
S €52～
W €65～（浴室・廁所共用）
S €60～
W €74～（附浴室・廁所）　附早餐
CC A M V

Hotel Floryan

★★★　客房數：21
Map P.126-B1

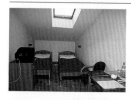

在弗羅里安城門Brama Floriańska旁，地點超讚。建築物本身雖然很老舊，但內部重新改裝，非常漂亮。客房的擺設很簡單，位於地下的披薩屋氣氛很不錯。

✉ **Floriańska 38**
TEL 12-431-1418
FAX 12-431-2385
URL www.floryan.com.pl
email floryan@floryan.com.pl
S 320zł～
W 470zł～　附早餐
CC A J M V

Hotel Warszawski

★★★　客房數：40
Map P.126-C1

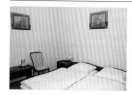

出了克拉科夫中央車站後，橫過廣場就能看到，近幾年內部經過改裝整修，但新古典主義的外觀仍維持原貌，現代又時髦的內部裝潢令人耳目一新。所有員工相當親切，住起來很舒服，所有客房都可以使用無線網路。

✉ **Pawia 4-6**
TEL 12-424-2100
FAX 12-424-2200
URL www.hotelwarszawski.pl
email recepcja@hotelwarszawski.pl
S €52～
W €64～　附早餐
CC A M V

Hotel Wyspiański

★★★　客房數：231
Map P.126-C2

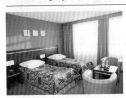

就在Westerplatte路旁邊，剛好在中央郵局旁，是一間大型的飯店。由於距離市中心很近，觀光非常方便。飯店名稱的Wyspiański是波蘭具代表性的藝術家，飯店就蓋在就在他兒時住處的舊址上。

✉ **Westerplatte 15**
☎ 12-422-9566
FAX 12-422-5719
URL www.hotel-wyspianski.pl
email wyspianski@janpol.com.pl
⑤ €50～　ⓌW €60～
附早餐
CC Ⓐ Ⓓ Ⓙ Ⓜ Ⓥ

Youth Hostel PTSM Oleandry

青年旅館　客房數：300床
Map P.126-A2外

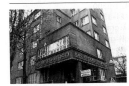

從車站搭乘15號路面電車，在Oleandry下車，在轉進Oleandry路不久後就會看到。櫃台24:00～6:00休息，需要持青年旅館卡，基本上只有男女分開的多人房。

✉ **Oleandry 4**
☎ 12-633-8822
URL www.smkrakow.pl
email schronisko@smkrakow.pl
Ⓓ 30～45zł　早餐7～8zł
CC Ⓜ Ⓥ

Hotel Studencki Żaczek

青年旅館　客房數：300床
Map P.126-A2外

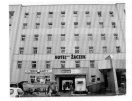

從車站搭乘15號路面電車，在Oleandry下車，離舊城區有點距離，但其實步行也可以走到。旅館對面剛好是亞捷隆大學的學生宿舍，暑假（7～9月）開放給遊客住宿（夏季以外的時間，也有30～40間有衛浴設備的客房可提供遊客住宿）。

✉ **al. 3 Maja 5**
☎ 12-622-1100
FAX 12-622-1300
URL www.hotelestudenckie.pl
email zaczek@hotele.studenckie.pl
ⓌW 80zł（浴室・廁所共用）
⑤ 100zł　ⓌW 120zł～（附浴室・廁所）
早餐別
CC Ⓐ Ⓓ Ⓙ Ⓜ Ⓥ

Tutti Frutti Hostel

青年旅館　客房數：70床
Map P.126-B2

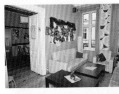

位於交通非常方便的Floriańska路，房間基本上是5～10人男女混合的宿舍，麻雀雖小五臟俱全，給人像在自家一樣的舒適感。有洗衣房，所有客房皆可使用無線網路。

✉ **Floriańska 29**
☎ 12-428-0028
URL tuttifruttihostel.com
email office@tfhostel.com
Ⓓ 39zł～
⑤ ⓌW 109zł～（浴室・廁所共用）
附早餐
CC Ⓜ Ⓥ

飯店名	地址・電話・FAX	費用・客房數	URL・e-mail・備註
Sheraton Kraków Hotel	Map P.126-A4 ✉ Powiśle 7 ☎ 12-662-1000 FAX 12-662-1100	⑤ 1095zł～ ⓌW 1155zł～ 附早餐　客房數：232 CC Ⓐ Ⓓ Ⓙ Ⓜ Ⓥ	URL www.sheraton.pl/krakow email krakow@sheraton.com 佇立在維斯瓦河畔的高級飯店。 ★★★★★
Holiday Inn Kraków city Centre	Map P.126-C3 ✉ Wielopole 4 ☎ 12-619-0000 FAX 12-619-0005	⑤ ⓌW €85～ 附早餐　客房數：235 CC Ⓐ Ⓓ Ⓙ Ⓜ Ⓥ	URL www.holidayinn.com email reservations@hik.krakow.pl ★★★★
Andel's Hotel Cracow	Map P.126-C1 ✉ Pawia 3 ☎ 12-660-0100 FAX 12-660-0001	⑤ €100～ ⓌW €120～ 附早餐　客房數：159 CC Ⓐ Ⓓ Ⓙ Ⓜ Ⓥ	URL www.vi-hotels.com email info@andelscracow.com 位於克拉科夫中央車站站前廣場的設計飯店，地理位置超棒。 ★★★★
Ibis Kraków Centrum	Map P.126-A4外 ✉ Syrokomli 2 ☎ 12-299-3300 FAX 12-299-3333	⑤ ⓌW 180zł～ 早餐另計 客房數：175 CC Ⓐ Ⓜ Ⓥ	URL www.ibishotel.com email H3710@accor.com 離Sheraton Kraków Hotel很近，是維斯瓦河畔連鎖飯店中的中級飯店。 ★★★
Hotel Europejski	Map P.126-C1 ✉ Lubicz 5 ☎ 12-423-2510 FAX 12-423-2529	⑤ 225zł～ ⓌW 280zł～ 附早餐　客房數：41 CC Ⓐ Ⓓ Ⓙ Ⓜ Ⓥ	URL www.he.pl email he@he.pl 站前廣場旁的中級飯店，館內設有三溫暖和水療池，設備完善。 ★★★

Restaurant
克拉科夫的餐廳

Chłopskie Jadło
`Map P.126-B4`

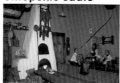

這間店名的意思是「佃農的食物」，餐廳的料理如其名，不但價格便宜，分量也很夠，晚上有傳統音樂的演出，非常有趣。用餐預算一個人大約35zł左右(不包括飲料)，市內有3家店。

✉ Św. Agnieszki 1
☎ 12-421-8520
URL www.chlopskiejadlo.pl
🕐 週日～四　12:00～22:00
　　週五・六　12:00～23:00
休 無休
CC M V

Pod Aniołami
`Map P.126-B3`

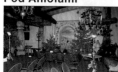

餐廳的門口有跳舞天使的雕像，從大門進去往地下的餐廳走，石壁和古董家具為餐廳添氣氛。主要為豬肉和羊肉的燒烤料理，41.50zł～。

✉ Grodzka 35
☎ 12-421-3999
URL www.podaniolami.pl
🕐 13:00～24:00
休 無休
CC A D J M V

Gospoda Hulajdusza
`Map P.126-A1`

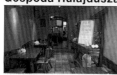

採取在櫃台點菜的形式，從展示櫃裡的料理或是牆上的菜單來點菜。黑麥湯5zł、洋水餃8.50～9zł等，價格很便宜。

✉ pl. Szczepański 7
☎ 12-431-1313
URL www.hulajdusza.pl (波蘭語)
🕐 週一～六　9:00～20:00
　　週日　　11:00～19:00
休 無休　CC 不可

U Babci Maliny
`Map P.126-B1`

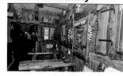

傳統的波蘭料理店，有10種餡料可以選擇的洋水餃(11.50～18zł)最受歡迎。1樓是自助式，地下室是餐廳，主菜價格約在22～55zł。

✉ Szpitalna 38
☎ 12-421-4818
URL www.kuchniaubabcimaliny.pl
　(波蘭語)
🕐 11:00～23:00
休 無休　CC A M V (10zł～)

Bar Grodzki
`Map P.126-B3`

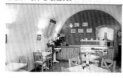

在櫃台點菜自己端菜的自助式餐廳，獵人燉肉11zł、高麗菜捲13.50zł等，波蘭的庶民料理菜色豐富，價格也很便宜。

✉ Grodzka 47　☎ 12-422-6807
URL www.grodzkibar.zaprasza.net
　(波蘭語)
🕐 週一～六　9:00～19:00
　　週日　　10:00～19:00
休 無休　CC 不可

Sklep z Kawą Pożegnanie z Afryką
`Map P.126-B2`

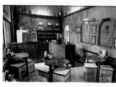

可以喝到道地咖啡的咖啡連鎖店，有60種咖啡可以選擇，大約要花10分鐘，為每位顧客沖泡出香濃的咖啡。咖啡價格6.50～13.20zł。

✉ Św. Tomasza 21
☎ 12-421-2339
URL www.pozegnanie.com
🕐 10:00～21:00
休 無休
CC M V

C. K. Browar
`Map P.126-A2`

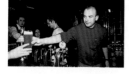

這是一間酒吧兼餐廳，該店還自己釀製啤酒。啤酒有4種，500mℓ6.50zł～。此外還有熱食以及其他種類的酒精飲料，價格合理，選擇性相當多。

✉ Podwale 6-7
☎ 12-429-2505
URL www.ckbrowar.krakow.pl
🕐 9:00～翌日1:00
休 無休　CC A M V

135

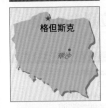

格但斯克

華沙

格但斯克 *Gdańsk*

URL www.gdansk.pl

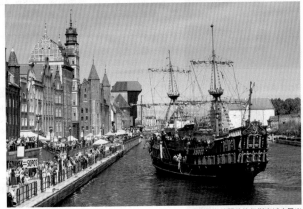

運河相當美麗的格但斯克城市風光

如何前往
格但斯克

✈ 從華沙出發，1日4～8班，所需時間1小時。

🚌 從華沙出發，1日8班，所需時間4小時50分～6小時20分，2等車廂67zł～、1等車廂104zł～。

🚃 從華沙出發，1小時1班左右，所需時間4小時55分～6小時30分，55zł～。

格但斯克的❶

◆PTTK　Map P.137-B2

✉ Długa 45

☎ 58-301-9151

URL www.pttk-gdansk.pl

🕐 9:00～20:00

🚫 無休

　兼❶Dom Schnmannów Hotel的服務櫃台。

◆海洋博物館

Map P.137-B2

✉ Otowianka 9-13

☎ 58-301-8611

URL www.cmm.pl

🕐 10:00～16:00

🚫 週一

💰 4個收藏展分別為
　　大人　　　　　 8zł
　　兒童、學生　　 5zł

格但斯克的住宿

Hilton Gdańsk

Map P.137-B1

✉ Trg Rybny 1

☎ 58-778-7100

FAX 58-778-7300

URL www1.hilton.com

💰 S W 409zł～　　早餐另計

客房數：150

CC A D J M V

　　波羅的海沿岸的港灣城市格但斯克，和克拉科夫並列為美麗的城市。早在997年格但斯克已經是波蘭領土的一部分，並且出現在文獻記載中，在1997年迎接了建城1000週年的紀念。

　　14世紀時，格但斯克加入漢薩同盟，成為漢薩同盟都市的一員，受到波蘭國內貿易的帶動，當地獲得極大的利益，並在15～17世紀迎來格但斯克的黃金時代。現在舊城區裡到處可以看到古典式、文藝復興和巴洛克等各個時代的建築物，將當時的繁榮盛況保留至今。

　　第二次世界大戰時，格但斯克受到極大的毀損，之後逐漸邁向復興之路，並且回復了當時的美麗風貌，被聯合國教科文組織登錄於世界遺產的暫訂名單中，現在該座城市為了入遺而努力。

◆◆◆◆◆◆◆◆◆◆◆◆ 漫遊格但斯克 ◆◆◆◆◆◆◆◆◆◆◆◆

　　舊城區的入口「高門Brama Wyżynna」曾經是城牆，從這裡經過監獄塔Wieża Więzienna，穿過了「黃金之門Złota Brama」後，就來到了Długa路。順著這條路直直往前走，會看到有著醒目高塔的市政廳Ratusz Głownego Miasta就在左側。

　　穿過舊市政廳後，能看到這座海港城市的守護神——海神噴泉Fontanna Neptuna清涼的水柱不斷往上噴，繼續往前走，就來到號稱世界最美廣場之一的長廣場Długi Targ。

　　在廣場盡頭有個「綠之門Zielona Brama」，這裡曾經是皇宮的一部分，是個相當雅緻的建築。而門外側則是與波羅的海連接的摩特拉瓦運河Motława，在這條運河的沿岸，有著格但斯克的地標——海洋博物館Muzeum Morskie。

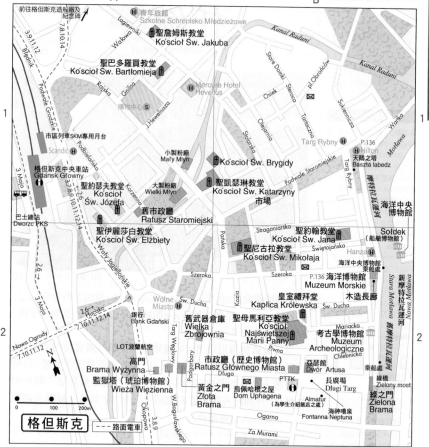

前往格但斯克造船廠及紀念碑

青年旅館
Szkolne Schronisko Młodzieżowe

聖詹姆斯教堂
Kościoł Sw. Jakuba

聖巴多羅買教堂
Kościoł Sw. Bartłomieja

Mercure Hotel Hevelius

購物中心

市區列車SKM專用月台

Scandic

小製粉廠
Mały Młyn

Kościoł Sw. Brygidy

格但斯克中央車站
Gdańsk Glówny

聖約瑟夫教堂
Kościoł Sw. Józefa

大製粉廠
Wielki Młyn

聖凱瑟琳教堂
Kościoł Sw. Katarzyny
市場

巴士總站
Dworzc PKS

舊市政廳
Ratusz Staromiejski

聖伊麗莎白教堂
Kościoł Sw. Elżbiety

Targ Rybny P.136
Hilton
大鵝之塔
Baszta labedz

海洋中央博物館

聖約翰教堂
Kościoł Sw. Jana

Sołdek
(船艙博物館)

聖尼古拉教堂
Kościoł Sw. Mikołaja

海洋中央博物館乘船處

Wolne Miasto

P.136 海洋博物館
Muzeum Morskie

木造長廊

銀行
Bank Gdański

皇室禮拜堂
Kaplica Królewska

舊武器倉庫
Wielka Zbrojownia

聖母馬利亞教堂
Kościoł Najswietszej Marii Panny

考古學博物館
Muzeum Archeologiczne

LOT波蘭航空

市政廳(歷史博物館)
Ratusz Głównego Miasta

亞瑟館
Dwór Artusa

高門
Brama Wyżynna

PTTK

長廣場
Długi Targ

綠橋
Zielony most

監獄塔(琥珀博物館)
Wieża Więzienna

黃金之門
Złota Brama

烏佩哈根之屋
Dom Uphagena
(為學生介紹飯店之處)

Almatur
海神噴泉
Fontanna Neptuna

綠之門
Zielona Brama

格但斯克

--- 路面電車

0 100 200m

◆◆◆◆◆◆◆◆ 從格但斯克出發的小旅行 ◆◆◆◆◆◆◆◆

維斯特培德 Westerplatte

　　在格但斯克港的前端，剛好位在Portwy運河和波羅的海之間。1939年9月1日德國軍艦Schlezwig-Holstein在沒有預警之下，砲轟維斯特培德，這次的突擊，也成了第二次世界大戰的開端。在可以俯瞰波羅的海的小山丘上，有一座25m高的紀念碑，上面刻著「不要再有戰爭NIGDY WIĘCEJ WOJNY」（英文為NO MORE WAR）。

馬爾堡 Malbork

　　14世紀在波羅的海一代勢力強大的條頓騎士團，在馬爾堡打造了一座哥德式建築的馬爾堡城堡Zamek w Malborku，德軍以此為據點，和波蘭、立陶宛聯合軍對抗。這座城堡在第二次世界大戰中遭到破壞，如今已經修復完成，現在當作博物館對外開放，展示武器和寶物等等。

如何前往維斯特培德

從格但斯克中央車站前的大馬路Waty Jagiellońskie，搭乘3、8號路面電車在Akademia Muzyczna下車，再改搭106號巴士於終點站下車。

世 界 遺 産
馬爾堡城堡
Zamek krzyżacki w Malborku
1997年登錄

如何前往馬爾堡

從格但斯克中央車站出發，1小時1～2班，所需時間50分，2等車廂13.50zł～、1等車廂29zł～。

◆馬爾堡城堡
TEL55-647-0800
URLwww.zamek.malbork.pl
開夏季　　9:00～19:00
　　冬季　　10:00～15:00
休週一
費大人　　　39.50zł
　　兒童、學生　29.50zł

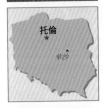

托倫 ★

華沙 ★

托倫 *Toruń*

URLwww.torun.pl

位於舊城廣場中心舊市政廳

如何前往托倫

🚆從華沙出發，1日7～8班，所
需時間2小時50分～3小時，2等
車廂46.80zł～、1等車廂
70.20zł～。從格但斯克出發，1
日4班，所需時間3小時30分，2
等車廂50zł～、1等車廂74zł～。
🚌從華沙出發，1～3小時1班，
所需時間3小時15分～，50zł～。
從格但斯克出發，1日6～7班，
所需時間2小時20分～，23zł～。

托倫的🛈
◆Informacja Turystyczna (it)
Map P.139-A1
✉Rynek Staromiejski 25
☎56-621-0930
URLwww.it.torun.pl
🕐週二～五　　9:00～18:00
　週一‧六　　9:00～16:00
　週日　　　11:00～18:00
🚫10～4月的週日

世 界 遺 產

中世紀城市托倫
Sredniowieczny zespł
miejski Torunia
1997年登錄

◆舊市政廳博物館
✉Rynek Staromiejski 1
URLwww.muzeum.torun.pl
🕐5～9月　　10:00～18:00
　10～4月　　10:00～16:00
🚫週一
💰大人10zł 兒童、學生6zł

◆條頓騎士團城堡遺跡
✉Pezedzamcze 3
☎56-621-0889
🕐3～10月　　10:00～18:00
　11～2月　　10:00～16:00
🚫無休
💰大人8zł　兒童、學生5zł

◆哥白尼之家
✉Kopernika 15/17
☎56-622-7038（分機13）
URLwww.muzeum.torun.pl
🕐5～9月　　10:00～18:00
　10～4月　　10:00～16:00
🚫週一
💰展示著與哥白尼有關
　的文物
　大人10zł 兒童、學生7zł
※同建築物裡有中世紀托倫
模型的聲光秀，德式薑餅的
製作體驗費用另計

　　提出地動說的哥白尼Mikołaj Kopernik，他出生的故鄉就是
在托倫，倒映在維斯瓦河Wisła的城市風光，是一座散發出中世
紀風貌的優雅城市。

　　以往波羅的海沿岸出產的琥珀會運往華沙或克拉科夫，而托
倫就位在這條運送路線的中間，因位於交通要衝而繁榮，同時
也被捲入許多的歷史漩渦中。另外，這裡也是條頓騎士團的根
據地之一，到處充滿濃濃的德國風，1997年舊城區被聯合國教
科文組織列入世界遺產。

◆◆◆◆◆◆◆◆◆◆◆◆◆◆漫遊托倫◆◆◆◆◆◆◆◆◆◆◆◆◆◆

　　舊城區隔著維斯瓦河，就在托倫中央車站Toruń Głowny的
對岸。從車站北口搭乘22號、25、27號巴士，渡過橫跨維斯瓦河
的橋，橋的右邊是舊城區，以及條頓騎士團城堡的遺跡。抵達
對岸的第一個巴士站牌是pl. M. Rapackiego，而這裡就是舊城
區的入口。

◆◆◆◆◆◆◆托倫的主要景點◆◆◆◆◆◆◆◆◆

舊市政廳 Ratusz Staromiejski

Old Town Hall　　　　　　　　　　　　　　MapP.139-A1

　　在舊城廣場Rynek Staromiejski裡，有一棟1391年開始動工
的哥德式建築，那裡就是舊市政廳，一直以來飽受無情戰火的
摧殘，並在18世紀初期成了瑞典軍砲火下的砲灰。現在內部是
博物館，展示彩色鑲嵌玻璃以及14世紀製作的基督像、宗教繪
畫等等。高40m的高塔對外開放，從最頂端可以欣賞最棒的風
景，而在舊市政廳東南方的角落，有一尊哥白尼雕像。

條頓騎士團城堡遺跡 Ruiny Zamku Krżyzackiego

Ruins of Teutonic Knights' Castle　　　　　　MapP.139-B2

　　面向維斯瓦河有一棟殘留的廢墟，是條頓騎士團當初是為了

A　　　　　　　B

往 Mercure Toruń Centrum P.139

Szosa Chełmińska

往巴士總站

Uniwersytecka

民族博物館
Muzeum Etnograficzne

Waly Gen. Sikorskiego

聖凱瑟琳教堂
Kościół Św. Katarzyny

Leona Szumana

劇場前廣場
pl. Teatralny

多明尼加修道院
Klasztoru Dominikanów

Dominikańska

Prosta

Wysoka

Jęczmienna

1

Teatr im. Wilama Horzycy

Podmurna

Hungana

聖詹姆姆教堂
Kościół Św. Jakuba

Małe Garbary

哥白尼大學•
Uniwersytet im. Mikołaja Kopernika

Fosa Staromiejska

天文館
Planetarium

Polonia

新城廣場
Rynek Nowomiejski

P.138

Trzy Korony

舊市政廳
Ratusz Staromiejski

Strumykowa

多明尼加修道院和
聖尼古拉教堂

聖母馬利亞教堂
Kościół pw.
Najświętszej Marii Panny

東洋美術館

Piernikarska

Wielkie Garbary

舊城廣場
Rynek Staromiejski

Szeroka

Pod Orłem

Wola Zamkowa

Pttk

Różana

聖靈教堂

Łazienna

Mostowa

Przedzamcze

1231

Pietaka

哥白尼雕像

Żeglarska

聖約翰大教堂
Katedra Świętych Janów

P.138 條頓騎士團城堡遺跡
Ruiny Zamku Krzyżackiego

pl. M. Rapackiego

Kopernika

哥白尼之家 P.139
Dom Kopernika

德式薑餅博物館
Muzeum Piernika

Gromada

2

修道院門•

Bankowa

al. 700-Lecia Torunia

Bulwar Filadelfijski

乘船處

維斯瓦河 Wisła

Kępa Bazarowa

維斯瓦運河 Mała Wisła

Dybowska

3

Dybowska

Majdany

露營場地

托倫中央車站
Toruń Główny

N

Przy Grobli

Kujawska

Podgórska

Łódzka

0　100　200m

托倫

守護舊城區而蓋的。1454年飽受暴政和重稅所苦的托倫民眾
街頭起義，這也讓整座城堡幾乎遭到徹底毀滅，就這樣保留到
現在。這裡可以自由進出，並成了一座綠意盎然的公園。

哥白尼之家 Dom Kopernika

Copernicus House　　　　　　MapP.139-A2

　　出生於托倫的最偉大天文學家哥白尼，他出生的老家就位於
Kopernika路上，現在內部成了博物館，並對外開放參觀。展出
的圓規、地球儀等物品，都是哥白尼本人常用的器具，非常有
趣。

波蘭 旅行關鍵字

打招呼

你好	Dzień dobry.
早安	Dzień dobry.
晚安（見面問候）	Dobry wieczór.
再見	Dowidzenia.
Hello、Bye-Bye	Cześć.

回答

是的／不是	Tak. ／ Nie.
不用了，謝謝	Nie, dziękuję.
麻煩了	Proszę.
謝謝	Dziękuję.
不好意思，很抱歉	Przepraszam.

實用單字

救命！	Na pomóc！
小偷！	Złodziej！
警察	Policja
入口／出口	Wejście ／ Wyjście
轉乘	Przenosić
出發／抵達	Odlot ／ Przybyć
廁所	Toaleta
無人／使用中	Wolny ／ Zajęte
禁止～	Zabronić
逃生門	Wyjście alarmowe
預約	Rezerwacja
大人／兒童	Dorosły ／ Dziecko
男／女	Męski ／ Żeński
收據	Rachunek

數字

1	jeden
2	dwa
3	trzy
4	cztery
5	pięć
6	sześć
7	siedem
8	osiem
9	dziewięc
10	dziesięć
11	jedenaście
12	dwanaście
13	trzynaście
14	czternaście
15	piętnaście
16	szesnaście
17	siedemnaście
18	osiemnaście
19	dziewiętnaście
20	dwadzieścia
50	pięćdziesiąt
100	sto
1000	tysiąc

星期

週一	poniedziałek
週二	wtorek
週三	środa
週四	czwartek
週五	piątek
週六	sobota
週日	niedziela

月

1 月	styczeń
2 月	luty
3 月	marzec
4 月	kwiecień
5 月	maj
6 月	czerwiec
7 月	lipiec
8 月	sierpień
9 月	wrzesień
10 月	październik
11 月	listopad
12 月	grudzień

醫療

身體不舒服
　Czuję się niedobrze.
感冒了
　Przeziębiłem/przeziębiłam się.
肚子（頭）痛
　Boli mnie brzuch (głowa).

波蘭簡史

◆從平原之民到統一的國家

現在的波蘭，目前的國土範圍正式抵定是在第二次世界大戰之後。過去這個國家曾不斷地擴大版圖，也曾經從地圖上消失，國力興衰相當激烈，可說是歷經一段非常動盪的歷史。

根據目前所發現的史蹟，這個地區最初有人類居住可以追溯到2萬年前，大約是西元前青銅器時代，當時勞西茨文化Lausitz相當興盛，隨後斯拉夫人從南部遷徙過來，並在這裡定居。5～7世紀，波蘭的領土上各部落成立國家，而以格涅茲諾Gniezno為根據地的波蘭族Polanie（平原之民的意思），將這些部落統一起來，達成了國家統一的霸業。而「Polanie」這個字，也成了波蘭這個國家名稱的由來。

波蘭族的皮亞斯特王朝Dynastia Piastów大公梅什科一世Mieszko I在966年受洗，接受了基督教。波蘭在神聖羅馬帝國、捷克、俄羅斯等國家之間，經過了政治、軍事活動，最後終於成為獨立國家。不過波蘭國王過世後，波蘭又度因為諸侯爭地而分裂，王位繼承權的爭奪，以及鄰近新勢力的抬頭，加速了波蘭的分裂。

隨後波蘭再度步上興盛之路，不過這時的國土縮小許多，1320年波蘭再度統一。而完成統一大業的是瓦迪斯瓦夫一世Władysław I，並且將克拉科夫Kraków定為首都。瓦迪斯瓦夫一世的兒子，就是把波蘭的建築物「從木造房屋改變為紅磚建築」的卡茲米爾三世Kazimierz III Wielki。克拉科夫的亞捷隆大學Uniwersytet Jagielloński，就在這個時候創立，為這個國家建設注入活力，奠定了日後的繁榮基礎。

卡茲米爾三世並沒有兒子，皮亞斯特王朝他的手上中斷，而他的外甥匈牙利國王Ludwik Węgierski接任波蘭國王，之後Ludwik Węgierski的女兒Jadwiga Andegaweńska與立陶宛大公國的國王Jogaila結婚，Jogaila在1386年以瓦迪斯瓦夫二世‧亞捷隆Władysław II Jagiełło之名就任波蘭國王，亞捷隆王朝Jagiellonowie就此拉開序幕。

在這個時代的1410年，波蘭和立陶宛的聯合軍隊，在格倫瓦德戰役Bitwa pod Grunwaldem中擊退條頓的騎士團，並且在1454～1466年的13年戰爭中，從條頓騎士團手中收復了包括格但斯克Gdańsk在內的東波美拉尼亞地區Pomorze Wschodnie，騎士團國號改為普魯士，被波蘭所支配。這麼一來，波蘭往波羅的海的出口得到保護，國內所生產的黑麥利用維斯瓦河運往格但斯克，賣給外國商人，讓波蘭更加繁榮。當時的波蘭還有「歐洲穀倉」的美名。順道一提的是哥白尼嶄露頭角也在這個時期。

◆遭到周遭國家侵略，充滿痛苦的時代

1572年亞捷隆王朝就此斷絕，被稱為撒拉赤塔Szlachta的貴族，制訂了透過選舉選出國王的制度。但透過選舉所選出的國王責任感很淡薄，實際上撒拉赤塔的發言愈來愈有分量，這也導致部分的貴族利用撒拉赤塔擴張自己的勢力，結果國王的威權日漸低落，無法控制整個國家。

1596年，首都從克拉科夫遷移到華沙Warszawa，大大提高文化方面的水準。1601年，瑞典開始斷斷續續入侵波蘭，尤其是1655年，幾乎是攻占了波蘭整個領土。當時Częstochowski沒有淪陷，雅斯納古拉Jasna Gora（聖母朝聖地）的黑色聖母成了波蘭的守護神，現在波蘭各地都供奉著她。

1656年普魯士王國從波蘭北部、外西凡尼亞Transylvania從南部進攻，隨後波蘭面臨了「大洪水」般的外來危機，當時的國王試著強化國王的權利，卻遭到撒拉赤塔的阻撓，波蘭國內情勢陷入一片混亂。

俄羅斯藉機介入國內情勢，成為奧古斯都二世August II的後盾，讓他當上國王。波蘭和瑞典之間爆發的北方戰爭，俄羅斯援助波蘭，還曾一度藉著瑞典國王之手，將廢位的奧古斯都國王復位，這一切都是彼得大帝在背後操控的結果。在俄羅斯的影響下，中央政府機能早就喪失的波蘭，國王早就名存實亡，俄羅斯、普魯士、奧地利等3大國，在1772年、1793年、1795年，3次將波蘭分割（3國分割），波蘭就此消滅。

在3國分割的同時，波蘭獲得與這3國對立的法國拿破崙支援，並於1807年成立華沙公國，然而在拿破崙戰爭中，法國被俄羅斯擊敗，波蘭就此與俄羅斯合併，迎接艱困的時代。

自有的文化不被重視，並以高壓的方式貫徹俄羅斯文化，這也導致1830年11月華沙發生了11月起義事件。而就在起義的隔年9月，起義人士屈服於俄羅斯軍隊的武力，當時大約有1萬

名的知識分子和菁英階級逃亡到西歐,以巴黎為據點展開活動。

◆國家再度復活

1859年義大利統一,這也刺激了波蘭國內再度展開獨立運動。在尼古拉一世去世後,克里米亞戰爭Crimean War中鄂圖曼帝國擊敗俄羅斯,俄羅斯的勢力就此減弱,就在此時,1863年1月再度發生大規模的起義運動(1月起義)。起義人士宣布要成立國民政府,但因為沒有獲得農民階層的支持,民眾的腳步不一致,原本期待的列強介入也顯得很消極。隔年起義運動被鎮壓,隨後因為採行高壓制度,也讓獨立運動消沉的好一段時間。

波蘭的獨立是因為第一次世界大戰前的國際情勢所帶來的結果,彼此對立的俄羅斯和德國,為了要爭取介於兩國之間的波蘭民眾支持,雙方都承認波蘭的獨立。隨後在1917年,俄國革命發生了,英法兩國積極介入波蘭的獨立,想藉此打贏德國。

1918年1月美國總統威爾遜Woodrow Wilson發表了「14點聲明Fourteen Points」,讓波蘭的獨立獲得保障,同年11月波蘭共和國臨時人民政府在盧布林Lublin成立,長達123年的3國分割歲月就此劃下句點,波蘭再度成為一個獨立國家。

相對於分割前的「第一共和國」時代,第一次世界大戰和第二次世界大戰期間稱為「第二共和國」,但好不容易到手的國家,卻沒能夠持久。1939年9月1日,無視不可侵犯條約的德國軍從西部邊境入侵,引爆第二次世界大戰,同月17日,蘇聯軍從東部邊境入侵,波蘭在倫敦成立流亡政府,波蘭再度從地圖上消失。

隨著德軍戰敗,第二次世界大戰宣告終止,波蘭災情慘重,死亡人數高達600萬人,占了總人口的1/6,主要的都市則少則50%,多則100%遭到破壞。蘇聯軍隊以其軍事勢力,讓波蘭的國土就此解放,也因為如此,波蘭在二次大戰結束後仍深受蘇聯影響。

新的國界重新被訂定,所有的國土往西移動,之後波蘭的政治為共產黨一黨專制體制,維持社會主義路線,卻無法獲得期盼國家發展的民眾支持。勞動者發起數次大規模暴動,這也導致政府和黨高層的人事更迭,雖然暴動後來趨於平靜,但要求自由化的動作,繼續在台面下流動著。

◆被自由化浪潮洗禮的新時代

1980～1981年,全國掀起自由勞動運動熱潮,在格但斯克的造船廠組成了自主管理工會組織,有950萬名的會員,但在政府發布戒嚴令後,這個運動就此平息,此後的10年,波蘭進入了停滯期。隨著戈巴契夫Mikhail Gorbachev上台,蘇聯國內推動「改造」新政策,波蘭國內也對此產生呼應,擴大民眾的參政權,民眾的組黨自由也是在這個時候解禁。1989年2～4月,執政黨和反對的團體共聚一室舉行圓桌會議,基於那次會議討論的結果,在1989年6月舉行了自由選舉,工黨在大選中贏得壓倒性的勝利,戰後首度的非共產黨政權就此誕生。1990年工黨的領導者華勒沙Lech Wałesa就任總統。

新政權上路當時,波蘭經濟非常窮困,1989年10月,華勒沙發表了經濟自由化政策,內容包括了薪水、價格的自由化、貿易的自由化、外資的引進等,雖然就此達到了驚人的效果,但伴隨金融緊縮而來的卻是企業破產,和失業人口的大幅增加。

進入1992年,經濟成長露出曙光,但大都市也開始出現迷你泡沫經濟,另一方面,靠著年金生活的人和失業者的不滿情緒也日漸高漲,因而在1993年舉行的國會選舉中,工黨推薦的候選人在各地相繼落選,舊共產黨系候選人克瓦西涅夫斯基Aleksander Kwasniewski以些微的差距擊敗華勒沙,成為波蘭的新總統。但這些並不意味著波蘭就此會走回以往的舊體制,或許可以解釋為人民對於急速市場化所造成的貧富差距擴大,產生了反抗。

1999年波蘭加入了NATO(北大西洋公約組織),2003年4月波蘭簽署了歐盟的加盟條約,6月進行公民投票,並獲得77%的同意票數,於2004年5月正式加入歐盟。2011年10月的大選,執政黨在民主化後首度贏得勝利,唐納・圖斯克Donald Tusk再度連任總理。

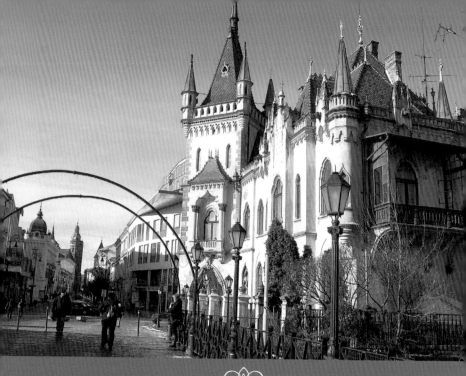

斯洛伐克
● Slovakia ●

科希策的Jakabov宮殿

斯洛伐克概要

斯洛伐克的國土，大約是台灣的1.36倍大，位於歐洲的中心位置，是個內陸國家。由於其地理位置，剛好就在連接黑海和波羅的海的南北向，以及俄羅斯和波西米亞的東西向這2條重要交易道路的交叉點上，自古就是交通要衝，在各式各樣人種和文化往來的衝擊下，對這個國家留下了許多影響。

國土的大部分是山岳地區，屬於喀爾巴阡山脈一部分的塔特拉山區Tatry，幾乎占了國土的北半部。山岳地帶的美麗大自然完整保留，動植物的種類豐富，也有許多富中世紀風貌的小城鎮。而在東部山岳地區，險惡的山谷和山間地形成了一個又一個的部落，孕育出具有濃濃地方特色的獨特文化，同

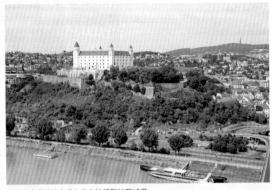
座落在多瑙河畔山丘上的布拉提斯拉瓦城堡

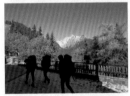
夏天登山、冬天滑雪，終年遊客不斷的塔特拉山區

時也發展出各式各樣的民族音樂和傳統服飾。

布拉提斯拉瓦Bratislava西部的平原以及東部的低窪地區，是一整片的平穩地形，形成了斯洛伐克最富饒的穀倉地帶，葡萄酒的栽培相當興盛，香醇的白酒是斯洛伐克的名產。

斯洛伐克和捷克分離、獨立，成為一個真正的主權獨立國家是在1993年，並於2004加入歐盟，2009年1月開始使用歐元，這些都讓斯洛伐克成為一個能輕鬆前往的國家。

從首都布拉提斯拉瓦到奧地利的維也納Wien搭巴士只要1小時，從匈牙利的布達佩斯Budapest搭火車也只要2小時30分，距離近得足以當日往返。這3個都市以多瑙河連接，搭船越過國境也別有一番樂趣。

來到斯洛伐克，可不是只到首都布拉提斯拉瓦逛逛就結束了，散發著古代歐洲氣息的地方小鎮，也是斯洛伐克的另一項魅力所在。這個擁有多樣化風貌的國家，值得花些時間細細遊賞。

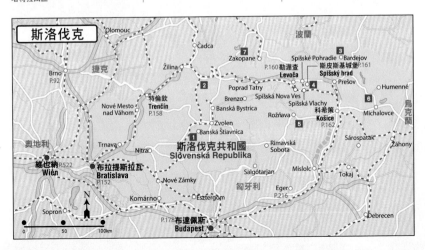

斯洛伐克

Olomouc
波蘭
Čadca
Zakopane 7
捷克
Spišské Pohradie Bardejov 3
Brno
P.92
Žilina
P.160 勒渥查
Levoča 斯皮斯斯基城堡 P.161
Spišský hrad
特倫欽 Poprad Tatry Prešov
Nové Mesto Trenčín
nad Váhom P.158 Brenzo Spišská Nova Ves
Banská Bystrica Spišská Vlachy
Rožňava 科希策 Humenné
Zvolen Košice
P.162
Banská Štiavnica Michalovce
烏克蘭
奧地利 Trnava Rimavská 6
Sobota Sárospatak
Nitra 斯洛伐克共和國 Záhony
Slovenská Republika
維也納 P.522 布拉提斯拉瓦 Salgótarján Mislolc
Wien Bratislava Nové Zámky Tokaj
P.152 Eger 匈牙利
Komárno Eszfergom P.216
N Sopron P.178 布達佩斯 Debrecen
Budapest
0   50   100km

144

UNESCO的世界遺產

1 班斯卡比斯特里察 歷史都市和鄰近的工業建築物群
Banská Štiavnica a technické pamiatky okolia

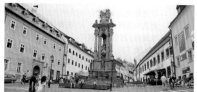

　位於斯洛伐克中央位置的班斯卡比斯特里察，從12世紀開始因銅礦的開採，經濟快速發展，當地甚至還有培養採礦技術者的專門學校，是歐洲屈指可數的礦場。在全盛時期的18世紀，這裡每年可開採600kg的金、2萬4000kg的銀，不過進入20世紀後，礦山的產量逐漸衰微，人口也逐漸減少，城市因此而凋零。如今這裡是個相當寂靜的地方，包括13世紀興建的聖母馬利亞教堂在內的許多壯觀建築物，至今仍完好保存，彷彿訴說著當時的繁華過往。
【交通】從布拉提斯拉瓦Bratislava搭巴士非常方便，1日2～3班，所需時間3小時20分～。

2 弗爾科尼涅斯
Parmiatková rezervácia rudovej architektúry Vlkolínec

　位於斯洛伐克的深山裡，從中世紀就保存至今的45棟傳統木造房屋，組成一個村落。這個村落的名稱叫做「Urko（在斯洛伐克語裡是狼的意思）」，之所以與狼有關，是因為當地的村民是射殺狼的獵人，而將像是魚鱗狀屋頂木材以灰泥漆成白色，是這些小屋的最大特色。在這群建築物裡，不光只有民宅，還有1770年建造的木造鐘樓，而鐘樓的底座是由石頭做成的，還有1875年興建的木造聖母教堂等。
【交通】從布拉提斯拉瓦搭乘往科希策Košice方向的列車約3小時45分、在Ružomberok下車，換搭巴士約25分。

3 巴爾戴約夫鎮保護區
Historické jadro mesta Bardejov

　位於斯洛伐克東北部與波蘭國境的交界附近，因為是位在連接匈牙利和波蘭的往來道路上，自古就非常繁榮。這個建造於14世紀的城塞都市，當時的氣氛至今仍被完整保留。
【交通】從布拉提斯拉瓦出發的直達巴士1日5～6班，所需時間7小時45分～11小時。

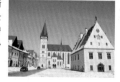

4 勒渥查、斯皮斯基城堡 以及周邊歷史建築
Levoča, Spišský hrad a kultúrne pamiatky okolia　→P.161

　在山間開闊的土地上殘留的石造廢城，當時是為了防禦來自東方的蒙古人，以及南方的鄂圖曼王朝而建造的。目前保存下來的建築物是在13世紀前半所興建的，隨後的好幾世紀歷經不斷增建，而形成了今日所看到的巨大建築規模。1780年時這裡遭到祝融之災成了廢墟。
　隔著城鎮和斯皮斯基城牆相望的Spišský Kapitula，是個被古老城壁所包圍的小村鎮，哥德式的古老建築物整齊地排列著。

5 奧格泰萊克喀斯特 與斯洛伐克喀斯特洞窟群
Jaskyne Slovenského krasu a Aggtelekského krasu

　斯洛伐克喀斯特是與匈牙利的奧格泰萊克喀斯特連接，跨國境的大規模洞窟群，共發現712處洞窟。洞窟裡可以看到鐘乳石和石筍等，奧妙神奇的天然景致充滿了神祕感。其中的Domica洞窟是最大最美的一個，這裡同時也和匈牙利的Baradla洞窟相連。
【交通】要前往Dobšinská冰洞的話，搭乘從科希策出發的快車，大約1小時來到了Rožňava，在這裡下車改搭巴士。這裡只有夏季才對外開放，要注意。

6 喀爾巴阡山脈櫸木原生林 和德國的古代櫸木林
Karpatské bukové pralesy

　橫跨斯洛伐克和烏克蘭一帶的廣大平原，有著原生種的山毛櫸林木群。目前可說是世界上最大、最珍貴的歐洲山毛櫸的原生林，裡頭還棲息著許多瀕臨絕種或種類珍稀的動物。
【交通】原生林分成好幾個區域，要前往其中之一的Vihorlat自然景觀保護區的話，可以在科希策搭車前往Michalovce，接著換搭巴士在Remetské Hámre下車。

7 喀爾巴阡山、斯洛伐克一帶 的木造教堂群
Drevené Kostoly v. slovenskej časti Karpatského Oblúka

　喀爾巴阡山一帶留下來的木造建築群，建造於16～18世紀，建築風格融合了拜占庭和拉丁文化，充分表現出斯拉夫人的建築特色。木造教堂建築群的分布位置，在喀爾巴阡山脈和斯洛伐克廣大的東北部一帶，包括了Tvrdšin、Hervartov、Kežmarok、Leštiny等村鎮。

斯洛伐克基本資訊

▶旅行關鍵字
→ P.165

國 旗
白色、藍色、紅色的三色旗,再加上國徽

正式國名
斯洛伐克共和國
Slovenská Republika

國 歌
Nad Tatrou sa blýska
(塔特洛山上電光閃閃)

面 積 4萬9036km²

人 口 約541萬人(2012年)

首 都 布拉提斯拉瓦Bratislava

元 首
葛斯帕羅維奇總統
Ivan Gašparovič

政治體制
共和制(2004年5月加入歐盟)

民族構成
斯洛伐克人85.2%、匈牙利人9.5%,其他還有羅姆人、捷克人、羅賽尼亞人(烏克蘭裔)和德國人等。

宗 教
羅馬天主教69%、新教福音派(路德教派)7%,東部以東正教的信徒居多。

語 言
官方語言為斯洛伐克語(斯拉夫語系)。在外語方面,中高齡的人通俄語和德語,年輕人以英語居多。

貨幣與匯率

▶旅行預算與金錢
→ P.548

　　貨幣單位是歐元(也可簡稱為E、EURO、EUR),較小的單位則是歐分(¢、CENT),斯洛伐克當地人的念法,或多或少不太一樣。€1＝100¢＝約台幣36.7元(2015年8月)。紙鈔有5、10、20、50、100、200、500歐元,硬幣則有1、2、5、10、20、50歐分和1、2歐元。

　　斯洛伐克有屬於自己獨特的歐元硬幣設計,硬幣內側的花樣是塔特拉山地的最高峰Krivăň山,以及布拉提斯拉瓦城堡和斯洛伐克國徽。

信用卡
　　中級以上的飯店或是餐廳,都可用信用卡付款。

兌換
　　現金可以在銀行、旅行社、大型飯店兌換,其中又以銀行的匯率最好。鬧區裡也有民營的匯兌處,但只接受現金,營業時間比銀行長,放假也會營業很方便。

1歐元 **2歐元** **5歐元** **10歐元** **20歐元**

50歐元 **100 歐元** **200歐元** **500歐元**

1歐分 **2歐分** **5歐分** **10歐分** **20歐分** **50歐分**

如何撥打電話

▶郵政與電話
→ P.556

從台灣撥往斯洛伐克 撥往布拉提斯拉瓦(02)1234-5678時

| 國際電話識別碼 002 | + | 斯洛伐克國碼 421 | + | 區域號碼(去除前面加的0) 2 | + | 對方的電話號碼 123-4567 |

簽證

6個月以內，停留天數在90天之內，並且是以觀光為目的的不需要辦理簽證。

護照

離開申根國當日，護照的有效期限為3個月以上。

出入境

▶台灣出入境
→P.552

▶東歐國家出入境
→P.552

目前台灣和斯洛伐克之間並沒有直飛的班機，首先得要飛往鄰近國家，然後再進入斯洛伐克國內。搭機飛往奧地利的維也納機場（所需時間約16小時），從那裡再搭乘巴士抵達布拉提斯拉瓦（約需1小時），這是目前從台灣飛往斯洛伐克的最短路程。

從台灣出發的飛行時間

▶台灣前往東歐的交通
→ P.551

鐵路 從歐洲各國有多班國際列車前往斯洛伐克，尤其是連接捷克和匈牙利之間的列車，班次最多。自2008年3月起斯洛伐克實施申根簽證後，往來協定加盟國之間不需要入境審查，但從烏克蘭出入境的話，還是需要審查。

巴士 往來鄰近各國的巴士班次非常多。

船 可以搭乘往來多瑙河的水翼船（Hydrofoil），從奧地利的維也納進入布拉提斯拉瓦，但費用比起火車或是巴士貴了一點。

從周邊各國出發的交通

▶當地交通
→ P.553

從鄰近各國出發的主要直達火車

維也納（奧地利）～布拉提斯拉瓦	1小時1～2班	所需時間1小時～1小時15分
布拉格（捷克）～布拉提斯拉瓦	每日7班	所需時間4小時10分～4小時30分
布達佩斯（匈牙利）～布拉提斯拉瓦	每日5班	所需時間2小時45分
布拉格（捷克）～科希策	每日4班	所需時間8小時10分～9小時40分
基輔（烏克蘭）～科希策	每日1班	所需時間21小時15分
布達佩斯（匈牙利）～科希策	每日2班	所需時間3小時30分

從鄰近各國出發的主要長途巴士

維也納（奧地利）～布拉提斯拉瓦	1小時1～3班	所需時間50分～1小時10分
布拉格（捷克）～布拉提斯拉瓦	每日11～13班	所需時間4小時10分～5小時

連結鄰近國家的主要航路（冬季沒有船班）

維也納（奧地利）～布拉提斯拉瓦	每日2～7班	所需時間1小時15分

與台灣時差為7小時，只要將台灣時間減去7小時就可以。換言之，台灣6:00時，斯洛伐克則是前一天的晚上23:00。夏令時間的話，時差則變為6小時。

夏令時間的實施期間為，從3月最後一個週日的AM2:00（＝AM3:00）～10月最後一個週日的AM3:00（＝AM2:00）。

時差和夏令時間

從斯洛伐克撥往台灣 例 撥往 (02)1234-5678時

國際電話識別碼 **00**	＋	台灣國碼 **886**	＋	去除區域號碼最前面的0 **2**	＋	對方的電話號碼 **1234-5678**

▶斯洛伐克國內通話　市內電話不需要撥打區域號碼，市外電話要從區域號碼開始撥打。

▶如何撥打公共電話
①拿起聽筒
②將電話卡依照卡片上的箭頭方向插入
③撥打對方的號碼
④電話卡的餘額會顯示在電話的螢幕上，結束通話後放下聽筒，取出電話卡

營業時間

以下是店家一般的營業時間。

銀 行

週一～五 8:00～18:00，週六・日休息。

百貨公司和商店

一般的商店平日9:00～10:00左右開門，18:00～19:00左右打烊，週六～13:00，週日和節日休息。

餐廳

大多為11:00～深夜，有些店家會有午休時間。

氣 候

斯洛伐克四季分明，南部的平原地區和東部地勢較低的地區，氣候比較穩定而且乾燥，夏季最高溫甚至會到30℃以上。占了國土大部分的山岳地區，氣候相當嚴峻，塔特拉山地平均氣溫為3℃，整年的降雨量超過2000mm。

布拉提斯拉瓦的氣溫和降雨量

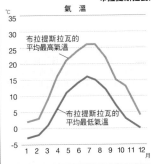
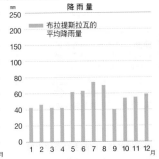

節日
（主要節日）

每年會異動的節日以（※）標示，要注意。

1/1		獨立紀念日
1/6		主顯節
4/5（'15）	※	復活節
4/6（'15）	※	復活節後週一
5/1		勞動節
5/8		共和國解放日
7/5		聖徒節
8/29		國家復興紀念日
9/1		憲法紀念日
9/15		聖母節
11/1		諸聖日
11/17		自由民主日
12/24 ～ 26		耶誕節

電壓與插頭

電壓為230V，頻率50Hz，插頭為C型（雙圓形插頭）。若要在當地使用台灣的電器產品，需要攜帶變壓器和轉接插頭。

播放規格

DVD

斯洛伐克的電視和錄影規格為PAL，台灣、日本或是美國則屬於NTSC，，兩者並不相同。在當地購買的錄影帶或是DVD，通常無法用台灣的電器播放。而斯洛伐克的DVD區碼Region Code為2，也與台灣不同（台灣為3），因此也無法使用一般家用DVD播放器觀賞。

計程車
　基本上不需要，但很多人會給車資10%左右的小費。
餐廳
　基本上不需要，但在布拉提斯拉瓦等的都市裡，如果對於服務生的服務感到滿意，很多人會支付費用10%的小費。

飯店
　通常會給搬運行李的服務生，或是客房服務人員€1。
廁所
　M或▼代表男廁，Z或●代表女廁，公共廁所幾乎都要收費，至於費用男廁會依大小號不同，一次大約是€0.20～0.50左右。

小費

基本上最好避免生飲自來水，保特瓶裝的礦泉水到處都可以買到，500mℓ約€0.50。

飲用水

　郵局的標誌是喇叭形狀，非常醒目，郵局的營業時間週一～五8:00～15:00，大都市裡的總局營業時間比較長，週六‧日上午也會營業。

郵資
　寄回台灣的航空郵件，明信片和信件50g以內€1.20，小包裹1kg以內€17.50、2kg以內€24.50，通常1週～10天可送達。

郵　政

▶郵政與電話
→ P.556

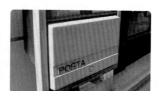

　幾乎所有的商品在購買時，都會加上10～20%稱為DPH的附加價值稅，遊客只要辦理手續，最多可以退回14%的稅金。
　退稅的對象僅限於同一天在同一家

商店裡，一次購買€175.01以上的商品，從商品購入月份的最後一天起的3個月內，商品保持未使用的狀態下被帶出國外（歐盟境外）。

稅　金

TAX

▶東歐國家出入境
→ P.552

　和其他歐洲國家相比，斯洛伐克算是較為安全的。雖然說很少聽到凶殘的案件，但還是盡可能避免深夜外出。
　如果要離開飯店，最好將貴重物品隨身攜帶，或是放進客房內的保險箱當中。
警察
　斯洛伐克語當中警察稱為Polícia，到處都有警察局或是派出所，白色的車體上塗上綠色斑馬紋的巡邏車到處巡邏。人多的地方也有警察四處察看。

扒手
　巴士或是路面電車等大眾運輸工具的車內，要留意扒手出沒。

順手牽羊
　在飯店的大廳或是餐廳，要注意順手牽羊，千萬不要把行李就這麼放著離開。

警察‧消防‧急救　112（英語）

安全與糾紛

▶旅行糾紛與安全對策
→ P.560

　在斯洛伐克，購買菸酒需要滿18歲以上。。

年齡限制

　和台灣相同，距離以公尺，重量以公克、公斤，液體以公升計算。

度量衡

國內的移動方式

斯洛伐克的國土不是很大,移動的方式以火車和巴士為主。

國內交通查詢
URL cp.atlas.sk

鐵路

斯洛伐克國鐵為ŽSSK（Železničná Spolo čnosť Slovensko）,負責火車的運輸業務。雖然巴士的確很方便,但只要不人滿為患,利用可以獨占寬敞空間的火車之旅,也讓人難以割捨。Euro City（EC）和Inter City（IC）採用新車廂,非常舒適,IC的所有座位都是指定席。

斯洛伐克國鐵
URL www.slovakrail.sk

◆如何查詢火車時刻

每個城市出發或抵達的列車時刻表,會貼在車站、旅行社、❶以及飯店的大廳,黃色是發車時刻表,白色是抵達時刻表。有些火車無須預約,有些是可以事先預約或是一定要預約,最好在搭車前透過貼在車站的時刻表來確認。R字代表可以預約,R 符號則是必須要預約的意思。

主要的車站會放置全國火車的時刻表,依照路線成筒狀排列。首先透過路線圖確認自己所要搭乘的列車路線號碼,接著再以那個號碼的

時刻表,尋找自己所要搭乘的列車。

◆如何購買火車票

基本上,所有車站的窗口都能購買。旅行社能買到的車票,大部分僅限於國際列車的車票。在較大規模的車站,通常會把近距離的車票和國際列車車票或預售票分開在不同售票窗口販售,請不要搞錯售票窗口。

售票窗口的人員並非所有人都會講英語,最好事先把目的地和搭乘日期、希望搭乘的時間和列車號碼,以及1等車廂或2等車廂資訊寫在紙上,會比較快。

出示國際學生證（ISIC卡）或國際青年旅行證的話,車票可享折扣優惠。買到的車票,務必再次確認票面上的日期和時間。

ŽSSK可以利用的火車通行證有European East Pass、Eurail Global Pass、Eurail Select Pass、Eurail Slovakia Pass等。搭乘IC要追加座位預約的費用。

→學生、青年優惠P.541

巴士

SAD（Slovenská Autobusová Doprava）的巴士,其路線遍布斯洛伐克國內,搭乘前最好在巴士總站服務台的看板上,確認巴士的目的地以及幾號乘車處和搭車時間。巴士會因為星

期或是季節而停駛或加開班次,所以要格外注意。

◆如何購買巴士車票

如果是在布拉提斯拉瓦Bratislava的巴士總站,必須要在售票處購買。有些車班必須要事先預約,需要特別注意。持票者可優先搭車,如果行程非常確定的話,最好早點訂票,尤其是在早上,從布拉提斯拉瓦出發前往維也納的巴士經常爆滿。另外,在地方城市的近距離或是早上出發的車班,也同樣常客滿,可以直接向司機購票。攜帶大件行李,可能會被追加€0.2～1的費用。

租車

大型的租車公司也已經進軍斯洛伐克（依據各家租車公司的不同,會有年滿25歲才能租車的規定）,但最好先預約。

想要租車的話,需要準備國際駕照和台灣駕照、護照,付款時以信用卡付費。

→國際駕照P.541

住宿

布拉提斯拉瓦以外的都市,通常飯店的住宿費都很便宜,不過因為飯店並不多,還是事先預約比較安心。如果不知道該如何選擇,也可以到❶或是旅行社獲得相關的資訊。

◆高級飯店

單人房一晚€70以上,只有在布拉提斯拉瓦和科希策Košice等大都市才有大型飯店。

◆中級飯店

單人房一晚€40左右,建築物本身很老舊,但是房間內有電視和電話等設備。

◆私人房間

這是當地人利用家中空

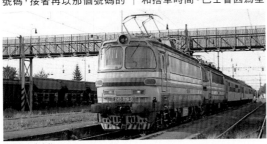
舒適的火車之旅

出來的房間提供給旅行者過夜,通常可以透過旅行社預約,有些的規模很像是民宿。

◆青年旅館

單人房一晚約€15左右,衛浴設備共同使用的房間較多。出示國際學生證(ISIC卡)或國際青年旅行證、青年旅館會員證,還可以享有住房折扣。

→學生、青年優惠P.541

用餐

斯洛伐克和捷克一樣,路上經常可見稱為Piváreň的啤酒屋。另外,當地是葡萄酒的產地,也有很多稱為Vináreň的葡萄酒餐廳,可以享用簡單的餐點,而且價格比起餐廳Reštaurácia便宜。水果釀成的酒Slivovica是當地民眾愛喝的酒類。

如果想要便宜裹腹,車站或是巴士總站會有自助式的吃到飽餐點,如果想要更快速的話,不妨利用站著吃的熱狗小販。

如果在路上看到寫著Cukráreň字樣的店,其實是蛋糕店,人氣甜點是摻有果醬的可麗餅Palačinky so Zavareninow。通常這樣的蛋糕店都會附設冰淇淋店,夏天總是擠滿了顧客。

◆代表的料理

斯洛伐克在歷史上深受捷克、匈牙利、奧地利等周邊國家的影響,肉類料理非常美味。典型的捷克料理以蒸麵包Knedlíky,在斯洛伐克稱為Knedla,這道菜在斯洛伐克也算相當普遍。

斯洛伐克的獨特料理要算是羊奶起司麵疙瘩Bryndzové Halušky,將削成細絲狀的馬鈴薯和麵粉混合,捏成球狀下水煮熟,然後淋上以羊奶起司做成的奶油醬汁和煎得酥脆的培根。

資訊收集

◆遊客中心

在布拉提斯拉瓦的舊城區

和火車站等兩地,設有BKIS(Bratislavské Kultúrne a Informačné Stredisko)所營運的遊客中心,販售地圖和觀光簡介的手冊,提供飯店的預約以及國際線巴士或是列車等的相關資訊諮詢,說英語也會通。

在斯洛伐克的主要都市,則有AiCES(Asociácia Informačných Centier Slovenska)所營運的遊客中心,提供旅遊資訊和文化相關訊息。英語溝通沒問題,工作人員非常親切。

◆旅行社

Satur和TATRATOUR等具全國性規模的旅行社,除了提供旅遊資訊服務的業務外,還有外幣兌換和飯店預約的服務。

實用資訊

【緊急時】
●警察／急救／消防　TEL 112(英語)
●救急醫院　　　　　Map P.153-B1
　Poliklinika Ružinov
　✉ Ružinovská 10, Bratislava
　TEL (02)4827-9111
　URL www.ruzinovskapoliklinika.sk(斯洛伐克語)
【駐外館處】
●駐斯洛伐克代表處　Map P.153-A3
　Taipei Representative Office, Bratislava
　✉ Mostova 2, 81102 Bratislava
　TEL (02)5825-3220
　TEL 境內直撥0915108489(急難救助電話,專供如車禍、搶劫、有關生命安危緊急情況等緊急求助之用,非急難重大事件請勿撥打)
　FAX (02)5825-3225
　URL www.roc-taiwan.org/SK
　圈 週一～五9:00～12:00(受理領務申請案件時間)
【其他】
●中央郵局
　Hlavná Pošta　　Map P.153-A2

✉ nám. SNP 35, Bratislava
TEL (02)5443-0381
圈 週一～五 7:00～20:00
　週六 7:00～18:00　週日 9:00～14:00
●DHL(國際快遞)
　✉ Letisko M.R. Stefanika 65
　TEL 0800-100-300　URL www.dhl.sk
　圈 7:00～20:00　圈 週六•日
●電話號碼查詢
　TEL 1181
【航空公司】
●KLM荷蘭航空
　TEL (02)3309-0933
●奧地利航空
　TEL (02)4940-2100
●芬蘭航空
　TEL (02)2086-2000
●英國航空
　TEL (02)5710-2033
●德國漢莎航空
　TEL (02)3222-3222(皆位於布拉提斯拉瓦)

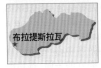

布拉提斯拉瓦

布拉提斯拉瓦 *Bratislava*

URL www.bratislava.sk

◆布拉提斯拉瓦
　國際機場
TEL (02) 3303-3353
URL www.bts.aero

機場的 ❶
◆Tourist Information
Centre
TEL (02) 3810-3988
開 週一　　　8:30〜17:30
　週二・六　9:30〜13:30
　週三　　　9:00〜18:30
　週四　　　9:30〜15:30
　週五　　　9:30〜17:30
　週日　　　9:30〜19:30
休 無休

如何從機場前往市區
　61號市區巴士連結機場和
中央車站，4:45〜23:25之
間，約10〜20分鐘一班車，所
需時間約20分，車資€0.90。
要搭計程車的話，到市中心
大約15分，如果搭乘無線電
計程車的話，車資約€10以
內。

**從維也納國際機場前往
布拉提斯拉瓦市中心**
　從維也納國際機場前往布
拉提斯拉瓦市中心，搭巴士
約1小時，目前有2家公司負
責這條路線，兩者都是從機
場出發。BLAGUSS每1〜2
小時1班，在Nový most北側
的巴士站停車，€7.20。
Slovaklines和Postbus共
同經營的則是每30分〜2小
時1班，到巴士總站€7.70。

**如何從布拉提斯拉瓦
中央車站前往市區**
　在站前搭乘93號巴士約5
分左右，€0.70。

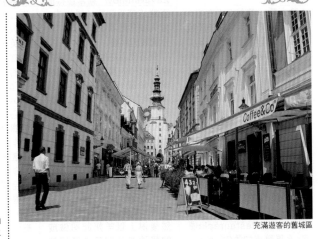
充滿遊客的舊城區

　1993年解散了與捷克的聯邦體制，成為一個主權國家的斯洛伐克，其首都就是在布拉提斯拉瓦。面對多瑙河的這座城市，在捷克斯洛伐克尚未獨立之前，是一個長時間受到匈牙利統治而發展的城市。1536年，當時匈牙利帝國的首都布達佩斯Budapest遭到鄂圖曼帝國攻陷，匈牙利便將首都遷到了布拉提斯拉瓦，之後從1563到1830年之間，匈牙利國王的加冕儀式都是在布拉提斯拉瓦城堡Bratislavský hrad下方的聖馬丁大教堂dóm sv. Martina舉行。在這裡即位的匈牙利國王有11位，女王有7位之多，其中還包括了瑪麗亞‧泰瑞莎女王Maria Theresa。

　近郊有很多農地，自古即栽種葡萄，是相當知名的葡萄酒產地。市中心的美麗舊城區被完整保留，整座城市都是值得一看的景點。

抵達布拉提斯拉瓦後前往市區

✈ 搭乘飛機抵達
●布拉提斯拉瓦國際機場
Letisko M. R. Štefánika-Bratislava

　從台灣沒有直飛航班到布拉提斯拉瓦，通常得要在第三地轉機。入境大廳有遊客中心、匯兌櫃台和咖啡廳。

🚂 搭乘火車抵達
●布拉提斯拉瓦中央車站
Bratislava hlavná stanica　　　　　Map P.153-A1

　一般旅客最常利用的，還是國際列車和主要長途列車所停靠的布拉提斯拉瓦中央車站，其地理位置就在舊城區往北約

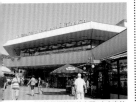
布拉提斯拉瓦的玄關，中央車站

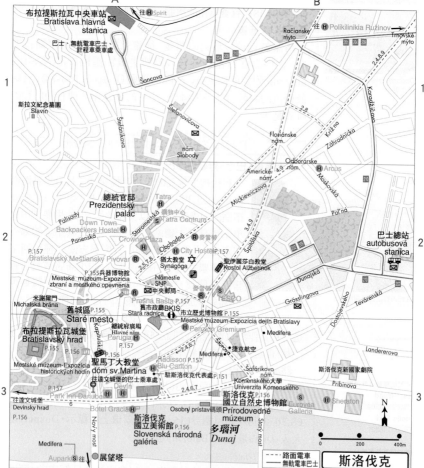

1km處，雖然車站規模不大，但手提行李寄放處等遊客需要的設備都有。

另外，往來維也納的國際列車，是在布拉提斯拉瓦的Bratislava-Petržalka車站出發和抵達。想從中央車站到Bratislava-Petržalka車站，除了搭火車外，也可搭乘93號巴士（所需時間5分）。

🚌 搭乘巴士抵達

●巴士總站 *autobusová stanica*

從維也納或是布達佩斯等鄰近國家出發的國際巴士，以及國內的長途巴士，都是在市區東邊的巴士總站出發或抵達。巴士總站的建築物裡有自助餐、小商店、廁所和郵局，以及售票窗口一字排

◆Bratislava-Petržalka
車站

✉Kopcianska 1

位於舊城區西南、跨越多瑙河處，從這裡再繼續往前走5km就是奧地利邊境。車站裡有❶、匯兌所等，搭乘93號巴士所需時間約10分。

如何從巴士總站前往市區

徒步走到超市Tesco大約15分，另外也可以搭乘202和205號的無軌電車巴士。布拉提斯拉瓦中央車站和巴士總站之間，以210號的無軌電車巴士連結。

Map P.153-B2

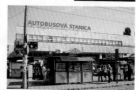

巴士進進出出相當忙碌

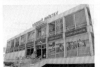
Osobný prístav碼頭旁的渡輪大廈

開。❶BKIS裡有查詢用的電腦，但這裡並沒有配置人員。

🚢搭船抵達

　　搭乘航行於多瑙河的船隻，從維也納進入布拉提斯拉瓦時，會停靠在斯洛伐克國立自然史博物館Prírodovedné múzeum附近的Osobný prístav碼頭（Map P.153-A3）（關於船班的詳細資訊→P.147）。小小的碼頭建築裡有商店和咖啡餐廳等。

●布拉提斯拉瓦的市區交通 ●

●路面電車、巴士、無軌電車巴士 *Tramvaj, Autobus, Trolejbus*

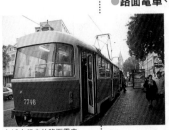
在城市行走的路面電車

　　布拉提斯拉瓦的大眾運輸交通工具分別為路面電車、巴士和無軌電車巴士等3種。如果只是要在市區內四處看看，可以全程步行，但如果要往中央車站或是巴士總站，甚至是到達文城堡等的郊外去走走，大眾運輸交通工具則很方便。3種交通工具的車票共通，可在站牌附近的小商店或是自動售票機購買。依照乘車時間不同，車票的種類也分得很細，這點需要多加注意。上車後車內有驗票機，請自行插入票券驗票，如果沒有驗票或是手上的車票超過搭乘時間，可是會被當作沒買票坐車（罰金€50、行李票的話是€1），一定要注意，而且當地的查票頻率相當高。

　　路面電車、巴士、無軌電車巴士的車票是共通的，15分鐘以內€0.70（6～16歲的兒童、30X40X60以上的行李為€0.35）、60分鐘以內€0.90（€0.45）。另外，24小時券€4.50、48小時券€8.30、3日券€10、1週券€15。關於售票機上的標示，Dospelý是大人、Dieťa是兒童、Batožiny是行李。

●計程車 *Taxi*

　　基本上路上沒有空的計程車，可以在車站或是飯店前、鬧區等地的計程車招呼站搭車，不過外國遊客很容易被敲竹槓，透過電話叫無線電計程車是最推薦的。至於車資會隨每個公司而有不同，€1.5／km左右，從中央車站到舊城區附近大約是€3左右。

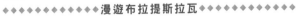
◆◆◆◆◆◆◆◆◆◆◆◆◆漫遊布拉提斯拉瓦 ◆◆◆◆◆◆◆◆◆◆◆◆◆

　　這裡的主要景點為小小的舊城區，以及從山上可以俯瞰舊城區街景的布拉提斯拉瓦城堡。布拉提斯拉瓦的觀光景點，大約集中在方圓1km的狹窄範圍內，是一個很適合步行參觀的距離。舊城區的中心是總統府廣場Hlavné nám.，從這裡出發一直往外走，大約15分鐘左右就可以走出舊城區。

可以在❶訂飯店甚至是演唱會的門票

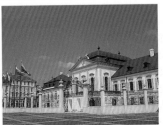
總統官邸是建於18世紀的知名建築物

◆◆◆◆◆◆◆◆◆布拉提斯拉瓦的主要景點◆◆◆◆◆◆◆◆◆

布拉提斯拉瓦城堡 Bratislavský hrad

Bratislava Castle MapP.153-A3

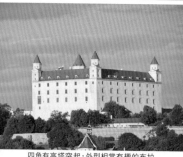

四角有高塔突起，外型相當有趣的布拉
提斯拉瓦城堡

晚上打上燈光的布拉提斯拉
瓦城堡是絕對不可錯過的

高聳於多瑙河畔山丘上的布拉提斯拉瓦城堡，四方形建築物四個角各有獨特的塔，是這座城堡的特色。「四腳朝天的桌子」是當地民眾給這座城堡的暱稱。

建造於12世紀的布拉提斯拉瓦城堡，原本是羅馬式風格的石造建築，1431～1434年改建成哥德式風格的要塞，之後為了防止鄂圖曼帝國的入侵，在1635～1646年間加蓋了4座高塔，成為今日大家所看到的風貌。這裡是16世紀匈牙利王國的首都布拉提斯拉瓦的象徵，同時也是18世紀瑪麗亞‧泰瑞莎女王的住所。後來政治中心移到了維也納和布達佩斯，在1811年的一場大火後，這裡就此荒廢，恢復昔日原貌是第二次大戰過後的事。

目前城堡內是歷史博物館Historické múzeum-hrad對外公開，城堡座落的山丘，經過一番整修後就像一座公園，可以遠眺街道和多瑙河的對岸。這裡還有觀景餐廳和販售紀念品的小店。

舊城區 Staré mesto

Old Town MapP.153-A2～3

舊城區本來被城牆所包圍，並且設有幾個城門，如今唯一一個保留下來的就是米謝爾門Michalská brána，那是14世紀的哥德式建築，直到16世紀才改建為現在的文藝復興風格。巴洛克式的屋頂是在18世紀時才加上去的，至於高塔的部分，現在成為兵器博物館Mestské múzeum-Expozíciazbraní a mestského opevnenia，展示著中世紀的武器和兵器。從最上面的露台欣賞舊城區，景色也非常美麗。

舊城區的中心總統府廣場，是座美麗的建築，佇立於廣場東側的是哥德式和巴洛克兩種風格的舊市政廳Stará radnica，現在當作是歷史博物館Mestské múzeum-Expozícia dejín Bratislavy之用，展示著這座城市一路走來的歷史文物。

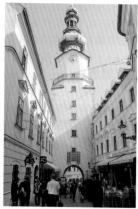

雄偉的米謝爾門

◆布拉提斯拉瓦城堡
TEL(02) 2048-3104
URLwww.bratislava-hrad.sk
開10:00～18:00
休週一
　在Staromestská路上，有好幾條通往山丘的道路，只要順著路走就能走到。

◆歷史博物館
TEL(02) 2048-3104
URLwww.snm.sk
開9:00～17:00
休週一
費大人　　€5
　兒童　　€2.50

◆兵器博物館
Map P.153-A2
⊠Michalská 22
TEL(02) 5443-3044
URLwww.muzeum.
bratislava.sk
開週二～五　10:00～17:00
　週六‧日　11:00～18:00
休週一
費大人　　　€4.30
　兒童、學生　€2.50

◆市立歷史博物館
Map P.153-A3
⊠Primaciálne nám. 3
TEL(02) 5910-0847
URLwww.muzeum.
bratislava.sk
開週二～五　10:00～17:00
　週六‧日　11:00～18:00
休週一
費大人　　　€5
　兒童、學生　€2

◆聖馬丁大教堂
圖4～10月
　週一～六 9:00～18:00
　週日　　13:30～16:00
　11～3月
　週一～六 9:00～16:00
　週日　　13:30～16:00
　(11:30～13:00為午休時間)
困無休　圖€2

◆斯洛伐克
　國立自然史博物館
✉Gorkého 2
☎(02) 2046-9122
URLwww.snm.sk
圖7‧8月　　10:00～18:00
　9～6月　　9:00～17:00
困週一
圖大人　　　€3.50
　兒童‧學生　　€2
　(企劃展另外收費)

◆斯洛伐克國立美術館
✉Riečná 1
☎(02) 2047-6111
URLwww.sng.sk
圖週二‧三‧五～日
　　　　　　10:00～18:00
　週四　　12:00～20:00
困週一
圖大人　　　€3.50
　兒童‧學生　€1.30

◆時鐘博物館
✉Židovská 1
☎(02) 5441-1940
URLwww.muzeum.
bratislava.sk
圖週二～五　10:00～17:00
　週六‧日　11:00～18:00
困週一
圖大人　　　€2.30
　兒童‧學生　€1.50

◆達文城堡
✉Muránska
☎(02) 6573-0105
圖4‧10月　10:00～17:00
　5～9月
　週二～五 10:00～18:00
　週六‧日 11:00～19:00
　11月(只有天氣好的時候)
　　　　　　10:00～16:00
困週一‧11～3月
圖大人　　　　€3
　兒童‧學生　€1.50
　布拉提斯拉瓦城堡山麓的
新橋Nový most下方有一處
巴士總站,從這裡搭29號巴
士;約20分鐘左右就會看到
右邊有城堡遺跡,在終點站
下車後稍微往回走。巴士每
小時1～2班,費用€0.90。

聖馬丁大教堂 dóm sv. Martina

St. Martin's Cathedral　　MapP.153-A3

　聖馬丁大教堂就佇立在橫跨多瑙河的現代化橋樑旁。14世紀初期興建的初期羅馬式建築非常美麗,塔高約85m,相當引人注目。

斯洛伐克國立自然史博物館
Prírodovedné múzeum

Slovak National Museum of Natural History　MapP.153-B3

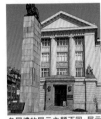
各層樓的展示主題不同,展示內容豐富

　就在Osobný prístav碼頭北側,有一座相當雄偉的建築物,那就是國立自然史博物館,在正面廣場中所興建的高塔上,有一座前腳以盾牌支撐的獅子塑像。1樓是傳統家具和斯洛伐克古代地圖,2樓是包含隕石在內的礦物收藏、化石或動物的標本等,3樓則是考古專區同時還展示著現代藝術。

斯洛伐克國立美術館
Slovenská národná galéria

Slovak National Gallery　　MapP.153-A3

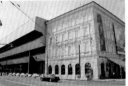
右前方為現代部門,左後方則是中世紀部門

　從國立自然史博物館往布拉提斯拉瓦城堡的方向步行約5分鐘,面對馬路有一棟巨大的建築物。18世紀的宮殿和共產主義時代的兵營相連,黑色的建築物正面令人印象深刻。這裡有全斯洛伐克最大的哥德式美術品的收藏,此外還有巴洛克時期與現代美術作品等。

時鐘博物館
Mestské múzeum-Expozícia historických hodín

Historical Clocks and Watches Museum　MapP.153-A3

　在往布拉提斯拉瓦城堡的上坡路段,有一棟洛可可風的小型建築物,如今被當作博物館使用。3個樓層擺放著歷史悠久的古董家具和生活用品,同時還展示了60個古老的鐘表。

◆◆◆◆◆◆◆◆從布拉提斯拉瓦出發的小旅行◆◆◆◆◆◆◆◆
達文城堡 Devínsky hrad

　從布拉提斯拉瓦的市區往西約10km,在多瑙河與摩拉瓦河Morava匯集地的山丘上,有處達文城堡的廢墟。在1～5世紀的這麼長一段時間裡,達文城堡和布拉提斯拉瓦城堡這兩個地方對羅馬帝國來說,是相當重要的戰略地點,並在9世紀時扮演著大摩拉維亞王國Veľká Morava要塞的重要角色。之後該座城堡不斷地改建,直到1809年被拿破崙率領的法國軍攻陷而成了一座廢墟。

Hotel Restaurant 布拉提斯拉瓦的住宿&餐廳

從台灣撥打電話 002＋421（斯洛伐克國碼）＋2（去除0的區域號碼）＋電話號碼

Radisson Blu Carlton Hotel

★★★★★ 客房數：170
Map P.153-A3

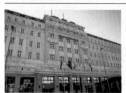

● 無論是在戰前或戰後，這間飯店都是華麗的社交舞台。如今成為Radisson SAS Hotel的一員而脫胎換骨。飯店的外觀融合了古典和現代化，相當優雅，保留昔日風情的「鏡子大廳」現在成了酒吧。

📧 Hviezdoslavovo nám. 3
☎ (02) 5939-0000
📠 (02) 5939-0010
🌐 www.radissonblu.com
✉ reservation.bratislava@radissonblu.com
Ⓢ €119～　Ⓦ €135～　附早餐
ⒸⒸ Ⓐ Ⓓ Ⓜ Ⓥ

Park Inn Danube

★★★★ 客房數：263
Map P.153-A3

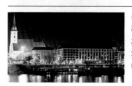

● 就在聖馬丁大教堂附近，面對著多瑙河的現代飯店。館內大量採用天空藍，營造出明亮的氣氛，飯店內還設有健身房，運動中心等，硬體設備齊全。

📧 Rybné nám. 1
☎ (02) 5934-0000 📠 (02) 5441-4311
🌐 www.parkinn.com
✉ reservation.bratislava@rezidorparkinn.com
ⓈⓌ €99～　附早餐
ⒸⒸ Ⓐ Ⓓ Ⓜ Ⓥ

Hotel Perugia

★★★ 客房數：14
Map P.153-A3

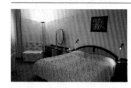

● 直直走就能到總統府廣場，地理位置相當好。這是1929年興建、具有歷史的建築物，整修之後設備完善，飯店大廳採光相當好，還有透明玻璃電梯。

📧 Zelená 5
☎ (02) 5443-1818
📠 (02) 5443-1821
🌐 www.perugia.sk
✉ info@perugia.sk
Ⓢ €55～　Ⓦ €75～　早餐€3.35
ⒸⒸ Ⓐ Ⓓ Ⓙ Ⓜ Ⓥ

City Hostel

青年旅館 客房數：29
Map P.153-A2

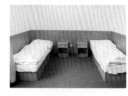

● 面向有許多餐廳和商店的馬路，離舊城區很近，地理位置相當棒。客房基本上只有單人和雙人2種，所有房間都有電視、衛浴設備，櫃台還有免費的電腦可使用。

📧 Obchodná 38
☎ (02) 5263-6041
📠 (02) 5263-6042
✉ reservation@cityhostel.sk
Ⓢ €30～　Ⓦ €40～
無早餐
ⒸⒸ Ⓐ Ⓓ Ⓜ Ⓥ

Prašná Bašta

Map P.153-A2

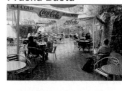

● 可以大啖斯洛伐克鄉土料理的餐廳，店內雖然並不大但總是高朋滿座。夏季時中庭會有桌子，主菜約€10左右，最具代表性的一品Halušky約€6.50。

📧 Zámočníska 11
☎ (02) 5443-4957
🌐 www.prasnabasta.sk
🕐 11:00～23:00
🈺 無休
ⒸⒸ Ⓐ Ⓓ Ⓜ Ⓥ

Bratislavský Meštiansky Pivovar

Map P.153-A2

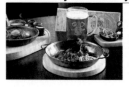

● 有自己的釀酒廠，來到這可以喝到在1752年誕生，歷史悠久的啤酒。餐廳有1樓和2樓，老是擠滿當地人群，啤酒Bratislava Lager 500mℓ€1.20～。

📧 Drevená 8　☎ 0944-512-265
🌐 www.mestianskypivovar.sk
🕐 週一～四・六11:00～24:00
　週五 11:00～翌日1:00
　週日 11:00～23:00
🈺 無休　ⒸⒸ Ⓐ Ⓓ Ⓜ Ⓥ

★特倫欽
·布拉提斯拉瓦

特倫欽 *Trenčín*

URL www.visittrencin.sk

如何前往特倫欽

🚌從布拉提斯拉瓦出發，1～2小時1班，所需時間1小時10分～，2等車廂€6.22～、1等車廂€16～。

🚃從布拉提斯拉瓦出發，1日6班（假日會減班），所需時間1小時50分，€5.50～。

特倫欽的❶
◆Kultúrno-Informačné centrum mesta Trenčín
Map P.159-A
✉Mierové námestie 9
☎(032) 16186
URL www.visittrencin.sk
📅5～9月
　　週一～五　8:00～18:00
　　週六　　　8:00～16:00
　　10～4月
　　　　　　　8:00～17:00
🚫週日、10～4月的週六

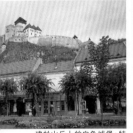
建於山丘上的白色城堡，特倫欽城

◆特倫欽城
☎(032) 743-5657
📅5～9月　9:00～17:30
　11～3月　9:00～15:30
　4～10月　9:00～16:30
🚫無休
💰Grand Tour（所需時間70分）
　大人　　　　　€4.35
　兒童、學生　　€2.35
　Mini Tour（所需時間30分～）
　大人　　　　　€3.05
　兒童、學生　　€1.70

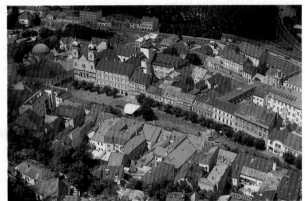
從特倫欽城往下俯瞰色彩鮮豔的街景

　　羅馬帝國的東歐軍事據點中，其最北端就是特倫欽。西元179年羅馬帝國打敗了居住在現今德國附近的部落，而記載這件歷史的石碑，在特倫欽城的山丘下被發現，從這一歷史事件，也顯示出該座城市的重要性。11世紀在匈牙利統治時期築城，到了中世紀從地中海經多瑙河前往波羅的海的這條交易之路上，特倫欽剛好就位於交通要衝，為城市帶來了繁華。舊城區以米艾洛布廣場為中心，雖然規模不算大卻相當整齊，一間又一間文藝復興和巴洛克風格的建築物被完整保存，相當美麗。地處山丘之上，能俯瞰整座城市的特倫欽城，是東歐地區最大規模的城塞。

◆◆◆◆◆◆◆◆◆◆ 漫 遊 特 倫 欽 ◆◆◆◆◆◆◆◆◆◆

　　特倫欽車站和巴士總站位於舊城區的東側，車站和舊城區之間，隔著雄偉的特倫欽城Trenčiansky hrad，就在山丘上面。從車站走過來就是舊城區的入口SNP廣場nám. SNP，旁邊還有特倫欽博物館Trenčianske múzeum。從這個街角轉入往Matúšova路走，就可到通往特倫欽城的石板坡道。舊城區的中心是米艾洛布廣場Mierové nám.，在廣場西側郊外有一座下城門Dolná brana，這裡曾經是城牆的一部分，建造於15世紀，上半部的八角形是在17世紀時增建的。

◆◆◆◆◆◆◆◆◆◆ 特 倫 欽 的 主 要 景 點 ◆◆◆◆◆◆◆◆◆◆

特倫欽城 Trenčiansky hrad

Trenčín Castle Map P.159-A・B

　　特倫欽城在1790年遭大火吞噬後成了廢墟，就這樣一直荒廢到20世紀中期之後才開始進行修復作業，而經過徹底整修後的特倫欽城，幾乎重現當年的風貌。

　　城內的建築物，分別被當作博物館和美術館之用。在該座城

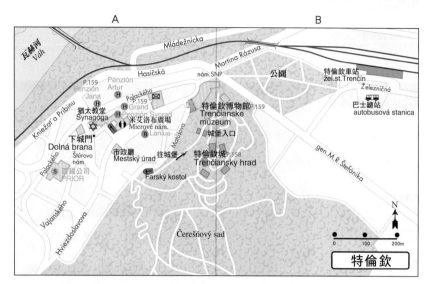

下城門
Dolná brana

特倫欽

堡最具特色的四角形高塔上，可盡情享受遠眺美景的樂趣。到了夜晚，這裡會打上燈光，從車站前的公園抬頭往上看，整座城堡閃閃發光。而在仲夏的夜晚，則有穿著中世紀服裝的表演者表演劍術或舞蹈秀。

特倫欽博物館 Trenčianske múzeum

Trenčín Museum	MapP.159-A

　展示著與斯洛伐克以及該地方自然科學（主要是植物、礦物和棲息的動物等）有關的文物。

◆特倫欽博物館
✉Mierové nám. 46
☎(032) 743-4431
URL www.muzeumtn.sk
🕐5～9月　　9:00～17:30
　10•4月　　9:00～16:30
　11～3月　　9:00～15:30
🚫週一
💰大人　　　€0.99
　兒童•學生　€0.49

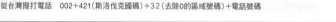

特倫欽的住宿

從台灣撥打電話　002＋421（斯洛伐克國碼）＋32（去除0的區域號碼）＋電話號碼

Grand Hotel

★★★★　客房數：26
Map P.159-A

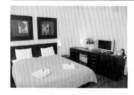

　位於艾米洛布廣場北側的道路上，是特倫欽當地最高級的飯店。飯店內不但有餐廳還有三溫暖，硬體設備完善，住宿者可免費使用，客房既時髦又有設計感。

✉**Palackého 3477**
☎(032) 743-4353
FAX(032) 743-4355
URL www.grand-hotel.sk
✉info@grand-hotel.sk
S€69.90　W€75.90
早餐€8
CC A D J M V

Penzión Jana

客房數：12
Map P.159-A

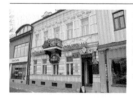

　該座民宿就在旅館眾多的Palackého路旁，1樓是酒吧兼服務台，客房在2樓。房間內有數位電視和收音機等，設備完善，有些客房還可以遠眺特倫欽城。

✉**Palackého 9**
☎(032) 744-0000
URL www.penzionjanatn.sk
✉penzionjanatn@gmail.com
S€27～30　W€30～35
附早餐
CC M V

勒渥查 *Levoča*

URL www.levoca.sk

勒渥查★
•希拉提斯拉瓦

如何前往勒渥查

從布拉提斯拉瓦出發，1日6班左右，所需時間6小時15分～8小時45分，€18～。

從科希策出發，1日5～7班，所需時間1小時25分～2小時10分，€4.40～。

勒渥查的ⓘ
◆Informačná Kancelária Mesta Levoča（AiCES）
✉nám. Majstra Pavla 58
☎(053) 451-3763
🕐9:00～16:00
休10～4月的週六・日

世界遺產

勒渥查、斯皮斯基城堡以及周邊歷史建築
Levoča, Spišský hrad a pamiatky okolia
1993年・2009年登錄

◆聖詹姆斯教堂
🕐11:30～16:00
休9～4月的週日・一
圖大人　　　　€2
　兒童・學生　€1

◆帕沃爾之家博物館
✉nám. Majstra Pavla 20
☎(053) 451-3496
🕐9:00～17:00
休無休
圖大人　　　　€3.50
　兒童・學生　€2.50

勒渥查的住宿

Hotel Arkáda
✉nám. Majstra Pavla 26
☎(053) 451-2372
FAX(053) 451-2266
URLwww.arkada.sk
✉hotelarkada@arkada.sk
⑤€27～36
Ｗ€40～52
早餐€5
客房數：32　ＣＣＡＭⓋ
這是由一棟歷史建築物改建而成，氣氛好又方便。

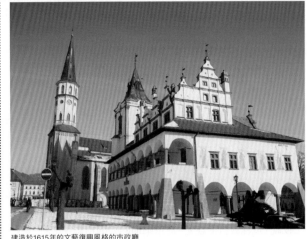

建造於1615年的文藝復興風格的市政廳

　　勒渥查是位於斯洛伐克東北部山邊的小鎮，這裡自古是斯拉夫人的聚落，並在1242年遭到韃靼人Tatári（蒙古人）的侵略。之後，統治這裡的匈牙利國王建造了這座城市，當作抵抗外敵的防禦線。勒渥查過去曾多次飽受大火摧殘，並歷經反覆的重建，如今被城牆所包圍的舊城區，將文藝復興時期的建築之美，保留至今讓後代欣賞。

◆◆◆◆◆◆◆◆◆◆◆◆ **漫遊勒渥查** ◆◆◆◆◆◆◆◆◆◆◆◆

　　長途巴士會在自由廣場nám. Slobody的巴士站停靠。將勒渥查舊城區圍住的城牆共有3處城門，從自由廣場進入舊城區之際穿過的是Košická城門Košická brána，穿過這個門之後，就是Košická路。順著馬路直走，左邊這一片就是勒渥查的舊城區中心帕沃爾廣場nám. Majstra Pavla，南北較長的這座廣場是一座公園，面向廣場的建築物有ⓘ、博物館和飯店等。

　　位於主廣場正中央的聖詹姆斯教堂chrám sv. Jakuba，是斯洛伐克規模最大的教堂，內部有好幾個美麗的祭壇，其中以16世紀的工匠帕沃爾Majster Pavol親手打造高18.62m，有著美麗木雕裝飾的哥德式祭壇，最令人嘆為觀止，這是全世界最大的聖母馬利亞和耶穌雕像，還有最後的晚餐雕刻作品。

　　帕沃爾之家博物館Dom Majstra Pavla-múzeum曾經是16世紀初期相當活躍，留下無數精緻宗教美術作品的知名工匠帕沃爾居住和工作的地方，留存於各地的帕沃爾作品的複製版、照片，以及描繪他工作模樣圖畫，還有他所使用過的道具，都在這裡公開展示。

斯皮斯基城堡 *Spišský hrad*

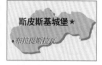

斯皮斯基城堡★
布拉提斯拉瓦

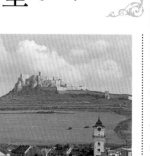

高聳於雄偉風景中的斯皮斯基城堡

從科希策Košice或是普勒索夫Prešov搭乘巴士，往勒渥查Levoča或波普拉德Poprad方向前去時，在穿過長長的隧道後，視野突然寬敞起來。在眼前這片壯麗的景色中，高聳於小山丘上的是斯皮斯基城堡的廢墟，這是東歐規模最大的城堡，當初是為了阻擋韃靼人Tatári（蒙古人）入侵，在1209年興建了這座仿羅馬式風格的城堡。

隨後又陸續增建了文藝復興風格和巴洛克式風格等建築，讓城堡的規模不斷擴大，但1780年的一場無情大火，讓整座城堡付之一炬，成了廢墟。現在正在進行修復作業，但城堡的外觀依舊看起來很荒涼。

◆◆◆◆◆◆◆◆◆ 漫遊斯皮斯基城堡 ◆◆◆◆◆◆◆◆◆

想要到斯皮斯基城堡拜訪，可搭乘火車或是巴士，在斯皮斯基樸德黑拉迪Spišské Podhradie下車，這座城市因為有一座位居東斯洛伐克戰略要衝的城堡，自古就相當繁榮，但隨著城堡成了廢墟，這裡現在成了安靜的小鎮。城市的東邊有墓地，從南邊的道路直直往上走，就會來到斯皮斯基城堡的大門（所需時間約40分）。

隔著斯皮斯基樸德黑拉迪，在斯皮斯基城堡的斜對面，有一座被古老的城牆所包圍的小鎮Spišská Kapitula，到第二次世界大戰結束為止，這裡是神職人員居住的地方。當地的主要幹道是一條短短的平穩坡道，兩側哥德式風格的建築林立，爬上主要幹道後，可以看到有2座仿羅馬式風格的高塔，那就是美麗的聖馬丁教堂kostol sv. Martina，教堂對面的優美建築則是建造於1281年，在18世紀改建為巴洛克風格的大主教宮殿。

斯皮斯基城堡和周邊的文化遺產，在1993年被聯合國教科文組織登錄為世界遺產。

如何前往 斯皮斯基城堡

🚂火車站位於市中心東南側，沒有往普勒索夫和科希策的直達車，不是很方便。

🚌從勒渥查出發的車班相當頻繁，所需時間約20分，€1～。

巴士站就在市中心的小廣場上，距離火車站徒步5分。

世 界 遺 產
勒渥查、斯皮斯基城堡以及周邊歷史建築
Levoča, Spišský hrad a kultúrne pamiatky okolia
1993年登錄、2009年擴大

斯皮斯基城堡的❶
✉Mariánske nám. 34
☎(053) 469-9078
🌐www.tic.spisskepodhradie.sk（斯洛克語）
🕐9:00～17:00
🚫無休

◆斯皮斯基城堡
☎(053) 451-2786
🌐www.spisskemuzeum.com（斯洛伐克語）
🕐3・4月 10:00～16:00
　5～10月 9:00～19:00
🚫11～2月
💰大人 €6
　兒童、學生 €3.50
從市區到城堡沒有巴士或是計程車，徒步（約40分）可以爬上城堡。

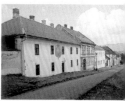

被城壁守護的小鎮Spišská Kapitula

161

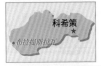
科希策 *Košice*

URLwww.kosice.sk

如何前往科希策

✈ 從布拉提斯拉瓦、布拉格（捷克）都有班機，機場距離市區約8km，以市巴士23號連結。

🚌 從布拉提斯拉瓦出發，1～2小時1班左右，所需時間5～7小時。2等車廂€17.82～、1等車廂€26.73～。

從布達佩斯（匈牙利）出發，1日2班，所需時間3小時30分。

科希策的❶

◆Návštenícke centrum Košice

Map P.163-A2

✉Hlavná 59

☎(055) 625-8888

📧visit@visitkosice.eu

🕐週一～五　10:00～18:00
　週六‧日　10:00～15:00

🚫無休

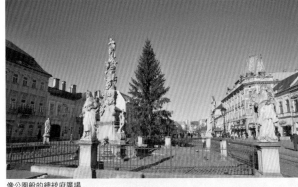

像公園般的總統府廣場

　　科希策首次出現在文獻上是在1248年，1290年當時統治這個地區的匈牙利國王將這裡升格為皇家都市，在之後的數百年間，科希策成為匈牙利北部最重要的工商中心，因而快速繁榮發展，並在16～18世紀成為反抗哈布斯堡Habsburg家族的中心據點。現在科希策是斯洛伐克第2大都市，同時也是唯一的產業都市，舊城區景色迷人，還有斯洛伐克國內最大的大教堂——聖伊麗莎白教堂，景點相當多，而這裡也是2013年的歐洲文化首都。

◆◆◆◆◆◆◆◆◆◆◆◆◆ 漫遊科希策 ◆◆◆◆◆◆◆◆◆◆◆◆

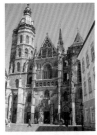

雄偉的哥德式建築聖伊麗莎白教堂

　　科希策的火車站和巴士總站就在舊城區的東邊，徒步約5分。貫穿舊城區南北的是Hlavná路，這條馬路上有許多商店、餐廳和教堂，而在馬路中央有一棟新巴洛克風格的美麗建築物，那是建於19世紀末期的國立劇場Štátne divadlo。國立劇場正面有著噴水池的是總統府廣場Hlavné nám.，而南邊則是科希策的象徵聖伊麗莎白教堂dóm sv. Alžbety，這是在1506年興建，是當地屈指可數的哥德式建築。

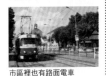

市區裡也有路面電車

◆東斯洛伐克博物館

✉nám. Maratónu Mieru 2

☎(055) 622-0309

URLwww.vsmuzeum.sk
（斯洛伐克語）

🕐週二～六　9:00～17:00
　週日　　14:00～18:00

🚫週一

💰大人€3　兒童‧學生€2

◆◆◆◆◆◆◆◆◆◆◆ 科希策的主要景點 ◆◆◆◆◆◆◆◆◆◆

東斯洛伐克博物館 *Východoslovenské múzeum*

East Slovak Museum　　　　　　　　　　　　　MapP.163-A1

　　科希策的黃金財寶Košicky Zlatý Poklad，是絕對不容錯過的展示。這些在1935年偶然於工地現場發現且光彩奪目的大量中世紀金幣，如今被放在地下室，宛如銀行金庫般層層上鎖。

黃金在地下沉睡

除此之外，還展示了各式各樣的寶石和服飾。

　　而在分館則是展示了東斯洛伐克地方的動物、植物、礦物和

科希策

A　　　　　B

東斯洛伐克博物館分館
Východoslovenské
múzeum-Košické storočia
nám.Maratónu Mieru

P.162東斯洛伐克博物館
Východoslovenské
múzeum

Strojárska

Hviezdoslavova

Kuzmányho

Hlavná

Bačíkova

Hlavná

Kasárenské
nám.

Masarikova

Jesenského

Svätoplukova

Rumanova

Rumanova

公園
Mestský park

TESCO S

斯洛伐克技術博物館
Slovenské technické múzeum

聖方濟教堂
Františkánsky kostol

科希策歷史博物館 P.163
múzeum Košické storočia

科希策車站
žl.st.Košice

Karczma Mlyn R
Bakchus R

Aida

Kováč ska

František II.Rákocziho博物館
Rodošto-Pamätný dom
Františka II.Rákocziho

Staničné
nám.

Pri Miklušovej
Cáznici

Univerzitná

Hincírska

Jakabov宮殿
Jakabov palác

Poš tová

Hradbová

國立劇場
Štátne divadlo

多明尼加教堂
Dominikánsky kostol
Dominikánske
nám.

國立劇場
Hlavné
nám.

AICES

福音教堂
Evanjelický
kostol

Mlynská

Štefánikova

巴士總站
autobusová stanica

聖母馬利亞教堂
chrám narodenia
Panny Marie

Alžbetina

Urbanova veža

聖伊麗莎白教堂
dóm sv.Alžbety

猶太教堂
synagóga

Proletárska cesta Bohomilova

Ferrotour
（奧地利航空）

TATRATOUR

雅各布藝術館
Galéria Júliusa Jakobyho

麥當勞 R

kaplinka sv. Michala

nám.
Slobody

Krmanova

Floriánska

Š robárova

Vrátna

Rooseveltova

Bajzova

Galenova

Timonova

Kmeťa

Pribinova

Hlavná

Gloria Palac P.163
Palackého

Greš ákova

H Double Tree S
by Hilton
Aupark

nám.
Oslobodite l'ov

Palárikova

Palárikova

N

0　150　300m

H Centrum

Juž ná trieda

Jantárová

Š túrova

其他出土物。另外，從中世紀到20世紀的藝術品和家具，也能在
博物館裡欣賞到。

科希策歷史博物館 múzeum Košické storočia

Weapons Museum　　　　　　　　　**MapP.163-B1**

利用原本是監獄的建築物，因此展示文物也以單人囚房、拷
問道具為主，展示的內容中，自然也有與科希策的歷史有關的
文物。另外，在博物館的隔壁，則是將反抗哈布斯堡帝國的獨
立運動領導者František II. Rákoci（II. Rákóczi Ferenc）的家，
重新翻修後對外開放的博物館。

◆科希策歷史博物館

✉Pri Miklušovej väznici 10

☎(055) 622-0309

🕐週二～六　　9:00～17:00
　週日　　　14:00～18:00

休週一

料科希策歷史博物館
　大人　　　　　　€3
　兒童・學生　　　€1
František II. Rákoci博物館
　大人　　　　　　€3
　兒童・學生　　　€2

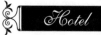
Hotel　　　　科希策的住宿

從台灣撥打電話　002＋421（斯洛伐克國碼）＋55（去除0的區域號碼）＋電話號碼

Gloria Palac

★★★　客房數：35
Map P.163-B2

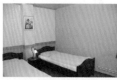

●距離市中心很近，觀光非常方
便。明亮的大廳酒吧，白天就有
不少觀光客，寬敞的客房有淋浴
設施、廁所、電視等設備，住起來
非常舒適。

✉**Bottova 1**

☎(055) 625-7327

🌐www.gloriapalac.sk

✉hotel@gloriapalac.sk

S€49～　　W€59～　附早餐

CC M V

上塔特拉山鎮
•布拉提斯拉瓦

上塔特拉山鎮 *Vysoké Tatry*

URL www.tatry.sk

如何前往 上塔特拉山鎮

🚆從布拉提斯拉瓦到波普拉德塔特拉，1～2小時1班，所需時間3小時50分～4小時40分，2等車廂€14.92～、1等車廂€22.38～。在波普拉德塔特拉轉搭塔特拉電氣化鐵路到Starý Smokovec，1小時1班、所需時間25分、€1.43。

🚌從布拉提斯拉瓦到波普拉德1日8～10班，所需時間5小時20分～7小時30分，€16～。

從勒渥查出發，1小時1～3班，所需時間20分～、€1.60～。

從札科帕內Zakopane（波蘭）出發，1日2～4班，所需時間2～3小時，€5.50。從波普拉德到Starý Smokovec，1小時1～2班，所需時間約20分，€0.85。

◆塔特拉電氣化鐵路
從Starý Smokovec～Štrbské Pleso，所需時間40分，€1.50。Starý Smokovec～Tatranská Lomnica之間，所需時間14分，€1。兩者皆1小時1班。

搭車時就像是搭乘路面電車一樣，車上的驗票機會在車票上印上搭車時刻，換車的時候，不需要再驗票。

◆Starý Smokovec的纜車
🚡夏季　8:30～19:00
　冬季　8:30～15:45
🈺無休
🎫上行單程　€12
　下行單程　€10
　來回　€15

纜車
◆Tatranská Lomnica～
Skalnaté Pleso
🚡夏季　8:30～19:00
　冬季　8:30～15:15
🈺無休
🎫單程　€12
　來回　€15
◆Skalnaté Pleso～洛米基山Lomnický štít
🚡夏季　8:50～17:30
　冬季　8:50～14:30
🈺無休　🎫來回　€24

斯洛伐克為引以為傲的塔特拉山區，跨越了波蘭的國境地帶，在這不算大的範圍裡，群峰綿延還有豐富的大自然景觀。在這當中的上塔特拉山鎮，夏天是登山家以及想要輕鬆健行的民眾最愛的地方，到了冬天，又湧進大批

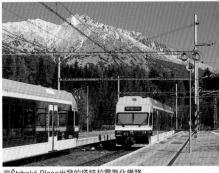

從Štrbské Pleso出發的塔特拉電氣化鐵路

滑雪和滑雪板愛好者，遊客來自斯洛伐克國內以及鄰近的國家，是一處超高人氣的山岳度假村。

◆◆◆◆◆◆◆◆◆漫遊上塔特拉山鎮◆◆◆◆◆◆◆◆◆

上塔特拉山鎮的入口是波普拉德塔特拉Poprad Tatry（巴士站牌就叫做波普拉德Poprad），巴士和火車大多都是從這裡出發或是抵達。留停的據點中，有以塔特拉電氣化鐵路連結的Starý Smokovec，長途巴士會在這裡出發或到達，此外還有郵局和銀行。從這裡搭乘塔特拉電氣化鐵路，西邊可以通往Štrbské Pleso，東邊可以到達Tatranská Lomnica。

從Starý Smokovec的Grand Hotel附近，要前往Slavkovský štít峰（2542.4m）東南端的Hrebienok，可以搭乘纜車上去。另外，若要從Tatranská Lomnica前往塔特拉山區第3高的洛米基山Lomnický štít山頂，可以在Skalnaté Pleso換乘纜車上山。山頂上有氣象觀測所，觀光客可以停留50分，由於這條纜車非常受歡迎，夏季搭乘時最好要預約。

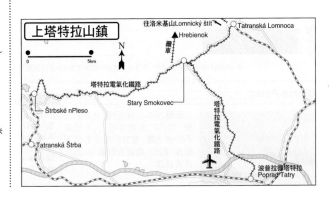

上塔特拉山鎮

往洛米基山Lomnický štít　Tatranská Lomnoca
Hrebienok
N
0　　　5km
塔特拉電氣化鐵路
Štrbské nPleso
Stary Smokovec
塔特拉電氣化鐵路
Tatranská Štrba
波普拉德塔特拉 Poprad Tatry

捷克 旅行關鍵字

打招呼

你好	Dobrý deň.
早安	Dobré ráno.
晚安	Dobrý večer.
再見	Dovidenia.

回答

是的／不是	Áno.／Nie.
不用了，謝謝	Nie Ďakujem.
麻煩了	Prosím.
謝謝	Ďakujem.
不客氣	Prosím.
不好意思、很抱歉	Prepáčte.

實用單字

救命！	Pomoc！
小偷！	Zlodej！
警察	polícia
入口／出口	vchod／východ
轉乘	prestup
出發／抵達	odchod／príchod
廁所	toaleta
淋浴	sprcha
無人／使用中	voľno／obsadené
禁止～	zákaz
逃生門	núdzový východ
開館／休館／假日	otvorené／zatvorené／sviatok
大人／兒童	dospelý／dieťa
男／女	muž／žena

數字

1	jeden
2	dva
3	tri
4	štyri
5	pät
6	šesť
7	sedem
8	osem
9	devät
10	desať
11	jedenásť
12	dvanásť
13	trinásť
14	štrnásť
15	pätnásť
16	šestnásť
17	sedemnásť
18	osemnásť
19	devätnásť
20	dvadsať
50	päťdesiat
100	sto
1000	tisíc

星期

週一	pondelok
週二	utorok
週三	streda
週四	štvrtok
週五	piatok
週六	sobota
週日	nedeľa

月

1月	január
2月	február
3月	marec
4月	apríl
5月	máj
6月	jún
7月	júl
8月	august
9月	september
10月	október
11月	november
12月	december

醫療

身體不舒服	Je mi zle.
受傷了	Poranil (a) som sa.
感冒了	
	Prechladol (prehladla) som.
肚子（頭）痛	
	Bolí ma brucho (hlava).

斯洛伐克簡史

◆長期受匈牙利統治時代

斯拉夫人在現在的斯洛伐克定居，可追溯到5～6世紀時，而從舊石器時代開始，這裡就有人類居住的跡象。斯拉夫人最初所打造的國家是在623年建國的薩莫王國Samo，但在658年就滅亡了。9世紀初期，西邊的斯洛伐克地區成立了尼特拉公國Nitra，和後來的西斯拉夫系的摩拉維亞王國合併，成立了大摩拉維亞王國Veľká Morava，斯洛伐克地區成了這個王國的中心。

906年大摩拉維亞王國被匈牙利人消滅，此後一直到1918年，斯洛伐克和捷克共同成立捷克斯洛伐克共和國為止的這1000年，斯洛伐克一直是匈牙利王國的一部分。

蒙古軍來襲後，匈牙利各地的大領主各自劃地為政，隨著德國人推動的東方殖民，商人、農民、礦業技術者、手工業者等各行各業，建設了斯洛伐克各地的都市。盛產銀礦的班斯卡比斯特里察Banská Bystrica以及產金礦的克雷姆尼察Kremnica，造就了斯洛伐克的全盛時期，當時這些地方的產量，占了全歐洲的1/4。

1514年匈牙利發生大農民反抗事件，鄂圖曼帝國以此為契機，在1526年侵略匈牙利，匈牙利就此被哈布斯家族統治。隨後在1536年，首都布達Buda遭鄂圖曼帝國占領，國土一分為三，而匈牙利王國的領土就和現在的斯洛伐克差不多，首都也遷移到Pozsony（現在的布拉提斯拉瓦）。站在斯洛伐克的角度看來，自己的城市成了首都，在特爾納瓦Trnava設了大主教，然後分別在特爾納瓦和科希策Košice設立大學，成為王國的中心而蓬勃發展。

18世紀末期，民族復興運在歐洲各地風起雲湧，也對斯洛伐克產生影響。在斯洛伐克出現了反抗哈布斯堡的匈牙利民族，以及反對匈牙利化的斯洛伐克民族等兩股勢力。1848年的革命波及到了匈牙利，匈牙利革命政府不同意斯洛伐克所提出的自治要求，使得一群斯洛伐克民族復興運動者站出來與匈牙利皇軍對抗。

革命活動遭到鎮壓後，斯洛伐克的民族復興運動又沉寂了好一段時間，隨後又再度活躍起來，斯洛伐克人提出了要求自治的備忘錄，並在斯洛伐克西北部的Martin設立民族文化團體「Matica slovenská」。但是1867年奧匈帝國成立，匈牙利王國幾乎獨立，再度對斯洛伐克人採取高壓手段，同時Matica slovenská也被迫解散，斯洛伐克人只好尋求與捷克人合作，繼續民族復興運動。

◆從捷克斯洛伐克獨立

在第一次世界大戰中，在外（尤其是移民美國者）的斯洛伐克人和捷克人之間，提出了共組國家構想，國內也開始運作呼應這項計畫，並在1918年10月28日，於布拉格宣布了捷克斯洛伐克的國家獨立宣言。

雖然斯洛伐克誕生了，但在憲法上並不認同斯洛伐克是個獨立的民族，斯洛伐克人也不能自治，斯洛伐克人對於以捷克為中心的捷克斯洛伐克主義，充滿了不滿。由Andrej Hlinka率領的斯洛伐克人民黨所代表的民族派抬頭，人民黨獲得神職人員、農民和部分知識分子的支持，逐漸擴大勢力。一心想要占領捷克斯洛伐克的希特勒在1938年擅自簽訂慕尼黑協定，將蘇台德地區Sudety瓜分給納粹德國，隨後攻占捷克，斯洛伐克就此納入德國的統治，獨立的斯洛伐克也因此誕生。

第二次世界大戰後，捷克斯洛伐克共和國再度獨立，推行共產黨大權在握的社會主義政策。而在1989年，布拉格發生反政府運動，斯洛伐克也對此呼應，也因為這樣，斯洛伐克人愈來愈渴望成為擁有主權的國家。1993年1月1日，斯洛伐克取消了與捷克的聯邦政府關係，獨立的斯洛伐克共和國誕生，獨立後由梅契爾首相Vladimír Mečiar執政了一段時間，但因為民主化落後而遭到批評，並在1998年辭職下台，改由斯洛伐克民主同盟（SDK）議長朱林達Mikuláš Dzurinda接任。斯洛伐克2003年5月舉行公民投票，獲得92%選民贊成，在2004年5月加入歐盟，踏出嶄新的一步，並於2009年1月開始採用歐元。

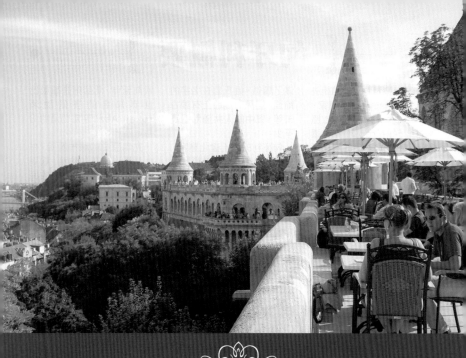

匈牙利
•Hungary•

布達佩斯的漁夫堡

匈牙利概要

匈牙利是游牧民族的祖先馬札兒人Magyarok的國家，在896年從烏拉山脈Ура́льские го́ры的東方遷移過來的。在動盪的歷史和變遷中，匈牙利孕育出豐富的文化特色和歷史。

被拉丁語系與斯拉夫語系的國家包圍，匈牙利還被稱為是「丟入歐洲的亞洲石頭」，他們自稱自己是馬札兒人，現在因為過度混血，很難將現今匈牙利人的容貌和亞洲人聯想在一起，但他們依舊對自己的根源充滿了驕傲。姓氏寫在名字的前面、嬰兒的屁股上有蒙古斑等，與中國人共通點還真不少。

匈牙利的國土變化豐富，充滿大自然之美。流經斯洛伐克Slovakia和匈牙利國境交界的多瑙河Duna，在維斯葛拉德Visegrád附近大幅度的往南彎曲，南北貫穿國土中心地帶，西部是山地丘陵地，東歐最大巴拉頓湖Balaton橫在中間。多瑙河以東的南部稱為樸斯塔Puszta，一大片的平原在眼前延伸，北部則是釀製出世界知名的多凱甜酒Tokaji Aszú等葡萄酒的山岳地區。

充滿歷史的城市風貌、在大草原上騎馬的牧童、感受成熟文化的音樂、熱情的民族舞蹈、大量使用紅椒的辣味風土料理，再加上頂級葡萄酒和各地湧出具有藥效的溫泉……匈牙利人與生俱來不可思議的包容力，都讓遊客一再造訪。匈牙利的大地、親切待客的馬札兒人，隨時都歡迎大家的到來。

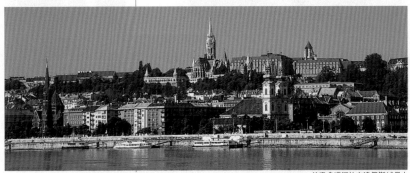

俯瞰多瑙河的布達佩斯城堡山

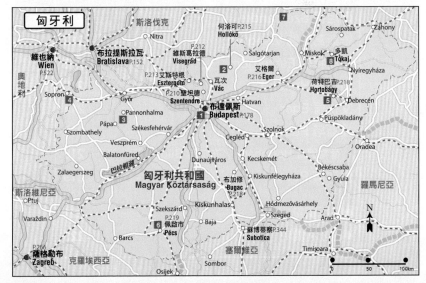

UNESCO的世界遺產

1 多瑙河岸、布達皇宮地區以及包括安德拉斯大道的布達佩斯
Budapest Duna-parti látképe, a Budai Várnegyed és, az Andrássy út történelmi
→P.178

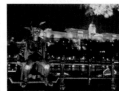

隔著多瑙河的布達Budai和佩斯Pest 2座城市，到處可見匈牙利歷經波濤洶湧的歷史痕跡。山丘上的皇宮和遺跡、2世紀左右相當繁榮的古城布達，如今是個寂靜的地方。另一方面，國會大廈Országház、國家歌劇院Magyar Állami Operaház等政治、經濟和文化的建築物，都集中在佩斯，可以將2個城市好好對照，散步一番。

2 何洛可的古老村落及其周邊地區
Hollókő ófalu és környezete →P.215

至今完整保留匈牙利傳統的小村落，被稱為帕羅次Palóc的村民，是在11～12世紀遷移到這裡來的土耳其庫曼人Cuman的後裔。在這個村落裡有著以「帕羅次風格」的特殊建築法所建造的白色小屋，共有126棟。

3 帕農哈爾馬修道院及其自然景觀
Az Ezeréves Pannonhalmi Bencés Főapátság és természeti környezete

帕農哈爾馬修道院是匈牙利國內本篤派的大本營，同時也是最古老的基督教堂。由第一代國王史蒂芬一世I. István的父親Géza下令在996年動工，1001年禮拜堂先落成，隨後不斷增建，1224年所完成的後期仿羅馬式的部分建築物，成為目前整個建築外觀的基礎。座落於小山丘上，塗上白色的外牆散發出獨特的美感，而藏書30萬冊以上的古文藏書館裡，收藏了不少和匈牙利語起源有關的歷史文獻。

【交通】從布達佩斯Budapest搭火車約1小時25分～，在傑爾Győr換搭巴士約30分。

4 費爾特湖／新錫德爾湖文化景觀
Fertő/Neusiedlersee kultúrtáj

費爾特湖（奧地利名為新錫德爾湖Neusiedler See），橫跨於匈牙利和奧地利國境之間，是歐洲地區最大的鹽水湖。自古這裡就因為是許多不同文化的融合之處，四周的村落也發展出獨特的景觀，沿岸的費托拉可斯Fertőrákos，也是1989年東歐革命的引爆點「Paneuropäisches Picknick」的舞台。

【交通】從布達佩斯搭火車約2小時30分～，在修普倫Sopron換搭巴士，到費托拉可斯約25分。

5 荷特巴吉國家公園・樸斯塔
Hortobágyi Nemzeti Park - a Puszta
→P.218

在匈牙利東部的大平原中，其中最有名的要算是荷特巴吉國家公園，2300km²的大地裡，飼養著古代匈牙利的珍貴家畜，至今仍可以看到傳統牧童生活。如果參加團體行程，還可以搭乘馬車在公園內參觀，或是看到騎士們超高的套圈技巧，時光彷彿回到了游牧民族的時代。

6 佩啟市的古天主教墓地
Pécsi (Sopianae) Ókeresztény temetője
→P.219

匈牙利成為羅馬帝國領土長達4世紀，佩啟市早期稱為索匹雅尼Sopianae，當時在這個地方，興建了許多埋葬室兼禮拜堂的獨特墓地，這些墓地建於地上，以基督教為題材的壁畫用來裝飾墓地，藝術價值非常高。如此稀少的構造，在建築學上也占有重要地位。

7 奧格泰萊克喀斯特與斯洛伐克喀斯特洞窟群
Az Aggteleki-karszt és a Szlovák-karszt barlangjai

與斯洛伐克交界處的廣闊奧格泰萊克國家公園裡，是典型的喀斯特地形，共有712個洞窟，其中以全長25km的Baradla洞窟與斯洛伐克的Domica洞窟相連，可以參加團體行程入內參觀。

【交通】從布達佩斯搭乘巴士約3小時50分～。

8 多凱甜酒產地的文化景觀
Tokaj-hegyaljai történelmi borvidék kultúrtáj

多凱甜酒Tokaji Aszú來自於世界知名的葡萄酒產地多凱，當地持續著千年以上的傳統葡萄酒釀製法。

葡萄園、農家以及葡萄酒販售等等，傳承好幾世代的村落，傳遞著當地居民對於葡萄酒的熱情。

【交通】從布達佩斯搭火車約2小時40分～。

匈牙利基本資訊

▶旅行關鍵字
→ P.221

國 旗
紅、白、綠三色旗。

正式國名
匈牙利
Magyarország

國 歌
Himnusz（讚美歌）

面 積
約9萬3030km²

人 口
約989萬7000人（2013年）

首 都
布達佩斯Budapest

元 首
阿戴爾·亞諾什
Áder János

政治體制
共和制（2004年5月加入歐盟）

民族構成
匈牙利人97.7%、羅姆人1.4%，其他為德國人、斯洛伐克人、羅馬尼亞人。

宗 教
天主教52%、喀爾文派新教16%等。

語 言
官方語言為匈牙利語（芬蘭·烏拉語系），在外語方面，以德語和英語較通用。

貨幣與匯率

Ft

▶旅行預算與金錢
→ P.548

　匈牙利的貨幣為富林Forint，本書以Ft表示。2015年8月匯率，1 Ft =約台幣0.12元、€1=314Ft。

　紙鈔有2萬Ft、1萬Ft、5000Ft、2000Ft、1000Ft、500Ft，硬幣有200Ft、100Ft、50Ft、20Ft、10Ft、5Ft。

信用卡 中級以上的飯店或是餐廳，幾乎都可以使用信用卡。

匯兌 除了銀行，車站、市區的匯兌處、旅行社、飯店（僅限住房客）等地，都可以換錢。位於觀光景點的匯兌處，就算公告的匯率很好，但手續費可能非常貴，換錢之前最好先確認。

500Ft

1000Ft

2000Ft

5000Ft

1萬Ft

2萬Ft

5Ft

10Ft

20Ft

50Ft

100Ft

200Ft

如何撥打電話

▶郵政與電話
→ P.556

從台灣撥往匈牙利　例 撥往布達佩斯(1)123-4567時

國際電話識別碼		匈牙利國碼		區域號碼		對方的電話號碼
002	+	**36**	+	**1**	+	**123-4567**

◆綜合資訊

簽證

6個月以內，停留天數在90天之內，並且是以觀光為目的不需要辦理簽證。

護照

離開申根國當日，護照的有效期限為3個月以上。

出入境

▶台灣出入境
→P.552

▶東歐國家出入境
→P.552

目前台灣並沒有直飛匈牙利的班機，最少要在附近的國家轉機一次。飛行時數包含轉機時間在內，大約14〜19小時。

從台灣出發的飛行時間

▶從台灣前往東歐的交通
→ P.551

鐵路

匈牙利位居歐洲內陸，鄰近有很多國家的火車都與匈牙利連結。

巴士

匈牙利連結歐洲各國的巴士網相當發達，但是前往捷克或波蘭等東歐各國的巴士班次並不多。

船

有往來多瑙河的維也納（奧地利）〜布拉提斯拉瓦（斯洛伐克）〜布達佩斯的船班。

布達佩斯〜維也納之間由匈牙利的船公司MAHART Passnave和奧地利的船公司DDSG共同營運。

從周邊各國出發的交通

▶當地交通
→ P.553

從鄰近各國出發的主要直達火車

維也納（奧地利）〜布達佩斯	每日15班	所需時間2小時40分〜3小時
布拉格（捷克）〜布達佩斯	每日6班	所需時間7小時〜9小時20分
布拉提斯拉瓦（斯洛伐克）〜布達佩斯	每日8班	所需時間2小時45分
克拉科夫（波蘭）〜布達佩斯	每日1班	所需時間10小時25分
布加勒斯特（羅馬尼亞）〜布達佩斯	每日1班	所需時間16小時10分
盧布爾雅那（斯洛維尼亞）〜布達佩斯	每日1班	所需時間10小時
薩格勒布（克羅埃西亞）〜布達佩斯	每日1班	所需時間6小時35分
貝爾格勒（塞爾維亞）〜布達佩斯	每日2班	所需時間8小時10分〜8小時20分
蘇博蒂察（塞爾維亞）〜布達佩斯	每日2班	所需時間3小時25分

從鄰近各國出發的主要長途巴士

維也納（奧地利）〜布達佩斯	每日4班	所需時間2小時55分〜3小時15分
布拉格（捷克）〜布達佩斯	每日1班	所需時間7小時50分
布拉提斯拉瓦（斯洛伐克）〜布達佩斯	每日5〜6班	所需時間2小時45分〜3小時20分
克拉科夫（波蘭）〜布達佩斯	每週4班	所需時間7小時30分
索非亞（保加利亞）〜布達佩斯	每週4班	所需時間11小時15分〜13小時

連結鄰近國家的主要航路（冬季沒有船班）

維也納（奧地利）〜布達佩斯	每週2班	所需時間5小時30分

從匈牙利撥往台灣　　例撥往(02)1234-5678時

國際電話識別碼		台灣國碼		去除區域號碼最前面的0		對方的電話號碼
00	+	**886**	+	**2**	+	**1234-5678**

▶匈牙利國內通話　市內電話不需要撥打區域號碼，市外電話要從區域號碼開始撥打。

▶如何撥打公共電話
①拿起聽筒
②將電話卡依照卡片上的箭頭方向插入
③撥打對方的號碼
④電話卡的餘額會顯示在電話的螢幕上，結束通話後放下聽筒，取出電話卡

氣候

匈牙利是大陸型氣候，四季分明，夏天最高溫會超過30°C，但晚上或是下雨天，氣溫會突然驟降，服裝上要特別注意。

布達佩斯的氣溫和降雨量

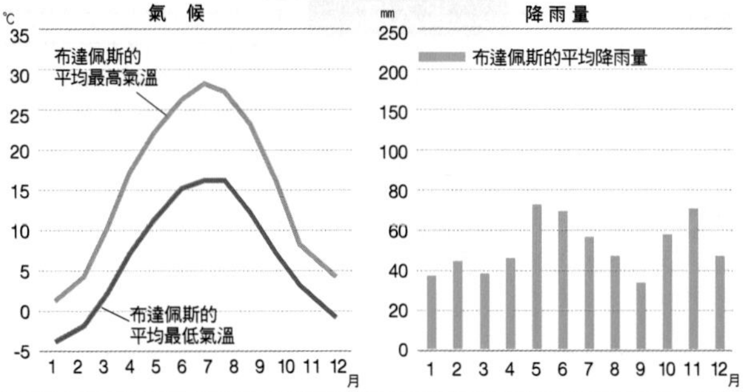

時差和夏令時間

與台灣時差為7小時，只要將台灣時間減去7個小時就可以。換言之，台灣6:00時，匈牙利則是前一天的晚上23:00。夏令時間的話，時差則變為6小時。

夏令時間的實施時間，從3月最後一個週日的AM2:00（=AM3:00）～10月最後一個週日的AM3:00（=AM2:00）。

營業時間

以下是店家一般的營業時間。

銀　行　週一～四 8:00～15:00、週五8:00～13:00，週六・日休息。

百貨公司和商店　一般的商店平日10:00～19:00，週六・日會提前打烊或是不營業，節日幾乎所有店都休息。有些超市或是食品店的營業時間較長。

餐廳　大多為11:00～深夜。

節日（主要節日）

每年會異動的節日以（※）標示，要注意。

1/1		元旦
3/15		1848年抗奧戰爭紀念日
4/5（'15）	※	復活節
4/6（'15）	※	復活節後週一
5/1		勞動節
5/24（'15）	※	聖靈降臨節週日
5/25（'15）	※	聖靈降臨節後週一
8/20		聖史蒂芬日（國慶日）
10/23		匈牙利共和國日
11/1		萬聖節
12/25・26		耶誕節

電壓與插頭

電壓220V，頻率50Hz，插頭為C型（雙孔圓形插座）。若要在當地使用台灣的電器產品，需要攜帶變壓器和轉接插頭。

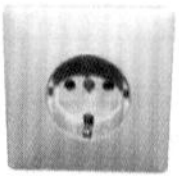

播放規格

DVD

匈牙利的電視和錄影帶規格為PAL，台灣、日本或是美國則屬於NTSC，兩者並不相同，在當地購買的錄影帶或是DVD，通常無法用台灣的電器播放。而匈牙利的DVD區碼Region Code為2，也與台灣不同（台灣為3），因此也無法使用一般家用DVD播放器觀賞。

小費

計程車　約車資的10～15%左右。
餐廳　如果對服務感到滿意，通常給的小費大約是費用的10～20%。
飯店　如果有事請服務員幫忙的話會給200Ft左右。

廁所　公共廁所大多需要付費，一次約70～100Ft。廁所的標示：女廁為Nők，男廁為Féfiak。

飲料水

基本上，當地的自來水是無法飲用的，礦泉水以氣泡式（Szénsavas或Szódavæz）居多，喝不慣氣泡式礦泉水的人，可以購買非氣泡式礦泉水（Szénsavmentes）。

郵政

▶郵政與電話
→ P.556

郵局的營業時間為週一～五8:00～16:00，週六‧日休息。主要火車站內的郵局營業時間會延長，週六也營業。
郵資　寄往台灣的航空郵件，明信片或20g以內的信件270Ft，50g以上的信件415Ft，所需時間3～8天。優先郵件Elsőbbségi的話，明信片和信件20g以內300Ft、信件50g以內460Ft、100g以內745Ft，所需時間2～4天。郵票bélyeg除了可以在郵局購買之外，小商店或是紀念品店也能買到。另外，信件最多5kg，如果超過5kg就要追加收費。到台灣的優先郵件

1kg以內3640Ft、2kg以內6380Ft。
小包裹Csomag是船運Nemzetközi Postacsomag的話，3kg以內1萬4070Ft、5kg以內1萬6300Ft、10kg以內2萬3010Ft，所需時間12～24天。國際優先處理的包裹Nemzetközi elsbbségi postacsomag 3kg以內1萬5480Ft、5kg以內1萬7930Ft、10kg以內2萬5315Ft，所需時間12～24天。包裹會被打開，因此最好使用堅固的袋子或紙箱，紙箱Doboz可以在郵局購買。

可愛的郵筒

稅　金

TAX

▶東歐國家出入境
→ P.552

在匈牙利商品的附加價值稅稱為ÁFA，稅率為一般商品27%、食品18%、醫藥品5%。遊客辦理手續的話可以退稅（最多可以退回18%、醫藥品3%），退稅手續為一次的購物金額要滿4萬

8001Ft以上，並且必須有海關蓋章（有效期限為海關蓋章起150天內）。

安全與糾紛

▶旅行糾紛與
安全對策
→ P.560

匈牙利的治安大致上還算不錯，但近年來以觀光客為對象的犯罪逐漸增加。
警察
在波蘭語裡警察稱為Rendőrség，每個地區都有警察局，想要知道所在位置的警局，可以詢問飯店或是ℹ。
扒手
在地下鐵等交通工具上人潮擁擠，扒手猖獗，火車包廂內順手牽羊的事件也頻傳。
冒牌警察
在匈牙利會有不肖人士假裝警察，要遊客出示護照，或是對遊客搜身，甚至是確認錢包內的錢財，趁機騙取金錢。最好隨身攜帶護照影本，不要帶過多的現金在身上（現金分開放），這幾點要格外注意。

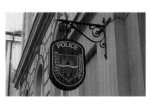
匈牙利的警察局招牌

警察 **107**
消防 **105**
急救 **104**

年齡限制

在匈牙利，購買菸酒需要滿18歲以上。

度量衡

和台灣相同，距離以公尺，重量以公克、公斤，液體以公升計算。

匈牙利 旅行基礎知識

國內的移動方式

鐵路

匈牙利國鐵MÁV（Magyar Állam Vasutak）的客運股份公司（MÁV-START Zrt.），擁有綿密的路線，遍及整個匈牙利。只有從西北的傑爾Győr到修普倫Sopron縣，是由GySEV營運。火車路線以布達佩斯為中心，呈放射狀往外延伸，從布達佩斯要到各地方去不成問題，但各地方之間的連結並不多，有時還要再度回到布達佩斯才行，因此從布達佩斯出發是最快的。

火車的出發和抵達時間大多很準時，但國內線的搭車月台有時會突然變更，最好再三確認車內站的告示牌，或是詢問車站人員。

匈牙利國鐵
URLwww.mav.hu
GySEV
URLwww2.gysev.hu
（匈牙利語、德語）
時刻表查詢
URLwww.elvira.hu

◆關於預約

除了Inter City（IC）和Euro City（EC）之外，時刻表上印有R字符號的列車，必須要事先預約座位，購票時除了買車票外，還得要買座位券helyjegy。另外，印有Ⓡ符號的列車，只有從布達佩斯出發才要預約。如果搭乘需要購買座位券的列車

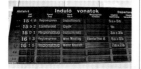
時刻表。從左開始為出發時刻、火車的種類、目的地、注意事項、出發月台、誤點

卻沒買的話，在查票時除了要支付票價外，還要被處以罰款。

另外，要到某地來回時，如果確認了車次，也可以在出發的車站購買來回車票。但如果遲到了，座位券會失效。

◆如何購買火車票

在匈牙利可以使用Eurail Global Pass和European East Pass，憑這些車票上車時，可以不用買乘車券，但如果遇上需要預約的列車，則要買座位券。車票jegy除了可在車站的售票處（jegypénztár）購買外，在IBUSZ等的旅行社也可以買到。國際線nemzetközi和國內線belföldi的售票處不同，排隊購票時要多加小心。國內的售票處老是擠滿人群，可能會花點時間才買到票，時間安排上最好寬鬆一點。

購買車票時，其目的地、車廂等級（1等車廂első-osztály、2等車廂második-osztály）、單程票（egy útra／szóló jegy）或是來回票（retúrjegy／menttérti jegy）等，這些都必須要告知對方。

有些列車除了車資外，還多了座位券和特快費用等的追加費用。想要搭乘幾月幾號的哪一班車，最好下了決定後再排隊，將這些資料寫在紙上是最保險的做法。夜間列車有臥鋪hálókocsi或是坐臥兩用車couchette（簡易臥鋪）等列車，購票時和車票一起購買臥鋪券或是簡易臥鋪券。

◆關於折扣

國際列車有學生折扣，持國際學生證購票時可主動告知對方「Diák（學生）」。除了

學生優惠外，25歲以下可享有約33%的折扣，根據目的地不同，同時購買來回票的話，甚至還可能有30〜70%的折扣，非常划算。

也有人會問國內列車是否有折扣優惠，但國內線只提供25歲以下的匈牙利年輕人購票優惠，千萬不要擅自購買折扣車票，如果拿了不當的車票搭車而被查票人員發現，可是會被處以罰金。另外，國內線並不提供來回票的優惠。

巴士

比起長距離的移動，搭乘巴士到近郊城市，這樣的利用價值反而比較高。有些城市離布達佩斯不遠，搭火車前往反而浪費時間，這個時候巴士就是最好的選擇。

◆如何查詢巴士時刻表

全國巴士時刻表沒有販售，但可以上網查詢，或是在當地的巴士總站確認。時刻表分成「Honnan（從哪裡出發）Érkezés（抵達）」和「Hova（往哪裡）Indulás（出發）」2種，另外也有只標示出發時刻Idő，不標示抵達時刻，如果想知道所需時間，

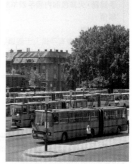
時刻表上會刊載搭車處，但找到確切的位置需要花點時間，時間安排上最好寬裕一點

可以詢問❶或是司機。
時刻表查詢
URLwww.menetrendek.hu
（匈牙利語）

◆ 如何購買巴士車票

匈牙利的每個地方都有各自的巴士公司，車資是根據距離計算，因此全國統一。通常是上車購票，只要告訴司機目的地即可。

船

國內的海上航線幾乎都是由MAHART Passnave這家船公司營運，主要路線為多瑙河（布達佩斯～聖坦德Szentendre～維斯葛拉德Visegrád～艾斯特根Esztergom以及前往多瑙河對岸城市的航線）和巴拉頓湖Balaton（希歐福克Siófok～巴拉頓福瑞Balatonfürd～提哈尼Tihany，和前往其他沿岸各地路線），以及提薩河Tisza（沙洛須波塔克Sárospatak～多凱Tokaj、瓊格拉德Csongr～塞格德Szeged）等等，很多路線只有夏季才有。

布達佩斯的乘船處Hajóállomás在佩斯Pest，位於連結鎖鏈橋Széchenyi Lánchíd和伊莉莎白橋Erzsébet híd之間的Vigadó tér前方，和國際線的乘船處不同，請多加注意。在售票窗口買票之後就能搭船，許多船舶之旅也都是從這裡出發。乘船處會隨著船隻的出發或抵達才開放，時刻表也可以在這裡免費索取。
MAHART Passnave
URLwww.mahartpassnave.hu

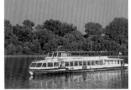
可以享受悠閒之旅的多瑙河遊覽

租車

在布達佩斯的各地都有大型的租車公司，除了布達佩斯之外，推薦在巴拉頓湖租車。出租的汽車以歐寶Opel和福特Ford最受歡迎，鈴木汽車Suzuki的Swift在當地也頗有人氣。在匈牙利，無論是前、後座都必須繫上安全帶，12歲以下孩童只能坐在後座。

想要租車的話，需要準備國際駕照和台灣本國駕照、護照，租車費用以外幣或是信用卡支付，有些租車公司還可以在維也納還車。

開車的途中如果發生問題，請聯絡道路救援。
道路救援 TEL188

住宿

近年來，匈牙利國內的新飯店、個人經營的民宿愈來愈多，不過有些飯店對於匈牙利人和外國人收取不同的住宿費，委託匈牙利人以電話預約飯店，付款時卻被要求支付外國人的高額房價，這樣的情況也曾發生，最好要事先確認。

◆ 飯店 Szálloda

基本上每間房間都有獨立的衛浴設備，會告知附早餐的房價。飯店的早餐，通常是麵包配咖啡或是紅茶和起司、義大利火腿、火腿、雞蛋（或是從中選擇）。中級以上的飯店，早餐大多採取自助式，以歐元標價居多，可用當日的匯率換算的匈牙利幣來付費。有些飯店只收匈牙利幣，最好一開始就先確認。5～9月是旺季，住宿費用是淡季的1.2～1.5倍，若是耶誕節或F1賽車的特殊期間則是淡季的2倍。透過旅行社訂高級飯店，可能會享有折價優惠，此外還有週末折扣，建議遊客善加利用。

◆ 民宿 Panzió

系統和飯店一樣，只是規模比飯店小，價格比飯店便宜，但住宿的氣氛很友善。不過，有時候櫃台會沒有人，客房裡沒有電話，衛浴設備也是共用，會有一些不便之處，但這些民宿大多距離觀光景點很近，算是對遊客相當方便的住宿場所。

◆ 私人房間
Különszoba

這是當地人利用家中空出來的房間，提供給旅行者過夜，但是衛浴設備幾乎得和屋主人共用，必須要注重基本禮儀。一個人一晚約4500Ft～，人數多的話可以省下較多旅費。廚房裡有微波爐、料理器具等設備齊全，非常適合長期旅行者的需求。

部分的❶或是旅行社可以預約私人房間，有些屋主會在週六·日上街攬客，直接和屋主打交道也可以。為了不讓自己事後後悔，最好在當下要對價格以及住宿的地理位置，仔細地與對方溝通。在地方城市會經

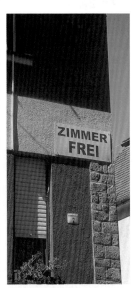
ZIMMER FREI

「有空房」的招牌

常看到「Zimmer Frei」的看板，這句話的德文意思是「有空房間」，看到這樣的招牌也可以直接上門交涉，但屋主通常不會講英文。

◆青年旅館
Ifjúsági szálló

這類型的旅館包括了大學宿舍僅在暑假（7～8月）對外開放的住宿設施（Diákszálló），以及得到青年旅館協會認可、全年營運的旅館。房間規模從多人房到附淋浴設備的個人房，種類相當多，多人房1晚大約4500Ft以下，還有24小時營業的青年旅館。

用餐

Étterem、Vendéglő都是餐廳的意思，Csárda則是類似居酒屋的大眾食堂；Söröző是可以輕鬆喝一杯的地方，類似啤酒屋；Borozó裡則提供各式各樣品牌的葡萄酒；Büfé是自助式的便宜餐廳，餐台上陳列了各種料理，只要用手指就可以點菜，不妨試試看各種匈牙利佳餚。

Kávéház和Kávézó是咖啡館，Cukrászda則是專賣蛋糕的點心屋。

◆匈牙利料理的特色

提到匈牙利料理，立刻讓人聯想到紅椒Paprika，可用於煮、燉或是沙拉等料理，可說是匈牙利人餐桌上不可缺少的一樣食材。紅椒算是青

椒和辣椒的同類，屬於茄科的蔬菜，有各式各樣的顏色、形狀和種類，有些味道酸酸甜甜，有些則是非常辛辣。不辣的紅椒可以作為沙拉或和肉類一起燉煮，也可以加醋醃漬；辛辣的紅椒則是曬乾當作辛香料使用；味道較不嗆辣的紅椒粉末味道溫和，雖帶點苦味但香氣濃郁。在匈牙利的餐桌上，通常放的是鹽巴和紅椒，而非鹽巴和胡椒。

◆在餐廳點餐

在餐廳入座之後，服務生會先送上菜單Étlap，首先要先點飲料，再來是點湯Leves、主菜Főételek和沙拉Saláták。有時候分量足夠的一碗湯就讓人有滿足感，如果是2人一起用餐的話，可以告訴服務生「Fele fele（分一半）」，餐廳就會把1份料理分成2人份。主菜的配菜Köretek通常要另外付費，用餐結束後會以甜點和咖啡劃下句點。

在匈牙利語中，Menü指的不是菜單而是套餐的意思，每天更換的套餐NapiMenü價格便宜且分量十足。

◆代表性食物
牛肉湯
Gulyás

最具代表性的匈牙利料理，將大量的紅椒和牛肉以及蔬菜一起熬煮的濃湯，無論是哪家餐廳都能吃到，愈高級的餐廳，牛肉湯愈不濃稠，口味相當清爽。

鮮魚湯
Halászlé

和牛肉湯並列為匈牙利湯品中的代表料理，將鯉魚或是鯰魚切塊狀，搭配紅椒熬煮，有種濃郁的特殊口感。

紅椒雞
Paprikás csirke

採用大量的紅椒和雞肉一起熬煮，算是匈牙利的代表性家庭料理。

炒鵝肝
Pirított libamáj

匈牙利是有名的鵝肝產地，鵝肝在匈牙利語稱為Libamáj，在大部分的餐廳都能吃到。鴨肝Kacsamáj或是雞肝Csirkemáj也很普遍。

烤鱸魚
Fogas egészben

將淡水的鱸魚肉撒上紅椒粉和小麥粉，以烤箱燒烤，然後再淋上檸檬汁享用。

匈牙利薄餅
Palacsinta

Palacsinta是可麗餅的意思，將可麗餅折成兩半，包著香草奶油Vanilia、果醬Lekvár和起司Túró。淋上巧克力萊姆醬的Gundel Palacsinta最為有名。

匈牙利海綿蛋糕
Somlói galuska

在切成小塊狀的海綿蛋糕上，放上堅果、萊姆、巧克力醬，然後再以鮮奶油裝飾的甜點。

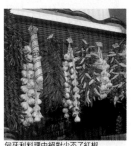
匈牙利料理中絕對少不了紅椒

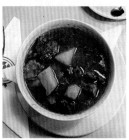
牛肉湯藏著匈牙利的媽媽味道

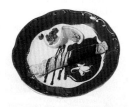
淋上巧克力醬的Gundel Palacsinta

◆匈牙利的酒

餐前酒Pálinka是以杏桃和梨子釀成,酒精濃度約38度。在匈牙利通常和第一次見面的人,為了表示歡迎會喝這種酒。數十種藥草釀製的Unicum,有健胃整腸促進健康的效果,很受歡迎。

匈牙利是葡萄酒的天堂,而其中最有名的是並列世界3大貴腐酒之一的多凱甜酒Takaji Aszú,那是在匈牙利東北部一座名為多凱Tokaj的小鎮釀製的。法國國王路易十四曾經稱讚這種酒是「王者之酒,酒中之王」,擁有金黃色澤,喝起來如蜂蜜一樣的甜美。由於是有甜味Édes的白酒Fehe,會在標籤上寫著puttonyos的數字,數字愈大的愈甜(最甜為6)。

公牛酒Egri Bikavér是匈牙利北部山區小鎮艾格爾Eger所釀製的,是最具代表性的葡萄酒,屬於無甜味Száraz的紅酒Vörös。Bikavér是「公牛的血」的意思,很適合搭配油脂多的肉類料理。

資訊收集

◆旅遊資訊

在匈牙利的主要都市,都有稱為tourinform的❶,位於市區內交通便利之處,會有說英語的工作人員,在這裡可以免費索取市內地圖、飯店名冊等。此外,還為遊客介紹當地觀光名勝,或是特別活動的資訊,以及各旅行社所舉辦的行程簡介,但不提供飯店預約的服務。

◆旅行社

外幣的兌換或是私人房間的介紹斡旋、火車票的訂購等等,這些業務都可以由曾經是國營旅行社的IBSZ代勞。主要業務為匯兌、住宿設施或是當地行程的介紹,以及機票或是火車折扣票的販售等。每間店鋪的業務不太一樣,請遊客針對不同目的善加利用。營業時間為9:00～17:00,週六通常到中午,週日休息。

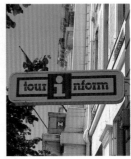

遊客服務中心的招牌

實用資訊

【緊急時】
●警察　　TEL107
●急救　　TEL104
●消防　　TEL105
●24小時的急救醫院
　Firstmed Centers
　✉Budapest, 1015 Hattyú u. 14-5F
　TEL(1) 224-9090
　URLwww.firstmedcenters.com

【駐外館處】
●駐匈牙利代表處　　　　Map P.181-D4
　Taipei Representative Office, Budapest, Hungary
　✉1088 Budapest Rákóczi út 1-3/II, Hungary
　TEL(1) 266-2884　FAX(1) 266-4003
　TEL06-30-9641546(急難救助電話,專供如車禍、搶劫、有關生命安危緊急情況等緊急求助之用,非急難重大事件請勿撥打)
　URLwww.roc-taiwan.org/HU
　圏8:30～17:30
　休週六・日・節日

【其他】
●電話號碼查詢　　國內TEL198　國外TEL199
●東站郵局　　　　　　　　Map P.181-E4
　✉Budapest, 1087 Baross tér 11/c
　TEL(1) 322-1496

●西站郵局　　　　　　　　Map P.181-D3
　✉Budapest, 1062 Teréz körút 51
　TEL(1) 312-1200
●DHL(國際快遞)
　✉Budapest, 1097 Fehérakác u.3
　URLwww.dhl.hu
　圏週一～五7:00～18:00
　休週六・日・節日

【航空公司】
●俄羅斯航空
　TEL(1) 318-5892
●法國航空
　TEL(1) 483-8800
●奧地利航空
　TEL(1) 411-9940
●KLM荷蘭航空
　TEL(1) 373-7737
●芬蘭航空
　TEL(1) 778-9315
●英國航空
　TEL(1) 777-4747
●德國漢莎航空
　TEL(1) 411-9900

(皆位於布達佩斯)

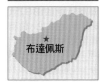

★
布達佩斯

布達佩斯 *Budapest*

URLwww.budapestinfo.hu

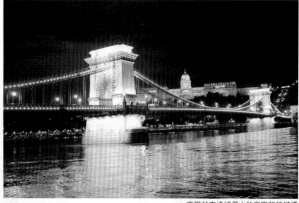

高聳於布達城堡山的皇宮和鎖鏈橋

布達佩斯的地址標示

　　分成22區的布達佩斯市內，相同的道路有好幾條，無論是搭計程車或是要找路時，最方便的說法就是這個區域標示，用來顯示該處是位於哪一區。

例1　1056 Váci u.50

　　請看4位數字的中間數字，05代表5區，換句話說就是5區瓦西街50號。

例2　VI Andrássy út 3

　　羅馬數字的VI代表6區，換言之就是6區安德拉斯大道3號。

　　在本書以例1的4位數字標示。

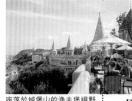

座落於城堡山的漁夫堡視野很棒，可遠眺布達佩斯地區

世　界　遺　產

多瑙河岸、布達皇宮地區以及包括安德拉斯大道的布達佩斯

Budapest Duna-parti látképe, a Budai Várnegyed és az Andrássy út

1987、2002年登錄

◆費里海吉國際機場

TEL(1) 296-7000
　　　　　　（綜合服務）

TEL(70) 332-4006
　　　（第2航廈的失物櫃台）

URLwww.bud.hu

　　從東站往多瑙河的方向前進，在遼闊的視野中出現尖聳的岩山，當視線從鎖鏈橋Szechenyi lanchid這頭開始，一路延伸穿越多瑙河直達城堡山，如此令人感動的美景，言語難以形容。「多瑙河玫瑰」、「多瑙河珍珠」，這些都是用來讚美布達佩斯的話，然而連「玫瑰」、「珍珠」這些細膩的形容詞，都不足以傳達眼前這充滿震撼性和戲劇性的景色。

　　原本布達佩斯是3個獨立的城市，分別是保留許多羅馬時代遺跡的歐布達Óbuda（舊布達之意），以及13世紀因皇宮所在地而發展為東歐最大城市的布達Budai，還有以商業為中心的佩斯Pest。1873年，這3座城市合併成為現在的布達佩斯，而早在1849年，耗費了10年的歲月，第一座用來連結布達和佩斯兩側的鎖鏈橋終於完工。

　　合併後的數十年間，布達佩斯快速發展，其人口甚至超越了曾經是主從關係的維也納，成為國際大城市。

　　如同銀一樣美麗發光的城市風貌，以及世紀末的氣氛，布達佩斯很像是維也納或是巴黎，但不似巴黎那樣的燦爛，也不似維也納那般的鮮明，而是帶著些許混雜的嬌豔。千萬別忘了，布達佩斯是全球少數的溫泉都市，冬天的早晨，朦朧的溫泉煙霧溫柔地包裹著這個多瑙河之都。

抵達布達佩斯後前往市區

✈ 搭乘飛機抵達

　　匈牙利的空中玄關是位於布達佩斯中心區域以東約16km處的費里海吉國際機場，幾乎所有國際航線都是在這個機場起降。

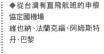

匈牙利 Hungary

布達佩斯 Budapest

●費里海吉國際機場 *Ferenc Liszt Nemzetközi*

費里海吉國際機場有2個航廈,目前第1航廈封閉,所有班機都集中在第2航廈。第2航廈又分成2A和2B,2A航廈主要提供申根協定國(→P.552)班機起降,2B航廈主要提供非申根協定國班機起降。2A和2B都有免稅店,2個航廈之間有通道連結。

另外,從申根協定國的機場轉機入境的話,入境審查、機內手提行李檢查,都是在轉機機場進行。入境審查手續結束後,領取託運行李,通過了海關就可以前往入境大廳。

◆如何從機場前往市區◆

從機場到市區可以搭乘迷你巴士、計程車,或是市巴士和地下鐵等4種方式。

●機場迷你巴士 *Airport Minibusz*

從機場到布達佩斯市區,無論到哪裡車資都一樣,很像是共乘的計程車。車票在機場的服務台購買,人數聚集到某個程度就會發車,可能多少要等一下。另外,迷你巴士會從距離機場最近的飯店開始讓乘客下車,最後下車的人,可能要花上一點時間。

同樣地,從市區也能搭乘機場迷你巴士到機場,不過最少要在24小時前預約,迷你巴士就會到指定的飯店來。

●機場計程車 *Airport Taxi*

布達佩斯的計程車公司FőTaxi是機場公認的機場計程車,如果多人同行的話,車資會比機場迷你巴士來得便宜。

●市巴士和地下鐵 *Autóbusz、Metró*

在2A航廈前可以搭乘市巴士200E,在終點站Kőbánya-Kispest換地下鐵Ⓜ3約1小時就能到迪亞克廣場Deák Ferenc tér。車票在機場的商店或是自動售票機可以買到(車票的種類→P.187)。

●市巴士和火車 *Autóbusz、Vonat*

在2A航廈前可以搭乘市巴士200E,於費里海吉國際機場第1航廈的Ferenc Liszt站下車,從這裡搭乘MÁV-Start(匈牙利國鐵)到西站Nyugati pu.約30分,車票可在自動售票機或是第1航廈購買。

🚄搭乘火車抵達

布達佩斯的火車站分成東站Keleti pu.、西站Nyugati pu.、南站Déli pu.等3處。

國際列車出發和抵達通常是在東站和西站,2個站都設有匯兌處和旅行社、行李寄放處等遊客需要的設施。

每個車站都能和地下鐵相連,搭乘地下鐵的話,不到10分就可以抵達布達佩斯的中心點迪亞克

◆從台灣有直飛航班的申根協定國機場
維也納、法蘭克福、阿姆斯特丹、巴黎

◆機場接駁車
☎(1) 296-8555
📠(1) 296-8993
🔗www.airportshuttle.hu
✉info@airportshuttle.hu
💰到布達佩斯市中心
　單程3200Ft
　來回5500Ft

◆機場計程車　Fōtaxi
☎&📠(1) 222-2222
🔗www.fotaxi.hu
✉rendel@fotaxi.hu
💰基本車資　450Ft
　每1km　280Ft
火車的綜合服務櫃台
☎(1) 444-4949
🔗www.mav.hu
🕐24小時

◆東站　Keleti pu.
Map P.181-E4
🕐24小時

◆西站　Nyugati pu.
Map P.181-D3
🕐2:30～翌日0:50

◆南站　Déli pu.
Map P.180-B4、P.182-A3
🕐3:00～翌日0:30

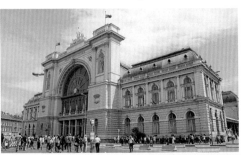

布達佩斯的門面,布達佩斯東站

179

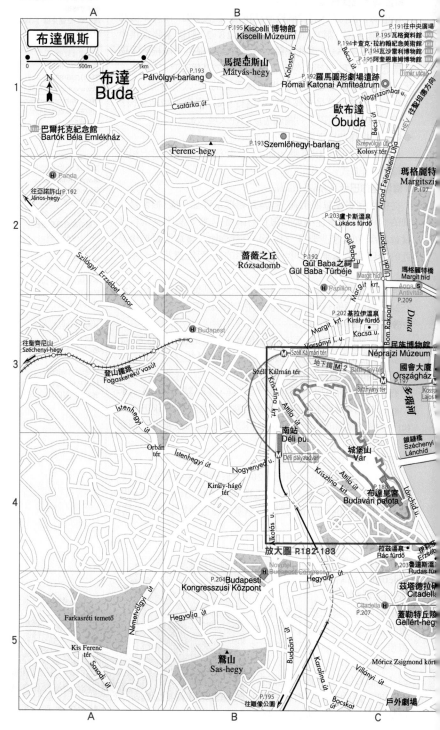

布達佩斯

布達
Buda

馬提亞斯山
Mátyás-hegy

P.195 Kiscelli 博物館
Kiscelli Múzeum

P.191往中央廣場
P.195瓦格資料館
P.194卡查克·拉約翰紀念美術館
P.194瓦沙雷利博物館
P.195阿奎恩庫姆博物館

0　　　500m　　　1km

N

P.193
Pálvölgyi-barlang

Csatárka út

歐布達
Óbuda

巴爾托克紀念館
Bartók Béla Emlékház

Ferenc-hegy

P.193 Szemlöhegyi-barlang

Kolosy tér

瑪格麗特
Margitszi
P.197

往亞諾許山 P.192
János-hegy

Szilágyi Erzsébet fasor

薔薇之丘
Rózsadomb

P.203盧卡斯溫泉
Lukács fürdő

P.192
Gül Baba之祠
Gül Baba Türbéje

瑪格麗特橋
Margit híd

往聖齊尼山
Széchenyi-hegy

Budapest

Margit krt.

P.202基拉伊溫泉
Király fürdő

Anna
Antivitás
P.209

Papillon

Kacsa u.

Istenhegyi út

登山鐵路
Fogaskerekü vasút

Vársányi u.

Széll Kálmán tér

Battyány tér

民族博物館
Néprajzi Múzeum

國會大廈
Országház
P.197

Orbán
tér

Istenhegyi út

Nogyenyed u.

南站
Déli pu.

城堡山
Vár

銀鏈橋
Széchenyi
Lánchíd

Király-hágó
tér

Déli pályaudvar

Attila út

布達皇宮
Budavári palota
P.188

Farkasréti temető

Németvölgyi út

Hegyalja út

Budaörsi út

放大圖 P.182-183

拉茲溫泉
Rác fürdő

P.204 Budapesti
Kongresszusi Központ

Hegyalja út

P.203魯達斯溫
Rudas fü

茲塔德拉研
Citadella

Kis Ferenc
tér

Sasadi út

鷲山
Sas-hegy

Karolina út

Villányi út

蓋勒德丘陵
Gellért-hegy

Citadella
P.207

Móricz Zsigmond kört

P.195
往雕像公園

Bocskat

戶外劇場

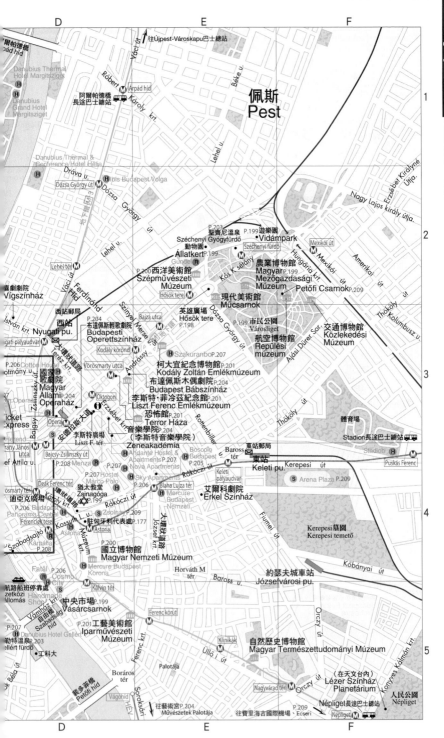

關帕德橋
rád hid

Danubius Thermal
Hotel Margitsziget

Danubius
Grand Hotel
Margitsziget

往Újpest-Városkapu巴士總站

Danubius Thermal &
Conference Hotel Hélia

佩斯
Pest

阿爾帕德橋
長途巴士總站
Árpád hid

Róbert Károly krt.

Béke u.

Nagy Lajos király útja

Erzsébet Királyné útja

Dráva út

Dózsa György út

bius Budapest Volga

Lehel u.

喜劇劇院
Vígszínház

Lehel tér

Váci út Ferdinánd Hid

西站郵局
西站
Nyugati pu.
gati pályaudvar

P.206 Cotton Hotel
otmány u.

國家歌劇院
Magyar
Állami
Operaház

 express

rány János
Arany János
utca

ef Attila u.

Deák Ferenc tér

猶太教堂
Zsinagóga
P.199

迪克廣場
P.206 Budapest
Panorama Central
Ferenciek tere

航路船班停靠站
zetközi
állomás

Handmade
Shop P.207

Vámház
Szabadság hid

勒格溫泉
P.203
lért fürdő

工科大

多多菲橋
Petőfi hid

Vígadó
往藝術宮P.204
Művészetek Palotája

Dózsa György út

Szinyei Merse u.

Bajza utca

Andrássy út

Vörösmarty utca

大歌劇院站

Oktogon

Erzsébet krt.

李斯特廣場
Liszt F. tér

交響樂大道

Bajcsy-Zsilinszky út

P.208 Menza

Marco Polo

Sky Apartments

Blaha Lujza tér

Rákóczi út

Zsolnay P.209

駐匈牙利代表處 P.177

Kossuth L. u.

Astoria

Múzeum krt.

國立博物館
P.200
Magyar Nemzeti Múzeum

Mercure Budapest
Korona

Horváth M
tér

Kálvin tér

中央市場
P.199
Vásárcsarnok

工藝美術館
P.201
Iparművészeti
Múzeum

Ferenc körút

Üllői út

往Újpest-Városkapu巴士總站

聖齊尼溫泉
P.203
Széchenyi Gyógyfürdő

遊樂園 P.199
Vidámpark

動物園
Állatkert P.199

Gundel R

Kós K. sétány

Széchenyi fürdő

農業博物館
Magyar
Mezőgazdasági
Múzeum P.199

西洋美術館
Szépművészeti
Múzeum P.200

Hősök tere M

Hungária krt.

Mexikói út

Amerikai út

Thököly Kolumbusz u.

現代美術館
Műcsarnok

雄偉廣場
Hősök tere
P.198

布達佩斯輕歌劇院
Budapesti
Operettszínház

P.204

Kodály körönd

Szakuranbo P.207

柯大宜紀念博物館
Kodály Zoltán Emlékmúzeum P.201

布達佩斯木偶劇院
Budapest Bábszínház P.204

李斯特·菲冷茲紀念館 P.201
Liszt Ferenc Emlékmúzeum

恐怖館 P.201
Terror Háza

音樂學院 P.204
（李斯特音樂學院）
Zeneakadémia

Andante Hostel &
Apartments P.207

Nova Apartments P.205

Hostel P.207

Mercure
Budapest
Nemzeti

艾爾科劇院
Erkel Színház

市民公園
Városliget P.199

航空博物館
Repülési
múzeum

Boscolo
Budapest H

Baross
tér

東站郵局
東站
Keleti pu.

Keleti
pályaudvar

交通博物館
Közlekedési
Múzeum

Thököly út

體育場

Stadion 長途巴士總站
Stadion

Puskás Ferenc

Arena Plaza P.209

Kerepesi temető

約瑟夫城車站
Józsefvárosi pu.

Kőbányai út

自然歷史博物館
Magyar Természettudományi Múzeum

Klinikák

（在天文台內）
Lézer Színház
Planetárium

Nagyvárad tér

人民公園
Népliget

Népliget長途巴士總站
Népliget

往費里海吉國際機場、Ecseri P.209

往藝術宮P.204
Művészetek Palotája

181

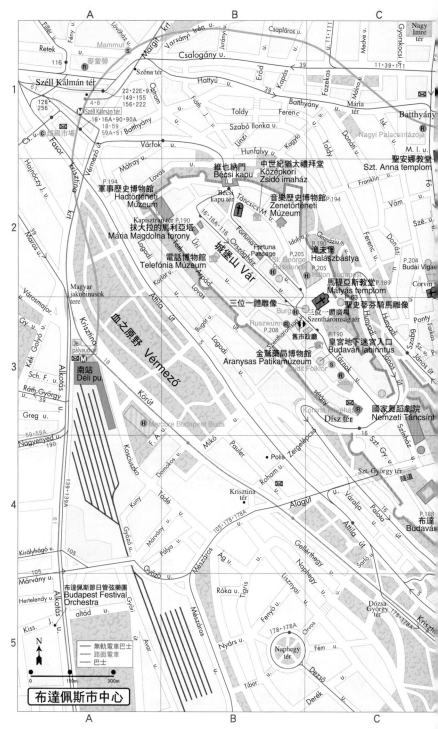

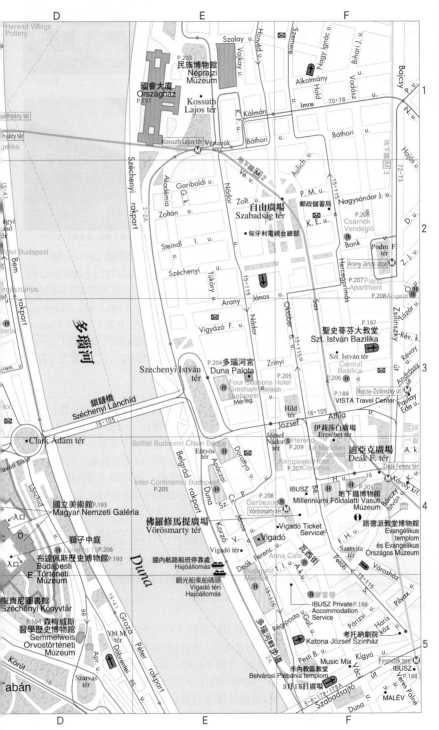

Herend Village
Pottery

D | E | F

Szalay u.

Vakay u.

Honvéd u.

Szemere u.

Nagy Ignác u.

Bihari J. u.

Bajcsy

P.200
民族博物館
Néprajzi
Múzeum

Alkotmány

國會大廈
Országház
P.197

Kossuth
Lajos tér

Imre

70・78

Vadász u.

N. u.

1

Kossuth Lajos tér
Vértanúk tére

Kálmán

Báthori

Báthori

Hajós u.

72・73

Aulich u.

Garibaldi u.

Zolt.

P. M.

Nagysándor J. u.

P.208

Akadémia

G. K.

自由廣場
Szabadság tér

郵政儲蓄局

K. E. u.

Csarnok
Vendéglő

D. u.

2

Zoltán

匈牙利電視台總部

R Bank

Podm F
tér

Arany János utca

Széchenyi
rakpart

Steindl I.

Hercegprimás

Tükory u.

P.207 Piano
Apartment

P.208 Arigate

Steindl I.

Arany

János

Sas u.

Október 6.

聖史蒂芬大教堂
Szt. István Bazilika

Zsilinszky

Lázár u.

Rév. k.

多瑙河

Vigyázó F. u.

Nádor

Szt. István tér

Central
Basilica

Révay u.

Andrássy út

3

Szechenyi István
tér

Zrínyi

P.204 多瑙河宮
Duna Palota

P.205
Four Seasons Hotel
Gresham Palace
Budapest
Mérleg

Szt. István tér
P.206 H

Bajcsy-Zsilinszky út

Paulay

Ede u.

鎖鏈橋
Széchenyi Lánchíd

Hild

Atila

P.188
VISTA Travel Center

16・105

József

16・105

伊莉莎白廣場
Erzsébet tér

Clark Ádám tér

Sofitel Budapest Chain Bridge

Eötvös
tér

József
Nádor tér

S Herend
P.209

Le Meridien
Budapest
Kempinski Hotel
P.207 Corvinus

迪亞克廣場
Deák F. tér

A. k.

Deák Ferenc tér

國立美術館 P.193
Magyar Nemzeti Galéria

Belgrád rakpart

Dorottya u.

Apáczai

Duna

Inter-Continental Budapest
P.205

Cs.

H. u.

16

IBUSZ

地下鐵博物館
Millenniumi Földalatti Vasúti
Múzeum

Károly krt.

4

獅子中庭

P.208
Gerbeaud

路德派教堂博物館
Evangélikus
templom
és Evangélikus
Országos Múzeum

入口

H Lánchíd 19 P.206

Vörösmarty tér

F. H. u.

布達佩斯歷史博物館 P.193
Budapesti
Történeti
Múzeum

佛羅修馬提廣場
Vörösmarty tér

Korzó

Deák Ferenc u.

Anna Cafe

Vigadó H

Szervita
tér

Petőfi u.

Városház u.

入口

Duna

Vigadó Ticket
Service

H Budapest Marriott

聖齊尼圖書館
Széchényi Könyvtár

Gróza Péter rakpart

國內航路船班停靠處
Hajóállomás

Vigadó tér

觀光船乘船碼頭
Vigadó téri
Hajóállomás

多瑙河遊步道

IBUSZ Private P.188
Accommodation
Service

Regiposta u.

T. u.

Párizsi u.

Haris köz

Pilvox

5

P.194 森梅威斯
醫學歷史博物館
Semmelweis
Orvostörténeti
Múzeum

Ybl M.
tér

Döbrentei

Apr. u.

考托納劇院
Katona József Színház

Pesti B. u.

Kígyó u.

Ferenciek tere

Körút

Szarvas
tér

19・41

Music Mix

市內教區教堂
Belvárosi Plébánia templom

IBUSZ
P.188

Vöres Pálné

Tabán

3月15日廣場

5・8・178・178A u.

Szabadsajto

Váci u.

Duna

MALÉV

ELVIRA（時刻表查詢）

只要輸入出發地、目的地以及出發日期，就能簡單查到時刻表，不只是國內線，國際線也可以查詢。南站裡有一台 ❶ 的時刻查詢系統機器，可供使用。

URL www.elvira.hu

◆Népliget長途巴士總站
Map P.181-F5
TEL (1) 219-8086
　　　　（綜合服務櫃台）
〈國內線售票處〉
開 週一〜五　6:00〜18:00
　週六・日　6:00〜16:00
〈國際線售票處〉
開 週一〜五　6:00〜19:00
　週六・日　6:00〜16:00

◆國際航路的船班停靠處
（Mahart Passnave公司）
Map P.181-D4
⊠1056 Belgrád rakpart
TEL (1) 484-4013
FAX (1) 266-4201
URL www.szemelyhajozas.hu

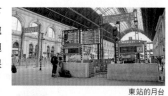

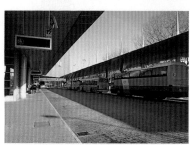

東站的月台

廣場Deák Ferenc tér。地下鐵 M 2連接東站和南站，地下鐵 M 3則是通往西站，迪亞克廣場則是在這2條路線和 M 1的交叉點上。

🚌 搭乘巴士抵達

布達佩斯有4處長途巴士總站，國際線的巴士全都是抵達Népliget長途巴士總站Népliget Autóbusz-Állomás。除此之外，前往匈牙利南部等各方向的國內線，也在這裡出發或是抵達。

Népliget長途巴士總站有電子看板，讓遊客一目了然

巴士總站與地下鐵 M 3相連，距離迪亞克廣場大約10分鐘。

地下鐵 M 2 Stadionok站附近的Stadion長途巴士總站Stadion Autóbusz Pályaudvar（→Map P.181-F3）也負擔匈牙利國內部分巴士路線。阿爾帕德橋長途巴士總站Árpád híd Autóbusz végállomás（→Map P.181-D1），以及位在地下鐵 M 3 Újpest-Városkapu站附近的Újpest-Városkapu巴士總站Újpest-Városkapu vasútállomás（→Map P.181-E1外），主要是停靠前往多瑙河沿岸地區的巴士。

🚢 搭船抵達

國際航路船班的停靠處Nemzetközi hajóállomás是在佩斯Pest這一邊，就位於伊莉莎白橋Erzsébet híd和自由橋Szabadság híd之間。觀光客在下船的地方接受入境審查，如果想要寄放大件行李，也可以暫時寄放或是兌換匈牙利幣。國際航路由Mahart Passnave公司負責，下船的地方沒有 ❶，大約步行10分就可以抵達布達佩斯最熱鬧的瓦西街Váci u.，如果需要的話，可以前往市區裡的 ❶。

布達佩斯的市區交通

布達佩斯市內的主要交通工具為地下鐵Metró、路面電車Villamos、巴士Autóbusz、無軌電車巴士Trolibusz、市郊電車HÉV以及計程車Taxi等6種。

● 地下鐵 *Metró*

地下鐵的路線有3條，分別以不同顏色區分，其中 M 1是黃色， M 2是紅色， M 3是藍色。而這3條路線在迪亞克廣場站Deák Ferenc tér交錯，是轉車必經之地。無論哪一條路線的營運時間皆為4:00〜23:00，平日白天每2〜6分一班。

另外， M 1路線是僅次於英國倫敦，全世界第2古老的地下鐵。1896年為了慶祝匈牙利建國1000年而建，目前運行的車輛

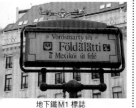

地下鐵 M 1 標誌

地下鐵注意事項

各車站的驗票口附近，都會有人驗票，如果違反規定，會被處以1萬6000Ft的罰款（→P.187）。

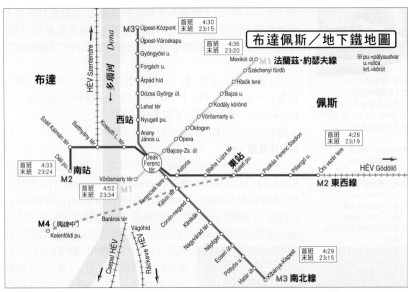

布達佩斯／地下鐵地圖

※pu.=pályaudvar
u.=utca
krt.=körút

布達

多瑙河 Dona

HÉV Szentendre

西站

南站

M3 Újpest-Központ 首班 4:30 末班 23:15
Újpest-Városkapu 首班 4:36 末班 23:20
Gyöngyösi u.
Forgách u.
Árpád híd
Dózsa György út.
Lehel tér
Nyugati pu.
Arany János u.
Deák Ferenc tér

Mexikói út 首班
Széchenyi fürdő
Hősök tere
Bajza u.
Kodály körönd
Vörösmarty u.
Oktogon
Opera
Bajcsy-Zs. út
Astoria

M1 法蘭茲·約瑟夫線

佩斯

Szél Kálmán tér
Batthyány tér
Kossuth L. tér
Déli pu.
Vörösmarty tér 首班 4:52 末班 23:34

M2 首班 4:33 末班 23:24
M1

Ferenciek tere
Kálvin tér
Corvin-negyed
Klinikák
Nagyvárad tér
Népliget
Ecseri út
Pöttyös u.
Határ út

Blaha Lujza tér
Keleti pu.
Puskás Ferenc Stadion
Pillangó u.
Örs vezér tere

東站

首班 4:28 末班 23:19

HÉV Gödöllő

M2 東西線

M4（興建中）
Kelenföldi pu.
Baráros tér
Vágóhíd

Csepel HÉV
Ráckeve HÉV

首班 4:29 末班 23:15

Kőbánya-Kispest M3 南北線

則是在1995年為了紀念地下鐵通車100週年，重現當時的原貌。

M2是唯一穿越多瑙河，延伸到布達Budai方向的路線。這條路線連接了鐵路的東站和南站，以及Stadion長途巴士總站和市郊電車HÉV，搭乘的機會相當多。每個車站的電扶梯都很長，要小心扒手。

M3在佩斯Pest，和多瑙河平行，中途與火車西站相連接。

另外，地下鐵的入口或月台上，會顯示進行方向的終點車站名稱，如果不知道自己該在哪個月台搭車，只要尋找自己所搭那條路線的終點站即可。

●路面電車 Villamos

黃色車體的路面電車是非常便利的移動工具，當地人也經常搭乘。路面電車在路面上行駛，與地下鐵不同，可以同時欣賞整座城市的風貌。另外，路面電車每站都停，人生地不熟的遊客也能安心搭乘。不過布達佩斯這幾年因為都市重整以及開發，路面電車經常會因為施工而停駛，改以巴士接駁通行，搭車前最好留意路面電車站牌上是否出現打X的記號。

●巴士 Autóbusz

地下鐵和路面電車都是每站都停，乘客無須擔心，但巴士的話必須在下車前按鈴（在吊環附近的綠色按鈕，按下去不會發出聲音）。在市區或觀光景點下車的人或許不少，但是住在距離鬧區有點遠的飯店，如果

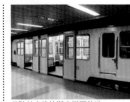

行駛於安德拉斯大道下的地下鐵M1

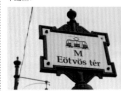

路面電車的站牌

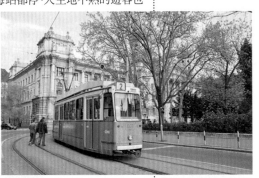

路面電車是非常方便的代步工具

方便的無軌電車巴士

巴士的目的地標示

黑字是普通車，紅字是快車，號碼上面有斜線代表行駛到布達佩斯市外。

◆HÉV的行駛範圍

①前往聖坦德的是Békásmegyer

②前往哥德勒以及Csömör的是Ilonatelep

③前往Ráckeve的是Millenniumtelep

④前往契佩爾的終點站在市內

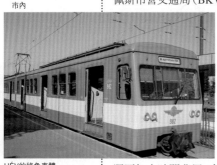

HÉV的綠色車體

◆優良的計程車公司

City TAXI ☎(1) 211-1111
Fő TAXI ☎(1) 222-2222
TAXI4 ☎(1) 444-4444
TAXI2000 ☎(1) 200-0000
6×6 TAXI ☎(1) 666-6666
Rádió TAXI ☎(1) 777-7777

◆BKV

（布達佩斯市營交通局）
Ⓤwww.bkv.hu

網羅布達佩斯市內的交通資訊，業務包括車票的相關資訊和時刻表查詢等。

購買BKV的車票

地下鐵車站或是巴士總站的售票處、自動售票機、賣報紙的小店、旅行社等都可以購買。

附有大頭照的車票

購買2週以上的有效票種，必須要附上個人大頭照（將照片貼在車票上），而且需要可證明身分的證件（護照或是駕照等）。

忘了按下按鈕，巴士會過站不停直接開過去，因此最好記住下車地點附近的景色或是標誌，當巴士抵達下車地點附近時，記得按下按鈕。另外，最新型的巴士有3個門，只有按下按鈕的門才會開。

巴士的車體為藍色，除了一般行駛市區的巴士外，還有繞行城堡山Vár的小型巴士，城堡山巴士16號會往返於Széll Kálmán tér（地下鐵M2）和城堡山之間。

無軌電車巴士Trolibusz系統和巴士相同。

●市郊電車 *HÉV*

HÉV是連接布達佩斯和近郊的市郊電車，車體是綠色的。從Batthyány tér前往聖坦德Szentendre、從Örs vezér tér前往哥德勒Gödöllő和Csömör、從Közvágóhíd前往Ráckeve、從Boráros tér前往契佩爾Cespel等共5條路線。布達佩斯市內，使用布達佩斯市營交通局（BKV）的車票，一旦超過布達佩斯的範圍，必須要多收額外的費用。購票的時候，如果拿的是回數券或是1日券，只要到窗口出示車票，對方就會告知要補的差額。

●計程車 *Taxi*

正規的計程車是黃色車牌和黃色車頂，並且配有能自動印出收據的跳表。車資採距離計算方式，等待的時間或是車輛在時速15公里以下的速度行走時，還要加上時間費用，車子裡常有車資表。匈牙利有很多計程車公司，說英語也能溝通，遊客能安心搭乘的計程車為City TAXI，此外Fő TAXI、Rádió TAXI等也都是優良的計程車，而且一定要在飯店或餐廳叫車，或者是自行打電話叫車，都比在路上攔還要安全。不過叫車時要先了解大概的車資，出發時要確認跳表是否有按下去，以避免遇上糾紛。另外，搭乘計程車要給車資10～15%左右的小費，如果司機有幫忙搬運行李，最好多給一點小費。

🚃 關於車票

布達佩斯市內的地下鐵、路面電車、巴士（含城堡山巴士、無軌電車巴士）、市郊電車HÉV以及登山鐵路（→P.192），全都是由布達佩斯市營交通局（BKV）營運。

所以交通工具的車票是共通的，1次券可以在自動售票機購買，假日售票窗口沒有營業時也無須擔心，但要注意有些時候售票機器只收硬幣。

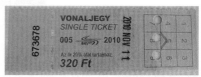

市內交通工具共通的1次券

●布達佩斯卡 *Budapest Kártya*

　　布達佩斯卡是針對遊客推出的優惠乘車卡，只要憑著這張卡，就可以免費搭乘所有市營交通局（BKV）營運的交通工具。除此之外，還可享市內的主要美術館、博物館、動物園門票優惠或是免費入場，以及市內觀光行程免費，而溫泉入浴費、機場迷你巴士等也有10%優惠折扣，另外部分餐廳也會給予10～30%折扣。1張卡片可供1位大人和1名6歲以下的兒童使用，在主要車站或是❶都可以買到。

🚃 驗票方式

　　在布達佩斯，搭乘交通工具得要自己驗票。如果是搭乘地下鐵，進入月台之前有驗票機，機器會在車票印上驗票的時間。路面電車或是巴士，車內都會有驗票機。驗票機分成自動和手動2種，自動驗票機

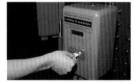
把車票插進驗票機內驗票

的話，只要把票插進機器內即可，手動機器（機器本身是紅色，機器上方有黑色的握把）則是將把手用力往前拉即可完成驗票作業。地下鐵的驗票機後面會站著稽查員，可把通過驗票機的車票給他看。最近在地下鐵以外的主要路面電車（4、6號等）停靠站，也會檢查。遊客很容易成為檢查對象，所以要準備好車票，如果所持的車票不符合規定，會被處以罰金（6000Ft），這點請多加注意。

　　另外，BKV的車票僅用於布達佩斯市內，如果搭乘前往市外的巴士（巴士號碼上有紅色斜線標誌）或是市郊電車HÉV的話，一旦出了布達佩斯的範圍，車票就成了無效票。搭乘巴士的話要再購買車票，至於HÉV則要另外再支付車資。

🚃 車票的種類

　　車票分成1次券、回數券、24小時券、72小時券、7日券和長期滯留者用的2週券、1個月券等。除了1次券和回數券之外，其他種類的車票在使用期限內都可以自由搭乘，不必每次驗票，非常方便。

◆布達佩斯卡
URL www.budapest-card.com
圍24小時有效
　（4500Ft）
　48小時有效
　（6900Ft）
　72小時有效
　（8900Ft）

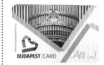
布達佩斯卡有很多優惠

地下鐵專用車票
Metrózakaszjegy
圍300Ft／限制：3站、30分以內／可轉乘

車票的種類和費用			
主要的種類		使用規範	費用
1 次券	Vonaljegy（僅限地下鐵車站之間轉乘）	1次（有效期限60分）	350Ft
轉乘券	Átszállójegy（轉乘用，地下鐵以外需要驗票）	1次（有效期限90分）	530Ft
回數券	Gyűjtőjegy（10次／有10張）	10次（有10張）	3000Ft
24小時券	Napijegy	最初搭車時間起的24小時	1650Ft
72小時券	Turistajegy	最初搭車時間起的72小時	4150Ft
7日券	Hetijegy	包括最初搭車日起的7天	4950Ft
2 週券	Kéthetibérlet（需要護照或是身分證明）	包括最初搭車日起的2週	7000Ft
1 個月券	Havibérlet（需要護照或是身分證明）	購票當月到隔月的5號為止	1萬500Ft

※近年來，票價大概1年會調漲1～2次，購票時請確認最新的資訊

布達佩斯的❶

◆tourinform
☎(1) 438-8080
URL www.tourinform.hu
✉ info@hungarytourism.hu

迪亞克廣場辦公室
Map P.183-F4
✉1052 Sütő u. 2
🕐8:00～20:00
㊡無休

李斯特廣場辦公室
Map P.181-D3
✉1061 Teréz körút 2-4
☎(1) 322-4098
🕐10:00～18:00
㊡無休

方便的旅行社

◆IBUSZ
Map P.183-F5
✉1053 Ferenciek tere 2
☎(1) 501-4908
FAX(1) 501-4913
URL www.ibusz.hu

🕐週一～五　　9:00～18:00
　週六　　　　9:00～13:00
㊡週日
除此之外，布達佩斯市內
各地都有。

**◆IBUSZ Private
Accommodation Service**
Map P.183-F5
✉1052 Arankéz utca 4-6
☎(1) 501-4910
FAX(1) 317-9333
🕐9:00～17:00 ㊡週六·日
IBUSZ的住宿預約部門

◆VISTA Travel Center
Map P.183-F3
✉1061 Andrássy út 1
☎(1) 429-9999
FAX(1) 429-9911
URL www.vista.hu(匈牙利語)
🕐週一～五　　9:30～18:00
　週六　　　 10:00～14:30
㊡週日

◆◆◆◆◆◆◆◆◆◆◆**漫遊布達佩斯**◆◆◆◆◆◆◆◆◆◆◆

多瑙河緩緩流過市中心的布達佩斯，隔著河川的西側是布達
Buda，東側是佩斯Pest，2個地區有著全然不同的風貌。

布達

布達是由幾座山丘綿延而成的丘陵地帶，這裡有包括布達皇
宮在內的歷史性建築物，大型住宅一棟接著一棟並排，還有豐
富的大自然景致。

主要的觀光景點為保留中世紀風情的城堡山Vár，以及能遠
眺城市的蓋勒特丘陵Gellért-hegy、歐布達Óbuda的羅馬遺址
等，如果想要避開壅塞的人潮，呼吸清新的空氣，可以前往
János-hegy亞諾許山，或是到多瑙河的沙洲瑪格麗特島
Margitsziget上悠閒散步。

佩斯

和與山丘相連的布達相比，佩斯這一側則是一片寬廣的平
原。大小的環狀道路以及與此交錯的道路呈放射狀排列，相當
整齊，走在城鎮當中，只要掌握住多瑙河的位置，就能輕鬆掌
握方向。

主要觀光景點為聖史蒂芬大教堂Szt. István Bazilika、國會
大廈Országház、英雄廣場Hősök tere，以及布達佩斯首屈一指
的熱鬧商圈瓦西街Váci u.等，假日時在廣大的市民公園
Városliget悠哉度過是個不錯的點子。佩斯這裡還有商業街、
政府機構、商圈和學生街，是個商業和政治的中心地。

◆◆◆◆◆◆◆◆**布達佩斯（布達）的主要景點**◆◆◆◆◆◆◆◆

布達皇宮 Budavári palota

Royal Palace	MapP.180-C4,P.182～183-C～D4

城堡山高約60m，長約1.5km，面向多瑙河，南北較長，山上有
平坦的岩石，從中世紀起就被城牆所圍繞。山丘上有著色彩繽
紛的民宅和商家，瀰漫著中世紀氣氛的美麗建築物，在眼前延
伸。

占了整座山丘南邊
一半的皇宮於13世紀
初建造，此後這裡也
成為匈牙利歷經驚濤
駭浪的歷史舞台。數
個世紀之間，皇宮曾
飽受戰爭和祝融之
災，並經過數次大整
修。在第一次世界大
戰和第二次世界大
戰，這裡都遭到極大
的損壞，目前所看到

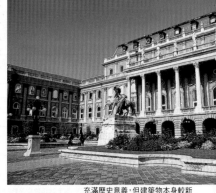

充滿歷史意義，但建築物本身較新

的皇宮是在第二次世界大戰後修復的，於1950年代完工。建築物本身雖然不是很古老，但外觀相當莊嚴。

現在這裡成為聖齊尼圖書館Széchényi Könyvtár和國立美術館Magyar Nemzeti Galéria、布達佩斯歷史博物館Budapesti Történeti Múzeum，慢慢逛可以花上一整天的時間。

馬提亞斯教堂 Mátyás templom

Matthias Church　　　　　　　　　　MapP.182-C2～3

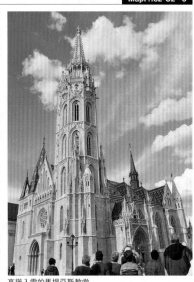

這裡是布達佩斯的地標之一，色彩鮮豔馬賽克風格屋頂和裝飾細膩的石造尖塔，是這座教堂的特色。原建築是在1255～1269年的貝拉四世Béla IV時代所建造的哥德式教堂。

教堂的名稱在1470年因馬提亞斯國王Hunyadi Mátyás下令，增建了高88m的尖塔而得名，現在的塔高80m，比馬提亞斯國王所建的矮了8m。歷任國王的加冕

高聳入雲的馬提亞斯教堂

儀式都是在這裡舉行，因此也有「加冕教堂」之稱，而其正式名稱為「聖處女馬利亞教堂」。教堂南邊正門有一道「馬利亞之門」，門上細緻的雕刻就是馬利亞的雕像。

當布達於1541年被鄂圖曼帝國攻占後，這座馬提亞斯教堂改建為清真寺，壁畫被塗銷、日常用品通通被搬出來，來自教堂的祈禱聲響徹雲霄。當踏進教堂，看到了稍微黯淡、帶有中東氣息的獨特顏色所做成的裝飾，給人一種來到了夢幻異國空間的感覺。

1686年鄂圖曼帝國撤離後，馬提亞斯教堂立刻回復天主教堂的風貌，隨後在18世紀修復為巴洛克風格，之後經過不斷改建，並於1874～1896年根據古老的設計圖和圖案，改建為今日大家所見的哥德式風格。

進入大教堂後，正面有個可以通往地下的入口，從那裡進去後即可通往寶物室，目前展示於國會大廈Országház的皇冠，其相關資料和複製品可在這裡看到。此外，還有馬爾他騎士團的徽章等。繞內側一圈的通道上，展示著歷代主教的衣服、十字架和裝飾品等。

由於這座教堂的音響效果非常棒，因此會在這裡定期舉行管風琴音樂會，夏季的觀光旺季還會有其他的活動，可參考海

如何前往布達皇宮

①M2 Széll Kálmán tér站搭乘16號、16A或116號巴士。

②從迪亞克廣場Deák F. tér（→Map P.183-F3～4）搭乘16號巴士。

③從布達那側的鎖鏈橋搭乘纜車Budavári Sikló。
　Map P.183-D4
　運行：7：30～22：00
　困單數週的週一
　圈單程1000Ft
　　來回1700Ft

④山丘下有好幾處通往城堡山的階梯。

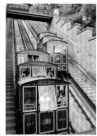

搭乘纜車一口氣爬上皇宮

◆馬提亞斯教堂

⊠1014 Szentháromság tér 2

℡(1) 355-5657

URLwww.matyas-templom.hu

圖週一～五　　9：00～17：00
　週六　　　　9：00～13：00
　週日　　　13：00～17：00

困無休（舉辦婚禮的週六休息）

圈大人1000Ft
　學生700Ft
　語音導覽500Ft

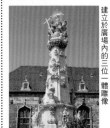

◆漁夫堡
圈600Ft
　門票在大門入口右側的建築物內購買，現在建築物有一部分成為餐廳。

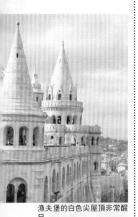

漁夫堡的白色尖屋頂非常醒目

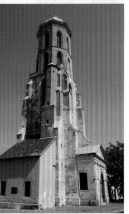

散發歷史風情的抹大拉的馬利亞塔

◆皇宮地下迷宮
✉1014 Úri u. 9
☎(1) 212-0207
🌐www.
labirintusbudapest.hu
🕙10:00～19:00
困無休
圖大人2000Ft
　學生1500Ft
　有導覽行程（需要預約）。

報或是音樂會情報誌的訊息。參觀的門票可在佛羅修馬提廣場Vörösmarty tér（→Map P.183-F4）的Vigadó Ticket Service購票，如果是前一天或是當天的門票，可以直接在教堂購買。另外，當地的音樂會會持續到深夜，屆時恐怕很難叫計程車，如果遇上了這種情況，最好是適時離開會場。

　教堂前的三位一體廣場Szentháromság tér，有一座巴洛克風格的三位一體雕像，相當雄偉。這是為了紀念在中世紀歐洲一度造成大流行的黑死病終結，而在18世紀建立的。雕像的西南方有一棟白色牆壁的建築物，那裡是舊市政廳Régivárosáza。

漁夫堡 Halászbástya
Fishermen's Bastion　　　　　　　　　MapP.182-C2

　馬提亞斯教堂後方，有迴廊連接著以白色石灰石打造的5座圓錐屋頂的圓塔和高聳的尖塔，這些建築物宛如童話世界般夢幻。這裡是以俯瞰多瑙河的古代城塞為基礎，1905年由馬提亞斯教堂的建築師Schulek Frigyes操刀設計而成。這一帶曾經是魚市場以及城塞要地，由多瑙河的漁夫們擔任守衛，因此得名。

　想要欣賞眼下的多瑙河以及寬敞平坦的佩斯，漁夫堡是最佳的地點，並吸引觀光客前來，相當熱鬧。

抹大拉的馬利亞塔 Mária Magdolna torony
Tower of Mary Magdalene Church　　　　MapP.182-B2

　位於城堡山，13世紀建造的聖方濟派教堂的一部分。教堂的本殿在第二次世界大戰中遭到摧毀，只剩下鐘樓，爬上171階的狹窄螺旋狀樓梯，可以抵達最高點，1樓偶爾會舉行迷你的現代藝術展。

皇宮地下迷宮 Budavári labirintus
Labyrinth of Buda Castle　　　　　　　MapP.182-C3

　城堡山的地下有無數個洞窟，有些洞窟深達數十公尺，據說甚至有兩、三層，至於為什麼會有這些洞窟，至今仍是個謎。目前部分的洞窟成了觀光設施對外開放，為了吸引遊客，洞窟裡還會播放很有氣氛的音樂，遊客靠著洞窟裡的朦朧燈光在地下漫步，但如果獨自前往，或許會感到有點恐怖。整個洞窟占地寬敞，而且構造相當複雜，前往時要小心不要迷路了。

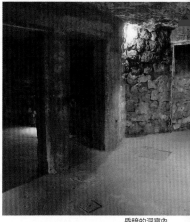

昏暗的洞窟內

蓋勒特丘陵 Gellért-hegy

Gellért hill　　　　　　　　　　　　　MapP.180-C5

　　蓋勒特丘陵是聳立於多瑙河岸邊海拔235m的岩山，走在佩斯這一邊，可以透過建築物之間的空隙看到岩山，其景觀美得令人震撼。中世紀時蓋勒特丘陵盛行葡萄酒釀製，其實當時曾有傳言，住在山丘上的女巫每晚偷襲居民，並且偷走釀製好的葡萄酒。

　　山丘的北側是一片緩和的綠色斜坡，這裡的風貌和面向多瑙河的岩山，又是截然不同，這一帶稱為Tabán，美麗的自然環境堪稱是布達佩斯之最。目前這裡是豪宅林立的高級住宅區，不過早在20世紀初期，當地可是特種營業和賭場聚集的貧民窟。

　　山丘的半山腰部分，有一處被柱子圍繞的蓋勒特紀念碑Szent Gellért emlékmű。蓋勒特Gellért是匈牙利的首任國王史蒂芬一世I. István從義大利找來的傳教士，而他的義大利名字叫做 Gerardo，對匈牙利的基督教普及非常有貢獻。他在匈牙利南部的Csanád擔任主教，1046年被異教徒處以十字架釘刑並裝進推車內，從這個山丘的最高處摔下而死，從此之後，他的名字就留在這座山丘上。

　　在山丘的頂端，有個稱為茲塔德拉碉堡Citadella的要塞。1850年，哈布斯堡帝國對匈牙利的獨立運動展開大規模的鎮壓後，皇宮擔心有人再度謀反，於是蓋了這座城塞用來監視匈牙利人。1894年，這座城塞成為市政府所有，失去了原有的功能，如今成為布達佩斯的觀光名勝之一。從山丘上的瞭望點，可以遠眺以多瑙河為中心的兩側城市風光。

從蓋勒特丘陵遠望的美景，多瑙河景色美不勝收

　　面向多瑙河有一座手裡拿個棕櫚葉朝天的巨大女神像，那是為了紀念匈牙利擺脫德國納粹的統治，由舊蘇聯軍所建造。以前這裡還有一座慰靈碑，上面刻著在這場戰役中不幸犧牲的蘇聯軍人名字和蘇聯軍的士兵像，但在蘇聯瓦解後，這些已經被撤走了。

中央廣場 Fő tér

Central Square　　　　　　　　　　　MapP.180-C1外

　　寂靜且保留華麗風情的中央廣場位於歐布達Óbuda的中心，是一處被許多歷史典故的建築物圍繞的石頭廣場。正面是1903年建造的歐布達市政廳Város háza，四周則是豪華且色彩鮮豔的巴洛克宮殿、古典神殿風格的猶太教堂、瓦格資料館Varga Imre Gyüjtemény和瓦沙雷利博物館Vasarely Múzeum等文化設施，充滿魅力的景色在眼前展開。

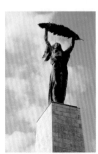

舉起棕櫚葉的女神雕像

◆蓋勒特丘陵
（如何前往茲塔德拉碉堡）
①在Móricz Zsigmond körtér或是從伊莉莎白橋旁Hegyalja út路的巴士站Sánc u.搭乘27號巴士。在上坡後的巴士站Búsuló Juhász（citadella）下車，徒步約20分。
②從自由橋旁（布達這側）的蓋勒特廣場Szt. Gellert tér出發，徒步約20分。不過因為是沒有街燈的林道，避免夜間和冬季前往。
（進入茲塔德拉碉堡）
☎(1) 279-1963
URLwww.citadella.hu
圏8:00～23:00
　要塞裡展示著舊蘇聯軍的遺物等。
圏5～9月　9:00～20:00
　10～4月　9:00～17:00

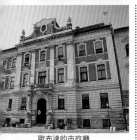

歐布達的市政廳

◆羅馬圓形劇場遺跡
✉1036 Pacsirtamező
從西站搭乘17號路面電車。

◆纜椅
🕐10:00~18:00
（會因季節和天候而有異動）
休隔週的週一
💰單程850Ft（學生550Ft）
來回1400Ft（學生850Ft）
搭乘處位在從西站搭乘291號巴士的終點站。

◆登山鐵路（60號）
Map P.180-A～B3
🕐5:00～23:10
💰350Ft（可以使用BKV的市區交通車票）
搭乘處位在從Széll Kálmán tér搭乘59號路面電車，於第2站的Városmajor下車，過了馬路就到了。
冬天的登山鐵路
車廂內沒有暖氣設備，日落以後建議不要搭乘。17:00以後搭乘的話會非常寒冷，也沒辦法充分享受美麗的夜景。

◆兒童鐵路
🔗www.gyermekvasut.hu
🕐9:00～17:00左右
會隨季節和星期有所變動，通常是1小時1班，搭乘處就在登山鐵路的終點站。
休週一
💰大人　單程600Ft
　兒童　單程300Ft

歐布達是舊布達的意思，現在已經成為一個單一城市的布達佩斯，原本是由布達、佩斯和歐布達等3個城市合併而成。歐布達的歷史可以追溯到西元前15年，這裡一度是羅馬帝國的殖民地，當時的居民在歐布達北部的阿奎肯Aquincum興建城市，據說這個中央廣場附近，是當時軍隊駐軍紮營處。在住宅區和高速公路的高架空隙中，殘留著羅馬帝國的遺跡，讓人回想起昔日情景。

羅馬圓形劇場遺跡 Római Katonai Amfiteátrum

Roman Military Amphitheatre	MapP.180-C1

這是羅馬帝國的殖民地時代打造的圓形劇場遺跡，建造於160年左右，在1937～1940年被挖掘出土，約131X110m，據說在當時可容納1萬6000位觀眾。當時這裡原本是劇場，4世紀發生了民族大移民，於是將這裡充當為城塞之用。為了爭奪這座城堡，當地不斷發生戰役，血流成河，但這一切如今都成了過往雲煙，這個遺跡成了遛狗的好去處，以及拍攝廣告的熱門場景，扮演和平的角色。

亞諾許山 János-hegy

János Hill	MapP.180-A2外

海拔527m的亞諾許山每到了週末假日，民眾會攜家帶眷前來，非常熱鬧。山頂上有瞭望台Erzsébet Kilátó，是個可以將布達佩斯盡收眼底的好景點。

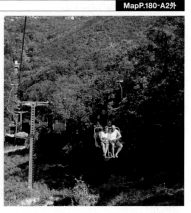

要前往瞭望台可以搭乘齒軌式的登山鐵路Fogaskerekű vasút爬上陡峭的山坡，或是1951年由先鋒隊聯盟Úttörő mozgalom（社會主義體制下的青年組織）所設立的兒童鐵路Gyermek vasút，又或者是纜椅libeg 。

兒童鐵路除了駕駛員以外，全都是由10～14歲的小朋友負責營運，看起來稚氣未脫的小朋友們穿著制服努力的工作。這裡和熱鬧的市中心不同，可以享受充滿大自然之美的布達佩斯。

Gül Baba之祠 Gül Baba Türbéje

Gül Baba's Tomb	MapP.180-C2

在薔薇之丘山腰有個Gül Baba之墓。擔任鄂圖曼帝國參謀的Gül Baba，1541年參加了攻打布達城之役，卻在慶祝勝利的儀式中死亡，於1543年長眠於這座祠院裡。之後的150年，布達長期受到鄂圖曼帝國的統治。

爬上了石頭小徑Gül Baba u.之後，在雜草叢生當中可以看到有一個宛如龜甲般的屋頂，裡面以彩繪餐盤和念珠裝飾，棺木

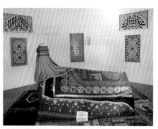

前方有著很大的蠟燭火焰，在風中搖曳。Gül Baba的遺骨並不在棺木裡，而是被安葬在地下。

八角形的祠院中有棺木

這座祠院的四周就是瞭望台，從這裡幾乎看不見多瑙河，但卻能將佩斯這一側的城市景觀一覽無遺。Gül Baba在土耳其語中是「薔薇之父」的意思，他在薔薇之丘栽種薔薇，現在這裡已經沒有薔薇，而是成為住在布達佩斯的伊斯蘭教徒聖地。

鐘乳石洞 Barlang

Caves	MapP.180-B1

布達的山裡有幾處的鐘乳石洞，其中Pálvölgyi-barlang和Szemlőhegyi-barlang規模較大，而且建設比較好，兩處都需要跟著導遊入內參觀，如果時間趕不及的話，有時可能要等上1個小時。洞內的氣溫只有10℃左右，感覺有點涼，雙腳可能會弄濕，地面高低起伏很激烈，最好穿上一雙舒適的鞋子。

國立美術館 Magyar Nemzeti Galéria

Hungarian National Gallery	MapP.183-D4

布達皇宮中央的建築物就是國立美術館，展示著匈牙利從中世紀到現代的美術品，許多難得一見的畫家作品，皆可在這裡看到。巨匠Munkácsy Mihály（1844～1900）和Paál László（1846～1879）的作品，以及19世紀末匈牙利在藝術方面開花結果的作品，都能在這座美術館裡欣賞到。除此之外，還有後期哥德式的鑲板畫和教堂的祭壇等許多很少見的藝術品，非常有趣。

國立美術館有著醒目的圓形屋頂

布達佩斯歷史博物館 Budapesti Történeti Múzeum

Budapest History Museum	MapP.183-D4

布達皇宮南邊的建築物是布達佩斯歷史博物館，館內展示著與皇宮過去改建或增建有關的照片和設計圖，還有皇宮內裝飾用的柱子、牆壁以及雕刻品等，從這些展示品中，可以回顧匈牙利歷史的榮枯盛衰，值得一看。展示空間是利用保存下來的地下室或是洞窟而成的，入口兩邊的青銅像是Senyei Károly在1900年的作品，右邊代表戰爭，左邊代表和平。

◆Gül Baba之祠
✉1023 Türbe tér 1
☎(1) 487-8800
◷10:00～18:00
休週一
💰大人500Ft
　搭乘4、6號路面電車。

◆Pálvölgyi-balang
✉1025 Szépvölgyi út 162
☎(1) 325-9505
🌐www.palvolgyi.atw.hu
（匈牙利語）
◷10:00～16:15
休週一
💰大人　　1200Ft
　兒童　　　960Ft
　從Kolosy tér搭乘65號巴士。

◆Szemlőhegyi-barlang
✉1025 Pusztaszeri út 35
🌐www.szemlohegyi.atw.hu
（匈牙利語）
☎(1) 325-6001
◷10:00～16:00
休週二
💰大人1000Ft
　兒童800Ft
　從Kolosy tér搭乘29號巴士。

◆國立美術館
✉1014 Szt. György tér 2
（皇宮A～D館內）
☎(20) 439-7325
FAX(1) 212-7356
🌐www.mng.hu
◷10:00～18:00
休週一
💰1400Ft
　相機　　　500Ft
　攝影機　1000Ft
　美術館、博物館的售票窗口會在關門前30分～1小時內關閉，最好早點前往。

◆布達佩斯歷史博物館
✉1014 Szt. György tér 2
（皇宮E館內）
☎(1) 318-8097
🌐www.btm.hu
◷3～10月10:00～18:00
　11～2月10:00～16:00
休週一
💰大人　　1500Ft
　學生　　　750Ft
　相機　　　800Ft

音樂歷史博物館 Zenetörténeti Múzeum

Music History Museum 　　MapP.182-B2

　座落在Táncsics Mihály u.路旁，因為貝多芬經常下榻此處而出名。裡面展示著匈牙利的傳統樂器欽巴隆揚琴Cimbalom、音樂家巴爾托克Bartók Béla親筆填寫的樂譜等。

軍事歷史博物館 Hadtörténeti Múzeum

Military History Museum 　　MapP.182-A～B2

　利用1840年代的兵營改建，目前當作博物館之用。館外陳列著大砲，館內則展示了鄂圖曼帝國占領時代所使用的旗子、武器和軍服，以及描繪1956年的匈牙利動亂時期，軍人和戰爭畫面的木板畫，還有繪畫、雕刻等約2000件，值得一看的展示品相當多。放在中庭的戰車也可以自由觸摸。

森梅威斯醫學歷史博物館
Semmelweis Orvostörténeti Múzeum

Semmelweis Museum of Medical History 　　MapP.183-D5

　位於城堡山南邊山麓Apród u.路上的建築物，是婦產科醫生森梅威斯Semmelweis Ignác的故居，如今成為博物館。展示的內容包括了昔日生產或與牙科有關的醫療器材、頭蓋骨、腦的模型，以及描繪醫療情形

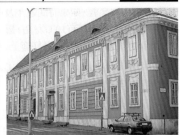

博物館就在這棟建築物的2樓

的油畫。不但對於匈牙利有其重要性，對世界醫學史尋根也有極重要的價值。

瓦沙雷利博物館 Vasarely Múzeum

Vasarely Museum 　　MapP.180-C1外

　瓦沙雷利Victor Vasarely（1908～1997），出生於匈牙利南部的佩啟市Pécs，隨後搬到巴黎居住，成為世界知名的藝術家。三次元幾何圖案在1960年代聞名於全球，館內的展示品包括了初期的素描，以及他最具代表性的幾何圖案作品，內容包羅萬象。他個人捐贈的作品大約有400件，美術館就在歐布達的中央廣場Fő Tér附近。

卡查克·拉約翰紀念美術館
Kassák Lajos Emlékmúzeum

Kassak Lajos Memorial Museum 　　MapP.180-C1外

　卡查克·拉約翰Kassák Lajos（1887～1967），是活躍於1920～1930年代的構成主義作家，從設計、拼貼、素描等平面作品，到箱子的組合等立體作品，創作範圍相當廣。而他個人除了是位頂尖的藝術家外，也是一位相當活躍的論述家和評論家。

瓦格資料館 Varga Imre Gyűjtemény

Varga Imre Collection `MapP.180-C1外`

雕刻家瓦格Varga Imre（1923～）的作品館，利用青銅製作的人物雕像非常獨特，放在戶外的雕像，每一個作品就像是動作在瞬間凝結似的，完成度相當高。位於艾斯特根Esztergom的《李斯特‧菲冷茲雕像》，以及艾格爾Eger的《作家蓋爾東尼‧格薩雕像》等等，各地作品的複製品都在這裡展示。資料館位於歐布達的中央廣場北邊70m處。

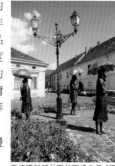

瓦格資料館外面的雕像作品《雨中散步》

阿奎恩庫姆博物館 Aquincum Múzeum

Aquincum Museum `MapP.180-C1外`

歐布達在羅馬帝國時代，是潘諾尼亞行省Pannonia的主要都市阿奎恩庫姆的所在地，全盛時期超過4萬人，相當繁榮。自來水設備、完善的道路、浴場、教堂、神殿、市場和住宅等的遺跡，以幾乎貼近當時的模樣完整保留下來，被塗上顏色的牆壁和馬賽克風格的地板等等，陳列著各式各樣的出土文物。

隔著市郊電車HÉV路線的對面，有著建於2世紀、能容納6000人的圓形劇場遺跡，現在因為到訪的遊客減少，因此有點荒涼。

Kiscelli博物館 Kiscelli Múzeum

Kiscelli Museum `MapP.180-B1`

博物館位於歐布達山區的山腰處，是一棟色彩鮮豔的黃色建築物。這裡本來是修道院，18世紀因哈布斯堡皇帝約瑟夫二世Josef II的命令，一度被當作兵營之用。

館內分成好幾個區域，展示著以布達佩斯為主題的繪畫、版畫、照片和日常用品等，介紹20世紀的匈牙利藝術。走進入口，右側有個金色的獅子藥局，1945年關門大吉的同名藥局就這樣移到博物館來，美麗的藥瓶和秤藥用的天秤全都完整保存下來。而在建築物的1樓，展示著以前的大型印刷機和雕刻，再繼續往內，有著又大又美麗的教堂遺跡。至於2樓則是有許多肖像畫和古董家具並列的房間，一間接著一間。

雕像公園 Szoborpark

Memento Park `MapP.180-B5外`

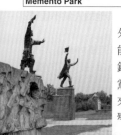

展示著共產主義時代的遺產，是一座戶外博物館。當時在布達佩斯市內，到處都能看到列寧以及馬克思等共產黨領導人的銅像或是蘇聯紅軍士兵銅像，1989年共產黨政權瓦解後，這些雕像通通集中到這裡來。

殘留著社會主義時代記憶的巨大銅像群

◆瓦格資料館
✉1033 Laktanya u. 7
☎(1) 250-0274
🕐週二～五　10:00～16:00
　週六‧日　10:00～18:00
休週一
💰大人800Ft
　學生400Ft
🚇M2 Batthyány tér站搭乘HÉV，在Szentlélek tér站下車。

◆阿奎恩庫姆博物館
✉1031 Szentendrei út 135
☎(1) 250-1650
🌐www.aquincum.hu
🕐4‧10月　10:00～17:00
　5～9月　10:00～18:00
　11～3月　10:00～16:00
休週一
💰大人1600Ft
　（冬季1000Ft）
　學生800Ft
　（冬季500Ft）
🚇M2 Batthyány tér站換搭HÉV，在Aquincum站下車。

◆Kiscelli博物館
✉1037 Kiscelli u. 108
☎(1) 388-7817
🌐www.btmfk.iif.hu
🕐10:00～18:00
休週一
💰大人　　　　1000Ft
　學生　　　　500Ft
　相機　　　　500Ft
　搭乘17號路面電車或是165號巴士。

◆雕像公園
✉1223 Balatoni út, Szabadkai u.
☎(1) 424-7500
🌐www.mementopark.hu
🕐10:00～日落
休無休
💰大人1500Ft
　學生1000Ft
　從迪亞克廣場Deák F. tér搭乘47號路面電車，在Újbuda-Központ站下車。搭乘150號巴士在Memento Park下車，徒步即達。另外，從迪亞克廣場有直達車，每日11:00（7‧8月有15:00班次）出發。包括來回車資和入場券大人4900Ft‧學生3500Ft。

195

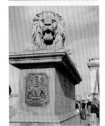

守護鎖鏈橋的獅子雕像

◆◆◆◆布達佩斯（布達和佩斯之間）的主要景點◆◆◆◆
布達佩斯的橋 híd

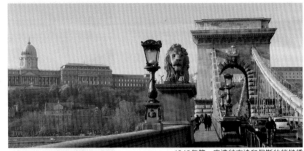

1849年第一座連結布達和佩斯的鎖鏈橋

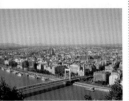

從蓋勒特丘陵看到的伊莉莎白橋

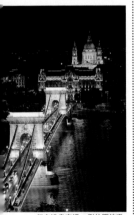

從布達皇宮這一側往下俯瞰打上燈光的鎖鏈橋

連接布達和佩斯之間的橋樑一共有9座，最上游（北）的橋樑是鐵路專用，而朝著下游（南）依序看下去，緊接著的橋樑是連接瑪格麗特島Margitsziget北端的阿爾帕德橋Árpád híd，和連接同一座小島南端的瑪格麗特橋Margit híd。浮在多瑙河上的瑪格麗特島全島被綠色所覆蓋，成了　處公園，這裡自然也成為布達佩斯市民週末假日的最佳休閒去處，一到假日就變得很熱鬧。搭乘行經瑪格麗特橋的4、6號路面電車，從電車上眺望的風景十分迷人。

接下來是最有名的鎖鏈橋Széchenyi Lánchíd，這座橋本身就是個觀光景點，非常氣派豪華，同時也是第一座連結布達和佩斯之間的橋樑。在橋樑建造之前，兩邊的居民靠著船隻往來，在一心希望兩邊合併的貴族政治家聖齊尼公爵Széchenyi István努力之下，這座大橋終於完成。他找來了當時土木技術方面相當先進的英國專家威廉・克拉克William Tierney Clark和亞當・克拉克Adam Clark，在1849年完成，橋旁分別有2座獅子雕像，用來保護這座橋樑。

緊接著是白色的吊橋，這座橋的名字取自於曾經兼任匈牙利國王的奧地利國王法蘭茲・約瑟夫一世Franz Josef I的妻子伊莉莎白，取名為伊莉莎白橋Erzsébet híd。第二次世界大戰中，所有橫跨多瑙河的橋樑通通遭到摧毀，其中受損最嚴重的就是這座橋。本來這座橋樑的裝飾非常高雅，配合王妃的氣質，不過在1964年改建為現在大家所看到的簡單設計。

伊莉莎白橋的旁邊（下游側）是一座綠色的橋，那是為了慶祝建國1000年所興建的自由橋Szabadság híd。當時在興建之際，法蘭茲・約瑟夫一世親自啟動用來敲下大釘的槌子裝置，還把這座橋取名為Ferenc Jósef híd。後來因為他的人氣不佳，於是在戰後將這座橋改名為自由橋。

再往下游走，看到的是1937年完成的裴多菲橋Petőfi híd和1996年落成的拉吉馬紐什橋Lágymányos híd，最下游的橋樑是鐵路橋，一般行人無法通行。

瑪格麗特島 Margitsziget

Margaret Island	MapP.180〜181-C〜D1〜2

　　瑪格麗特島是多瑙河中的沙洲，長2.5km，最寬的地方有500m，呈樹葉的形狀，整座島嶼就是一座公園。天氣好的週末假日，這裡能看到做日光浴的銀髮族、玩滑板或是登山散步的年輕人，還有墜入情網的情侶們，整座島嶼被幸福的氣氛圍繞。這裡的娛樂設施相當多樣，包括游泳池、自行車出租、溫泉飯店以及戶外劇場等。另外，在這座島上還有島嶼名稱由來的瑪格麗特公主度過一生的13世紀修道院和教堂的遺跡。

◆ ◆ ◆ ◆ ◆ ◆ 布達佩斯（佩斯）的主要景點 ◆ ◆ ◆ ◆ ◆ ◆

國會大廈 Országház

Parliamen	MapP.183-E1

　　多瑙河畔有一棟新哥德式建築，那是在1885〜1902年由Steindl Imre所設計建造。文藝復興風格的圓形屋頂，其高度和聖史蒂芬大教堂一樣有96m，這是根據896年，馬札兒人Magyarok在這裡定居的史實而來。巴洛克風格的內部共有691個房間，以圖畫、雕像和掛毯裝飾，非常豪華絢爛。裡面有規劃參觀行程，建議一定要去看看，就連走廊上的菸灰缸和廁所都非常美麗，在在顯示建築師對美的堅持。

　　另外，一直以來都存放於國立博物館Magyar Nemzeti Múzeum的國王皇冠，在2000年1月移到了國會大廈。這頂皇

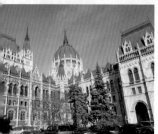

冠是從1000年首任國王史蒂芬一世I. István一直到1918年最後一任國王卡洛伊四世IV. Károly退位為止這900多年來每一任國王代代相傳的寶物。第二次世界大戰後，這頂皇冠被帶到國外去，之後的數十年都放在美國，直到1978年當時的總統卡特決定讓這頂皇冠返回故鄉。

布達佩斯的地標，國會大廈

聖史蒂芬大教堂 Szt. István Bazilika

St. Stephen's Basilica	MapP.183-F3

　　位於伊莉莎白廣場附近，同時也是布達佩斯最大的教堂，於1851年開始動工，花了半世紀在1905年落成。2座高塔和高96m、直徑22m的大圓頂是建築物的標誌，大約可容納8000人，教堂正面還有耶穌12門徒的雕像。

　　站在正門入口抬頭看，那是匈牙利的第1位國王史蒂芬一世I. István的胸

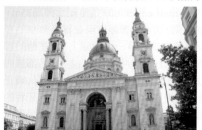

外觀雄偉的聖史蒂芬大教堂

◆瑪格麗特島

　搭乘4、6號的路面電車，在瑪格麗特橋中央的站牌下車，另外也可搭乘26號巴士，在島內來回穿梭。

瑪格麗特島是市民的休憩場所

◆國會大廈

⊠1055 Kossuth Lajos tér 1-3

URLwww.parlament.hu

✉idegenforgalom@parlament.hu

　搭乘M2在Kossuth Lajos tér站下車，另外也可搭乘2號路面電車。

國會大廈的導覽行程

售票窗口

TEL(1) 441-4904／
　(1) 441-4415

圓4〜10月
　　週一〜五　　8:00〜18:00
　　週六‧日　　8:00〜16:00
　　11〜3月　　8:00〜16:00

困無休

　想要入內參觀，一定要參加導覽行程（所需時間45分）。以團體遊客優先入場，可能要等上好長一段時間，尤其是英語導覽最好事先預約，但預約電話經常打不通，有時會沒有事先通知，臨時不開放參觀。

※英語導覽

每日10:00‧12:00‧13:00‧13:45‧15:00

※也有德語、法語、西班牙語、義大利語、俄羅斯語等。

圓大人3500Ft
　學生1750Ft

購買國會大廈的門票

　國會大廈的周圍架上了柵欄，禁止遊客進入，因此不能任意靠近。想要購買門票，必須告知國會大廈正門的警衛才能進入柵欄內。在X(10)號窗口購票後，然後回到同一個地方，在柵欄外面等待集合參觀。

◆聖史蒂芬大教堂

✉1051 Szt. István tér

🕐週一～五　　9:00～17:00
　週六　　　　9:00～13:00
　週日　　　　13:00～17:00
🚫無休　💲200Ft(樂捐)

◆神聖右手禮拜堂

🕐週一　　　　9:00～16:30
　週二～六　　9:00～17:00
　（夏季的週六到13:00為止）
　週日　　　　13:00～17:00
🚫無休

◆瞭望台

🕐10～6月　　10:00～16:30
　7～9月　　　10:00～18:30
🚫無休
💲大人　　　500Ft
　學生　　　　400Ft

◆寶物館

🕐10～6月　　10:00～16:30
　7～9月　　　10:00～18:30
🚫無休
💲大人　　　400Ft
　學生　　　　300Ft

◆國家歌劇院

✉1061 Andrássy út 22
☎(1) 332-8197
🔗www.opera.hu
🔗www.operavisit.hu
📧info@operavisit.hu
　M1 Opera站前。

國家歌劇院的導覽行程

🕐每日15:00、16:00出發
💲大人　　　2900Ft
　學生　　　　1900Ft
　英語、德語、法語、西班牙語、義大利語、匈牙利語的導覽行程同時進行。門票在面向歌劇院左側的歌劇院售票處購買。

◆英雄廣場

　M1 Hősök tere 站前。

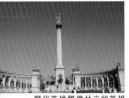

歷代英雄雕像林立的英雄廣場

像。積極接受基督教，死後被列為聖人的史蒂芬一世，他的右手臂被當作聖物，存放在神聖右手禮拜堂Szent Jobb Kápolina的玻璃箱裡公開展示。

　而在圓頂的周圍，就是瞭望台Panorama Kilátó，可以搭乘電梯來到最上面。正面的左邊是瞭望台的入口，右側則是教堂以及寶物館Kincstár的入口。

國家歌劇院 Magyar Állami Operaház
State Opera House　　　　　　　　　　　MapP.181-D3

　位於布達佩斯最繁華的道路安德拉斯大道Andrássy út上的主角，就是這棟國家歌劇院，在安德拉斯伯爵Andrássy Gyula的要求下動工，由Ybl Miklós所設計，於1884年完工。正面右側是匈牙利國歌的作曲者艾爾科・費倫茨Erkel Ferenc，左邊則是李斯特・菲冷茲Liszt Ferenc，2樓的露台則是有莫札特、華格納等知名大音樂家的雕像。

　落成後的首次演出是在1884年9月27日，艾爾科親自指揮個人的作品《Bánk bán》和華格納的《Lohengrin》等。隨後古斯塔夫・馬勒Gustav Mahler以指揮家的身分，在這裡首度演出他的《第一號交響曲》，因為沒有獲得好評，讓馬勒傷心地離開布達佩斯。

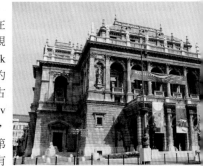

想在這裡看一次演出的國家歌劇院

　這座歌劇院裡面比外面所想像的還要大，是一處豪華高雅的空間。舞台縱深達43m，就算不是坐在很棒的位置，也能欣賞到天花板上的鮮豔畫作以及重達3噸的水晶吊燈。白天歌劇院有參觀行程，沒時間好好欣賞歌劇的人，倒是可以參加好好逛一逛。

英雄廣場 Hősök tere
Heroes' Square　　　　　　　　　　　　MapP.181-E2

　位於安德拉斯大道盡頭有一座為了慶祝匈牙利建國1000年，而在1896年建造的英雄廣場，並在廣場中央打造了一座建國千年紀念碑Millenniumi emlékmű。這座紀念碑高35m，最上面則是大天使加百列，加百列曾經出現在羅馬教皇的夢裡，告訴教皇要把皇冠戴在史蒂芬一世的頭上，而在他的腳下則是以馬札兒族的首長Árpád為中心，左右各有3名部族的族長。另外，兩側的廊柱有14位名留匈牙利史上的歷代國王和藝術家的雕像。過去這裡原本也能看到曾經支配匈牙利的哈布斯堡家族國王雕像，但在1948年後換成了獨立戰爭領導者的雕像。

市民公園 Városliget

City Park `MapP.181-E~F2~3`

英雄廣場後方有一個約1km²的公園，那就是市民公園。園內有聖齊尼溫泉Széchenyi Gyógyfürdő、遊樂園Vidámpark、動物園Állatkert、國立大馬戲團Fővárosi Nagycirkusz等等，這裡充滿了攜家帶眷的遊客，總是熱鬧不已。動物園從正門入口開始，充滿新藝術風格和民族色調的動物小屋，也是不容錯過的地方。

公園的池塘夏天可以划船，冬天可以滑冰，座落在池塘前的瓦達夫尼德城Vajdahunyad vára，是以瓦達夫尼德（現羅馬尼亞的Hunedoara）裡的一座城堡為藍本，目前在匈牙利各地大約有20棟以上同樣風格的建築物，原是作為慶祝建國1000年的展覽館場，沒想到相當受到歡迎，隨後重新改建讓建築物更加堅固，目前部分的區域作為農業博物館Magyar Mezőgazdasági Múzeum之用。

猶太教堂 Zsinagóga

Synagogue `MapP.181-D4`

這座歐洲最大規模的猶太教堂，在1859年完成，因李斯特Liszt Ferenc、聖桑Saint-Saëns等人經常在這裡彈奏管風琴而聞名。

面對建築物左邊的是展示館Zsidó Múzeum，展示著與猶太民族的藝術、宗教有關的物品。此外，還可以看到與納粹大屠殺相關的照片。

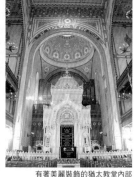
有著美麗裝飾的猶太教堂內部

猶太教堂後方有以柳樹為構圖的紀念碑，這是為了紀念在納粹大屠殺中犧牲的人，將犧牲者的名字都刻在紀念碑上（象徵生命之樹），這是匈牙利最具代表性的雕刻家瓦格Varga Imre 的作品。

中央市場 Vásárcsarnok

Central Market `MapP.181-D5`

匯集匈牙利各種食材的市場，布達佩斯市內大約有5～6個市場，以這個中央市場的規模最大，並曾在1994年改裝過。

1樓販售蔬果、義大利香腸等加工肉品，匈牙利最有名的紅椒這裡也有賣，無論是生鮮、乾燥甚至是粉末，或是軟裝的通通都有，罐裝的鵝肝和肉醬Pâté在這裡也能買到。地下樓除了超市外，還有肉類和海鮮的店家。如果對洶湧的人潮

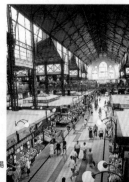
店鋪井然有序的市場

公園入口的池塘，夏天可以租小船

◆遊樂園
Map P.181-E2
⊠1146 Állatkerti krt. 14-16
☎(1) 363-8310
圏3・4月　　11:00~18:00
　5・9月　　11:00~19:00
　6~8月　　10:00~20:00
（週末會延長營業時間）
圏10~3月中旬
圏大人4900Ft
　兒童3500Ft

◆動物園
Map P.181-E2
⊠1146 Állatkerti krt. 6-12
☎(1) 273-4900
圏3・10月　　9:00~17:00
　4・9月　　9:00~17:30
　5~8月　　9:00~18:30
　11~2月　　9:00~16:00
（週末會延長營業時間）
圏無休
圏大人2500Ft
　學生1800Ft
M1 Széchenyi fürd|站
或是Hősök tere站下車。

◆農業博物館
Map P.181-E2
⊠1146 Válosliget,
Vajadhunyadvár
☎(1) 363-1117
圏4~10月　　10:00~17:00
　11~3月
　週二~五　10:00~16:00
　週六・日　10:00~17:00
圏週一
圏大人1100Ft
　學生550Ft

◆猶太教堂
⊠1074 Dohány u. 2-8
☎(1) 343-0420
圏週日~四　10:00~18:00
　週五　　10:00~15:30
（冬季時間會縮短）
圏週六　圏1400Ft
展示館
圏大人2000Ft
　學生850Ft
　附導覽
　　大人2250Ft

◆中央市場
⊠1093 Vámház krt. 1-3
圏週一　　　6:00~17:00
　週二~五　6:00~18:00
　週六　　　6:00~14:00
圏週日
M3 Kálvin tér站徒步5分，或是搭乘47、49號路面電車。帶著購物袋前往吧!

◆國立博物館

✉1088 Múzeum krt. 14-16

☎(1) 338-2122

FAX(1) 317-7806

URLwww.mnm.hu

🕐10:00~18:00

🚫週一

💰大人　　　　　1100Ft
　　學生　　　　　550Ft
　　相機　　　　　2500Ft
　　攝影機　　　　4500Ft
　　語音導覽　　　750Ft
　　（英語、法語、德語）

M 3 Kálvin tér站下車，徒步5分。

◆西洋美術館

✉1146 Dózsa György út 41

☎(1) 469-7100

FAX(1) 469-7171

URLwww.mfab.hu

🕐10:00~18:00

🚫週一

💰大人　　　　　1800Ft
　　（企劃展另外收費）
　　相機　　　　　300Ft
　　攝影機　　　　1500Ft

也有英語、德語等的語音導覽（500Ft）。

M 1 Hősök tere站下車。

◆現代美術館
　（Műcsarnok）

✉1146 Dózsa György út 37

☎(1) 460-7000

URLwww.mucsarnok.hu

🕐10:00~18:00
　（週四12:00~21:00）

🚫週一

💰大人　　　　　1800Ft
　　學生　　　　　900Ft

M 1 Hősök tere站下車。

◆民族博物館

✉1055 Kossuth Lajos tér 12

☎(1) 473-2440

FAX(1) 473-2401

URLwww.neprajz.hu

🕐10:00~18:00

🚫週一

💰大人　　　　　1000Ft
　　學生　　　　　500Ft
　　相機　　　　　300Ft

M 2 Kossuth Lajos tér站下車，搭乘2號路面電車。

感到疲累的話，可以上2樓，那裡有簡餐區和傳統工藝品店，是個可稍微休息的地方。

國立博物館 Magyar Nemzeti Múzeum

Hungarian National Muscum　　　　MapP.181-D4

　　1847年完成，是建築大師Pollack Mihaly的傑作，同時也是匈牙利最大的博物館。博物館正面的科林斯式柱子和女神像的雕刻，最讓人印象深刻。展示品以1802年Széchényi Ferenc寄贈給國家的文物為基調，訴說匈牙利歷史的各時代文物，以淺而易懂的方式展覽，有羅馬帝國時代的出土品、首任國王史蒂芬一世I. István遺留下來的「加冕儀式所穿的外套」、皇室的裝飾品和衣服，還有20世紀前半所拍攝的影像，其數量相當可觀。依序參觀就可以了解歷經動盪紛亂的匈牙利，是如何一路走來。館內還針對每項作品，設有清楚解說的資訊設備。

西洋美術館 Szépművészeti Múzeum

Museum of Fine Arts　　　　MapP.181-E2

　　位於英雄廣場西側的建築物，相較於城堡山上的國立美術館Magyar Nemzeti Galéria專門收藏匈牙利畫家的作品，這座西洋美術館則是以外國畫家的作品為主，其中又以

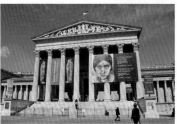
館內也展示著埃及美術

西班牙美術品的收藏最為知名。這裡收藏的西班牙美術作品僅次於西班牙國內，除了有哥雅Francisco Goya、葛雷柯El Greco、慕里歐Bartolome Murillo等西班牙籍的畫家外，還有拉斐爾、林布蘭、布勒哲爾Pieter Bruegel de Oude、塞尚、高更、雷諾瓦、莫內、夏卡爾Marc Chagall和羅德列克Henri de Toulouse-Lautrec等世界知名美術巨匠的作品，值得花時間好好欣賞一下。

　　隔著廣場對面的建築物是現代美術館Műcsarnok，館內展示著國內外知名的現代藝術創作者的作品，這裡沒有常設的展覽，而是各種主題的企劃展。

民族博物館 Néprajzi Múzeum

Ethnography Museum　　　　MapP.183-E1

　　就在國會大廈的對面，這座文藝復興風格的美麗建築原本是最高法院，內部有色彩鮮豔的天花板畫，豪華的階梯宛如宮殿一般的氣派。展示內容包括在匈牙利各地的出土物、傳統民族服飾和彩色家具，分別以「結婚儀式Eskuvo」、「玩具Játék」等主題分門別類，讓遊客更容易理解。

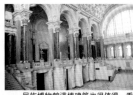
民族博物館這棟建築也很值得一看

恐怖館 Terror Háza

Terror House | **MapP.181-D3**

這裡曾經是在第二次世界大戰中，深受納德國納粹影響的匈牙利政黨「箭十字黨Nyilaskeresztes Part Hungarista Mozgalom」的總部，而在共產主義時代，匈牙利國家保安部ÁVH的祕密警察總部也設在此。館內以前衛的方式展示了共產主義時代照片、海報、箭十字黨的制服，而在地下室還能看到祕密警察當時拷問的房間和牢房。

李斯特‧菲冷茲紀念館
Liszt Ferenc Emlékmúzeum

Ferenc Liszt Memorial Museum | **MapP.181-D3**

偉大作曲家同時也是鋼琴家的李斯特，出生於瑞汀Raiding（現為奧地利的艾森斯塔特州Eisenstadt）。因為雙親出生於德國，就民族血統看來並非匈牙利人（馬札兒人Magyarok），但他總是說自己是匈牙利人，晚年定居在這裡。館內保留著他所使用的家具和鋼琴，上面寫著「週二、四、六3～4點回家」的門用掛牌，也被保留下來。

柯大宜紀念博物館
Kodály Zoltán Emlékmúzeum

Zoltán Kodály Memorial Museum | **MapP.181-E3**

作曲家柯大宜Kodály Zoltán致力於蒐集匈牙利的傳統音樂，因為他編寫出獲得極高評價的音樂教育法「柯大宜教學法Kodály Method」而成名。他親手寫的樂譜和住家都對外公開。

工藝美術館 Iparművészeti Múzeum

Museum of Applied Arts | **MapP.181-D5**

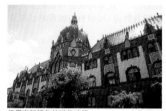
使用嶄新顏色的近代建築

館內展示著家具、編織物、陶瓷器、玻璃等美術工藝品，現在則是以各種收藏的企劃展為主。

工藝美術館是在1896年開館，當時為了慶祝建國1000年，邀請匈牙利當地的知名建築師Lechner Ödön等人負責操刀。鮮綠色的圓頂和入口處色彩鮮豔的陶瓷扶手，以及內部白色拱門的印度風裝潢，採用了許多近代化的技術。這棟建築物完成當時，還有「吉普賽國王的宮殿」稱號，引發不小的話題。其實這棟建築物比起館內的展示品，更令人注目。

地下鐵博物館 Millenniumi Földalatti Vasúti Múzeum

Millennium Underground Museum | **MapP.183-F4**

布達佩斯的地下鐵在1896年通車（現在的M1線），是全歐洲僅次於倫敦、第2個通車的國家。這座地下鐵博物館是由當時的部分隧道改建而成，展示著過去曾使用的車輛、車票，以及建造當時的黑白照片。

◆恐怖館
✉1062 Andrássy út 60
☎(1) 374-2600
URLwww.terrorhaza.hu
🕒10:00～18:00
🚫週一
💰大人　　　2000Ft
　學生　　　1000Ft
　語音導覽
　1300Ft（英語、德語）

◆李斯特‧菲冷茲紀念館
✉1064 Vörösmarty u. 35
☎(1) 322-9804
URLwww.lisztmuseum.hu
🕒週一～五　10:00～18:00
　週六　　　9:00～17:00
🚫週日
💰大人　　　1300Ft
　學生　　　600Ft
　相機　　　1100Ft
　攝影機　　2200Ft

◆柯大宜紀念博物館
✉1062 Andrássy út 89
☎(1) 352-7106
URLwww.kodaly.hu
🕒10:00～12:00
　14:00～16:30
🚫週一‧二
💰大人　　　1000Ft
　學生　　　500Ft
※參觀需要預約

◆工藝美術館
✉1091 Üllői út 33-37
☎(1) 456-5107
URLwww.imm.hu（匈牙利語）
🕒10:00～18:00
🚫週一
💰大人2000Ft
　學生800Ft
※費用會因企劃展有所調整

◆地下鐵博物館
✉1052 Deák Ferenc tér
☎(1) 258-4636
🕒10:00～17:00
🚫週一
💰350Ft（和當時的1次券車票價格相同，可憑BKV的車票入內參觀）

以溫泉撫慰心靈的體驗

布達佩斯的溫泉

　　匈牙利是世界知名的溫泉國度，光是在布達佩斯就有超過100個源泉，以及近50座的浴場。來自世界各地的觀光客，為了享受泡湯之樂前來。

　　這裡的溫泉設施有的彷彿是走入時光隧道，回到了鄂圖曼時代的遺跡，有的則是具備了現代化的設備，種類相當多。既然來到布達佩斯，就要多去幾處泡湯設施，好好享受一番。

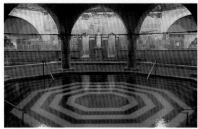
魯達斯溫泉歷史悠久的土耳其式浴場

在售票處用得到的匈牙利語

溫泉	termálfürdo
游泳池	uszoda
按摩	masszázs
腳趾沙龍	pedikur或lábápolás
浴巾	törölközö
泳裝	fürdőröhát
泳帽	（úszó）sapka
更衣室	kabin

匈牙利式的泡湯法

①在入口付費並且拿到有IC卡的手環
②將IC手環放在自動驗票機上感應後入場
③前往更衣室
寄物櫃…每個寄物櫃會有一個圓形的突起物，以手環按壓就會打開，寄物櫃的門關上後就自動上鎖
更衣室…將手環交給櫃台人員，詢問更衣室號碼，或是利用手環打開更衣室的機械裝置換衣服，會自動關門。如果要再度打開的話，還要再感應一次機械裝置
④先以淋浴方式洗淨全身再進入浴池裡
⑤回家時，將手環放在自動驗票機上感應後歸還　※每個溫泉設施的設備可能不太一樣，要多加留意

給第一次泡湯的人 Q and A

Q 要帶什麼東西去呢？
A 帶泳衣、涼鞋、浴巾和塑膠袋去會比較方便。有些溫泉設施有浴巾可以租借，也有販售肥皂和洗髮精，但最好自備。

Q 需要穿泳衣嗎？
A 魯達斯溫泉、蓋勒特溫泉等地的浴場基本上不需要，但如果是泳池的話，則需要穿泳衣戴泳帽（浴帽也可以，也有租借的服務），溫泉飯店的SPA也需要穿泳衣。最近浴池有分男女，設有男、女專用的溫泉，穿著泳衣的人相當多。

Q 使用方式到處都一樣嗎？
A 溫泉飯店Margitsziget、Helia、Aquincum和健身房相同，在服務台付費，領到寄物櫃的鑰匙以及毛巾後即可入內。其他的都是傳統的溫泉，其規定如上述所記。

Q 需要付小費嗎？
A 如果有請人按摩或是進行腳趾沙龍的話，要當場付費給對方，不過有時候對方會對觀光客或是年輕人較為敷衍，可視對方的服務品質決定金額。

Q 什麼是腳趾沙龍
A 就是腳部的護理，不是為腳趾頭塗上指甲油（如果有這樣的要求，費用要另計），而是一種醫療行為，必須由專業的護理師為腳趾甲或是腳踝等部分進行護理。

傳統的匈牙利溫泉

■ 道地的土耳其式浴場基拉伊溫泉【Király】
⊠1027 Fö u. 84　☎(1) 202-3688
Map P.180-C3
Ⓜ2 Batthyány tér站徒步10分。
●溫泉
🕐9:00～21:00
休無休　圖2400Ft（使用更衣室）
　建造於1570年鄂圖曼帝國統治時期，陽光透過圓頂的洞口灑下，昏暗中充滿了幻想。有26～40°C4種不同的浴池和瀑布池等。

■ 充滿異國氣氛的土耳其式浴場魯達斯溫泉【Rudas】

✉ 1013 Döbrentei tér 9　☎ (1) 356-1322

Map P.180-C4

Ⓜ 2 Széll Kálmán tér站搭乘18號路面電車。

●溫泉

（週一・三〜五只開放男性、週二只開放女性、週六・日男女混浴）

🕐 週日〜三6:00〜20:00

　週五・六6:00〜20:00、22:00〜翌日4:00

💰 3000Ft（週日・節日3300Ft）、週五・六夜間3600Ft。皆可使用更衣室。

●泳池

🕐 週一〜三6:00〜18:00　週四・日6:00〜20:00

　週五・六6:00〜20:00、22:00〜翌日4:00

💰 寄物櫃2000Ft（週日・節日2300Ft）

　週五・六夜間3600Ft

　位於布達這一側的伊莉莎白橋旁，這也是在1566年興建的土耳其式浴場。圓形屋頂和位於中央的八角形浴池，四周還有不同水溫的小浴池將其圍繞。

■ 布達佩斯的代表蓋勒特溫泉【Gellért】

✉ 1118 Kelenhegyi út 4　☎ (1) 466-6166

Map P.181-D5

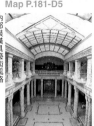
內部裝潢具藝術風格

Ⓜ 3 Kálvin tér站搭乘47、49號路面電車。

●泳池＋溫泉

🕐 6:00〜20:00

💰 平日5300Ft

週末5500Ft。可使用更衣室。。

　1918年興建的新藝術風格的溫泉飯店Hotel Gellért，玻璃天花板的室內泳池以及有波浪的戶外泳池（僅5〜10月，都需要穿著泳衣），還有貼著磁磚的浴池（男女分開，匈牙利式＝裸體或是穿著泳衣入浴），絕對不容錯過。

■ 具有藥效的盧卡斯溫泉【Lukács】

✉ 1023 Frankel Leó. u. 25-29　Map P.180-C2

☎ (1) 326-1695

搭乘市郊電車HÉV在Margit híd站下車。

●溫泉泳池＋溫泉

🕐 6:00〜20:00

💰 寄物櫃2800Ft（週末2900Ft）

　更衣室3200Ft（週末3300Ft）

　下午或是17:00以後入場會比較便宜。

　從羅馬帝國時代就使用的傳統藥效溫泉，很多當地人都是為了治療而來。這裡還有泥浴池、鹽浴池，同時也能買到能飲用的溫泉水。

■ 邊泡湯邊下棋的聖齊尼溫泉【Széchenyi】

✉ 1146 Állatkerti krt. 11　☎ (1) 363-3210

Map P.181-E2

Ⓜ 1 Széchenyi fürdö站前。

●溫泉

🕐 6:00〜22:00

●溫泉泳池

🕐 6:00〜22:00

💰 寄物櫃

　4100Ft（週末4300Ft）

　更衣室4600Ft（週末4800Ft）

聖齊尼溫泉

　1913年建造於市民公園內的大溫泉中心，仿造羅馬帝國時代的公共浴場。泳池裡還設有西洋棋盤，非常特別。

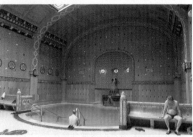
裝飾以Zsolnay製瓷磚的美麗男湯

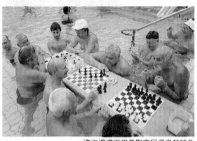
邊泡湯邊下棋是聖齊尼溫泉的特色

溫泉的糾紛

　布達佩斯最有名的非溫泉莫屬，本書的編輯部針對溫泉裡容易發生的糾紛做了以下整理。週末或是節日聖齊尼溫泉泳池人潮非常多，想要趁著人多對女性上下其手的男子會混在人群裡，要多加小心。

Theater & Concert Hall ♪   布達佩斯的劇場·音樂廳

柯大宜Kodály Zoltán、巴爾托克Bartók Béla、李斯特Liszt Ferenc等音樂家輩出的音樂大國匈牙利，來到這裡一定要欣賞歌劇、音樂會、芭蕾舞、戲劇的公演。門票比台灣便宜很多也是吸引遊客的一點，不過坐在非常好的位子時，要注意自己的服裝，以免和旁人格格不入。

♪歌劇、芭蕾舞

國家歌劇院 *Magyar Állami Operaház*
Map P.181-D3

✉1061 Andrássy út 22   ☎(1) 353-0170

音樂學院 (李斯特音樂學院)
Zeneakadémia
Map P.181-D3

✉1061 Andrássy út 45   ☎(1) 321-0690

布達佩斯輕歌劇院 *Budapesti Operettszínház*
Map P.181-D3

✉1065 Nagymező u.17   ☎(1) 312-4866

藝術宮 *Művészetek Palotája*
Map P.181-E5外

✉1095 Komor Marcell u. 1   ☎(1) 555-3001

Budapesti Kongresszusi Központ
Map P.180-B5

✉1123 Jegelló út 1-3   ☎(1) 372-5400

♪民族舞蹈 & 人偶劇

●華麗的服裝、充滿情感的音樂，使人興奮的獨特舞步，讓人想要嘗試一次匈牙利民族舞蹈。夏天在下列的劇場有表演，關於公演的日期，可以參考放在❶或是飯店的手冊。

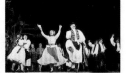

Budai Vigadó的匈牙利舞蹈演出

☎(1) 317-2754   URL www.ticket.info.hu
💳大人3600～6200Ft   學生3300～5600Ft

Budai Vigadó
Map P.182-C2

✉1011 Corvin tér 8   ☎(1) 225-6056

多瑙河宮 *Duna Palota*
Map P.183-E3

✉1051 Zrínyi u. 5   ☎(1) 235-5533

布達佩斯木偶劇院 *Budapest Bábszínház*
Map P.181-D3

✉1062 Andrássy út 69   ☎(1) 342-2702

♪情報誌

●*Budapest Panorama* (英法德義俄語)
除了介紹音樂會和舞台劇的資訊外，也詳盡報導展覽會或是城市遊覽的相關訊息。可在飯店或是❶索取。
URL www.budapestpanorama.com

●*Koncert Kalendárium* (匈牙利語)
當地音樂愛好者最常利用的音樂會日程表。會場是Helyszínek、主辦單位是Rendéző cégek、售票處是Jegyváltás，認識這幾個單字，就可以簡單看懂。索取地點是在佩斯側的瓦西街Váci u.北端佛羅修馬提廣場Vörösmarty tér的售票處，免費。
URL www.muzsikalendarium.hu (匈牙利語)

●*Where Budapest* (英語)
有許多照片，閱讀起來相當愉快，會放在高級飯店的櫃台，免費。

●*Pestiest* (匈牙利語)
針對當地年輕人所發行的雜誌，放在❶或飯店。
URL www.pestiest.hu (匈牙利語)

♪主要的售票地點

Ticket Express
Map P.181-D3

✉1061 Dalszínhaz út 10
☎0630-303-0999 (行動電話)
URL www.eventim.hu
✉info@tex.hu
🕐10:00～18:30

F1 Grand Prix in Hungary
F1方程式賽車的決賽在每年7月下旬舉行，賽道位於布達佩斯東方約20km的Hungaroring。門票金額依照觀戰日期以及座位不同而有所差異，詳情以及預約請利用下面資訊。

☎(28) 444-444
FAX (28) 441-860
URL www.hungaroring.hu
✉office@hungaroring.hu

Hotel　　　　　　　　布達佩斯的住宿

從台灣撥打電話　002＋36（匈牙利國碼）＋1（區域號碼）＋電話號碼

　　布達佩斯的飯店從5星的頂級飯店到便宜的旅館，各種等級都有，可依照個人的預算，挑選合適的住宿飯店。高級飯店週末（週五・六・日）會提供優惠折扣，最好事先確認。如果想要找便宜的旅館，推薦青年旅館或出租公寓，可透過IBUSZ等的旅行社介紹合適的飯店。飯店的地點和條件要事先確認，再決定住宿與否。

Four Seasons Hotel Gresham Palace Budapest
★★★★★　客房數：179　Map P.183-E3

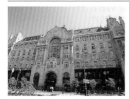

位於鎖鏈橋Széchenyi Lánchíd旁，堪稱是布達佩斯最具代表性的豪華飯店，這座新藝術風格的建築，是保險公司在1906年興建的總部，相當引人注意。飯店內有游泳池、三溫暖、SPA等，硬體設備完善。

⊠1051 Széchenyi István tér 5-6
TEL (1) 268-6000　FAX (1) 268-5000
URL www.fourseasons.com/budapest
S W E€245～
早餐另計
CC A D J M V

Boscolo Budapest
★★★★★　客房數：185　Map P.181-E4

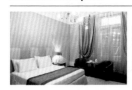

利用1894年建造的豪華飯店，挑高寬敞的大廳被客房所包圍，館內附設了以冰之洞窟為概念的SPA以及具有悠久歷史的紐約咖啡。

⊠1073 Erzébet krt 9-11
TEL (1) 886-6111　FAX (1) 886-6192
URL www.boscolohotels.com
email reservation@budapest.boscolo.com
S E€180～
W E€200～　附早餐　CC A D J M V

Hilton Budapest
★★★★★　客房數：322　Map P.182-B～C2

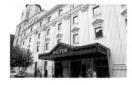

宛如被城堡山Vár、馬提亞斯教堂Mátyás templom和漁夫堡Halászbástya所圍繞，面向多瑙河的客房可以欣賞非常美麗的景致。館內同時也保存著13世紀多明尼哥修道院的遺跡。

⊠1014 Hess András tér 1-3
TEL (1) 889-6600　FAX (1) 889-6644
URL www.hilton.com
email info.budapest@hilton.com
W E€180～　早餐另計
CC A D J M V

Inter-Continental Budapest
★★★★★　客房數：402　Map P.183-E4

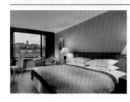

飯店位於市中心，多瑙河沿岸的房間可以遠眺鎖鏈橋和布達皇宮Budavári Palota。館內有游泳池、三溫暖、健身房等，設施完善。每到夏季，1樓的餐廳還會在面向多瑙河的地方設置露天席位。

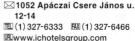

⊠1052 Apáczai Csere János u. 12-14
TEL (1) 327-6333　FAX (1) 327-6466
URL www.ichotelsgroup.com
email budapest@ihg.com
S W E€99～264　附早餐
CC A D J M V

St. George Residence
★★★★★　客房數：26　Map P.182-B2

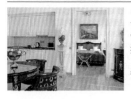

位於城堡山上，為巴洛克式的古典建築。附廚房的套房內部非常寬敞，另外還有13間套房附有按摩浴缸。有著東方氣氛的「Blue Bird」也是很受歡迎的餐廳。

⊠1014 Fortuna u. 4
TEL (1) 393-5700　FAX (1) 393-5705
URL www.stgeorgehotel.hu
email info@stgeorgehotel.hu
S 167US$～
W 188US$～　早餐20US$
CC A M V

Lánchíd 19

★★★★ 客房數：48
Map P.183-D4

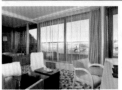

由匈牙利的設計師所打造的設計旅館，房間內有古典繪畫與家具裝飾，營造出獨特風格。位於布達皇宮旁邊，可以遠眺多瑙河和鎖鏈橋風光。

✉ 1013 Lánchíd u. 19
☎ (1) 419-1900
FAX (1) 419-1919
URL www.lanchid19hotel.hu
email info@lanchid19hotel.hu
Ⓢ Ⓦ €191～405　早餐€13
CC Ⓐ Ⓓ Ⓙ Ⓜ Ⓥ

Cosmo City

★★★ 客房數：36
Map P.181-D4～5

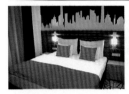

位於瓦西街Váci u.上，於2010年5月開幕，是一棟設計精簡的飯店。以黑白兩色為基調的客房，搭配了粉紅的椅子和抱枕、紫色的地毯，充滿都會風情。客房設備也相當完善。

✉ 1056 Váci u. 77
☎ (1) 799-0077
FAX (1) 799-0070
URL www.cosmohotelbudapest.com
email info@cosmohotel.hu
Ⓢ €59～259
Ⓦ €69～259　附早餐
CC Ⓐ Ⓜ Ⓥ

Budapest Panorama Central

★★★ 客房數：12
Map P.181-D4

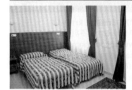

2009年8月開幕，位於猶太教堂Zsinagóga附近住商混合大樓的3樓。寬敞的客房住起來非常舒適。早餐是在各自房間享用，入口不太醒目，要多加留意。

✉ 1052 Károly krt 10
☎ (1) 328-0870
FAX (1) 700-4606
URL www.budapestpanorama.net
email book@budapestpanorama.net
Ⓢ €29～50
Ⓦ €39～59　早餐€3
CC Ⓜ Ⓥ

Hotel Central Basilica

★★★ 客房數：46
Map P.183-F3

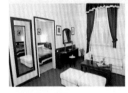

利用1800年代的建築改建，充滿古典的氣氛，就位在聖史蒂芬大教堂Szt. István Bazilika旁，觀光位置便利。除了一般客房外，也有3間出租公寓型態的房間。

✉ 1051 Hercegprímás u. 8
☎ (1) 328-5010
FAX (1) 328-5019
URL www.hotelcentral-basilica.hu
email info@hotelcentral-basilica.hu
Ⓢ €99～
Ⓦ €109～　附早餐
CC Ⓜ Ⓥ

Cotton House

★★★ 客房數：23
Map P.181-D3

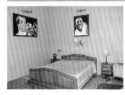

從西站徒步約5分鐘距離，古典氣氛的客房以瑪麗蓮·夢露Marilyn Monroe、艾靈頓公爵Duke Ellington等昔日有名的爵士音樂家或是演員為主題，23間房的設計都不同，其中有7間房間有按摩浴缸。

✉ 1066 Jókai u. 26
☎ (1) 354-2600
FAX (1) 354-1341
URL www.cottonhouse.hu
email info@cottonhouse.hu
Ⓢ Ⓦ €59～　附早餐
CC Ⓐ Ⓜ Ⓥ

Sky Apartments

出租公寓　客房數：11
Map P.181-D4

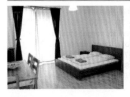

Ⓜ 2 Blaha Lujza站徒步約5分，由日本人經營，日本人的工作人員駐守的出租公寓。共有11間房，每一間都相當明亮又寬敞，住起來相當舒適，洗衣等服務也很周全。

✉ 1073 Akácfa u. 12-14
（辦公室房號為215，房內電話請撥打21）
☎ 0670-394-2650（行動電話）　FAX無
URL www.skyapartmentsbudapest.com
email skyapartments@gmail.com
Ⓢ €50～70
Ⓦ €70～95　無早餐
CC 不可

Room Opera

出租公寓　客房數：2
Map P.181-D3

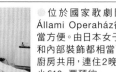

位於國家歌劇院Magyar Állami Operaház後方，觀光相當方便。由日本女子經營，家具和內部裝飾都相當可愛，玄關、廚房共用，連住2晚以上住宿費少€10，要預約。

- ✉ **1065 Lázár u. 14**
- ☎ 0630-870-2033（行動電話）　FAX 無
- URL www.room-opera.com
- email info@room-opera.com
- Ⓢ €30～　Ⓦ €35～
- 只有抵達的隔天附早餐
- CC 不可

Szakuranbo

青年旅館　客房數：10床
Map P.181-E3

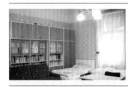

Ⓜ1 Kodály körönd站徒步約2分，日籍員工非常親切，就像在自家一樣的舒服。網路和洗衣機可免費使用，備有開伙的工具。

- ✉ **1068 Benczúr u. 7**
- ☎&FAX (1) 321-6993
- URL homepage3.nifty.com/Sakuranbo
- email postmaster@sakuranbo.t-online.hu
- ⒹⒹ €30　Ⓢ €40　Ⓦ €70
- 可提供早餐（付費）　CC 不可

Andante Hostel & Apartment

青年旅館　客房數：15床
Map P.181-D3

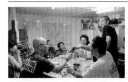

Ⓜ1 Oktogon站徒步約8分，是一間由日本人經營的旅館，除了有男女分開的多人房外，也有個人房。館內有洗衣機和有鑰匙的寄物櫃，24小時有日籍人員常駐。

- ✉ **1073 Kertész u. 35**
- ☎&FAX (1) 785-6191
- URL www.andantehostel.com
- email info@andantehostel.com
- Ⓓ €13～　Ⓢ €23～　無早餐
- （長期住宿有折扣）
- CC 不可

Hostel Marco Polo

青年旅館　客房數：156床
Map P.181-D4

Ⓜ2 Blaha Lujza tér站徒步約5分，是一間大型的青年旅館。室內相當乾淨又舒適，有單人房和雙人房，同時也接受觀光行程的預約，櫃台24小時開放。

- ✉ **1072 Nyár u. 6**
- ☎ (1) 413-2555　FAX (1) 413-6058
- URL www.marcopolohostel.com
- email sales@marcopolohostel.com
- Ⓓ €11～17　Ⓢ €27～45
- Ⓦ €34～54　附早餐
- CC Ⓜ Ⓥ

Citadella

青年旅館　客房數：11
Map P.180-C5

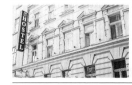

座落在布達佩斯首屈一指、有著超美視野的蓋勒特丘陵Gellért-hegy的要塞內。雖然建築物有點老舊，但房間寬敞、整潔，客房附有淋浴設備，但廁所共用。有一間14張床的多人房。

- ✉ **1118 Citadella Sétány**
- ☎ (1) 466-5794
- FAX (1) 386-0505
- email hotel@citadella.hu
- Ⓓ €10～
- Ⓢ Ⓦ €50～55　無早餐
- CC 不可

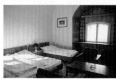

飯店名	地址・電話・FAX	費用・客房數	URL・e-mail／備註
Kempinski Hotel Corvinus	Map P.183-F4 ✉ 1051 Erzsébet tér 7-8 ☎ (1) 429-3777 FAX (1) 429-4777	Ⓢ Ⓦ €135～ 早餐 €28 客房數：359 CC Ⓐ Ⓓ Ⓙ Ⓜ Ⓥ	URL www.kempinski.com email reservations.corvinus@kempinski.com 從迪亞克廣場徒步約2分，房間相當寬敞，室內的裝潢時髦、很有設計感。 ★★★★★
Danubius Hotel Gellért	Map P.181-D5 ✉ 1111 Szt. Gellért tér 1 ☎ (1) 889-5500 FAX (1) 889-5505	Ⓢ €67～110 Ⓦ €134～216 附早餐　客房數：234	URL www.danubiushotels.com email gellert.reservation@danubiushotels.com 布達佩斯最具代表性的溫泉飯店，建造於1918年，瀰漫著濃濃的懷舊氣氛。 ★★★★
Nova Apartments	Map P.181-D4 ✉ 1074 Akácfa u. 26 ☎ 0670-394-2651 （行動電話）	Ⓢ Ⓦ €45～ 早餐 €5　客房數：40 CC Ⓐ Ⓓ Ⓜ Ⓥ	URL www.novabudapest.com email info@novabudapest.com 利用新大樓的一部分空間作為出租公寓，每間房間都樸實簡單而乾淨，可免費租借DVD。
Piano Apartment	Map P.183-F2 ✉ 1066 Ó ut. 5 ☎ 0630-528-8027 （行動電話）	Ⓢ €25～ Ⓦ €30～ 無早餐　客房數：1 CC Ⓜ Ⓥ	URL www.pianobudapest.hu email reservation@pianobudapest.hu 距離聖史蒂芬大教堂和國家歌劇院相當近，是個地理位置方便的出租公寓，最多可住3人。

Restaurant 布達佩斯的餐廳

城堡山Vár或是瓦西街Váci u.周邊，有很多針對觀光客而開的餐廳，幾乎所有餐廳都可用英文溝通。如果不想要花太多錢，可以到西站附近的小巷子裡，找找當地人眾集的餐廳。另外，最近大多數的餐廳會在午餐時間，推出價格合理的套餐Menü。

Kárpátia
Map P.181-D4

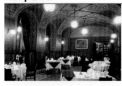

1877年開幕的傳統匈牙利&外西凡尼亞Transilvania料理的老字號餐廳，每晚18:00開始會有現場的吉普賽音樂演奏，讓人想要預約品嚐看看。

✉ 1053 Ferenciek tere 7-8
☎ (1) 317-3596　FAX (1) 318-0591
URL www.karpatia.hu
🕐 週一～六11:00～23:00
　　週日　　17:00～23:00
🈵 無休
CC A M V

Menza
Map P.181-D3

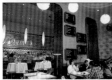

位於李斯特廣場Liszt Ferenc tér，以共產主義時代的食堂為概念所打造的時髦餐廳。將昔日的匈牙利料理加入了現代的口味，炭烤鱈魚2290Ft等。

✉ 1061 Liszt Ferenc tér 2
☎ (1) 413-1482
FAX (1) 414-1483
URL www.menzaetterem.hu
🕐 10:00～24:00　🈵 無休
CC A M V

Csarnok Vendéglő
Map P.183-F2

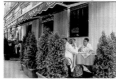

可以合理價格吃到匈牙利料理，位於自由廣場Szabadság tér附近，觀光途中方便就近前往。中午充滿上班族，晚上都是當地人，相當熱鬧。最推薦魚類料理690Ft～、湯品490Ft～。

✉ 1054 Hold u. 11
☎ (1) 269-4906
URL www.csarnokvendeglo.hu
（匈牙利語）
🕐 10:00～22:00
🈵 無休　CC A D M V

Arigato
Map P.183-F2

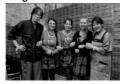

從聖史蒂芬大教堂Szt. István Bazilika徒步約3分，位在佩斯這一側，是由上原夫婦經營的日本家庭料理店。除了定食之外，還有居酒屋的單品料理，可以吃到道地的日本口味。午餐1800Ft～。

✉ 1066 Ó. u. 3
☎ & FAX (1) 353-3549
🕐 12:00～15:00　17:00～22:30
🈵 不定休
CC A D J M V

Gerbeaud
Map P.183-F4

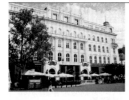

1858年開幕，具有悠久歷史的咖啡館。路易十四世時代洛可可風格的店內，天花板相當高，擁有豪華的水晶吊燈、大理石桌子等，內部的裝潢相當高雅。薩赫蛋糕Sachertorte 1950Ft、卡布奇諾950Ft等，還附設餐廳以及酒吧。

✉ 1051 Vörösmarty tér 7-8
☎ (1) 429-9000
FAX (1) 429-9009
URL www.gerbeaud.hu
🕐 9:00～21:00（依時期而有異動）
🈵 不定休
CC A D J M V

Ruszwurm
Map P.182-B3

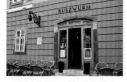

位於城堡山，是1827年開幕的小蛋糕店。可在令人感到舒適的店內，吃到堅持傳統好味道的蛋糕，最推薦的蛋糕是魯茲維姆奶油蛋糕Ruszwurm Krémes 350Ft、義大利濃縮咖啡550Ft。

✉ 1014 Szentháromság u. 7
☎ (1) 375-5284
URL www.ruszwurm.hu
🕐 10:00～19:00
🈵 無休
CC 不可

Shopping 　　　　　　　　　　　　　　**布達佩斯**的購物

在匈牙利，想要尋找所謂的名牌流行商品其實並不多，但超市或是傳統工藝品的攤販非常多，值得好好逛一逛。混在當地居民的人潮中，前往跳蚤市場Zsibvásár、公營的中古商品專賣店BÁV或是市場Vásárcsarmok也非常有趣。

推薦的伴手禮有赫倫Herend或喬納伊Zsolnay的瓷器、紅椒粉、匈牙利特產的葡萄酒和Unicum藥酒、美麗的刺繡桌巾、上衣和樸素的手工藝品等。布達佩斯最熱鬧的購物商圈是在Ⓜ1 Vörösmarty tér站往南延伸的瓦西街Váci u.一帶。

Herend

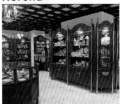

● 匈牙利出產的瓷器，其品質堪稱世界第一。除了杯子和餐盤之外，還有用來收納小東西的容器。在當地的直營店可以台灣市價約5折或是2/3左右的價格購買，大多數的商品都是成套販售。如果不是直營店的話，便宜出售的商品有可能是瑕疵品，購買時要多加留意。

> **Map P.181-D3**
> ⊠ 1061 Andrássy út 16
> ☎ (1) 374-0006
> **Map P.183-F4**
> ⊠ 1051 József Nádor tér 11
> ☎ (1) 317-2622
> 🌐 www.herend.com
> 🕐 週一～五10:00～18:00 週六10:00～14:00
> 休 週日　CC A D J M V

Zsolnay　　　　　　　　　　　　　　　　**Map P.181-D4**

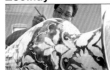

● 與Herend並列為匈牙利最具代表性的Zsolnay瓷器，豪華絢爛的用色和花紋，產生一種獨特風格。閃閃發光的綠紫色光澤，是這個瓷器的最大特色。

> ⊠ 1072 Rákóczi út 4-6
> ☎ (1) 318-2643
> 🌐 www.zsolnay.hu
> ✉ astoria@zsolnay.hu
> 🕐 週一～五10:00～19:00
> 　週六10:00～16:00　休 週日　CC A M V

Anna Antivitás　　　　　　　　　　　**Map P.180-C3**

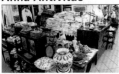

● 從國會大廈Országház往北延伸的Falk Miksa路上，這家店是最受歡迎的。店內販售著包括了匈牙利國內以及外西凡尼亞地區的亞麻，種類相當豐富。

> ⊠ 1055 Falk Miksa u. 18-20
> ☎ & FAX (1) 302-5461
> 🕐 週一～五　10:00～18:00
> 　週六　　　10:00～13:00
> 休 週日
> CC D J M V

Arena Plaza　　　　　　　　　　　　　**Map P.181-F4**

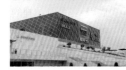

● 從東站徒步約5分的超大型購物中心，店內有流行品牌H&M、ZARA等，還有咖啡館和電影院。

> ⊠ 1087 Kerepesi út. 9
> ☎ (1) 880-7010
> 🌐 www.arenaplaza.hu
> 🕐 週一～六10:00～21:00、週日10:00～19:00
> 餐廳8:00～24:00
> 休 無休　CC 依店家而異

跳蚤市場 *Zsibvásár*

● 布達佩斯有著東歐最大規模的跳蚤市場Ecseri，各地也有小規模的跳蚤市場。最具代表性的2處，如右側所述，每個跳蚤市場都擠滿了許多的小店，光看不買也很有趣。如果想要購物，最好要耐點性子和老闆殺價，市場內

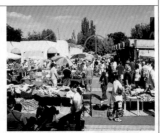

還有輕食區可以稍微填飽肚子。如果要去這些跳蚤市場，最好身上不要帶太多錢，盡可能穿著簡便前往，並且隨時注意扒手出沒。

Ecseri　　　　　　　　　　　　**Map P.181-F5外**

> ⊠ 1194 Nagykőrösi út 156
> ☎ 0630-365-5708
> 🕐 週一～五　8:00～16:00
> 　週六　　　6:00～15:00
> 　週日　　　9:00～13:00
> ● 搭乘4、6號路面電車在裴多菲橋Petőfi híd旁下車，或是在Boráros tér搭乘54號市區巴士，在Használtcikk piac下車。

Petőfi Csarnok　　　　**Map P.181-F2**

> ⊠ 1146 Zichy M. út 14
> ☎ (1) 363-3730
> 🕐 週六・日7:00～14:00
> ● 位在市民公園內、航空博物館旁的廣場。

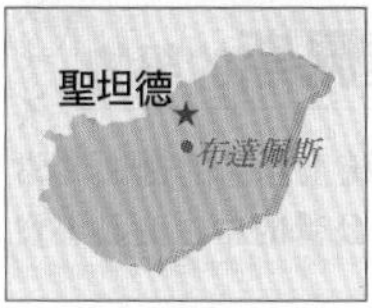

聖坦德 *Szentendre*

URL www.szentendre.hu

如何前往聖坦德

從布達佩斯的地下鐵M2Battyány tér站轉搭HÉV約40分，平日白天1小時2～6班，660Ft。

從布達佩斯的Újpest-Városkapu巴士總站出發，1小時1～2班，直達車所需時間25分，310Ft。

從艾斯特根出發1日15～16班，直達車所需時間1小時30分，930Ft。

從布達佩斯的乘船處出發，所需時間1小時30分，回程需要1小時，來回2500Ft。4月只有週六有船班，5～9月週二～日每日1班。

聖坦德的ℹ

◆tourinform

Map P.211-B2

✉Dumutsa Jenő u. 22

TEL (26) 317-965

FAX (26) 317-966

email szentendre@tourinform.hu

開 週一～四　9:00～17:30
週五～日　10:00～16:00

休 無休

◆露天博物館

Map P.211-A1外

✉Sztaravodai út

TEL (26) 502-500

URL www.skanzen.hu

開 4～10月　9:00～17:00
11‧12月上旬　10:00～16:00

休 週一、12月中旬～3月

費 1700Ft（學生850Ft）

在巴士總站的7號乘車處搭車，約1小時1班，所需時間15分。

聖坦德的住宿

Horváth Fogadó

Map P.211-B1外

✉Darupiac tér 2

TEL (26) 313-950

FAX (26) 300-754

URL www.horvathfogado.hu

費 S €30
W €32 附早餐

客房數：7　CC M V

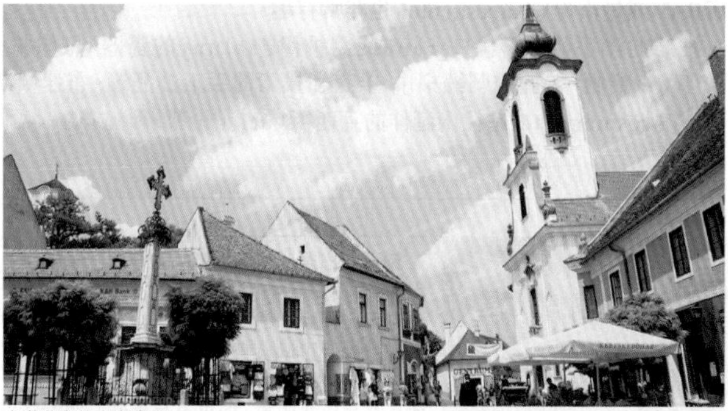
充滿遊客的中央廣場

聖坦德位在布達佩斯北方約19km處，從中世紀開始，以塞爾維亞人為中心的貿易商人在此發展。可愛的小屋林立，還有交錯的小徑，整座城市宛如從童話故事裡走出來，因此吸引許多觀光客前來。聖坦德的規模比較像是個村落，舊城區裡有7座教堂和15間以上的美術館和畫廊，一到週末，這裡總是擠滿了來自布達佩斯的居民，非常熱鬧。

聖坦德這個城市非常有趣，可以隨自己高興到處走走逛逛，會發現這座小鎮之美。這裡有許多美術館、博物館，走到這些地方參觀也很不錯，雖然這些設施的規模不算大，卻更容易貼近遊客。

◆◆◆◆◆◆◆◆◆◆◆◆◆◆漫遊聖坦德◆◆◆◆◆◆◆◆◆◆◆◆◆◆

從市郊電車HÉV的車站和巴士總站走路到中央廣場Fő tér只要10分，無論是搭乘哪種交通工具，都只要穿越地下道順著Kossuth Lajos u.路往下走，就會來到中央廣場。搭船來這裡的人，在船隻靠岸的地方下船後往河川的下游走，大約15分鐘就會看到教堂Preobrazsenska templom。

中央廣場一帶有咖啡館、紀念品店和畫廊一字排開，正面的黃色教堂是布拉哥維修登修教堂Blagovestenszka templom，這座教堂裡的聖像畫Icon很值得一看。從中央廣場爬上了山丘，上面有著聖坦德最古老的天主教堂Plébánia templom，現在所看到的則是在18世紀改建，內部只留下哥德時期的裝飾。從廣場看去，聖坦德的家家戶戶紅色屋頂彼此重疊，非常有趣。

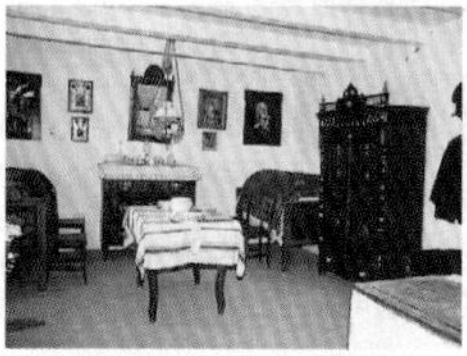
可以看到傳統民家的露天博物館

出了聖坦德不遠處的廣大空地，有一座聚集了匈牙利各地傳統民家的露天博物館Szabadtéri Néprajzi Múzeum（距離市區約3km），在此可以享受鄉村氣氛。

藝術小鎮聖坦德的美術館巡禮

Kovács Margit Múzeum
MapP.211-B2

女性陶藝家Kovács所創作的陶器人偶，雖然樸素但人偶臉上的溫暖表情很受到歡迎。

⊠Vastagh György u. 1
🕙10:00～18:00 休無休 💰大人1000Ft 學生500Ft

Ferenczy Múzeum
MapP.211-B2

館內展示著匈牙利印象派巨匠畫家Ferenczy Károly的作品。

⊠Kossuth L. u.5. 🕙10:00～18:00 休週一
💰大人1500Ft 學生750Ft

Kmetty János Múzeum
MapP.211-B2

被譽為是匈牙利高更的畫家Kmetty János的作品。

⊠Fő tér 21 🕙14:00～18:00 休週一•二
💰大人600Ft 學生300Ft

Czóbel Béla Múzeum
MapP.211-A1

描繪女性以及自然的印象派Czóbel Béla的作品，充滿對生命的喜悅。

⊠Templom tér 1 🕙10:00～18:00 休週一
💰大人600Ft 學生300Ft

Barcsay Jenő Múzeum
MapP.211-B2

Barcsay Jenő的作品，有很多都是以構成主義的陰影手法，描繪聖坦德周邊城鎮以及人們。

⊠Dumtsa Jenő u. 11 🕙14:00～18:00
休週一•二、10～3月 💰大人1500Ft 學生750Ft

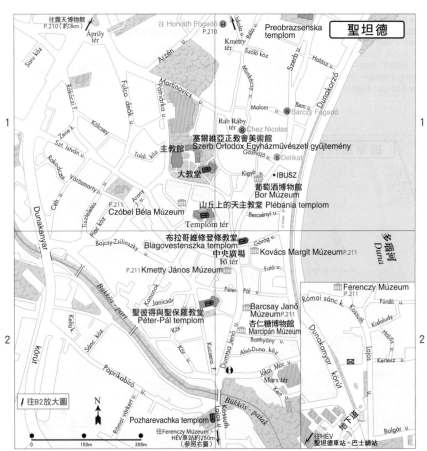

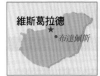

維斯葛拉德
★
•布達佩斯

維斯葛拉德 *Visegrád*

URL www.visegrad.hu

從聖坦德更往北走，就是可以看
到多瑙河成直角轉彎的名勝之地
維斯葛拉德。15世紀時，這裡十分
繁華熱鬧，被譽為是「地上的樂
園」，不過好景不常，16世紀鄂圖
曼帝國軍隊入侵維斯葛拉德，並且
大肆破壞，一直到進入20世紀時，這整座城市都被埋在土石裡。

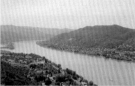

從要塞可以遠眺曲折的多瑙河美景

◆◆◆◆◆◆◆◆◆◆ 漫遊維斯葛拉德 ◆◆◆◆◆◆◆◆◆◆

從布達佩斯或是聖坦德搭巴士的話，要在乘船碼頭附近的
巴士站下車，過了馬路爬上階梯，順著左邊的坡道走就會來到
沙拉蒙古堡Salamoon torony，古堡中央展示著從皇宮遺跡裡
出土的文物。回到巴士經過的馬路，稍微往前走會遇到一個三
岔路，左邊是通往中央路Fő u.，再往前走100m的左側就是皇宮
遺跡Királyi palota，這是15世紀由馬提亞斯國王Hunyadi
Mátyás所下令興建的文藝復興風格宮殿，相對於布達的皇宮，
這一座宮殿則是他的夏季離宮。

在海拔315m的山頂上，有一座13世紀建築的要塞Fellegvár，
這裡也是唯一一處能俯瞰「多瑙河的轉角」的觀光名勝。目前
內部則重現當年的模樣，作為展覽館之用。

如何前往
維斯葛拉德

🚌從布達佩斯的Újpest
Városkapu巴士總站出發，1
小時1～3班，所需時間1小時
15分～745Ft。

⛴從布達佩斯的乘船處出
發，所需時間1小時，單程
4000Ft、來回6000Ft。5～9
月的週六、日1日1班來回。

◆沙拉蒙古堡
🕐9:00～17:00
🚫週一、二、冬季（10～4月）
💰大人700Ft 學生350Ft

◆皇宮遺跡（皇宮博物館）
☎(26) 597-010
🕐9:00～17:00 🚫週一
💰大人1100Ft 學生550Ft

◆要塞
☎(26) 398-101
🕐3・4・10月 9:00～17:00
　5～9月　9:00～18:00
　11～2月　10:00～16:00
🚫11～2月的週一～四
💰大人1700Ft 學生850Ft

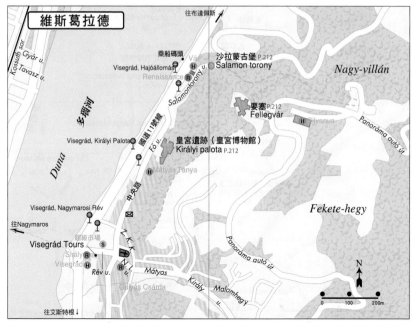

維斯葛拉德

往布達佩斯 ↗

乘船碼頭
Visegrád, Hajóállomás
Renaissance

沙拉蒙古堡 P.212
Salamon torony

Nagy-villán

要塞 P.212
Fellegvár

Silvanus

Visegrád, Királyi Palota

皇宮遺跡（皇宮博物館）
Királyi palota P.212

Mátyás Tanya

Fekete-hegy

Visegrád, Nagymarosi Rév

往Nagymaros →

Visegrád Tours
Sibály
Visegrád

Rév u.
Mátyás
Király
Malomhegy u.

Gulyás Csárda

Duna 多瑙河

Kossuth sor
Gyár u.
Tavasz u.

Salamontorony u.

國道11號線

Fő u.

中央路

Z.K.K.

Panoráma autó út

Panoráma autó út

N

0　100　200m

往艾斯特根 ↓

艾斯特根 *Esztergom*

URL www.esztergom.hu

匈牙利最具代表性的大教堂

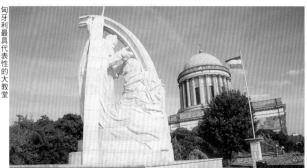

首任匈牙利國王在這裡舉行加冕儀式，同時也是匈牙利基督教的發源地，。這些因素讓艾斯特根成了一個充滿歷史意義的城市。10世紀末，首任國王史蒂芬一世I. István改變了民族信仰，推動基督教化，興建了匈牙利最初的教堂，因為這些功績讓他在1000年的耶誕節獲得羅馬教皇受贈皇冠，匈牙利帝國就此揭開序幕。16世紀，鄂圖曼帝國入侵攻占了這座城市，即使如此，艾斯特根至今仍是匈牙利天主教的中心。

◆◆◆◆◆◆◆◆ 漫遊艾斯特根 ◆◆◆◆◆◆◆◆

大教堂Szent Adalbert Főszékesegyház建造於能俯瞰多瑙河的山丘上，可以這裡為中心四處逛逛，如果從巴士總站走過來，不到15分就可到達。當地的主要景點集中於市中心，大約1個小時就能走遍。

直到13世紀匈牙利遷都到布達Budai之前，皇宮博物館Vármúzeum是歷代匈牙利國王的住所，充滿了嚴肅莊重的氣氛。裡面展示著刀劍、盔甲、石器和陶器等。

◆◆◆◆◆◆◆ 艾斯特根的主要景點 ◆◆◆◆◆◆◆

大教堂 Szent Adalbert Főszékesegyház

Cathedral　　　　　　　　　**MapP.214-A1**

匈牙利天主教的大本營艾斯特根大教堂，有著高100m、直徑53.3m的圓頂，是一座新古典風格的教堂，外觀相當雄偉。現在所看到的建築物，是在鄂圖曼帝國破壞後，於1822～1869年間又重新建造的模樣。祭壇上面懸掛著《聖母馬利亞升天》的圖畫，是義大利畫家Michelangelo Grigoletti的作品，以一張畫布所能描繪的圖畫來看，這幅畫作是全世界最大的。

教堂內部有一個寶物館Kincstár，展示著9世紀末起的金銀飾品、歷代主教的外套、遺體的一部分（聖人的手腕或牙齒等）。

圓頂瞭望台Dóm kirató一定要爬上去看看，超美的大廣角視野正在等著遊客前來。

如何前往艾斯特根

🚌從布達佩斯的阿爾帕德橋長途巴士總站Árpád híd Autóbusz végállomás出發，1日1～3班，所需時間1小時10分～，930Ft。

🚢從布達佩斯的乘船處出發，所需時間約4小時45分，1990～3990Ft回程要3小時15分，單程2500Ft、來回3750Ft。

◆大教堂
✉Szent István tér 1
☎(33) 402-354
URLwww.bazilika-esztergom.hu
開 夏季　8:00～18:00
　 冬季　8:00～16:00
休無休　費免費

◆寶物館
☎(33) 402-354
開3～10月　9:00～17:00
11・12月　11:00～16:00
休11・12月的週一、1・2月
費大人800Ft 學生400Ft

◆圓頂瞭望台
開9:30～17:00
（僅止於天氣好的時候，會依季節變動）
休無休
費600Ft

◆皇宮博物館
✉Szent István tér 1
☎(33) 415-986
URLwww.mnmvarmuzeuma.hu
（匈牙利語）
開4～10月　10:00～18:00
11～3月　10:00～16:00
休週一
費大人1800Ft 學生900Ft

◆基督教博物館
✉Mindszenty tér 2
☎(33) 413-880
URLwww.keresztenymuzeum.hu
開10:00～17:00
休12～3月
費大人900Ft
　 學生450Ft

213

Hotel

艾斯特根的住宿

從台灣撥打電話 002＋36（匈牙利國碼）＋33（區域號碼）＋電話號碼

Hotel Esztergom

★★★ 客房數：36
Map P.214-A2

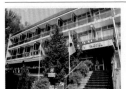

位於乘船碼頭和Mária Valéria橋附近，內部的裝潢非常簡單，但每間客房都有陽台，可以眺望多瑙河的房間價格較貴。此外，飯店的大廳有電腦可以上網，飯店內附設餐廳。

✉ **Prímás sziget**
℡ (33) 412-555　FAX (33) 412-853
URL www.hotel-esztergom.hu
email info@hotel-esztergom.hu
S 1萬2700Ft～
W 1萬5400Ft～　附早餐
CC J M V

Alabárdos Panzió

客房數：23
Map P.214-B1

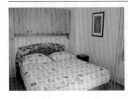

距離大教堂很近，在Bajcsy-Zsilinszky路的十字路口上，有棟黃色的建築物。被綠色植物所圍繞，是一處散發沉穩氣息、宛如置身自己家中的民宿，人氣相當高。這裡有寬敞的房間，可接受團體遊客。

✉ **Bajcsy-Zsilinszky u. 49**
℡&FAX (33) 312-640
URL www.alabardospanzio.hu
email info@alabardospanzio.hu
S 7700Ft
W 9900Ft　早餐1000Ft
CC 不可

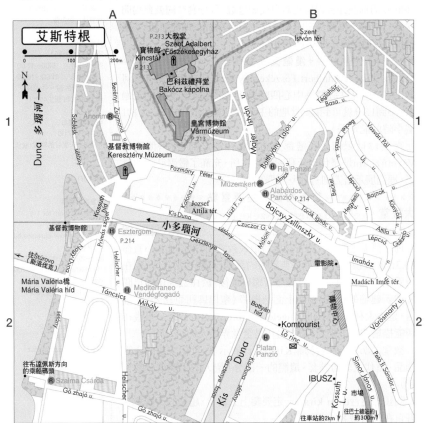

何洛可 *Hollókő*

URL www.holloko.hu（匈牙利語）

何洛可
布達佩斯

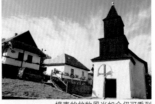

距離布達佩斯東北方約90km，位於Nógrád郡的小村落何洛可，這個村落在很久以前就已經有人居住了。中世紀時期，為了逃離蒙古人統治，許多住在裏海四周的人逃到此地定居，據說這些人就是

樸素的放牧風光如今仍可看到

土耳其庫曼人Cuman的後裔，隨後被稱為帕羅次人Palóc。當地的傳統服飾、民族音樂、刺繡、木雕等，都與其他地方截然不同，發展出獨特的生活文化方式，並將傳統工藝代代相傳。何洛可在1987年被聯合國教科文組織登錄為世界遺產。

在何洛可的漫長歷史中，曾經好幾次慘遭祝融之災，整個村莊付之一炬。當地傳統的木造建築法稱為「帕羅次風格」，將泥土和稻稈相混合用來築牆，然後再抹上石灰成了白色，這是帕羅次風格的最大特色。使用木材所蓋的建物遇上大火會造成嚴重損害，但當地民眾為了守護「帕羅次風格」而不斷地重建。

現存民宅有126棟，隨著世代交替而新建，而這些後來才蓋的房子通通都是帕羅次風格建築。

從巴士站順著Kossuth u.路前進，會看到一棟白色牆壁的帕羅次風格教堂，相當優美。繼續往前走路會分成兩條，最後在木製的水井匯合，就在這個地方的左側有一座小山丘，可以通往13世紀時興建的何洛可城堡Hollókői Vár。站在海拔365m高的山頂看出去，一整片的田園風景雄偉又壯觀。

如何前往何洛可

🚃 從布達佩斯東站前往Pásztó站，在Hatvan車站換車，1小時1～2班，所需時間1小時50分。2等車廂1860Ft～、1等車廂2340Ft。從Pásztó車站往何洛可的巴士1日只有4班，所需時間40分，465Ft～。

🚌 從布達佩斯的Stadion長途巴士總站出發的直達車，平日15:15出發（夏季會有8:30出發的班次），假日8:30、15:15出發，所需時間2小時10分，1860Ft轉乘車班1日7班。

當地的觀光半天就夠了，但因為交通不方便，最好空出一整天的時間。

何洛可的 ❶
◆Tourinform
🏠 Kossuth u. 68
☎ (32) 579-010
✉ info@holloko.hu
🕐 週一～五　8:00～16:00
　 週六・日　10:00～14:00
🚫 無休

◆何洛可城堡
Hollókői Vár
🕐 3・11月　10:00～15:00
　 4～9月　10:00～17:00
　 10月　　10:00～16:30
🚫 3・11月的週一～五、12～2月
💰 大人700Ft 學生350Ft

世　界　遺　產
何洛可的古老村落及其周邊地區
Hollókő ófalu és környezete
1987年登錄

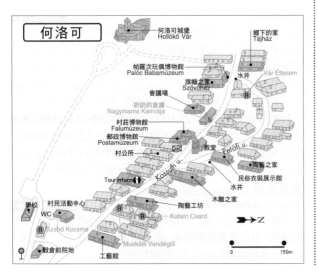

何洛可

何洛可城堡
Hollókó Vár

鄉下的家
Tájház

帕羅次玩偶博物館
Palóc Babamúzeum

Vár Étterem

水井

旗幟之家
Szövőház

會議場

奶奶的倉庫
Nagymama Kamrája

村莊博物館
Falumúzeum

郵政博物館
Postamúzeum

村公所

教堂

Petőfi u.

陶藝之家

民俗衣裝展示館

水井

木雕之家

Kossuth u.

Tourinform

學校

村民活動中心

WC

陶藝工坊

Katalin Csard

Szabó Kocsma

穀倉前院地

工藝館

Muskátli Vendéglő

0　150m

N

★艾格爾

布達佩斯

艾格爾 *Eger*

URLwww.eger.hu

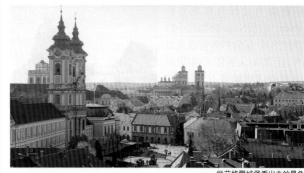

從艾格爾城堡看出去的景色

如何前往艾格爾

🚃從布達佩斯東站搭乘直達車，1日8班，所需時間1小時50分～，2等車廂2725Ft、1等車廂3355Ft。

🚌從布達佩斯的Stadion長途巴士總站出發，1小時1～3班，所需時間1小時50分～，2520Ft。

艾格爾的❶

◆tourinform
Map P.217-A2
✉Bajcsy-Zslinszky u. 9
☎(36) 517-715
📧eger@tourinform.hu
🕐6～8月
　　週一～五 8:00～18:00
　　週六·日 9:00～13:00
　9～5月
　　週一～五 9:00～17:00
　　週六　　9:00～13:00
🚫9～5月的週日

◆艾格爾城堡城
✉Vár 1
☎(36) 312-744
URLwww.egrivar.hu
🕐城堡
　3·10月　8:00～18:00
　5～8月　8:00～20:00
　4·9月　8:00～19:00
　11～2月　8:00～17:00
　博物館(常設展覽)
　4～10月　9:00～17:00
　11～3月　10:00～16:00
🚫無休
(博物館週一休館)
🎫只有城堡
　　　　大人800Ft
　　　　學生400Ft
包含博物館等的門票
　　　　大人1400Ft
　　　　學生700Ft

如何前往美女之谷

🚶從大教堂徒步約40分，沒有大眾運輸交通工具。如果搭計程車的話，從艾格爾車站出發單程約1000Ft左右，回程的話，可以請餐廳幫忙叫車。

大多數的酒窖都營業到日落，最好趁著白天去參觀。

　匈牙利的東北部是被馬特拉Mátra和布克Bükk等群山圍繞的高原城鎮，當地保留著以艾格爾城堡等的古老建築，重要文化史蹟的數量僅次於布達佩斯Budapest、修普倫Sopron，是匈牙利國內的第3名。這裡也是很棒的踏青地點，每年大約有120萬來自海內外的遊客到這裡來旅遊。

◆◆◆◆◆◆◆◆◆◆◆◆◆◆漫遊艾格爾◆◆◆◆◆◆◆◆◆◆◆◆◆◆

　艾格爾的主要景點集中在舊城區，順著離艾格爾車站一個路口遠的Deák Feremc i.路往右走一個緩坡，大約走15分左右，就可以來到大教堂Főszékesegyház。來到這裡，就像是進入了有許多美麗古老建築的舊城區，艾格爾的中心就是舊城區德波·伊斯特凡廣場Dobó István tér，廣場的角落有市政廳。

◆◆◆◆◆◆◆◆◆◆◆艾格爾的主要景點◆◆◆◆◆◆◆◆◆◆◆◆

艾格爾城堡 Egri-vár

Eger Castle　　　　　　　　　　MapP.217-B1

　位於山丘上能一覽舊城區的風光，是建於13世紀城寨的遺跡。1552年，已經攻占布達的鄂圖曼帝國的軍隊襲擊艾格爾，在城主德波Dobó István的指揮下，匈牙利軍擊退鄂圖曼軍隊。結果在1596年，艾格爾又遭到鄂圖曼大軍猛烈的攻擊，最後還是被鄂圖曼帝國所統治，而德波也成為國民英雄，被後世所歌頌。

　目前艾格爾城堡只留下13世紀的教堂遺跡，以及15世紀興建的哥德式主教館，內部展示著歷史文物、犯人博物館等設施，又被稱為德波·伊斯特凡城堡博物館Dobó István Vár Múzeum，很像是迷宮的地下要塞部分，也非常有趣。

美女之谷 Szépasszony völgy

Valley of the Beautiful Women　　　　MapP.217-A2外

　距離市中心西南方約2km的窪地，聚集了70間以上的小型葡萄酒窖，而且還有幾間餐廳。不妨到這些酒窖參觀試喝看看，說不定會發現適合自己口味的葡萄酒。

Hotel 艾格爾的住宿

從台灣撥打電話 002＋36（匈牙利國碼）＋36（區域號碼）＋電話號碼

Senátor Ház

客房數：11
Map P.217-B1

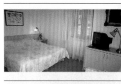

●位於艾格爾城堡和德波·伊斯特凡廣場之間，是一棟利用3000年前所蓋的建築物改建的飯店。1樓是可以享用傳統匈牙利傳統美食的咖啡館&餐廳。

✉**Dobó Tér 11**
☎(36) 411-711　[FAX](36) 320-466
URL www.senatorhaz.hu
email info@senatorhaz.hu
Ⓢ€43～　Ⓦ€59～　附早餐
C/C Ⓜ Ⓥ

Szent János Hotel

客房數：11
Map P.217-A2

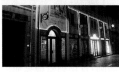

●位於舊城區的中心，是個規模不算大的小飯店，但飯店內相當寬敞，共用的空間有氣氛很棒的餐廳、露台等。服務櫃台在2樓，24小時都有人。

✉**Szent János u. 3**
☎(36) 510-350　[FAX](36) 517-101
URL www.hotelszentjanos.hu
email hotelszentjanos@hotelszentjanos.hu
Ⓢ€40～　Ⓦ€46～　附早餐
C/C Ⓜ Ⓥ

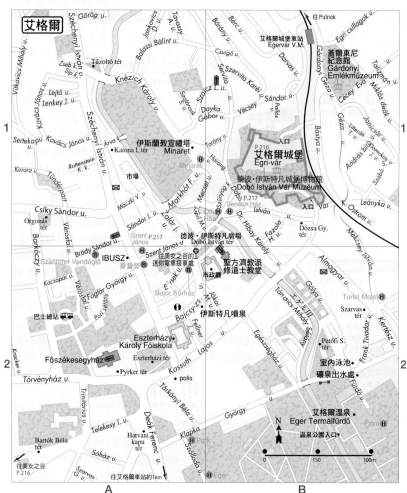

樸斯塔 *Puszta*

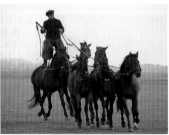

匈牙利東南部有一個寬廣的大平原樸斯塔，占了國土面積的1/3，在這塊肥沃的土地上栽種了玉米和小麥等農作物，支撐起匈牙利農業。被認為是馬札兒民族祖先的游牧民族，就在這塊大地上騎馬奔馳。目前平原的部分地區

技術純熟操控馬兒的馬術秀

被當作國家公園保護著，在這裡不但可以欣賞豐富的大自然，也有能夠體驗騎馬民族文化的各種戶外活動，直接到當地參加旅行團也是個不錯的選擇，但因為當地交通並不方便，最好是參加由布達佩斯出發的旅行團。

荷特巴吉 *Hortobágy*
URLwww.hnp.hu

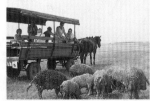

荷特巴吉是一處被登錄為世界遺產的國家公園，占地7萬公頃，公園內大多屬於濕地，有許多的池塘和河川，同時這裡也是歐洲少有的野鳥棲息地，因此相當有名。

技術純熟操控馬兒的馬術秀

　搭乘火車來到當地的話，順著車站前的Kossuth u.路，大約走10分鐘就會來到國道33號線，而那裡的左側有荷特巴吉國家公園遊客中心Hortobágyi Nemzeti Park Látogató központ，穿越國道之後就是畜牧博物館Pásztor Múzeum和Körszín博物館以及商店。所謂國家公園，就是一整片大到不行的草原，不過有很多地區無法擅自進入，最好還是參加旅行團前往。遊客在這裡能欣賞到穿著傳統服飾的騎士們，技術純熟地駕馭馬兒的精采馬術秀。另外，還能近距離觀察當地才能看到的野鳥或是動物生態。搭乘小車繞樸斯塔一圈還付贈一餐的行程，也是不錯的選擇。

布加修 *Bugac*
URLwww.bugac.hu（匈牙利語）

　規模比荷特巴吉小一點，在1萬880公頃的區域內有許多的湖泊和沼澤，可以盡情享受樸斯塔的風光。因為距離布達佩斯相當近，參加同時前往Kecskemét的觀光行程，會比較方便。

如何前往荷特巴吉

從布達佩斯的東站或是西站出發，在Füzesabony或是黛布勒森Debrecen轉乘的車班，1日1~2班，所需時間2小時45分~，2等車廂3915Ft~，1等車廂4545Ft。

荷特巴吉的ℹ

◆荷特巴吉國家公園遊客中心

✉ Petőfi tér 13

☎ (52) 589-000

📧 info@hnp.hu

🕐 9~6月
週一~五 8:00~16:00
週六・日 10:00~16:00
7・8月
週一~五 8:00~17:00
週六・日 10:00~17:00

休 10~5月的週六・日

世 界 遺 產

荷特巴吉國家公園・樸斯塔
Hortobágyi Nemzeti Park - a Puszta
1996年登錄

如何前往布加修

從布達佩斯搭乘往塞格德Szeged方向的火車，在Kiskunfélegyháza下車。從這裡搭乘約30分，就可到達布加修聚落。

◆從布達佩斯出發的行程
Kecskemét的觀光行程結束後，在布加修欣賞馬術秀，一邊欣賞吉普賽的音樂，同時享受午餐。4~10月的週二・五~週日、11・3月的週日9:00出發。

◆旅行社
Program Centrum
☎ (1) 317-7767
📠 (1) 317-9746
URL www.programcentrum.hu
💰 1萬8000Ft

佩啟市 *Pécs*

URL www.pecs.hu

布達佩斯

★佩啟市

晚上打上燈光的聖齊尼廣場

位於匈牙利西南部的佩啟市，是一個充滿朝氣和活力的城市。這裡在羅馬帝國時代稱為索匹雅尼Sopianae，是基督教的中心地之一，保有初期基督教的墓園，而且被聯合國教科文組織登錄為世界遺產。匈牙利國內的第一所大學於14世紀在此創立，這裡不但是學問文化的重鎮，也是個商業城市。

◆◆◆◆◆◆◆◆◆◆ 漫遊佩啟市 ◆◆◆◆◆◆◆◆◆◆

佩啟市的街道較為寬敞，市中心是聖齊尼廣場Széchenyi tér，從這裡往南延伸的是Irgalmasok út路、Bajcsy-Zsilinszky u.路，餐廳和商店大多集中在此，是佩啟市的主要街道。聖齊尼廣場北邊的Kaptalan u.路上有許多博物館。

◆◆◆◆◆◆◆ 佩啟市的主要景點 ◆◆◆◆◆◆◆

舊加奇・卡西姆・帕夏清真寺
Volt Gázi Kaszim Pasa Dzsámi

Mosque Church	MapP.220-B1

面向聖齊尼廣場的建築物，是建造於16世紀的伊斯蘭教寺院，目前則成為天主教教堂，充滿濃濃伊斯蘭教色彩的裝飾保留到現在，值得一看。

古天主教墓園遺跡
Ókereszteny mauzóleum

Early Christian Tomb Chapel	MapP.220-A1

位於壯麗的大教堂旁，佩啟市在4世紀時成了羅馬帝國領土，當時興建了這座禮拜教堂兼埋葬室的墓園。

喬納伊陶瓷博物館 *Zsolnay Muzeum*

Zsolnay Museum	MapP.220-B1

喬納伊Zsolnay與赫倫Herend並列匈牙利最負盛名的瓷器產地，瓷器上所產生的獨特綠色紫色光芒，是它的特色。在這裡可以看到隨著時代變遷，生產出的瓷器風格也出現改變。

如何前往佩啟市

🚊從布達佩斯南站出發的直達車1日4班，從東站出發1日9班，所需時間3小時～，2等車廂4305Ft～，1等車廂5475Ft～。

🚌布達佩斯的Népliget長途巴士總站出發的直達車，1日9～11班，所需時間3小時20分～，3690Ft～。

佩啟市的❶

◆tourinform

Map P.220-B1

✉Széchenyi tér 7

☎(72) 213-315

🕐週一～五　9:00～17:00
　週六　　　9:00～13:00

🚫週日・1・2月的週六

世 界 遺 產

佩啟市的古天主教墓地
Pécsi(Sopianae)
ókeresztény temetője
2000年登錄

◆舊加奇・卡西姆・帕夏清真寺

🕐4～10月
　週一～六 9:00～16:30
　週日　　12:00～16:30
　11～3月
　週一～六 10:00～14:00
　週日　　12:00～16:00

🚫無休　💴400Ft

◆古天主教墓園遺跡

✉Esze Tamás u. 5

☎&FAX(72) 224-755

URL www.pecsorokseg.hu

🕐4～10月　10:00～17:30
　11～3月
　週二～四・日 10:00～15:30
　週五・六 10:00～16:00

🚫週一

💴大人1700Ft 學生900Ft
門票可以在大教堂附近的Cella Septichora Látogató Központ購買。另外，在這裡也可以看到古天主教的埋葬室等遺跡。

◆喬納伊陶瓷博物館

✉Kaptalan u. 2

☎(72) 514-040

🕐4～10月　10:00～19:00
　11～3月　10:00～16:00

🚫週一・11～3月的週日

💴大人1000Ft 學生500Ft

219

Hotel

佩啟市的住宿

從台灣撥打電話　002＋36（匈牙利國碼）＋72（區域號碼）＋電話號碼

Hotel Palatinus City Center

★★★　客房數：94
Map P.220-B1

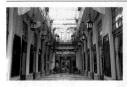

●建於1915年，新藝術風格的裝飾所打造的美麗飯店，客房設備相當現代化，Superior Room有對外陽台，還有SPA和健身設施。

✉ **Király u. 5**
☎(72)889-400　FAX(72)889-438
URL www.danubiushotels.com/palatinus
email p e c s . r e s e r v a t i o n @ danubiushotels.com
⑤€70～　Ⓦ€80～
附早餐　ⒸⒶⓂⓋ

Főnix Hotel

★★　客房數：13
Map P.220-B1

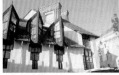

●這是一座小而美的民宿風格旅館，就在聖齊尼廣場Széchenyi tér旁，觀光非常方便，夏季前往的話最好要預約。公寓式的客房1萬2990Ft。

✉ **Hunyadi J. út. 2**
☎(72)311-680　FAX(72)311-680
URL www.fonixhotel.hu
email info@fonixhotel.hu
⑤6990Ft～
Ⓦ1萬1990Ft～　附早餐
ⒸⒶⒹⓂⓋ

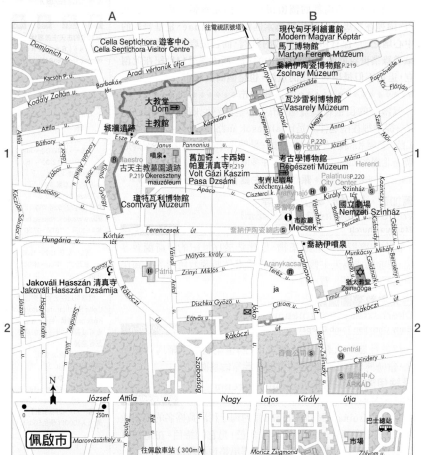

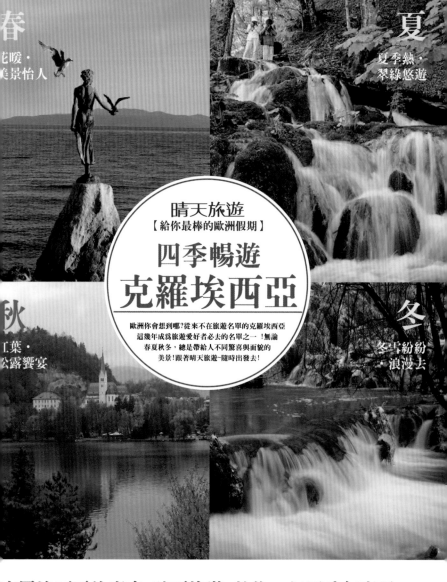

春 花暖．美景怡人

夏 夏季熱．翠綠悠遊

秋 紅葉．松露饗宴

冬 冬雪紛紛．浪漫去

晴天旅遊
【給你最棒的歐洲假期】

四季暢遊
克羅埃西亞

歐洲你會想到哪?從來不在旅遊名單的克羅埃西亞
這幾年成為旅遊愛好者必去的名單之一!無論
春夏秋冬,總是帶給人不同驚喜與面貌的
美景!跟著晴天旅遊~隨時出發去!

克羅埃西亞的專家-晴天旅遊　教你一年四季怎麼玩~

春 如果您喜歡春天的百花盛開,您一定要來克羅埃西亞
櫻花、木蘭花、鬱金香……到處充滿著鳥語花香。

夏 如果您喜歡夏天的陽光普照,一定要來克羅埃西亞
無敵海景、比基尼女郎、原木棧道和新綠的水草,讓人忍不住想縱身一躍。

秋 如果您喜歡秋天的萬千氣象,您一定要來克羅埃西亞
滿山紅葉、松露饗宴、景色善變,美的不可勝收!

冬 如果您喜歡冬天的皚皚白雪,您一定要來克羅埃西亞
冰封湖面、結凍瀑布,銀白色的奇幻世界讓冬天有種時空凝結的美。

真正克羅埃西亞的旅遊專家,
市場唯一金質雙冠王!

榮獲2015金質獎肯定! 2012年獲得金質獎殊榮!

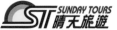

SUNDAY TOURS 晴天旅遊　晴天國際旅行社股份有限公司
www.sundaytour.com.tw

台北:(02)2711-3355　傳真:(02)2711-3325
台中:(04)2323-0068　傳真:(04)2323-0098
高雄:(07)5377-577　傳真:(07)5377-677

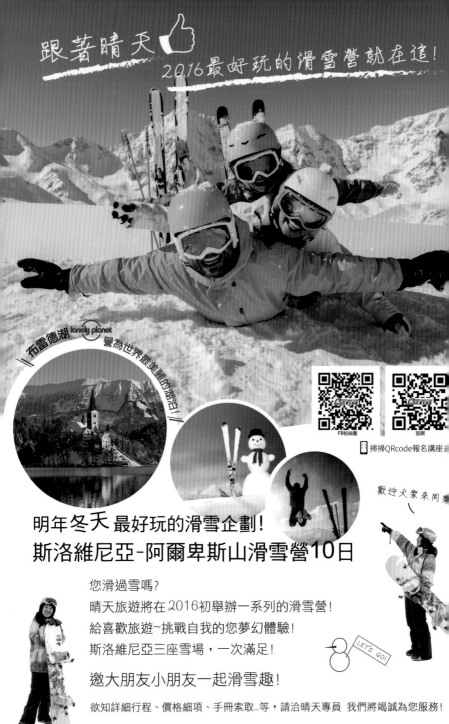

匈牙利 旅行關鍵字

打招呼

你好	Jó napot Kívánok.
早安	Jó reggelt kívánok.
晚安	Jó estét kívánok.
再見	Viszontlátásra.
HELLO、BYE-BYE	Szervusz.／Szia.

回答

是的	Igen.
不是	Nem.
謝謝	Köszönöm.
對不起	Bocsánat.
不客氣	Kérem.／Szívesen.
我不知道	Nem értem.
我知道了	Értem.

實用單字

廁所	mosdó／vécé
男廁／女廁	férfi／női
無人／使用中	szabad／foglalt
推／拉	tolni／húzni
禁止～	tilos
警察	rendőrség
入口／出口	bejárat／kijárat
開館／休館	nyitva／zárva
出發／抵達	indulás／érkezés
服務中心	információ
銀行	bank
郵局	posta
車站	pályaudvar
機場	repülőtér
收據	számla
預約	foglalás
車票／車票售票處	jegy／jegypénztár
單程車票	egy útra szóló jegy
來回車票	retúrjegy／menettérti jegy
東／西	kelet／nyugat
南／北	dél／észak
右／左	jobb／bal
上／下	fent／lent
貴的／便宜的	drága／olcsó
大的／小的	nagy／kicsi

數字

1	egy	2	kettő (két)
3	három	4	négy
5	öt	6	hat
7	hét	8	nyolc
9	kilenc	10	tíz
11	tizenegy	12	tizenkettő
13	tizenhárom	14	tizennégy
15	tizenöt	16	tizenhat
17	tizenhét	18	tizennyolc
19	tizenkilenc	20	húsz
30	harminc	50	ötven
100	száz	1000	ezer

星期

週一	hétfő
週二	kedd
週三	szerda
週四	csütörtök
週五	péntek
週六	szonbat
週日	vasárnap

月

1月	január
2月	február
3月	március
4月	április
5月	május
6月	június
7月	július
8月	augusztus
9月	szeptember
10月	október
11月	november
12月	december

詢問

～在哪裡？	Hol van ～?
～多少錢？	Mennyiibe ～?
什麼時候？	Mikor ?
幾點？	Hány óra van ?

匈牙利 旅行關鍵字

這班列車（巴士）是前往黛布勒森嗎？
　　Ez a vonat (busz) Debrecenbe megy?
請問廁所在哪裡？
　　Hol van a mosdó (vécé)?
這裡可以拍照嗎？
　　Lehet itt fényképezni?
請問你叫什麼名字？
　　Hojy hívják?
我的名字是～
　　A nevem ～ .
請告訴我地址
　　Adja meg a címét, legyen szíves.

住宿

可以告訴我哪裡有便宜的飯店嗎？
　　Tudna ajánlani olcsóbb árú szállást?
請問有空房間嗎？
　　Van szabad szobájuk?
一晚房價多少？
　　Mennyibe kerüi egy éjszakára?
可以讓我看看房間嗎？
　　Megnézhetném a szobát?
請給我一間附有淋浴（浴缸）設備的單人房（雙人房）
　　Szeretnék egy egyágyasat
　　(kétágyasat), zuhannyal (fürdőkáddal).
可以使用信用卡嗎？
　　Hitelkártyával fizethetek?
沒有熱水
　　Nincs melegvíz a szobámban.

用餐

這附近有沒有便宜的餐廳？
　　Van itt a közelben egy jó, és olcsó
　　vendéglő?
請給我菜單
　　Az étlapot kérem.
我想要吃匈牙利料理
　　Valami magyar ételt szeretnék enni.
請問招牌菜是什麼？
　　Mi az étterem specialitása?

請給我咖啡
　　Kérek egy kávét.
請結帳
　　Kérem a számlát.
非常好吃
　　Nagyon finom volt.

購物

這個多少錢？
　　Ez mennyibe kerül?
請給我這個
　　Azt kérem.
可以試穿看看嗎？
　　Felpróbálhatnám ezt?
這個我不喜歡
　　Ez nem tetszik.
太大（小／短／長）
　　Ez túl nagy (kicsi / rövid / hosszú).

郵政・電話・匯兌

這個郵件寄到台灣多少錢？
　　Mennyibe kerül egy level Taiwan
　　légipostával?
我想要打電話回台灣
　　Taiwan szeretnék telefonálni.
我想要把 20 元美金換成匈牙利幣
　　20 (húsz) dollárt szeretnék forintra
　　váltani.

糾紛、醫療

救命！　　　　　　Segítség！
小偷！　　　　　　Tolvaj！
我的護照不見了
　　Elvesztettem az útlevelemet.
身體不舒服
　　Rosszul Vagyok.
感冒了
　　Megfáztam.
頭（胃）痛
　　Fáj a fejem (a gyomrom).
請幫我找醫生來
　　Hívjon orvost, kérem.

匈牙利簡史

◆從黎明期到被鄂圖曼帝國占領為止

896、1526、1848、1956……這些數字對匈牙利人來說，都是難以忘記的數字。

游牧民族的馬札兒人Magyarok（匈牙利人的自稱），大約在西元5世紀左右，從烏拉圭山脈附近開始往西移動，896年他們征服了喀爾巴阡盆地Carpathian Basin。之後，他們還攻占了現在的瑞士和義大利北部，甚至遠征巴爾幹半島，不斷地擴大勢力版圖。955年，馬札兒人在奧格斯堡Augsburg附近被德國皇帝奧圖一世Otto I的軍隊打敗，指揮官Bulcsú等人遭到處刑。因為這次的事件，馬札兒人改變了路線，往和平的方向前進，在首長Géza的統治下揭開序幕。

而他的兒子史蒂芬一世I. István和馬札兒民族內部的異教徒部落展開對決，最後贏得勝利，讓基督教成為匈牙利的國教。西元1000年，在神聖羅馬帝國的奧圖二世Otto II援助下就任匈牙利的國王，匈牙利成為西歐東端的天主教國家就此邁開一大步。

之後，在馬提亞斯國王Hunyadi Mátyás的絕對主義統治下（1458～1490），匈牙利的國土持續擴大，引進了文藝復興文化，達到了繁華盛世。而這個時代的昌隆，可從維斯葛拉德Visegrád的皇宮遺跡、布達皇宮Budavári Palota和馬提亞斯教堂Mátyás templom略窺一二。此外，當時所收藏的龐大抄寫書籍，也成了重要的文化遺產。

但是這樣的繁華卻沒有得以長久，Dózsa György引發的農民戰爭、中貴族和大貴族的抗爭相繼發生，匈牙利的國力逐漸衰退。

然後在1526年，鄂圖曼帝國展開了往西擴展的政策，匈牙利軍隊在莫哈次戰役Mohácsi Csata Or Mohácsi Vész中敗北，國王拉祐斯二世II. Lajos也不幸戰死。鄂圖曼帝國不斷進攻，攻占了維也納，隨後在1541年占領了布達。從此的150年，匈牙利的國土一分為三，包括了多瑙河以西的哈布斯堡匈牙利王國、在鄂圖曼帝國所保護下統治外西凡尼亞Transilvania（現為羅馬尼亞領土）的東匈牙利王國（1570年起成了外西凡尼亞公國），以及納入鄂圖曼直轄地區，也就是包含布達在內的舊匈牙利王國中央部分等3個區塊。

◆鄂圖曼帝國占領下的匈牙利

因為國土被切割成3塊，這也讓匈牙利國內的各都市走上完全不同的發展道路，擁有各自的獨特個性。

多瑙河以西的修普倫Sopron和克塞格Kőszeg因為經濟和商業的關係，與奧地利形成了密切的關係。

外西凡尼亞公國雖然在鄂圖曼帝國的保護下，卻發展為馬札兒人所統治的國家。科羅日瓦Kolozsvár（今羅馬尼亞的克盧日納波卡Cluj-Napoca）是當時最為發展的城市，這個地方受到宗教改革浪潮的襲擊，喀爾文教派就此奠定。匈牙利被一分為三的時候，Bethlen、拉科奇Rákóczi，以及隨後的Thököly Imre「庫魯茲Kuruc」軍隊，分別參與對抗鄂圖曼帝國和哈布斯堡家族之戰，並且以此當作統一祖國的中心地。

在一分為三的時代下，所有鄂圖曼帝國的直轄地中，包括了布達佩斯的馬提亞斯教堂在內，許多的教堂被改成伊斯蘭教的清真寺。因為戰亂以及極權統治關係，很多的村莊都空無一人。凱奇凱梅特Kecskemét、佩啟市Pécs，以及沒有遭到占領的黛布勒森Debrecen，因為支付稅金而獲得自治權，或許就是從這個時刻起，帶出這些城市的商業發展前景。在艾格爾Eger和佩啟市等地方，甚至是布達佩斯的溫泉，都能看到這個時代所留下的文物。

在鄂圖曼帝國的占領下，邊境的要塞是不可缺少的，但所謂的邊境，就像艾格爾當地把城館當成要塞，匈牙利王國和貴族的守衛兵因為拿不到像樣的酬勞，甚至到馬札兒人居住的村落打劫。也因為如此，村民們都逃到黛布勒森、凱奇凱梅特、索爾諾克Szolnok、朱拉Gyula等地。

去除受到鄂圖曼帝國統治這一點，當時並沒有要求民眾改變宗教信仰，因此居民幾乎很少有機會和土耳其人接觸，從事相同行業的馬札兒人也大有人在。或許應該說，哈布斯堡匈牙利王國裡的居民，生活在維也納以及後期的布拉格中央極權統治之下。

外西凡尼亞公國對鄂圖曼王國和哈布斯堡家族之戰，並沒有傳出捷報。從1660年以後，外西凡尼亞公國也因為王位繼承戰，國力逐漸式微。1686年，哈布斯堡家族的國際軍隊，從鄂圖曼帝國的手中奪回了布達，並且在隔年將外西凡尼亞公國納入版圖中。

◆哈布斯堡絕對王朝時代

匈牙利也因此完全脫離鄂圖曼帝國的統治，而成為絕對主義國家哈布斯堡家族Habsburg的殖民地。就在這段時間，由拉科奇二世II. Rákóczi Ferenc所發動的自由戰爭（1703～1711）等企圖從哈布斯堡家族統治下獨立的戰爭，接二連三地發生，匈牙利的統治階層不得不和哈布斯堡家族達成妥協，選擇保護自己的利益。

在哈布斯堡家族所統治的200年，隨著時代的變遷，可看出統治當局的改變，從專制絕對主義轉變為啟蒙絕對主義。比方說，瑪麗亞·泰瑞莎女王Mária Terézia（1740～1780在位）時所頒佈的「教育大綱」，這個大綱將居民的母語教育和教育內容全國統一，並且做成了教科書，培育專業的教職員，這也有助於刺激匈牙利民族意識的覺醒。

進入19世紀後，聖齊尼公爵Széchenyi István等資產階級者所推動的國民改革運動相當盛行，國內進行了一場穩健的改革運動，隨後設立了學院，多瑙河上也開始運行定期航班，並且興建了第一座鎖鏈橋Széchenyi Lánchíd，馬札兒市達劇場（之後改名為國民劇場）首度上演了匈牙利語的戲劇，而當時的時代趨勢，進而一舉讓祖國獨立的聲浪高漲。

1848年3月15日，詩人裴多菲Petőfi Sándor等人以及佩斯的年輕人，在國立博物館當著1萬名群眾的面前，大聲疾呼要求言論自由以及廢止檢閱等12項要求。之後激進派的科速特Kossuth Lajos雖然曾一度取下政權，但得到俄皇援軍的哈布斯堡家族，在獨立戰爭中贏得勝利，裴多菲在Segesvár（今羅馬尼亞的錫吉什拉瓦Sighişoara）之役中不幸陣亡。

獨立戰爭的失敗，加重了馬札兒人的挫折感，整個國家進入了憂鬱的時期，此時哈布斯堡家族的國力也逐漸衰弱。順著國際情勢，於1867年締結合約，除了沒有外交和軍事統治權之外，匈牙利基本上仍算是一個獨立國家。

1873年佩斯、布達和歐布達（舊布達）等3個都市合而為一，成為了首都布達佩斯。趕在1896年的建國1000年，所有城市快速整治發展，國家歌劇院Magyar Állami Operaház、聖史蒂芬大教堂Szt. István Bazilika、國會大廈Országház等至今仍保存下來的這些建築物，都是在那個時期建立的，產業也跟著蓬勃發展，布達佩斯的人口快速增加。3個城市在統一之前，人口只有30萬人，到了1896年已增加到61萬8000人，並且在1910年成為110萬人口的大都市。

這段期間，繁榮的布達佩斯和貧困的農村、要求選舉權的都市知識分子與保守的教會權利階級及所支配的階級、猶太人和馬札兒人之間，在一連串對立和矛盾中，匈牙利迎接文學上的昌盛時代，有被譽為匈牙利波特萊爾的詩人Ady Endre，近代散文的始祖莫里茲Móricz Zsigmond、歐美劇壇的寵兒莫爾納爾Molnár Ferenc等等。

◆從兩次大戰到現代

第一次世界大戰結束後，奧匈帝國完全瓦解，匈牙利終於完成了期待已久的獨立，但身為敗戰國的匈牙利在1920年簽下了特里亞農條約Trianoni békeszerződés，將國土的71%（包括克羅埃西亞在內）以及350萬的馬札兒人讓給了其他周邊國家。之後在第二次世界大戰時，匈牙利與三國同盟站在同一陣線，然而在戰爭末期，德國軍隊和蘇聯軍隊在布達佩斯開火，讓整座城市飽受戰火無情的摧毀。

1949年的選舉之後，匈牙利成了「匈牙利人民共和國」，朝社會主義體制的道路邁進。但是麥特亞斯·拉柯西Matyas Rakosi政權急速推動重工業化，並且將敵對者接二連三處死，這也導致民怨四起，進而推翻了獨裁專制。

1956年，布達佩斯的居民發動了要求自由的武裝起義，納吉Nagy Imre政權就此誕生。但蘇聯方面因擔心社會主義陣營的瓦解，於是以武力介入，並將納吉等人處死。

在蘇聯的授意下登場的是卡達爾·亞諾斯Kádár János，從1960年代後半開始，在「不是敵人就是朋友」的口號下，慢慢地推動自由化。而匈牙利在柏林圍牆的倒塌上所扮演的角色，相信大家都已經知道。

1993年3月，波蘭、捷克等國家加入了北大西洋公約組織（NATO），這也是首度有東歐國家加入，國外的資金因此不斷湧入，然而隨著體制的自由化，伴隨而來的是通貨膨脹、失業人口增加等負面問題。在2002年的大選中，以社會黨為主的左派聯合政權正式啟航，而每次的選舉，總讓匈牙利的政治時而左傾、時而右傾。但在2003年4月所舉行的加入歐盟公民投票中，獲得84%選民的支持，並在4月完成了加盟的用印儀式。2004年5月，匈牙利正式成為歐盟的加盟國，以西歐的一員邁向新道路。

匈牙利研究家　岩崎悅子

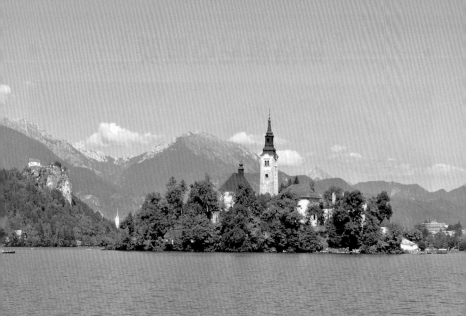

斯洛維尼亞
• Slovenia •

朱利安阿爾卑斯山區和布列德湖

斯洛維尼亞概要

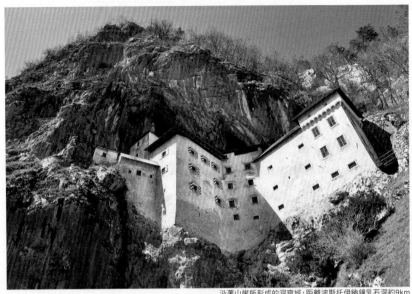

沿著山崖所形成的洞窟城，距離波斯托伊納鐘乳石洞約9km

　　朱利安阿爾卑斯山區Julijske Alpe的大自然之美，令人忍不住讚嘆，湛藍色的亞得里亞海沿岸的城市，被歷史所渲染，美麗的舊城風光被完整保留。波斯托伊納Postojna、什科茨揚Škocjanske一帶的6000個以上的鐘乳石洞，以水和石頭創造出大自然的雕像。國土面積不大的斯洛維尼亞，被綠色所覆蓋，是一個充滿美麗風景且富有變化的國度。

　　斯洛維尼亞和奧地利、匈牙利、克羅埃西亞以及義大利的國境相連接，西北部的朱利安阿爾卑斯山區和克羅埃西亞的第拿里阿爾卑斯山Dinaric Alps相連接，形成了群山綿延的地形。而聳立於義大利國境交界之處的高山，是斯洛維尼亞的最高峰特里格拉夫山Triglav，堪稱是斯洛維尼亞的象徵。西南的伊斯特拉半島Istra隔著海洋就位在威尼斯的對面，受到義大利文化的影響，當地有許多美麗的城市。

　　斯洛維尼亞的歷史悠久，經常受到外來侵略者的統治，有著好長一段悲慘的苦難，但正因為這樣的苦難，孕育出多位世界知名的藝術家。城市的風貌多少殘留著中世紀的芬芳，因此孕育出特殊的文化，讓斯洛維尼亞成為一個文化王國。

　　1991年6月，斯洛維尼亞終於達成了多年的願望，從

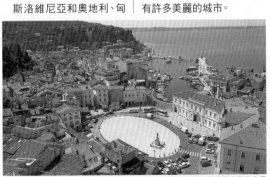

從聖喬治教堂的鐘樓遠眺皮蘭的街景

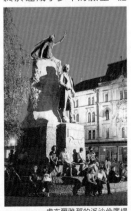

盧布爾雅那的派沙倫廣場

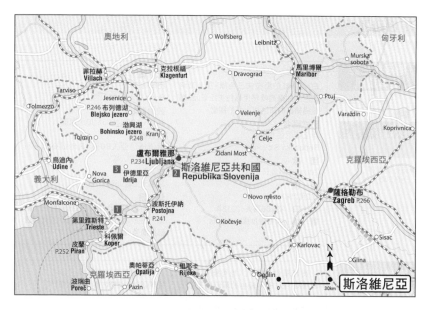

舊南斯拉夫獨立出來。

　從未出現在歷史上的國家斯洛維尼亞，首度被登錄在世界地圖上，此後來自世界各地的遊客前往斯洛維尼亞觀光，整個國家充滿了朝氣。雖然是個很小的國家，但只是通過這裡，實在太浪費了，「阿爾卑斯的太陽照射到的國度」斯洛維尼亞，有著豐富的文化以及刺激的新發現，還有熱情的待客之道，這些都是斯洛維尼亞要送給旅人的禮物。

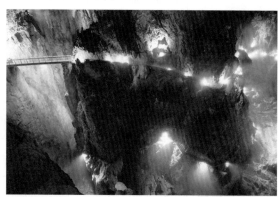

約45km深的什科茨揚鐘乳石洞內的溪谷

UNESCO的世界遺產

1 什科茨揚鐘乳石洞
Škocjanske Jame　　　→P.242

　位於Kras（喀斯特）地區的什科茨揚鐘乳石洞長5km、高163cm，令人震撼的天然造型、綿延的石筍和石柱，非常值得一看。

2 阿爾卑斯地區史前湖岸木樁建築
Prazgodovinska kolišča okoli Alp

　西元前5000年～西元前500年的史前時代，在水邊釘上柱子建造的居住遺跡，大約有111處被登錄為世界遺產，而其中有2處是在斯洛維尼亞。

3 水銀的遺產：阿爾馬登和伊德里亞
Dediščina živega srebra. Almadén in Idrija

　在斯洛維尼亞西部、伊德里亞Idrija近郊的水銀礦冶遺址，這是和西班牙的阿爾馬登Almadén共同登錄。這裡有世界最大規模的水銀礦山，伊德里亞自15世紀末就開始進行水銀的採礦，採礦的坑道也被列入遺產。

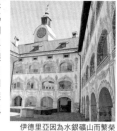

伊德里亞因為水銀礦山而繁榮

227

斯洛維尼亞 基本資訊

▶旅行關鍵字
→P.255

國 旗
白、藍、紅的斯拉夫三色旗,加上斯洛維尼亞的最高峰特里格拉夫山以及3顆星描繪出的斯洛維尼亞的國徽。

正式國名
斯洛維尼亞共和國
Republika Slovenija

國 歌
Zdravljice(乾杯之詩)

面 積
約2萬256km²

人 口 約206萬人(2012年)

首 都 盧布爾雅那Ljubljana

元 首
巴厚總統
Borut Pahor

政治體制
共和制(2004年5月加入歐盟)

民族構成
斯洛維尼亞人90%,其他還有匈牙利人、義大利人等。

宗 教
羅馬天主教95%。

語 言
官方語言為斯洛維尼亞語(斯拉夫語系)。在外語方面,德語、英語、義大利語都能溝通,會說多國語言的人並不少。

貨幣與匯率

▶旅行預算與金錢
→ P.548

貨幣單位是歐元(也可簡稱為E、EURO、EUR),較小的單位則是歐分(¢、CENT)。€1=100¢=約台幣36.7元(2015年8月)。紙鈔有5、10、20、50、100、200、500歐元,硬幣則有1、2、5、10、20、50歐分和1、2歐元。

斯洛維尼亞有屬於自己獨特的歐元硬幣設計,硬幣內側的圖案是國民詩人派沙倫France Prešeren和斯洛維尼亞的最高峰特里格拉夫山。

1歐元

2歐元

5歐元

10歐元

20歐元

50歐元

100 歐元

200歐元

500歐元

1歐分　2歐分　5 歐分　10歐分　20歐分　50歐分

如何撥打電話

▶郵政與電話
→ P.556

從台灣撥往斯洛維尼亞　撥往盧布爾雅那(01)1234567時

| 國際電話識別碼 002 | + | 斯洛維尼亞國碼 386 | + | 區域號碼(去除前面的0) 1 | + | 對方的電話號碼 1234567 |

簽證
6個月以內，停留天數在90天之內，並且是以觀光為目的不需要辦理簽證。

護照
離開申根國當日，護照的有效期限為3個月以上。

出入境

▶台灣出入境
→P.552

▶東歐國家出入境
→P.552

目前台灣和斯洛維尼亞之間並沒有直飛的班機，至少得要轉機一次，可先飛往維也納、法蘭克福、阿姆斯特丹、巴黎、伊斯坦堡，再轉機前往斯洛維尼亞。從台灣飛到附近國家的飛行時間大約是12小時30分～16小時，而從附近各國到斯洛維尼亞約45分～3小時。

從台灣出發的飛行時間

▶從台灣前往東歐的交通
→ P.551

鐵路
奧地利、匈牙利和克羅埃西亞等鄰近國家，都有直達火車前往斯洛維尼亞。入境手續相當簡單，在各國的國境，海關人員會要求遊客出示護照，並且會詢問「是否有報稅的物品？」目前斯洛維尼亞不會對外國遊客的隨身物品課稅，因

此只要回答「沒有」就可以了。

巴士
除了與斯洛維尼亞緊鄰的國家以外，還有從舊南斯拉夫的國家出發的車班，入境手續很簡單，只要出示護照即可。

從周邊各國出發的交通

▶當地交通
→ P.553

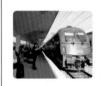

從鄰近各國出發的主要直達火車

薩格勒布（克羅埃西亞）～盧布爾雅那	每日3～4班	所需時間2小時30分
維也納（奧地利）～盧布爾雅那	每日1班	所需時間6小時
慕尼黑（德國）～盧布爾雅那	每日2班	所需時間6小時
布達佩斯（匈牙利）～盧布爾雅那	每日1班	所需時間9小時
貝爾格勒（塞爾維亞）～盧布爾雅那	每日1班	所需時間9小時20分

從鄰近各國出發的主要長途巴士

薩格勒布（克羅埃西亞）～盧布爾雅那	每週2班	所需時間2小時25分
貝爾格勒（塞爾維亞）～盧布爾雅那	每日2～3班	所需時間7小時40分～8小時30分
塞拉耶弗（波士尼亞‧赫塞哥維納）～盧布爾雅那	每日1～2班	所需時間10～12小時
史高比耶（馬其頓）～盧布爾雅那	每日2班	所需時間15小時～17小時30分
索非亞（保加利亞）～盧布爾雅那	每日1班	所需時間15小時30分

與台灣時差為7小時，只要將台灣時間減去7個小時就可以。換言之，台灣6:00時，斯洛維尼亞則是前一天的晚上23:00。夏令時間的話，時差則變為6小時。

夏令時間的實施期間，從3月最後一個週日的AM2:00（＝AM3:00）～10月最後一個週日的AM3:00（＝AM2:00）。

時差和夏令時間

從斯洛維尼亞撥往台灣　例 撥往 (02)1234-5678時

國際電話識別碼 00	＋	台灣國碼 886	＋	去除區域號碼最前面的0 2	＋	對方的電話號碼 1234-5678

▶斯洛維尼亞國內通話　市內電話不需要撥打區域號碼，市外電話要從區域號碼開始撥打。
▶如何撥打公共電話　①拿起聽筒
　　　　　　　　　　②將電話卡依照電話卡片上的箭頭方向插入
　　　　　　　　　　③撥打對方的號碼
　　　　　　　　　　④電話卡的餘額會顯示在電話的螢幕上，結束通話後放下聽筒，取出電話卡

以下是店家一般的營業時間。

銀 行
週一～五 9:00～12:00、14:00～17:00、週六～12:00、週日休息。

百貨公司和商店
一般的商店平日7:00～8:00左右開門，18:00～19:00左右打烊，週六～13:00，冬季的營業時間可能會縮短。

餐廳
依店家而異，通常是8:00～11:00開店，23:00～深夜打烊。

斯洛維尼亞的氣候分成阿爾卑斯型、大陸型、地中海型等3種，隨著地域不同，氣溫和降雨量也有差別。夏天到處都很涼爽舒服，冬天山岳地區會下雪，盧布爾雅那等內陸區域平均氣溫在0°C上下。降雨量以春、秋兩季較多，一整年的降雨量為800～3000mm，隨著區域不同，降雨量也出現明顯差異。

最佳的旅行季節是夏天，5～9月是最舒適的氣候，滑雪的冬季也很受遊客青睞。布列德湖等內陸地區，夏天的夜晚很涼爽，最好帶件長袖襯衫或是薄一點的外套。無論那個季節，都要準備足以因應的衣物。

盧布爾雅那的氣溫和降雨量

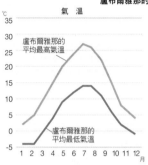

氣 溫

盧布爾雅那的平均最高氣溫

盧布爾雅那的平均最低氣溫

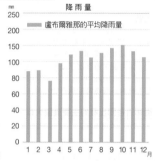

降雨量

盧布爾雅那的平均降雨量

每年會異動的節日以（※）標示，要注意。

1/1、1/2		元旦和翌日
2/8		派沙倫紀念日
4/5 ('15)	※	復活節
4/6 ('15)	※	復活節後週一
4/27		反占領起義紀念日
5/1、5/2		勞動節
6/25		國慶日
8/15		聖母升天節
10/31		宗教改革日
11/1		萬靈節
12/25		耶誕節
12/26		獨立紀念日

電壓為200V，頻率50Hz，插頭為C型（雙圓形插頭）。若要在當地使用台灣的電器產品，需要攜帶變壓器和轉接插頭。

DVD
斯洛維尼亞的電視和錄影規格為PAL，台灣、日本或是美國則屬於NTSC，兩者並不相同，在當地購買的錄影帶或是DVD，通常無法用台灣的電器播放。而斯洛維尼亞的DVD區碼Region Code為2，也與台灣不同（台灣為3），因此也無法使用一般家用DVD播放器觀賞。

計程車
基本上是不需要的，如果有提出特別的需求，或是對服務感到滿意，頂多是把零頭湊成整數即可。

餐廳
如果在高級餐廳用餐，對服務生的服務感到滿意的話，一般會給費用10%程度的小費。

廁所
以前公共廁所大多需要收費，現在幾乎都是免費的。廁所的標示男廁是Moški，女廁是Ženske。

小費

自來水可以生飲，但部分的農村地區被指出遭到化學藥品的污染。保特瓶裝的礦泉水500mℓ€0.20～€0.70。

飲用水

一般郵局的營業時間平日8:00～18:00、週六～12:00、週日休息。各都市中央郵局的營業時間會稍微延後一些，有些週日也會營業。

郵資
航空郵件的話，寄到台灣約3～6天，至於郵資，明信片、信件(15g以內)都是€1.25。2kg以內的小包裹寄送時間為10～15天，郵資€40，2～5kg €60，上限是30kg。在大郵局有販售小包裹費用的箱子。

郵政

▶郵政與電話 → P.556

在斯洛維尼亞附加價值稅稱為PDV(稅率是22%或是9.5%)，旅行者只要辦理手續，稅金就會退回。

退稅的範圍是一次購買€50.01以上的金額，並且商品在未使用的狀態下帶到國外，即可享受退稅。但飯店的住宿費、餐費、香菸或酒精飲料費則不包含在此。在可以退稅的商店裡，只要購物時請店員填寫退稅文件，出國時交給海關蓋章，然後拿到退稅窗口辦理就可以拿到退稅金額。

稅 金
TAX
▶東歐國家出入境 → P.552
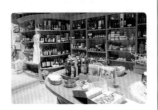

和其他東歐國家比起來，斯洛維尼亞的治安算是好的，但是最近扒手、竊盜和順手牽羊等事件頻傳，千萬不要太大意。另外，夜間出門時，由於都市鬧區以外的街道路燈較少，比較昏暗，一個人行走時要多加注意。

順手牽羊
團體旅行或是多人一起出遊時要多加小心被人順手牽羊，在飯店享用自助式早餐，把行李放著離開位子，回來的時候東西不翼而飛，這樣的事件很常發生。如果是多人一起行動，一時聊得太過開心，以為其他人會幫忙看著東西導致注意力下降，是非常危險的。一個人旅行的話，更要留意隨身的行李。

警察
在斯洛維尼亞警察叫做Policija，就算是在首都盧布爾雅那，警察局也只有一處，不但沒有派出所，更少看到巡邏車和警察，但當地的警察英文程度很好，溝通沒問題。

警察 **113**
消防、急救 **112**

安全與糾紛

▶旅行糾紛與安全對策 → P.560

在斯洛伐克，購買菸酒需要滿18歲以上。

年齡限制

和台灣相同，距離以公尺，重量以公克、公斤，液體以公升計算。

度量衡

斯洛維尼亞 旅行基礎知識

國內的移動方式

鐵路

　　面積只有瑞士的一半，西北部還有朱利安阿爾卑斯山區Julijske Alpe的斯洛維尼亞是個小國，國內的鐵道網和鄰國的奧地利一樣，都是沿著山間行駛，主要路線包括盧布爾雅那Ljubljana、馬里博爾Maribor、采列Celje等起點，連結許多城市。鐵路公司為斯洛維尼亞國鐵SŽ（Slovenske Železnice），列車的出發或抵達幾乎沒有延遲過，週末班次會減少。

　　車票可以在車站的售票窗口，或有標示SŽ的旅行社購買。預約座位的話手續費是€3.50，座位分成1等和2等，1等車廂的車資比2等車廂多了一半。ICS的所有座位都是指定座位。

斯洛維尼亞國鐵
URL www.slo-zeleznice.si

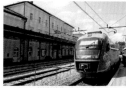
抵達波斯托伊納車站的列車

巴士

　　巴士路線幾乎網羅國內的所有地區，班次也很多，無論

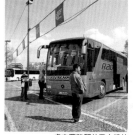
盧布爾雅那的巴士總站

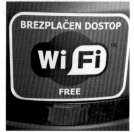
有些巴士公司會有可以使用無線網路的車輛

是長程或是短程，移動起來非常方便。巴士的出發或抵達幾乎不會誤點，車上有冷氣，座位也很舒適。主要的巴士公司為Veolia、Izletnik、Alpetour等，各巴士公司的服務內容都差不多。

　　車票可以在巴士總站的售票處購買，或是上車時直接把車資交給司機。夏季的週末往布列德湖Blejsko jezero或是沿海城市，最好要事先預約。同時購買來回車票會有折扣，如果已經確定日期最好事先購買，若要把行李放進巴士行李置物處時，需要另外付費。

飛機

　　斯洛維尼亞並沒有國內航線的飛機。

租車

　　除了在機場、旅行社之外，4星以上的飯店也能辦理租車手續。道路的狀態很好，路標也很詳盡，市區裡的街道限速50km，一般道路90km，主要幹道100km、高速公路130km。到處都有加油站，營業時間為週一～六7:00～20:00，市區裡的加油站，有不少也是24小時營業。

　　想要上高速公路的人，必須事先購買高速公路專用標籤貼在車上。

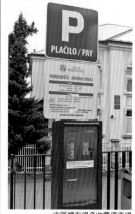
市區裡有很多收費停車場

計程車

　　基本上車資是照表計算，觀光客不太會當冤大頭，不過有些司機會對人生地不熟的觀光客繞遠路，最好大概知道前往目的地的路線再搭乘比較安心。如果是遠距離的搭乘，不妨和司機交涉，或許車資會算便宜一些。

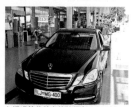
在機場等著載客的計程車

住宿

　　在斯洛維尼亞並沒有所謂的飯店街或是廉價旅館街，但走在市中心，可以看到不少住宿設施，廉價旅館通常離市中心較遠，最好先確認。通常飯店只要有空房，可以立刻入住。住宿設施除了飯店外，還有民宿、青年旅館等，有些城市會在旺季時大爆滿，如果有想要入住的飯店，最好事先預約。

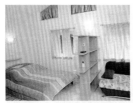
有很多設備齊全的民宿

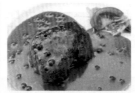
美味多汁的的馬肉排Konjska Pljučna Pečenka

◆民宿

價格比飯店便宜，服務內容和中級飯店差不多，但是數量不多，一晚大約€30左右。

用餐

斯洛維尼亞的料理，其實和國境交界的奧地利、匈牙利、義大利和克羅埃西亞的料理有很多的共通點。內陸地區以肉類、沿岸地區則是以海鮮料理居多，此外還有肉類加工品帕爾馬火腿Pršut（生火腿）、Speck（煙燻火腿）、Pancetta（義式生培根）以及義式香腸等，都很美味。

想要輕鬆吃速食的話可以到Burek，這樣的餐廳不光只在斯洛維尼亞，舊南斯拉夫的國家到處都可以看到。餐廳裡還有膨鬆的麵包，以及類似麵包材料做成的各種食物。而紅寶石般顏色的葡萄酒，則有Teran等的各種葡萄酒，相當有名，還有以蘋果或是越橘等水果釀成的水果酒Rakija。而在啤酒方面，當地最大的2個品牌為Laško和Union。

蛋糕等的甜點種類也很豐富，以麵粉加上扁桃和牛奶混在一起燒烤的Potica，還有以蘋果和嬰粟果實做成的蛋糕Prekmurska Gibanica等的傳統糕點。

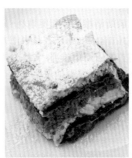
傳統的甜點Prekmurska Gibanica

資訊收集

◆遊客中心

在斯洛維尼亞的主要都市、觀光地區裡一定會有❶（TIC），各地的❶服務內容都不太一樣，包括了各城市地圖或觀光區介紹手冊發送、販售，飯店或是私人房間的預約，還有當日來回的團體旅行等。

◆旅行社

包括Kompas Holidays在內，旅行社相當多。

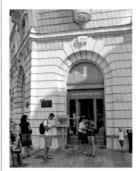
盧布爾雅那的❶

實用資訊

【緊急時】
●急救醫院　**Kliniční Center**
✉Zaloška cesta, Ljubljana
☎（01）5225050　URLwww.kclj.si

【駐外館處】
斯洛維尼亞沒有台灣的駐外代表處，而是由駐奧地利代表處兼管。
●駐奧地利代表處　Map P.525-A4外
Taipei Economic and Cultural Office
✉Wagramer Str. 19/11. OG, A-1220 Vienna, Austria
☎（01）2124720（奧地利國碼為43）
☎＋43-6643450455（急難救助電話，專供如車禍、搶劫、有關生命安危緊急情況等緊急求助之用，非急難重大事件請勿撥打）
URLwww.taiwanembassy.org/AT

🕐9:00～17::00
【其他】
●盧布爾雅那中央郵局　Map P.237-C2
✉Slovenska 32
☎（01）2431620　URLwww.posta.si
🕐週一～五8:00～19:00、週六8:00～12:00
🚫週日

【航空公司】
●亞得里亞航空　✉Gosposvetska 6
☎（01）3691010　URLwww.adria.si
●奧地利航空　✉Leskoškova cesta 9
☎（01）2443060　URLwww.austrian.com
●法國航空　✉Igriska 5
☎（01）2443447　URLwww.airfrance.si
（沒有特殊註記的話，皆位於盧布爾雅那）

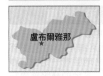

盧布爾雅那 *Ljubljana*

URL www.visitljubljana.com

◆盧布爾雅那國際機場
TEL (04) 2061000
FAX (04) 2021220
URL www.lju-airport.si

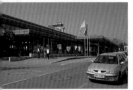

盧布爾雅那國際機場

◆機場的銀行
TEL (04) 2061679
圖 週一～五　8:00～15:00
休 週六・日
　　就在出境大廳的入口，是機場唯一的銀行。

從市區往機場
●搭乘路線巴士
　5:20～20:10之間1小時1班（週六・日7班）
●搭乘私營巴士
　Markun公司經營的私營巴士5:20～22:30之間1日10班，從距離巴士總站西邊約200m左右的亞得里亞航空大樓附近（Map P.237 D-1)出發。
　MNJ Transfer公司的私營巴士5:00～22:00之間1日10班，會到飯店來接客人。

◆Markun
TEL 051-321414
URL www.prevozi-markun.com
◆MNJ Transfer
TEL 040-771771
URL www.mnj.si
◆機場計程車
TEL 059-060777
URL airporttaxi.si

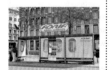

私營巴士的停靠站距離盧布爾雅那巴士總站有點遠

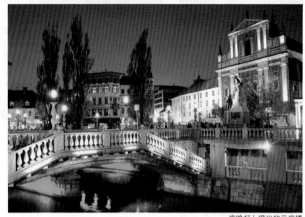

夜晚打上燈光的三座橋

　　聳立於斯洛維尼亞和奧地利、義大利國境之間的朱利安阿卑斯山區Julijske Alpe，在其東南方50km外的盆地，就是斯洛維尼亞的首都盧布爾雅那。文藝復興、巴洛克、新藝術等各種風格的建築物，非常協調地聚集在此，是個小小的藝術之都。

　　擁有27萬人口的首都盧布爾雅那，被神聖羅馬帝國統治500年後，又被納入後奧匈帝國的版圖，在哈布斯堡家族Habsburg的統治下開始發展，現在這裡成為斯洛維尼亞的政治、經濟中心，並且持續成長茁壯。

　　盧布爾雅那城堡所座落的綠色之丘，與從山丘下流過的盧布爾雅那河Ljubljanica，構成了悠閒又從容的美景歡迎旅人的到來，而紅瓦屋頂層層疊疊的舊城區市街，給人一種錯覺，彷彿踏入了時光隧道回到中世紀，在這座自然與藝術完美結合的美麗古都裡，悠哉地散步吧！

抵達抵達盧布爾雅那後前往市區

✈ 搭乘飛機抵達

　　斯洛維尼亞的國際機場就位於盧布爾雅那近郊的Brnik國際機場。除此之外，還有馬里博爾Maribor機場、沿海的玫瑰港Portorož機場，雖然都是國際機場，但定期的國際航班並不在這兩處起降。

●盧布爾雅那國際機場
Letališče Jožeta Pučnika Ljubljana

　　機場位於盧布爾雅那市中心西北方約23km處，入境大廳有飯店的預約招牌、❶的窗口，以及ATM等。銀行、郵局、旅行社、租車公司的櫃台，都在緊鄰入境大廳旁的出境大廳。

◆如何從機場前往市區◆

從盧布爾雅那國際機場要前往市區，有以下3種方式。

●路線巴士 *Avtobus*

離開出境大廳後，馬上就能看巴士站牌。週一～五5:00～20:00，1小時1班，週六、日和節日班次會減少，所需時間為45分。終點站是盧布爾雅那車站前的巴士總站，車資為€4.10，上車時交給司機。

●私營巴士 *Privatni avtobus*

前往市區的私營巴士，由Prevozi Markun以及MNJ Transfer 2家公司營運。Markun公司5:10～22:30之間1日11班，送到飯店的話費用是€9。MNJ Transfer公司的巴士6:45～翌日0:45（週日6:45～23:45）之間，每隔30分鐘1班，送到飯店的費用是€9，2家公司都需要預約，但如果還有空位的話，不用預約也可以搭乘。

●計程車 *Taksi*

一出機場大廳，就可以看到等候載客的計程車。所有計程車都是照表收費，起跳金額為€1.40，到市區大約要30分，車資約€40。和司機交涉的話，可能會比這個價錢少一點，但大多數在機場排班的司機，如果沒有這個價錢，不會願意到市區。

🚄搭乘火車抵達　　　　　　Map P.273-E1

●盧布爾雅那車站 *železniška postaja Ljubljana*

所有的國際列車都是在盧布爾雅那車站出發或抵達，車站位於市中心偏北方，車站內有匯兌處、ATM、商店、寄物櫃和麥當勞等。

🚌搭乘巴士抵達

所有的國際線或是國內線巴士，終點站都是在出了火車站右側的巴士總站。身為一國之都的巴士總站，這裡的規模給人迷你的感覺。巴士站從1～28號，在每個站牌旁都寫上主要的行經路線。車站大廳裡有售票處、廁所、行李寄放處、商店、匯兌處以及ATM等，設備相當完善。另外，還有觸碰式螢幕的查詢服務機器，可以很快地查詢大部分國內線、國外線的目的地，以及所需的時間和車資等訊息，可用信用卡購票。

盧布爾雅那的市區交通

●巴士 *Avtobus*

盧布爾雅那市內唯一的巴士公司LPP（Ljubljanski Potniški Promet）的巴士，是市民的代步工具，路線共有22條，從清晨5:00～22:30之間頻繁運行。雖然沒有巴士總站，但主要的路線都是從市中心的主要幹道Slovenska cesta路出發。巴士站牌有電子看板，上面會標示前往的目的地以及巴士預估的抵達時間。

盧布爾雅那發行了類似悠遊卡的預付儲值卡，取名為Urbana card，只能以這張卡片支付車資。如果想要搭乘巴士的話，一定得事先到❶、路旁的小賣店或是設置在巴士站牌的自動售票機購買、儲值。

機場前的計程車招呼站有幾輛等著載客，但數量不多

● 盧布爾雅那車站
🕐5:00～23:00
休無休
● 盧布爾雅那車站的寄物櫃
🕐24小時€3

盧布爾雅那車站

● 盧布爾雅那的巴士總站
Map P.237-D1
☎(01) 2344606
URLwww.ap-ljubljana.si
🕐週一～五　5:00～22:30
　週六　　　5:30～22:00
　週日　　　5:00～22:30
出了火車站正門口的右手邊，在官網上可以查詢國內線和國際線的時刻表。

巴士總站面向火車站

◆Ljubljana Tourist Card
可以不限次數的搭乘市區巴士路線，此外到博物館或是美術館參觀時，可以免費或是享有票價折扣。前往飯店、餐廳或是參加市區觀光，有時候出示卡片也可以打折。這張卡和Urbana card相同，搭乘巴士時只要將卡片碰觸機器即可。卡片分成24小時（€23）、48小時（€30）、72小時（€35）等3種，可以在❶或是部分的飯店購買。

235

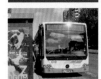

上下車方便的低底盤市巴士

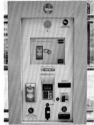

Urbana card的自動販賣機，可以現金或是信用卡購票

無線電計程車

◆Taxi Društvo Ljubljana

TEL(01) 2349000～3

URLwww.taxi-ljubljana.si

◆BicikeLJ

TEL080-2334

URLwww.bicikelj.si

　使用期間為1週（€1）和1年（€3），最初的1小時免費，2小時€1、3小時€2。如果是免費使用的話，還車後的5分鐘，又可以再次租借。

卡片的費用是€2，一次最多可儲值€50。搭車的時候，將卡片放在司機座位旁邊的機器上輕輕碰觸，乘車費用一次€1.2，90分鐘以內的話可以轉乘。

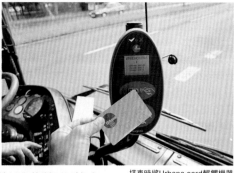

搭車時將Urbana card輕觸機器

　Urbana card基本上是不能退費的，如果是在❶購買的話，只要出示卡片和收據，❶會退回€2，但是卡片內的儲值金額是不退費的，儲值時最好要細算。

●**計程車** *Taksi*

　車輛非常少，即使是在人潮洶湧的大馬路上，想要在路上招車非常困難。主要的計程車招呼站設在火車站前、中央郵局前、高級飯店前等，車資為€1.50～／km，基本上不會被司機敲竹槓。

●**BicikeLJ**

　這是類似台北Ubike的自行車租借系統，在巴士總站前、主要的觀光景點附近和重要的街道，都有自行車的租借站，只要租借站有空間，就能隨處歸還。利用之前得先在網路上登記，必須要輸入信用卡等個人資料。

如何使用BicikeLJ

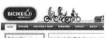

1 事先到URLwww.bicikelj.si的官網上，點入畫面左上方的「Subscribe」登錄。設定開始利用的時間和Pin Code，然後會拿到Subscriber number，要把這組號碼記下來

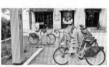

2 前往自行車租借站，機器（左）是觸碰式螢幕，要以英文畫面進行租借手續請按畫面右下的4號，接著在首頁按下1號，開始進行手續

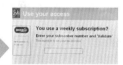

3 輸入Subscriber number和登錄時所設定的Pin Code，在輸入想要使用的自行車號碼後，前往自行車放置的地方

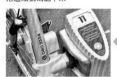

6 還車時，只要將車輛放回空的位置即可。將自行車旁的棒子插進機器裡就上鎖了

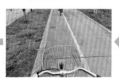

5 在道路上騎乘。大部分的道路都有自行車專用道，要注意行車安全

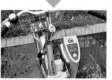

4 選擇自行車的號碼後，該輛自行車就會自動解鎖，將自行車從後方拉出來，就能使用了

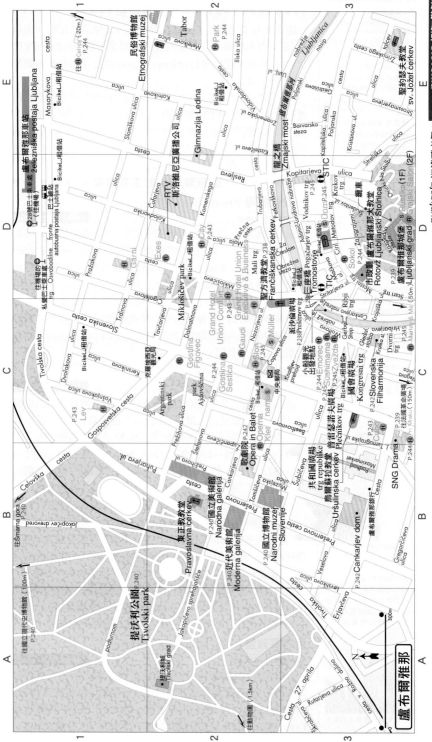

盧布爾雅那

盧布爾雅那的❶

◆Turistični Informacijski Center Ljubljana-TIC
Map P.237-D3

✉Stritarjova

☎(01) 3061215

📧tic@ljubljana-tourism.si

🕐6～9月　8:00～21:00
　10～5月　8:00～19:00

🚫無休

　提供各種旅遊行程的安排、免費的飯店名單、地圖和其他遊客想要知道的觀光資訊。

◆Slovenski Turistični Informacijski Center（STIC）
Map P.237-D3

✉Krekov trg 10

☎(01) 3064575

📧stic@visitljubljana.si

🕐6～9月　8:00～21:00
　10～5月　8:00～19:00
　（週六～15:00）

🚫10～5月的週日

　不光是盧布爾雅那，還可以收集到整個斯洛維尼亞的資訊。這裡是盧布爾雅那最大的❶，提供的服務內容包括了住宿設施的預約、音樂會和運動比賽的門票販售、伴手禮的販售。只通英、德、義語，但是主要景點的語音導覽，也可以在這裡租借。

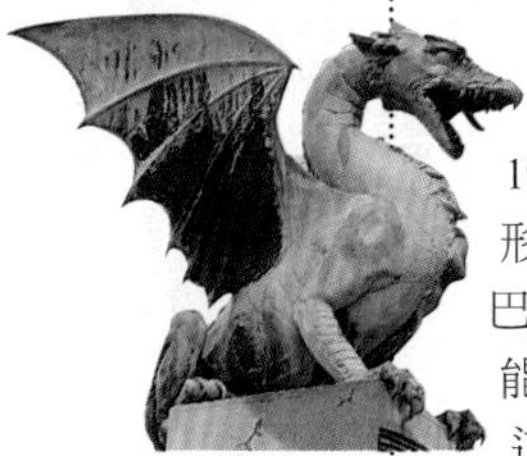

被4頭龍捍衛的龍之橋

◆聖方濟教堂

✉Prešernov trg 4

☎(01) 2429300

　週日早上的禮拜，觀光客也可以加入。由於是嚴肅的儀式，進出時儘量保持安靜。

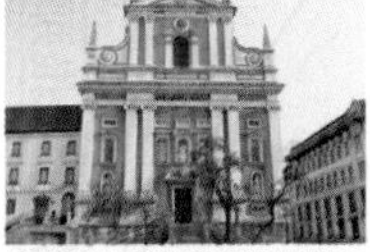

受到義大利影響很深的聖方濟教堂

◆◆◆◆◆◆◆◆◆◆◆◆ **漫遊盧布爾雅那** ◆◆◆◆◆◆◆◆◆◆◆

　盧布爾雅那市的街道是從火車站、巴士總站為起點往南延伸，區分為舊城區和新城區的盧布爾雅那河Ljubljanica呈弓狀，而盧布爾雅那城堡Ljubljanski grad就建造在能夠俯瞰舊城區的小山丘上。

　觀光景點集中的中心地Center，就位在由盧布爾雅那車站和盧布爾雅那城堡、提沃利公園Tivolski park所圍繞的區塊裡，在這1.5km見方的區域裡，只要半天的時間就能逛遍，是一個小而美的城市。新城區的街道有如棋盤一目了然，主要幹道Slovenska cesta路貫穿城市的南北方。

◆◆◆◆◆◆◆◆◆◆ **盧布爾雅那的主要景點** ◆◆◆◆◆◆◆◆◆

派沙倫廣場 Prešernov trg

Prešeren Square	MapP.237-C～D3

　派沙倫廣場位於盧布爾雅那的市中心，從廣場連結舊城區的三座橋旁，有一座紀念19世紀詩人派沙倫France Prešeren（1800～1849）的雕像。派沙倫同時也是€2硬幣人頭肖像，他曾寫下「太陽升起時，戰爭從這世上消失，每個人都是享受自由的同胞～」這首詩詞，在1991年的獨立戰爭後，也成為斯洛維尼亞國歌的歌詞。廣場上還有一座建造於17世紀的聖方濟教堂，而精品店和咖啡館林立的行人專用道Čopova ulica不斷有人潮湧入，非常熱鬧。

三座橋 Tromostovje

Triple Bridge	MapP.237-C～D3

　連結新城區和舊城區的三座橋，在橫跨盧布爾雅那河的橋樑中，這座橋要算是行人最常利用，而且也是最有名的。這座橋是從中世紀起，連結西歐和巴爾幹半島通商路口的一部分，在1929～1932年，由建築師Jože Plečnik（1872～1957）所設計，隨後在舊石橋的兩旁，又增建了2條輔助橋而形成今天三座橋的樣貌。舊城區的街道上，文藝復興風格和巴洛克建築的民宅並列，相較於這樣的風光，新城區理則是能看到融入基督教風格或是伊斯蘭教建築特色的建築物，這些大多出自Jože Plečnik之手。邊欣賞這些美麗建築物，邊在城市裡閒逛也很有趣，而提沃利公園、國立大學圖書館等地，也都是他的傑作。據說Jože Plečnik生前獨特的行事風格，讓他飽受際遇冷暖，如今眾人不但認為他是個建築師，同時也是位優秀的都市計畫者。三座橋的東邊有一座龍之橋Zmajski most，欄杆上豎立著被視為是盧布爾雅那象徵的龍雕像。

聖方濟教堂 Frančiškanska cerkev

Franciscan Church	MapP.237-C2～3

　面向派沙倫廣場而建的粉紅色建築聖方濟教堂，由於受到義大利的影響，因此無論是在設計上或是裝飾上都相當雄偉。教堂建造於1646年到1660年之間，之後在1736年由雕刻家Francesco Robba打造了祭壇，在19世紀中葉，由畫家Matej

Langus在拱型的天花板塗上美麗的色彩。週日上午，盧布爾雅那的市民，會到教堂來做禮拜。

盧布爾雅那城堡 Ljubljanski grad

Ljubljana Castle　　`MapP.237-D3`

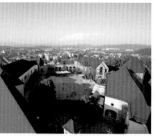
從高塔上遠眺盧布爾雅那城堡和城市風光

◆盧布爾雅那城堡
TEL(01)3064293
URLwww.ljubljanskigrad.si
■4～9月　　9:00～23:00
　10～3月　10:00～21:00
困無休
圏€6
　城堡與纜車套票€8

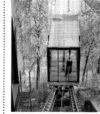
纜車

能一覽舊城區風光的盧布爾雅那城堡，興建於1144年，此後當地人將城堡暱稱為Grad。想要前往盧布爾雅那城堡，步行就可以抵達，也可以搭乘在市政廳前出發的觀光列車或是纜車。

徒步前往城堡的方式有2條路線，第一條是穿越三座橋後往左走，順著河川旁的步道往前走。大教堂後方的廣場有個蔬果市場，販售各種顏色的蔬菜和水果，穿過市場後從Vodnikov trg走到Ciril-Metodov trg，來到一條狹窄的Študentovska ulica路（寫著Grad的綠色小看板是標誌），順著小路上走，前方就是城堡了。而另一條路線，則是從舊城區的市政廣場Mestni trg往舊城廣場Stari trg的方向往南走，在Reber ulica路左轉就能爬上城堡了。

這座城堡在創立以來，因為城主的變遷，引發盧布爾雅那的統治紛爭。13世紀初期，當地由封建領主Spanheim所統治，1335年之後，由哈布斯堡家族接手繼承。現在大家所看到的城堡風貌，除了1489年建造的哥德式禮拜堂之外，大部分的建築都在16世紀的那場大地震中毀損，後來才又改建的。曾經當作監獄使用的盧布爾雅那城堡，在1905年被盧布爾雅那市政府收購，直到現在。城堡內的咖啡座成了市民的休憩場所，禮拜堂也當作結婚典禮的會場，市民的使用頻率相當高。

◆纜車
　從龍之橋往南走進入舊城區，克雷可夫廣場Krekov trg的南側就是纜車的搭車處，可以直達城堡的入口，5～9月9:00～23:00、10～4月10:00～21:00每隔10分鐘發車，單程€2.20、來回€4。

◆觀光列車
　市政廳前和盧布爾雅那城堡之間，有觀光列車行走。4～10月的10:00～17:00隨時出發（遇雨停駛），所需時間15分、來回車資€4。

法國革命廣場 trg Francoske Revolucije

French Revolution Square　　`MapP.237-C3外`

在13世紀打造的法國革命廣場，是每年7～8月登場的盧布爾雅那國際夏日慶典（音樂、舞蹈、戲劇的祭典）的主場地。建築師Jože Plečnik將舊的修道院改建成戶外劇場後，才開始舉辦夏日慶典的活動。

位於廣場北邊一個路口的Turjaška ulica路上，有一座國立大學圖書館Narodna in Univerzitetna Knjižnica，裡面藏書約200萬冊。橘紅色的外牆上開了幾個小窗戶，很像一座藝術品，而這也是Jože Plečnik的代表作品。

從法國革命廣場到中央郵局，徒步約15分，從城堡的Ulica na grad往下走，約10分鐘即可抵達。另外，在國會廣場Kongresni trg四周，林立著文藝復興和巴洛克風格建築，從此處看過去，一片深綠之中盧布爾雅那城堡的紅色屋頂閃閃發光，景色相當迷人。

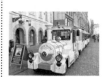
夏季有觀光列車開往盧布爾雅那城堡

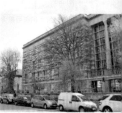
國立大學圖書館也是Jože Plečnik的傑作

◆提沃利公園
　從三座橋往Čopova ulica
路方向前進，穿過Slovenska
cesta路往約5分。

◆國立現代史博物館
Map P.237-B1外

✉Celovška cesta 23
☎(01) 3009610
URLwww.muzej-nz.si
🕙10:00～18:00
🚫週一、節日
💰大人€3.50　學生€2.50
每月第1個週日免費

◆國立美術館
✉Prešernova 24
☎(01) 2415474
URLwww.ng-slo.si
🕙10:00～18:00
🚫週一、1/1、5/1、11/1、
　12/25
💰大人€7　學生€5
每月第1個週日免費

◆近代美術館
✉Tomšičeva 14
☎(01) 2416800
URLwww.mg-lj.si
🕙10:00～18:00
🚫週一、節日
💰大人€5　學生€2.50

◆國立博物館
✉Muzejska 1
☎(01) 2414400
URLwww.nms.si
🕙週五～三 10:00～18:00
　週四　　10:00～20:00
🚫1/1～2、4/27、5/1～2、
6/25、11/1、12/25～26
💰大人€3　學生€2.50
　自然史展示館
　大人€3　學生€2.50
　共通券
　大人€5　學生€4

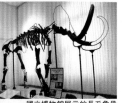
國立博物館展示的長毛象骨
頭標本

Šmarna gora
　從Slovenska cesta51
號的巴士站牌搭乘8號巴
士，在Tacen站下車，所需
時間約30分。下車之後往山
的方向前進，走到山頂大約
要45分～1小時，日落之前
一定要下山。

提沃利公園 Tivolski park

| Tivoli Park | MapP.237-A～B1～2 |

　17世紀由耶穌會修道士所建造的提沃利公園，是一處綠意盎
然的公園，屋內外都有運動設施，是市民經常前往的休憩場
所。

　公園內有Jože Plečnik所設計的步道，順著步道往前走，就可
抵達提沃利城Tivolski grad。

　公園內也有國立現代史博物館muzej Novejše Zgodovine，來
到這裡可回溯從第一次世界大戰到1991年獨立為止，斯洛維尼
亞所歷經的動盪歷史。有非正規軍所使用的槍枝等，軍事色彩
濃厚的展示品相當多，訴說著這個國家在20世紀時，為了擺脫
統治命運不斷發動獨立之戰。

國立美術館 Narodna galerija

| National Gallery | MapP.237-B2 |

收藏斯洛維尼亞最重要美
術品的國立美術館，展示著
14世紀的馬利亞雕像，以及
浪漫主義風景畫和印象派風
格的繪畫等，展示的美術作
品相當廣泛。

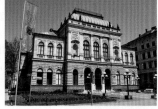
國立美術館渾厚建築外觀

　1896年興建的舊館以繪畫
為主，新館則是展示了繪畫
和斯洛維尼亞的私藏寶物等等。

近代美術館 Moderna galerija

| Museum of Modern Art | MapP.237-B2 |

　1945年由Edo Ravnikar所建造，展示斯洛維尼亞出身的藝術
家所創作的近代～現代的藝術作品，美術館裡也會經常舉辦各
種不同主題的企劃展。

國立博物館 Narodni muzej Slovenije

| National Museum | MapP.237-B2 |

　面向綠地公園的這座白色外牆建築物，是1885年興建的國立
博物館，館內陳列著許多斯洛維尼亞有史以來的出土文物。西
元前6世紀所描繪的壁畫、羅馬帝國時代的寶石以及玻璃工藝
等，都是不容錯過的展示。此外，館內還附設了展覽著礦物標
本、動物標本模型的自然史展示館Prirodoslovnega muzej。

Šmarna gora

| Hill of Šmarna Gora | MapP.237-B1外 |

　位於盧布爾雅那市中心西北方9km、海拔600m高的Šmarna
gora，每到週末總是出現攜家帶眷的人潮，相當熱鬧，是當地市
民的休憩場所。山頂上有禮拜堂和幸福之鐘，可將盧布爾雅那
市的風光盡收眼底，天晴的日子，可以看到宛如戴上白雪帽子
的朱利安阿卑斯群峰。

◆◆◆◆◆◆ 從盧布爾雅那出發的小旅行 ◆◆◆◆◆◆

波斯托伊納鐘乳石洞 Postojnska jama

Postojna Caves

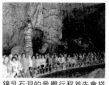
鐘乳石洞的參觀行程首先會搭乘軌道電車

　　歐洲最大規模的波斯托伊納鐘乳石洞，從中世紀開始附近的居民就知道此地，並在1818年首度有調查隊前來勘查，從此之後，這裡就成了斯洛維尼亞知名的觀光景點，每年吸引大約50萬名遊客前來。

　　這條長27km的鐘乳石洞窟，大約從10萬年前開始慢慢地吸收畢夫卡河Pivka的河水，石炭岩受到侵蝕所形成。洞內的鐘乳石有著不可思議的各式型態，鐘乳石要成長1mm，據說要花上10～30年的時間，來到這裡能夠感受到神祕且穿越時空的大自然驚奇。

　　遊客可以參加導覽行程入內參觀（約90分），首先搭乘黃色的軌道電車，在洞窟內行駛約2km，下車後就是長1.8km的主要景點，一邊聽著導遊的解說，一邊在洞窟內探險吧。鐘乳石的顏色和形狀，會隨著洞窟的高度和寬度出現不同微妙的變化，甚至會看到駱駝、鱷魚、烏龜、鸚鵡和男孩等

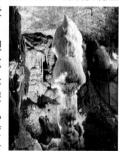
成為鐘乳石洞標誌的鐘乳石「Brilliant」

形狀，非常有趣。其中最美的要算是外表純白、纖細，宛如冰柱般的形狀，被稱為是「義大利麵」的鐘乳石，還有表面非常光滑呈白色的「Brilliant」等。在抵達行程後半段的「音樂廳」之前，可以看到因為皮膚顏色而被稱為「類人魚」的兩棲動物洞螈Proteus Anguinus，為了適應黑暗世界的生活，視力幾乎完全退化，靠著鰓和肺呼吸，即使將近一年什麼也沒吃，依舊可以存活下去，是一種相當珍稀的生物。

　　距離鐘乳石洞入口約50m的地方，有一處介紹洞窟棲息生物的展示解說Vivarium，和鐘乳石一樣，可以參加導覽行程，所需時間約45分。

洞窟城 Predjamski grad

Predjama Castle

　　距離波斯托伊納鐘乳石洞約9km的地方，有一處外觀獨特的洞窟城，讓人只要看過一眼就難以忘記。洞窟城被123m高的陡峭山崖所環抱，而在深不見底的山谷裡，河川潺潺流過，悠閒的田園風景盡收眼底，夢幻的景致讓人誤以為是踏進了童話故事裡。

　　這個地方首度建造城堡，據說可以追溯到12世紀左右，現在的樣貌是在16世紀所改建的。城堡裡有16～19世紀的家具和繪畫，利用人偶展示，重現當時的生活，光是在錯綜複雜的城內散步，就非常有趣。

如何前往 波斯托伊納鐘乳石洞

🚃從盧布爾雅那出發的直達列車1日19班，所需時間約1小時，€5.48～14.88，波斯托伊納車站距離鐘乳石洞約2km。

🚌從盧布爾雅那出發，1日19班，所需時間1小時，€6，週末會減班。

　　從波斯托伊納的巴士總站步行約30m，就可以來到當地的市中心狄托廣場Titov trg。順著廣場往西北方向延伸的Jamska cesta路走，大約就在1km處，徒步約15分。

◆波斯托伊納鐘乳石洞
✉Jamska cesta 30
☎(05) 7000100
URLwww.postojnska-jama.si
🕐鐘乳石洞參觀行程的出發時間
　5・6・9月
　　9:00～17:00每整點
　7・8月
　　9:00～18:00每整點
　4・10月
　　10:00、12:00、14:00、16:00
　11～3月
　　10:00、12:00、15:00
Vivarium的開館時間
　5～9月　9:30～17:30
　10～4月 10:30～15:30
閉館前45分鐘停止入場
🚫無休
💰僅鐘乳石洞參觀行程
　大人€22.90
　學生€18.30
僅參觀Vivarium
　大人€8　學生€6.40
鐘乳石洞參觀行程和Vivarium
　大人€27　學生€21.60
鐘乳石洞參觀行程和洞窟城
　大人€27.90
　學生€22.32
鐘乳石洞參觀行程和Vivarium和洞窟城
　大人€33.20
　學生€26.56

如何前往洞窟城

🚗距離波斯托伊納鐘乳石洞約9km，如果搭計程車的話，從波斯托伊納出發單程約€35，從市區騎自行車的話單程約1小時。

沿著山崖而建的洞窟城

◆洞窟城
TEL (05) 7516015
5‧6‧9月　　9:00～18:00
7‧8月　　　9:00～19:00
4‧10月　　10:00～17:00
11～3月　　10:00～16:00
困無休(洞窟參觀冬季暫停)
圈城堡　大人€9　學生€7.20
城堡和洞窟參觀
大人€15.30　學生€12.24

如何前往
什科茨揚鐘乳石洞

🚃🚌 從盧布爾雅那到
Divača的直達列車1日15班，
所需時間約1小時40分，
€7.27～18.92。從Divača車
站到鐘乳石洞有免費的迷你
巴士，1日2班，從車站徒步走
到鐘乳石洞約1小時。

世　界　遺　產
什科茨揚鐘乳石洞
Škocjanske Jame
1986年登錄

◆什科茨揚鐘乳石洞
TEL (05) 7082110
URL www.park-skocjanske-jame.si
圈鐘乳石洞參觀行程出發時間
6～9月
10:00～17:00每整點
4‧5‧10月
10:00、13:00、15:30
11～3月
10:00、13:00　週日‧節日15:00
圈大人€15　學生€11

　另外，還可以到隱藏在城堡背後的洞窟去探險，不過洞窟的參觀行程只有夏天才有。全長13km以上的洞窟，可步行參觀的距離約600m（大約30分，氣候惡劣時洞窟內要是積滿水，參觀行程就會暫停），一手拿著燈光，穿過了天然狹窄的小路，這樣的參觀行程充滿了冒險氣氛，據說洞窟內住了5000隻蝙蝠，說不定途中還會看到蝙蝠的身影。牆壁上留下了很像是1564年的年號字樣，還有16世紀城主Rouis Cobenzl的簽名，不禁讓人想像昔日的居民是如何開心地在這個洞窟裡冒險。

什科茨揚鐘乳石洞 Škocjanske Jame
Škocjan Caves

　1986年被聯合國教科文組織登錄為世界遺產的什科茨揚鐘乳石洞，是距離波斯托伊納鐘乳石洞33km的石灰石洞窟，最近的車站為Divača，車站距離鐘乳石洞約5km，配合來自盧布爾雅那的列車抵達時刻，會有免費接駁巴士。

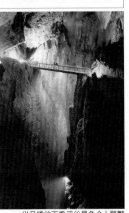

　全長5km的洞窟裡，有個被譽為「沉默的洞窟」、「落水洞」的地底湖，其中最值得一看的是沉睡於地底下約45m的大溪谷，上面有吊橋，從橋上看出去的景致讓人驚嘆。跟隨導遊的腳步在洞窟裡參觀，最好穿一雙舒適的鞋子。

從吊橋往下看溪谷景色令人驚豔

Theater & Concert Hall
盧布爾雅那的劇場‧音樂廳

　關於盧布爾雅那的娛樂資訊，可以到盧布爾雅那的官網 URL www.ljubljana.si搜尋，上面有包括了歌劇、音樂會、各種博覽會、畫廊和美術館的特別展覽等，也可以洽詢 ❶。

歌劇院 Opera in Balet
Map P.237-B2
✉ Župančičeva 1
TEL (01) 2415959　URL www.opera.si
圈售票處
週一～五　10:00～17:00、開演前1小時～
週六‧日　開演前1小時～　困無休

Slovenska Filharmonija
Map P.237-C3

✉ Kongresni trg 10
TEL (01) 2410800
URL www.filharmonija.si
圈售票處
開演前1小時～
困無休

Slovenska Filharmonija

Cankarjev dom
Map P.237-B3
✉ Prešernova 10
TEL (01) 2417100　URL www.cd-cc.si
圈售票處
週一～五　11:00～13:00、15:00～20:00
週六　　　11:00～13:00、開演前1小時～　困週日

售票處

Festival Ljubljana
✉ trg Francoske Revolucije 1-2
TEL (01) 2416000　URL www.ljubljanafestival.si
圈4～10月　週一～五10:00～20:00　週六10:00～13:00
開演前1小時～
困週日、11～3月

Hotel

盧布爾雅那的住宿

從台灣撥打電話　002＋386(斯洛維尼亞國碼)＋去除0的區域號碼＋電話號碼

　　市中心有幾間大型飯店，每一間都是設備齊全，非常舒適。若想要住在私人房間，可以透過Vodnikov Trg的❶STIC、三座橋Tromostovje附近的❶TIC，或是旅行社代為介紹。不過市中心的私人房間較少，大多都在郊外地區。

Hotel Lev Ljubljana

★★★★★　客房數：173
Map P.237-C1

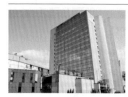

●位於市中心，是盧布爾雅那內唯一一間5星飯店。飯店內的裝潢非常高雅，充滿成熟沉穩的氣氛，餐廳和酒吧也散發著高級感。可免費使用無線網路，右側金額是2013年8月的價格。

✉ **Vošnjakova 1**
☎ (01) 4332155
FAX (01) 2302578
URL www.hotel-lev.si
email info@hotel-lev.si
S €100～　　W €120～
附早餐
CC A M V

Cubo Hotel

★★★★　客房數：26
Map P.237-C3

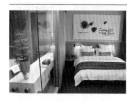

●2011年開幕的設計飯店，曾經獲選「World Luxury Hotel Awards 2012」，由斯洛維尼亞人設計的客房以灰色和白色為基調，附設的地中海料理餐廳很受歡迎。

✉ **Slovenska cesta 15**
☎ (01) 4256000　FAX (01) 4256020
URL www.hotelcubo.com
email reception@hotelcubo.com
S €250　　W €300
附早餐
CC A M V

Grand Hotel Union Executive & Business

★★★★　客房數：403
Map P.237-CD2

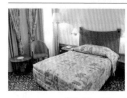

●離派沙倫廣場Prešernov trg徒步只要1分，是方便觀光的好地段。這是1905年興建的老字號飯店，房間寬敞、布置也很高級，在飯店北方的300m處，還有同系列的商務飯店Grand Hotel Business。

✉ **Miklošičeva 1**
☎ (01) 3081270
FAX (01) 3081015
URL www.gh-union.si
email hotel.union@gh-union.si
S €194～224　　W €224～254
附早餐
CC A M V

Hotel Slon

★★★★　客房數：174
Map P.237-C2

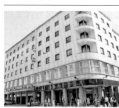

●飯店名稱Slon是斯洛維尼亞語中「大象」的意思，正因為如此，無論是飯店的標誌還是館內的擺飾，都可以看到大象。座落在熱鬧市區的這棟飯店，交通非常方便，所有房間都有空調、Minibar，免費無線網路，右側金額是2013年8月的價格。

✉ **Slovenska cesta 34**
☎ (01) 4701100
FAX (01) 2517164
URL www.hotelslon.com
email sales@hotelslon.com
S €85　　W €100
附早餐
CC A M V

City Hotel ljubljana

★★★　客房數：204
Map P.237-D2

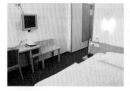

●距離車站或是市中心非常近，地理位置相當好。客房裝潢雖然簡單，但是又新又寬敞，設備也很完善，雙人房會因為設備而有不同的價格，請事先確認。可免費使用無線網路。

✉ **Dalmatinova 15**
☎ (01) 2390000
FAX (01) 2390001
URL www.cityhotel.si
email info@cityhotel.si
S €65～90　　W €120～135
附早餐
CC A M V

Hotel Pri Mraku

★★★ 客房數：35
Map P.237-C3外

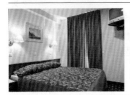

位於法國革命廣場trg Francoske Revolucije旁的餐廳&民宿。客房給人溫馨感，夏天可以在樹齡200年以上的葡萄樹下，喝著自製的氣泡酒，無線網路免費。

✉ **Rimska cesta 4**
☎ (01) 4219600　FAX (01) 4219655
URL www.daj-dam.si
✉ hotelmrak@daj-dam.si
S €59～64
W €88～93　附早餐
CC M V

Hotel Park

★★★ 客房數：150
Map P.237-E2

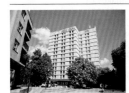

距離車站徒步5分，位於緊鄰住宅區的安靜環境裡。客房有標準客房和舒適客房2種，後者有空調和無線網路。青年旅館在樓上，可以使用洗衣機。

✉ **Tabor 9**
☎ (01) 3002500　FAX (01) 4330546
URL www.hotelpark.si
✉ info@hotelpark.si
D €19～29　早餐€7
S €56～120
W €70～150　附早餐
CC A M V

Hotel Emonec

★★ 客房數：41
Map P.237-C3

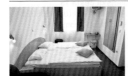

距離舊城區相當近，這是利用19世紀建築改建的飯店，客房以白色為基調，設計統一。由於人氣相當高，旺季前往的話需要預約。無線網路只有在大廳附近可以使用。

✉ **Wolfova 12**
☎ (01) 2001500　FAX (01) 2001521
URL www.hotel-emonec.com
✉ hotelemonec@siol.net
S €46～64
W €60～77　附早餐
CC A M V

Celica

青年旅館　客房數：92床
Map P.237-E1外

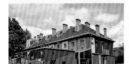

奧匈帝國時代的監獄，獨立後作為畫廊使用，隨後則改建為青年旅館，距離車站相當近，地理位置方便。由於很受歡迎，最好儘早預約。

✉ **Metelkova 8**
☎ (01) 2309700　FAX (01) 2309714
URL www.hostelcelica.com
✉ recepcija@hotelcelica.com
D €19～25
S €47～61
W €50～64　附早餐
CC M V

Restaurant 盧布爾雅那的餐廳

　　盧布爾雅那的餐廳不像咖啡館或是酒吧那麼多，但包括斯洛維尼亞料理在內，還有匈牙利料理、義大利料理、印度料理等，異國料理的餐廳逐漸增加，很多餐廳也都備有英語菜單。

Sokol

Map P.237-D3

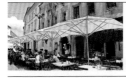

無論是斯洛維尼亞的傳統料理，或是義大利麵、牛排、海鮮，菜色相當豐富。店員穿著傳統服飾，餐廳內的氣氛相當棒。主菜€7.99～。

✉ **Ciril Metodov trg 18**
☎ (01) 4386855
⊙ 週一～六 7:00～23:00
　週日·節日 10:00～23:00
休 無休
CC M V

Gostilna Sestica

Map P.237-C2

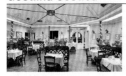

面向Slovenska cesta路，餐廳內的設計相當有趣，充滿農趣，有許多的觀葉植物，可在眾不同的氣氛下用餐。預算€10～。

✉ **Slovenska cesta 40**
☎ (01) 2420855　URL www.sestica.si
⊙ 週一～五11:00～22:00
　週六　　12:00～22:00
　週日　　12:00～17:00
休 無休　CC A M V

Marley & Me

Map P.237-D3外

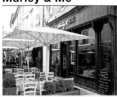

●位於舊城區裡的咖啡餐廳，鄉村風的吧台和家具，給人一種沉靜感。除了斯洛維尼亞料理之外，還有許多菜色，或許可以請店員推薦。

⊠Stari trg 9
℡040-564188（行動電話）
⏰11:00～23:00
休無休
CC M V

Sushimama

Map P.237-C3

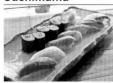

●離派沙倫廣場Prešernov trg很近，是斯洛維尼亞唯一的日本料理餐廳，有日籍廚師坐鎮，壽司套餐€11～，很受當地人歡迎，此外還有烏龍麵。

⊠Wolfova 2
℡040-702070（行動電話）
URLwww.sushimama.si
⏰11:30～22:30
休週日●節日
CC A M V

Zvezda

Map P.237-C3

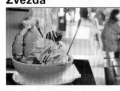

●位於市中心，很受當地人喜歡的咖啡館。蛋糕和冰淇淋€1.60～4.60，大量採用當季水果和冰淇淋的冰淇淋聖代（左圖，€6.50）很受歡迎。

⊠Wolfova 14
℡(01) 4219090
⏰週一～六 7:00～23:00
　週日　　10:00～20:00
休無休
CC A M V

Shopping 　　　　　　　　　　**盧布爾雅那**的購物

Dom

Map P.237-D3

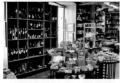

●位於Vodnikov trg附近的紀念品店，商品種類相當豐富。不光是斯洛維尼亞，還有斯洛維尼亞各地的各種工藝品、糕點等，以及多種的白蘭地。

⊠Ciril Metodov 5　℡(01) 2347630
⏰夏季
　週一～五 8:00～21:00
　週六　　 8:00～20:00
　週日　　10:00～20:00
　冬季　　 8:00～19:00
休冬季的週日　CC M V

盧布爾雅那的市場

　想體會盧布爾雅那充滿活力的市場，不妨早點起床出門看看，一邊和當地人近距離接觸，靠著肢體語言購物，也是旅行的樂趣之一。

露天市場
Glavna tržnica

⏰7:00～日落之前　休週日

Vodnikov trg：Map P.237-D3

　緊鄰盧布爾雅那大教堂的Vodnikov trg，每天早上都有露天市場，有蔬菜、水果、服飾品、鮮花和工藝品等，販售各式各樣的商品，東西價格和商店相比便宜很多。當然，如果和攤販殺價，可能還會更便宜，可在旅途中充分感受在地居民日常生活的氛圍。

跳蚤市場
Flea Market Cankarjevo naberžje

⏰週日　8:00～14:00

盧布爾雅那河畔：Map P.237-C3外

　盧布爾雅那河畔每個週日都有市集登場。商品有當地民眾自製的飾品、大大小小的古董、家具、繪畫等等。來這裡的民眾，都是從周邊國家來的，想要挖寶的人，最好早點到市集來尋寶。

布列德湖
★
盧布爾雅那

布列德湖 *Blejsko jezero*

URL www.bled.si

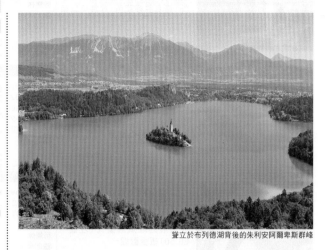

聳立於布列德湖背後的朱利安阿爾卑斯群峰

在湖畔行駛的觀光列車

有如圖畫般美麗，以這種老套的說法來形容布列德湖，不但不覺得陳腔濫調，甚至還十分具有說服力。祖母綠的湖面上，倒映著朱利安阿爾卑斯Julijske Alpe山區的最高峰——海拔2864m的特里格拉夫山Triglav。斯洛維尼亞的唯一小島就浮在布列德湖上，島上有一座巴洛克風格建築的教堂，宛如是為了守護大自然而建。

鄰近奧地利、義大利國境的布列德湖一帶，在1981年被指定為國家公園，在這裡可以盡情享受大自然之美，過個悠閒的假日。遊客可以搭乘小船遊覽布列德湖，或是前往古城參觀。

布列德湖的景觀有「阿爾卑斯之瞳」的美譽，從17世紀開始，當地就是熱門的度假勝地，吸引不少遊客前來，如今來自世界各地的遊客絡繹不絕。雖然布列德湖的景點不是很多，可以的話多待幾天，好好享受大自然之美。

◆◆◆◆◆◆◆◆◆◆◆◆◆◆漫遊布列德湖◆◆◆◆◆◆◆◆◆◆◆◆◆

布列德湖東西長2120m、南北長1380m，繞湖一圈長6km，湖旁有一條繞湖步道，慢慢走的話，走一圈要3小時。湖泊四周的設備相當完善，遊客每走一步，所看到的湖泊景致都不同，甚至會讓人不由自主停下腳步來。如果走累了，也可以搭乘繞湖一圈的馬車或租借自行車。

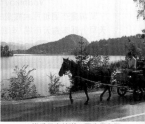

從陡峭的山崖上往下俯瞰湖泊的布列德城Blejski grad，聖母升天教堂所在位置的布列德島Blejski otok，也都很值得走訪。還可以騎自行車、騎馬，享受戶外活動的樂趣。

搭乘馬車繞湖一圈也很有趣

而在布列德湖附近有2座高爾夫球場，拜當地天候良好之賜，3～12月都是觀光旺季。當地冬天很盛行到阿爾卑斯滑雪或是越野滑雪比賽，無論哪個季節到訪，都有各種玩樂方法。

◆◆◆◆◆◆◆◆◆◆◆ 布列德湖的主要景點 ◆◆◆◆◆◆◆◆◆◆◆

布列德城 Blejski grad

Bled Castle `MapP.247-B`

布列德城建造於距離湖面約100m高的斷崖上，如果徒步前往的話，必須要爬上陡坡。站在城堡上，可以將布列德湖和周邊的風光盡收眼底，眼前的景色令人讚嘆，無論是在早晨、中午或是傍晚前往，看到的景色都不同，雄偉的大自然之美讓人驚豔。

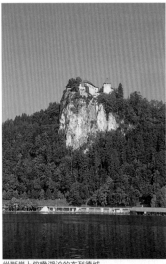

城堡內分成兩個部分，1樓被仿羅馬式風格的牆壁和哥德式風格的建築物所圍繞，還有屋宅和禮拜堂，2樓現在是博物館和餐廳。博物館裡的展示品，訴說著布列德城從青銅器時代到現在的歷史，還有法國拿破崙統治時代下的家具、中世紀的刀劍和槍砲等。雖然這些展示品並非當初城堡所使用的用品，卻讓人感受到歲月的痕跡。

從斷崖上俯瞰湖泊的布列德城

寒冬的布列德湖？

最冷的時候，湖面會結冰也會積雪，銀白世界的布列德湖更美了，在這個季節可以徒步走上小島，但需要一點勇氣。

布列德湖的旅行社
◆Kompas Bled
Map P.247-B
✉Ljubljanska cesta 4
☎(04) 5727500
FAX(04) 5741518
圖週一～六　8:00～19:00
　週日・節日　8:00～12:00
　　　　　　16:00～19:00
休冬季的週日

就在購物中心Trgovski Center Bled裡面，提供的服務除了私人房間的介紹外，夏天還可租借自行車、冬天則可租借滑雪器材。

◆布列德城
☎(04) 5729782
圖8:00～21:00
　（冬季～18:00）
休無休
圖€8　學生€6

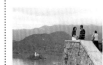

從布列德城可以看到布列德湖和聖母升天教堂

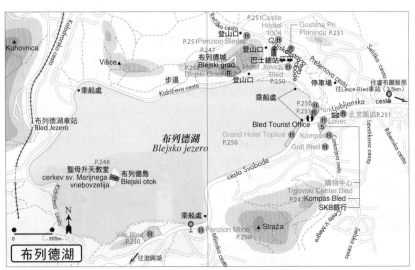

位於城堡內的活版印刷店

布列德城內的紀念品店

◆Manufaktura Mojster Janez

圖印刷廠
　夏季　　9:00～19:00
　冬季　　9:00～17:00
　酒莊
　夏季　　9:00～18:00
　冬季　　9:00～16:00
困無休

　在印刷廠可以用古老的字體，印製屬於自己的名片。葡萄酒莊裡，可以體驗葡萄酒的封裝。

◆聖母升天教堂

　搭乘共乘的小船前往湖上小島1人€12(來回)，通常要等到乘客到一定的人數才會出發，淡季的時候，有人曾經等上2個小時。在島上停留30分鐘，再搭乘相同的小船回去。
圖9:00～日落
困無休
圖€3.50(布列德島的入場費)

如何前往渤興湖

🚌距離渤興湖最近的車站是6km外的Bohinjska Bistrica，從盧布爾雅那出發，在Jesenice換車，全部需要1小時30分～2小時25分，車資€6.22。
🚌6:00～21:00之間有9班車從盧布爾雅那出發(週六日會減班)，所需時間2小時，車資€8.30。7:15～22:20之間有10班車從布列德湖出發，所需時間40分，車資€3.60。

渤興湖的官網
URLwww.bohinj-info.com

◆觀光船
🚢4～6、9、10月1日6班，7、8月9:30～18:10之間每隔40分鐘一班，所需時間30分。
📞041-434986(行動電話)
圖單程€9　來回€10.50

聖母升天教堂 cerkev sv. Marijnega vnebovzetja

Church of the Assumption　　　　　　　　　MapP.247-A

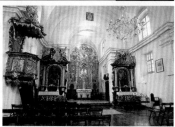

　被譽為是布列德湖象徵的小島上有一座教堂，教堂的歷史可以追溯到8～9世紀。現在大家所看到有著白色高塔的巴洛克樣式教堂，是在17世紀時改建而成的。這裡是斯洛維尼亞最具代表性的風景之一，從1800年代開始成了風景明信片的代表。

聖母升天教堂的內部

　教堂內的祭壇有聖母升天的雕像坐鎮，而在兩側則裝飾著11世紀布列德領主Heenrik II和妻子Kunigunda的肖像。

　傳說只要鐘響，願望就會實現的鐘樓，建造於1534年。曾經

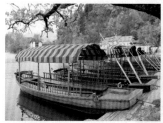

有位年輕女孩，某天從城堡上將一個小鐘丟進湖裡，希望她已經過世的丈夫可以復活，但她的願望沒有達成，最後選擇出家，在修道院度過餘生。當時的羅馬教皇為了讓人們的願望出現奇蹟，因而致贈鐘給教堂。

小船只能載20人左右

◆◆◆◆◆◆◆◆◆◆從布列德湖出發的小旅行◆◆◆◆◆◆◆◆◆◆

渤興湖 Bohinjsko jezero

Lake Bohinj

　距離布列德湖東南方30km的渤興湖，面積是布列德湖的3倍大，被特里格拉夫國家公園Triglavski narodni park所圍繞，位於雄偉的大自然中。陽光反射在湖面上閃閃發光，碧綠的湖水中魚群快樂優游著，如此夢幻又美麗的景致，就連詩人派沙倫France Prešeren也忍不住讚嘆提詩，這裡也深受英國作家阿嘉莎•克莉絲蒂Agatha Christie等人的喜愛。夏天可以在爬山、冬天可以滑雪，不光是斯洛維尼亞國內的民眾，世界各地的遊客也都慕名而來。渤興湖的主要巴士站牌，是位在湖東邊的Ribcev Laz，通常稱為渤興湖，在這裡下車之後，可以看到右邊有4位登山家的銅像，左邊是❶、超級市場、郵局、飯店、餐廳等林立，這裡的❶會幫遊客介紹飯店或是預約湖畔旁的私人房間。當地的飯店分成登山客專用或是適合

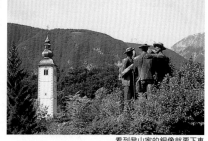

看到登山家的銅像就要下車

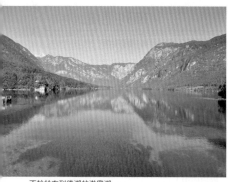
不輸給布列德湖的渤興湖

滑雪遊客入住，依照不同需求提供服務，因此可以前往ⓘ，依照自己的需求，選擇合適的住宿設施。

從巴士站牌往渤興湖徒步約1分，右邊有一座20m長的橋樑，再繼續往前走，會看到一間浸信教堂。從橋上看下去，湖裡有一群被稱為「黃金鱒魚」的河鱒，在湖裡游來游去。

就在湖泊的西邊，有一處名為Ukanc的村落，那裡也有飯店。巴士站牌Ribcev Laz除了巴士之外，夏季航行渤興湖的觀光船也是在這裡搭乘。距離Ukanc徒步約1km的地方，有往滑雪中心Ski Center Vogel的纜車，在這裡除了冬天享受滑雪的樂趣外，夏天站在瞭望台上可以俯瞰整個渤興湖。從Ukanc繼續往西北前進4km，就能看到一個呈倒V形狀的薩維查瀑布Slap Savica，夏季會有巴士到這裡，但班次不多，如果步行前往可能要1個小時。

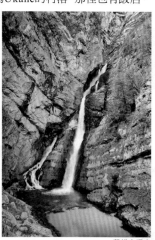
薩維查瀑布

渤興湖的ⓘ
◆Tourist Biro Bohinj
✉Ribčev Laz 48
☎(04) 5746010
✉info@bohinj-info.com
🕙7・8月
　週一～六　8:00～20:00
　週日　　　8:00～18:00
　9～6月
　週一～六　8:00～17:00
　週日　　　8:00～15:00
🈺無休
◆前往Ski Center Vogel的纜車
🕙8:00～19:00每隔30分鐘1班
💶單程€10　來回€13.50
◆薩維查瀑布
🕙24小時
🈺冬季　💶€2.50

渤興湖的住宿

Hotel Jezero
Map P.249-B
✉Ribčev Laz 51
☎(04) 5729100
🌐www.bohinj.si/alpinum/jezero
💶Ⓢ€55～75
　Ⓦ€90～130　附早餐
🅒🅐🅜🅥

Hotel Bohinj
Map P.249-B
✉Ribčev Laz 45
☎(04) 0127112
🌐www.hotel-bohinj.com
💶Ⓢ€65～75
　Ⓦ€91～121　附早餐
🅒🅐🅜🅥

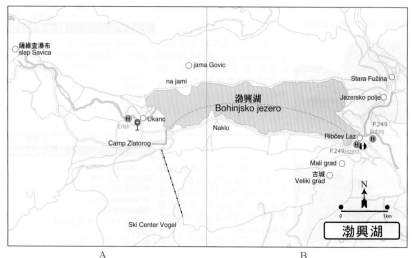

薩維查瀑布
slap Savica

○ jama Govic

na jami

Stara Fužina ○

渤興湖
Bohinjsko jezero

Jezersko polje ○

○Ukanc
Erlah

Naklo

P.249
Bohinj

Ribčev Laz ○
P.249 Jezero

Camp Zlatorog

Mali grad ○

古城
Veliki grad ○

N

0　　　　1km

Ski Center Vogel

渤興湖

A　　　　　　　　　　　B

Hotel 布列德湖的住宿

從台灣撥打電話　002＋386（斯洛維尼亞國碼）＋去除0的區域號碼＋電話號碼

　　湖泊四周有一些高級飯店，價格雖然貴了一些，但既然來到這裡，不妨就奢侈一下住在面湖的房間。各旅行社也會為遊客代訂私人房間，❶也提供了布列德湖畔四周私人房間的名冊，提供給遊客參考。

Grand Hotel Toplice

★★★★★　客房數：87
Map P.247-B

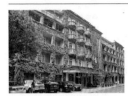

　●座落在湖畔的大型飯店，酒紅色的服務櫃台營造出高雅氣氛。從露台看出去的景色非常迷人，最好入住面湖的房間，飯店內還有天然的溫泉泳池。11月休息。

✉ cesta Svobode 12
TEL（04）5791000
FAX（04）5741841
URL www.hotel-toplice.com
email ghtoplice@hotelibled.com
⑤ €130～160
Ⓦ €150～200　附早餐
CC Ⓐ Ⓓ Ⓜ Ⓥ

Hotel Vila Bled

★★★★　客房數：31
Map P.247-A

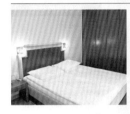

　●曾經是統帥舊南斯拉夫的總統狄托Josip Broz Tito的別墅，自1947年建造以來，包括昭和天皇在內，許多名人都曾入住。典雅的室內裝潢，以及狄托欣賞好萊塢電影的小放映廳等，當時的模樣被完整保留下來。12/25～1/1除外，11～4月休息。

✉ cesta Svobode 26
TEL（04）5753710
FAX（04）5753711
URL www.brdo.si/vilabled
email vilabled@gov.si
⑤ €145～165　Ⓦ €175～195
附早餐
CC Ⓐ Ⓜ Ⓥ

Hotel Park Bled

★★★★　客房數：215
Map P.247-B

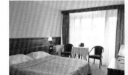

　●這是一家有150年歷史的飯店，但設備相當現代化。5層樓的建築裡有室內泳池、三溫暖等健身中心，同時還附設有泰式按摩的SPA，面湖的房間附空調和浴池。

✉ cesta Svobode 15
TEL（04）5791800
FAX（04）5791801
URL www.sava-hotels-resorts.com
email hotelpark@hotelibled.com
⑤ €84～135　Ⓦ €97～155
附早餐
CC Ⓐ Ⓓ Ⓜ Ⓥ

Hotel Jelovica Bled

★★★　客房數：100
Map P.247-B

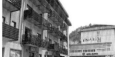

　●距離巴士總站很近，就在高台上，可以用合理的價格入住面湖的客房。飯店還提供了附近觀光設施的優惠套票，有免費無線網路。

✉ cesta Svobode 8
TEL（04）5796000　FAX（04）5796010
URL www.hotel-jelovica.si
email jelovica@hotel-jelovica.si
⑤ €65　Ⓦ €92～116
早餐€13
CC Ⓐ Ⓜ Ⓥ

Penzion Mlino

客房數：13
Map P.247-A

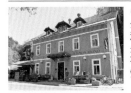

　●從巴士總站徒步到湖畔約15分，正前方就是巴士站牌，前往渤興湖的巴士在這裡停車。1樓是餐廳、2樓是客房，雖然房間不算寬敞，但乾淨又整潔，有免費無線網路。

✉ cesta Svobode 45
TEL（04）5741404
FAX（04）5741506
URL www.mlino.si
email mlino@mlino.si
⑤ €40～45　Ⓦ €60～70
附早餐
CC Ⓜ Ⓥ

Penzion Bledec

青年旅館　客房數：55床
Map P.247-B

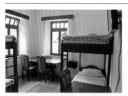

擁有70年以上的歷史,是一間很整潔的青年旅館,多人房可住4～8人。從巴士總站順著Grajska路往布列德城的方向走,會來到一個岔路,往左走就可以看到。無線網路僅限大廳周邊可以使用。

✉ Grajska cesta 17
☎ (04) 5745250　FAX (04) 5745251
✉ info@youth-hostel-bledec.si
💲 €22～24
　(持青年旅館會員證可享5%折扣)
Ⓢ €35～40　Ⓦ €52～60　附早餐
CC Ⓐ Ⓜ Ⓥ

Castle hostel 1004

青年旅館　客房數：44床
Map P.247-B

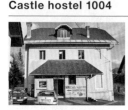

位於巴士總站附近的青年旅館,所有房間皆是男女混合的多人房,每間房間的床數大約4～12床。自行車租借和泛舟行程等戶外活動相當多,可免費使用無線網路。

✉ Grajska cesta 22
☎ 070-732799 (行動電話)
FAX 無
URL www.hostel1004.com
✉ castle.1004@gmail.com
💲 €16～
無早餐
CC 不可

𝓡estaurant　布列德湖的餐廳

Restavracija Kavarna Park

Map P.247-B

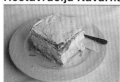

就位於同名的飯店對面,欣賞湖光山色的同時享受美食。這間餐廳的布列德湖甜點Blejska Kremna Rezina€3.40非常美味。

✉ Hotel Park, cesta Svobode 15
☎ (04) 5791818　FAX (04) 5791801
URL www.sava-hotels-resorts.com
✉ kavarna@hotelibled.com
🕐 8:00～23:00
休 無休
CC Ⓐ Ⓓ Ⓜ Ⓥ

Blejski Grad

Map P.247-B

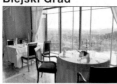

位於布列德城內,湖邊的座位景色絕佳,好天氣的日子,也可以在戶外的餐桌用餐。預算約€20～30左右,不能只點飲料,如果想喝飲料的話,可以前往餐廳下方的咖啡廳。

✉ Grajska cesta 61
☎ (04) 794424
🕐 夏季　　　10:00～23:00
　 冬季　　　10:00～20:00
休 無休
CC Ⓐ Ⓓ Ⓜ Ⓥ

Gostilna Pri Planincu

Map P.247-B

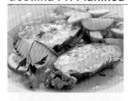

1903年創業的老字號餐廳,從巴士總站往布列德城的方向走,餐廳就在100m處。餐廳提供斯洛維尼亞和義大利料理,分量充足,前方是酒吧,後方是餐廳。

✉ Grajska 8
☎ (04) 5741613
🕐 11:00～23:00
休 無休
CC Ⓐ Ⓜ Ⓥ

北京飯店 Kitajska Restavracija Peking

Map P.247-B

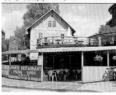

布列德湖周邊的唯一一家中華料理餐館,上海出身的廚師廚技一流,讓人大飽口服。酸辣湯等湯品€2.80、春捲€3.30、炒飯€6～7.50、蔬菜料理€6.80～8.80、肉類料理或是魚料理€7.80～16.50。

✉ Narodnih herojev 3
☎ (04) 5741716
🕐 12:00～23:00
休 無休
CC Ⓐ Ⓜ Ⓥ

皮蘭 *Piran*

URL www.portoroz.si

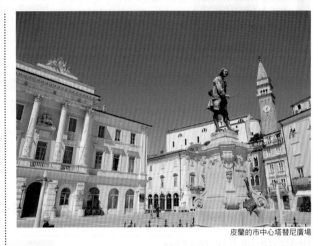

皮蘭的市中心塔替尼廣場

如何前往皮蘭

🚌 從盧布爾雅那出發前往Koper，然後從車站前的巴士總站搭乘往皮蘭的巴士。

🚌 從盧布爾雅那出發，1日4班（週六・日會減班），車資€12，所需時間2小時30分～3小時。

皮蘭的❶

◆Turistične Informacije

Map P.253-B1

✉Tartinijev trg 2

☎(05) 6734040

FAX(05) 6734441

email ticpi@portoroz.si

🕐夏季　　　9:00～20:00

　冬季

　　週一～五 9:00～16:00

　　週六・日 9:00～14:00

🚫無休

皮蘭的❶

皮蘭的旅行社

◆Maona Tourist Agency

Map P.253-B2

✉Cankarjevo nabrežje 7

☎(05) 6734520

FAX(05) 6734519

URL www.maona.si

email maona@siol.net

🕐7・8月　　　9:00～19:00

　3・6・9・10・12月

　　　　　　　9:00～18:00

🚫1・2・11月

　夏天有前往威尼斯或是伊佐拉Izola的觀光行程。

搭船在皮蘭的海上探險

◆Subaquatic

✉Šentjane 69

☎041-602783

　搭乘觀光船繞行皮蘭灣，可以透過水面下方的窗戶欣賞海中的風光，很受歡迎。航行期間為5～9月，1日1～4趟，費用€14。

　　第里雅斯特灣Tržaški zaliv和皮蘭灣Piranski zaliv中間有個狹長半島，其最前端的小海港就是皮蘭。人口只有4700人的皮蘭，只要花2個小時就能逛遍，是個非常迷你的城市，狹窄的街道就像是迷宮一樣。皮蘭在13～18世紀這段時間，被威尼斯共和國所統治，廣場四周留下了哥德式、文藝復興風格和巴洛克風格的古老建築，都是在當時建造的。

　　每到假日，皮蘭港luka Piran就會擠滿漁民出海捕魚的漁船或是觀光船，載著遊客繞亞得里亞海。具有歷史意義的建築物所營造出的悠閒氣氛，以及海灣的美麗風景，讓旅人的心情也跟著放鬆起來。

◆◆◆◆◆◆◆◆◆◆◆◆◆ 漫遊皮蘭 ◆◆◆◆◆◆◆◆◆◆◆◆◆

　　當遊客抵達位於城外的巴士總站，朝皮蘭港的燈塔方向前進，大約走了幾分鐘之後，就會看到停靠在碼頭的船隻，沿著海港邊的Cankarjevo nabrežje路走，就會來到市中心的塔替尼廣場Tartinijev trg。

　　塔替尼廣場的中央，有著朱塞佩・塔替尼Giuseppe Tartini（1692～1770年）的銅像，他是出身於皮蘭的作曲家兼小提琴家。廣場四周被當地最高級的飯店Hotel Tarlini、市政廳、咖啡館和紀念品店包圍。

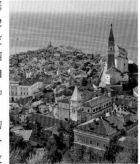

　　從廣場可以看到聖喬治教堂的鐘樓，朝鐘樓的方向前進大約3分鐘，在一座可以將皮蘭街景盡收

從城牆可以眺望皮蘭的城市風光

眼底的小山丘上，聖喬治教堂就建造於此。繼續爬上東邊的山坡，就來到了曾經守護皮蘭的城牆Mestino obzidje，這裡所看到的景色也非常美麗。

從塔替尼廣場連接燈塔的Prešernovo nabrežje路上時髦餐廳林立，直到深夜都充滿觀光客而熱鬧不已。

◆◆◆◆◆◆◆◆◆◆◆◆ 皮蘭的主要景點 ◆◆◆◆◆◆◆◆◆◆◆◆

聖喬治教堂 cerkev sv. Jurija

Church of St. George `MapP.253-B1`

1344年興建的聖喬治教堂，座落在可以俯瞰皮蘭的小山丘上。1637年，教堂融入了文藝復興和巴洛克風格，改建成今日所見的獨特外觀。

聖喬治教堂的旁邊有著聖喬治教堂的鐘樓zvonik crkve sv. Jurija，建造於1609年，遊客可以爬上最高點欣賞城市的風景。又窄又長的樓梯大約只有70cm的寬度，而且相當老舊，

◆聖喬治教堂的鐘樓
⊠Adamiceva
TEL(05) 6734440
FAX(05) 6734441
圖9:00～21:00
休冬季的週一～四
圓€1

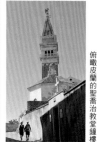

俯瞰皮蘭的聖喬治教堂鐘樓

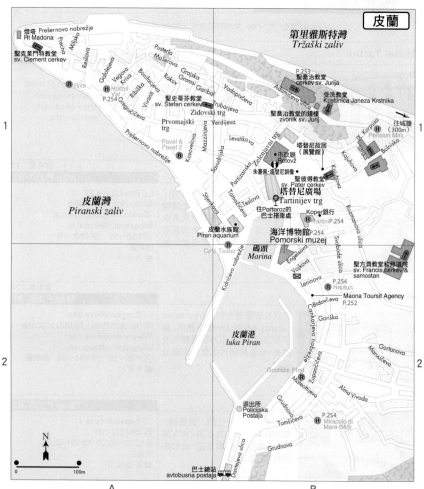

皮蘭

燈塔 Prešernovo nabrežje
Rt Madona
聖克萊門特教堂
sv. Clement cerkev

第里雅斯特灣
Tržaški zaliv

Pusterla
Maševerova
Grajska
Gramsi Garibal

P.253
聖喬治教堂
cerkev sv. Jurija

受洗教堂
Kristilnica Janeza Krstnika

聖史蒂芬教堂
sv. Stefan cerkev
Zidovski trg

聖喬治教堂的鐘樓
zvonik sv. Jurij

往城牆
(300m)
Pension Max

市政廳
Rotovž

塔替尼故居
(展覽館)

朱塞佩‧塔替尼銅像

聖彼得教堂
sv. Pater cerkev
塔替尼廣場
Tartinijev trg

Koper銀行
Tartini P.254

皮蘭水族館
Piran aquarium

海洋博物館 P.254
Pomorski muzej

皮蘭灣
Piranski zaliv

往Portorož的
巴士搭乘處

Café Teater

碼頭
Marina

聖方濟教堂和修道院
sv. Francis cerkev &
samostan

P.254
Neptun

Maona Tourist Agency
P.252

Goriška

皮蘭港
luka Piran

Gostišče Pirat

Gortanova

派出所
Policijska
Postaja

Alma Vivoda

P.254
Miracolo di
Mare B&B

N
0　100m

巴士總站
avtobusna postaja

A　　　　B

◆海洋博物館
✉Cankarjevo nabrežje 3
☎(05) 6710040
🕐7•8月　9:00～12:00・
　　　　 17:00～21:00
　9～6月 9:00～17:00
休週一
💰€3.50　學生€2.50

◆皮蘭水族館
✉Kidričevo nabrežje 4
☎(05) 6732572
🕐10～5月 9:00～17:00
　6～9月 9:00～22:00
休冬季的週日
💰€7 學生€6

鐘樓的頂端只有6m大小，遊客擦身而過都稍嫌狹窄，也會被突然傳來的大小鐘聲所驚嚇，但從這裡看出去的景色，美得讓人陶醉。

海洋博物館 Pomorski muzej
Maritime Museum　　MapP.253-B2

　這座海洋博物館就在塔替尼廣場Tartinijev trg往皮蘭港luka Piran的途中，館內詳細介紹港都皮蘭一路發展的風貌，以及與鄰近海港連結的航路和製鹽的歷史，當然還有船隻的模型和零件的展示，展覽內容相當豐富。在海洋博物館的對面，隔著碼頭遙遙相望的是皮蘭水族館Akvarij Piran，展示著各式各樣的海底生物。

Hotel Restaurant 皮蘭的住宿&餐廳

從台灣撥打電話　002+386（斯洛維尼亞國碼）+去除0的區域號碼+電話號碼

Hotel Tartini
★★★ 客房數：46　Map P.253-B1

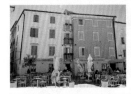

　面向塔替尼廣場，是個地段很棒的飯店，從大廳到客房的空間挑高設計，寬敞又明亮，讓人心曠神怡。雖然客房內的面積不算大卻很乾淨，相當舒適，所有房間都有空調，有免費無線網路。

✉Tartiniev trg 15
☎(05) 6711000　FAX(05) 6711665
URLwww.hotel-tartini-piran.com
✉info@hotel-tartini-piran.com
S€76～93　W€102～128
CC A M V

Miracolo di Mare B&B
★★★ 客房數：12　Map P.253-B2

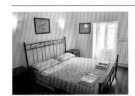

　距離巴士總站非常近的B&B，是由家族共同經營的。周遭環境相當安靜，中庭栽種著奇異果樹和薰衣草，住宿者可以免費租借自行車，早餐可以吃到老闆自製的可頌或是蛋糕。

✉Tomšičeva 23
☎(05) 9217660　FAX無
URLwww.miracolodimare.si
✉bbstudio@elcatel.si
S€50～55　W€60～70
附早餐
CC A M V

Hostel Val
客房數：20　Map P.253-A1

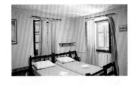

　就在皮蘭灣旁的Prešernovo nabrežje路轉入一條小路內，廁所和浴室共用，但每間房間有洗臉台，可在房間內免費使用無線網路。

✉Gregorčičeva 38a
☎(05) 6732555　FAX(05) 6732556
URLwww.hostel-val.com
✉yhostel.val@siol.net
S€25～35　W€44～56　附早餐
CC不可

Restaurant Neptun
Map P.253-B2

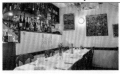

　當地人經常前往的人氣餐廳，室內裝潢以黃色為基調，非常高雅。菜色以海鮮類為主，也有肉類料理，預算€8～。

✉Županičičeva 7
☎(05) 6734111
🕐12:00～16:00・18:00～22:00
休週二
CC A D M V

斯洛維尼亞 旅行關鍵字

打招呼

你好	Dober dan.
早安	Dobro Jutro.
再見	Nasvidenje.

回答

是的／不是	Ja.／Ne.
不是的、不用了	Sem dobro, hvala.
麻煩了	Prosim.
謝謝	Hvala.
不客氣	Prosim, ni za kaj.
不好意思、很抱歉	Oprostite.

實用單字

救命！	Na Pomo´ci
小偷！	Ropar！
警察	policija
入口／出口	vhod／izhod
轉乘	prestop
出發／抵達	odhod／prihod
廁所	stranišče
逃生門	zasilni izhod
開館／休館	odprto／zaprto
大人／兒童	odrasli／otroci

數字

1	ena
2	dva
3	tri
4	štiri
5	pet
6	šest
7	sedem
8	osem
9	devet
10	deset
11	enajst
12	dvanajst
13	trinajst
14	štirinajst
15	petnajst
16	šestnajst
17	sedemnajst
18	osemnajst
19	devetnajst
20	dvajset
50	petdeset
100	sto
1000	tisoč

星期

週一	ponédeljek
週二	torek
週三	sreda
週四	četrtek
週五	petek
週六	sobota
週日	nedelja

月

1月	januar
2月	februar
3月	marec
4月	april
5月	maj
6月	junij
7月	julij
8月	avgust
9月	september
10月	oktober
11月	november
12月	december

醫療

請問醫院在哪裡？	Kje je bolnica?
身體不舒服	Slabo mi je.
請幫我找醫生來	Poklicte zdravnika!

斯洛維尼亞簡史

◆古斯洛維尼亞的開始

在現在的斯洛維尼亞國土上，最早有人居住的紀錄可追溯到舊石器時代。約在西元前700年擁有鐵器的伊利里亞人Iliri，以及約在西元前400年左右居爾特人Kelti在這裡定居，歷經被羅馬帝國統治後，在6世紀初期左右，現在的斯洛維尼亞人的祖先，也就是南斯拉夫民族移居到這塊土地來。620年左右，以克拉根福特Klagenfurt（現奧地利）為中心，建立了卡蘭塔尼亞王國Karantanija。

之後，卡蘭塔尼亞王國因游牧民族阿瓦爾人Avari的入侵傷透腦筋，因此向德裔的巴伐利亞公國Herzogtum Bayern求救，基督教傳來斯洛維尼亞也是在這個時候。雖然後來阿瓦爾人不再對斯洛維尼亞人造成威脅，但之後的1000年，德國對斯洛維尼亞卻造成重大的影響。

◆長期遭哈布斯堡家族統治的時代

從15世紀到20世紀初期這段時間，控制整個斯洛維尼亞的是奧地利的哈布斯堡家族Habsburg。哈布斯堡家族從13世紀開始，強制接收個人的私有土地，展現想要統治斯洛維尼亞的強烈企圖。

另一方面，斯洛維尼亞的農民從1358年開始，陸陸續續發動了超過百次和領主的抗爭。其中，馬蒂亞·古貝茨Matija Gubec率領了1萬2000人的反抗軍，在1573年打倒了多位的封建領主，成功收復部分的國土。但是這股勢力，最終還是遭到哈布斯堡家族的鎮壓。

斯洛維尼亞屈服於北方強大武力的威脅，16世紀興起的宗教改革浪潮，壯大了斯洛維尼亞的民族意識，新教徒成為反抗古老體制和權力的象徵，並且與反哈布斯堡家族統治運動相結合。16世紀，新教的牧師們發表了約50冊的著作，同時也出版了斯洛維尼亞語的文法書。

隨後在1848年，歐洲各民族的春天來臨的過程中，歐洲浪漫主義精神的代表詩人派沙倫France Prešeren登場，派沙倫的作品深刻地描繪民族自由的驕傲，因此格外受到長久以來飽受極權統治的斯洛維尼亞人的喜愛。

◆舊南斯拉夫的誕生到瓦解

第一次世界大戰末期的1918年10月，由斯洛維尼亞人、克羅埃西亞人以及塞爾維亞人組成的民族評議會，在薩格勒布Zagreb成立了，這是基於民族自覺的原則，在奧匈帝國之內形成一個由南斯拉夫人所組成的國家。之後，隨著奧匈帝國的瓦解，1918年12月1日，一個屬於「塞爾維亞人、克羅埃西亞人、斯洛維尼亞人的王國」就此誕生，斯洛維尼亞人終於擺脫了長期以來德國所給予的影響，成為一個全新由南斯拉夫民族所創建的國家。但是這個全新的國家，將首都設為貝爾格勒Београд，而且國王由塞爾維亞的國王彼得一世Петар I Карађорђевић所擔任，讓這個新國家充滿濃濃的塞爾維亞色彩。

1930年代後半，新的戰爭開始對歐洲產生影響。1941年南斯拉夫被納粹以及義大利的墨索里尼所占領，斯洛維尼亞被德國、義大利和匈牙利3國瓜分，再度遭到高壓政權的統治。被占領下的南斯拉夫，誕生了一支以擺脫極權主義為目標的軍隊，那就是由狄托將軍Josip Broz所率領的共產黨軍。

1945年，就在南斯拉夫聯邦建國後不久即與蘇聯對立，1948年以後，獨自朝社會主義路線發展。

原本與西邊強國聯合的斯洛維尼亞，對南斯拉夫而言就像是西側的一扇「窗」，工業等產業快速發展。從1989年起，東歐國家吹起一股改革浪潮，斯洛維尼亞國內的獨立情緒高漲，1990年，斯洛維尼亞的第一任總統米蘭·庫昌Milan Kučan所率領的聯合政權，在國會中贏得大多數的席次，隨後在1991年6月25日，斯洛維尼亞踏上獨立之路。而在斯洛維尼亞發表獨立宣言時，南斯拉夫聯邦以軍事介入，在為期10天的交戰後，南斯拉夫聯邦軍隊撤退，斯洛維尼亞獨立成功。

斯洛維尼亞在2004年正式加入歐盟，2007年採用歐元，獨立後的斯洛維尼亞和西歐的連結與日遽增。

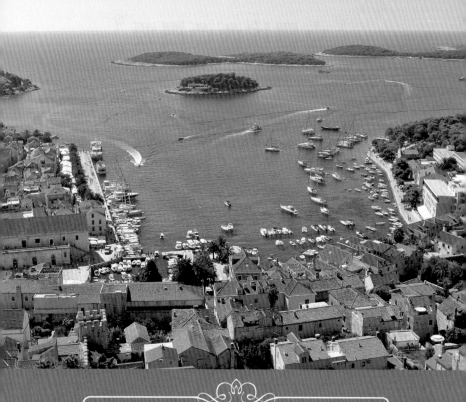

克羅埃西亞
● Croatia ●

從城塞遠眺赫瓦爾舊城區

克羅埃西亞概要

跟在斯洛維尼亞之後，於1992年從舊南斯拉夫聯邦獨立的克羅埃西亞，憑著豐富的觀光資源，以及親切又好客的民族魅力，近年來成為人氣超高且備受矚目的國家。

克羅埃西亞的國名，在克羅埃西亞語中稱為「Hrvatska」，其國土分成了以薩格勒布Zagrab為中心的克羅埃西亞地區Hrvatska、西北部的伊斯特拉半島Istra、被匈牙利和波士尼亞・赫塞哥維納夾住的斯拉沃尼亞地區Slavonija、延伸至亞得里亞海沿岸的達爾馬提亞地區Dalmacija等。沿著亞得里亞海的是海拔1500～2000m的第拿里阿爾卑斯山Dinaric Alps，這裡以森林居多。克羅埃西亞的內陸地區，有著一大片肥沃的農地，沿海城市漁業相當興盛，受到義大利的影響，當地美味的海鮮料理可為旅途增添不少樂趣。

又深又藍又清澈的大海，以及陡峭的斷崖和被太陽照射閃閃發光的海面，形成絕佳的對比，這世界上再也沒有第2座海洋，像亞得里亞海

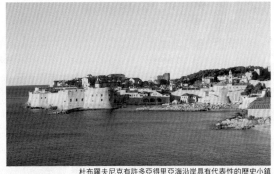

杜布羅夫尼克有許多亞得里亞海沿岸具有代表性的歷史小鎮

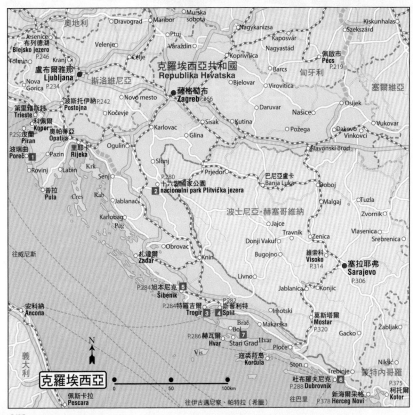

一樣，適用於任何一句讚美的話語。亞得里亞海的沿岸，有許多中世紀以來就因為地處海洋交易要衝而繁榮的都市，其中包括有「亞得里亞海珍珠」美譽的杜布羅夫尼克Dubrovnik，有些城市的歷史，甚至超過了400年。走在古老的石徑上，宛如一頭栽進中世紀的世界裡。

但自從1991年的獨立戰爭之後，這些沿海的古老城市，飽受南斯拉夫聯軍的無情砲火攻擊，札達爾Zadar、杜布羅夫尼克……受到傷害的不只有建築物，還有當地居民的內心。克羅埃西亞在獨立之後，擺脫了戰爭的混亂，成為巴爾幹半島上首屈一指的觀光地，完全恢復昔日的朝氣與和平。

UNESCO的世界遺產

1 波瑞曲歷史區的優弗拉休斯教堂宗教建築群

Eufrazijeva bazilika u Poreču

波瑞曲Poreč位於克羅埃西亞西部的伊斯特拉半島上，以古代羅馬的都市設計所打造的城市為基礎發展，現在則是一處讓人心曠神怡的海灘度假勝地。優弗拉休斯教堂Eufrazijeva bazilika建於6世紀，教堂由中庭、受洗室、禮拜堂等所組成，教堂內的牆壁以金箔的馬賽克圖案和雕刻來裝飾，堪稱是宗教建築的極致之作。

2 十六湖國家公園（普列提維切湖國家公園）

nacionalni park Plitvička jezera →P.280

位於薩格勒布南方110km的國家公園，在大大小小16座湖泊之間有92處的瀑布，為了欣賞這美麗的景致，每年大約有

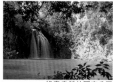
綠意盎然的國家公園

80萬人前來。占地200km²的國家公園裡，大部分的區域都被森林所覆蓋，野熊和老鷹以及各種鳥類等，有許多的野生動物在此棲息。

3 特羅吉爾古城

Romanički grad Trogir →P.284

位於斯普利特Split西方20km的特羅吉爾古城Trogir，在西元前385年左右還是希臘的殖民地，是個具悠久歷史的沿海城市。原本這座城市與克羅埃西

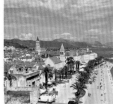
城市的保存狀態相當棒

亞的本土，可由路上交通連接，後來為了防止敵人入侵，改成了水路，以人為的方式隔開了特羅吉爾古城與本土的連接。目前當地保有許多古老建築物，尤其是13世紀興建的聖勞倫斯大教堂Katedrala Sv. Lovre，這是一座將仿羅馬式和哥德式建築完美融合的美麗教堂，教堂內有許多繪畫、雕刻和精緻美術品。

4 斯普利特古建築群和戴克里先宮殿

Dioklecijanova palača u Splitu →P.282

亞得里亞海沿岸最大的海港都市斯普利特，西元300年左右古羅馬帝國的皇帝戴克里先Diocletianus在這裡打造了戴克里先宮殿Dioklecijanova palača。7世紀時，宮殿遭斯拉夫人的攻擊而毀壞，當地居民將毀損的宮殿所留下來的材料，重新利用拿來蓋房子和道路，現在宮殿的遺跡成了世界遺產，而四周的廣場則成為市民休憩的場所。

5 旭本尼克聖雅各大教堂

katedrala u Šibeniku →P.284

15～16世紀，北義大利、達爾馬提亞地區、托斯卡尼Toscana這3個地區的文化交流頻繁，讓哥德式和文藝復興樣式風格相結合，孕育而出

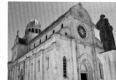
在歐洲也很罕見的建築樣式

的就是聖雅各大教堂Katedrala Svetog Jakova，拱形的屋頂展現了當時高度的建築技術。

6 杜布羅夫尼克舊城區

Stari grad Dubrovnik →P.288

突出於亞得里亞海的城塞都市杜布羅夫尼克，將城市圍住的城牆於8世紀左右開始建造，隨著城市的擴建而往外延伸，遊客還可以走在城牆之上繞城一圈，同時還能從各個角度，欣賞這座被譽為「亞得里亞海珍珠」的美麗景致。

7 史塔利格拉德平原

Starigradsko polje →P.287

Starigradsko polje是「古鎮」的意思，西元前384年由古希臘人所建設，當時周邊一帶盛行栽種葡萄樹和橄欖，現在還看得到當時遺留下來的種種遺風。

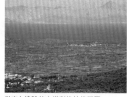
從高台遠眺的史塔利格拉德平原

綜合資訊

克羅埃西亞基本資訊

▶旅行關鍵字
→ P.380～381

國 旗
由紅、白、藍三色加上國徽組合而成

正式國名
克羅埃西亞共和國Republika Hrvatska

國 歌
Lijepa Naša Domovina
（我美麗的祖國）

面 積
約5萬6542km²

人 口 約429萬人（2011年）

首 都
薩格勒布Zagreb

元 首
季塔洛維奇總統
Ivo Josipović

政治體制 共和制（2013年7月加入歐盟）

民族構成
克羅埃西亞人89.6%、塞爾維亞人4.5%。除此之外還有匈牙利人、斯洛維尼亞人、義大利人、阿爾巴尼亞人等。

宗 教
羅馬天主教88%，其他則為塞爾維亞正教等。

語 言
官方語言為克羅埃西亞語（斯拉夫語系）。和塞爾維亞語、波士尼亞語，僅止於方言程度的差異，文字採用拉丁文。外文方面，會說德語、英語的人相當多，沿海地區會說義大利語的人也不少。

貨幣與匯率

▶旅行預算與金錢
→ P.548

克羅埃西亞的貨幣為克羅埃西亞‧庫納（Croatian Kuna）。本書以Kn來表示，較小的單位為Lipa，1Kn＝100Lipa。2015年8月匯率，1Kn＝約台幣4.81元、€1＝7.57Kn。

紙鈔有1000Kn、500Kn、200Kn、100Kn、50Kn、20Kn、10Kn、5Kn。

硬幣有25Kn※、5Kn、2Kn、1Kn、50Lipa、20Lipa、10Lipa、5Lipa、2Lipa※、1Lipa。
※代表流通量相當少，不是很常看到。

信用卡
在餐廳或是中級以上的飯店、商店等，都可以使用信用卡，當地的ATM也相當多。

匯兌
在匯兌處換錢時，要注意的是需不需要支付手續費，就算標示的匯率很好，但手續費可能很高，請務必要確認之後再兌換。

 1Kn
2Kn
 5Kn
 10Kn
 20Kn

 50Kn
 100Kn
 200Kn
 500Kn

 1000Kn
 5Lipa
 10Lipa
 20Lipa
 50Lipa

如何撥打電話

▶郵政與電話
→ P.556

從台灣撥往克羅埃西亞　例 撥往薩格勒布(01)1234567時

| 國際電話識別碼 002 | ＋ | 克羅埃西亞國碼 385 | ＋ | 區域號碼（去除前面的0） 1 | ＋ | 對方的電話號碼 123-4567 |

260

出入境

簽證
停留天數在90天之內,並且是以觀光為目的不需要辦理簽證。

護照
離開申根國當日,護照的有效期限為3個月以上。

▶台灣出入境
→P.552

▶東歐國家出入境
→P.552

從台灣出發的飛行時間

目前從台灣到克羅埃西亞之間,並沒有直飛的班機,至少得要轉機一次,從台灣飛到附近國家的飛行時間大約是12小時30分~16小時,從附近各國到克羅埃西亞約1~3小時。

▶從台灣前往東歐的交通
→ P.551

從周邊各國出發的交通

鐵路
與克羅埃西亞國境相連的匈牙利、斯洛維尼亞、塞爾維亞、波士尼亞・赫塞哥維納,都可以搭乘火車入境。進入國境時的入境手續很簡單,只要出示護照,回答入境的目的等簡單問題即可。

巴士
和火車一樣,從薩格勒布、杜布羅夫尼克、里耶卡Rijeka等地,都有國際巴士與鄰近國家連結。進入國境時的手續很簡單,只要出示護照即可。

▶當地交通
→ P.553

從鄰近各國出發的主要直達火車

盧布爾雅那(斯洛維尼亞)~薩格勒布	每日3~4班	所需時間2小時20分
布達佩斯(匈牙利)~薩格勒布	每日1班	所需時間6小時20分
塞拉耶弗(波士尼亞・赫塞哥維納)~薩格勒布	每日1班	所需時間9小時
貝爾格勒(塞爾維亞)~薩格勒布	每日1班	所需時間7小時30分

從鄰近各國出發的主要長途巴士

盧布爾雅那(斯洛維尼亞)~薩格勒布	每週2班	所需時間2小時30分
貝爾格勒(塞爾維亞)~薩格勒布	每日4班	所需時間5小時30分
塞拉耶弗(波士尼亞・赫塞哥維納)~薩格勒布	每日4~5班	所需時間8小時~8小時30分
塞拉耶弗(波士尼亞・赫塞哥維納)~杜布羅夫尼克	每日1~3班	所需時間6小時

連結鄰近國家的主要航路(冬季沒有船班)

安科納 Ancona(義大利)~斯普利特	每週2~4班	所需時間10小時
巴里 Bari(義大利)~杜布羅夫尼克	每週2~6班	所需時間9小時30分~10小時

時差和夏令時間

與台灣時差為7小時,只要將台灣時間減去7個小時就可以。換言之,台灣6:00時,克羅埃西亞則是前一天的晚上23:00。夏令時間的話,時差則變為6小時。

夏令時間的實施期間,從3月最後一個週日的AM2:00(=AM3:00)~10月最後一個週日的AM3:00(=AM2:00)。

從克羅埃西亞撥往台灣　🔘 撥往 (02)1234-5678時

國際電話識別碼		台灣國碼		去除區域號碼最前面的0		對方的電話號碼
00	+	**886**	+	**2**	+	**1234-5678**

▶如何撥打公共電話　公共電話只能使用電話卡。
①拿起聽筒
②將電話卡依照卡片上的箭頭方向插入
③撥打對方的號碼
④電話卡的餘額會顯示在電話的螢幕上,結束通話後放下聽筒,取出電話卡

營業時間

以下是店家一般的營業時間。

銀行
週一～五 7:30～19:00、週六8:00～12:00，週日和節日休息。

郵局
郵局平日7:00～19:00，週六會縮短時間，週日休息。薩格勒布中央車站旁的郵局24小時營業。

商店
週一～五平日8:00～20:00、週六～13:00，週日和節日一般會休息。

餐廳
開店時間為8:00～12:00，打烊時間約在深夜。

氣 候

克羅埃西亞的氣候，分成了內陸地區的大陸型氣候，以及亞得里亞海沿岸地區的地中海型氣候2種。亞得里亞海沿岸一直到秋天，都是屬於穩定的氣候，冬天雖冷，但不至於寒風刺骨，相較之下，內陸地區的寒冬比較凜冽。晴天率很高的亞得里亞海沿岸，夏天晚上還是會吹著強風而讓人感到涼意，最好隨身帶著一件長袖的襯衫。

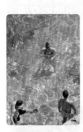

薩格勒布的氣溫和降雨量

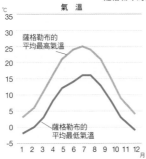

氣 溫

薩格勒布的平均最高氣溫

薩格勒布的平均最低氣溫

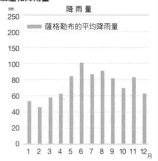

降 雨 量

薩格勒布的平均降雨量

節日
（主要節日）

每年會異動的節日以日（※）標示，要注意。

日期		節日
1/1		元旦
1/6		主顯節
4/5 ('15)	※	復活節
4/6 ('15)	※	復活節後週一
5/1		勞動節
6/4 ('15)	※	聖體節
6/22		反法西斯日
6/25		國家政府日
8/5		國立感恩節
8/15		聖母升天祭
10/8		獨立日
11/1		萬聖節
12/25・26		耶誕節

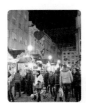

電壓與插頭

電壓為230V，頻率50Hz，插頭為C型（雙圓形插頭）。若要在當地使用台灣的電器產品，需要攜帶變壓器和轉接插頭。

播放規格

DVD
克羅埃西亞的電視和錄影規格為PAL，台灣、日本或是美國則屬於NTSC，兩者並不相同，在當地購買的錄影帶或是DVD，通常無法用台灣的電器播放。而克羅埃西亞的DVD區碼Region Code為2，也與台灣不同（台灣為3），因此也無法使用一般家用DVD撥放器觀賞。

計程車
　　如果是短距離的話，只要給零錢程度的小費即可。

餐廳
　　在高級餐廳用餐，如果對服務感到滿意，通常會給費用10%左右的小費。

飯店
　　如果有叫客房服務，或是請工作人員

搬運行李，通常會給10～20Kn。

廁所
　　當地的公廁相當少，通常得要支付2Kn左右的小費。餐廳或是咖啡館的廁所可以免費使用。關於廁所的標示gospođe或是dame是女廁，gospda或是muški是男廁。

小費

　　基本上最好不要生飲自來水，買礦泉水比較保險。在超市500mℓ的礦泉水，大約台幣30元。

飲用水

　　克羅埃西亞的郵局稱為ＨＰ（Hrvatska Pošta），無論多小的城市都有郵局。這裡的郵政幾乎沒有發生過任何事故，就算是在城市以外的支局，也有很多懂英文的工作人員常駐。

郵資
　　寄往台灣的航空郵件大約4～7天會

寄達，明信片5.80Kn、信件（50g以內）15Kn。1kg的小包裹（Paket）109Kn、EMS（國際快捷）500g以內270Kn、1kg以內280Kn、2Kg以內480Kn、5kg以內600Kn，上限為20kg。

郵政

▶郵政與電話
→ P.556

　　在克羅埃西亞附加價值稅稱為PDV，稅率為25%。只要一次的消費金額達到740Kn以上，即可退回部分的稅金，不過不是每種商品都能退稅，這一點要注意。
　　至於退稅的手續，首先向店家索取退

稅表格填寫，出境的時候由海關在退稅表上蓋章。機場內的Global Blue等公司有退稅的窗口，可以到窗口申請。

稅金

▶東歐國家出入境
→ P.552

　　和東歐其他國家相比，克羅埃西亞的治安明顯好很多。不過，隨著亞洲觀光客的增加，以亞洲人為對象的扒手、順手牽羊，或是冒牌警察的詐欺案，也跟著增加。行李最好要放在視線範圍內，深夜盡可能不要外出，這些最基本的自我保護一定要徹底。在克羅埃西亞警察稱為Policija。

扒手
　　巴士或是路面電車等大眾運輸交通工具上，要多加留意扒手出沒。

順手牽羊
　　飯店的大廳以及餐廳等，要注意順手牽羊的發生，最好不要把行李放著就離開座位。

冒牌警察
　　假冒警察，要求遊客出示護照、身體檢查或是確認錢包，藉此偷取錢財。最

好隨身攜帶護照的影本，身上盡可能不要攜帶太多的現金。

地雷
　　在與塞爾維亞國境交界的東斯拉沃尼亞地區Istočna Slavonija，或是與波士尼亞‧赫塞哥維納國境交界的克羅埃西亞中央陸地部分直到札達爾Zadar為止的地區，曾經是戰區，目前還殘留著戰亂時所埋下的地雷。主要道路附近的地雷已經完成撤除作業，但是在山野地區或是偏遠的道路，還是有許多地雷尚未清除，未經整修的道路以及廢棄不用的空屋，千萬不要擅自進入。

警察	**192**	消防	**193**
急救	**194**		

安全與糾紛

▶旅行糾紛與安全對策
→ P.560

　　在克羅埃西亞，購買菸酒需要滿18歲以上。

年齡限制

　　和台灣相同，距離以公尺，重量以公克、公斤，液體以公升計算。

度量衡

克羅埃西亞 旅行基礎知識

國內的移動方式

飛機

克羅埃西亞航空的國內線，有薩格勒布Zagreb連結札達爾Zadar、普拉Pula、斯普利特Split、杜布羅夫尼克Dubrovnik等地的航班。從薩格勒布到杜布羅夫尼克搭乘巴士，得花上11個小時，但如果搭飛機的話，只要約1小時。

克羅埃西亞航空
URL www.croatiaairlines.com

鐵路

克羅埃西亞的火車，最主要當作運送貨物的用途，載客的列車不是那麼多。而班次最多的要算是薩格勒布～里耶卡Rijeka之間（所需時間3小時40分），火車行駛於森林中，中途會沿著亞得里亞海行走，是一條景色非常美麗的路線，可惜的是，沿海地區觀光勝地杜布羅夫尼克無法搭火車前往。薩格勒布～斯普利特之間的ICN，全線皆是指定席，火車票價要比巴士便宜，但所需的時間也會比較長。火車票可以在車站窗口購買，也可使用信用卡購票。

克羅埃西亞國鐵
URL www.hzpp.hr

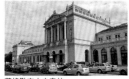
薩格勒布中央車站

巴士

巴士路線幾乎網羅國內的所有地區，基本上所有巴士路線都是民營的，而且家數非常多，時刻表就張貼在巴士總站的窗

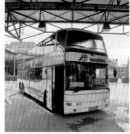
薩格勒布的巴士總站

口，購買時要先確認。另外，也可以在薩格勒布的巴士總站官網上，查詢從薩格勒布出發的巴士時刻表和車資。

巴士的班次相當多，其中又以亞得里亞海沿岸都市之間的路線班次最多，就算是淡季發車也很頻繁。巴士的座位坐起來很舒服，幾乎很少延誤。

巴士車票可以向附設於巴士總站的售票窗口購買，最好在搭車前一天事先買好車票，如果是當天購票或是中途搭車的話，也可以向司機買票。若有大件行李要寄放，則要另外支付3～10Kn的費用。

薩格勒布的巴士總站
URL www.akz.hr

船

如果沒有乘船享受一段亞得里亞海的海上之旅，就無法理解克羅埃西亞的魅力。夏季有大型的渡輪往來於里耶卡～斯普利特～史塔利格拉德Stari Grad～寇裘拉島Korčula～杜布羅夫尼克（～義大利的巴里Bari）之間，每週大約有2班，遊客可以在渡輪靠岸的城市下船。購買里耶卡到杜布羅夫尼克之間的船票，如此一來就能盡情享受海上之旅，船票可以向JADROLINIJA的代理店購買。

ADROLINIJA
URL www.jadrolinija.hr

住宿

克羅埃西亞近年來成為超人氣的觀光國度，當地的飯店也逐漸增加，共產時代所興建的飯店也都進行大規模的改建工程，引進最新的設備。在亞得里亞海沿岸地區，因為夏季有很多觀光客到訪，住宿費比較高，相反地，10月中旬以到復活節為止，很多大型飯店都不營業。

在主要都市或是沿海觀光地，有很多一般家庭將空出來的房間，提供給遊客入住，像這樣的房間稱為私人房間「Sobe」，遊客可以透過❶或是旅行社代為介紹。

◆私人房間

當遊客抵達亞得里亞海沿岸的杜布羅夫尼克、斯普利特等觀光地之後，提供空房給遊客的屋主就會四處拉客。當遊客從巴士或是渡輪下車（下船）開始，中年的婦女就會蜂擁而上，對著遊客喊「Sobe」、「Private Room」。她們在招攬遊客時，或許態度上給人強迫的感覺，但實際入住之後，會發現屋主都很友善。

不過，有些私人房間的地點離市區較遠，或是房間不是很乾淨整潔，這一點要多加注意。在與屋主交涉時，最好一邊看著地圖，確認地點和房價，告訴對方想要先看房間。有些私人房間不接3晚以下的房客，或是要多加20～30%的費用，而且大多數的私人房間都不含早餐。至於費用的部分，會因為到訪的季節以及房間是否有衛浴設備等因素，有很大的差異。

◆青年旅館

青年旅館在克羅埃西亞稱為Omladinski Hostel，只要出示青年旅館會員證，就可適用折扣

房價。近年來，隨著克羅埃西亞的觀光業蓬勃發展，獨立的青年旅館增加。大多數的青年旅館是利用市中心公寓裡的幾間房間，整間旅館的床數在20張以下，幾乎都是小規模經營。另外，很多青年旅館沒有洗衣間或是廚房，入住前要先確認。

用餐

克羅埃西亞的料理和周邊的國家比較起來，選擇性算是較為豐富，主要是受到這個國家的地理位置和歷史因素的影響。過去在匈牙利、奧地利、義大利等鄰國的影響下，當地的料理可以看到周邊國家的特色，在內陸地區可以吃到肉類料理，或是以紅椒熬煮的料理，而在亞得里亞海沿岸地區，則是受到義大利料理的影響最深。

◆用餐地點的種類

除了有餐廳Restoran之外，還有可以吃到鄉土料理的食堂Gostionica、達爾馬提亞風味的海鮮餐廳Konoba、啤酒屋

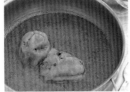
夏季限定的紅椒鑲肉Punjene Paprike

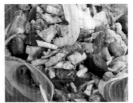
大量採用達爾馬提亞的生火腿、海鮮的綜合前菜Seljačko predjelo s tradicionalnim delicijama

Pivnica、有提供輕食的咖啡館Bisto、咖啡館Kavana、蛋糕店Slastičarna等。

◆肉類料理

內陸地區以肉類料理居多，深受奧地利和匈牙利的影響。比方說，薩格勒布風味的炸豬排Zagrebački Odrezak，其實來自於維也納的著名料理維也納炸肉排Wiener Schnitzel，將起司和火腿捲起來。在奧西耶克Osijek等克羅埃西亞東部有一道以紅椒和肉、魚一起熬燉的匈牙利料理Gulaš，是當地人經常吃的一種濃湯。Ćevapčići是巴爾幹半島上常見的一道料理，這是一種沒有外皮的小香腸，可以直接吃或是夾麵包當作三明治吃。

◆魚料理

亞得里亞海沿岸漁業發達，餐桌上經常可見海鮮。加入大量海味的海鮮燉飯Rižot od plodova mora、鮮蝦料理Škampi等，都是在當地餐廳經常可見的料理，曬乾的鱈魚

Bakalar也是經常使用的食材。鮮魚除了以炭火燒烤外，還有以熱水汆燙、或是和番茄一起熬煮。

◆其他的知名料理

以鹽巴醃漬的高麗菜，捲上了米飯和絞肉的高麗菜捲Sarma，是巴爾幹半島上的共通料理。以絞肉和起司當作內餡的派Burek，是當地很受歡迎的速食。伊斯特拉半島Istra的山區是松露Tartufi的知名產地，多使用在燉飯和義大利麵上。達爾馬提亞Dalmacija、伊斯特拉半島的名產生火腿——帕爾馬火腿Pršut也是不可少的前菜。除了內陸地區的火腿Šunka和煙燻生火腿的Šupek之外，伊斯特拉半島的Pančeta（醃製豬五花肉）也很有名。

資訊收集

◆遊客中心

克羅埃西亞的主要都市、亞得里亞海沿岸的觀光地區，都有稱為TIC的公營❶，這裡除了提供地圖、小手冊之外，也會免費為遊客介紹飯店或是私人房間。

實用資訊

【緊急時】
●急救醫院
Klinička bolnica Merkur
✉Zajčeva 19　☎(01)2431390
🕐24小時

【駐外館處】
斯洛維尼亞沒有台灣的駐外代表處，而是由駐奧地利代表處兼管。(→P.233)

【航空公司】
●克羅埃西亞航空
☎(01)6676555
🔗www.croatiaairlines.com

●俄羅斯航空
☎(01)4872055／4872076
●法國航空　☎(01)4890800
●奧地利航空　☎(01)6265900
●德國漢莎航空
☎(01)3907284

（皆位於薩格勒布）

★薩格勒布

◆薩格勒布國際機場
✉Pleso bb
TEL(01) 4562170
URLwww.zagreb-airport.hr

機場的匯兌
◆薩格勒布銀行
 Zagrebačka Bank
TEL(01) 4562414
⏰7:00～21:00
休無休

◆機場內的郵局
⏰8:00～20:00
休無休

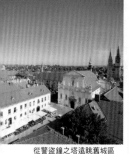
從警盜鐘之塔遠眺舊城區

克羅埃西亞航空的機場巴士

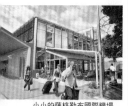
小小的薩格勒布國際機場

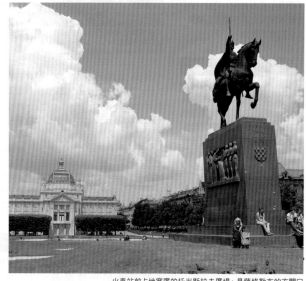
火車站前占地寬廣的托米斯拉夫廣場，是薩格勒布的玄關口

　　位在小山丘上、被整片綠意所環繞的城鎮，有許多哥德式及巴洛克式的沉穩建築，漫步在街道上，可親身感受到從13世紀開始，在文化及藝術中發展而成的這座城市的歷史。

　　克羅埃西亞於1992年繼斯洛維尼亞之後，從南斯拉夫中獨立出來。重視傳統的同時，不忘吸取新文化的這座活力都市，充滿著吸引旅人的魅力。

抵達薩格勒布後前往市區

✈搭乘飛機抵達

　　薩格勒布、斯普利特Split、杜布羅夫尼克Dubrovnik等地都有國際機場，而航線、航班最多的就是薩格勒布國際機場。

●薩格勒布國際機場 *Zračna luka Zagreb*

　　薩格勒布國際機場位於市中心東南方約17km處，開車約30分鐘。入境、出境大廳都在1樓。

　　入境大廳有ATM、咖啡館和酒吧，出境大廳有郵局、租車公司的櫃台等。從2樓的餐廳可將跑道盡收眼底。

◆如何從機場前往市區◆

　　從機場要前往薩格勒布市區有機場巴士、計程車2種交通方式。機場巴士只行駛到巴士總站，因此要到市中心的話，得轉搭路面電車才行。

●機場巴士 *Autobus*

克羅埃西亞航空的巴士，往返行駛於機場及薩格勒布市內的巴士總站。一踏出入境大廳的正門出口往左側看，就能看到寫有Croatian Airlines的大型巴士停在眼前。車票在乘車時向司機購買即可，車程約30分鐘，單程30Kn。

●計程車 *Taksi*

計程車候客處在入境大廳正面出口的右側，費用採跳表制，從機場到市區約150Kn。

🚄 搭乘火車抵達

國際列車的出發和抵達全都在薩格勒布中央車站，從車站到市中心的耶拉齊洽廣場trg bana Jelačića徒步約15分，車站前也有計程車招呼站。

●薩格勒布中央車站 *Zagreb glavni kolodvor*

Map P.270-C5

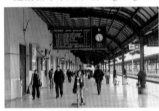

薩格勒布中央車站是棟2層樓的磚色建築物，站內1樓的設施有鐵路服務櫃台、國內•國際線售票處、外幣匯兌處、ATM等。

一踏出正門出入口就可看到托米斯拉夫廣場trg Tomislava。背對車站的右側有間寫著大大Pošta招牌的郵局，左側可看到位於噴水池另一端的飯店Regent Esplanade，在Regent Esplanade和車站之間有地下購物拱廊Importanne Centar，購物非常方便。

薩格勒布中央車站內

🚌 搭乘巴士抵達

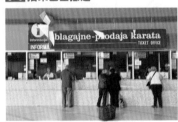

國際巴士抵達的停靠地點，是位於市區東部、從薩格勒布中央車站徒步約20分鐘的巴士總站autobusni kolodvor。巴士總站大樓是3層樓的建築物，1樓是巴士搭乘處，2樓則有巴士的服務中心、售票處、旅行社、行李寄放處、匯兌處、餐廳等。各巴士的路線可在布告欄上確認。

巴士總站的售票處

◆如何從巴士總站前往市區◆

如果想要徒步走到薩格勒布的中央車站，出了巴士站後左轉沿著Držičeva路前進，然後在Branimirova路左轉後直走。也可從巴士總站正面往左邊走，搭乘2、6、31號路面電車前往中央車站，車程僅僅只要5分鐘。6號和31號路面電車經過車站後，會繼續朝耶拉齊洽廣場前進。車票可以向司機或是巴士總站外的小賣店購買。

◆機場巴士

從機場往巴士總站的巴士，7:00～20:00之間1小時1～2班，其他的時間帶則是飛機抵達後就有一班車。從巴士總站往機場則是4:30或是5:00～20:00之間1小時1～2班，其他的時間帶則是國內線班機起飛90分鐘前發車，國際線的話是在起飛前120分出發。

從市區往機場的巴士是從巴士總站出發

◆薩格勒布中央車站
✉ trg kralja Tomislava 12
☎ 060-333444
🌐 www.hzpp.hr
🕐 24小時

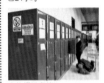

寄物櫃很寬敞

◆巴士總站
Map P.269-D2
✉ Avenija M. Držića 4
☎ 060-313333
🌐 www.akz.hr
可在官網上搜尋長途巴士主要路線的時刻表和車資。
◆巴士總站的行李寄放處
🕐 24小時
💰 1小時5Kn

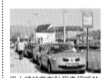

巴士總站旁有計程車招呼站

有許多優惠的薩格勒布卡

享有許多設施優惠的薩格勒布卡，可免費搭乘所有路面巴士、纜車，以及指定區域內的巴士。此外，博物館、美術館的門票半價，合作的餐廳和商店也提供9～8折的優惠。可在主要的飯店購買。

| 🕐 24小時 | 60Kn |
| 72小時 | 90Kn |

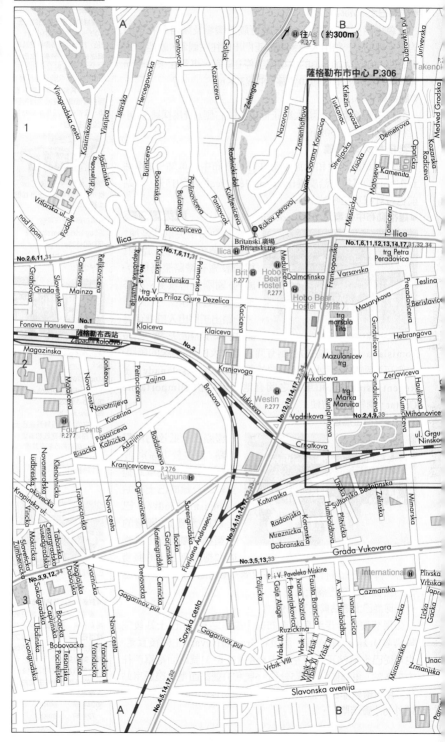

薩格勒布市中心 P.306

往As（約300m）
P.275

Hobo Bear Hostel
P.277

Westin
P.277

Four Points
P.277

Laguna
P.276

Britanski 廣場
Britanski trg

Brit
P.277

Hobo Bear Hostel（別館）

International
Plivska

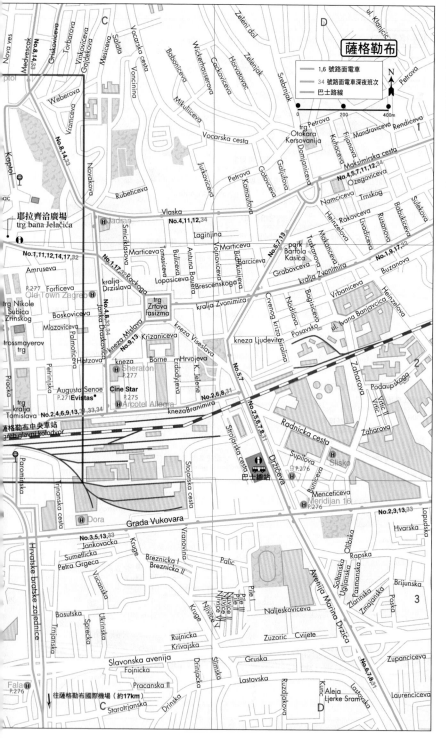

薩格勒布

1,6 號路面電車
34 號路面電車深夜班次
巴士路線

N

0   100   200   400m

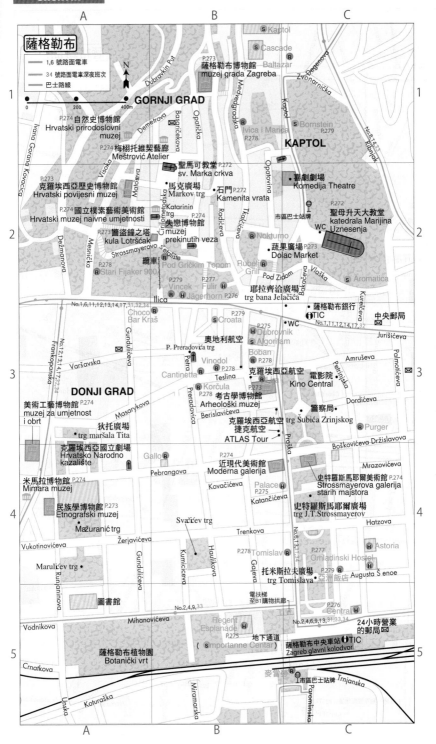

薩格勒布

1,6 號路面電車
34 號面電車深夜班次
巴士路線

N

0 200 400m

GORNJI GRAD

P.273
薩格勒布博物館
muzej grada Zagreba

Kaptol
Cascade
Baltazar

P.274
自然史博物館
Hrvatski prirodoslovni
muzej

Zvonarnička

Bornstein P.279

Ivica i Marica
P.278

KAPTOL

P.273
梅梢托維契藝廊
Meštrović Atelier

聖馬可教堂 P.272
sv. Marka crkva

馬克廣場
Markov trg

石門 P.272
Kamenita vrata

喜劇劇場
Komedija Theatre

P.273
克羅埃西亞歷史博物館
Hrvatski povijesni muzej

Katarinin
trg

P.274
國立樸素藝術美術館
Hrvatski muzej naivne umjetnosti

P.274
失戀博物館
muzej
prekinutih veza

市區巴士站牌

WC

P.272
聖母升天大教堂
katedrala Marijina
Uznesenja

P.273
醬盜鐘之塔
kula Lotrščak

Nokturno

蔬果廣場 P.273
Dolac Market

纜車
Pod Griěkim Topom

P.278
Stari Fijaker 900

Rubelj
Grill

Pod Zidom

Aromatica

P.279
Vincek

P.277
Fulir

Jägerhorn P.276

耶拉齊治廣場
trg bana Jelačića

薩格勒布銀行

No.1,6,11,12,13,14,17,31,32,34

Ilica

Choco
Bar Kraš

P.279
Croata

P.275
Dubrovnik
Algoritam

WC

TIC
No.1,11,12,14,17,32

中央郵局

奧地利航空
P. Preradovića trg

Boban

Petra

Vinodol
P.278

Jurišićeva

DONJI GRAD

Varšavska

Cantinetta
Teslina

Korčula

克羅埃西亞航空
克羅埃西亞航空

電影院
Kino Central

Amruševa

P.274
美術工藝博物館
muzej za umjetnost
i obrt

Masarykova

Preradovića

P.273
考古學博物館
Arheološki muzej

Berislavića

trg Šubića Zrinjskog

Dordićeva

警察局

Purger

狄托廣場
trg maršala Tita

克羅埃西亞航空
捷克航空
ATLAS Tour

Praška

Boškovićeva Državslava

克羅埃西亞國立劇場
Hrvatsko Narodno
kazalište

Gallo

Pebrangova

P.274
近現代美術館
Moderna galerija

Mrazovićeva

米馬拉博物館 P.274
Mimara muzej

Kovačićeva

Palace
P.275

Katančićeva

P.274
史特羅斯馬耶爾美術館
Strossmayerova galerija
starih majstora

民族學博物館 P.273
Etnografski muzej

Svačićev trg

史特羅斯馬耶爾廣場
trg J.T.Strossmayer

Hatzova

Mažuranić trg

Žerjavićeva

Trenkova

Astoria

Vukotinovićeva

Kumičićeva

Haulikova

P.278 Tomislav

Omladinski Hostel

Gajeva

托米斯拉夫廣場
trg Tomislava

P.277

Marulićev trg

Runjaninova

Gundulićeva

P.279
亞洲飯店
Augusta Š enoe

圖書館

Mihanovićeva

No.2,4,9,33

電扶梯
至B1購物拱廊

Central

P.276

24小時營業
的郵局

Vodnikova

Regent
Esplanade
P.275

地下通道

No.2,4,6,9,13,31,33,34

TIC

薩格勒布植物園
Botanički vrt

Importanne Centar

薩格勒布中央車站
Zagreb glavni kolodvor

Crnatkova

麥當勞

市區巴士站牌

Trnjanska

Unska

Koturaška

Miramarska

Paromlinska

·薩格勒布的市區交通·

薩格勒布市內的交通方式，有路面電車、巴士和計程車3種。

路面電車和巴士的車票是共通的，可以在路旁的小賣店購買，車票為12Kn。也可購買預付卡E-vrijednosna karta 30Kn，使用一次減少10Kn，可以在小賣店加值，如果要經常搭乘交通工具的話，購買預付卡比較划算。每種車票皆是90分鐘的有效時間內，可以不限次數搭乘，相同的路線不可以二次通過。一上車要

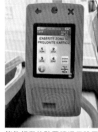
能夠打印的驗票機通常設置在車頭和車尾

立刻前往車上的驗票機驗票，通常車上會有數個驗票機，不過路面電車裡的驗票機比較少，購買預付卡的話會比較輕鬆。每個站牌都會標示路線號碼。

●路面電車 Tramvaj

路面電車是以薩格勒布為中心，有19條（白天15條、深夜4條）路線。其中，最密集的是經由耶拉齊洽廣場周邊的路線，有10個系統最多。路線網不是很複雜，就算是遊客也很容易搞懂，路線圖可以在❶免費索取。

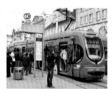
在耶拉齊洽廣場停車的路面電車

●巴士 Autobus

薩格勒布的市中心路面電車網絡密集，如果是住在薩格勒布郊外的話，可選擇以市區巴士代步。主要的巴士站牌集中在薩格勒布中央車站的南側。

●計程車 Taksi

穿梭於薩格勒布市內的計程車數量並不多，想要搭乘的話可利用電話呼叫無線電計程車，或是搭乘在中央車站、巴士總站、高級飯店前的排班車。車費採跳表制，起跳為8.8~15Kn，依計程車公司不同而異。行駛中的話每1km增加5Kn左右。

◆◆◆◆◆◆◆◆◆◆◆漫遊薩格勒布◆◆◆◆◆◆◆◆◆◆◆

薩格勒布是以中央車站為起點往北延伸，從中央車站到Ilica大街（Map P.270A~B2~3）的新城區井然有序，大小馬路縱橫穿梭其中。舊城區指的是從耶拉齊恰廣場trg bana Jelačića往小山丘延伸的北側，被劃分為東西兩區，東側是卡普脫區Kaptol、西側是果涅·格拉德區Gornji Grad。從中央車站到耶拉齊洽廣場約15分鐘的路程，舊城區應該半天的時間就能逛遍了。

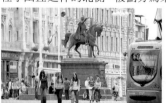
人潮洶湧的耶拉齊洽廣場

路面電車

URL www.zet.hr

4:00～24:00之間運行，深夜0:00～4:00的深夜路面電車和白天的路線不同，白天的路線號碼是1～17號，深夜的路線號碼是31～34號。

計程車

◆無線電計程車
TEL 060-800800
URL www.radio-taksi-zagreb.hr（克羅埃西亞語）

◆綠能計程車
TEL 1414
URL ekotaxi.hr

薩格勒布的❶

◆Turistički Informativni Centar（TIC）

耶拉齊洽廣場辦公室
Map P.270-C3
✉ trg bana Jelačića 11
TEL（01)4814051
email info@zagreb-touristinfo.hr
開 夏季
週一～五　8:30~21:00
週六　　　9:00~18:00
週日　　　10:00~16:00
冬季
週一～五　8:30~18:00
週六　　　9:00~18:00
週日　　　10:00~16:00
休 無休
觀光的必要資訊，這裡都能找到。

火車站辦公室
Map P.270-C5
✉ trg kralja Tomislava 12
開 週一～五　9:00~21:00
週六・日　12:00~20:30
休 無休

巴士總站辦公室
Map P.270-D2
✉ Avenija M. Držića 4
TEL（01)6115507
開 週一～五　8:30~21:00
週六・日　10:00~17:00
休 無休

薩格勒布的旅行社

◆Evistas
Map P.269-C2
✉ Augusta Šenoe 28
TEL 091-5337096（行動電話）
email info@evitas.hr
開 10:30~14:00、
15:00~20:00
休 週日・節日
可介紹私人房間，4~9月客滿的情況很多，因此要事先預約。如果只住1晚，要多收20%的費用。

每到夏季的週六‧日，舊城區中心會有衛兵行進和交接儀式。11:40從蔬果市場出發，經過聖馬可教堂和聖母升天大教堂，大約在12:30和13:45分左右抵達耶拉齊洽廣場。14:00在蔬果市場舉行解散儀式。

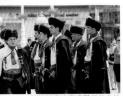

在耶拉齊洽廣場舉行的交接儀式

◆聖母升天大教堂
✉Kaptol 31
🕐週一～六　7:00～18:00
　週日‧節日　13:00～19:00
❌無休
💰免費

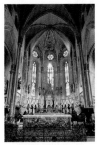

聖母升天大教堂的祭壇

◆聖馬可教堂
✉Markov trg
☎(01)4851611
🕐彌撒的開始時間
　7:30、18:00
❌彌撒以外的時間
💰免費

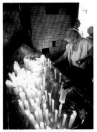

石門有很多人捧著蠟燭

◆◆◆◆◆◆◆◆◆◆薩格勒布的主要景點◆◆◆◆◆◆◆◆◆◆

聖母升天大教堂 katedrala Marijina Uznesenja

The Cathedral of Assumption of the Blessed Virgin Mary ｜MapP.270-C2

建造於13世紀到18世紀期間，象徵薩格勒布的美麗大教堂。位於卡普脫區Kaptol的這座美麗大教堂有2座高度超過100m的尖塔，從街道上的任何一處都能看到。現在的外觀是1880年大地震後修復而成的，而再建時所採用的是新哥德式建築風格，內部有文藝復興式的祭壇及巴洛克式的講台。16世紀鄂圖曼帝國軍隊攻打薩格勒布時，與鄂圖曼帝國軍隊奮戰的克羅埃西亞勇者的墓碑也

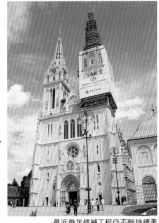

最近幾年修補工程仍不斷持續著

安置在其中。另外，圍繞著大教堂的白色圍牆，是當時為了防禦鄂圖曼帝國軍隊攻打而建造的。

聖馬可教堂 sv. Marka crkva

Church of St. Mark ｜MapP.270-B1～2

從Ilica大街搭乘纜車往上走，右邊有一條名為Dverce的狹窄道路，連接到Ćirilometodska大街。往這條路前約200m，便可以抵達屋頂有著馬賽克裝飾的聖馬可教堂。若要說卡普脫區的象徵是聖母升天大教堂，那麼果涅‧格拉德區Gornji Grad的象徵就是聖馬可教堂了。建造於13世紀，採用哥德式建築的聖馬可教堂，其特徵就是那美麗的屋頂，使用藏青色和紅褐色的壁磚，拼貼出兩面大型的徽章設計，面向正門的左邊是代表克羅埃西亞王國、達爾馬提亞地區Dalmacija、斯拉沃尼亞地區Slavonija的徽章，右邊則是薩格勒布市的徽章。教堂本身從13世紀開始便存在了，而現在的建築物及徽章則是在1880年修復的。

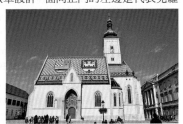

屋頂上的徽章令人印象深刻

石門 Kamenita vrata

Stone Gate ｜Map P.270-B2

建造於中世紀的石門在當時是木造的，之後於18世紀以石頭鞏固而成為現在的模樣。門裡面有間放置了聖母馬利亞肖像的禮拜堂，拿蠟燭及鮮花來此祈禱的人們絡繹不絕。據說城門在1731年遭大火燒毀時，僅有聖母馬利亞像毫髮無傷。

警盜鐘之塔 kula Lotrščak

Lotršcak Tower　　　　　　　　　MapP.270-B2

搭乘纜車前往果涅·格拉德區Gornji Grad時，首先映入眼簾的就是該座高塔，這是建造於13世紀的監視塔，從這裡看出去的視野超棒。每天中午的大砲聲音，非常驚人。

蔬果市場 Dolac Market

Dolac Farmer's Market　　　　　　MapP.270-B2

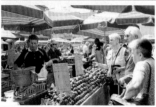
充滿活力的市場，早起去逛逛吧

有「薩格勒布的胃」之稱的蔬果市場，從1926年開始便存在於舊城區中，是目前最古老的市場，從早上一直到15:00左右，市場擠滿了為了採購新鮮食材而來的民眾。蔬果市場的下方有肉類市場，販售著肉品、熱狗、義式香腸等，市場周邊的小巷弄中，除了二手衣和雜貨之外，還有賣古董的攤販，光是聽賣家的商品介紹也是一大樂趣，販售手工製禮品的店家也很多。

前往果涅·格拉德區的纜車

從耶拉齊洽廣場往西沿著Ilica大街前進約100m，就可以在右側看到寫著「Zet Uspinjača」的乘車站。纜車的長度從上到下約差了20m，單程約30秒左右即可抵達。
圖6:30～22:00之間每隔10分鐘一班
困無休
圏單程5Kn

◆警盜鐘之塔
✉Strossmayerovo šetalište
☎(01)4851768
圖夏季　　　9:00～21:00
冬季
週一～六　9:00～17:00
週日·節日　10:00～15:00
困無休
圏20Kn

◆蔬果市場
✉Dolac
圖8:00～14:00左右
（依店鋪、天氣和銷售情況而異）

薩格勒布的博物館和美術館

考古學博物館　Arheološki muzej
MapP.270-B3

從史前時代到中世紀的克羅埃西亞文化歷史，其中以在克羅埃西亞東部的武科瓦爾Vukovar近郊所發現的心形陶器最有名。這個陶器所代表的是西元前3000～2000年，在多瑙河流域所發展出的文化出土品，20Kn錢幣上也放有該圖案。除此之外，地中海一帶大量硬幣收藏等，評價也相當高。

✉trg Šubića Zrinskog 19
☎(01)4873101
URLwww.amz.hr
圖週二·三·五·六
週四　　10:00～20:00
週日　　10:00～13:00
困週一·節日
圏大人20Kn　學生10Kn
位於4樓的心形陶器

克羅埃西亞歷史博物館　Hrvatski povijesni muzej
MapP.270-A2

利用18世紀末建造於舊城區的巴洛克式建築所設立的博物館，從中世紀初期到現在，收藏品超過14萬件，豐富度相當傲人，館內展示是採特別展的方式。

✉Matoševa 9
☎(01)4851900　URLwww.hismus.hr（克羅埃西亞語）
圖週一～五　10:00～18:00　週六·日　10:00～13:00
困節日　圏大人10Kn　學生5Kn

薩格勒布博物館　muzej grada Zagreba
MapP.270-B1

展示了各種在薩格勒布所挖掘的陶器及化石、中世紀的宗教美術和日常用品、克羅埃西亞共和國時代的海報和動畫，依照時代順序展示。宛如迷宮的博物館相當寬敞，值得前往。

✉Opatička 20　☎(01)4851361　URLwww.mgz.hr
圖週二～五　10:00～18:00　週六　11:00～19:00
週日　10:00～14:00
困週一·節日　圏大人30Kn　學生20Kn

民族學博物館　Etnografski muzej
MapP.270-A4

介紹傳統習俗以及生活文化的博物館，裡頭以克羅埃西亞為主，也有拉丁美洲以及非洲等各種展示。穿著克羅埃西亞各地的傳統服飾的人形模特兒整齊地排列在館中。

✉trg Mažuranića 14
☎(01)4826220　URLwww.emz.hr
圖週二～四　10:00～18:00　週五～日　10:00～13:00
困週一·節日　圏大人15Kn　學生10Kn

梅椈托維契藝廊 Atelier Meštrović MapP.270-B1

活躍於20世紀前半～中期、克羅埃西亞最具代表性的雕刻家伊凡·梅椈托維契Ivan Meštrović，這間美術館是他在1920～1942年曾經使用過的雕刻室，他的作品在中庭以及館內大量展示著。另外，伊凡·梅椈托維契的作品也可以在舊南斯拉夫的許多地方看到。

住Mletačka 8
TEL(01)4851123
URLwww.mdc.hr/mestrovic
開週二～五 10:00～18:00
週六·日 10:00～14:00
休週一·節日
費大人30Kn 學生15Kn

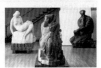

「海邊之女」(左)「母與子」(中央)「福音記者路卡」(右)

失戀博物館 muzej prekinutih veza MapP.270-B2

展示著與失戀相關的物品，這些展示品來自於世界各地的捐贈，搭配各式各樣的解說，以及所有人自虐的註解或是有趣的小故事等。這項有趣的展示獲得The European Museum of the Year Award 2011年的特別獎。

住Ćirilometodska 2
TEL(01)4851021
URLbrokenships.com
開6～9月 9:00～22:30
10～5月 9:00～21:00
休無休
費25Kn

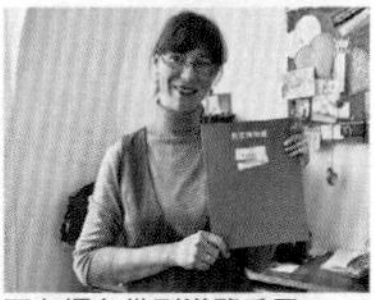

可在櫃台借到導覽手冊

米馬拉博物館 Mimara muzej MapP.270-A4

展示著克羅埃西亞的大慈善家Ante Mimara捐贈收藏品的博物館，內容包括了玻璃、陶瓷器、紡織品這些來自於歐洲、中近東、印度、中國和日本等具有國際色彩的展品，也有拉斐爾Raffaello、卡拉瓦喬Caravaggio、魯本斯Rubens、泰納Turner等多位世界級畫家作品，非常值得一看。

住Rooseveltov trg 5 TEL(01)4828100
開夏季
週一～五 10:00～19:00 週六 10:00～17:00
週日 10:00～14:00
冬季
週二·三·五·六 10:00～17:00 週四 10:00～20:00
週日 10:00～13:00
休冬季的週一·節日 費大人40Kn 學生30Kn

自然史博物館 Hrvatski prirodoslovni muzej MapP.270-A1

展示著棲息在克羅埃西亞的動植物的標本，該館也因為有尼安德塔人Neanderthal的相關展示而聞名。還有不少克羅埃西亞固有生物種類的標本。

住Demetrova 1 TEL(01)4589700
URLwww.hpm.hr（克羅埃西亞語）
開週二·三·五 10:00～17:00 週四·六 10:00～21:00
週日 10:00～12:00
休週一·節日 費大人20Kn 學生15Kn

美術工藝博物館 muzej za umjetnost i obrt MapP.270-A4

收藏克羅埃西亞國內外的裝飾藝術和工藝品的美術館，此外還有家具、陶瓷器、玻璃、地毯等種類豐富，內容非常多元。從哥德式到新藝術、裝飾藝術風格都有，範圍非常廣泛。

住trg maršala Tita 10
TEL(01)4882111 URLwww.muo.hr（克羅埃西亞語）
開週二·三·五·六 10:00～19:00 週四·日 10:00～14:00
休週一·節日
費大人30Kn 學生20Kn

史特羅斯馬耶爾美術館 Strossmayerova galerija starih majstora MapP.270-C4

這裡主要展示曾經是主教同時也是政治家的史特羅斯馬耶爾Josip Juraj Strossmayer的個人收藏。14～19世紀的歐洲畫作，以義大利和荷蘭的作品為主。

住trg Šubića Zrinskog 11 TEL(01)4895111
URLinfo.hazu.hr
開週二10:00～19:00 週三～五10:00～16:00 週六·日10:00～13:00
休週一·節日 費大人30Kn 學生10Kn

近現代美術館 Moderna galerija MapP.270-B4

展示了橫跨19～20世紀200年間的克羅埃西亞繪畫，台灣很少介紹克羅埃西亞出身的畫家，正因為如此，這裡是個不為人知的傑作寶庫。

住Hebranoga 1 TEL(01)6041046
emailinfo@modgal.t-com.hr
開週二～五 11:00～19:00 週六·日 11:00～14:00
休週一·節日 費大人40Kn 學生20Kn

國立樸素藝術美術館 Hrvatski muzej naivne umjetnosti MapP.270-B2

這裡的展示以世界有名的伊凡·拉普仁Ivan Rabuzin、Ivan Lacković Croata的作品為主，網羅克羅埃西亞樸素派Primitivism畫家們的畫作。

住sv. Ćirila i Metooda 3
TEL(01) 4851911 URLwww.hmnu.org
開週二～五 10:00～18:00 週六·日 10:00～13:00
休週一·節日 費大人20Kn 學生10Kn

Hotel

薩格勒布的住宿

從台灣撥打電話　002＋385（克羅埃西亞國碼）＋1（去除0的區域號碼）＋電話號碼

　　克羅埃西亞的首都薩格勒布的旅館，從世界級的連鎖高級飯店到中級，甚至是青年旅館都有，選擇性相當多。

　　由於洽商的人很多，各種活動的舉辦也很頻繁，因此不論任何季節都十分擁擠，最好可以事先預約。雖然有幾家旅行社會代為介紹私人房間，但是夏季的旅客很多，即使候補也還是客滿，因此改為介紹飯店也是有可能的。就算是私人房間也是要預約。

Regent Esplanade Zagreb

★★★★★　客房數：208
Map P.270-B5

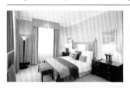

　●這是薩格勒布最具有代表性的老字號飯店，當初是為了東方快車Oriental Express的乘客，於1925年興建。客房裝潢相當典雅，都有浴缸，可以免費上網。

✉ **Mihanovićeva 1**
☎(01)4566666　FAX(01)4566050
URL www.esplanade.hr
email info@esplanade.hr
Ⓢ Ⓦ €129～
CC Ⓐ Ⓓ Ⓜ Ⓥ

Arcotel Allegra

★★★★　客房數：151
Map P.269-C2

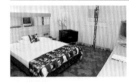

　●時髦又具有藝術感的裝潢，讓這間飯店具有超高人氣。由於地點就在影城內，無論是購物或是用餐都很方便，可以免費使用無線網路。

✉ **Branimirova 29**
☎(01)4696000　FAX(01)4696096
URL www.arcotelhotels.com
email allegra@arcotel.at
Ⓢ €80～　Ⓦ €90～　附早餐
CC Ⓐ Ⓓ Ⓜ Ⓥ

Palace Hotel Zagreb

★★★★　客房數：123
Map P.270-B～C4

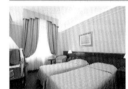

　●1907年開業的老旅館，位於薩格勒布中央車站和耶拉齊洽廣場trg bana Jelačića中間，從任何一方出發都是5分鐘的路程。客房內擺放了很棒的家具用品，充滿華麗的氣氛，附設的咖啡館很受歡迎，可以免費使用無線網路。

✉ **trg J. T. Strossmayerov 10**
☎(01)4899600　FAX(01)4811358
URL www.palace.hr
email palace@palace.hr
Ⓢ €75～125　Ⓦ €95～140
附早餐
CC Ⓐ Ⓓ Ⓜ Ⓥ

Hotel Dubrovnik

★★★★　客房數：280
Map P.270-B3

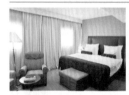

　●就在耶拉齊洽廣場的旁邊，是一棟現代化的高層樓飯店。從面向廣場的客房可以看聖母升天大教堂katedrala Marijina Uznesenja，視野絕佳。1樓有商店、餐廳、咖啡館、旅行社等，可以免費使用無線網路。

✉ **Gajeva 1**
☎(01)4863555　FAX(01)4863506
URL www.hotel-dubrovnik.hr
email reservations@hotel-dubrovnik.hr
Ⓢ €134　Ⓦ €164
附早餐
CC Ⓐ Ⓓ Ⓜ Ⓥ

Hotel As

★★★★　客房數：22
Map P.268-B1外

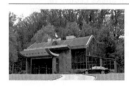

　●被綠意包圍的飯店，擁有很棒的環境。房間寬敞，擺設的家具充滿古董風，很有格調。從Britanski廣場搭乘103號市區巴士，在第2站下車。

✉ **Zelengaj 2a**
☎(01)4609111　FAX(01)4909303
URL www.hotel-as.hr
email as@hotel-as.hr
Ⓢ €113　Ⓦ €130　附早餐
CC Ⓐ Ⓓ Ⓙ Ⓜ Ⓥ

Hotel Laguna

★★★ 客房數：170
Map P.268-A2

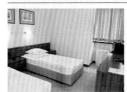

離市中心很近，客房也很多，是一間大型飯店。房間有標準房和高級房2種。飯店的外觀雖然有點老舊，但有健身房、旅行社等，設備充實，可以使用無線網路。

✉ Kranjčevićeva 29
TEL(01)2687000　FAX(01)2687077
URL www.hotel-laguna.hr
email info@hotel-laguna.hr
⑤520Kn　Ｗ570Kn
附早餐
CC A D M V

Hotel Central

★★★ 客房數：76
Map P.270-C5

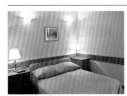

薩格勒布中央車站就在眼前，地理位置相當方便的中級飯店。雖然房間不算寬敞，但機能性強，很像是台灣的商務旅館。附設酒吧，可以免費使用無線網路。

✉ kneza Branimira 3
TEL(01)4841122　FAX(01)4841268
URL www.hotel-central.hr
email info@hotel-central.hr
⑤520～650Kn　Ｗ650～900Kn
附早餐
CC A D M V

Pansion Jägerhorn

★★★ 客房數：13
Map P.270-B2

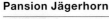
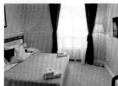

位於Ilica大街的小型購物拱廊內的民宿，服務台在2樓，只要按下1樓入口的電鈴就可以進入。有噴泉的中庭令人感覺舒服，可以免費使用無線網路。

✉ Ilica 14
TEL(01)4833877　FAX(01)4833573
URL www.hotel-jagerhorn.hr
email info@hotel-jagerhorn.hr
⑤€85～100　Ｗ€100～113
附早餐
CC A D M V

Hotel 9

客房數：20
Map P.269-D2

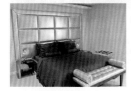

巴士總站附近的精品飯店，2013年1月開幕，每個樓層的壁紙、家具顏色都不同，非常時髦。1樓附設酒吧，可以免費使用無線網路。

✉ Avenija Marina Držića 9
TEL(01)5625040　FAX(01)5625041
URL www.hotel9.hr
email info@hotel9.hr
⑤Ｗ€70～110
附早餐
CC A D J M V

Hotel Meridijan 16

★★★ 客房數：25
Map P.269-D3

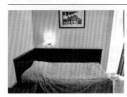

從巴士總站徒步只要5分鐘，客房的設備完善，住起來很舒適。飯店內還有電梯，就算隨身行李很重也沒關係。可以免費使用無線網路。

✉ grada Vukovara 241
TEL(01)6065200　FAX(01)6065202
URL www.meridijan16.com
email desk@meridijan16.com
⑤€43～60
Ｗ€53～80
附早餐
CC A D M V

Hotel Fala

★★ 客房數：18
Map P.269-C3

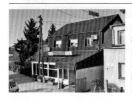

從薩格勒布中央車站南側的巴士站牌搭乘219、220、221、268號等巴士，在第2站下車，右邊就可以看到招牌。與其說是飯店，其實比較像是民宿，很有家的感覺。可以免費使用無線網路。

✉ II Trnjanske Ledine 18
TEL(01)6111062　FAX(01)6194498
URL www.hotel-fala-zg.hr
email hotel-fala@hotel-fala-zg.hr
⑤320Kn
Ｗ380Kn
附早餐
CC A D M V

Omladinski Hostel

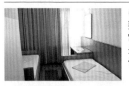

從薩格勒布中央車站走路只要5分鐘，雖然有點老舊，但非常乾淨。夏季經常客滿，多人房是男女分開，部分樓層可以免費使用無線網路，沒有廚房。

✉ **Petrinjska 77**
☎ (01)4841261　FAX (01)4841269
URL www.hfhs.hr　email zagreb@hfhs.hr
D 116Kn～
S 210Kn　W 300Kn（浴室・廁所共用）
S 275Kn　W 375Kn（附浴室 廁所）
無早餐　CC M V

the Brit Hostel

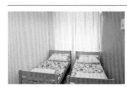

從大馬路稍微轉近小路裡，面向中庭的青年旅館。多人房是男女混合，一間房間可容納2～12張床，浴室共用。有廚房和無線網路。

✉ **kačića Miošića 3B**
☎ (01)4847516　FAX 無
URL www.brithostel-zagreb.com
email info@brithostel-zagreb.com
D €13～23
W €38～46（浴室・廁所共用）
無早餐　CC M V

Hobo Bear Hostel

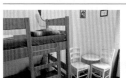

位於Medulićeva的飯店，青年旅館在地下室，多人房是男女混合，一間房間可容納2～8張床，可以免費使用無線網路。

✉ **Medulićeva 4**
☎ (01)4846636　FAX 無
URL www.hobobearhostel.com
email hobobearhostel@gmail.com
D €16～27.5
W €46～57（浴室・廁所共用）
無早餐　CC M V

Hostel Fulir

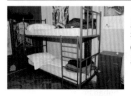

位於耶拉齊洽廣場旁，地理位置超棒。每張床旁邊都有一個大櫃子，不用擔心行李沒地方擺放。Check in的時間可到23:00，可以免費使用無線網路。

✉ **Radićeva 3a**
☎ (01)4830882　FAX 無
URL www.fulir-hostel.com
email fulir@fulir-hostel.com
D €12～20　無早餐
CC 不可

Old Town Zagreb

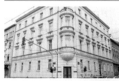

日本人經營的青年旅館，廚房和洗衣機設備完善。由於沒有招牌，入口很難找，公寓的門鈴上掛有寫著「Backpackers」的招牌，可以免費使用無線網路。

✉ **Đorđićeva 24/II**
☎ (01)4816748　FAX 無
URL www.buzzbackpackers.com
email info@buzzbackpackers.com
D 120～130Kn　S W 310Kn
CC 不可

飯店名	地址・電話・FAX	費用・客房數	URL・e-mail／備註
Sheraton Zagreb	Map P.269-C2 ✉ Kneza Borne 2 ☎ (01)4553535 FAX (01)4553035	S W €142～ 客房數：270 CC A D J M V	URL www.starwoodhotels.com email sheraton.zagreb@sheraton.com 要去哪裡都很方便，位於安靜又充滿綠意的環境。 ★★★★★
The Westin Zagreb	Map P.268-B2 ✉ Kršnjavoga 1 ☎ (01)4892000 FAX (01)4892001	S W 2025Kn 客房數：385 CC A D M V	URL www.westin.com/zagreb email westin.zagreb@westin.com 交通相當便利，附近有克羅埃西亞國立劇場、美術工藝博物館等，文化設施林立。 ★★★★★
Four Points by Sheraton Panorama Zagreb	Map P.268-A2 ✉ trg Krešimira Ćosića 9 ☎ (01)3658333 FAX (01)3892569	S W €80～175 客房數：279 CC A D M V	URL www.starwoodhotels.com email fourpoints.zagreb@fourpoints.com 樓上的房間可以將整個薩格勒布盡收眼底。 ★★★★

Restaurant

薩格勒布的餐廳

薩格勒布的街道上，餐廳的數量出乎意料地少，相較之下，咖啡館和酒吧更為醒目，特別是從耶拉齊治廣場trg bana Jelačića往北走的Tkalčićeva大街上，裝潢漂亮的咖啡館林立，光是這樣邊走邊欣賞也很有樂趣。

Stari Fijaker 900

Map P.270-A2

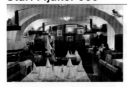

● 從Ilica大街往舊城區的方向走，就在稍微上坡的途中。店內的照明給人一種安詳的氣氛，能以合理的價格品嚐鄉土料理。炸豬排等肉類料理非常好吃，週五會有海鮮。

⊠ Mesnička 6
☎ (01)4833829
URL www.starifijaker.hr
圏 週一～六11:00～23:00 週日11:00～22:00
休 無休
CC A D J M V

Korčula

Map P.270-B3

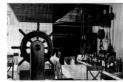

● 超人氣的海鮮餐廳，船錨、漁網等讓人聯想到海洋的裝潢很有趣。推薦的餐點是燒烤的章魚115Kn，墨魚燉飯75Kn等，也可以親自挑選魚類。

⊠ Nikole Tesle 17
☎ (01)4872159
圏 週一～六 11:00～23:00
休 週日、1/1、12/25
CC A D J M V

Ivica i Marica

Map P.270-B1

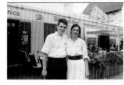

● 可品嚐到克羅埃西亞傳統料理的餐廳，採樸素的民居裝潢，服務人員都穿著傳統服裝，氣氛非常棒。南邊則有咖啡區。

⊠ Tkalčićeva 70
☎ (01)4828999
URL www.ivicaimarica.com
圏 12:00～24:00
休 12/25、復活節
CC A D M V

Restaurant Boban

Map P.270-B3

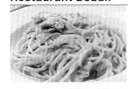

● 高格調的義大利餐廳，1樓是咖啡廳，內部的中庭為開放式陽台，地下室餐廳的天花板是拱形的磚造結構。自製的義大利麵45Kn～、肉類料理55Kn～等，菜色非常豐富。

⊠ Gajeva 9
☎ (01)4811549
URL www.boban.hr
圏 11:00～23:00
休 1/1、12/25、復活節
CC A D M V

Vinodol

Map P.270-B3

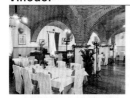

● 位於考古學博物館附近的鄉土料理餐廳，粗獷的石柱給人穩重的氣氛。菜單有海鮮等菜色，主菜則是牛肉、羊肉等肉類，價格為48～120Kn。紅酒的種類也很豐富。

⊠ Teslina 10
☎ (01)4811427
URL www.vinodol-zg.hr
圏 10:00～24:00
休 1/1、12/25、復活節
CC A M V

Pivnica Tomislav

Map P.270-C4

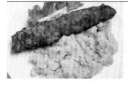

● 位於餐廳Paviljon西邊，是間半地下室樓層的居酒屋兼食堂，可以單點菜單上的菜，但最受歡迎的是每天變換菜色的套餐35～40Kn，分量充足又便宜。

⊠ trg Tomislava 18
☎ (01)4922255
圏 週一～五 10:00～23:00
　週六・日・節日11:00～18:00
休 無休
CC 不可

Takenoko

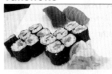

●位於聖母升天大教堂katedrala Marijina Uznesenja往北延伸的 Kaptol大街，前進約600m左右的 購物中心1樓。可以吃到鐵板燒、 天婦羅等，預算120Kn～。

✉Novaves 17
☎(01)4860530
URLwww.takenoko.hr
圈週一～六12:00～翌日1:30 週日12:00～18:00
休無休 ⓒⒶⒹⒿⓂⓋ

亞洲飯店 *Asia*

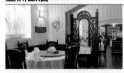

●薩格勒布最古老的中華料理 店，離車站很近，交通方便。肉 類料理49Kn～；豆腐料理45Kn ～等，也可以外帶。

✉Šenoina 1
☎(01)4841218
圈11:30～23:30
休無休
ⓒⒶⒹⓂⓋ

Vincek

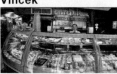

●位於Ilica大街的蛋糕兼冰淇 淋店，擁有近35年的歷史，在薩 格勒布非常受到歡迎。在入口處 旁的櫃台，也有販售可外帶的冰 淇淋和蛋糕。

✉Ilica 18
☎(01)4833231
URLwww.vincek.com.hr
圈8:30～23:00
休週日●節日 ⓒⒸ不可

Shopping 薩格勒布的購物

以耶拉齊洽廣場和Masarykova大街為中心，各式各樣的商店在周邊林立，紀念品或任何 東西，幾乎都能在這一帶買到。

Croata

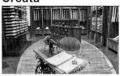

●真正識貨的人都知道，克羅埃 西亞是領帶的發源地。在領帶 專賣店Croata，買條綻放著高 貴光芒的原產地領帶吧！也有女 性用的披肩。

✉Ilica 5
☎(01)4812726
URLwww.croata.hr
圈週一～五8:00～20:00 週六8:00～15:00
休週日●節日
ⓒⒶⒹⒿⓂⓋ

Vinoteka Bornstein

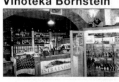

●開設於磚造地下室的紅酒店 鋪，克羅埃西亞產的所有紅酒， 這裡通通都有。尤其是伊斯特 拉產的和達爾馬提亞產的紅酒， 種類最豐富。

✉Kaptol 19
☎(01)4812361
URLwww.bornstein.hr（克羅埃西亞語）
email bornstein@bornstein.hr
圈週一～五9:00～20:00 週六9:00～14:00
休週日●節日 ⓒⒶⒿⓂⓋ

克羅埃西亞樸素藝術的魅力

以克羅埃西亞為主的舊南斯拉夫聯邦各國 裡，樸素繪畫風格的樸素藝術Primitivism非 常盛行。以油畫顏料在玻璃的內側做出細密的 描繪，是克羅埃西亞樸素藝術的特徵，一開始 是住在此區域的農民們，在農閒時期作畫而開 始發展。樸素藝術有以鮮豔的顏色呈現克羅 埃西亞四季所盛開的花朵，也有描繪嚴寒的灰 色世界。幾乎所有畫家都沒有受過正式的美術 教育，因此作品與高度技巧呈現無關，但運用

獨特手法及畫 風，使人感受 到與自然共存 的溫暖及眷戀 之情。

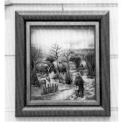

描繪克羅埃西亞的四季

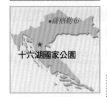

十六湖國家公園

十六湖國家公園
nacionalni park Plitvička jezera

URL www.np-plitvicka-jezera.hr

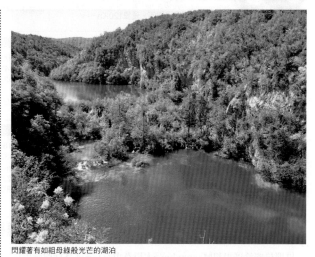

閃耀著有如祖母綠般光芒的湖泊

如何前往
十六湖國家公園

🚌從薩格勒布的巴士總站搭乘開往札達爾Zadar、斯普利特Split的巴士，1日6班，所需時間2小時～2小時30分，86～93Kn。從斯普利特出發1日6班，所需時間約4小時30分，160Kn。十六湖國家公園的巴士站有2處。

世 界 遺 產
十六湖國家公園
（普列提維切湖國家公園）
nacionalni park Plitvička
jezara
1979、2000年登錄

◆十六湖國家公園
TEL&FAX (053)751026
圖夏季　　7:00～20:00
　冬季　　7:00～16:00
困無休（積雪過多時路可能會封閉）
圖4～11月　100Kn
　12～3月　80Kn

如果要在十六湖國家公園住一晚以上……
住在國家公園飯店內的人，只要在入場券蓋上飯店的印章，下榻期間可以不限次數入園。

　　從薩格勒布Zagreb往南約110km處，有著十六湖國家公園，這裡有16座大小湖泊以及92處瀑布，1979年被聯合國教科文組織登錄為世界遺產。
　　翠綠的普利特維斯河像是穿梭在森林夾縫中似的，靜靜地蜿蜒流動，在與科拉納河Korana的匯流處，形成了落差78m的瀑布，最後2條河匯入同一座湖泊裡。在湖群當中位置最高的是海拔640m，最低的是海拔500m，兩者之間以階梯狀的瀑布相連接，那種跳動的景觀可說是大自然的極致藝術。

◆◆◆◆◆◆◆◆◆◆◆ 漫遊十六湖國家公園 ◆◆◆◆◆◆◆◆◆◆◆
　　十六湖國家公園有2個入口和巴士站牌，在每個巴士站牌附近有ⓘ販售門票，門票的背面有簡單的地圖，以及不同時間長

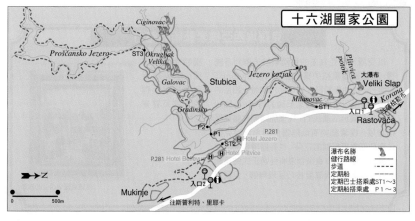

十六湖國家公園

瀑布名勝	🏞
健行路線	----
步道	-----
定期船	----
定期巴士搭乘處ST1～3	
定期船搭乘處 P1～3	

度的多條路線。這些路線以字母標示，公園內的道路標示也是如此，能清楚了解各個路線。如果想要更詳盡的地圖，❶附近的商店都有販售。另外，入口1的❶前有寄物櫃，可向❶租借寄物櫃的鑰匙。

公園內相當寬敞，除了徒步以外，還可以搭乘環保巴士和觀光船。來到這裡除了欣賞瀑布和湖泊之外，在大自然資源豐富的森林裡散步，也別有一番樂趣。

公園內最大的景點之一就是大瀑布Veliki Slap，位在入口1的附近。從入口2進入要前往大瀑布的話，徒步恐怕比較遠，通常會搭乘觀光船或是環保巴士。

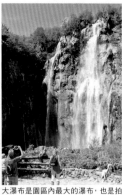
大瀑布是園區內最大的瀑布，也是拍照的大熱門

Hotel｜十六湖國家公園的住宿

從台灣撥打電話 002+385（克羅埃西亞國碼）+53（去除0的區域號碼）+電話號碼

Hotel Jezero

★★★ 客房數：229　Map P.280

⊠ **Plitvička jezera**
☎(053) 751014　FAX(053) 751015
URL www.np-plitvicka-jezera.hr
email info@np-plitvicka-jezera.hr
⑤€61～83　W€80～118　附早餐
CC A D M V

從入口2的巴士站往薩格勒布的方向走，大約就在500m處。雖然是3星級的飯店，卻已經是當地最高級的飯店，館內有餐廳、三溫暖等，設備充實。

Hotel Bellevue

★★ 客房數：78　Map P.280

⊠ **Plitvička jezera**
☎(053) 751800　FAX(053) 751165
URL www.np-plitvicka-jezera.hr
email info@np-plitvicka-jezera.hr
⑤296～407Kn　W400～548Kn　附早餐
CC A D J M V

就在Hotel Plitvice對面，所有客房皆有淋浴設備和廁所，房間裡沒有電視，設備都是最基本的，餐廳只提供早餐。

推薦的健行路線

公園的辦事處設定了幾條健行路線，所需時間和路線都不同，園區裡的步道上會有寫著路線名稱的告示牌，不用擔心會迷路。在此介紹幾條代表性的路線。

路線F：以下湖群為中心的輕鬆路線
所需時間3～4小時

推薦給從薩格勒布當天往返的遊客，從ST2往P1的方向走，搭乘觀光船一口氣來到P3，然後再徒步繞下湖群的瀑布一圈，最後從ST1搭巴士回到ST2。

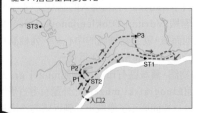

路線H：繞所有湖泊一圈的奢華路線
所需時間5～6小時

如果打算在十六湖國家公園住上一晚，那麼就繞所有的湖泊一圈吧。搭乘巴士或是觀光船的話，徒步的路程只有整條路線的一半左右，推薦給想要悠哉旅遊的人。

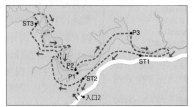

斯普利特★

斯普利特 *Split*

URL www.visitsplit.com

✈ 從薩格勒布出發的克羅埃西亞航空，1日2～4班，所需時間約50分。除此之外，也有從歐洲主要城市起飛的航班。機場巴士配合航班時間，前往機場的話，會在克羅埃西亞航空的航班起飛前90分鐘從舊城區出發，30Kn。此外，也可從近郊的巴士總站出發，搭乘37號市區巴士。

🚃 從薩格勒布出發的直達列車1日2班，所需時間6小時～8小時20分，2等車廂197Kn～、1等車廂292Kn。

🚌 從薩格勒布出發，1小時1～2班，所需時間5小時～8小時30分、146～205Kn。從十六湖國家公園出發，1日2班，所需時間4小時30分，160Kn。從杜布羅夫尼克出發，1小時1班，所需時間4小時30分，140Kn。

世 界 遺 產
斯普利特古建築群和戴克里先宮殿
Dioklecijanova palača u Splitu
1979年登錄

斯普利特的❶
TIC Riva
Map P.283-2
✉ obala Hrvastkog Narodonog Preporoda 12
☎ (021) 360066
🕐 夏季　　　8:00～21:00
　　冬季
　　週一～五 9:00～14:00
　　週六　　9:00～13:00
🚫 冬季的週日
TIC Peristil
Map P.283-1
✉ Peristil bb
☎ (021) 345606
🕐 夏季
　　週一～六 8:00～21:00
　　日　　　8:00～13:00
　　冬季
　　週一～六 8:00～20:00
　　週日　　8:00～12:00
🚫 無休

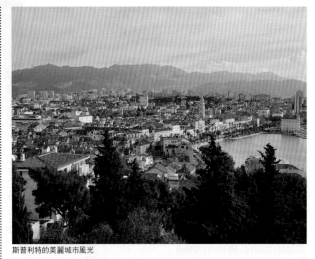

斯普利特的美麗城市風光

　　斯普利特是個殘存著古代都市神祕氣氛的城鎮，也是前往亞得里亞海上避暑島嶼的據點而聞名的沿岸最大都市。

　　在斯普利特舊城區中，可看到羅馬皇帝戴克里先Diocletianus（245～313）卸任後所居住的戴克里先宮殿。於295～305年間所建造的這座宮殿，被堅固的城牆圍繞著，羅馬式的大教堂、有著拱形天花板的神殿也留存於其中。經過時代的變遷，各種時代的建築物林立，逐漸和宮殿形成了一座城鎮，這些歷史古蹟在1979年被聯合國教科文組織登錄為世界遺產。

　　城鎮中有許多博物館，可當天往返的近郊也有許多充滿魅力的城鎮，多留個幾天慢慢地遊覽也很不錯。

◆◆◆◆◆◆◆◆◆◆◆◆◆漫遊斯普利特◆◆◆◆◆◆◆◆◆◆◆◆

　　渡輪碼頭、火車站、長途巴士總站彼此相鄰，抵達斯普利特後，先沿著斯普利特港的obala kneza Domagoja大街往北約前進50m後，便可看到聳立在正前方的戴克里先宮殿Dioklecijanova palača的城牆，這裡共有東西南北4座門可以進入宮殿內。從南側的正門Gradska vrata進入的話，可以進入略微冰冷和陰暗的地下宮殿Podrumi Dioklecijanove palače參觀。穿過地下再回到地面後，就是舊城區的中心——列柱廣場Peristil，大教堂katedrala sv. Duje和❶就在這裡。

　　斯普利特有很多博物館，舊城區有市立博物館muzej grada Splita和民俗學博物館Etnografski muzej。此外還有考古學博物館Arheološki muzej，裡面展示了從城市北側近郊的沙隆納遺跡Salona中挖掘出的許多文物。

◆◆◆◆◆◆◆◆◆ 斯普利特的主要景點 ◆◆◆◆◆◆◆◆◆

大教堂 katedrala sv. Duje

Cathedral | **Map P.283-2**

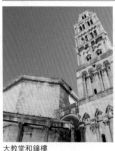

列柱廣場東邊就是大教堂，是戴克里先宮殿中最值得一看的建築。原本是戴克里先國王蓋來作為自己死後的埋葬處，後來成為基督教教堂。大教堂內部有個寶物室，裡面陳列了金銀精工物品、聖像畫、手抄聖經等，有各個時代的宗教美術品。另外，在中世紀增建了一座鐘樓，可以爬上頂端欣賞最棒的眺望視野。

大教堂和鐘樓

洗禮室 sv. Ivan Krstitelj

Baptisitry | **Map P.283-2**

　本來是戴克里先國王蓋來當作邱比特愛神神殿，後來經過改建。天花板上有著細緻的雕刻裝飾，中央擺放的洗禮盤，是由中世紀時的克羅埃西亞國王（彼得‧克雷西米爾四世Petar Krešimir IV或Demetrius Zvonimir）所雕刻，雕刻家伊凡‧梅翠托維契Ivan Meštrović所雕塑的聖約翰雕像，也擺放在這裡。

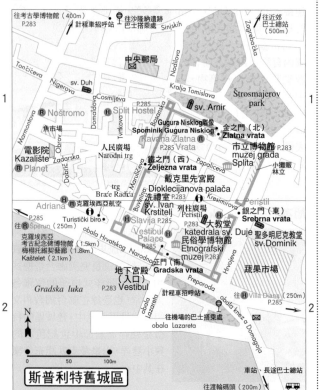

斯普利特舊城區

0　50　100m

N

往考古學博物館（400m）P.283
計程車招呼站
往沙隆納遺跡 巴士搭乘處
往近郊 巴士總站（500m）
中央郵局
sv. Duh
Split Hostel
魚市場
Noštromo
電影院 Kazalište
Planet
人民廣場 Narodni trg
sv. Arnir
Štrosmajerov park
Gugura Nisklog雕像 Spomnik Gugura Niskiog
金之門（北）Zlatna vrata
Ravana/Zlatna Vrata
市立博物館 muzej grada Splita P.283
小攤販林立
鐵之門（西）Željezna vrata
戴克里先宮殿 Dioklecijanova palača
克羅埃西亞航空
Adriana
sv. Ivan Krstitelj
洗禮室
列柱廣場 Peristil
Turistički biro
Slavija P.285
銀之門（東）Srebrna vrata
克羅埃西亞考古紀念博物館（1.5km）梅翠托維契藝廊（1.8km）Kaštelet（2.1km）
Vestibul Palace
大教堂 katedrala sv. Duje
聖多明尼克教堂 sv.Dominik
民俗學博物館 Etnografski muzej P.283
地下宮殿（入口）Vestibul
南門（南）Gradska vrata
蔬果市場
Gradska luka
計程車招呼站
Villa Diana
往機場的巴士搭乘處 obala Lazareta
車站‧長途巴士總站
往渡輪碼頭（200m）

如何前往沙隆納

🚌 從斯普利特搭乘1號市區巴士，1小時1～3班（週末會減班），13Kn。

◆沙隆納遺跡
🕐4～10月
週一～五	7:00～19:00
週六	8:00～19:00
週日	9:00～13:00

11～3月
週一～五	8:00～16:00
週六	8:00～14:00

🚫11～3月的週日 💰20Kn

如何前往特羅吉爾

🚌 從斯普利特搭乘37號市區巴士，約20～30分鐘1班，21Kn。

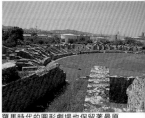

特羅吉爾古城
Romanički grad Trogir
1997年登錄

特羅吉爾的❶
✉trg Ivana Pavla II/1
☎(021) 885528
🕐夏季
週一～六	8:00～20:00
週日	9:00～14:00
冬季	8:00～16:00

🚫冬季的週日
◆聖勞倫斯大教堂
✉trg Ivana Pavla II
🕐4•5月
週一～六	8:00～17:00
週日	12:00～18:00

6～9月
週一～六	8:00～19:00
週日	12:00～18:00
10～3月	9:00～12:00

🚫10～3月的週日 💰25Kn

如何前往旭本尼克

🚌 從斯普利特出發，1小時1～2班，所需時間2小時，60～70Kn。

旭本尼克聖雅各大教堂
katedrala u Šibeniku
2000年登錄

旭本尼克的❶
✉obala Dr. Franje Tuđmana 5
☎(022) 214411
🕐6～8月	8:00～22:00
9月	8:00～20:00
10～5月	8:00～13:00

🚫10～5月的週日
◆聖雅各大教堂
✉trg Republike Hrvatske
🕐夏季　　9:00～12:00、
　　　　　17:00～20:00
　冬季　　9:30～18:30
🚫不定休 💰15Kn

◆◆◆◆◆◆◆從斯普利特出發的小旅行◆◆◆◆◆◆◆

沙隆納遺跡 Salona

位於斯普利特北方5km的索林Solin，曾被稱之為沙隆納，是以羅馬帝國達爾馬提亞省的首府而繁榮的城鎮。據說羅馬皇帝戴克里先之所以將退休後的宮殿建造於斯普利特，是因為他是在沙隆納近郊出生的，此外宮殿所在的斯普利特的崛起，也是因為苦於異族入侵的沙隆

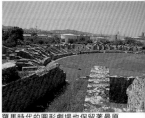
羅馬時代的圓形劇場也保留著最原始的模樣

納居民逃難至斯普利特而開始的，因此沙隆納是個和斯普利特有著深厚關係的城鎮。沙隆納遺跡所包含的範圍非常廣泛，有教堂、下水道、羅馬浴場、劇場等，羅馬帝國時代及拜占庭帝國時代的市民生活，可在這裡一窺究竟。

特羅吉爾 Trogir

特羅吉爾位於斯普利特西方20km處，非常適合從斯普利特當天往返。在四周城牆環繞的小島上，有座連接本土和奇歐佛島Čiovo的橋樑。城鎮的起源可追溯到希臘時代，狹小的島嶼內有許多跨越各時代的教堂及歷史性建築物，其中屬聖勞倫斯大教堂Katedrala Sv. Lovre最為宏偉，是克羅埃西亞最具代表性教堂，並且在1997年登錄為世界遺產。

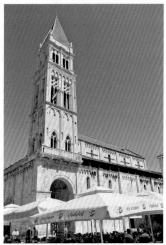
克羅埃西亞最具代表性的教堂，聖勞倫斯大教堂

旭本尼克 Šibenik

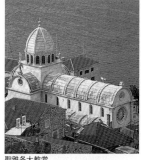

旭本尼克是開啟克爾卡河Krka河口歷史的城鎮。這裡有許多教堂，特別是完美融合哥德式和文藝復興樣式建築的聖雅各大教堂，也登錄在聯合國教科文組織的世界遺產中。舊城區的特徵是殘存著濃厚中世紀色彩的狹小巷弄，光是漫步就能充分樂在其中。

聖雅各大教堂

Hotel Restaurant

斯普利特的住宿&餐廳

從台灣撥打電話 002+385（克羅埃西亞國碼）+21（去除0的區域號碼）+電話號碼

斯普利特幾乎沒什麼便宜的飯店，一下了巴士之後，就會出現許多人上前推銷私人房間，當地的私人房間相當多。雖然也能請旅行社代為介紹，但不管選擇哪種方式，下決定之前最好先確認一下地點和設備。

Hotel Vestibul Palace

★★★★　客房數：7
Map P.283-2

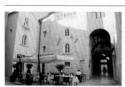

●緊鄰宮殿前庭的小型飯店，運用羅馬時代殘留的牆壁，加上現代化的設計家具，充分融合古代與現代設計，展現出獨特的魅力。

⊠ Iza Vestibula 4
TEL (021) 329329　FAX (021) 329333
URL www.vestibulpalace.com
email info@vestibulpalace.com
S 1060～2675Kn　W 1240～3025Kn
附早餐
CC A D J M V

Slavija

★★★　客房數：25
Map P.283-2

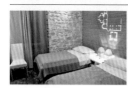

●位於宮殿內、雅緻又小巧的飯店。入口位於爬上樓梯後的2樓，有5間房間附有陽台，可以俯瞰舊城區。無線網路免費，早餐是自助式。

⊠ Buvinina 2
TEL (021) 323840　FAX (021) 323868
URL www.hotelslavija.hr
email info@hotelslavija.hr
S 660～900Kn　W 1000～1300Kn
附早餐
CC A D M V

Villa Diana

★★★　客房數：6
Map P.283-2外

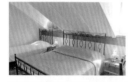

●距離舊城區徒步7分鐘，客房有Minibar、可以收看衛星節目的電視和DVD播放器，設備完善。附設的餐廳提供了以海鮮為主的鄉土料理，無線網路免費。

⊠ Kuzmanica 3
TEL (021) 482460　FAX (021) 482451
Inet www.villadiana.hr
email info@villadiana.hr
S €60～100　W €60～140
附早餐
CC A D M V

Split Hostel

青年旅館　客房數：26床
Map P.283-1

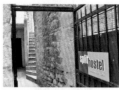

●位於從人民廣場Narodni trg轉進小巷裡，只有男女混合的多人房，但所有房間都有浴室，還有各自的寄物櫃。1樓的房間可容納5～8張床，無線網路免費，還有舉辦前往克爾卡國家公園Nacionalni park Krka的行程。

⊠ Narodni trg 8
TEL & FAX (021) 342787
URL www.splithostel.com
email info@splithostel.com
D 133～157Kn　無早餐
CC 不可

Šperun

Map P.283-2外

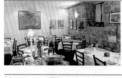

●前法國總統密特朗總統也曾經到訪的鄉土料理餐廳，Brodet（番茄燉煮料理）、Sarma（高麗菜捲，僅限冬季）等，是餐廳的招牌菜色。

⊠ Šperun 3
TEL (021) 346999
 9:00～23:00
休 冬季的週日
CC 不可

Kavana Zlatna Vrata

Map P.283-1

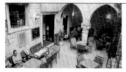

●該店的店名在克羅埃西亞語裡是「黃金之門」的意思，利用15世紀建造的宅邸所設立的餐廳，擁有哥德式石柱等的美麗雕刻裝飾。

⊠ Dioklecijanova 7
TEL (021) 345015
時 7:00～24:00
休 週日
CC 不可

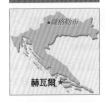

赫瓦爾 *Hvar*

URLwww.hvar.hr（克羅埃西亞語）

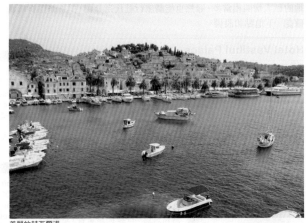

美麗的赫瓦爾港

如何前往赫瓦爾

🚢從斯普利特開往赫瓦爾的船班，1日1～3班，所需時間1小時～1小時30分，40～60Kn。前往史塔利格拉德Strai grad，1日3～7班，所需時間2小時，39 Kn。搭配從史塔利格拉德港出發抵達赫瓦爾的船班時間，會有巴士運行，27Kn。

赫瓦爾的❶
Map P.286-1
✉trg Stjepana
☎(021)741059
URLwww.tzhvar.hr
🕐5～9月　　8:00～14:00
　　　　　　15:00～21:00
　10～4月
　週一～五　8:00～14:00
　週六　　　8:00～12:00
🈺冬季的週日

赫瓦爾的旅行社
◆Atlas
Map P.286-1
✉Hvar
☎(021)741670
🕐週一～五　　9:00～21:00
　週六　　10:00～12:00
　　　　　18:00～21:00
　週日　　　9:30～14:00
　　　　　17:00～20:30
🈺10～5月

◆主教博物館
Map P.286-1
✉trg Stjepana
🕐9:00～12:00、
　17:00～19:00
🈺週日、冬季
🈺10Kn

◆方濟會修道院
Map P.286-2外
✉Hvar
🕐9:00～13:00、
　17:00～19:00
🈺週日、10～4月
🈺25Kn

　從斯普利特Split搭渡輪約1小時30分，位於蔚藍的亞得里亞海面上，綠意盎然的赫瓦爾島是世界上有名的度假島嶼之一，島上到處林立著度假旅館，夏季有許多知名人士會到此度假，因而聲名大噪。島的中心都市是和島嶼同名的赫瓦爾市，雖然占地不大，卻是個有聖史蒂芬大教堂katedrala sv. Stjepana等充滿許多歷史性建築物的美麗港口都市。

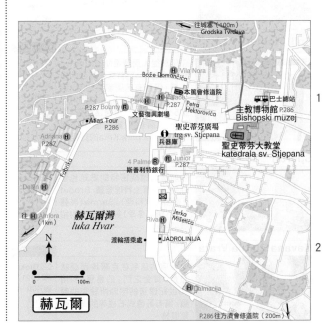

◆◆◆◆◆◆◆◆◆漫遊赫瓦爾◆◆◆◆◆◆◆◆◆

　　赫瓦爾是個非常小巧整齊的城鎮，大型的旅館和❶、旅行社等全都位於赫瓦爾灣沿岸，應該不容易迷路。渡輪抵達的位置是赫瓦爾灣的東南端，城鎮中心是從渡輪搭乘處往北直行的聖史蒂芬廣場trg sv. Stjepana，這個廣場的南端有17世紀的兵器庫，北端有1612年建造的文藝復興劇場，東端則有聖史蒂芬大教堂katedrala sv. Stjepana和主教博物館Bishopski muzej，是個圍繞著歷史建築的美麗廣場，從這裡往東行，便可立即抵達巴士總站。抵達赫瓦爾灣的其他渡輪，幾乎都是在史塔利格拉德Strai grad停靠和出發。此外，也有巴士開往吉爾薩Jelsa、Vrboska等赫瓦爾島內的其他城鎮。

　　從渡輪搭乘處往南走有一片小海灘，那裡有方濟會修道院sv. Franjo monastar，這間修道院是以繪畫收藏而聞名，特別是Matteo Ingoli所繪製的《最後的晚餐》絕對不可錯過。赫瓦爾

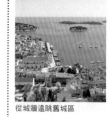

從城牆遠眺舊城區

史塔利格拉德

　　2008年登錄為世界遺產的史塔利格拉德平原，是個自希臘時代就繁榮發展的城鎮。整個平原從西元前4世紀起，栽培許多的葡萄和橄欖樹。中世紀以後，史塔利格拉德建造了不少的石造教堂或是建築物，至今也被完整保留。來自斯普利特的渡輪抵達史塔利格拉德城鎮後，若要前往史塔利格拉德城鎮，大約還要2km左右。

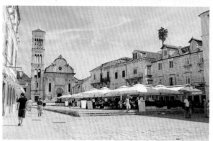

城鎮北方的地形為山丘，從位於頂端城塞Gradska tvrđava往下俯瞰，赫瓦爾灣盡收眼底。

世　界　遺　產

史塔利格拉德平原
Starigradsko polje
2008年登錄

**如何前往
史塔利格拉德**

🚌 從赫瓦爾的巴士總站出發，1日5～10班，所需時間約40分，27Kn。

充滿觀光客熱鬧不已的聖史蒂芬廣場

🏨 Hotel Restaurant　　　　赫瓦爾的飯店&餐廳

從台灣撥打電話　002＋385（克羅埃西亞國碼）＋21（去除0的區域號碼）＋電話號碼

Adriana Hotel

★★★★　客房數：59　**Map P.286-1**

✉ Fablika bb
☎ (021) 750200　FAX (021) 750201
URL www.suncanihvar.com
email reservations@suncanihvar.com
Ⓢ €130～　Ⓦ €150～　附早餐　CC ADMV

● 位於港邊的SPA飯店，房客以外的人士也能使用SPA。飯店內有可以俯瞰室內游泳池和海灣的酒吧，設備完善。可以在客房使用無線網路，冬季不營業。

Gostionica Junior

Map P.286-1

✉ Hvar
☎ (021) 741069
🕐 13:00～24:00
🚫 無休　CC 不可

● 這是一間超人氣的海鮮餐廳，魚類料理180～380Kn，至於烹調方式可從燒烤、水煮、番茄熬燉（Brodet）、赫瓦爾當地的傳統料理方式（Gregada）中，挑選自己喜歡的。義大利麵和燉飯60～80Kn。

Hotel Palace

客房數：73　**Map P.286-1**

✉ Hvar　☎ (021) 741966　FAX (021) 742420
URL www.suncanihvar.com
email reservations@suncanihvar.com
Ⓢ €70～　Ⓦ €120～　附早餐
CC ADMV

● 就在聖史蒂芬廣場旁，是一棟外型典雅的飯店，夏季幾乎一房難求，得要好幾個月前就預約。房間沒有空調，客房可以使用無線網路。冬季不營業。

Restoran Bounty

Map P.286-1

✉ Hvar
☎ (021) 742565
🕐 夏季11:00～23:00
　冬季11:00～15:00、18:00～23:00
🚫 11～3月　CC 不可

● 位於海港前的海鮮餐廳，達爾馬提亞風味的龍蝦是該店的招牌，有時會附贈哈密瓜。龍蝦1kg540Kn、烤魚Gregada 500g630Kn。

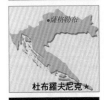

杜布羅夫尼克 ★

杜布羅夫尼克 *Dubrovnik*

URL www.tzdubrovnik.hr URL www.dubrovnik-online.com

**如何前往
杜布羅夫尼克**

✈ 從薩格勒布Zagreb起飛
的克羅埃西亞航空的班機,1
日2～3班,所需時間約1小
時,機場～巴士總站之間的
機場巴士,會配合班機的時
間運行,所需時間約30分,
35Kn。

🚌 從薩格勒布出發1日8
班,所需時間11小時,188～
231Kn。從斯普利特出發1小
時1～2班,所需時間4～5小
時,140Kn。

🚌 從塞拉耶弗Sarajevo
(波士尼亞‧赫塞哥維納)出
發1日4班,所需時間6小時,
47KM。莫斯塔爾Mostar
(波士尼亞‧赫塞哥維納)出
發1日3班,所需時間3小時,
32KM。

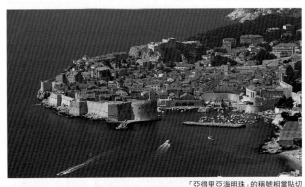

「亞得里亞海明珠」的稱號相當貼切

　　杜布羅夫尼克位於克羅埃西亞最南端,這個亞得里亞海沿岸
的小城鎮有著「亞得里亞海明珠」的稱號,同時也是克羅埃西
亞最為活躍的觀光勝地。在15～16世紀拉古薩共和國
Dubrovačka Republika時期,杜布羅夫尼克和威尼斯並列為
貿易都市而繁榮興起,當時的繁榮景象,在現在的舊城區裡仍
殘存著相當濃厚的色彩。城鎮是由突出至海面的舊城區和瑟爾
德山腳下的新城區所構成,值得一看的地方是在舊城區。

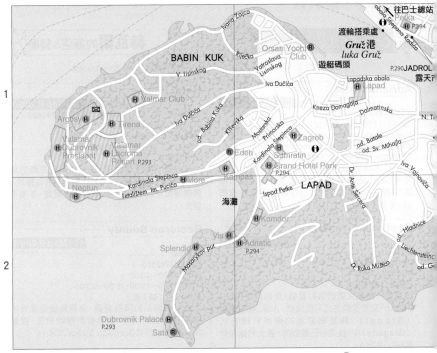

舊城區裡滿是橘瓦屋頂所建造的住家，四周則圍繞著8～16世紀不斷重新改建的城牆，舊城區以散發著大理石耀眼光芒的古城大道ulica od Placa為中心，細長的巷弄往左右延伸，可一窺當地居民樸實的生活面，美麗的杜布羅夫尼克舊城區在1979年登錄為聯合國教科文組織的世界遺產。

1991年爆發克羅埃西亞獨立戰爭時，舊城區也因舊南斯拉夫聯邦軍的攻擊而遭受相當大的損害，當地的居民人數也跟著減少。雖然曾經一度被列入「處於危機的世界遺產清單」中，但戰爭後的修復成果，讓杜布羅夫尼克舊城區於1994年再度登錄為世界遺產。在這個重新找回昔日繁榮的中世紀街道上，悠閒地漫步吧。

◆◆◆◆◆◆◆◆◆漫遊杜布羅夫尼克◆◆◆◆◆◆◆◆◆

從舊城區往西約1.5km新城區的Gruž地區有渡輪搭乘處，巴士總站則位於更往西北的位置。巴士總站除了有長途巴士外，還有往舊城區以及Lapad地區的市區巴士搭乘處。從巴士總站出發往觀光景點集中的舊城區，搭巴士大約要15分鐘。出了巴士總站的馬路對面，有頻繁發車的1a、3號市區巴士，開往派勒城門Gradska vrata Pile前。

舊城區位於瑟爾德山Srđ和亞得里亞海之間，城牆的上方為步道，從這裡可以看到舊城區的街景和亞得里亞海上的洛克盧姆島Lokrum，以及穿梭於海上的渡輪等。

◆杜布羅夫尼克國際機場
TEL(020)773100
URLwww.airport-dubrovnik.hr

世 界 遺 產
杜布羅夫尼克舊城區
Stari grad Dubrovnik
1979、1994年登錄

杜布羅夫尼克的❶
◆Pile　Map P.290-A1
⊠Brsacje 5
TEL(020)312011
⏰8:00～21:00
休無休

◆Gruž　Map P.288-B1
⊠obala Ivana Pavla II, br. 1
TEL(020)417983
⏰夏季　　　8:00～20:00
　冬季　　　8:00～15:00
休冬季的週日

◆Lapad　Map P.288-B1
⊠Kralja Tomislava 7
TEL(020)437460
⏰8:00～20:00
休冬季

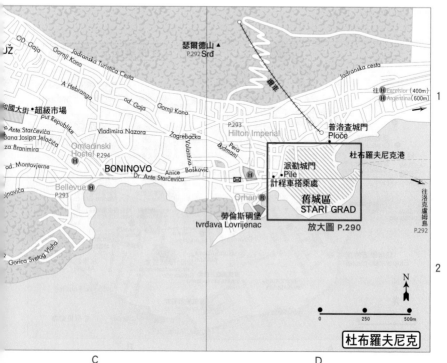

總是人來人往的古城大道

杜布羅夫尼克的市區巴士

大約有10條路線的市區巴士，車票可以在小賣店購買，12Kn。如果在車上買票要15Kn，所有路線皆可搭乘，有效時間1小時。

◆渡輪公司
JADROLINIJA
Map P.288-B1
✉Stjepana Radića 40
☎(020) 418000
🕐週一・三・五8:00～22:00
　週四　　　7:00～20:00
　週五・六　8:00～20:00
　週日　　　7:00～12:00、
　　　　　　18:30～20:30
（依渡輪的航運時間而異）
🚫無休

◆方濟會修道院
✉Placa 2
☎(020) 321410
🕐4～10月　　9:00～18:00
　11～3月　　9:00～17:00
🚫無休
💰大人30Kn 學生15Kn

◆◆◆◆◆◆◆◆◆◆**杜布羅夫尼克的主要景點**◆◆◆◆◆◆◆◆◆◆

古城大道 ulica od Placa

Placa st. MapP.290-A～B1

從舊城區的入口派勒城門Gradska vrata Pile延伸到市中心的羅日廣場Luža trg約200m的繁華街道，街道的兩側銀行、旅行社、商店、咖啡館林立，狹小的巷弄如網子般延伸。一踏進巷弄，可聽到居民們交談的聲音，會有種猶如時光倒轉到遙遠過去般的錯覺。這條大道過去曾經是水渠，這裡的南端就是真正的舊城區。穿過派勒城門後，右側的建築物是1438年所建造的歐諾弗利歐水池Velilka Onofrijeva fontana，在這裡可以試試甘甜的天然湧泉，一到夜晚在美麗的燈光下，這裡又恍如變身成為另外一個美麗的幻想空間。

方濟會修道院 Franjevački samostan

Franciscan Monastery MapP.290-A1

橫跨14～15世紀所建造的這間修道院，原本位於城牆外部，但為了防止外敵入侵，而於14世紀時遷移到現在的位置。羅馬式迴廊的牆壁上，描繪著治療病人們的修道院僧侶模樣。

現在的建築物是在1667年大地震後重建的，不過中庭則是維持著14世紀的樣貌。

在修道院內，有間1391年開業，在歐洲屬第3古老的藥局。另外，還有一間藥學博物館，裡面保存了2萬個以上的藥壺以及手寫的處方籤。

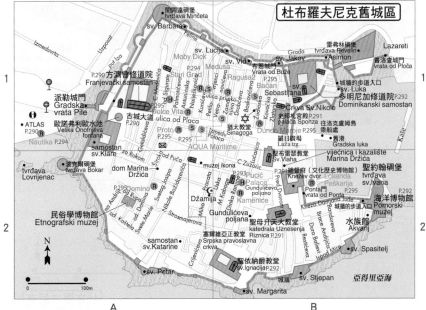

杜布羅夫尼克舊城區

聖母升天大教堂 katedrala Uznesenja Riznica

The Cathedral of Assumption of the Blessed Virgin Mary MapP.290-B2

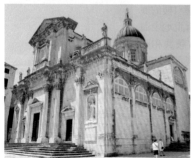

佇立於羅日廣場南方的聖母升天大教堂,相傳原本是1192年英國的理查一世Richard I所建造的,之後於17世紀時以巴洛克樣式重新改建。教堂內的寶物殿中保存了無數財寶,可讓人回顧杜布羅夫尼克於中世紀時,以貿易都市而繁榮的景象。使用大理石等打造的祭壇也很棒,裡頭裝飾了義大利名畫家提香Tiziano Vecellio於16世紀描繪的《聖母升天》畫作。

石造的大教堂,寶物殿和宗教畫必看

史邦札宮殿 palača Sponza

Sponza Palace MapP.290-B1

面對羅日廣場的史邦札宮殿是1516年所建造的,當時是管理貿易都市杜布羅夫尼克出入物資以及錢財的管理所,到了17世紀海關的作用減少之後,轉變成學者及知識分子聚集的文化沙龍。1667年發生大地震時並沒有遭受到損害,所以杜布羅夫尼克的歷史資料及自治都市相關的審判記錄等,都沒有被燒毀,完好如初地保存著,現在則是成為保管珍貴古文物的古文圖書館。

總督府(文化歷史博物館) Knežev dvor

Rector's Palace MapP.290-B2

總督府是拉古薩共和國Dubrovačka Republika的最高權力者總督的居所,同時掌管大評議會、小評議會、元老院等共和國行政的所有機關,也都聚集在這裡,是杜布羅夫尼克的心臟。這座於15世紀初,由當時的知名建築師Onofrio della Cava所建造的哥德式宅邸,在完成30年後因放置於附近的火藥爆炸而遭受極大的毀損,後來採用文藝復興風格進行修補作業,最後變成哥德與文藝復興風格相互融合的建築,且被評為達爾馬提亞地區Dalmacija最具魅力的獨特建築。

現在總督府用來作為文化歷史博物館,洛可可風格廳、路易十六樣式廳等以各式各樣家具裝飾的房間,以及壁上所裝飾的許多繪畫等,都充分地展現出古薩共和國當時引以自豪的經濟實力。

在這間展示了許多武器及貨幣的文化歷史博物館中,最值得一提的是放置藥物的各種大小陶瓷壺收藏品,可見杜布羅夫尼克的藥學似乎也是相當發達。

城牆巡禮

環繞舊城區的城牆長1940m,遊客可繞一圈散步。寬3～6m的城牆最高處有25m,從那裡眺望蔚藍亞得里亞海和橘瓦屋頂所形成的對比景色,非常美麗。步道的入口分別位於派勒城門Gradska vrata Pile的旁邊、聖約翰碉堡tvrđava Sv. Ivana、雷弗林碉堡tvrđava Revelin 3處。首先,通過派勒城門進入舊城區,再往派勒城門旁邊的步道口爬上看看。入場券也包含位於舊城區西側的勞倫斯碉堡 tvrđava Lovrijenac。

◆城牆的步道

開 夏季　　　　 8:00～18:30
　　冬季　　　　 9:00～15:00
（依季節而異）
休 12/25
費 大人90Kn 學生30Kn
　語音導覽50Kn

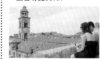

從城牆遠眺舊城區的街景

◆聖母升天大教堂

地 kneza Damjana Jude 1
開 夏季
　週一～六 8:00～17:00
　週日　　 11:00～17:00
　冬季　　 8:00～12:00、
　　　　　 15:00～16:00
休 無休 費 寶 物 殿15Kn

◆史邦札宮殿

地 Luža trg
開 10:00～19:00
休 冬季的週一～五
費 25Kn

史邦札宮殿每個季節都會舉行企劃展

◆總督府

地 pred dvorom 1
電 (020) 322096
開 夏季　　　　 9:00～18:00
　冬季　　　　 9:00～16:00
休 無休
費 大人70Kn 學生25Kn
（門票與海洋博物館共通)

作為文化歷史博物館使用的總督府

◆海洋博物館
✉ tvrđava sv. Ivana
☎ (020) 323904
🕐 夏季　9:00～18:00
　　冬季　9:00～16:00
🚫 週一
💰 大人70Kn　學生25kn
（門票和總督府共通）

◆多明尼加修道院
✉ sv. Dominika 4
☎ (020) 322200
🕐 夏季　9:00～18:00
　　冬季　9:00～17:00
🚫 無休　💰 20Kn

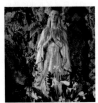

聖依納爵教堂內的聖母像

◆聖依納爵教堂
✉ poljana Ruđera
Boškovića
🕐 隨時　🚫 無休　💰 免費

◆纜車
🕐 4・5・10月　　9:00～20:00
　　6～8月　　　9:00～24:00
　　9月　　　　9:00～22:00
　　2・3・11月　　9:00～17:00
　　1・12月　　　9:00～16:00
每30分鐘1班（人潮擁擠時每
15分鐘）
🚫 無休
💰 單程50Kn　來回87Kn

往瑟爾德山的纜車

如何前往
洛克盧姆島

🚢 開往洛克盧姆島的船班1
小時1班（4～10月），來回
60Kn。搭乘處就在舊城區羅日
廣場Luža trg的時鐘塔附近，
穿過鐘塔後往右轉就可看到。
出發時間10:00～17:00，另外
從洛克盧姆島出發的時間為
10:00～18:00（依時期而異）

洛克盧姆島的乘船處

海洋博物館 Pomorski muzej

Maritime Museum	MapP.290-B2

　　利用聖約翰碉堡，從海洋史開始解說杜布羅夫尼克的繁榮過往，1～2樓都屬於展示區，1樓的展示是從城鎮的發展到訴說地中海貿易的繁榮，再到拉古薩共和國的瓦解；2樓部分則是展示共和國瓦解後經過工業革命，再以造船業重新恢復繁榮景氣。

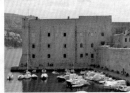

聖約翰碉堡內的海洋博物館

多明尼加修道院 Dominikanski samostan

Dominican Monastery	MapP.290-B1

　　位於普洛查城門vrata od Ploča旁邊的華麗建築物，是由1228年進入杜布羅夫尼克的多明尼加教派於15世紀時所建造的，採取羅馬、哥德、文藝復興風格等多種建築樣式的修道院，內部則教美術館，裡頭展示了11世紀製作的銀製聖遺物和15～16世紀的宗教畫等。

聖依納爵教堂 sv. Ignacija

Church of Ignacio	MapP.290-B2

　　有著漂亮石造祭壇的聖依納爵教堂，是以1699～1725年羅馬的聖依納爵教堂為模型，以巴洛克風格建造而成的。祭壇整片天花板是由西班牙出身的畫家Gaetano Garcia所畫的濕壁畫，非常值得一看。

瑟爾德山 Srd

Srd Mountain	MapP.289-C～D1

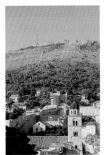

從舊城區遠眺瑟爾德山

　　可將整個舊城區盡收眼底的瑟爾德山，海拔412m，過去曾經是個可利用纜車登上山頂的超人氣觀光景點，雖然纜車在1991年克羅埃西亞獨立戰爭爆發時，遭到舊南斯拉夫聯軍的破壞，不過2010年夏天重新啟用後再度吸引眾人前來。

　　山頂上佇立著拿破崙Napoléon所贈送的白色十字架，不過現在的十字架是在戰後重建的，一到了夜晚這裡便會點燈，從舊城區可清楚看到。從山頂上眺望亞得里亞海和舊城區的視野最棒，若不搭乘纜車，也可以徒步1小時上山，途中所眺望的景色也很棒。

洛克盧姆島 Lokrum

Lokrum Island	MapP.289-D2外

　　洛克盧姆島位於距離舊城區約700m的海面上，是座擁有3處美麗海灘的度假島嶼，每到夏季總是有遊客湧入此地。過去曾經有修道院，現在則是個被樹木覆蓋的無人島，東側有裸體海灘。

Hotel

杜布羅夫尼克的住宿

從台灣撥打電話　002＋385（克羅埃西亞國碼）＋20（去除0的區域號碼）＋電話號碼

　　正因為是克羅埃西亞的知名觀光景點，所以旅館和私人房間的數量也非常多。若想在海灘遊玩，感受度假氣氛的話，新城區的Lapad地區以及Babin Kuk地區是最佳的選擇。舊城區雖然沒什麼旅館，但是有私人房間，可以和在巴士總站攬客的屋主交涉，或是透過旅行社和❶介紹。

The Pucić Palace

★★★★★　客房數：19
Map P.290-B2

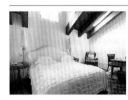

●舊城區只有2家旅館，這是其中一家，過去曾是貴族的宅邸。房間裡有DVD、CD播放器等設備，但同時還保有傳統的氣氛，可免費使用無線網路。

✉ ulica od Puča 1
TEL (020) 290222
FAX (020) 290223
URL www.thepucicpalace.com
email reception@thepucicpalace.com
S €100～300　W €150～560
附早餐
CC A D M V

Dubrovnik Palace

★★★★★　客房數：308
Map P.288-A2

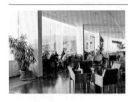

●從巴士總站搭乘4號巴士在終點站下車，位於Lapad地區最南端的頂級飯店。所有房間都是有陽台的海景房，視野超棒。右記的費用是調查當時的價格，可免費使用無線網路。

✉ Masarykov put 20
TEL (020) 430000
FAX (020) 430100
URL www.dubrovnikpalace.hr
email guestrelations@dubrovnikpalace.hr
S €167　W €220
附早餐
CC A D M V

Hotel Hilton Imperial

★★★★★　客房數：147
Map P.289-D1

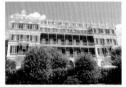

●位於派勒城門Gradska vrata Pile旁的國際連鎖飯店，改裝自19世紀的建築物，房間採用木製家具的豪華裝潢，透過玻璃屋頂，太陽光直接投射在室內泳池和健身房，硬體設備完善，右記的費用是調查當時的價格。

✉ Marijana Blažića 2
TEL (020) 320320　FAX (020) 320220
URL www.hilton.com
email sales.dubrovnik@hilton.com
S €250　W €294
附早餐
CC A D J M V

Hotel Bellvue Dubrovnik

★★★★★　客房數：91
Map P.289-C2

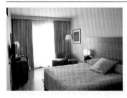

●位於舊城區西方約1km的地方，市中心就在徒步可及的範圍內。所有客房皆是面海，館內裝飾著克羅埃西亞出身的藝術家所拍攝的照片和繪畫。這座沿著絕壁建造的飯店，宴會廳就位在最頂樓。有免費無線網路。

✉ Pera Cingrije 7
TEL (020) 430830　FAX (020) 430835
URL www.adriaticluxuryhotels.com
email welcome@hotel-bellevue.hr
S €150～450
附早餐
CC A D M V

Valamar Lacroma Resort

★★★★　客房數：401
Map P.288-A1

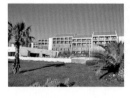

●Valamar集團的大型度假飯店，離市中心有點遠，6號市區巴士可通往派勒城門，有室內和室外的泳池，飯店內的設備相當完善。右記的費用是調查當時的價格。有免費無線網路。

✉ Iva Dulčića 34
TEL (020) 449100
FAX (020) 449600
URL www.valamar.com
email info-lacroma@valamar.com
S €196　W €229
附早餐
CC A D M V

Grand Hotel Park

★★★★　客房數：245
Map P.288-B1

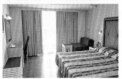

位於Lapad地區的大型飯店，泳池有室內和室外2處，此外還有三溫暖和按摩等，設備完善。附近也建造了一座有70間客房的分館，有免費無線網路。

✉ šetalište kralja Zvonimira 39
TEL (020) 434444　FAX (020) 434885
URL www.grandhotel-park.hr
email sales@grandhotel-park.hr
S €75～190　W €140～220
附早餐
CC A D J M V

Hotel Stari Grad

★★★　客房數：8
Map P.290-A1

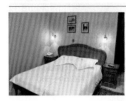

位於舊城區只有8間客房的小規模飯店，是一棟6層樓的建築，每間客房都有空調、可收看衛星節目的電視、Minibar、電話等，設備充實。從屋頂上可以俯瞰舊城區，有免費無線網路。

✉ od Sigurate 4
TEL (020) 322244
FAX (020) 321256
URL www.hotelstarigrad.com
email info@hotelstarigrad.com
S €120～220　W €168～290
附早餐
CC A D M V

Hotel Petka

★★★　客房數：104
Map P.288-B1

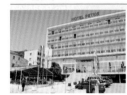

位於Gruž港渡輪搭乘處對面的大型旅館，經常有市區巴士往來，離巴士總站和港口相當近。客房在近期全面改裝，還附設餐廳，可免費使用無線網路。

✉ obala S. Radića 38
TEL (020) 410503
FAX (020) 410127
URL www.hotelpetka.hr
email info@hotelpetka.hr
S €55～100　W €70～140
附早餐
CC A D J M V

Hotel Adriatic

★★★　客房數：115
Map P.288-B2

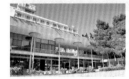

附近的度假系列飯店當中，這間飯店的費用是最便宜的，因此很受學生和年輕人歡迎。房間只有最基本的設備，大廳附近可使用無線網路。

✉ Masarykov put 9
URL www.dubrovnikhotels.travel
email sales_adriatic@hotelimaestral.com
TEL (020) 433609　FAX (020) 437333
S 380～610Kn
W 540～420Kn　附早餐
CC A D M V

Omladinski Hostel

青年旅館 ★　客房數：82床
Map P.289-C1

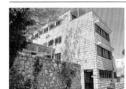

位於舊城區和巴士總站之間的青年旅館，從巴士總站徒步約15分左右，多人房男女分開，一間房間大約可容納4～6張床，非會員多收20Kn，有可上網的PC。

✉ Vinka Sagrestana 3
TEL (020) 422881
FAX (020) 412592
URL www.hfhs.hr
email dubrovnik@hfhs.hr
D 103～140Kn　早餐7Kn
CC M V

 Restaurant 　　　**杜布羅夫尼克的餐廳**

Nautika

Map P.290-A1

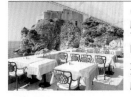

杜布羅夫尼克中最高級的餐廳，豪華的裝潢很漂亮，尤其是可同時眺望亞得里亞海和舊城區的露台座位是最受歡迎的。菜單每個月會更換，套餐€100～，不可穿著泳衣或是短褲進入餐廳。

✉ Brsalje 3
TEL (020) 442526
URL www.esculaprestaurants.com
email sales@esculap-teo.hr
🕐 12:00～24:00
🚫 11～3月
CC A D M V

Proto

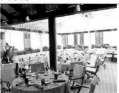

Map P.290-A1

●與Nautika是同系列的餐廳，包括愛德華八世Edward VIII在內，許多知名人士都曾到這裡用餐。可大啖新鮮的海鮮和克羅埃西亞的葡萄酒，度過優雅的時光。主菜98～250Kn。

✉ Široka 1
☎ (020) 323234
URL www.esculaprestaurants.com
✉ sales2@esculap-teo.hr
🕐 11:00～23:00
🛏 2・3月
CC A D J M V

Domino

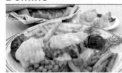

Map P.290-A2

●超人氣的牛排餐廳，各種牛排80～145Kn，也有海鮮料理，可享受4種海鮮的2人份海鮮套餐380Kn。

✉ od Domina 6
☎ (020) 323103
URL www.steakhousedomino.com
✉ domino@du.t-com.hr
🕐 11:00～24:00
🛏 12月中旬～1月中旬　CC A D J M V

Dundo Maroje

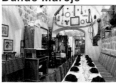

Map P.290-B1

●從史邦札宮殿palača Sponza旁的小路進入馬上就能看到。海鮮義大利麵68Kn，海鮮主菜69～294Kn、肉類主菜85～149Kn，種類相當豐富。

✉ Kovačka bb
☎ (020) 321021
🕐 夏季10:00～24:00
　冬季11:00～22:00
🛏 冬季的週日
CC A D M V

Lokanda Peškarija

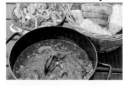

Map P.290-B2

●舊港最受歡迎的海鮮餐廳，面向舊港的露台座位視野很棒，店內座位的氣氛也很不錯。人潮流動相當快，很推薦在這裡享用午餐，超人氣的海鮮燉飯66Kn。

✉ na Ponti bb
☎ (020) 288750
URL mea-culpa.hr
🕐 8:00～23:00
🛏 12月
CC A D M V

Dolce Vita

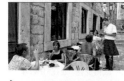

Map P.290-A1

●舊城區有好幾間冰淇淋店，這裡是最受當地人喜愛的人氣店家。味道濃郁的冰淇淋，有大中小3種可選擇。

✉ Nalješkovićeva 1A
☎ (020) 321666
🕐 9:00～24:00
🛏 無休
CC 不可

Shopping 　　杜布羅夫尼克的購物

Bačan

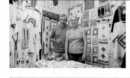

Map P.290-B1

●Bačan一家人製作的天然手工絲綢專賣店，傳統的刺繡有花、漩渦、貓腳印等各種圖案，正面、背面看都很漂亮是最大的特色。

✉ Prijeko 6　☎ (020) 321121
🕐 3～10月
　週一～六　9:30～15:30、17:30～21:30
　週日　　　9:30～15:30
　2・11・12月 9:00～15:00、16:00～19:00
🛏 2・11・12月的週日・1月　CC 不可

AQUA Maritime

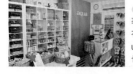

Map P.290-A1

●販售以白色和藍色為基調、有著可愛印花的T恤、文具等。在杜布羅夫尼克有3家店，古城大道ulica od Placa北側的店舖冬天也營業。

✉ Placa 7-9　☎ & FAX (01) 323683
URL www.aquamaritime.hr
🕐 5・6・10月　　　8:00～21:00
　7・8月　8:00～24:00
　9月　　8:00～22:00
🛏 11～4月　CC A D M V

克羅埃西亞簡史

◆克羅埃西亞王國的誕生

南斯拉夫人在6世紀左右移居至現在的克羅埃西亞，南斯拉夫人以部族或氏族為單位南遷，最後發展成保加利亞、塞爾維亞、克羅埃西亞、斯洛維尼亞等4個民族。9世紀後，克羅埃西亞人受到拜占庭帝國所派遣的傳教士影響，接納了基督教，當時的儀式以及格拉哥里字母Glagolitic alphabet的使用雖然都是根據斯拉夫語，但11世紀東西教會分裂之後，克羅埃西亞變成了羅馬天主教會的區域。另一方面，塞爾維亞等則是受到了東正教會的影響。

最早的獨立國家克羅埃西亞王國，是在10世紀初建國的，他們從達爾馬提亞地區Dalmacija開始擴大統治領域，在遭受馬札兒人Magyarok侵略的同時，還是將勢力擴大到了巴爾幹半島西部。之後在克羅埃西亞的托米斯拉夫公爵Tomislav的努力之下，終於成功建立了王國，更曾一度擁有足以和拜占庭帝國相抗衡的勢力。

◆匈牙利的鎮壓與統治

進入11世紀後，鄰國威尼斯與匈牙利更加強大，克羅埃西亞王國靠著這些大國找到民族的出路。11世紀初，達爾馬提亞地區的各城市遭到威尼斯的占領，結果克羅埃西亞中具勢力的公爵因而分裂成威尼斯派、匈牙利派兩大勢力。當時兩派都爭相與鄰國王族攀上姻親關係，11世紀後半，克羅埃西亞國王Demetrius Zvonimir迎娶了當時匈牙利國王蓋薩一世I. Géza的妹妹作為王妃，在他遭到殺害之後，匈牙利便開始徹底鎮壓克羅埃西亞。

1097的Petrova Gora戰役中，達爾馬提亞的地區首長Petar Savčić打了敗仗。因威尼斯派首長的戰死，1102年匈牙利國王卡爾曼Könyves Kálmán和克羅埃西亞的貴族簽訂了《Pacta Conventa》（聯盟條約）。此條約雖將兩國關係設定為對等，但實際上卻已經決定了克羅埃西亞的從屬。在簽訂此條約後到第一次世界大戰之前，克羅埃西亞一直都受到匈牙利王國和之後的奧匈帝國所統治。

在哈布斯堡王朝Habsburg的統治下，克羅埃西亞開始享受先進的歐洲文化。在奧匈帝國時代，廣泛的政治性自治權獲得認可，文化獨立並進一步發展。但是拿破崙Napoléon的出現和哈布斯堡王朝的沒落，使得克羅埃西亞的民族再生動力開始逐漸增強。

◆南斯拉夫與獨立

之後歷經1848年的歐洲「各民族之春」解放運動，奧匈帝國在第一次世界大戰中瓦解，「塞爾維亞人、克羅埃西亞人、斯洛維尼亞人的王國」於1918年建國。然而在國家機能還未健全的1929年，塞爾維亞人主動強行將國名改為南斯拉夫王國。

1939年，捷克斯洛伐克遭到侵略後，南斯拉夫臣服於德國、義大利等軸心國之下。對德國納粹的統治有所不滿的塞爾維亞急進黨的支持者，雖然曾做出抵抗，卻因為立即遭受報復而投降。1941年，德國納粹組織了以帕維利奇Ante Pavelić為總統的傀儡政權「克羅埃西亞獨立國」，帕維利奇所率領的恐怖組織烏斯塔沙Ustaše，殺害並驅逐塞爾維亞人、伊斯蘭教徒等，並迫使人民信仰天主教。當時法西斯主義體制下的克羅埃西亞，由狄托Josip Broz Tito所率領的南斯拉夫民族解放軍（共產黨）開始活躍。南斯拉夫民族解放軍一直到第二次世界大戰終結前，仍持續地抵抗德國納粹的統治。

1945年德國投降後，南斯拉夫遭受蘇聯獨特社會主義體制的壓制，此時有個和蘇聯對抗、致力於南斯拉夫獨立的自主管理社會主義、組織非聯盟等行動的人出現，該人就是後來成為總統的狄托。

然而，1980年狄托總統去世後，南斯拉夫聯盟不斷發起民族運動，伴隨著1989柏林圍牆的倒塌，由前南斯拉夫民族解放軍的將軍弗拉尼奧·圖季曼Franjo Tuđman擔任議長的克羅埃西亞民主聯盟，在1990年的選舉中贏得勝利，他在國民投票中贏得支持，並在1991年6月發表獨立宣言，但是卻遭到舊南斯拉夫聯邦軍的猛烈攻擊，克羅埃西亞的獨立戰爭一直持續到1992年。克羅埃西亞雖然在武力上落敗，但在1992年1月15日以克羅埃西亞共和國之名，得到了正式獨立的認可，並在2013年加入歐盟。

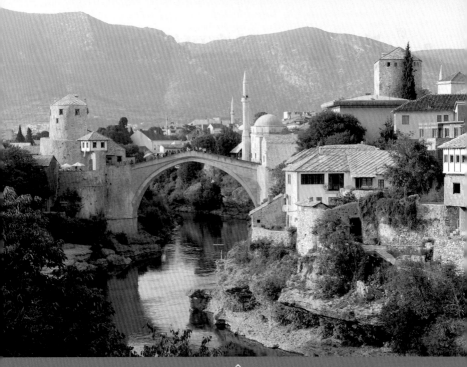

波士尼亞·
赫塞哥維納
●Bosnia-Herzegovina●

登錄為世界遺產的莫斯塔爾舊城區的老橋

波士尼亞・赫塞哥維納概要

波士尼亞・赫塞哥維納事實上是個內陸國家，面對亞得里亞海的海岸線不到10km，也沒有港口，位於國土中央的第拿里阿爾卑斯山脈Dinaric Alps，有許多2000m級山峰綿延。簡單來說，國名就是以北邊的波士尼亞地區和南邊的赫塞哥維納地區合併命名而成的。

這個地方曾經是天主教、塞爾維亞正教、伊斯蘭教……等東西文化交匯處，文化的衝突使得這裡成為戰亂的起火點，勢力之爭的衝突不斷，但這個地方也超越了時間與空間，培育出絢爛的多層次文化。

3個民族在這裡彼此共存，不同民族結婚也是理所

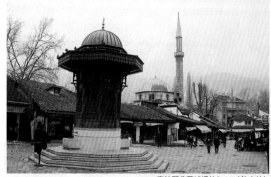

塞拉耶弗舊城裡的Sebilj（飲水站）

當然之事，但波士尼亞・赫塞哥維納紛爭，就像是把家人帶到國境般的愚蠢行為，造成20萬人死亡，以及200萬人以上的難民，這場紛爭一直持續到1995年。雖然現

在仍存在著許多問題，但人民的表情逐漸變得開朗，前來觀光的人數也正逐年增加。

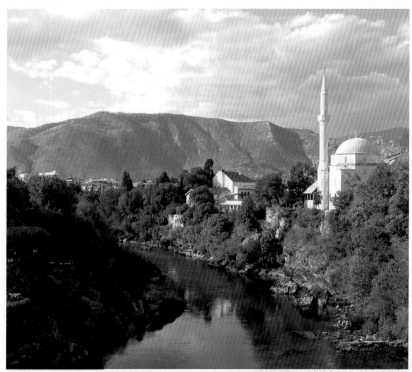

融合了美麗的大自然與多元文化的莫斯塔爾城鎮

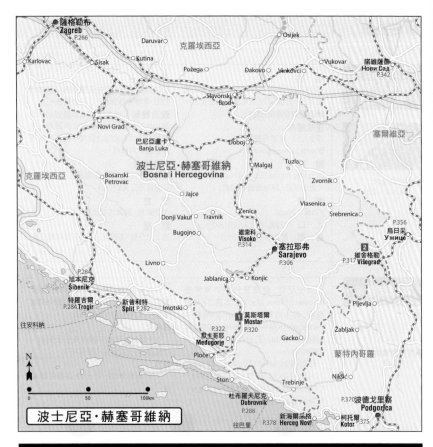

波士尼亞‧赫塞哥維納

UNESCO的世界遺產

1 莫斯塔爾舊城區的老橋及周邊區域
Stari most i stari dio grada Mostara→P.320

莫斯塔爾是15、16世紀的鄂圖曼帝國時期所發展出的城鎮，建造在流經城鎮中心的聶雷托巴河Neretva上的老橋Stari most，是鄂圖曼帝國時期建造的石造拱形橋樑。該座橋在戰爭期間的1993年曾遭到破壞，之後在聯合國教文組織的協助下，完成了重建工程。

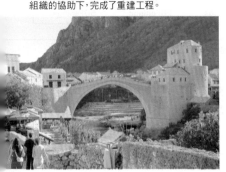

2 穆罕默德‧巴夏‧索科羅維奇古橋
Most Mehmed-paše Sokolovića →P.317

由鄂圖曼帝國的頂級建築師米瑪‧希南Mimar Sinan設計，全長175m的古橋以11個拱形橋墩所構成，因諾貝爾獎作家伊沃‧安德里奇Ivo Andrić以此橋撰寫《德里納河之橋Na Drini ćuprija》而聞名。在第一次、第二次世界戰中，該座古橋都遭受到破壞，但已經修復完成。

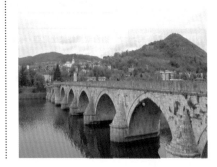

波士尼亞‧赫塞哥維納基本資訊

▶旅行關鍵字
→P.380～381

國　旗
1998年2月在日本長野冬季奧運會的開幕式上，首度與世人見面的波士尼亞‧赫塞哥維納的新國旗。

正式國名
波士尼亞‧赫塞哥維納
Bosna i Hercegovina

國　歌
Državna himna Bosne i Hercegovine
（波士尼亞‧赫塞哥維納國歌）

面　積
約5萬1126km²

人　口　379萬1622人（2013年）

首　都　塞拉耶弗Sarajevo

元　首
總統議會議長，現由克羅埃西亞裔的德拉甘‧喬維奇Dragan Čović擔任。

政治體制　以多個政黨為基礎的共和制。由波士尼亞‧赫塞哥維納聯邦和塞爾維亞人共和國這2個獨立性高的地方政治體系所構成。

民族構成
波士尼亞人約44%、塞爾維亞人約31%、克羅埃西亞人約17%。

宗　教
伊斯蘭教、塞爾維亞正教、天主教

語　言
波士尼亞語、塞爾維亞語、克羅埃西亞語

貨幣與匯率

KM

▶旅行預算與金錢
→ P.548

　波士尼亞‧赫塞哥維納的貨幣是Konvertibilna Marka，本書以KM來表示，較小的單位為Fening，複數為Feninga。1KM＝100feninga。2015年8月匯率，1KM＝約台幣17.73元、€1＝1.95KM。

　紙鈔有200KM、100KM、50KM、20KM、10KM，硬幣有5KM、2KM、1KM、50feninga、20feninga、10feninga、5feninga。

　200KM以外的紙鈔，相同面額是相同顏色，但波士尼亞‧赫塞哥維納聯邦和塞爾維亞人共和國的肖像不同。

信用卡
　在中級以上的飯店或是高級餐廳都可以使用，幾乎所有城市都有ATM。

匯兌
　大城市的車站、巴士總站都有匯兌處。

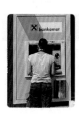

1KM

2KM

5KM

10KM(聯邦)

20KM(共和國)

20KM(聯邦)

50KM(共和國)

100KM(聯邦)

200KM(共通)

5Feninga

10Feninga

20Feninga

50Feninga

如何撥打電話

▶郵政與電話
→ P.556

從台灣撥往波士尼亞‧赫塞哥維納　**例** 撥往塞拉耶弗(033)12345678時

| 國際電話識別碼 002 | ＋ | 波士尼亞‧赫塞哥維納國碼 387 | ＋ | 區域號碼（去除前面的0）33 | ＋ | 對方的電話號碼 12345678 |

出入國

簽證
停留天數在90天之內，並且是以觀光為目的不需要辦理簽證。

護照
護照的有效期限必須要超過6個月以上。。

▶台灣出入境
→P.552

▶東歐國家出入境
→P.552

現在從台灣到波士尼亞・赫塞哥維納並沒有直飛的班機，必須在歐洲其他主要城市轉機，可先飛往維也納、慕尼黑或是伊斯坦堡後再飛往塞拉耶弗。飛行時間包括轉機的時間在內，大約為15小時～27小時。

從台灣出發的飛行時間

▶從台灣前往東歐的交通
→ P.551

鐵路
從克羅埃西亞的薩格勒布Zagreb出發的列車，經由塞爾維亞人共和國的巴尼亞盧卡Banja Luka，開往塞拉耶弗。之後開往莫斯塔爾Mostar，再前往克羅埃西亞的亞得里亞海岸城鎮普洛查Ploče。從塞爾維亞、蒙特內哥羅並沒有火車前往。

巴士
除了鄰國的克羅埃西亞、塞爾維亞、蒙特內哥羅以外，其他歐洲各城市都有定期行駛的班次。採用的是大型且舒適的巴士，中途也有上廁所或是用餐的休息時間，時間上也比火車更為精準。若要把行李放置在車上，必須另外加收費用。

從周邊各國出發的交通

▶當地交通
→ P.553

從鄰近各國出發的主要直達火車

薩格勒布（克羅埃西亞）～塞拉耶弗	每日1班	所需時間8小時50分

從鄰近各國出發的主要長途巴士

貝爾格勒（塞爾維亞）～塞拉耶弗	每日4班	所需時間7小時
烏日采（塞爾維亞）～塞拉耶弗	每日4班	所需時間5小時
烏日采（塞爾維亞）～維舍格勒	每日4班	所需時間3小時
薩格勒布（克羅埃西亞）～塞拉耶弗	每日3班	所需時間8小時
斯普利特（克羅埃西亞）～塞拉耶弗	每日4～5班	所需時間6小時20分～8小時
杜布羅夫尼克（克羅埃西亞）～塞拉耶弗	每日1班	所需時間6小時
杜布羅夫尼克（克羅埃西亞）～莫斯塔爾	每日3～4班	所需時間3小時
波德戈里察（蒙特內哥羅）～塞拉耶弗	每日7班	所需時間6～7小時

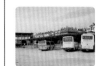

與台灣時差為7小時，只要將台灣時間減去7小時就可以。換言之，台灣6:00時，波士尼亞・赫塞哥維納則是前一天的晚上23:00。夏令時間的話，時差則變為6小時。

夏令時間的實施期間，從3月最後一個週日的AM2:00（＝AM3:00）～10月最後一個週日的AM3:00（＝AM2:00）。

時差和夏令時間

從波士尼亞・赫塞哥維納撥往台灣　例撥往 (02)1234-5678時

國際電話識別碼		台灣國碼		去除區域號碼最前面的0		對方的電話號碼
00	+	**886**	+	**2**	+	**1234-5678**

▶波士尼亞・赫塞哥維納國內通話　　市內電話不需要撥打區域號碼，市外電話要從區域號碼開始撥打。

▶如何撥打公共電話　　①拿起聽筒
　　　　　　　　　　　　②將電話卡依照卡片上的箭頭方向插入
　　　　　　　　　　　　③撥打對方的號碼
　　　　　　　　　　　　④電話卡的餘額會顯示在電話的螢幕上，結束通話後放下聽筒，取出電話卡

營業時間

以下是店家一般的營業時間。

銀 行
週一～五 8:00～17:00、週六・日休息。

百貨公司和商店
8:00～20:00居多。

餐廳
通常營業到深夜。

氣 候

夏季平均溫度大約在20°C左右，早晚有點涼需要長袖衣物，最好帶件薄的毛衣。冬季的平均溫度在0°C左右，有些地方會下雪，首都塞拉耶弗會出現50cm的積雪。冬天非常寒冷，最好攜帶耐雪的靴子。

最佳的旅行季節是在5～8月，冬天可能會因為積雪或是路面結凍，造成交通癱瘓。

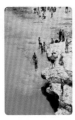

塞拉耶弗的氣溫和降雨量

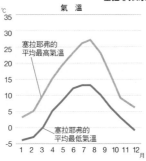

氣 溫

塞拉耶弗的平均最高氣溫

塞拉耶弗的平均最低氣溫

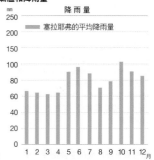

降 雨 量

塞拉耶弗的平均降雨量

節日
（主要節日）

波士尼亞・赫塞哥維納聯邦和塞爾維亞人共和國的節日不同，每年會異動的節日以（※）標示，要注意。

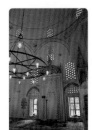

1/1～2		元旦
1/6		塞爾維亞正教的平安夜（共和國）
1/7		塞爾維亞正教的耶誕節（共和國）
1/9		共和國日（共和國）
1/14		塞爾維亞正教的新年（共和國）
3/1		獨立紀念日（聯邦）
4/3（'15）	※	天主教的耶穌受難日（聯邦）
4/5（'15）	※	天主教的復活節（聯邦）
4/6（'15）	※	天主教的復活節後週一（聯邦）
4/12（'15）	※	塞爾維亞正教的復活節（共和國）
4/13（'15）	※	塞爾維亞正教的復活節後週一（共和國）
5/1		勞動節
5/9		勝利紀念日（共和國）
6/28		聖維塔節（共和國）
7/17～19（'15）	※	開齋節（聯邦）
11/1		萬聖節（聯邦）
9/23('15)	※	宰牲節（聯邦）
11/21		岱頓和平協定日（共和國）
11/25		國慶日（聯邦）
12/25		天主教的耶誕節（聯邦）

電壓與插頭

電壓為230V，頻率50Hz，插頭為C型（雙圓形插頭）。若要在當地使用台灣的電器產品，需要攜帶變壓器和轉接插頭。

DVD

波士尼亞‧赫塞哥維納的電視和錄影規格為PAL，台灣、日本或是美國則屬於NTSC，兩者並不相同，在當地購買的錄影帶或是DVD，通常無法用台灣的電器播放。而波士尼亞‧赫塞哥維納的DVD區碼Region Code為2，也與台灣不同（台灣為3），因此也無法使用一般家用DVD播放器觀賞。

播放規格

餐廳

如果高級餐廳的服務讓人滿意的話，通常會給消費金額10%左右的小費。

廁所

廁所的標示Muški為男廁，Ženski為女廁。使用一次大約是0.5～1KM。

小費

不建議直接喝水龍頭的水，市面上有販售礦泉水，有含氣泡和不含氣泡2種。

飲用水

郵政制度沒有統一，波士尼亞‧赫塞哥維納聯邦是BH Pošta、塞爾維亞人共和國則是Pošte Srpske、克羅埃西亞人地區則是Hrvatska Pošta。

郵資

寄往台灣的航空郵件，如果是從波士尼亞‧赫塞哥維納聯邦寄出的明信片1.50KM、20g以下的信件1.90KM。從塞爾維亞人共和國寄出的明信片、20g以下的信件都是2.30KM。大約1週就能寄達。

郵政

▶郵政與電話
→ P.556

在波士尼亞‧赫塞哥維納，幾乎所有的商品都必須課17%的附加價值稅DPV，目前並沒有退稅制度。

稅金

▶東歐國家出入境
→ P.552

各地仍存在著部分領土鬥爭及舊住民回歸等民族對立的問題，所以要自由旅行是有困難的。市民口中的安全程度是指比戰爭狀態還要安全，但那種程度對遊客來說未必安全。

當地的政治情勢變化快速，恐怖行動也持續進行中，要審慎行動，以因應任何意外的事態發生。23:00以後最好不要外出，不要進入廢棄的房屋或是沒鋪設的道路。

地雷

由於地雷或是爆裂物的位置無法完全掌握，所以地方上還有未爆彈殘留的問題。不光是地雷，一般可能的事故也要多加留意。在當地，旅行保險的系統還是不是很完善，所以應儘量避免到溪流遊玩或是登山。

扒手

塞拉耶弗的車站前或是路面電車中、莫斯塔爾的舊城區，放在口袋或是背包裡的護照和錢包，可能在不知不覺間就被偷走，類似這樣的扒手或是順手牽羊的案件相當多，因此最好將背包背在正前方，放錢包的口袋最好用手擋住。另外，團體出遊時開心聊天，也很容易被扒手相中。

警察	**122**
消防	**123**
急救	**124**

安全與糾紛

▶旅行糾紛與
安全對策
→ P.560

在波士尼亞‧赫塞哥維納，未滿18歲不能買酒，未滿15歲不能買菸。

年齡限制

和台灣相同，距離以公尺，重量以公克、公斤，液體以公升計算。

度量衡

波士尼亞·赫塞哥維納 旅行基礎知識

國內的移動方式

對旅行者而言，在波士尼亞·赫塞哥維納國內的移動基本上是以巴士為主，因為當地沒有國內線的飛機，而火車的路線和班次都比巴士少，不算方便。

鐵路

波士尼亞·赫塞哥維納的火車，分別是由聯邦側的波士尼亞·赫塞哥維納聯邦鐵路ŽFBH（Željeznice Federacija Bosne i Hercegovine）和共和國側的塞爾維亞人共和國鐵路ŽRS（Željeznice Republike Srpske）2家公司負責營運。火車網路不能稱得上是涵蓋整的國土，利用起來也不是很方便。能夠通行的區域在塞拉耶弗Sarajevo～莫斯塔爾Mostar～查普利納Čapljina～普洛查Ploče之間，車票只能在車站購買。2012年開始，持Balkan Flexi Pass也可搭乘波士尼亞·赫塞哥維納的火車。

波士尼亞·赫塞哥維納聯邦鐵路
URL www.zfbh.ba
塞爾維亞人共和國鐵路
URL www.zrs-rs.com
（波士尼亞語）

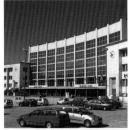
塞拉耶弗的火車站，開往莫斯塔爾的火車運行著

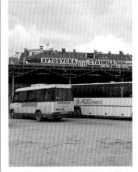
東塞拉耶弗巴士總站，開往維舍格勒、塞爾維亞的巴士由此出發和抵達

巴士

巴士路線網羅整個波士尼亞·赫塞哥維納，是當地人最主要的代步工具。搭乘首班車或是從有巴士總站的城市出發的話，因為是指定座位，必須要事先購買車票。塞拉耶弗一般而言，在搭車的幾天前就可以買票，但也有些車班只有在出發前才開放售票。巴士公司有好幾家，但巴士總站內的窗口是共用的。在塞拉耶弗，連結莫斯塔爾等聯邦都市的巴士總站，與前往維舍格勒Višegrad、巴尼亞盧卡Banja Luka等共和國那側都市的巴士總站不同，到底是哪一個巴士總站，需要事先確認。

手提行李可以免費帶進車內，如果無法帶上車而需要放在車子後方的行李箱，則必須要另外支付1～1.5KM的費用。

飛機

波士尼亞·赫塞哥維納在塞拉耶弗、莫斯塔爾、巴尼亞盧卡Banja Luka、圖茲拉Tuzla等4個都市都有國際機場，與歐洲各國的主要城市相連結，不過目前並沒有國內線。

租車

大型的租車公司已經進軍波士尼亞·赫塞哥維納，在塞拉耶弗國際機場和塞拉耶弗的城市裡都可以租車，但是車流量較少的支線道路有治安上的問題，並不推薦一般旅行者租車旅遊。

住宿

當地的飯店費用很貴，近年來塞拉耶弗、莫斯塔爾等觀光地區，民宿和飯店的數量正在增加中，費用的範圍也愈來愈大。

住宿飯店的收據等是住宿的證明，離開之前都要小心保管。

◆高級飯店

單人房1晚150～300 KM，如果是有健身房或是泳池等高檔飯店，只有在塞拉耶弗的幾家，數量並不多。

◆中級飯店、民宿

單人房1晚60～150 KM左右，幾乎所有的房間都有空調，可以收看衛星節目的電視，大多數都有免費無線網路。

◆私人房間

租借一般家庭的空房間，通常旅行社會當作窗口為遊客介紹，依據費用的多寡，可選擇是否共用衛浴設備。

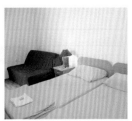
設備簡單卻很舒適的民宿

◆青年旅館

波士尼亞·赫塞哥維納的私人房間相當多，可能是因為這樣，多人房型的住宿設施倒不是那麼多。通常不會是整棟的建築物，而是利用大樓的一個樓層，多人房1床大約25KM左右。

用餐

中級以上餐廳預算大約是30KM左右，需要注意最基本的服裝和禮儀。塞拉耶弗近郊的Hadžici鱒魚養殖相當盛行，因此有魚料理店，在亞得里亞海裡捕獲的墨魚也經常出現在餐桌上。

◆主要的波士尼亞料理

最具代表性且方便食用的就是烤肉腸Ćevapčići，將絞肉做成3cm的肉丸子，以炭火燒烤，然後加上生洋蔥，夾入烤過的麵包中，搭配Ayryan（優酪乳）一起享

用。朵瑪Dolma是指將番茄、洋蔥等蔬菜塞進肉裡燉煮的料理，以葡萄葉包裹朵瑪稱為Japrak。與周邊的國家相同，這裡的Burek也是餡餅的一種，起司口味的稱為Sirnica，蔬菜口味的則稱為Zeljanica。除此之外，還有肉與蔬菜一起熬煮的料理Bosanski Lonac，是以根菜類和肉、番茄熬成的濃湯。

◆波士尼亞的飲料

飲料部分以塞拉耶弗產的啤酒Sarajevska pivara最有名，莫斯塔爾近郊也有釀造高品質的葡萄酒。當地特產的酒是稱為Rakija的蒸餾酒，是以李子、葡萄、梨子、杏桃等原料釀製而成。

至於在無酒精飲料方面，帶有鹹味的優酪乳Ayryan，很適合搭配肉類食物，在當地人氣相當高。帶著甜味和

酸味的Boza味道非常特別，也是非常具有代表性的飲料。

將咖啡豆磨成粉末狀的土耳其風咖啡，在波士尼亞·赫塞哥維納稱為波士尼亞風咖啡Bosanska Kahva。波士尼亞風的咖啡會以一種名為Džezva、很像杓子的器具來泡咖啡。以黃銅或銅等材質製作的Džezva，非常漂亮且做工精緻，很適合當作禮物送人。

資訊收集

◆遊客中心

目前正慢慢接受觀光客的波士尼亞·赫塞哥維納，在塞拉耶弗、莫斯塔爾等主要的觀光地，都設有❶，地圖、手冊等資訊相當豐富。如果要旅行社介紹私人房間，必須支付手續費。

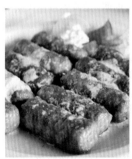
淋上Kaymak（奶油狀的乳製品）的烤肉腸

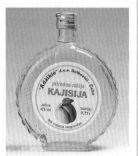
杏桃口味的Rakija

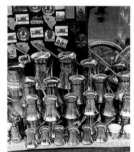
銅製品非常適合當作伴手禮

實用資訊

【緊急時】
●醫院
Klinički Centar Univerziteta Sarajevo
✉Bolnička 25
☎(033)297000
🔗www.kcus.ba

【駐外館處】
波士尼亞·赫塞哥維納沒有台灣的駐外代表處，而是由駐匈牙利代表處兼管。（→P.177）

【航空公司】
●BH航空
✉Branilaca grada 15
☎(033)550125
🔗www.bhairlines.ba

（皆位於塞拉耶弗）

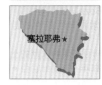

塞拉耶弗 ★

塞拉耶弗 *Sarajevo*

URLwww.sarajevo-tourism.com

**就算對所屬民族
感到好奇……**

詢問對方屬於那個民族是
非常沒有禮貌的,所以絕對
不要問。除了塞拉耶弗等城
市之外,事實上各民族是分
開居住的。

波士尼亞人(Bošnjaci)

過去並沒有波士尼亞人或
是波士尼亞語這樣的名詞,這
是在戰爭中以穆斯林人為主
所發展出的。由於不同民族之
間的聯姻是非常平常,所以只
稱為波士尼亞人的人也的確
很多。雖說擁有最多的人口,
但穆斯林人不像克羅埃西亞
人、塞爾維亞人那樣擁有相鄰
的祖國之地,所以波士尼亞人
也會希望表現出主導權的意
識和評論觀點。

穆斯林人

伊斯蘭教徒,但和阿拉伯各
國不同,從外表穿著幾乎無法
判別,信仰方面也沒那麼嚴
格。但是在戰爭之後女性出現
了改變,開始以頭巾蒙臉。喝
酒但不吃豬肉的穆斯林人非
常多。

西里爾字母的對照

塞爾維亞人共和國使用西
里爾字母Cyrillic alphabet,
請參考P.381的對照表。

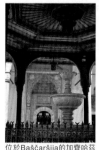

位於Baščaršija的加齊哈茲
維伯格清真寺

◆塞拉耶弗國際機場
TEL(033) 289100
URLwww.sarajevo-airport.ba

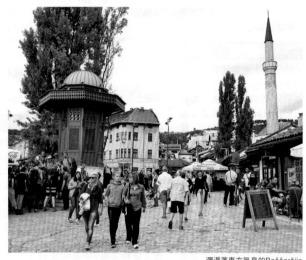

瀰漫著東方氣息的Baščaršija

　　波士尼亞・赫塞哥維納的首都塞拉耶弗,是個集各種民族、
宗教、文化混合,四海一家親的近代都市,1984年曾在此舉辦
過冬季奧運。不過,就在冬奧結束7年後的1991年,舊南斯拉夫
和高唱獨立的各共和國,與阻止其獨立的塞爾維亞所主導的聯
邦軍之間爆發了戰爭,當時塞拉耶弗約有1萬人犧牲。岱頓和平
協定Dayton Accords經過了18年以上的現在,重建依舊持續在
進行,但至今還是有幾棟的建築物殘留著彈痕,述說著戰爭並
非是古老的往事。

　　不過,塞拉耶弗並不是全都化成了瓦礫,鄂圖曼帝國以來曾
經是商業中心的Baščaršija充滿了東方氣息,伊斯蘭教、天主
教、東正教、猶太教等各宗教教堂林立並列,讓人發現多民族、
多宗教混合的塞拉耶弗,其魅力至今依然沒有褪色。

抵達塞拉耶弗後前往市區

✈搭乘飛機抵達

●塞拉耶弗國際機場 *Međunarodni aerodrom Sarajevo*

　　距離市中心西邊約12km處,是波西尼亞・赫塞哥維納國內最
大規模的機場,入境大廳有ATM、匯兌處等。

◆如何從機場前往市區◆

　　搭乘計程車到市區約16KM左右,大件行李一件約2KM。費
用採跳表制,基本起跳為2KM,之後每100m增加0.10KM。為了
不被敲竹槓,請確認跳表是否有在計費。從機場搭計程車到伊

利扎Ilidža的路面電車搭乘處,再從那裡搭3號路面電車前往市區。從機場到伊利扎搭計程車約5分,費用約10KM左右,但因為是近距離,可能會被拒載或是收費加倍。從伊利扎到市區,大約要30分鐘。

🚌 搭乘巴士抵達

塞拉耶弗裡有2個巴士總站,一個是波士尼亞‧赫塞哥維納聯邦所屬的巴士總站,另一個則是塞爾維亞人共和國所屬的巴士總站。

波士尼亞‧赫塞哥維納聯邦所屬的巴士總站

往來克羅埃西亞、西歐各城市,以及國內各地如莫斯塔爾Mostar、維索科Visoko、巴尼亞盧卡Banja Luka等巴士,都是在距離塞拉耶弗市中心西邊約2km處的中央車站旁的巴士總站出發或抵達。雖然沒有匯兌處,但緊鄰的火車站前有郵局,但也有很纏人的私人房間屋主,這裡扒手很多,治安不好。

◆如何從聯邦所屬巴士總站前往市區◆

火車站前有路面電車搭乘處,往市中心(舊城區)或是到舊城區的Baščaršija,要搭乘1號路線,約15~20分,每10~15分鐘1班。4號路線是從市中心出發朝反方向行駛,要多加留意。搭計程車的話約6KM左右。

塞爾維亞人共和國所屬巴士總站

行駛於塞爾維亞、蒙特內哥羅,以及維舍格勒Вишеград等波士尼亞‧赫塞哥維納國內的塞爾維亞人共和國各城市的巴士,是在位於塞拉耶弗市中心約13km的東塞拉耶弗巴士總站Autouska Stanica Istočno Sarajevo(通稱Lukavica)出發和抵達。巴士總站裡沒有匯兌處和銀行,距離最近的ATM是在巴士總站東邊約300m的TOM購物中心裡。

◆如何從塞爾維亞人共和國所屬巴士總站前往市區◆

開往市區的無軌電車巴士103號的搭乘處,位於巴士總站北邊約300m處的右側。也可以從巴士總站搭計程車前往市區,但很多計程車沒有裝計程表,搭車前必須先談好價錢。到市中心大約是14KM(€7)。

從市區前往巴士總站的話,則是過了拉丁橋Latinska ćuprija且出了南邊的奧地利廣場Austrijski trg後,搭乘103號無軌電車巴士在終點站下車,從終點站再繼續往前走300m,巴士總站就左手邊。

🚆 搭乘火車抵達

● 塞拉耶弗中央車站 *Željeznička stanica Novo Sarajevo:*

從薩格勒布Zagreb等來自克羅埃西亞的火車,會抵達塞拉耶弗中央車站。中央車站緊鄰聯邦所屬的巴士總站,前往市區的交通動線請參考聯邦所屬巴士總站的介紹。

◆巴士服務中心(聯邦)
📞(033)213100
巴士的行李置放處
🕐24小時
💰第一個小時2KM,之後每小時加收1KM。

◆火車站
željeznička stanica
📞(033)655330

◆巴士服務中心(共和國)
📞(057)317377

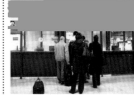
波士尼亞‧赫塞哥維納聯邦所屬的巴士總站,也販售著國際路線的車票

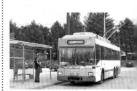
從塞爾維亞人共和國所屬巴士總站出發,前往市中心的103號無軌電車巴士

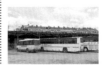
來自貝爾格勒、維舍格勒等地的巴士,是在東塞拉耶弗巴士總站出發和抵達

緊鄰聯邦所屬巴士總站的塞拉耶弗中央車站

307

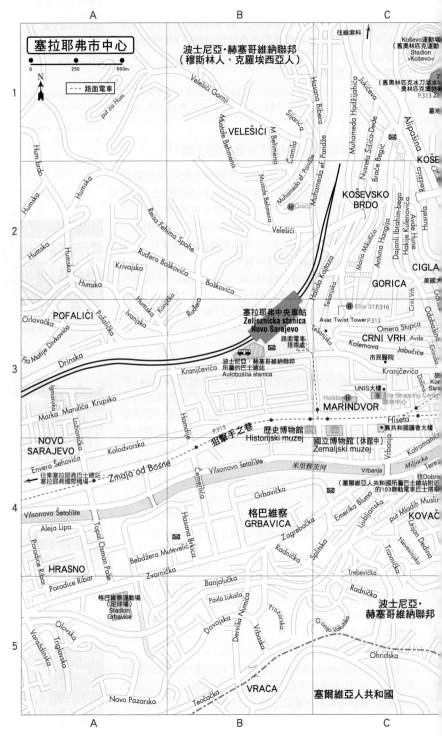

塞拉耶弗市中心

0　250　500m

N

路面電車

波士尼亞・赫塞哥維納聯邦
（穆斯林人、克羅埃西亞人）

往維綽

往索科

Koševo運動場
（舊奧林匹克運動
Stadion
>Koševo<

VELEŠIĆI

（舊奧林匹克冰刀溜冰
奧林匹克博物館
P.313 Ze

KOŠE

KOŠEVSKO
BRDO

CIGLA

美國

GORICA

POFALIĆI

Elite 31 P.316

塞拉耶弗中央車站
Željeznička stanica
Novo Sarajevo

路面電車
搭乘處

Avaz Twist Tower P.313

CRNI VRH

市民醫院

波士尼亞・赫塞哥維納聯邦
所屬的巴士總站
Autobusna stanica

UNIS大樓

Alta Shopping Center
購物中心

MARINDVOR

Holiday

Hiseta

舊共和國議會大樓

NOVO
SARAJEVO

狙擊手之巷

歷史博物館
Historijski muzej

國立博物館（休館中）
Zemaljski muzej

往東塞拉耶弗巴士總站・
塞拉耶弗國際機場

Zmaja od Bosne

Vilsonovo šetalište

米里雅茨河

Vrbanja

往Dobri
（塞爾維亞人共和國所屬巴士總站附近
的103無軌電車巴士搭乘

Vilsonovo Šetalište

格巴維察
GRBAVICA

KOVAČ

HRASNO

格巴維察運動場
（足球場）
Stadion
Grbavica

波士尼亞・
赫塞哥維納聯邦

VRACA

塞爾維亞人共和國

D | E | F

BREKA

Gornja Breka

Panjina Kula

Osmana Nakaša

SEDRENIK

Asima Ferhatovića

Žarela Šnajdera

Sedrenik

Breka

Skendera Kulenovića

Humka

Alije Nametaka

Ramića Banja

Sedrenik

1

Sefera Potalička

Hrastovi

HRASTOVI

Mihrivode

Alije

Grlića

Brdo

Rogina

Sarajevo

Koševo醫院

Asima Fernatovića

Zaima Šarca

Šekerova

Mandrina

Budakovići

Čo Đorđža

Mihrivode

Medrese

Bašagića

Pirin Brijeg

Arapova

Meljijina

Vinograd

Strošići

Belvedere

Višnjik

Derebent

Provare

Zalikuša

Astikovac

Kartal

Golobrdica

Adžemovića

Safvetbega

Mišćina

VRATNIK

Ramića Sokak

2

Bolnička

Himzarina

BJELAVE

Tijesna Ismailova

Pehlivanuša

Čurak

puzova

Potoklinica

Sagrdžije

Čemerlina

Oćaktanum

Mlini

Ploča

Širokac

Vratnik

Mejdan

Mraovac

Gabelina

Armaganuša

Dola

I. Cankara

Kevrin palok

Šepetarevac

KOVAČI

Pod bedemom

Nevjestina

Saraj

tjeska

Džurina Ujevića Mejtaš

MEJTAŠ

波士尼亞·赫塞哥維納中央銀行

Josipa

Štadtera

Higića

城塞遺跡

Žuta Tabija

Bentbaša

Podarina

3

Ali Pašina清真寺
Ali Pašina džamija

Jezero

Mehmeda Spahe

露天市場

Mule Mustafe Bašeskije

Saraći

Telali

Čelijugović

Metropolis R

Maršala Tita

聖火◆

室內市場

國立劇場

天主教大教堂
Rimokatolička
katedrala

Fehadija

P.311

BAŠČARŠIJA

Isakoća

R

P.316

Inat Kuća

Veliki

Magra

政府機構街

Mis Irbina

Radićeva

Imperijal

Srebrena Školjka

Braniaca Sarajeva

Zelenih Berečki

Isa-bega

放大圖 下圖

Obala

Austrijski trg

P.315
Latinski
Most

往Dobrinja
(東塞拉耶弗巴士搭乘站附近)
的103無軌電車巴士搭乘處

Raiffeisen Bank

Dardanela

Senoina

obala Kulina bana

奧地利廣場

Bistrik

Larmelt

obala Maka Dizdara

Hamdije Kreševljakovića

Skenderija

新猶太教堂
Sinagoga

Mjedenica

Bakarevićeva

Hrvatin

Kačanik v.

Baščaršija

路面電車

N

0   100m

加齊哈茲維伯格浴場
Gazi Husrev-begova hamam

舊塞爾維亞正教會
Stara pravoslavna crkva

P.312

**Sarajevo
Funky Tours**

P.314

NDERIJA

Stolačka

Soukbunar

nderija
奧林匹克
溜冰場
購物中心）

天主教大教堂
**Rimokatolička
katedrala**

Josipa

Kaburova

Šadlera

P.312

加齊哈茲維伯格清真寺
Gazi Husrev-begova džamija

Čemerlina

Higtca

Logavina

Hrgića

Ključa

民宿介紹代理店
**Turistička
Agencija & Hostel
Ljubačica**

P.311

Porodice Foht

Vranjače

Mule Mustafe Bašeskije

猶太博物館
（猶太教堂）
Muzej Jevreja

加齊哈茲維伯格學校
Gazi Husrev-begova Medresa

Telali

P.316

Merica Han

Sebilj（飲水站）

市政廳
Vijećnica

P.313

rebevićka

Trg fra
Grge
Martića

加齊哈茲維伯格有頂市集
Gazi Husrev-begova Bezistan

Abadžiluk

Saraći

Kazand

Baščaršija廣場

Sebilj

4

Ferhadija džamija

Art

P.315

P.311 舊絲絹交易所
Bursa Bezistan

Ćurčiluk veliki

Bravadžiluk

Čaršijska džamija

Trg
Oslobođenja

Ferhadija

Zelenih Berečki

Europe

P.315

Salina I
Muvelila

鐘塔
Sahat Kula

P.311

Old Town

塞拉耶弗博物館
Muzej Sarajeva
塞拉耶弗事件現場

P.315

Careva
ćuprija

Novi most

5

塞爾維亞正教會
Srpsko-pravoslavna crkva

P.316 Srce Sarajeva
P.316 HCC

旅行社
Insider

P.311

P.312
拉丁橋
Latinska ćuprija

Baščaršija

D | E | F

309

塞拉耶弗的市區交通

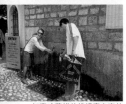

加齊哈茲維伯格清真寺旁的飲水站

進屋時要脫鞋

　　無論是什麼民族，都有把鞋子脫放在玄關的習慣。房子的玄關沒有段差，將鞋子統一放置在玄關是基本禮儀，住宿私人房間時，要多加留意。

●路面電車 *Tramvaj*

　　以7個系統連結位於市內東西，以及市中心的舊城區和新城區，車廂上有標示編號和區間，路線網單純，路線圖可在❶索取。車上沒有車內廣播，也沒有上下車按鈕，車內非常擁擠，最好在下車時提前移動到車門附近。入口是Ulaz，出口則是Izlaz，入口旁一定有驗票機。

　　由於舊城區步行就能逛遍，所以不需要勉強搭乘電車，但若是搭乘3號路線（Ilidža-Baščaršija），就能夠透過車窗看遍整個市區。路線大部分行駛於距離當時戰爭前線非常近的狙擊手之巷Snajperska ulica。

　　在小賣店購買的車票為1.60KM，若向司機購買則為1.80KM。上車後立刻將車票放進驗票機裡，確認背面是否有出現印字，若沒有完成驗票，會被視為是無票乘車而處以罰款10KM。由於電車十分擁擠，會有驗票困難的時候，但可以將車票交給其他乘客，並說「punč molim vas（請幫我驗票）」，請其他乘客幫忙。大部分的市民都使用不需要驗票的定期車票。

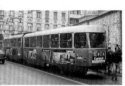

貼滿車體廣告的路面電車

●巴士 *Autobus*

　　巴士雖然沒有觀光和市內移動的利用價值，但對市民來說，卻是重要的交通工具。日本政府的ODA（政府開發援助）所贈送的車輛也在路上行駛，車體上還貼有日本援助的標籤，已經成為市民的代步工具。

●無軌電車巴士 *Trolejbus*

　　無軌電車巴士除了開往位於Dobrinja的塞爾維亞人共和國所屬巴士總站（Lukavica）附近的103號以外，一般遊客使用的機率並不大。

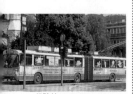

行駛於All Pašina džamija清真寺前的無軌電車巴士

●計程車 *Taksi*

　　計程車的數量非常多，除了市內各地的計程車招呼站之外，也可以在路旁攔車。車資採用跳表制，起跳基本費用為1.50KM，每100m多加0.10KM，可請飯店代叫計程車比較有保障。自己一人搭車的話，可先與司機確認金額並坐在副駕駛座，確認計程表是否有啟動。

◆◆◆◆◆◆◆◆◆◆◆◆ 漫遊塞拉耶弗 ◆◆◆◆◆◆◆◆◆◆◆◆

　　塞拉耶弗海拔約550m，是個四周環山的盆地，人口約30萬人。在1992年4月之後的3年半的時間，受到塞爾維亞人的勢力脅迫，有超過1萬人犧牲。

　　市區的大半地區都屬於波士尼亞‧赫塞哥維納聯邦，部分地區則屬於塞爾維亞人共和國，市內有著看不見的邊界，現在幾乎沒什麼戒備，跨越邊界的交流也逐漸增加，但並不代表戰爭時的傷痕已經完全痊癒。戰爭時的前線分別是南邊的米里雅茨河Miljacka、北邊的冬季奧林匹克運動場、西邊的Oslobođenje、東邊的舊城區Baščaršija前面的道路隧道。根據

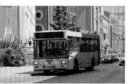

日本贈送的市巴士

塞拉耶弗的❶
Map P.309-E5
✉Sarači 58
☎(033)238886
圖夏季
　　週一～六10:00～20:00
　　週日　　10:00～18:00
冬季
　　週一～五10:00～18:00
　　週六‧日 10:00～16:00
圀節日

1995年11月簽訂的岱頓和平協定Dayton Accords，塞爾維亞人所占領的格巴維察Grbavica、伊利扎Ilidža、Dobrinja等區域，已經歸還給聯邦。

舊城區是以Baščaršija為中心的區域，從面對Maršala Tita大道上，哀悼第二次世界大戰戰死者的聖火為起點，進入徒步區的Ferhadija大街後，大約走15分鐘就可以來到Baščaršija。

❶就在Baščaršija內的Sarači路旁，在那裡可以免費索取地圖、交通指南和各種手冊。

◆◆◆◆◆◆◆◆◆◆◆◆◆塞拉耶弗的主要景點◆◆◆◆◆◆◆◆◆◆◆

Baščaršija

| Old Turkish Quarter | MapP.309-D～F4～5 |

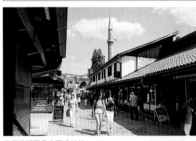
保留著鄂圖曼帝國遺跡的Baščaršija

位於舊城區中心的工匠街，有飲水站Sebilj的廣場上，總是擠滿人潮。

紅磚老房林立，充滿了中東氣息，光是隨意走在街上都十分新鮮有趣。

除了咖啡杯組和水壺等銅製的土耳其式餐具外，專賣金銀手工製戒指、首飾等禮品的商店也很多。傳統咖啡店、餐廳的競爭相當激烈，請務必在這裡品嚐一下有名的烤肉腸Ćevapčići和波士尼亞風Bosanska Kahva（土耳其風）的咖啡。從飲水站所在廣場北邊的陡坡往上走5分鐘，有鄂圖曼帝國時代遺留下來的城門和城牆，眺望市區的視野也很棒。

由於Baščaršija是觀光客必到的場所，竊盜事件相當多，一定要留意自身的財物。

舊絲綢交易所 Bursa Bezistan

| Bursa Bezistan | MapP.309-E5 |

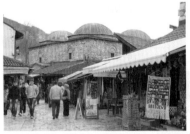
建築物外觀充滿伊斯蘭風味的舊絲綢交易所

這裡是位於Baščaršija內的舊絲綢交易所，是由16世紀鄂圖曼帝國的大宰相Rüstem Pasha所建。布爾薩Bursa是當時以絲綢聞名的城鎮，在這裡交易的絲綢，都是從布爾薩當地運來的

因而得名，現在則成為歷史博物館，展示的內容從史前時代開始一直到奧地利統治時代為止，訴說著塞拉耶弗的歷史，尤其是放在展示場中心的塞拉耶弗城市模型，做工非常精密，值得一看。

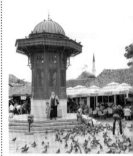

◆猶太人博物館
✉Velika Avlija bb
☎(033) 532068
🕐夏季
　週一～五 10:00～18:00
　週日　 10:00～13:00
　冬季
　週一～五 10:00～16:00
　週日　 10:00～13:00
困週六 圖3KM
◆新猶太教堂
Map P.309-E3
✉Handije Kreševljakovića 59
🕐10:00～14:00
困週六‧日 圖免費

◆加齊哈茲維伯格清真寺
Map P.309-E5
✉Sarači 18
☎(033) 532144
FAX(033) 534375
URL www.vakuf-gazi.ba
🕐夏季 9:00～12:00
　14:30～16:00
　17:30～19:00
　冬季 9:00～12:00
困齋戒月‧節日 圖2KM
◆加齊哈茲維伯格學校
Map P.309-E4～5
✉Mudželiti Veliki 21
TEL/FAX(033) 237099
🕐週一～五 10:00～19:00
　週六‧日 10:00～18:00
困無休 圖2KM

◆舊塞爾維亞正教會
✉Mule Mustafe Bašeskije
☎(033) 571760
🕐8:00～20:00
困無休 圖2KM

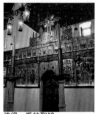

值得一看的聖幛

◆塞拉耶弗博物館
Map P.309-E5
✉Zelenih Beretki 1
☎(033) 533288
🕐夏季
　週一～五 10:00～18:00
　週六　 10:00～15:00
　冬季
　週一～五 10:00～16:00
　週六　 10:00～15:00
困週日 圖3KM

猶太人博物館 Muzej Jevreja

Jewish Museum　MapP.309-E5

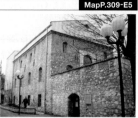

猶太人博物館

　利用猶太教堂所設立的博物館，天花板的裝飾相當美麗的新館。15世紀時，由於鄂圖曼帝國接納了大量被基督教徒驅逐到伊比利半島的猶太人，因此以塞拉耶弗為首的舊鄂圖曼帝國，其所屬的各地都有猶太人的地方自治團體。

　除了介紹波士尼亞的猶太人生活外，還重現老藥店，也有與第二次世界大戰相關的展示，值得一看。

加齊哈茲維伯格清真寺 Gazi Husrev-begova džamija

Gazi Husev bey Mosque　MapP.309-E5

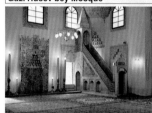

指示麥加方向的壁龕(左)和說教壇(右)

加齊哈茲維伯格清真寺建造於1531年，是波士尼亞‧赫塞哥維納最重要的清真寺。加齊哈茲維伯格Gazi Husrev-begova是當時波士尼亞的總督，除了該座清真寺之外，還在對面蓋了學校Medresa、公共浴場Hamam，以及有頂市集Bezistan等，留下不少的公共設施，對塞拉耶弗的發展有極大的貢獻。清真寺北邊的學校裡，放映著介紹加齊哈茲維伯格與這些相關建築物的電影。

舊塞爾維亞正教會 Stara pravoslavna crkva

Old Orthodox Church　MapP.309-E4

　位於Baščaršija，是16世紀建造的塞爾維亞正教會的教堂。相較於外觀讓人印象模糊，內部的裝飾卻是非常美麗，尤其是聖幛Iconostas值得一看。教堂裡還附設博物館，展示著具有歷史價值的聖像畫Icon和聖具。

拉丁橋 Latinska ćuprija

Latinski Bridge　MapP.309-E5

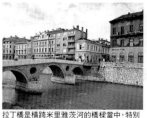

拉丁橋是橫跨米里雅茨河的橋樑當中，特別美麗的石橋

　1914年6月28日，統治波士尼亞的奧匈帝國弗朗茨‧斐迪南Franz Ferdinand皇儲夫婦，遭青年波士尼亞黨Mlada Bosna的塞爾維亞族青年加夫里洛‧普林西普Gavrilo Princip刺殺（塞拉耶弗的槍聲也成為第一次世界大戰的導火線），案發現場就在塞拉耶弗博物館Muzej Sarajeva的前方附近，這座橋一度被稱為普林西普橋。

塞拉耶弗的博物館裡介紹了1878年時，波士尼亞‧赫塞哥維納遭奧地利併吞後人民生活的改變，關於刺殺事件也有詳盡的說明。

市政廳 Vijećnica

City Hall `MapP.308-F5`

就在緊鄰Baščaršija的米里雅茨河Miljacka河畔，這是奧匈帝國時代興建的市政廳，後來變成了國立圖書館，也可稱作是塞拉耶弗的地標。但1992年遭到砲擊，除了建築物的外牆之外，完全被大火燒毀，珍貴的藏書也付之一炬。

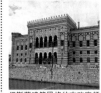
伊斯蘭建築風格的市政廳頗負盛名

塞拉耶弗冬季奧林匹克設施與墓地

Sarajevo's Olympic Venues and Cemeteries `MapP.308-C1`

從總統府和政府機關聚集的政府機構街，往Koševo大街北邊約走15分，可看到左手邊的一大片區域有著許多墓碑，這裡以前是1984年所舉辦的塞拉耶弗奧林匹克運動場的輔助運動場，但是在戰亂期間，由於無法將犧牲者的遺體運往墓地，再者也沒有地方埋葬，於是將運動場改成了墓地。當時為了躲避轟炸，都在清晨或是日落的時候進行埋葬。2002年4月，日本的NGO團體在這裡種植了600株的櫻樹苗，此處禁止入內拍照。

而在後方所看到的是冰刀溜冰場Zetra，過去曾因遭轟炸成了廢墟，還曾經被用來作為聯合國和平安定部隊的基地，最後終於在1993年3月修復完成，並於同年7月，以此地作為巴爾幹首腦會議的場地，世界各國的重要元首在此地聚集。可免費入場參觀的奧林匹克博物館，展示著慶典相關的文物和美術作品。

現在奧林匹克運動場則被用來舉辦足球賽或演唱會，1998年9月在這裡舉辦了U2的演唱會，令5萬名粉絲為之瘋狂。

其他的塞拉耶弗奧運設施

下列設施的區域曾被塞爾維亞人作為攻擊塞拉耶弗的轟炸陣地，現在已經有部分可供參觀，也可享受滑雪或散步的樂趣。

別拉什尼察　Bjelašnica
　男子組高山滑雪
　Alpine Skiing
伊格曼　Igman
　北歐兩項
　Nordic Combined
特勒貝夫奇　Trebević
　雪車Bobsleigh
　仰式雪橇Luge
亞霍里納　Jahorina
　女子組高山滑雪
　Alpine Skiing

◆**Avaz Twist Tower**
⊠Tešanjska 24a
☎(033) 281350
⏰9:00～23:00
困無休 　🚶1KM

Avaz Twist Tower

`MapP.308-C3`

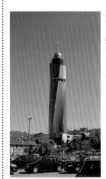
不含天線高142m

位在火車站東邊的Avaz Twist Tower於2009年落成，同時也是波士尼亞‧赫塞哥維納最高的大樓。波士尼亞的代表報社Avaz的辦公室就是在這裡，31樓是餐廳、35樓是咖啡廳、36樓是瞭望台。一般人可以進入，俯瞰塞拉耶弗的城市風光。

從瞭望台看出去的景致

狙擊手之巷 Snajperska ulica

Sniper's Alley `MapP.308-A～C3～4`

波士尼亞戰爭時，從東邊舊Holiday Inn飯店一直延伸到西邊，有路面電車通過的寬闊馬路稱為狙擊手之巷。當時在這條大街上，所有會動的物體都成了潛藏在高樓大廈中的塞爾維亞狙擊兵的目標，轟炸的損害相當大，連小孩、老人、女性

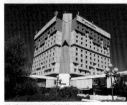
戰爭期間仍持續營業，很多記者都投宿在此的舊Holiday Inn飯店

◆隧道博物館
✉Tuneli 1
☎(033) 778670
🌐tunelspasa.ba
📅4～10月　9:00～17:00
　11～3月　9:30～16:00
🚫無休　💰10KM

從市中心可搭乘3號路面電車在終點站的伊利扎Ilidža下車，然後再改搭32號往Kotorac方向的巴士。在終點站下車後，過了橋往左轉，大約走500m左右在右手邊。如果從市區搭乘計程車前往的話，大約15～20KM。塞拉耶弗的旅行社也會推出團體行程。

☺推薦的行程
　我參加了由Sarajevo Funky Tours舉辦的「包圍塞拉耶弗之旅」，行程包括了隧道博物館、塞拉耶弗奧運的雪車設施和猶太人墓地、塞爾維亞人戰車基地遺址等，非常推薦給想要了解波士尼亞戰爭的人。
（東京都　Pictor　'13春）

◆Sarajevo Funky Tours
Map P.309-E4
✉Besarina Čikma 5
☎062-910546（行動電話）
🌐www.sarajevofunkytours.com

如何前往
波士尼亞之泉

從市中心往西約15km，順著3號路面電車的終點站伊利扎的行道樹走，大約就在3.5km處。除了徒步前往之外，還可以搭乘馬車或是租自行車代步。

連結伊利扎和波士尼亞之泉的馬車

如何前往維索科

從聯邦所屬的巴士總站每隔1小時就有1班車，所需時間約1小時，6.30KM。如果搭乘計程車從維索科到金字塔參觀，包括等待的時間在內約30KM。

都遭到狙擊，特別是格巴維察Grbavica附近的犧牲者特別地多。

舊Holiday Inn飯店在戰爭時期曾是各國記者聚集場所，現在該飯店已經不是Holliday Inn系列飯店，正確的名稱叫做Holiday Hotel。

搭乘3號線的路面電車（Baščaršija-Ilidža），就可以從車窗看到一整條狙擊手之巷。

◆◆◆◆◆◆◆◆◆◆從塞拉耶弗出發的小旅行◆◆◆◆◆◆◆◆◆◆

隧道博物館 Muzej tunela spasa

這間博物館開放了部分在1993年戰爭時所建造的隧道，當時的塞拉耶弗因遭到舊南斯拉夫聯邦軍的包圍而孤立無援，多虧這條隧道才能和其他波士尼亞軍所占領的區域相連，得以運送物資。全長800m的隧道已經在戰後封閉了，這裡僅開放其中的25m。除了隧道之外，博物館內也放映戰爭時拍攝的影片，並且展示戰爭時期所使用的武器、軍服以及物資。

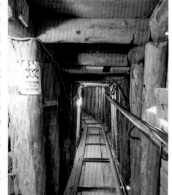

戰爭時期被視為是塞拉耶弗生命線的隧道

波士尼亞之泉 Vrelo Bosne

位於伊格曼山Igman的山腳下，這是一處以泉水湧出的美麗區域而聞名的自然公園，從岩石後方冒出的清流成了許多池塘。夏季時，被用來作為市民的休閒場所，非常熱鬧，是塞拉耶弗最重要的水源地帶，戰爭時期則是塞爾維亞人勢力的重要據點。

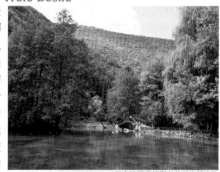

從塞拉耶弗輕鬆前往的自然公園

維索科 Visoko

距離塞拉耶弗北邊30km處，2005年時，由Semir Osmanagić等人在這裡發現了3座金字塔，之後根據埃及的地質學家調查，這些金字塔可能是在1萬2000年前由人工打造的。夏季會舉辦導覽行程，可以順著金字塔地下道去冒險探勘。

Hotel

塞拉耶弗的住宿

從台灣撥打電話　002+387（波士尼亞‧赫塞哥維納國碼）+去除0的區域號碼+電話號碼

　　價格昂貴、住起來舒適的飯店相當多，出租給遊客的私人房間也愈來愈多，但不是所有都有招牌，可以請有負責窗口的旅行社代為介紹。在Baščaršija有私人房間介紹的代理店。超人氣的飯店若是遇上了旺季或節日，房客相當多，很快就客滿。費用1人€12～20，聯邦所屬的巴士總站經常有人在拉客，要仔細確認房間狀況後再做決定。

Hotel Europe

★★★★★　客房數：160
Map P.309-E5

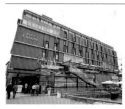

●位於塞拉耶弗舊城區內的高級飯店，於波士尼亞被併入奧匈帝國的1882年開幕，如同飯店的名稱，是一間充滿歐洲高級格調的飯店。飯店內有健身中心和泳池，硬體設備齊全。

✉ Vladislava Skarića 5
☎ (033) 580400
FAX (033) 580580
URL www.hoteleurope.ba
email reception@hoteleurope.ba
S AC 🛁📶 🚽🍴□€93
W AC 🛁📶 🚽🍴□€134
CC A D M V

Hotel Bosnia

★★★★　客房數：72
Map P.309-D3

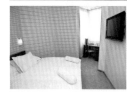

●位於鬧區附近，相當便利。客房內是重視功能性的現代化裝潢，房間內沒有保險箱，貴重物品可以寄放在櫃台。館內附設餐廳，可以在舒適的中庭裡用餐。無線網路免費。

✉ Kulovića 9
☎ (033) 567010
FAX (033) 444572
URL www.bosniahotels.com
email bosniahotel@bih.net.ba
S AC 🛁📶 🚽🍴□193KM
W AC 🛁📶 🚽🍴□236KM
CC A M V

Art Hotel

★★★　客房數：29
Map P.309-E5

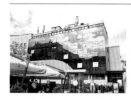

●就在加齊哈茲維伯格有頂市集Gazi Husrev-begova Bezistan旁，是塞拉耶弗的飯店中地點最好的飯店之一。就如同飯店的名稱一樣，客房的設計性極高，附設的餐廳也瀰漫著東方色彩，很有異國情調。

✉ Vladislava Skarića 3
☎ (033) 232855
FAX (033) 232860
URL www.hotelart.ba
email info@hotelart.ba
S AC 🛁📶 🚽🍴□162KM
W AC 🛁📶 🚽🍴□180KM
CC A D M V

Old Town

★★★　客房數：15
Map P.309-E5

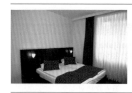

●位於拉丁橋和加齊哈茲維伯格清真寺之間，剛好就在Baščaršija的中心位置，地點相當方便。房間的設備很新，有無線網路、Minibar、保險箱等，設備完善。

✉ Mali Čurćiluk 11a
☎ (033) 574200　FAX (033) 574202
URL www.hoteloldtown.ba
email info@hoteloldtown.ba
S AC 🛁📶 🚽🍴□€55
W AC 🛁📶 🚽🍴□€80
CC 不可

Hotel Latinski Most

客房數：10
Map P.309-E3

●過了拉丁橋往南走馬上就能看到，是一間小而美的飯店。公共空間裡有400年前的古董時鐘、古老的塞拉耶弗的照片等，由於人氣相當高，夏天前往的話，得要幾個月前就預約。

✉ Obala Isa bega Isakovića 1
☎ (033) 572660　FAX (033) 572661
URL www.hotel-latinskimost.com
email info@hotel-latinskimost.com
S AC 🛁📶 🚽🍴□97KM
W AC 🛁📶 🚽🍴□136KM
CC D M V

Halvat Guest House

客房數：5
Map P.309-F4

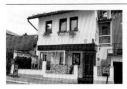

離Baščaršija很近，屬於經濟型旅館，住起來也很舒適。老闆很喜歡狗，這裡也有公寓式的房間。另外付費的話，可以提供洗衣和機場接送的服務。無線網路免費。

✉ **Kasima ef Dobrače do 5**
☎ (033) 237714～5　FAX (033) 237715
URL www.halvat.com.ba
email halvat@bih.net.ba
S AC █████ €45.90
W AC █████ €68
CC 不可

HCC
(Hostel City Center Sarajevo)

青年旅館　客房數：6（20床）
Map P.309-E5

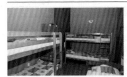

利用建築的最頂樓，單人房和雙房人各只有一間，多人房有4～10床，男女混合。有廚房和洗衣間，無線網路免費。

✉ **Muvekita No.2, 3F**
☎&FAX (033) 203213
URL www.hcc.ba
email hcc.sarajevo@hcc.ba
D AC ████ 20～30KM
S AC ████ 40～50KM
W AC ████ 50～80KM　CC M V

Hostel Srce Sarajeva

青年旅館　客房數：23床
Map P.309-E5

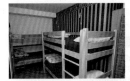

與Hostel City Center Sarajevo在同一棟建築的1樓，有2間分別是8床和9床的大房間，其中有一房附設空調，但費用相同。有個人使用的置物櫃，住3天以上洗衣免費。

✉ **Muvekita No.2**
☎&FAX (033) 442887
URL hostelsrcesarajeva.freshcreator.com
email hostelsrcesarajeva@gmail.com
D ████ €10.50～15
S ████ €15　W ████ €30
CC A D M V

Restaurant　　　　　　塞拉耶弗的餐廳

Morića Han

Map P.309-E5

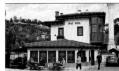

利用曾經是商隊旅社的建築物一角改為餐廳，店內的裝飾充滿濃郁的伊斯蘭氣氛，最適合品嚐鄉土料理。這裡不賣酒精飲料。

✉ **Sarači 77**
☎ (033) 236119
🕐 7:00～22:00
休 無休
CC 不可

Inat Kuća

Map P.309-F3

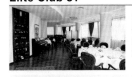

面對國立圖書館，中間隔著米里雅茨河Miljacka，活用古代建築物的結構在當地也獲得好評。料理從鄉土料理到簡單的輕食都有，菜單很豐富，主菜7～25KM。

✉ **V. Alifakovac 1**
☎ (033) 447867
🕐 11:00～22:30
休 無休
CC M V

Elite Club 31

Map P.308-C3

就在Avaz Twist Tower的31樓，一邊俯瞰塞拉耶弗的城市風光，一邊用餐。菜色以西歐料理為主，主菜10～40KM。

✉ **Tešanjska 23**
☎ (033) 281496
URL www.restorani.ba
🕐 週一～六8:00～23:00　週日9:00～17:00
休 無休　CC A D M V

Srebrna Školjka

Map P.309E3

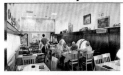

位於室內市場的2樓，可以從樓上往下看熱鬧的市集，一邊品嚐道地的鄉土料理，主菜6～12KM。

✉ **Ferhadija 7**
☎ (033) 298358
🕐 7:00～22:00
休 週日
CC 不可

維舍格勒 *Вишеград (Višegrad)*

URL www.visegradturizam.com

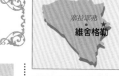

塞拉耶弗
維舍格勒

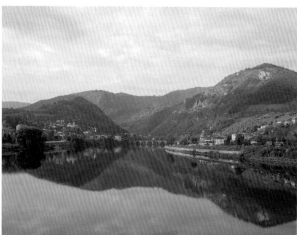

與周遭風景融為一體的維舍格勒

如何前往維舍格勒

🚌 從塞拉耶弗的東塞拉耶弗巴士總站(塞爾維亞人共和國那側)出發,1日4班,所需時間約3小時,15.50KM。從烏日采Ужице(塞爾維亞)出發,1日4班,所需時間約2小時,540DIN。

維舍格勒的 ❶
Map P.318-A2
✉ Козачка(Kozačka)
☎ (058) 620950
🕐 夏季
　　週一～五　8:00～16:00
　　週六　　　8:00～15:00
　　冬季
　　週一～五　8:00～15:00
🚫 週日、冬季的週六
※計畫搬遷到Hotel Višegrad內

維舍格勒的 ❶

Šarganska osmica
行駛於塞爾維亞的莫克拉戈拉Мокра Гора(→P.357)的蒸汽火車Šarganska osmica,越國境將路線延伸到維舍格勒,但是該路線並非定期運行,僅在特別的場合才會行駛。

◆ 穆罕默德・巴夏・索科羅維奇古橋
🕐 隨時　🚫 無休　💰 免費

郊近塞爾維亞國境、默默地佇立在德里納河рijeka Дрина河畔的城鎮維舍格勒,這座小城市就是波士尼亞出身的諾貝爾獎作家伊沃・安德里奇Ivo Andrić傑作《德里納河之橋Na Drini ćuprija》的舞台,因而聲名大噪。不光是波士尼亞,就連整個舊南斯拉夫幾乎沒有人不知道。

自以前開始,不斷有安德里奇的粉絲到這裡來,2007年橫跨德里納河的穆罕默德・巴夏・索科羅維奇古橋登錄為世界遺產,讓這個觀光勝地更受矚目。

◆◆◆◆◆◆◆◆◆◆◆◆ **漫遊維舍格勒** ◆◆◆◆◆◆◆◆◆◆◆◆

當地並沒有長途巴士總站,依照目的地的不同,停車場所也不一,包括來自塞拉耶弗在內的巴士,大多都是靠在穆罕默德・巴夏・索科羅維奇古橋的北側。❶就在往南過了穆罕默德・巴夏・索科羅維奇古橋後走立刻右轉的右手邊。如果遇上了❶關門的話,寫著巴士時刻表和停靠地點的紙張會貼在牆上,想要搭乘巴士最好事先確認。這座城市非常小,徒步就能繞一圈。

◆◆◆◆◆◆◆◆◆◆ **維舍格勒的主要景點** ◆◆◆◆◆◆◆◆◆◆

穆罕默德・巴夏・索科羅維奇古橋
Мост Мехмед-паше Соколовића

| Mehmed Pasha Sokolovic Bridge | MapP.318-A1～2 |

以大宰相的身分,從蘇萊曼大帝Süleyman開始,跟隨了3代鄂圖曼帝國蘇丹的蘇庫魯・穆罕默德・巴夏Sokollu Mehmed Paşa,於16世紀建造了這座橋。

蘇庫魯・穆罕默德・巴夏是個居住在波士尼亞基督教徒的兒

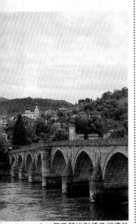

由11個美麗拱形橋墩相連的
穆罕默德‧巴夏‧索科羅維奇
古橋

子，因為徵召基督教徒孩童的血貢制度devşirme，而被送到伊斯坦堡，最後成了大宰相。負責設計橋的米瑪‧希南Mimar Sinan本身是宮廷建築師，同時也是土耳其最知名的建築師。該座橋樑由11個拱形橋墩構成，全長175m，因為優異的建築技術和壯麗的外觀，被外界認為是希南所設計的橋樑中的最佳傑作。儘管這座橋曾經在第一次世界大戰和第二次世界大戰中遭到破壞，但現在已經完全修復。

　　讓這座橋的名氣傳遍全世界的伊沃‧安德里奇Ivo Andrić《德里納河之橋Na Drini ćuprija》，是一部描寫橋樑從建設一直到第一次世界大戰破壞為止的作品。長達400年的期間，有伊斯蘭教徒、基督教徒、猶太教徒等各種人物登場，充滿了波士尼亞的風格。隨著時代變遷的人們，和一直不曾改變的德里納河和橋樑，形成了強烈的對比，故事中也強調民族共生的象徵。以描寫波士尼亞這個區域為主題，將民族的共存和對立昇華為世界文學的這部作品，應該是絕無僅有的吧。

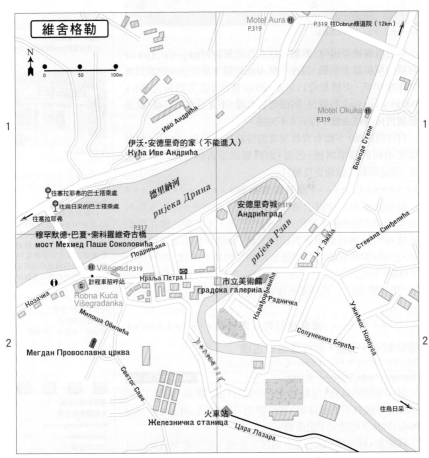

安德里奇城 Андрићград

Andrićgrad   **MapP.318-B1**

安德里奇城是電影導演艾米爾・庫斯圖里察Emir Kusturica（塞爾維亞語Емир Кустурица）所主導，集觀光、文化和教育的複合設施，這個名字當然是諾貝爾獎作家伊沃・安德里奇所取的。這裡以牆壁圍繞，穿過大門之後有好幾間的紀念品店、咖啡館等。此外，還有藝術中心、語言學習中心、市政廳以及教堂，很像是城中城的感覺。

◆◆◆◆◆◆◆◆◆◆從維舍格勒出發的小旅行◆◆◆◆◆◆◆◆◆◆

Dobrun修道院
Манастир Успења Богородице у Добруну

修道院位於維舍格勒東方約12km處，接近維舍格勒和塞爾維亞的邊境。這座建造於14世紀、歷史悠久的修道院，殘留著當時統治這個區域的塞爾維亞皇帝斯特凡・杜尚Стефан Душан與家族的濕壁畫。另外，佇立於修道院區山丘頂上的石像，則是在19世紀的塞爾維亞暴動中嶄露頭角，並建立了卡拉喬治維奇王朝的卡拉喬治・彼特羅維奇Karadjordje Petrovic（塞爾維亞語Карађорђе Петровић）。根據記載，他在塞爾維亞暴動之後，為了解放波士尼亞，曾在這座修道院停留了數個月。

修道院內的博物館有卡拉喬治的相關展示，以及聖像畫、復活節彩蛋等教會相關美術作品。

◆安德里奇城
URL www.andricgrad.com
圃隨時 困無休 圈免費

安德里奇城入口

安德里奇雕像

如何前往 Dobrun修道院
從維舍格勒搭計程車約15分鐘左右，包含1小時等待時間在內，來回車資約20KM。

◆Dobrun修道院
Map P.318-B1外
圃10:00～16:00

教堂和博物館平常都會上鎖，必須拜託修道士幫忙開門。即便是在上述以外的時間前來，只要修道士的話，也能進入參觀。
困無休 圈免費

維舍格勒的住宿

從台灣撥打電話 002+387（波士尼亞・赫塞哥維納國碼）+去除0的區域號碼+電話號碼

Višegrad
★★★ 客房數：20
Map P.318-A2

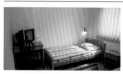

●面對世界遺產的古橋，地理位置相當好，館內附設可以吃到塞爾維亞料理的餐廳。冬季有時會暫停營業，服務台周邊可使用無線網路。

✉ Трг. Палих Бораца бб（Trg Palih Boraca bb）
TEL (058) 620710
FAX (058) 622444
S🛏📶⚙️📺🍴49KM
W🛏📶⚙️📺🍴83KM CC不可

Motel Okuka
客房數：7
Map P.318-B1

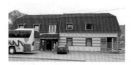

●就在德里納河ријека Дрина東岸，城鎮北邊的橋附近。1樓的餐廳酒吧兼做服務櫃台。房間內有有線電視，也有無線網路。

✉ Војводе Степе бб（Vojvode Stepe）
TEL 065-998761（行動電話） FAX 無
S🛏📶⚙️📺€15
W🛏📶⚙️📺€30 CC不可

Motel Aura
客房數：9
Map P.318-B1

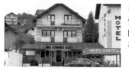

●就在橫跨城市北邊橋樑的西側，每間客房都有電視、空調、Minibar以及無線網路，設備完善。1樓有間小餐廳。

✉ Г. Принципа бб（G. Principa）
TEL&FAX (058) 631021
URL www.motelaura.com
email auravgd@teol.com
S AC🛏📶⚙️📺🍴41KM
W AC🛏📶⚙️📺🍴62KM CC M Ⓥ

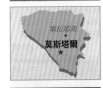

塞拉耶弗
莫斯塔爾
★

莫斯塔爾 *Mostar*

URL www.hercegovina.ba

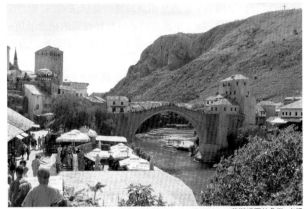

莫斯塔爾的象徵，老橋

如何前往莫斯塔爾

🚌 從塞拉耶弗出發，1日2班，所需時間2小時30分，11KM。

🚐 從塞拉耶弗出發，1日13班，所需時間2小時15分，20KM。薩格勒布（克羅埃西亞）出發，1日4班，所需時間9小時30分，52KM。杜布羅夫尼克（克羅埃西亞）出發，1日5班，所需時間3小時，200KM。杜布羅夫尼克當地也有推出1日遊行程。由於會從克羅埃西亞穿越國境，千萬要記得帶著護照。

莫斯塔爾的❶
◆Turistička Zajednica
Map P.320-A2
✉Rade Bitange 5
☎(036) 580275
URL www.hercegovina.ba
📧 hercegovina@
hercegovina.ba
🕐 11:00～19:00
🚫 11～4月

聶雷托巴河Neretva貫穿於城鎮中央，有著美麗拱形老橋Stari Most連接兩岸城鎮的莫斯塔爾，在波士尼亞語中的Mostar是「守橋人」的意思。

正如其名，莫斯塔爾是以該橋為中心而發展的城鎮，象徵此城鎮的這座橋在1993年11月遭戰火無情破壞，直到2004年之後才在聯合國教科文組織的協助下修復完成。

這座橋因深受鄂圖曼帝國時代的影響，殘存著濃郁的東方色彩，從克羅埃西亞的杜布羅夫尼克Dubrovnik搭乘巴士過來，

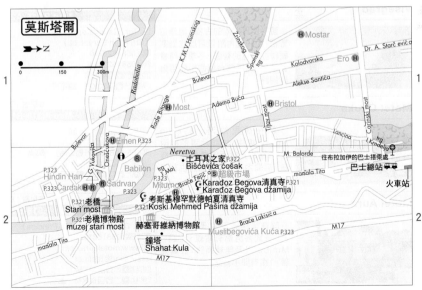

莫斯塔爾

N

0　150　300m

K.M.V. Humskog
Zrinskog
Šoemtki
Kolodvorska
Ero
Dr. A. Starč evića
Mostar

Radobolja
Rade Bitange
Bulevar
Adema Buća
Tijpoi most
Čapljinski most
Alekse Santića
Bristol

Bulevar
Onešc'ukova
G. Vukoviča
Emen P.323
Neretva
Most
Lancina
trg Krađelja
往布拉加伊的巴士乘處

Babilon
trg Maj
土耳其之家 P.322
Biščevića ćošak
超級市場
M. Balorde
masala Tita
巴士總站

Hindin Han P.323
Čardak P.323
Sadrvan P.323
Mitumc'a
Braće Fejić
Karađoz Begova清真寺 P.321
Karađoz Begova džamija
火車站

P.323
老橋
Stari most
考斯基穆罕默德帕夏清真寺 P.321
Koski Mehmed Pašina džamija

P.321老橋博物館
muzej stari most
赫塞哥維納博物館
Braće Lakišića
Muslibegovića Kuća P.323
M17

masala Tita
鐘塔
Shahat Kula
M17

A　　　　　B

僅僅只需3小時。從深受西歐影響的亞得里亞海沿岸的城鎮來到此地旅行，看到如此大不相同的城鎮氣氛，應該會感到相當意外。

◆◆◆◆◆◆◆◆◆◆漫遊莫斯塔爾◆◆◆◆◆◆◆◆◆◆

車站和巴士總站位於城鎮北方，距離有石橋的舊城區約1km。從Maršala Tita大道往南前進，應該就能看到位於右側的老橋Stari Most。❶就在過橋後往右轉的位置。

城鎮位於聶雷托巴河的兩側，東側住著穆斯林人，克羅埃西亞人則是居住在西側。將兩個區域分隔開來的老橋周邊，林立著氣氛很棒的餐廳和紀念品店。

◆◆◆◆◆◆◆◆◆莫斯塔爾的主要景點◆◆◆◆◆◆◆◆◆

老橋 Stari most

| Old Bridge | MapP.320-A2 |

象徵莫斯塔爾的橋樑，1566年在鄂圖曼帝國的統治時代下所建造。這座橋除了外型美麗之外，建造的過程中沒有使用支柱，卻能讓拱形橋樑橫跨兩岸，由此可見當時的建築技術十分高超。橋的兩端有高塔聳立，東岸的塔被用來作為老橋博物館Muzej stari most，館內的展示分成A到C 3個區域。A區是老橋構造的相關解說與發展歷史；B區是老橋之前的遺跡，那是在老橋重建調查時偶然發現的；C區則是藉由畫板和影像解說老橋重建的情況。另外，從塔上也可以看到穿梭於橋上的行人。

考斯基穆罕默德帕夏清真寺
Koski Mehmed Pašina džamija

| Koski Mehmed Pasina Mosque | MapP.320-A2 |

從老橋往Braće Fejića大街北邊前進，就位於左邊。這座1618年建造的伊斯蘭教寺院，庭院是拍攝老橋的絕佳景點，高聳於河岸附近的尖塔視野非常好。

Karađoz Begova清真寺
Karađoz Begova džamija

| Karadzoz Beg Mosque | MapP.320-A2 |

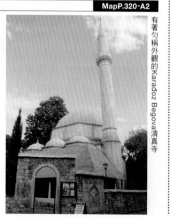

有著勻稱外觀的Karađoz Begova清真寺

這是在1557年，由鄂圖曼帝國的宮廷建築師，同時也是維舍格勒的穆罕默德‧巴夏‧索科羅維奇古橋的設計師米瑪‧希南所建造的。這裡被譽為是赫塞哥維納的最具代表的伊斯蘭建築，裡頭還有附設被稱為麥德萊賽Madrassas的伊斯蘭教宗教教育設施。

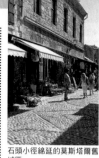
石頭小徑綿延的莫斯塔爾舊城區

◆老橋博物館
Map P.320-A2
✉Stari Most
🕐4～10月　10:00～18:00
　11～3月　11:00～14:00
🚫冬季的週一
💰5KM　學生3KM

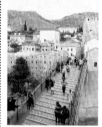
從塔上可以看到老橋

世　界　遺　產
莫斯塔爾舊城區的老橋及周邊區域
Stari most i stari dio grada Mostara
2005年登錄

◆考斯基穆罕默德帕夏清真寺
✉Braće Fejića
🕐4～10月 9:00～18:00
　11～3月10:00～15:00
🚫無休
💰4KM
　8KM(含尖塔)
　週五12:00～15:00的禮拜時間無法入內參觀。

◆Karađoz Begova清真寺
✉Braće Fejića
🕐8:00～12:00、
　14:00～17:00
🚫無休
💰4KM
　8KM(含尖塔)
　週五12:00～15:00的禮拜時間無法入內參觀。

◆土耳其之家
✉ Bišćevića 13
☎ (036)552197
⏰ 8:00～19:00
🚫 11～4月
🚶 4KM

如何前往 默主哥耶

🚌 從莫斯塔爾的巴士總站出發，1日4班，所需時間約1小時15分，6.70KM。

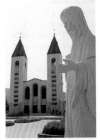

許多朝聖者到訪

如何前往 布拉加伊

🚌 和莫斯塔爾火車站隔著一條馬路的對面，有近郊巴士的巴士站牌，從那裡搭乘10號巴士，1日5班，所需時間30分，2.10KM。

◆Stara Derviška tekija
⏰ 8:00～21:00
🚫 無休
💰 免費

建造於山丘上的史塔利格拉德

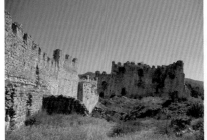

土耳其之家 Bišćevića ćošak
Turkish House

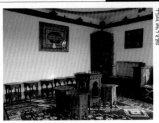

17世紀建造的鄂圖曼帝國時代的傳統家屋，充滿東方氣息的屋內擺放著當時生活家具。建造於聶雷托巴河Neretva沿岸，2樓的客房往河川上方擴建出去。

殘留鄂圖曼帝國時代民宅氣氛的土耳其之家

◆◆◆◆◆◆◆◆◆◆從莫斯塔爾出發的小旅行◆◆◆◆◆◆◆◆◆

默主哥耶 Međugorje

1981年6月24日，6個小孩在這裡目擊馬利亞顯像，之後這個貧寒的村莊被視為是奇蹟之地，來此巡禮的天主教徒絡繹不絕。其受矚目的範圍不僅止於歐洲，而是和葡萄牙的法蒂瑪Fátima同樣受到世界各地的矚目。

雖是個小村莊，卻有很多私人房間出租，當地民眾已經習慣旅行者的到訪。在這個幾乎是克羅埃西亞人的區域，也是個知名的葡萄酒產地。

布拉加伊 Blagaj

從莫斯塔爾往南約12km左右，構築在布納河Buna沿岸的布拉加伊，連接亞得里亞海和其背後地區，戰略位置相當重要。羅馬以前曾在這裡建立城塞，是個歷史性的城鎮。這裡在中世紀時，曾經是赫塞哥維納的地方君主史提芬公爵Stjepan Vukčić Kosača的據點。鄂圖曼帝國時代建立了伊斯蘭神祕主義教團的修道院Stara Derviška tekija，以伊斯蘭教的聖地而繁榮興盛。猶如被河川、山崖所環繞的建築風景，經常出現在波士尼亞‧赫塞哥維納

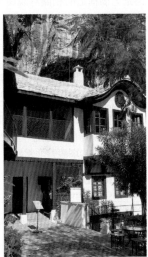

伊斯蘭教的修道院Stara Derviška tekija

的觀光手冊上，大自然和建築物完美融合的美景，是最引以為傲的。

建造於山丘上的城塞史塔利格拉德Stari grad，是從古代一直到中世紀重複改建了數次的城鎮守備樞紐，現在已經成為廢墟，但也算是個眺望城鎮的景點，若有時間的話，一定要到這裡來看看。

Hotel Restaurant

莫斯塔爾的住宿&餐廳

從台灣撥打電話　002＋387（波士尼亞‧赫塞哥維納國碼）＋去除0的區域號碼＋電話號碼

Motel Emen

客房數：6
Map P.320-A1

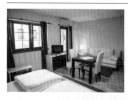

●這座飯店就在石頭小徑綿延，充滿懷舊風情的莫斯塔爾舊城區中心，客房裝潢現代化，有Minibar、無線網路，機能性高，部分房間還有陽台。飯店內附設禮品店和餐廳。

✉ **Onešćukova 32**
☏&FAX (036) 581120
🌐 www.motel-emen.com
✉ info@motel-emen.com
Ⓢ AC 📶 🛁 🔌 □ €50
Ⓦ AC 📶 🛁 🔌 □ €70～80
CC Ⓜ Ⓥ

Muslibegovića Kuća

客房數：10
Map P.320-B2

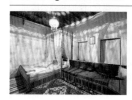

●以歷史性文化史蹟對外開放的鄂圖曼風格宅邸。能夠讓觀光客住在博物館內，實在是相當難得，內部裝潢和擺設非常傳統。博物館4/15～10/15營業，4KM。

✉ **Osmana Đikća 41**
☏ (036) 551379
FAX (036) 551855
🌐 www.muslibegovichouse.com
✉ muslibegovichouse@gmail.com
Ⓢ AC 📶 🛁 🔌 □ €60
Ⓦ AC 📶 🛁 🔌 □ €75～90
CC不可

Pansion Čardak

客房數：5
Map P.320-A2

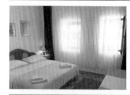

●離老橋很近的民宿，房間寬敞又乾淨，有廚房、停車場和網路，設備完善。如果時間允許的話，還會提供巴士總站的免費接送服務。早餐另收€4。

✉ **Jusovina 3**
☏&FAX (036) 578249
🌐 www.pansion-cardak.com
✉ info@pansion-cardak.com
Ⓢ AC 📶 🛁 🔌 □ €35～50
Ⓦ AC 📶 🛁 🔌 □ €40～60
CC不可

Hostel Miturno

床數：26
Map P.320-A2

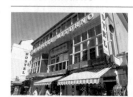

●這是一間位於舊城區中心的青年旅館，黃綠色外牆相當醒目的建築物。免費提供浴巾和床單，有廚房和無線網路，設備齊全。這裡也兼營旅行社，有導覽行程和租車服務。

✉ **Braće Fejića 67**
☏&FAX (036) 552408
🌐 www.hostel-miturno.ba
✉ booking@miturno.ba
Ⓓ AC 📶 🛁 🔌 □ €11
Ⓦ AC 📶 🛁 🔌 □ €30
CC不可

Šadrvan

Map P.320-A2

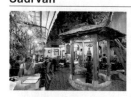

●就在老橋旁，是一間鄉土料理專賣店，服務人員都穿著傳統服裝。葡萄葉包餡料理Japrak 8KM、濃湯Begova čorba 4.20KM、莫斯塔爾風味的漢堡Pljeskavica 7.20KM。

✉ **Jusovina 10**
☏ (036) 579057
☏ 061-891189（行動電話）
✉ bjanka_krpo@hotmail.com
🕐 7:00～24:00
休無休　CC不可

Hindin Han

Map P.320-A2

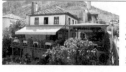

●位於觀光景點裡，當地人經常光顧的鄉土料理餐廳，主菜10～25KM。夏天從露台的座位往聶雷托巴河Neretva看出去，景色非常宜人。

✉ **Jusovina**
☏ (036) 581054
✉ hindin.han@hotmail.com
🕐 9:00～23:00
休無休　CC Ⓐ Ⓜ Ⓥ

波士尼亞‧
赫塞哥維納簡史

◆多民族、多宗教混合的國家

舊南斯拉夫曾經是個有7個國境、6個共和國和6個主要民族，以及3種宗教共存的國家，當中的波士尼亞‧赫塞哥維納是個3種宗教的民族彼此調和共存、世界上少有的四海一家親的國家。

波士尼亞‧赫塞哥維納的歷史可以追溯到西元7世紀，從各方移住到此地區的斯拉夫人早在7世紀前半，就已經混雜在塞爾維亞人和克羅埃西亞人之中。順道一提，塞爾維亞人和克羅埃西亞人的差異並不是人種差異，而是信仰宗教的不同。

斯拉夫人在波薩維納州Posavski（薩瓦河Sava）、波士尼亞（中央部分的波士尼亞河Bosna的源流區域）、胡姆Hum（位於現在的赫塞哥維納）、Doni Kulai（波士尼亞東部）等地建立村落，最後構成了幾個小型的統治領土。

◆掙脫大國的統治枷鎖

之後，波士尼亞於11世紀歷經了中世紀克羅埃西亞王國的統治，於13世紀形成了實際上的獨立國家。進入14世紀後，特夫爾特科Tvrtko以中世紀波士尼亞王國之名宣告獨立，實際統治現在的波士尼亞‧赫塞哥維納。在1389年的科索沃戰役時，特夫爾特科也曾派遣援軍給塞爾維亞。

然而波士尼亞卻在15世紀時遭到鄂圖曼帝國的侵略，最後所有的領土於1527年完全歸屬鄂圖曼帝國所有，這時候抵抗時間持續最久的是赫塞哥公爵Herceg史提芬Stjepan Vukčić Kosača，因此這個地區變成為赫塞哥的土地（赫塞哥維納）。

和北方的哈布斯堡帝國相鄰的波士尼亞，在軍事方面占了極重要的位置，之後鄂圖曼帝國持續400年的統治，對於非伊斯蘭教徒算是非常寬容，但人民對於被異教徒統治的不滿卻是逐漸擴大。1875年赫塞哥維納的農民發動叛亂，對於這項封建領土統治的農民運動，赫塞哥維納利用了蒙特內哥羅的軍事性支援，在各地將鄂圖曼帝國所派遣的鎮壓軍陸續擊退。進而這波叛亂運動跨過了赫塞哥維納的邊界，波及至波士尼亞，最後擴大成為波士尼亞的暴動。

波士尼亞‧赫塞哥維納的暴動影響到整個巴爾幹區域。1876年，塞爾維亞公國以及蒙特內哥羅公國也向鄂圖曼帝國宣戰，甚至俄羅斯和鄂圖曼帝國之間也爆發了所謂的俄土戰爭，勢力完全減弱的鄂圖曼帝國因此敗北。

1878年簽訂《聖斯特凡諾條約Preliminary Treaty of San Stefano》後，蒙特內哥羅、塞爾維亞、羅馬尼亞正式獨立，保加利亞公國和波士尼亞‧赫塞哥維納的自治權也獲得認同。由於這條約對俄羅斯相當有利，因此英國和奧匈帝國相當反對，並且於同年召開了柏林會議Berliner Kongress，做了各種協調後，波士尼亞‧赫塞哥維納歸屬於奧匈帝國的軍事占領之下。

因為只有統治的帝國改變，土地改革等則完全維持不變，所以各地還是經常有農民發起叛亂。甚至看到奧匈帝國有意併吞波士尼亞‧赫塞哥維納的徵兆之後，反帝國的局勢更是高漲，於是乎高呼統一斯拉夫口號的青年波士尼亞黨，就在這個情勢下成立了。

◆第一次世界大戰的導火線從這裡開始

1914年，7人成員的青年波士尼亞黨Mlada Bosna其中一員加夫里洛‧普林西普Gavrilo Princip刺殺了參訪塞拉耶弗的弗朗茨‧斐迪南Franz Ferdinand皇儲夫婦。這個塞拉耶弗事件成了第一次世界大戰的導火線，奧匈帝國在大戰中瓦解，1918年「塞爾維亞人、克羅埃西亞人、斯洛維尼亞人的王國」建國，波士尼亞‧赫塞哥維納也在此行列中。但在1941年德國的傀儡國家克羅埃西亞獨立國誕生後，波士尼亞‧赫塞哥維納也成了其中一個。

1945年，南斯拉夫聯邦人民共和國成立，波士尼亞‧赫塞哥維納成了其中一國，1963年更名為南斯拉夫社會主義聯邦共和國，這個國家持續到1991年，伴隨體制瓦解而來的戰亂，直到現在仍記憶猶新。1995年的岱頓和平協定Dayton Accords終結了戰爭，波士尼亞‧赫塞哥維納計畫加入NATO北大西洋公約組織和歐盟。

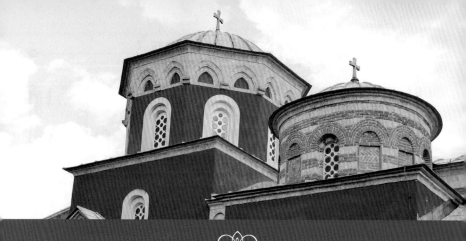

塞爾維亞

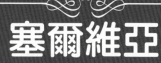

● Serbia ●

克拉列沃郊外的Žiča修道院

位於巴爾幹半島中心位置的塞爾維亞共和國，西邊有第拿里阿爾卑斯山Dinaric Alps、東邊是喀爾巴阡山脈，是一個被群山環繞的內陸國家，由位於中央位置的塞爾維亞共和國和從多瑙河往北延伸的遼闊平原地帶——佛伊弗迪納自治省Аутономна Покрајина Војводина組合而成（位於塞爾維亞西南邊的科索沃在2013年11月時，106個聯合國加盟國都承認其獨立，但塞爾維亞還是認為科索沃是它的自治省之一。若是包括科索沃在內，塞爾維亞則有2個自治省）。塞爾維亞過去曾是擔任南斯拉夫內中心角色的共和國，但現在6個共和國都已經獨立，目前交界的國境分別是西邊的克羅埃西亞

和波士尼亞・赫塞哥維納，南邊的馬其頓和蒙特內哥羅、科索沃，北邊的匈牙利，以及東邊的保加利亞和羅馬尼亞。

受到各種文化影響的同時，塞爾維亞創造出屬於自己的獨特文化，但令人感到惋惜的是，由於20世紀末政局混亂，使得當地的觀光業長期呈現停滯狀態。事實上，塞爾維亞除了有連綿山脈、穿流於其間的河川，也創造出許多溪谷等美麗的自然風景。此外，也殘存了許多位於塞加爾Зајечар周邊史跡，像是羅馬時代的加萊里烏斯Galerius皇帝的宮殿遺跡，中世紀塞爾維亞王國時期所發展出的基督教文化，並留下了以聖像畫以及濕壁畫所裝飾的教堂等文化史跡，觀

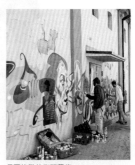
貝爾格勒的街頭藝術

光資源相當豐富。

科索沃自治省周邊雖有著不安定的因素，但除了塞爾維亞南部之外，其他地區的治安都還算不錯，人們也非常好客。對許多旅行者來說，塞爾維亞可說是個未知的國度，應該能夠帶給來此地度假的人一種新鮮的感動吧。

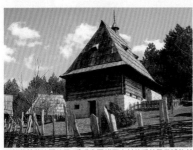
西部茲拉蒂波爾地區，重現塞爾維亞山村的戶外民俗博物館

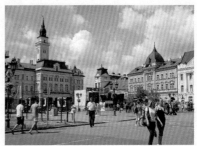
佛伊弗迪納自治省的首府諾維薩德

UNESCO的世界遺產

1 斯塔里拉斯與索瀩查尼修道院
Стари Рас, Сопоћани　→P.354

位於塞爾維亞南部的新帕剎爾Нови Пазар周邊，由塞爾維亞最古老的聖彼得教堂等5處遺跡、教堂所構成。斯塔里拉斯是中世紀塞爾維亞王國的第一個首都。位於斯塔里拉斯西南方

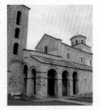

的索瀩查尼修道院，擁有西歐與拜占庭樣式所結合而成的Raška風格建築。

2 斯圖德尼察修道院
манастир Студеница　→P.352

1183年由塞爾維亞的君主斯特凡・尼曼雅Стефан Немања所建造，曾經是塞爾維亞最大規模的修道院，但現在僅剩下聖尼古拉教堂等3間教堂。

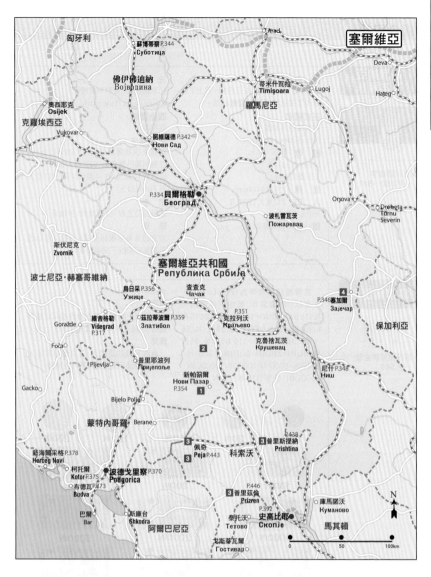

塞爾維亞

匈牙利

蘇博蒂察 P.344
Суботица

佛伊佛迪納
Војводина

奧西耶克
Osijek

克羅埃西亞

Vukovar

蒂米什瓦拉
Timişoara

羅馬尼亞

Arad

Deva

Lugoj

Hațeg

諾維薩德 P.342
Нови Сад

P.334 貝爾格勒 ●
Београд

波札雷瓦茨
Пожаревац

Orșova

Drobeta
Turnu
Severin

斯伏尼克
Zvornik

波士尼亞·赫塞哥維納

維舍格勒
Višegrad
P.317

Goražde

Foča

Pljevlja

Gacko

塞爾維亞共和國
Република Србија

烏日采 P.356
Ужице

查查克
Чачак

茲拉蒂波爾 P.359
Златибор

克拉列沃 P.351
Краљево

克魯捨瓦茨
Крушевац

2

普里耶波列
Пријепоље

新帕薩爾
Нови Пазар
P.354

1

P.346 4 薩加爾
Зајечар

保加利亞

尼什 P.348
Ниш

蒙特內哥羅

Berane

Bijelo Polje

新海爾采格 P.378
Herceg Novi

柯托爾 P.375
Kotor

布德瓦 P.373
Budva

巴爾
Bar

波德戈里察 P.370
Podgorica

斯庫台
Shkodra

阿爾巴尼亞

3 佩奇
3 Peja P.443

科索沃

3 普里斯提納
Prishtina
P.438

P.446
3 普里茲倫
Prizren

泰托沃
Тетово

戈斯蒂瓦爾
Гостивар

史高比耶
Скопје

庫馬諾沃
Куманово

馬其頓

N

0   50   100km

→P.347

3 科索沃的中世紀建築物群
Средњевековни споменици на Косову

　位於科索沃共和國（科索沃·梅托希亞自治省）內，中世紀塞爾維亞王國時代的基督教教堂、修道院群。德查尼修道院是當中最大的修道院，在1335年奉塞爾維亞國王斯特凡·烏羅什三世之命，以斯圖德尼察修道院為樣本所建造的。除此之外，還有位於佩奇Peja（Peć）的佩奇總主教修道院、普里茲倫Prizren的Ljeviška聖母教堂、普里斯提納Prishtina的格拉恰尼剎修道院，共計4間教堂及修道院。

※在聯合國教科文組織的世界遺產表裡，是以塞爾維亞的遺產登錄

4 賈姆濟格勒·羅慕利亞納的
　加萊里烏斯宮
Римска палата Гамзиград

　位於塞爾維亞東部塞加爾的郊外，3～4世紀羅馬帝國四帝共治時代中最重要的遺跡之一，是由羅馬帝國的東部正皇帝加萊里烏斯所建設的宮殿遺跡。

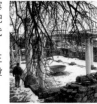

綜合資訊

▶旅行關鍵字
→P.380〜381

國 旗
由紅、藍、白的斯拉夫三色旗，加上了抱著十字架的雙頭鷲的國徽組成。

正式國名
塞爾維亞共和國
Република Србија

國 歌
Боже правде
（正義的上帝）

面 積 約7萬7474km²

人 口 712萬人（2011年）
※不含科索沃

首 都 貝爾格勒 Београд

元 首
托米斯拉夫・尼科利奇總統
Томислав Николић

政治體制
共和制

民族構成
整體來說塞爾維亞人占了83%以上，其次為阿爾巴尼亞人、匈牙利人等。
※不含科索沃，在科索沃阿爾巴尼亞人占了90%以上。

宗 教
塞爾維亞正教、伊斯蘭教（少數派）。

語 言
官方語言為塞爾維亞語，一般文字以西里爾字母和拉丁文字並用。

貨幣與匯率

DIN

▶旅行預算與金錢
→ P.548

塞爾維亞的貨幣為提那Динар，本書以DIN來表示，較小的單位為帕拉Пара。1DIN=100Пара。2015年8月匯率，1DIN=約台幣0.29元、1US$=107.36DIN、€1=119.93DIN。紙鈔有10DIN、20DIN、50DIN、100DIN、200DIN、500DIN、1000DIN、2000DIN、5000DIN，硬幣有1DIN、2DIN、5DIN、10DIN、20DIN。

信用卡
中級以上的飯店或是餐廳都可以使用信用卡，幾乎所有城市都有ATM。

匯兌
最容易換的是歐元，在貝爾格勒等大城市裡的銀行或匯兌處都可以換錢。

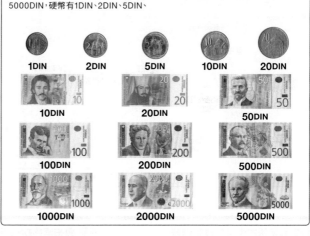

| 1DIN | 2DIN | 5DIN | 10DIN | 20DIN |

| 10DIN | 20DIN | 50DIN |

| 100DIN | 200DIN | 500DIN |

| 1000DIN | 2000DIN | 5000DIN |

如何撥打電話

▶郵政與電話
→ P.556

從台灣撥往塞爾維亞　**例** 撥往貝爾格勒(011)1234567時

| 國際電話識別碼 **002** | + | 塞爾維亞國碼 **381** | + | 區域號碼（去除前面的0） **11** | + | 對方的電話號碼 **1234567** |

簽證

必須事先辦理入境許可函（以代替簽證），可就近詢問塞爾維亞駐東京大使館，或在鄰國的塞爾維亞大使館申請辦理。

護照

護照的有效期限最好在6個月以上。

出入境

▶台灣出入境
→P.552

▶東歐國家出入境
→P.552

現在從台灣到塞爾維亞並沒有直飛的班機，必須在歐洲其他主要城市轉機，可先飛往維也納、法蘭克福、慕尼黑或是伊斯坦堡後，再轉機前往貝爾格勒。飛行時間包括轉機的時間在內，大約為16小時30分～22小時。

從台灣出發的飛行時間

▶從台灣前往東歐的交通
→ P.551

◆綜合資訊

鐵路

波德戈里察Podgorica（蒙特內哥羅）、塞拉耶弗Sarajevo（波士尼亞•赫塞哥維納）、薩格勒布Zagreb（克羅埃西亞）、布達佩斯Budapest（匈牙利）、索非亞София（保加利亞）、史高比耶Скопje（馬其頓）等地，都有火車前往塞爾維亞。一般來說，塞爾維亞周邊國家的火車誤點的情況經常發生，而目前的狀況是巴士誤點的情況比較少。

巴士

波德戈里察、塞拉耶弗、薩格勒布、史高比耶等歐洲各地，都有巴士前往塞爾維亞。

從周邊各國出發的交通

▶當地交通
→ P.553

從鄰近各國出發的主要直達火車

波德戈里察（蒙特內哥羅）～貝爾格勒	每日1班	所需時間10小時
薩格勒布（克羅埃西亞）～貝爾格勒	每日2班	所需時間6小時20分
史高比耶（馬其頓）～貝爾格勒	每日2班	所需時間9小時30分
布達佩斯（匈牙利）～貝爾格勒	每日2班	所需時間7小時45分
索非亞（保加利亞）～貝爾格勒	每日1班	所需時間9小時40分

從鄰近各國出發的主要長途巴士

波德戈里察（蒙特內哥羅）～貝爾格勒	每日3班	所需時間10小時～10小時30分
塞拉耶弗（波士尼亞•赫塞哥維納）～貝爾格勒	每日4班	所需時間7小時
維舍格勒（波士尼亞•赫塞哥維納）～烏日采	每日6班	所需時間3小時
薩格勒布（克羅埃西亞）～貝爾格勒	每日6班	所需時間5小時30分
史高比耶（馬其頓）～貝爾格勒	每日11班	所需時間6～8小時
盧布爾雅那（斯洛維尼亞）～貝爾格勒	每日3班	所需時間7小時30分～8小時30分
布達佩斯（匈牙利）～貝爾格勒	每日1班	所需時間7小時
索非亞（保加利亞）～貝爾格勒	每日3班	所需時間6小時30分

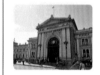

與台灣時差為7小時，只要將台灣時間減去7個小時就可以。換言之，台灣6:00時，塞爾維亞則是前一天的晚上23:00。夏令時間的話，時差則變為6小時。

夏令時間的實施期間，從3月最後一個週日的AM2:00（＝AM3:00）～10月最後一個週日的AM3:00（＝AM2:00）。

時差和夏令時間

從塞爾維亞撥往台灣 例 撥往(02)1234-5678時

國際電話識別碼 00	+	台灣國碼 886	+	去除區域號碼最前面的0 2	+	對方的電話號碼 1234-5678

▶塞爾維亞國內通話　市內電話不需要撥打區域號碼，市外電話要從區域號碼開始撥打。
▶如何撥打公共電話
　①拿起聽筒
　②將電話卡依照卡片上的箭頭方向插入
　③撥打對方的號碼
　④電話卡的餘額會顯示在電話的螢幕上，結束通話後放下聽筒，取出電話卡

營業時間

以下是店家一般的營業時間。

銀 行
週一～五 8:00～19:00、週六8:00～15:00，週日休息。

百貨公司和商店
一般的商店為平日8:00～20:00，週六

～15:00，週日和節日大多都休息。

餐廳
開店時間8:00～12:00，不是很統一，關門時間大多是在深夜。

氣 候

屬於大陸型氣候，由於塞爾維亞大多是山區，很多城市的海拔較高，像這樣的地區早晚比較冷，就算是夏天，也最好採取洋蔥式穿法。冬天雪量相當多，有滑雪度假村。

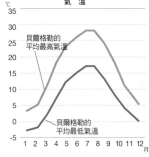
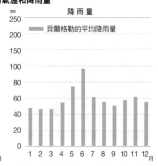

貝爾格勒的氣溫和降雨量

氣 溫 (℃)：貝爾格勒的平均最高氣溫、貝爾格勒的平均最低氣溫

降雨量 (mm)：貝爾格勒的平均降雨量

節日
（主要節日）

每年會異動的節日以(※)標示，要注意。

1/1・2		元旦
1/7		耶誕節
2/15・16		國慶日
4/10 ('15)	※	耶穌受難日
4/11 ('15)	※	復活節前一天
4/12 ('15)	※	復活節
4/13 ('15)	※	復活節後週一
5/1・2		勞動節
5/9		勝利日
11/11		第一次世界大戰終戰紀念日

電壓與插頭

電壓為230V，頻率50Hz，插頭為C型（雙圓形插頭）。要在當地使用台灣的電器產品，需要攜帶變壓器和轉接插頭。

播放規格

DVD

塞爾維亞的電視和錄影規格為PAL，台灣、日本或是美國則屬於NTSC，兩者並不相同，在當地購買的錄影帶或是DVD，通常無法用台灣的電器播放。而

塞爾維亞的DVD區碼Region Code為2，也與台灣不同（台灣為3），因此也無法使用一般家用DVD播放器觀賞。

飲用水

自來水可以直接生飲，瓶裝礦泉水500mℓ大約是43DIN左右。

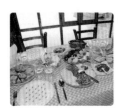

小費

計程車
　基本上不需要給,如果有拜託司機特別的服務時再給。

餐廳
　如果服務讓人滿意的話,一般會給消費金額10%左右的小費。

廁所
　公共廁所幾乎都要收費,廁所的標示男廁是Мушки、女廁是Женски。

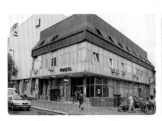

郵政

　一般郵局的營業時間為平日8:00～19:00、週六8:00～15:00,週日休息。

郵資
　寄回台灣的航空郵件要花5～10天,明信片40DIN,20g以內的信件46DIN。

▶郵政與電話
→ P.556

稅金

塞爾維亞幾乎所有的商品都加上了稱為PDV的附加價值稅,稅率約為8～20%,目前沒有退稅制度。

▶東歐國家出入境
→ P.552

安全與糾紛

　塞爾維亞共和國南部,可能會有阿爾巴尼亞居民所引發的恐怖行動,所以絕對不要靠近。

　軍事相關設施也絕對不能拍照或攝影,不但建築物不能拍攝,也嚴禁將鏡頭對著相關人員,否則將遭到嚴厲的處罰。

入境時的外幣申報
　進入塞爾維亞時,若持有€10,000以上的現金時,需要提出外國貨幣申報。必須請入境審查官填寫外國貨幣申請書,不需要手續費,審查時會要求查看現金。如果沒有外國貨幣申報書,最壞的狀況是出境時身上的所有現金都會遭到沒收。另外,搭乘巴士入境時,不懂英語的海關人員很多,請對方填寫外國貨幣持有證明時的塞爾維亞語為 "Molim Vas da mi izdate potvrdu o prijavljenim stranim valutama koje unosim u vašu zemlju radi kasnijeg nesmetanog izlaska iz vaše zemlje."

　另外,取得留學、就業、婚姻等居留資格時,必須在入境後72小時內,在最近的警察機關辦理居留資格的變更手續。

民族問題
　為了避免無謂的糾紛,盡可能不要詢問當地人是哪個民族,或是提到戰爭的話題。

觀賞足球比賽
　在足球場看比賽時,觀眾變成暴民的事件經常發生,因此並不推薦。就算是國際比賽的晚上,儘管賽事是在外國舉行,也盡可能避免到人多的地方。

▶旅行糾紛與
安全對策
→ P.560

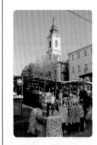

警察	**192**
消防	**193**
急救	**194**

年齡限制

在塞爾維亞,購買菸酒需要滿18歲以上。

度量衡

和台灣相同,距離以公尺,重量以公克、公斤,液體以公升計算。

塞爾維亞 旅行基礎知識

國內的移動方式

在塞爾維亞國內的移動，有火車和巴士這2種交通方式。如果就信賴性和班次的多寡來看，目前火車遠遠不及巴士。另外塞爾維亞國內，在貝爾格勒Београд和尼什Ниш都有國際機場，但全都是國際線，沒有國內線班次。

鐵路

由塞爾維亞鐵路Железнице Србије經營，但路線並沒有涵蓋整個國土，而且也很容易誤點，不過車資要比巴士便宜，因此貝爾格勒～諾維薩德Нови Сад之間等的近郊路線或是國際列車利用的價值較高，但國內線的中、長途路線沒什麼優點。

可用於塞爾維亞鐵路的火車通行證有Eurail Select Pass和Balkan Flexi Pass等。

塞爾維亞鐵路
URL www.serbianrailways.com

巴士

塞爾維亞的長途巴士連結各城市，時間也很準確，可說

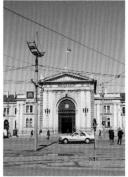
貝爾格勒中央車站

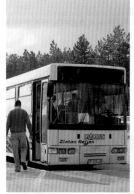
在塞爾維亞國內移動以巴士為主流

是國內移動的最主要交通方式。長途巴士有好幾家公司負責營運，在大城市的巴士總站窗口統一售票，不會覺得很繁瑣。在小城市的巴士總站裡，不同的公司有不同的窗口，但窗口頂多也只有3個，就算搞錯了，售票員會告訴遊客正確的售票窗口。

大城市的巴士總站搭車處，就像台灣的火車站一樣，如果沒有車票是無法進入的。如果要入內，需要支付入場費用。在窗口購買車票的話，通常入場費會涵蓋在裡面，無須特別留意。有些城市可能憑特定公司的車票可以免費進入，但有些巴士公司的車票得要另外付費才行。在貝爾格勒的巴士總站購票時，除了車票之外，還會另外給遊客類似銅板的巴士總站入場券，將這個銅板形狀的入場券插入驗票口，才可以入場。

車票上會有座位號碼，除了超人氣的路線之外，幾乎沒有人會坐在指定的座位上。

隨身行李可以帶上車，如果是大行李箱而無法帶上車的話，就要另外支付費用寄放。費用依照路線和經營的

巴士公司而異，大約是30～100DIN左右。

國內外的巴士情報網
URL redvoznje.net

住宿

和其他的物價相比，塞爾維亞的飯店住宿費用有點貴。近年來，當地住宿設施的選擇愈來愈多，整體的服務品質也提高了。

◆高級飯店

單人房一晚1萬8000DIN～，貝爾格勒近年來外國連鎖高級飯店、設計飯店逐漸增加，但離開貝爾格勒幾乎沒有高級飯店。

◆中級飯店

單人房一晚4500DIN～。舊共產主義時代的大型國營飯店、近年來新蓋的商務飯店等，雖然客房數不多，但設備充實的迷你飯店不少，不過品質良莠不齊。超人氣的飯店經常大爆滿，最好早點預約。

◆私人房間

這是當地民眾將自家的房間提供給遊客住宿，有的是公寓的一間房間，又或者是和飯店客房幾乎沒兩樣的房間，種類相當多，可以在網路上預約。如果能找到地點就在市中心，而且價格比飯店便宜，實在是個好消息，但重點是這樣的私人房間不多，而且不像飯店24小時都有人服務。抵達之前，得要事先以電話或是e-mail確認入住時間。

◆青年旅館

以貝爾格勒為中心，最近青年旅館的數量和品質都有提升的跡象。多人房1個床位1晚約850DIN～，很多的青年旅館都是在建築的1樓。

◆住宿證明書

出境時會要求提出住宿證明書，若沒有這個，會被質疑停留的地點，而被冠上莫須有的罪嫌。住宿證明書由警察局發行，如果住在飯店的話，飯店會代為取得，有些私人房間的屋主會幫旅客取得，但不提供這項服務的屋主也不在少數。如果住在朋友家裡的話，要請屋主陪同到警察局辦理手續。

用餐

當地的餐廳很多，價格也很便宜。就速食而言，以肉類或是麵包夾香腸的路邊攤相當多。

◆塞爾維亞料理的特色

塞爾維亞的飲食文化，與鄰近的巴爾幹各國的共通點相當多。受到土耳其飲食文化的影響相當大，但相較於伊斯蘭教徒占了大多數的土耳其，幾乎沒有豬肉料理的這點來看，塞爾維亞自古養豬業盛行，採用豬肉的菜色相當多，將豬肉和番茄以及紅椒一起熬煮的Муħкалица或是塞爾維亞風味的豬肉香腸Кобасица等，都是具代表性的食物。

塞爾維亞料理除了豬肉之外，還有烤羊肉和烤牛肉等燒烤類也是代表性的料理。幾乎大多數的餐廳都會有Мешано Месо綜合燒烤這一道菜，可以一次享受多種的燒烤肉類。

如果沒有時間的話，非常推薦塞爾維亞風味的漢堡Пљескавица，可以在餐廳吃到，路邊攤也能看到，可說是塞爾維亞的招牌速食，而用手指點菜也很有趣，也非常適合搭配濃郁奶油Кajмак和紅椒泥Ajвар。將Кajмак和Ajвар抹在麵包上也很好吃。

另外，Бурек這種派裡面的內餡有起司和各種肉類，是很常看到的輕食，搭配優酪乳Joгурт一起享用是一定要的。順道一提，在塞爾維亞優格稱為Кисело млеко。

◆塞爾維亞的酒

塞爾維亞的國民酒是一種稱為Ракиjа的蒸餾酒，最常見的是用李子釀成的Шљивовица。除此之外，還有以杏桃釀成的Кajсиjевача和洋梨釀成的Крушковача等，種類相當多。Ракиjа有市售的也有一般家庭自己釀製的，如果被邀請到塞爾維亞人家裡作客，通常主人會端出自家釀製的Ракиjа招待客人。

資訊收集

◆遊客中心

在觀光景點或是主要的都市，在其市區都會有觀光局。

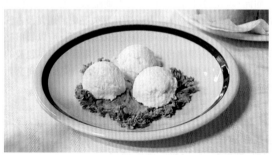

奶油Кajмак

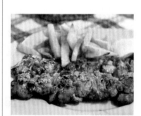

肉類串燒Ражњићи

實用資訊

【駐外館處】
塞爾維亞沒有台灣的駐外代表處，而是由駐匈牙利代表處兼管。(→P.177)

【航空公司】
●塞爾維亞航空
　✉Bulevar Kralja Aleksandra 17
　☎(011) 3232372
　🌐www.airserbia.com

📅週一～五　　　　8:00～20:00
　週六　　　　　　8:00～15:00
🚫週日
●奧地利航空
　☎(011) 3248077

（皆位於貝爾格勒）

貝爾格勒

貝爾格勒 *Београд* (Beograd)

URL www.tob.co.rs

◆尼古拉・特斯拉・
貝爾格勒國際機場
TEL (011) 2094000
URL www.beg.aero

◆機場計程車
　從機場到市區大約€15。

☺態度強硬的白牌計程車
在計程車資訊處看到了計程
車會提供收據，打算在招呼
站排隊等候上車，這時態度
強硬的白牌計程車司機，帶
我到有點距離的停車場，還
把我的行李放進後車廂，我
當場抗議之後才把行李還
給我，讓我回到計程車招呼
站。
（群馬縣　幸子　'12年12
月）

◆機場巴士
　從機場出發經由貝爾格勒
中央車站，往斯拉維亞廣場
Трг Славија。白天大約20
分鐘1班，夜間的話1小時1
班，所需時間30分，車資為
300DIN。

◆市巴士72號
　每隔30分～1小時會有一
班車，所需時間30～40分，
車票可以上車後向司機購
買，170DIN。從市區前往機
場的話，出發的地點是在特
雷茲吉廣場Трг Теразије
稍微偏西的Зелени
Венац出發。

貝爾格勒的❶
◆Туристичка
Организација Београда
機場內
TEL (011) 2097828
圖 9:00～21:30　圈無休
貝爾格勒中央車站
Map P.336-B4
TEL (011) 3612732
圖 7:00～13:30　圈週日
米哈伊洛大公街
Map P.336-B3
✉Кнез Михаилова 5
（Knez Mihailova）
TEL (011) 2635622
圖週一～六　 9:00～21:00
　週日　　 10:00～15:00
圈無休

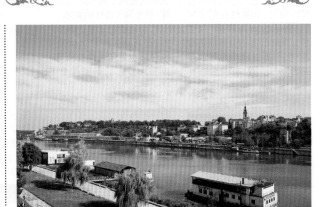
順著薩瓦河畔延伸的貝爾格勒

　位於多瑙河和薩瓦河Сава交匯處的貝爾格勒，是巴爾幹半島
的交通要衝。這裡開始有人類居住，可以追溯到遙遠的西元前
4500年，居爾特人、羅馬人、斯拉夫人等，各種民族在這塊土地
上構築文明。

　儘管如此，現在的貝爾格勒除了河川匯流處附近的卡萊梅格
丹公園Калемегдан 以外，讓人感受到悠久歷史的遺跡及古代
建築物，幾乎沒有被保留下來。因為位於交通要衝，所以貝爾格
勒也是個數度成為戰爭舞台的城市，不斷重複著破壞與建設的
貝爾格勒，現在以塞爾維亞共和國的首都之姿，開始朝向全新
的道路前進。

抵達貝爾格勒後前往市區

✈ 搭乘飛機抵達
　尼古拉・特斯拉・貝爾格勒國際機場аеродром Никола
Тесла Београд，位於城市西邊約19km處。前往市區的交通方
式有機場巴士、市巴士72號和計程車等3種。

🚆 搭乘火車抵達
　開往貝爾格勒的國際列車，其停靠地點就在貝爾格勒中央車
站Главна железничка станица ，四周有許多飯店，步行到市
中心的特雷茲吉Теразије，也只要10～15分，或是可以搭乘無
軌電車巴士或是路面電車。

🚌 搭乘巴士抵達
　巴士總站緊鄰貝爾格勒中央車站。

🚢 搭船抵達
　國際渡輪會抵達薩瓦河遊客碼頭。

貝爾格勒的市區交通

除了巴士之外，還有無軌電車巴士和路面電車，車票完全通用。車資採取區段制，會根據乘客搭乘的區間數來計費，如果在車內向司機買票的話，1個區間145DIN、2個區間170DIN。貝爾格勒有預付卡式的交通卡BusPlus（塞爾維亞語БусПлус），如果使用BusPlus的話，1個區間72DIN、2個區間114DIN。BusPlus可以在小賣店購買，有3個月有效期限的紙卡40DIN，以及3年有效的塑膠卡250DIN。BusPlus內沒有金額，所以要在小賣店儲值。持BusPlus上車的話，將卡片輕觸車內設置的讀卡機。

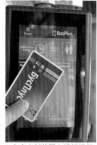
一上車立刻將票卡輕觸機器

◆◆◆◆◆◆◆◆◆◆◆漫遊貝爾格勒◆◆◆◆◆◆◆◆◆◆◆

貝爾格勒的市中心就在特雷茲吉Teразије一帶，從石板步道米哈伊洛大公街Кнеза Михаила，一直延伸到卡萊梅格丹公園Калемегдан。街道兩旁有咖啡館和速食店，每到週末就會充滿人潮。國立博物館、民俗學博物館等主要博物館、美術館，也位於特雷茲吉和卡萊梅格丹公園之間。特雷茲吉的北邊是共和國廣場Трг Републике，從共和國廣場往東北走一小段路，就是有貝爾格勒的蒙帕納斯（Montparnasse，法國巴黎的一區，位於塞納河左岸）之稱的Скадарлија，這裡有許多傳統料理的餐廳和咖啡館、夜店等。如果從特雷茲吉往南走，便會碰到米洛什大公街Кнеза Милоша，在這條有許多政府機構的大道上，1999年北大西洋公約組織NATO空襲時遭到破壞的大樓，至今仍保留著當時的慘況。

貝爾格勒市區的❶在米哈伊洛大公街Кнеза Михаила上，以及貝爾格勒中央車站等地，提供地圖、旅遊指南的索取，以及紀念品的販售和飯店的介紹等服務。

日本援助的巴士也在街上行走

◆◆◆◆◆◆◆◆◆貝爾格勒的主要景點◆◆◆◆◆◆◆◆◆

卡萊梅格丹公園 Калемегдан

| Kalemegdan Park | MapP.336-A〜B2 |

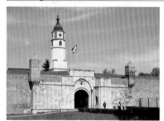
Stambol門（塞爾維亞語Стамбол капија）和鐘塔，Stambol指的是土耳其的伊斯坦堡

從貝爾格勒車站搭乘2號路面電車，大約15分，在塞爾維亞正教大教堂Саборна црква附近下車，這座公園就位於多瑙河和薩瓦河匯流的山丘上。據說在西元前4世紀就已經被建造為要塞，而現在所看到的部分，幾乎都是18世紀後所建造的。

鐘塔前方山丘上的Горни Град（上城），那裡有鄂圖曼帝國的Damat Ali Paşa之墓和勝利者紀念碑。Zindan門（塞爾維亞語Зиндан капија）的旁邊有觀景塔，從這裡看出去的景色最棒。

◆軍事博物館
Map P.336-A2
⊠Калемегдан
（Kalemegdan）
☎(011) 3343441
⏰10:00〜17:00
㊡週一・節日
💰150DIN

◆動物園
Map P.336-B1
⊠Мали Калемегдан 8
（Mali Kalemegdan）
☎(011) 2624526
⏰夏季　8:00〜20:00
　冬季　8:00〜18:00
㊡無休
💰400DIN

◆觀景塔
Map P.336-A2
☎(011) 3032133
⏰週二〜四　9:00〜16:00
　週五・六　15:00〜22:00
㊡週日・一
💰30DIN（週五・六20:00以後500DIN）

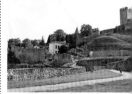
從Долни Град往上看的Горни Град

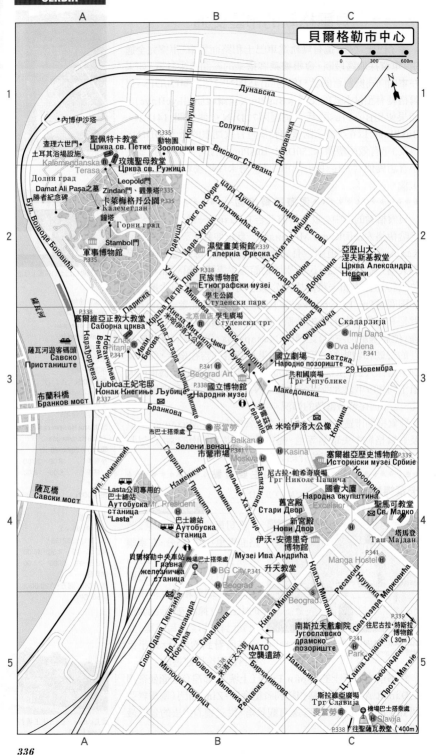

貝爾格勒市中心

Дунавска
Солунска
Висоног Стевана
內博伊沙塔
查理六世門 聖佩特卡教堂 動物園 P.335
土耳其浴場設施 Црква св. Петке Зоолошки врт
Kafemegdanska Terasa 玫瑰聖母教堂
Леополд門 Црква св. Ружица
Zindan門、觀景塔 P.335
долни град
Damat Ali Paşa之墓
勝者紀念碑 卡萊梅格丹公園 P.335
Калемегдан
буп. Воводе Бојовића
鐘塔 Горни град
Stambol門
軍事博物館 P.335

Кочнушка
Скендер Бегова
Тодешца Риге од Фере Цара Душана
Напетан Мишина
Цара Уроша
Страхиньина Бана
Господар Јовина
濕壁畫美術館 P.339 Добрачина
Галерија Фреска
亞歷山大·涅夫斯基教堂
Црква Александра Невски
Змаг Јовремова
民族博物館 P.338
Етнографски музеј
學生公園
Студенски парк

薩瓦河遊客碼頭
Савско Пристаниште
布蘭科橋
Бранков мост
塞爾維亞正教大教堂 P.338
Саборна црква
Znak Pitanja 北京飯店 學生廣場
Иван Берова Кнеза Лазара Цара Мирнова
Краља Петра Миркова 米洛伊港大酒店
學生廣場
Студенски трг
Васе Чарапина
Досишејева
Францунха
Скадарлија
Ima Dana P.341
Dva Jelena P.341
Чина Лубина
國立劇場 Зетска
Народно позориште 29 Новембра
共和國廣場
Трг Републике
Македонска
Ljubica王妃宅邸
Конак Кнегиње Љубице P.337
國立博物館 P.338
Народни музеј
Бранкова
麥當勞
市巴士搭乘處
Зелени венац
市營市場
Balkan...
Kasina
Moskva
塞爾維亞歷史博物館 P.339
Историјски музеј Србије
尼古拉·帕希奇廣場
Трг Николе Пашича
Лома...
Краљице Натапије
Балканска
Каменичка
Гаврила Принципа
буп. Кроманович
Lasta公司專用的巴士總站
Аутобуска станица "Lasta"
Mr. President
巴士總站
Аутобуска станица
貝爾格勒中央車站
Главна железничка станица
機場巴士搭乘處
BG City P.341
升天教堂
Beograd
國會大廈
Народна скупштина
聖馬可教堂
Св. Марко
Excelsior
塔馬登
Таш Мајдан
Manga Hostel P.341
Ресавска
Крунска
舊宮殿
Стари Двор
新宮殿
Нови Двор
伊沃·安德里奇博物館
Музеј Ива Андрића
Краља Милоша
Краља Милана
Beograd
Кнеза Милоша
Сарајевска
Војводе Миленка Ресавска
南斯拉夫戲劇院
Југословенско драмско позориште P.341
住尼古拉·特斯拉博物館 (30m)
Светозара Мариовина
斯拉維亞廣場
Трг Славија
Слов Олана Пензизна
Др. Александра Костина
Бирчанинова
Намањина
NATO空襲遺跡 P.338
住聖薩瓦教堂 (400m) P.338
Цп Хаџи Салаација
Park P.341
斯拉維亞廣場
麥當勞
機場巴士搭乘處
Slavija
Проте Матеје
Београдска

0 300 600m
N

336

從Горни Град穿過Zindan門、Leopold門（塞爾維亞語Леополдова капија）往東走，來到的是利用城牆圍成的動物園。往北走則是有玫瑰聖母教堂Црква св. Ружиц和以聖水聞名的聖佩特卡教堂Црква св. Петке，聖佩特卡教堂內部有一個以傳達和平為主題的水晶大吊燈，是1915年時收集子彈製作而成的。

下了階梯往北走就來到了Долни Град（下城）。這裡有土耳其浴場設施和查理六世門Капија Карла VI、內博伊沙塔Кула Небојша等。

Ljubica王妃宅邸 Конак Кнегиње Љубице

Princess Ljubica's Mansion　　　　　　　**MapP.336-A3**

這裡是在第二次塞爾維亞起義中，從鄂圖曼帝國手中獲得塞爾維亞自治的領導者米洛什·奧布廉諾維奇Милош Обреновић的宅邸。米洛什大公領傾全力都市計畫，將土耳其色彩強烈的貝爾格勒，改變成歐洲風格的現代都市。1832年所建造的這處宅邸，雖然冠上米洛什大公夫人Ljubica（塞爾維亞語Љубице）的名字，但其實米洛什大公也住在裡面。這棟巴爾幹·塞爾維亞式的建築，內部仍維持著建築當時的裝潢。

◆Ljubica王妃宅邸
⊠Кнеза Симе Марковића 8
（Kneza Sime Markovića）
☎(011) 2638264
◉週二·三·五·六
　　　10:00～17:00
　週四 12:00～20:00
　週日 12:00～14:00
⊠週一 ◉80DIN

瀰漫著濃濃東方氣息的房間

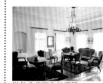
裝飾非常西化的房間

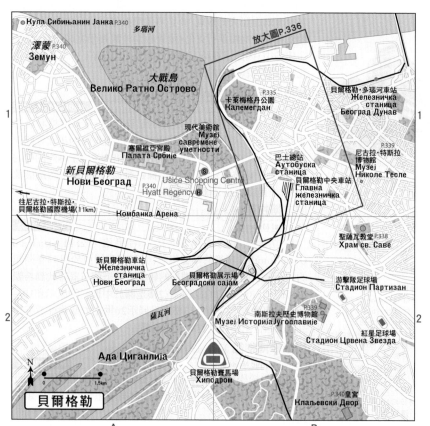

◆塞爾維亞正教大教堂

✉Кнеза Симе
Марковиħа 3
（Kneza Sime Markovića）

🕐7:00～20:00

休無休　料免費

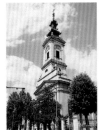

塞爾維亞正教大教堂

◆聖薩瓦教堂

✉Катаниħева
（Katanićeva）

🕐8:00～21:00

休無休

料免費

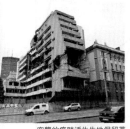

空襲的痕跡活生生地保留著

◆國立博物館

✉Трг Републике 1a
（Trg Republike）

☎(011) 3306052

🌐www.narodnimuzej.rs

🕐週二・三・五10:00～17:00
　週四・六　12:00～20:00
　週日　　　10:00～14:00

休週一　料100DIN

◆民族學博物館

✉Студенски трг 13
（Studenski trg）

☎(011) 3281888

🌐www.etnografskimuzej.rs

🕐夏季　　10:00～22:00
　冬季
　　週二～六10:00～17:00
　　週日　　9:00～14:00

休週一

料150DIN
　週日免費

塞爾維亞正教大教堂 Саборна црква

The Orthodox Cathedral　　　　`MapP.336-A3`

　就在Ljubica王妃宅邸的斜對面，有著巴洛克風格高塔的教堂，令人印象深刻。教堂從以前就建造在這個地方，但現在的外觀是米洛什・奧布廉諾維奇將之改建過後的樣貌。

聖薩瓦教堂 Храм св. Саве

St. Sava Temple　　　　`MapP.337-B2`

　世界上最大的東正教教堂，同時也是塞爾維亞正教的中心教堂。聖薩瓦是塞爾維亞正教的創立者，也是中世紀塞爾維亞王國創始者斯特凡・尼曼雅一世Стефан Немања的兒子。據說他遺體原本放置在米萊謝瓦修道院 Манастир

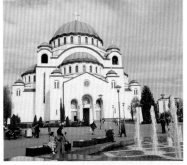

聖薩瓦教堂西側有個噴泉廣場

Милшева（→P.358），後來在1594年鄂圖曼帝國統治時代，為了報復塞爾維亞人的叛亂，於是將遺體搬運到貝爾格勒，並且在教堂現在的地點進行火化。儘管教堂外觀幾乎完成，但內部仍在建造中，因此這裡給人雜亂的感覺，但仍有不少信徒聚集在此，拜訪的遊客絡繹不絕。

米洛什大公街 Кнеза Милоша

Kneza Milŏsa Street　　　　`MapP.336-B5～C4`

　從國會大廈往西南方向延伸的這條道路，是貝爾格勒最重要的幹道之一，這裡有很多的政府機構，因此1999年北大西洋公約組織NATO發動空襲時，沿路的建築物也成了轟炸的標的物，遭到嚴重破壞。目前還有幾棟建築物，仍維持當時遭破壞的模樣，而這條路又稱為「空襲路」。

國立博物館 Народни музеj

National Museum　　　　`MapP.336-B3`

　聳立於共和國廣場，位在米哈伊洛大公Михаило Обреновиħ像背後的華麗建築物，是塞爾維亞於1844年開館的首間博物館。館內是3樓層的建築，1樓是舊石器時代到希臘羅馬時代、8世紀前的挖掘品，2樓是關於中世紀的展示和18～19世紀塞爾維亞美術品，3樓則是展示20世紀的塞爾維亞美術品以及14世紀到20世紀的外國美術品。

民族學博物館 Етнографски музеj

Ethnographic Museum　　　　`MapP.336-B2`

　這是位於學生廣場的博物館，館內有許多民族服裝，以及各地製造的工藝品等，展示著與塞爾維亞生活有關的各類物品。

尼古拉·特斯拉博物館 Музеј Николе Тесле

Nikola Tesla Museum `MapP.337-B1`

尼古拉·特斯拉Никола Тесла是以交流電流以及無線通訊等偉大發明而家喻戶曉的人物，同時也是塞爾維亞100DIN紙鈔上的人像。在這座博物館裡，展示著他個人的發明和實驗裝置，可以了解他的生涯以及發明。大約30分鐘的導覽，每小時進行一次，費用包含在入場費裡。

濕壁畫美術館 Галерија Фреска

Gallery of Fresco `MapP.336-B2`

中世紀塞爾維亞王國時代的教堂裡所描繪的濕壁畫，堪稱是塞爾維亞的文化遺產。目前塞爾維亞國內登錄的4處世界遺產當中（包含科索沃的中世紀建築物群），實際上有3處是在中世紀塞爾維亞時代建造的教堂、修道院，由此可知其文化價值相當高。在這處濕壁畫美術館裡，是以被登錄為世界遺產的教堂為中心，展示著中世紀塞爾維亞王國時代的濕壁畫複製品。由於真正的濕壁畫受限於教堂內光線昏暗，再加上可能是在很高的天花板上而較難以欣賞，因此在這處美術館內，可以在明亮的燈光下近距離欣賞這些濕壁畫，實在令人感到開心。這裡除了濕壁畫之外，還有斯圖德尼察修道院Манастир Студеница的彩色雕刻複製品，聖像畫展示等等。

塞爾維亞歷史博物館 Историјски музеј Србије

Historical Museum of Serbia `MapP.336-C4`

距離國會大廈很近的塞爾維亞歷史博物館，收集、研究並展示著自1963年以來，與塞爾維亞有關的歷史文物，並在2013年迎接設立50週年紀念。目前雖然沒有進行常設展覽，卻有著品質相當高的特質，對歷史有興趣的人，務必前往看看。展示通常是以塞爾維亞語和英語解說。

南斯拉夫歷史博物館
Музеј Историја Југославије

Museum of Yugoslav History `MapP.337-B2`

從市中心稍微往南走，就能來到南斯拉夫歷史博物館。該處博物館是由花之家Куħа цвеħа、5月25日博物館Музеј 25 мај、舊博物館Стари музеј這3處組成的複合式博物館。

花之家是南斯拉夫社會主義聯邦共和國的領導人約瑟普·布羅茲·狄托Јосип Броз Тито的陵寢所在，至今還是有很多人特地到此獻花，他的墓碑總是被無數的鮮花圍繞，牆上則介紹了狄托在冷戰時期主導的非同盟各國運動，為當時的國際政治吹起一股新風潮。5月25日博物館目前並沒有進行常設展覽，而是有許多的特展。舊博物館則扮演著民族博物館的角色，介紹舊南斯拉夫各國以及其他世界各國的樂器、武器和工藝品等。

◆尼古拉·特斯拉博物館
✉Крунска 51
（Krunska）
☎(011) 2433886
🌐www.tesla-museum.org
🕐週二～五 10:00～18:00
　週六·日 10:00～15:00
休週一
費500DIN

◆濕壁畫美術館
✉Цара Уроша 20
（Cara Uroša）
☎(011) 3306052
🌐www.narodnimuzej.rs
🕐週二·三·五 10:00～17:00
　週四·六 12:00～20:00
　週日 10:00～14:00
休週一
費100DIN

位於科索沃格拉恰尼察修道院的《最後的審判》

◆塞爾維亞歷史博物館
✉Трг Николе Пашића 11
（Trg Nikole Pašića）
☎(011) 3398018
🌐www.imus.org.rs
🕐12:00～19:00
休週一
費依展示內容而異

◆南斯拉夫歷史博物館
🚋從米洛什大公街Кнеза Милоша搭乘40、41號無軌電車巴士至Музеј Историја Југославије下車。
✉Ботиħева 6
（Botićeva）
☎(011) 3671485
🌐mij.rs
🕐夏季 8:00～20:00
　冬季 10:00～18:00
休週一·節日
費200DIN

狄托長眠的花之家

◆皇宮
✉Краљевски двор
（Kraljevski dvor）
☎(011) 2635622
🌐www.royalfamily.org
🕐4/1～10/31的週六・日
　10:30～、13:30～
🚫4/1～10/31的週一～五、
　11/1～3/31
💴450DIN
　想要入內參觀只能參加導
覽行程，如果要參加的話最
晚要在前一天報名，不過建
議還是盡可能在3天前報名。
在米哈伊洛大公街Кнеза
Михаила❶報名即可。參觀
時必須要帶著護照。

◆澤蒙
🚌從Зелени венац搭乘
15、84號，或從斯拉維亞廣
場Трг Славија、貝爾格勒中
央車站搭乘78、83號巴士。

澤蒙的中心大廣場Велики трг

◆Кула Сибињанин Јанка
✉Гардош（Gardoš）
🕐10:00～21:00
🚫無休　💴200DIN
1樓的畫廊免費

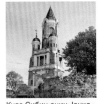
Кула Сибињанин Јанка

皇宮 Краљевски Двор
King's Palace　　　　　　　　　　　**MapP.337-B2**

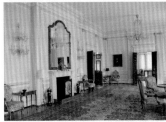
高雅的皇宮內部

到第二次世界大戰為止，一直是南斯拉夫王國卡拉喬爾傑維奇家族Карађорђевић的宮殿，現在該家族的子孫仍住在裡面。這座塞爾維亞・拜占庭風格的建築，室內裝潢出自於俄羅斯建築家之手，占地裡除了皇宮之外，還有白亞宮Вели дроp和禮拜堂Дворска капела等建築物。

澤蒙 Земун
Zemun　　　　　　　　　　　**MapP.337-A1**

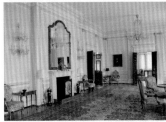
從山丘眺望澤蒙城鎮風光

位於薩瓦河西岸的澤蒙，是一處充滿濃濃西歐氣氛的地區，現在成為貝爾格勒的一區。18世紀到20世紀初由哈布斯堡帝國統治，與貝爾格勒在完全不同的國家和文化之下發展。狹窄的巷弄兩側有著橘色屋頂的矮房一家接著一家，河川旁有許多魚料理店。漫步澤蒙街道，能夠強烈感受到與貝爾格勒其他地區完全不同的空氣和性格。

城市西北的山丘上有著Кула Сибињанин Јанка，Сибињанин Јанка這個名字來自於15世紀相當活躍的匈牙利英雄 János Hunyadi的塞爾維亞名。這座塔興建是在很久以後的19世紀，據說他就是死在這個地方，因此而命名。

𝓗otel　　　　　　　　　　**貝爾格勒**的住宿

　　飯店的種類、數量都很多，青年旅館的數量也正在增加當中。中心區域的私人房間大多都必須事先預約，或是透過網路申請。

Hyatt Regency
★★★★★ 客房數：265
Map P.337-A1

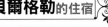
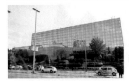

●位於薩瓦河西岸的新貝爾格勒地區，算是當地屈指可數的高級飯店，設備和工作人員的態度，讓人無所挑剔。右方是調查時的實際金額，週末的價格會比較便宜。使用無線網路要付費。

✉Милентија Поповића 5
（Milentija Popovića）
☎(011) 3011234　📠(011) 3112234
🌐belgrade.regency.hyatt.com
📧belgrade.regency@hyatt.com
Ⓢ Ⓦ AC 🚭🛏️🚿 ⑤€255 🅒🅐🅓🅜🅥

Beograd Art Hotel

★★★★ 客房數：55

Map P.336-B3

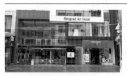

就在米哈伊洛大公街Кнеза Михаила旁的精品飯店，客房重視機能性和設計性，館內有SPA和三溫暖，週末價格便宜，無線網路免費。

⊠Кнез Михаjлова 27
（Knez Mihailova）
TEL (011) 3312000　TEL (011) 3312099
URL www.belgradearthotel.com
S A/C ☎ 🖥 🍴 ❑ €120
W A/C ☎ 🖥 🍴 ❑ €155　CC A D M V

Hotel Moskva

★★★★ 客房數：121

Map P.336-B4

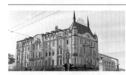

20世紀初期建造的分離派風格建築，因為是貝爾格勒最具代表性的建築物，因此知名度相當高。近年來歷經改建，回到昔日的美麗。

⊠Балканска 1（Balkanska）
TEL (011) 2686255　FAX (011) 2688389
URL www.hotelmoskva.rs
S A/C ☎ 🖥 🍴 ❑ €76～112
W A/C ☎ 🖥 🍴 ❑ €127　CC A M V

BG City Hotel

★★★ 客房數：60

Map P.336-B4

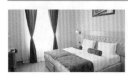

出了貝爾格勒中央車站就能看到，客房有2種房型，價格較貴的房間較為寬敞，同時也有空調、Minibar、保險箱等，設備齊全。

⊠Савски трг 7（Savski trg）
TEL (011) 3600700　FAX (011) 6684373
URL www.bgcityhotel.com
✉reservations@bgcityhotel.com
S A/C ☎ 🖥 🍴 ❑ €49～65
W A/C ☎ 🖥 🍴 ❑ €65～85　CC A D M V

😊地點和設備完全沒得挑剔，但最好避免跨年夜入住，1樓餐廳舉辦的跨年派對噪音響徹整座飯店，直到早上都無法入睡
（群馬縣　幸子　'12年12月）

Park

★★★ 客房數：120

Map P.336-C5

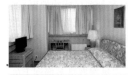

距離斯拉維亞廣場Трг Славиjа徒步只要5分，2013年進行改裝作業，房間設備新穎又舒適。住宿者使用附設的SPA，可享優惠折扣。無線網路免費。

⊠Његошева 2（Njegoševa）
TEL (011) 3640385　FAX (011) 4146820
URL www.hotelparkbeograd.rs
✉reception@hotelparkbeograd.rs
S A/C ☎ 🖥 🍴 ❑ €50～60
W A/C ☎ 🖥 🍴 ❑ €65～80　CC A D M V

Manga Hostel

青年旅館　客房數：27床

Map P.336-C4

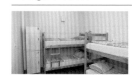

從貝爾格勒中央車站搭乘7號路面電車在第2站下車，就如同旅館名稱Manga，客房裝飾走波普風，有免費無線網路，自行車出租1日€5。

⊠Ресавска 7（Resavska 7）
TEL (011) 3243877　FAX 無
URL www.mangahostel.com
D A/C 🖥 🍴 ❑ €10～13
S A/C 🖥 🍴 ❑ €25～27
W A/C 🖥 🍴 ❑ €32～40　CC 不可

 Restaurant　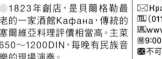貝爾格勒的餐廳

Znak Pitanja

Map P.336-A3

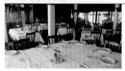

1823年創店，是貝爾格勒最老的一家酒館Кафана，傳統的塞爾維亞料理評價相當高。主菜650～1200DIN，每晚有民族音樂的現場演奏。

⊠Краља Петра 6（Kralja Petra）
TEL (011) 2635421
URL www.varoskapija.rs（塞爾維亞語）
🕐9:00～翌日1:00　休無休
CC 不可

Dva Jelena

Map P.336-C3

位於Скадарлиjа，料理以塞爾維亞鄉土料理為主，1道約620～1290DIN。餐廳內部的裝潢充滿高級感，氣氛很棒，還有開放式的陽台。

⊠Скадарска 32（Skadarska）
TEL (011) 3234885
URL www.dvajelena.rs（塞爾維亞語）
🕐11:00～翌日1:00　休無休
CC M V

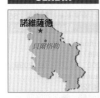

諾維薩德
★
貝爾格勒

諾維薩德 Нови Сад (Novi Sad)

URL www.turizamns.rs

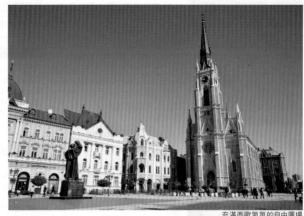

充滿西歐氣氛的自由廣場

如何前往 諾維薩德

🚃從貝爾格勒中央車站出發，1日13班，所需時間1小時30分，2等車廂288DIN～。從蘇博蒂察Subotica出發，1日11班，所需時間2小時30分，2等車廂390DIN～。

🚌從貝爾格勒出發的車班相當頻繁，所需時間1小時20分，700DIN。從蘇博蒂察出發，1小時1班左右，所需時間1小時30分～2小時，890～1400DIN。從奧西耶克Osijek（克羅埃西亞）出發，1日3班，所需時間2小時30分，1010DIN。

諾維薩德的❶

◆Бул Михајла Пупина大道
Map P.342-A2
✉Бул. Михајла Пупина 9
（Bul. Mihajla Pupina）
☎&FAX (021) 421811
🕐8:00～16:00
🚫週六・日・節日

◆Јеврејска大道
Map P.342-A2
✉Јеврејска 10
（Jevrejska）
☎(021) 6617343
🕐週一～五 7:30～18:30
　　週六　　10:00～15:00
🚫週日・節日

　　塞爾維亞的第2大城諾維薩德是佛伊弗迪納自治省 Аутономна Покрајина Војводина的首府，被塞爾維亞、克羅埃西亞、匈牙利和羅馬尼亞等國包圍。該自治省裡，塞爾維亞人占了整體的4成，其他民族有20多個，是個多民族的地區。而該自治省的首府諾維薩德的市中心有塞爾維亞正教堂、天主教大教堂、猶太教堂以及斯洛伐克人的路德教派教堂等，各種宗派的宗教設施，都集中在這塊狹小的區域裡，由此可知其民族的多采豐富。另外，在城鎮的東邊有一座被譽為是多瑙河上的直布羅陀的堅固要塞──彼得羅瓦拉丁要塞。

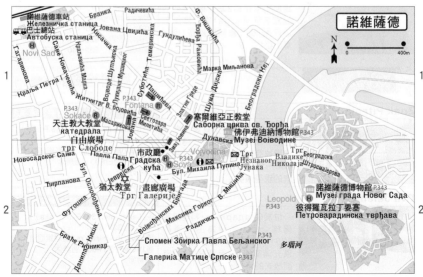

◆◆◆漫遊諾維薩德◆◆◆

火車站與巴士總站相連，位於城市西北方1km左右的地方。前往市中心除了步行之外，還可以搭乘4、5號的市巴士。城鎮的中心有市政廳、天主教大教堂所在地的自由廣場Трг Слободе，廣場周邊有2處ℹ，分別是在Бул Михајла Пупина大道和Јеврејска大道上。從Бул Михајла Пупина大道北側的公園繼續往北走，就來到了佛伊弗迪納博物館Музеј Војводине。而在Бул Михајла Пупина大道南邊的畫廊廣場Трг Галерија，就如它的名稱一樣，聚集了許多的美術館。位於這裡的2間美術館Спомен Збирка Павла Бељанског和Галерија Матице Српске，館內的收藏都是塞爾維亞最高等級的美術品，美術迷們絕對不可錯過。

過了多瑙河的東岸，可看到座落在山丘上的彼得羅瓦拉丁要塞Петроварадинска тврђава。曾經以無法攻陷而自豪的這處要塞，現在成了當地藝術家聚集的地方，有許多畫家的工作室，這裡也是巴爾幹半島夏季最大的戶外音樂祭Exit的會場。在要塞裡還有諾維薩德博物館Музеј града Новог Сада，館內主要展示18～20世紀的裝飾品，這裡也有要塞地下通道的導覽行程。

◆佛伊弗迪納博物館
Map P.342-B1
✉Дунавска 35（Dunavska）
TEL（021）420566
開週二～五 9:00～19:00
週六・日 10:00～18:00
休週一・節日 費100DIN

◆Спомен Збирка Павла Бељанског Map P.342-A2
✉Трг Галерија 2
（Trg Galerija）
TEL（021）4729966
開週三・五～日10:00～18:00
週四 13:00～21:00
休週一・二 費100DIN

◆Галерија Матице Српске Map P.342-A2
✉Трг Галерија 1
（Trg Galerija）
TEL（021）4899000
開週二～四・六10:00～18:00
週五 12:00～20:00
休週日・一 費100DIN

◆諾維薩德博物館
Map P.342-B2
✉Петроварадинска тврђава 4
（Petrovaradinska tvrđava）
TEL（021）6433613
開9:00～17:00
休週一・節日 費150DIN
地下通道導覽最少10人成行

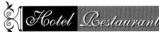

Hotel Restaurant 諾維薩德的住宿&餐廳

從台灣撥打電話 002+381（塞爾維亞國碼）+21（去除0的區域號碼）+電話號碼

Leopold I

★★★★★ 客房數：59 Map P.342-B2
✉Петроварадинска тврђава бб
（Petrovaradinska Tvrđava）
TEL（021）4887878 FAX（021）4887877
URL www.leopoldns.com email office@leopoldns.com
S A/C 8470DIN
W A/C 10010DIN C/C A D M V
就在諾維薩德博物館裡，在沉穩的城堡氣氛中享受高品質的服務。房間內的擺飾分成現代化和文藝復興2種，採用不同型態的家具。

Hostel Sova

客房數：50床 Map P.342-A2
✉Илије Огњановића 26
（Ilije Ognjanovića）
TEL（021）527556 FAX無
URL www.hostelsova.com
email contact@hostelsova.com
D €10 S €25 W €30
C/C不可
位在城市的中心地點，利用大樓的一個角落。多人房基本上是男女混住，洗衣房€4，入住4晚以上可免費使用。也有附空調的個人房，可以使用廚房，無線網路免費。

Fontana

Map P.342-A1
✉Николе Пашића 27
（Nikole Pašića）
TEL（021）6621779
URL www.restoranfontana.com（塞爾維亞語）
開7:00～23:00 休無休 C/C D M V
這是一間可以同時享受外國料理和塞爾維亞鄉土料理的餐廳，寬敞的露台座位非常舒服，主菜550～1300DIN。餐廳樓上有住宿設施，含早餐。S 3500DIN、W 4700DIN。

Sokače

Map P.342-A1
✉Житни трг 5
（Žitni trg）
TEL（021）6622007
URL www.sokace.com（塞爾維亞語）
開週一～四9:00～24:00、週五9:00～翌日1:00、週六・日10:00～翌日1:00 休無休
C/C D M V
推薦給想在充滿塞爾維亞氣氛中，享受道地鄉土料理的人。不少政治家、運動選手也經常光顧，晚上有樂團現場演出，主菜190～960DIN。

蘇博蒂察
貝爾格勒

蘇博蒂察 *Subotica* (Суботица)

URL www.visitsubotica.rs

如何前往
蘇博蒂察

🚄 從貝爾格勒中央車站出發，1日4班，所需時間4小時，560DIN～。從諾維薩德出發，1日11班，所需時間2小時30分，309DIN～。從塞格德Szeged／Segedin（匈牙利）出發，1日1班，所需時間2小時，295DIN～。

🚌 從貝爾格勒出發，1日22班，所需時間3小時30分～4小時40分，950～1300DIN。從諾維薩德出發，1日21班，所需時間1小時30分～2小時，930DIN。

蘇博蒂察的ℹ️
Map P.344-A2
✉️ Trg Slobode 1
📞 (024) 670350
🕐 週一～五 8:00～18:00
　　週六 9:00～13:00
🚫 週日・節日

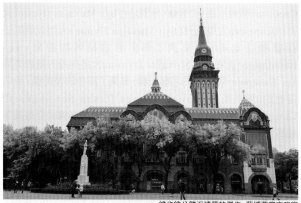

維也納分離派建築的傑作，蘇博蒂察市政廳

　蘇博蒂察是塞爾維亞最北的城市，距離匈牙利邊境相當近。從17世紀末到20世紀初的哈布斯堡帝國統治時代，當地被稱為瑪莉亞特雷西亞波爾 Maria-Theresiopel。市中心裡19世紀末的維也納分離派建築林立，瀰漫著奢華的氣氛，就算對建築沒有多大的興趣，也會忍不住想要欣賞的建築物相當多，整座城市就像是一座戶外博物館。

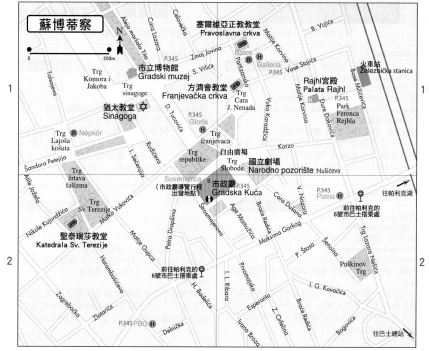

漫遊蘇博蒂察

　　巴士總站距離市中心南方約1km左右的地方,徒步走到市區大約要10分鐘,而火車站就在市中心東邊。

　　自由廣場Trg Slobode是蘇博蒂察市區的中心,這裡有一棟相當醒目的建築物,那就是市政廳Gradska Kuća,❶就在市政廳裡面,位於南側。這裡提供的資訊不光只有蘇博蒂察,整個塞爾維亞的旅遊手冊,甚至是距離該城市北邊40km遠的匈牙利城市塞格德Szeged的相關資訊,都能找到。

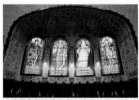
市政廳會議室裡的彩色鑲嵌玻璃,從右邊數來第2個是瑪麗亞·泰瑞莎女王

　　最值得一看的是市政廳的外觀,但其實內部的裝潢也別有一番風味,尤其是會議室,絕對不可以錯過,描繪歷代匈牙利國王的彩色鑲嵌玻璃,將四周裝飾的美輪美奐。除了市政廳以外,當作現代美術館之用的Rajhl宮殿Palata Rajhl、猶太教的猶太教堂,也都是不容錯過的建築物。在猶太教堂對面有市立博物館Gradski muzej。

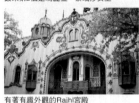
有著有趣外觀的Rajhl宮殿

　　距離城市東方約8km的帕利克湖Jezero Palić,是當地非常知名的湖泊度假村,具有超高人氣。從蘇博蒂察搭乘6號巴士,就可以抵達。湖泊四周設備完善,有美麗的飯店以及價格合理的私人房間,住宿設施也很充實。

◆市政廳
Map P.344-A・B2
⊠Trg Slobode 1
▣導覽行程在每週二~六的12:00舉行,參觀路線從市政廳北邊的禮品店開始,有2條路線,一條是參觀會議室的內的辦公室,另一條則是爬上高塔。費用各為100DIN。

◆Rajhl宮殿
Map P.344-B1
⊠Park Ferenca Rajhla 5
☏(024) 553725
▣週一　　　8:00~14:00
　週二~五　8:00~18:00
　週六　　　9:00~12:00
休週日・節日　圜100DIN

◆市立博物館
Map P.344-B1
⊠Trg Sinagoge 3
☏(024) 555128
URLwww.gradskimuzej.subotica.rs
▣10:00~18:00
休週日・一　圜100DIN

維也納分離派風格的猶太教堂

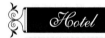

蘇博蒂察的住宿

從台灣撥打電話　002+381(塞爾維亞國碼)+24(去除0的區域號碼)+電話號碼

Gloria
★★★★　客房數:32　**Map P.344-A1**
⊠Dimitrija Tucovića 2
☏&FAX(024) 672010
URLwww.hotelgloriasubotica.com
emailinfo@hotelgloriasubotica.com
⑤AC🛁🍴🌐🔌💲5408DIN Ⓦ AC🛁🍴🌐🔌💲7816DIN
CCⒶ ⒹⓂⓋ
　就在自由廣場旁,屬於Best Western系列的飯店,附設的SPA設施需要付費,客房可以連線上網。

Hotel Galleria
★★★★　客房數:90　**Map P.344-B1**
⊠Matije Korvina 17
☏(024) 647111　FAX(024) 647110
URLwww.galleria-center.com
emailhotel@galleria-center.com
⑤AC🛁🍴🌐🔌💲5175DIN Ⓦ AC🛁🍴🌐🔌💲6670DIN
CCⒶ ⒹⓂⓋ
　從市中心稍微往北走,就會看到的一家大型飯店。房間非常寬敞,還提供客房服務,也提供無線網路。附設的健身房設施,房客可免費使用。

Hotel Patria
★★★★　客房數:141　**Map P.344-B2**
⊠Đure Đakovića 1a
☏(024) 554500　FAX(024) 555068
URLwww.hotelpatria.rs(塞爾維亞語)
emailinfo@hotelpatria.rs
⑤AC🛁🍴🌐🔌💲4115DIN Ⓦ AC🛁🍴🌐🔌💲6830DIN
CCⒶ ⒹⓂⓋ
　從自由廣場徒步只要5分,客房是重視機能性的現代化房型,館內還有餐廳和健身房,硬體設備完善,還提供無線網路。

PBG Hotel
★★/★★★　客房數:29　**Map P.344-A2**
⊠Harambašićeva 19-21
☏&FAX(024) 556542
URLwww.pbghotel.co.rs emailpbg@eunet.rs
⑤🛁🍴🌐🔌💲2200DIN ⑤AC🛁🍴🌐🔌💲2500DIN
Ⓦ🛁🍴🌐🔌💲4200DIN Ⓦ AC🛁🍴🌐🔌💲4600DIN
CCⒹⓂⓋ
　在市中心的飯店當中,這家是最經濟實惠的,設備也不錯,住起來很舒適。有本館和分館,但是分館的部分房間沒有空調。提供無線網路。

貝爾格勒
塞加爾 ★

塞加爾 Зајечар (Zaječar)

URL www.zajecar.info

如何前往塞加爾

從貝爾格勒出發，1日3～7班，所需時間2小時50分～4小時30分，1450DIN。

塞加爾的❶

◆Туристичка Оганизација Града Зајечар

Map P.346-B2

✉Светозара Марковића 2（Svetozara Markovića）

☎(019) 421521

@tooza@open.telekom.rs

圈週一～五　8:00～20:00
　週六　　　8:00～14:00
休週日

提供免費的自行車租借服務

◆國立博物館
Map P.346-B1

✉Драгослава Срејовића 2（Dragoslava Srejovića）

☎(019) 422930

URL www.muzejzajecar.org

圈週一～節日　8:00～16:00
　週二～五　8:00～18:00
　週六　　　9:00～14:00
休週日
圓200DIN

與Радул Бегов конак、菲利克斯羅慕利亞納的共通門票300DIN。

國立博物館所展示的在菲利克斯羅慕利亞納挖掘到的馬賽克

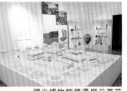

國立博物館裡還展示著菲利克斯羅慕利亞納的修復模型

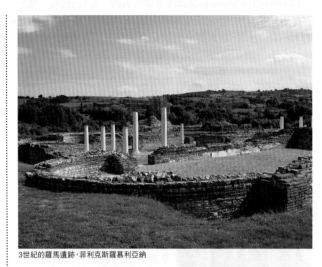

3世紀的羅馬遺跡，菲利克斯羅慕利亞納

　　塞加爾是個位於塞爾維亞東部、保加利亞國境附近，人口只有4萬人左右的中型都市。這座城市在鄂圖曼帝國統治的15世紀後發展而成，至今仍可以看到鄂圖曼帝國時代的建築物。城市的近郊有個歷史比塞加爾更悠久、名為菲利克斯羅慕利亞納**Felix Romuliana**的羅馬時代遺跡，城市裡的國立博物館，展示了從該處挖掘到的出土文物，雖然規模不大，但可以感受到文化的高水準。

◆◆◆◆◆◆◆◆◆◆◆◆ 漫遊塞加爾 ◆◆◆◆◆◆◆◆◆◆◆◆

　　巴士總站在城市的北邊，火車站則更往西邊走。從車站要前往市中心，首先從Моравска大道往東前進，在市場前方往南轉，稍微再走一段路，就可以看到城市的地標Hotel Srbija TIS。

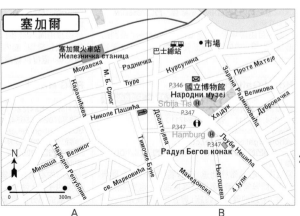

塞加爾

塞加爾火車站
Железничка станица
巴士總站
市場

Моравска　Радничка
Курсупина
Зарка Радмиловиħа
Проте Матеје

М. Б. Синог　Ђуре

Каричиħа
Николе Пашиħа
Тимочке буне
Доситејева
P.346 國立博物館
Народни музеј
Srbija Tis H
Великова
Дубровачка
Халдук

P.347
P.347
Hamburg H
Ђуђе Неиħа

Народне Републике
Милоша Великог
Народне Републике
св. Марковиħа
Македонска
Његошева
4 јули
P.347
Радул Бегов конак

N
0　300m

A　　　　　　　　B

1

2

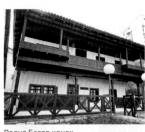

塞加爾的市中心是一處稱為Сквер的區域，而展示著菲利克斯羅慕利亞納的挖掘品，以及傳統服裝的國立博物館Народни музеj就在附近。

Радул Бегов конак

19世紀鄂圖曼帝國統治時期的官邸Радул Бегов конак，則位於從這裡稍微往東南方向走的Љубе Нешиħа大道旁。宅邸1樓展示了當地的藝術家作品，2樓則是土耳其風和塞爾維亞風的混合建築，重現當時的風貌。

◆◆◆◆◆◆◆◆ 從塞加爾出發的小旅行 ◆◆◆◆◆◆◆◆

菲利克斯羅慕利亞納 Felix Romuliana

3世紀的羅馬皇帝戴克里先Diocletianus（244～311）的繼承者，同時也是他的女婿的加萊里烏斯Galerius（260～311），為了獻給自己的母親羅慕利亞納Felix Romuliana，於是建造了這個城市。退位之後，加萊里烏斯自己也在這裡的宮殿度過餘生。

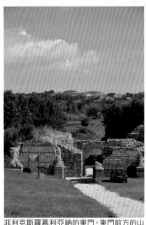

菲利克斯羅慕利亞納的東門。東門前方的山丘有加萊里烏斯的墳塚

和位於斯普利特Split（克羅埃西亞）的戴克里先宮殿Dioklecijanova palača相比，遺跡內規模以及保存狀態都比較差，但城牆、宮殿、神殿、公共浴場等遺跡被保留下來，對了解當時的羅馬帝國建築而言，是個非常重要的遺址。宮殿外也有超過50棟的建築物被發現，並且依序挖掘中。出土的文物都在塞加爾國立博物館展示，這也讓博物館的展示品一年比一年充實，並於2007年登錄為世界遺產。

◆Радул Бегов конак
Map P.346-B2
⊠Носича бб（Nosiča）
圖週一・節日 8:00～16:00
　週二～五　8:00～18:00
　週六　　　9:00～14:00
困週日
圖200DIN
與國立博物館、菲利克斯羅慕利亞納的共通門票為300DIN。

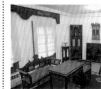

Радул Бегов конак的內部擺設

如何前往 菲利克斯羅慕利亞納

從塞加爾搭乘計程車，單程500DIN，回程可以請工作人員幫忙叫車。塞加爾的❶提供自行車租借。

◆菲利克斯羅慕利亞納
地圖外
圖8:00～日落
困11～3月
圖200DIN
與國立博物館、Радул Бегов конак的共通門票300DIN。

世　界　遺　產

賈姆濟格勒・羅慕利亞納的加萊里烏斯宮
Римска палата Гамзиград
2007年登錄

🏨 Hotel ⎯⎯⎯⎯⎯⎯⎯⎯⎯⎯ 塞加爾的住宿

從台灣撥打電話　002＋381（塞爾維亞國碼）＋19（去除0的區域號碼）＋電話號碼

Garni Hotel Hamburg

★★　客房數：16　**Map P.346-B2**
⊠Светозара Марковиħа 1
（Svetozara Markovića）
TEL(019) 3100136　FAX無
URLwww.hotelhamburg.rs（塞爾維亞語）
mailInfo@hotelhamburg.rs
ⓈⒶCⵋ🛏️➡️🔌2863DIN～
ⓌⒶCⵋ🛏️➡️🔌4580DINⒸⒸⒹⓂⓋ

●就在Радул Бегов конак旁，是個小規模的中級飯店。客房裡有有線電視、無線網路，2樓的露台是咖啡吧。

Hotel Srbija Tis

★★/★★★★　客房數：76　**Map P.346-B1**
⊠Николе Пашиħа bb　（Nikole Pašića）
TEL(019) 422333　FAX(019) 423546
URLwww.srbijatis.co.rs　mailsrbijatis@verat.net
Ⓢ🛏️➡️🔌1550DIN　ⓈⒶC🛏️➡️🔌2750DIN
Ⓦ🛏️➡️🔌2716DIN　ⓌⒶC🛏️➡️🔌4300DIN
ⒸⒸⒶⓂⓋ

●位於市中心的飯店，可以容納的人數相當多。房間分成2種房型，貴的房間有Minibar、空調和無線網路。此外，館內還有健身房和三溫暖。在附設的餐廳可以吃到傳統的塞爾維亞料理。

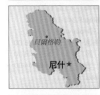

尼什 Ниш (Niš)

URL www.visitnis.com

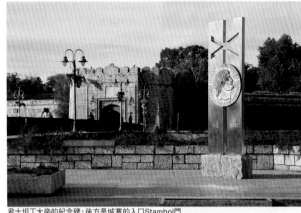

君士坦丁大帝的紀念碑，後方是城塞的入口Stambol門

尼什是僅次於貝爾格勒、諾維薩德的塞爾維亞第3大城，同時也是塞爾維亞南部的中心城市。整座城市屬於近代化建築，但城市歷史卻非常悠久，羅馬時代這裡被稱為Naissus，因為是交通要衝而繁榮發展。此外，這裡也是君士坦丁大帝Gaius Flavius Valerius Constantinus、君士坦提烏斯三世Flavius Constantius III（612～641）、查士丁一世Justinus I（435～527）等3位羅馬皇帝的誕生地，郊外還留下了君士坦丁大帝的別墅Медијана的遺跡。

◆◆◆◆◆◆◆◆◆◆ 漫遊尼什 ◆◆◆◆◆◆◆◆◆◆◆

巴士總站緊鄰著城塞，距離市中心是徒步可及的範圍。火車

如何前往尼什

✈ 從波德戈里察Podgorica（蒙特內哥羅）出發，每週5班，所需時間45分，€67。

🚂 從貝爾格勒出發，1小時1～5班，所需時間3小時～3小時50分，1250DIN。從塞加爾出發，1日10～12班，所需時間2小時20分，900DIN。從史高比耶Skonje出發，1日8班，所需時間4小時10分，680～1100DIN。

🚌 從貝爾格勒出發，1日7班，所需時間4小時50分～5小時50分，716DIN。

◆尼什君士坦丁大帝機場
Аеродром Константин Велики
✉ Вазухопловаца 24（Vazuhoplovaca）
☎（018）4582828
URL www.nis-airport.com
機場和市區以34號市巴士連接。

◆巴士總站
✉ Бул. 12. фебруар бб（Bul. 12. februar）
☎（018）255177

◆火車站
✉ Димитрија Туцовића бб（Dimitrija Tucovića）
☎（018）264625

尼什的❶

◆Туристичка Ознанизација Ниш
Stambol門
Map P.348-A1
✉ Трђава бб（Tvrđava）
☎（018）250222
🕐 週一～五　8:00～19:00
　　週六　　　9:00～15:00
　　週日　　 10:00～15:00
🚫 無休

Вожда Карађорђа路
Map P.348-A-B2
✉ Вожда Карађорђа 7（Vožda Karađorđa）
☎（018）521321
🕐 週一～五　8:00～19:30
　　週六　　　9:00～15:00
🚫 週日

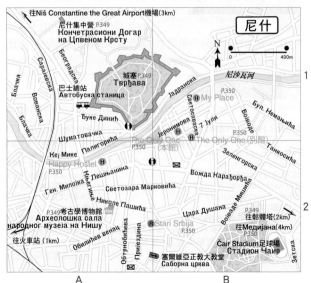

往Niš Constantine the Great Airport機場（3km）

尼什集中營 P.349
Кончетрасиони Догар на Цпвеном Крсту

尼什 N

城塞 P.349
Тврђава

巴士總站
Автобуска станица

Ђуке Динић

Шуматовачка
Палигорина

Београдска
Воиванова

Сараивска

Блатина
Блчика

Јадранска

Светоставана
Јеронимова
7 Јули

My Place P.350

尼沙瓦河

П.350

Бул. Немањина

The Only One（別館）
The Only One P.350（本館）

Кеј Мике
Happy Hostel
P.350
Ген. Милоика
Књегиње Лешњанина
Светозара Марковића
Николе Пашића

Зеленгорска

Војводе Мишића

Вожда Карађорђа

考古學博物館 P.349
Археолошка сала народног музеја на Нишу

往火車站（1km）

Обилиев венац
Остроготинеа
Приеждина

Stari Srbija
P.350

Цара Душана

往貼膿塔（2km）

往Медијана（4km）

塞爾維亞正教大教堂
Саборна црква

Čair Stadium足球場
Стадион Чаир

Зетска

0　　　400m

A　　　　　　　　B

1

2

站在市區偏西的地方，可以從市中心搭乘1號市巴士前往。❶有2處，一個是在城塞入口的Stambol門內，另一處則是在市中心的Вожда Карађорђа路上。

這裡的觀光景點，如果要前往骷髏塔或是Медијана，搭巴士前往很方便。巴士的任何一個門都可以上車，車票不是和司機購買，而是向在車內巡迴的售票員購票，巴士車資一律50DIN。

◆◆◆◆◆◆◆◆◆◆尼什的主要景點◆◆◆◆◆◆◆◆◆◆

城塞 Тврђава

Fortress　　　　　　　　　　　MapP.348-A・B1

城塞位於尼沙瓦河Нишава北岸的城塞，可說是尼什的象徵，同時也是市民休憩的場所。原本在這個場所裡有羅馬時代開始建築的城塞，直到18世紀的鄂圖曼帝國時代才變成現在的風貌。從市中心過了橋之後穿過Stambol門，就可進入，城塞裡有藝廊、劇場、咖啡館等，還有伊斯蘭教的清真寺Bali-Begova džamija以及土耳其式的公共浴場。

考古學博物館

Археолошка сала народног музеја на Нишу

The Archeological Hall of Nis National Museum　MapP.348-A2

位於市中心，展覽室只有一間，雖然規模很小，但是展示的內容物是從西元前6000年以來的各種出土文物。最值得一看的是羅馬時代的古文物，還有關於Медијана遺跡的解說、有著濕壁畫的棺木，以及3位在當地出生的羅馬皇帝頭像等等，收藏相當豐富。

尼什集中營

Консентрасиони Логар на Црвеном Крсту

Nis Concentration Camp　　　　　MapP.348-A1

尼什集中營是在1941年由納粹建造的集中營，這裡算是暫時的收容所，因為被收容在此地的囚犯，之後都會被送往德國本土的最後集中營。1942年2月12日，有超過100人的囚犯企圖逃脫，後來國家祕密警察又蓋了辦公室和2座監視塔，加強集營的警戒。想要參觀的話，要跟英語導遊一起進入。

骷髏塔 Ћеле Кула

The Skull Tower　　　　　　　　MapP.348-B2外

距離市中心東方約3km的地方，這座塔是在1809年時，對於鄂圖曼帝國的統治感到不滿的塞爾維亞人發動起義的Чегар（Čegar）之戰結束後興建的。在這場戰役當中，1萬名的鄂圖曼帝國大軍對上4000名的塞爾維亞軍，儘管最後鄂圖曼帝國獲勝，但卻是歷經一場苦戰。為了不讓塞爾維亞人二度造反起義，於是蓋了這座高塔以示警告。塔的四面各有縱14、橫17，共計952名塞爾維亞人的士兵人頭被埋在這裡，現在還有58個頭顱遺骸。但事情與鄂圖曼帝國的盤算完全相反，這座塔成為塞爾維亞人抵抗強權的象徵，當鄂圖曼帝國想要破壞這座塔時，

💬尼什的驕傲──君士坦丁大帝
尼什是君士坦丁大帝的出生地，當地以此自豪，與他有關的紀念品相當多。他所頒發的「米蘭詔令」所使用的卷紙，我想是非常貴重的紀念品。
（福岡縣　哲學博士　'13夏）

◆城塞
✉Тврђава бб（Tvrđava）
⏰隨時　休無休　💴免費

城牆內的清真寺Bali-Begova džamija

◆考古學博物館
✉Николе Пашића 59
（Nikole Pašića）
☎（018）511531
⏰週二～五　10:00～18:00
　週六・日　10:00～15:00
休週一
💴130DIN
與尼什集中營、骷髏塔、Медијана的共通門票200DIN。

◆尼什集中營
✉Бул. 12. фебруар бб
（Bul. 12. februar）
☎（018）588889
⏰週二～五　9:00～16:00
　週六・日　10:00～15:00
休週一
💴130DIN
※與考古學博物館、骷髏塔、Медијана的共通門票200DIN

◆骷髏塔
🚌從市中心搭乘1、10號市巴士前往
✉Бул. Др. Зорана Ђинђића
（Bul. Dr. Zorana Đinđića）
☎（018）222228
⏰週二～五　9:00～19:00
　週六・日　9:00～17:00
休週一
💴150DIN
※與考古學博物館、尼什集中營、Медијана的共通門票200DIN。

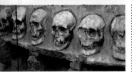

SERBIA

埋在塔上的頭蓋骨，甚至還
能看到刀傷

◆Медијана
⛟⛟從市中心搭乘1號市巴士
前往
✉Бул. Цара Константина бб
（Bul. Cara Kontantina）
☎(018) 550433
🕐週二～五　10:00～17:00
　週六‧日　10:00～15:00
🚫週一‧11～3月
💰150DIN
與考古學博物館、尼什集中
營、骷髏塔的共通門票
200DIN。

塞爾維亞人卻挺身出面捍衛。現在為了保護這座塔不受風雨摧
殘，於是另外蓋了一座教堂風格的建築物覆蓋，因此從外面看
不到塔。如果要入內參觀，要跟著英語導遊一起進入。

Медијана
Mediana ┃ MapP.348-B2外

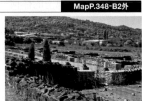

羅馬皇帝的別墅Медијана

從骷髏塔再往東邊走約2km
處，就來到了Медијана，這裡是
君士坦丁大帝所興建的夏日別
墅的遺址，冷水、溫水的水道完
備，而溫水則是由近郊的溫泉地
尼什礦泉村Нишка Бања運送
過來的。這裡殘留了許多的馬
賽克，當局正在興建可以遮檔日光，不讓馬賽克受損的屋頂。

Hotel Restaurant ┃ **尼什**的住宿&餐廳

從台灣撥打電話　002＋381（塞爾維亞國碼）＋18（去除0的區域號碼）＋電話號碼

My Place Hotel
★★★★ 客房數：39
Map P.348-B1

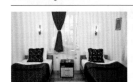

●位於尼沙瓦河的南側，屬於
Best Western系列飯店。客房
裡有按摩浴缸，而附設的健身房
和三溫暖，則可以免費使用。

✉Kej 29, Децембар бб
（Kej 29, Decembar）
☎(018) 525555　FAX(018) 295295
🔗www.hotelmyplace.com
Ⓢ🅐🅒📶🍴🔌🖥€57
Ⓦ🅐🅒📶🍴🔌🖥€77　ⒸⒸ🅐Ⓜ🅥

The Only One
客房數：15
Map P.348-B1

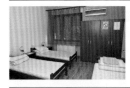

●這是位在市中心的私人房間，
除了本館，在Светосавска路
上還有別館，但只有本館有接待
櫃台。客房提供有線電視、冰箱
等，也有免費無線網路。

✉本館:7 Јули 5a（7 Juli）
　別館:Светосавска 7
　　　（Svetosavska）
☎063-7836968（行動電話）　FAX無
🔗www.onlyone-apartment.com
Ⓢ🅐🅒📶🔌🖥€15～30
Ⓦ🅐🅒📶🔌🖥€30～35　ⒸⒸ不可

Happy Hostel
★★★ 客房數：9
Map P.348-A2

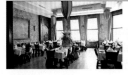

●利用大樓的2樓，多人房有3人
入住和4人入住的房間，男女混
合。每張床的旁邊有個人使用的
檯燈、插座和小桌子，無線網路
免費。

✉Kej Кола Српских Сестара 17A/8
（Kej Kolo Srpskih Sestara）
☎063-8673896（行動電話）　FAX無
🔗www.happy-hostelnis.com
Ⓓ🅐🅒📶🔌🖥€10
Ⓢ🅐🅒📶🔌🖥€14
Ⓦ🅐🅒📶🔌🖥€21　ⒸⒸ不可

Stara Srbija
Map P.348-A2

●1876年創業，建築物經過整
修翻新，充滿民族色調，可一邊
聽著傳統音樂享受塞爾維亞料
理。主菜250～1600DIN。

✉Трг Републике 12
Trg Republike
☎(018) 521902
🔗www.starasrbija.com
🕐10:00～24:00　🚫無休
ⒸⒸ🅐Ⓜ🅥

克拉列沃 Краљево (Kraljevo)

URL www.jutok.org.rs

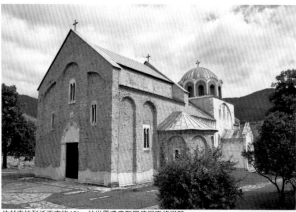
位於克拉列沃西南約40km的世界遺產斯圖德尼察修道院

貝爾格勒
克拉列沃

如何前往 克拉列沃

🚌🚃 從貝爾格勒出發，1小時1～4班，所需時間2小時45分～3小時40分，900DIN。從尼什出發，1日20班，所需時間3小時～4小時15分，760DIN。從烏日采出發，1日4班，所需時間2小時，700DIN。

◆巴士總站
✉ Октобарских жртава
（Oktobarskih žrtava）
☎ (036) 313444

克拉列沃的ℹ
◆Туристичка Организација Краљева
Map P.351-A2
✉ Трг Српских Ратника 25
（Trg Srpskih Ratnika）
☎ (036) 316000
📧 jutok@tron.rs
🕐 週一～五　7:00～20:00
　　週六　　9:00～14:00
🚫 週日

　　克拉列沃在塞爾維亞語裡是「王之都」的意思，是依照19世紀末當時首任塞爾維亞國王米蘭一世Милан Обреновић的時代命名的，市中心相當的近代化，井然有序，一出了郊外幾乎是和市區成對比，充滿濃郁的中世紀情調。其中最受到矚目的要算是Жича修道院、斯圖德尼察修道院等，這些與中世紀塞爾維亞王國的尼曼雅王朝有關的修道院，堪稱是塞爾維亞觀光的亮點，從克拉列沃可以當天往返。

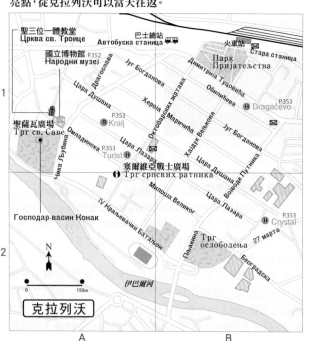

克拉列沃

克拉列沃的中心，塞爾維亞戰士廣場

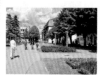
連接巴士總站和塞爾維亞戰士廣場的10月犧牲者大道

由塞爾維亞大公米洛什·奧布廉諾維奇興建的聖三位一體教堂

351

◆國立博物館
Map P.351-A1
⊠Trg sv. Save 2
　(Trg sv. Save)
TEL(036) 337960
URLnmkv.rs
圖週二～五　9:00～20:00
　週六・日　9:00～13:00
困週一　圖100DIN

1873年建立的學校，如今被
當作國立博物館之用

如何前往
Žiča修道院

從克拉列沃的巴士總站
搭乘往Бања方向的巴士，
約20分。週一～五1小時2
班，週六・日1小時1班，
800DIN。
◆Žiča修道院
地圖外
TEL(036) 5816817
URLwww.zica.org.rs
圖4～10月　7:00～19:00
　11～3月　8:00～16:00
困無休　圖免費

如何前往Маглич

從克拉列沃的巴士總站
搭乘往烏日采Ужице方向的
巴士，約40分，120DIN。從
巴士站往烏日采的方向稍微
步行一段距離，過了河川往
山上走，山頂就是目的地。從
巴士站走到城塞都市遺跡，
大約要30分。由於就在克拉
列沃和斯圖德尼察修道院之
間，可以在參觀斯圖德尼察
修道院之後再訪，再回到克
拉列沃，這是最有效率的路
線。
◆Маглич
地圖外
圖隨時　困無休　圖免費

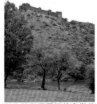

聳立於伊巴爾河的東岸的
Маглич城塞都市遺跡

◆◆◆◆◆◆◆◆◆◆◆◆漫遊克拉列沃◆◆◆◆◆◆◆◆◆◆◆◆

　巴士總站和火車站都在市區的北邊，到市中心都是徒步可及
的距離。城市的中心位置是塞爾維亞戰士廣場Трг српских
ратника，這是一個圓形的開放廣場，❶也在廣場旁。從廣場往
西邊方向延伸的Омладинска路，有許多咖啡館和商店林立，
是個熱鬧的商圈，可通往聖薩瓦廣場Трг св. Саве。聖薩瓦廣
場周邊有國立博物館Нардони музеј、聖三位一體教堂Црква
св. Троице、19世紀的宅邸、同時也是宗教中心的Господар-
васин Конак，都可稱得上是克拉列沃的觀光景點。

◆◆◆◆◆◆◆◆◆◆從克拉列沃出發的小旅行◆◆◆◆◆◆◆◆◆◆

Žiča修道院　Манастир Жича

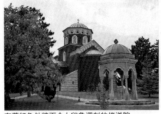

有著紅色外牆而令人印象深刻的修道院

　　　　　　　　位於克拉列沃西邊約6km
　　　　　　　　的Žiča修道院，是一座建於
　　　　　　　　1206年、歷史悠久的修道
　　　　　　　　院。1217年首任塞爾維亞國
　　　　　　　　王就是在這裡舉行加冕大
　　　　　　　　典，加冕的斯特凡・尼曼雅二
　　　　　　　　世Стефан Немањић（1165?
　　　　　　　　～1228）和授與王冠的聖薩
瓦Свети Сава，他們的父親都是斯特凡・尼曼雅一世Стефан
Немања（1113～1200），兩人是兄弟關係。修道院內的中心有一
座紅色外觀的教堂，在受到羅馬式建築風格影響深遠的該地
區，這座Raška風格的修道院獨樹一格，裡面有許多美麗的濕
壁畫。

Маглич

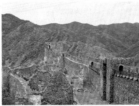

被城牆圍繞的中世紀都市，Маглич

　　　　　　　　從克拉列沃往烏日采Ужице
　　　　　　　　方向的道路，是由伊巴爾河
　　　　　　　　Ибар所形成的伊巴爾溪谷，沿
　　　　　　　　途風光美麗，剛好位在中間位
　　　　　　　　置的Маглич城塞遺跡，就建造
　　　　　　　　於河川旁的高聳山崖上。
　　　　　　　　Маглич城塞建造於13世紀左
右，現在雖然已經成為廢墟，但卻是塞爾維亞境內，保持狀態
最好的中世紀城塞都市，很值得一看。

斯圖德尼察修道院　Манастир Студеница

　這是由尼曼雅王朝的創始者斯特凡・尼曼雅一世Стефан
Немања在1190年建造的修道院，在塞爾維亞為數不少的修道
院中，這裡的規模不但是最大，同時也是最重要的，並在1986
年登錄為世界遺產。

　教堂採用羅馬式和拜占庭式折衷的Raška風格，這裡並不像
東正教般會採用雕像作為教堂的裝飾，斯圖德尼察則是罕見
地採用聖母、聖人的聖像或是動植物的浮雕。教堂內被濕壁畫
覆蓋，最古老的作品是13世紀的作品。許多的濕壁畫上有無數

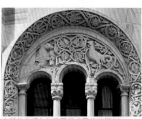
東壁的窗戶上有著羅馬式風格的雕刻

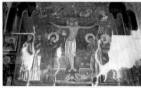
被稱為《斯圖德尼察十字架》的濕壁畫，於13世紀繪製，不過右端的女子是16世紀所畫的，因此風格不太一樣

的受損痕跡，這是因為19世紀時，在現在所看到的濕壁畫上再描繪巴洛克風格的濕壁畫，為了讓顏料可以附著上去，於是破壞了古老的濕壁畫表面。現在巴洛克風格的濕壁畫已經看不見，而古老的濕壁畫正在進行修復作業。教堂內除了安置斯特凡·尼曼雅一世的遺體外，還有他的妻子安娜塔西亞Анастасија以及第一位塞爾維亞國王斯特凡·尼曼雅二世的遺體。

如何前往
斯圖德尼察修道院

🚌 從克拉列沃的巴士總站搭乘往烏日采Ужице方向的巴士，然後再換搭往斯圖德尼察的巴士。1日3班，所需時間1小時30分，300DIN。

◆斯圖德尼察修道院
地圖外
📞(036) 5436050
🌐www.manastirstudenica.rs
🕐沒有固定的開館時間，通常從日出到日落
休無休　費免費

世　界　遺　産

斯圖德尼察修道院
Манастир Студеница
1986年登錄

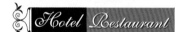
克拉列沃的住宿&餐廳

從台灣撥打電話　002+381(塞爾維亞國碼)+36(去除0的區域號碼)+電話號碼

Turist Hotel
★★★★　客房數：62
Map P.351-A1

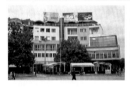

位於市中心，面對塞爾維亞戰士廣場，地理位置超棒。最頂樓是義大利餐廳，有可以俯瞰廣場的露台座位。如果要使用SPA Center，需要付費€5，無線網路免費。

✉Трг Српских ратника 1
（Trg Srpskih ratnika）
📞(036) 322366　FAX(036) 334938
🌐www.hotel-turist.net
📧hotel@hotel-turist.net
S A C 📶 💻 🌐 💰€38　W A C 📶 💻 🌐 💰€62
CC A D M V

Hotel Crystal
★★★★　客房數：28
Map P.351-B2

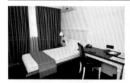

位於城市東邊的設計飯店，雖然客房數不多，但SPA Center等硬體設備完善，不過需要付費，而且得前一天登記申請。客房裡提供有線網路。

✉Ибарска 44（Ibarska）
📞(036) 329140　FAX無
🌐www.hotelcrystal.rs
📧office@hotelcrystal.rs
S A C 📶 💻 🌐 💰4470DIN
W A C 📶 💻 🌐 💰6740DIN
CC M V

Hotel Dragočevo
★★　客房數：12
Map P.351-B1

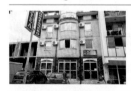

這是市中心的飯店中，最經濟實惠的飯店之一，由於價格便宜，飯店內沒有餐廳，但客房設備完善。服務人員的英語不太流利。

✉Обилићева 49（Obilićeva）
📞&FAX(036) 335056
🌐www.hoteldragacevo.rs
📧hoteldragacevo@gmail.com
S A C 📶 💻 🌐 💰2500DIN
W A C 📶 💻 🌐 💰3000DIN
CC D M V

Kralj Restoran
Map P.351-A1

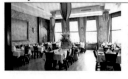

從塞爾維亞戰士廣場往北走一條路，就在馬路旁邊，提供塞爾維亞傳統料理，菜色豐富。主菜460～2000DIN。也提供早餐。

✉Цара Лазара 23
（Cara Lazara）
📞(036) 336546
🕐8:00～24:00　週日12:00～22:00
休無休
CC A M V

353

貝爾格勒

新帕箚爾
★

新帕箚爾 *Нови Пазар*
(Novi Pazar)

www.tonp.rs

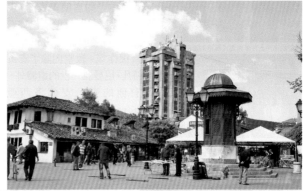

新帕箚爾的中心，Трг Иса-бега Исаковића廣場

如何前往 新帕箚爾

從貝爾格勒出發，1小時1~2班左右，所需時間4小時30分~5小時45分，1350DIN。從克拉拉沃出發，1日19班，所需時間2小時，600DIN。從波德戈里察Podgorica(蒙特內哥羅)出發，1日4班，所需時間4小時30分~5小時，€12。

新帕箚爾的❶
◆Туристичка
Организација Нови Пазар
Map P.354-B2
✉28 новембар 27
(28 novembar)
☎(020) 338030
✉info.tonp@gmail.com
🕐8:00~14:00 休週六・日

新帕箚爾的舊城區
◆拉斯博物館
Map P.354-B2
✉Стевана Немање 20
(Stevana Nemanje)
☎(020) 331681
🔗www.muzejras.org
🕐8:00~15:00
休週六・日 票200DIN

世 界 遺 産
斯塔里拉斯與索潑查尼修道院
Стари Рас, Сопоћани
1979年登錄

如何前往 Đurđevi Stupovi 修道院
🚕搭計程車來回約€5
◆Đurđevi Stupovi修道院
地圖外
🔗www.stupovi.rs
🕐6:00~20:00
休無休 票免費

　　新帕箚爾是塞爾維亞西南部桑札克地方的中心都市，距離科索沃很近，因此人口有一半是伊斯蘭教徒。城市裡可以看到清真寺和土耳其式浴場的遺跡，感受到濃烈的東方氣息。另一方面，該地區曾經是中世紀塞爾維亞王國的中心，同時也是基督教文化開花的地方。郊外有著當時王國的首都斯塔里拉斯，以及索潑查尼修道院、Đurđevi Stupovi修道院等遺跡，這些都被登錄為世界遺產。

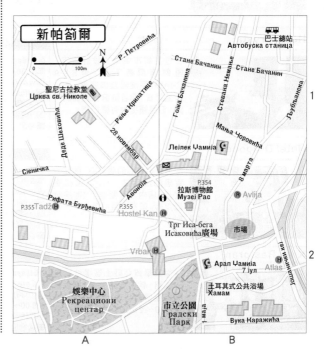

新帕箚爾

◆◆◆◆◆◆◆◆◆◆◆ 漫遊新帕箚爾 ◆◆◆◆◆◆◆◆◆◆◆

　巴士總站位於城市的北邊，徒步約15分鐘的地方。出了巴士總站之後，順著斯特凡・尼曼雅一世大道Стевана Немање直走，就會來到Трг Иса-бега Исаковића廣場。❶、展示著與當地歷史和民俗學有關的拉斯博物館Музеј Рас就在這個廣場的周邊，廣場的南邊則是瀰漫著濃濃東方氣息的舊城區。

◆◆◆◆◆◆◆◆ 從新帕箚爾出發的小旅行 ◆◆◆◆◆◆◆◆

　前往位於新帕箚爾郊外的景點時，因為沒有大眾運輸交通工具，可以包一輛計程車，繞行以下3處景點的話約€20。

Đurđevi Stupovi 修道院
Манастир Ђурђеви Ступови

　距離新帕箚爾約4km，這是在1171年由斯特凡・尼曼雅一世Стефан Немања興建的修道院，並登錄為世界遺產。教堂內曾經有許多的濕壁畫，但現在幾乎看不到了。

斯塔里拉斯 Стари Рас

　中世紀塞爾維亞王國的首都，曾經極度繁榮，現在卻十分荒涼，很難想像當時的盛況。斯塔里拉斯就在前往索潑查尼修道院的途中，一起參觀比較有效率。

索潑查尼修道院 Манастир Сопоћани

　位於新帕箚爾西方約16km處，是中世紀塞爾維亞國王斯特凡・烏羅什一世Краљ Стефан Урош I所建的修道院。修道院的占地裡有著聖三位一體教堂，這與該地區其他世界遺產的修道院相同，屬於Raška風格的建築。索潑查尼修道院約在13世紀中期左右建立，西側的柱廊玄關和鐘樓，都是在14世紀之後增建的。教堂內有美麗的濕壁畫，鮮明的色彩栩栩如生，堪稱是該時代最棒的傑作。

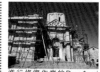
進行修復作業的Đurđevi Stupovi修道院

如何前往 斯塔里拉斯
🚕搭乘計程車來回約€10
◆斯塔里拉斯
地圖外
🕐隨時　困無休　💰免費

風化嚴重的斯塔里拉斯

如何前往 索潑查尼修道院
🚕搭乘計程車來回約€10
◆索潑查尼修道院
地圖外
🕐6:00～20:00
困無休　💰免費

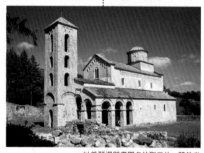
以美麗濕壁畫聞名的聖三位一體教堂

 Hotel ｜ **新帕箚爾**的住宿

從台灣撥打電話　002＋381（塞爾維亞國碼）＋20（去除0的區域號碼）＋電話號碼

Hotel Tadž
★★★★ 客房數：22　**Map P.354-A2**
✉Рифата Бурџевића 79
（Rifata Burdževića）
☎&FAX (020) 311904
URLwww.hoteltadz.rs
📧hoteltadz@gmail.com
Ⓢ🛁🚽📶🖥3500DIN～
Ⓦ🛁🚽📶🖥5000DIN～　ⒸⒸⓂⓋ

●從市中心Трг Иса-бега Исаковића廣場往西走約5分鐘，堪稱是當地最高級的飯店。服務櫃台在2樓，大約一半的房間都有空調，無線網路免費。

Hostel Kan
客房數：13　**Map P.354-B2**
✉Рифата Бурџевића 10
（Rifata Burdževića）
☎(020) 315300
FAX(020) 315003
Ⓢ🛁🚽📶🖥1770DIN
Ⓦ🛁🚽📶🖥2400DIN
ⒸⒸ不可

●位於市中心，屬於經濟型的旅館。看板上雖然寫著Hostel，但並沒有多人房，全都是套房。客房並不寬敞，但電視等硬體設備完善，不過沒有空調和無線網路。

烏日采 Ужице *(Užice)*

URL www.turizamuzica.org.rs

如何前往烏日采

🚌 從貝爾格勒出發，1日8班，所需時間4小時，620DIN。

🚆 從貝爾格勒出發，1小時1班左右，所需時間3小時15分～4小時15分，1300DIN。從茲拉蒂波爾出發，1日22班，所需時間45分，100DIN～。從維舍格勒Вишеград（波士尼亞・赫塞哥維納），1日4班，所需時間1小時40分，8KM。

烏日采的ℹ️

◆Туристичка
Организација Ужица
Map P.356-B

✉️Димитрија Туцовића 52
（Dimitrija Tucovića）
📞(031) 500555
📧infocentar@neobee.net
🕐8:00～16:00 🚫六・日

塞爾維亞風格裝潢的
約卡諾維奇之家

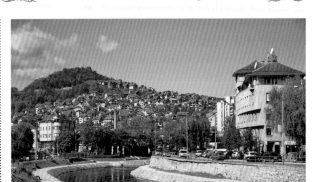

流經烏日采的Ђетиња河

　沿著Ђетиња河發展而成的烏日采，是分別連接塞爾維亞首都貝爾格勒Београд和蒙特內哥羅的首都波德戈里察Podgorica，以及波士尼亞・赫塞哥維納的首都塞拉耶弗Sarajevo的中心點，自古就是交通要衝。建於城鎮西部的中世紀城塞——烏日采古城，就可說明烏日采在戰略上所占有的位置非常重要。烏日采周邊有塞爾維亞知名的療養地茲拉蒂波爾Златибор，有史蹟鐵路運行的莫克拉戈拉Мокра Гора、重現傳統村莊的Сирогојно等許多名勝，也很適合作為觀光的起點站。

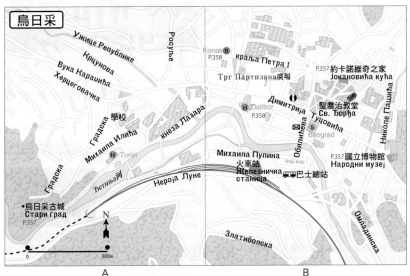

烏日采

Ужице Републике
Крцунова
Вука Караџића
Херцеговачка
Градска
Росуље
Konak P.358
краља Петра I
Трг Партизана廣場
P.357 約卡諾維奇之家
Јокановића кућа
學校
Zlatibor P.358
Димитрија
聖喬治教堂
Св. Ђорђа
Михаила Илиђа
кнеза Лазара
Туцовића
Градска
Turist
Николе Пашића
Beograd
Ђетиња河
Михаила Пупина
火車站
Железничка
станица
Обилиђева
P.357 國立博物館
Народни музеј
Нероја Луне
•烏日采古城
Стари град
P.357
Златиболска
Омладинска
N
0   300m

A   B

◆◆◆◆◆◆◆◆◆◆◆◆ **漫遊烏日采** ◆◆◆◆◆◆◆◆◆◆◆◆

　　火車站和巴士總站都在城市的南邊，跨過橫跨在Ђетиња河上的橋樑後往前走，碰到Димитрија Туцовића路往西前進，❶就在路旁。再繼續往前走就是市中心的Трг Партизана廣場。

　　烏日采的主要觀光景點有位於市中心的國立博物館Народни Музеј和1868年興建的約卡諾維奇之家Јокановића кућа，還有位於市區西邊約1km懸崖上的中世紀要塞烏日采古城Стари Град。當地的景點並不多，繞一圈大約2～3小時。

◆◆◆◆◆◆◆◆ **從烏日采出發的小旅行** ◆◆◆◆◆◆◆◆

莫克拉戈拉 Мокра Гора

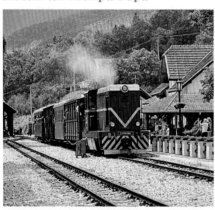
鐵路迷一定要來搭乘

　　從烏日采往西約30km，位於與波士尼亞‧赫塞哥維納的國境邊界的莫克拉戈拉，是代表塞爾維亞的史蹟鐵路Шарганска Осмица的起訖點。Осмица是數字8的意思，由於機械式火車行駛於地勢起伏激烈的地區，從上方看軌道形狀就像是數字的8，因此才得名。採用懷舊的機械火車行駛的路線有13.5km，中途會經過22個隧道和5座橋。

　　路線延伸到波士尼亞‧赫塞哥維納的維舍格勒Вишеград，可以穿越過境去觀光。不過目前該路線只有特別時刻才會運行，一般的遊客暫時無法搭乘。

　　另外，曾獲得2次坎城影展金棕櫚獎的舊南斯拉夫知名電影導演艾米爾‧庫斯圖里察Emir Kusturica（塞爾維亞語Емир Кустурица）所執導的電影《Life Is a Miracle（生命是個奇蹟）》的拍攝舞台，也是在這裡。從市區往烏日采的方向走，中途會爬過一個山丘，那裡就是Мећавник，電影中所出現的木頭村Дрвенград就是在這裡。村子裡有教堂、餐廳、咖啡館，以及放映庫斯圖里察導演作品的電影院、美術館等，甚至還有游泳池和飯店，想要在這裡過夜悠閒旅行也沒問題。

Сирогојно

　　位於茲拉蒂波爾地區山谷間的小村莊，村子裡有將該地區的傳統山村還原的戶外民俗博物館Музеј на отвореном старо село。區域裡有教堂、民宅，以及用於各種目的的鐵匠屋、乾果

◆**國立博物館**
Map P.356-B
✉Димиторија Туцовића 18
　（Dimitrija Tucovića）
☎(031) 521360
🕐週一～五　9:00～17:00
　週六　　　9:00～14:00
🚫週日‧節日　💰120DIN
※與約卡諾維奇之家共通

◆**約卡諾維奇之家**
Map P.356-B
✉Слануøшка 10a
　（Slanuška）
☎(031) 513035
🕐9:00～15:00
🚫週六‧日　💰120DIN
※與國立博物館共通

◆**烏日采古城**
Map P.356-A
🕐隨時　🚫無休　💰免費

如何前往 莫克拉戈拉

�ंभ從烏日采出發，1日4班、所需時間約1小時、380DIN。

◆**史蹟鐵路**
　Шарганска Осмица
☎(031) 510288
🔗www.zeleznicesrbije.com
✉šarganska.osmica@
　srbrail.rs
🕐10:30、13:25出發
🚫11/1～4/2
💰600DIN

◆**莫克拉戈拉車站**
　的住宿設施
☎(031) 800505
📠(031) 800124
💲2580DIN　💴4200DIN

◆**木頭村**
☎(031) 3152000
🔗www.mecavnik.info
✉info@mecavnik.info
🕐8:00～23:00
🚫無休　💰250DIN

◆**木頭村的住宿設施**
Toursit Resort Mecavnik
☎(031) 3152000
💲3460DIN　💴6920DIN

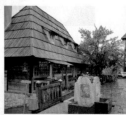
享受電影的世界

如何前往Сирогојно

🚌 巴士1日3班，從Сирогојно出發的最後一班車是在14:00發車，如果不在博物館開門之前搭乘早上的巴士，可能無法當天來回。搭計程車會比較方便。

◆戶外民俗博物館
☎(031)3802291
URL www.sirogojno.org.rs
🕐4〜11月　　9:00〜19:00
　12〜3月　　9:00〜16:00
🈔無休
💴150DIN

如何前往米萊謝瓦修道院

🚌最靠近米萊謝瓦修道院的城市是普里耶那列Пријепоље，從烏日采往普里耶波列1日7班，所需時間2小時10分，500DIN。從普里耶波列的巴士總站到米萊謝瓦修道院大約7km左右，如果包計程車的話來回約700DIN。

◆米萊謝瓦修道院
🕐5:00〜19:00
🈔無休
💴免費
※博物館100DIN

小屋，還有地區限定的起司麵包、可以品嚐Ељдопита（玉米麵包）的傳統咖啡店等，有超過40棟的建築物，在這裡可以親身體驗這個區域居民的生活。

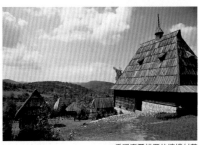

重現塞爾維亞的淳樸村落

米萊謝瓦修道院 Манастир Милешева

米萊謝瓦修道院興建於1236年，是由塞爾維亞國王斯特凡•弗拉迪斯拉夫一世Краљ Стефан Владислав所建。至今仍受到國民敬愛的塞爾維亞聖人聖薩瓦Свети Сава是他的叔叔，聖薩瓦的遺體在16世紀末，也就是鄂圖曼帝國時代被運到貝爾格勒火燒之前，就是安置在這裡的。位於修道院中心的教堂，裡面充滿了濕壁畫，其中最有名且絕對不容錯過的就是《白色天使Белианђео》。將教堂圍住的僧房，其中有一部分成為博物館，展示著聖像、聖具和聖書等修道院收藏的珍貴品。

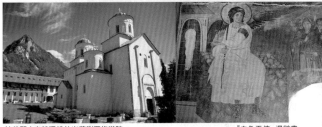

被美麗大自然環繞的米萊謝瓦修道院　　『白色天使』濕壁畫

ℋotel ℛestaurant　　烏日采住宿&餐廳

從台灣撥打電話　002＋381（塞爾維亞國碼）＋31（去除0的區域號碼）＋電話號碼

Hotel Zlatibor

★★★　客房數：150
Map P.356-B

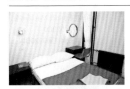

● 客房數量很多，地理位置又好，利用價值很高。房間給人一種重視設計性的感覺，但老舊的印象不可否認。部分樓層可能無法使用無線網路。

✉ Димитрија Туцовића 148
（Dimitrija Tucovića）
☎(031)516188
FAX無
🛏SＳ2400DIN〜
🛏WＳ3600DIN〜
CC MＶ

Nacionalni Restoran Konak

Map P.356-B

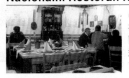

● 取名自古老民家的名字，能夠在傳統的氣氛當中，享受傳統塞爾維亞料理，是間很受當地人歡迎的知名餐廳。主菜420〜1400DIN。

✉ Краља Петра I 16
（Kralja Petra I）
☎(031)510207
🕐9:00〜24:00（週日10:00〜22:00）
🈔無休
CC AＭＶ

茲拉蒂波爾 *Златибор* (Zlatibor)

URL www.zlatibor.com

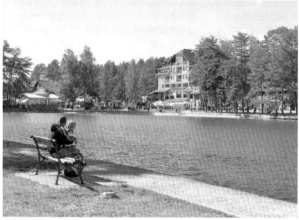
綠意盎然的茲拉蒂波爾

貝爾格勒
★
茲拉蒂波爾

如何前往 茲拉蒂波爾

從貝爾格勒出發，1日18班，所需時間4小時，1300DIN。從烏日采出發，1日22班，所需時間45分，170DIN。

茲拉蒂波爾的旅行社
◆Zlateks Zlatibor
✉Аутобуска станица（Autobuska stanica）
TEL&FAX(031) 841244
URL www.zlateks.co.rs
營 3～9・12・1月
8:00～19:00
2・10・11月
8:00～16:00
休節日
位於巴士總站的旅行社有前往Сирогојно和莫克拉戈拉Мокра Гора等近郊的旅遊行程，不過參加人數如果低於預定人數是不會舉行的。

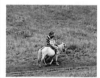
悠閒享受騎馬樂趣

茲拉蒂波爾是塞爾維亞最為知名的高原療養地，由於海拔超過1000m，因此就算是夏天也非常涼爽，空氣也很清新。除了作為療養之用，也是長期復健、運動選手集訓的場所。夏天可體驗登山郊遊，冬天則可以享受滑雪的樂趣，充分享受四周美麗的大自然。

◆◆◆◆◆◆◆◆◆◆◆◆◆ 漫遊茲拉蒂波爾 ◆◆◆◆◆◆◆◆◆◆◆◆◆

巴士總站位於城鎮的西方，市中心是從這裡開始一直到東邊湖泊一帶，沿路有販售蜂蜜口味的蒸餾酒Медбача和Клковача，以及各種起司等地方特產品的市場、郵局、匯兌處等觀光必須的設施大多集中在此。茲拉蒂波爾當地沒有❶，但可以到旅行社或是飯店的櫃台索取觀光資訊。巴士總站內有幾間旅行社，提供前往近郊的觀光行程。

Hotel　茲拉蒂波爾的住宿

從台灣撥打電話　002+381（塞爾維亞國碼）+31（去除0的區域號碼）+電話號碼

Hotel Zlatibor MONA
★★★★　客房數：120
✉Миладина Пећинара 26（Miladina Pećinara）
TEL (031) 841021　FAX (031) 841812
URL www.monazlatibor.com
email hotel@monazlatibor.com
⑤A/C🛁📺📶€90～
🅆A/C🛁📺📶€100～　CC A D M V
●距離巴士總站很近的高級飯店，公共區域多採用原木，散發一種清潔感。備有泳池、三溫暖、健身房等，硬體設備完善，房客可以免費使用，有無線網路。

Braća Sekulić
客房數：40
✉Обудовица（Obudovica）
TEL (031) 841864　FAX 無
URL www.bracasekulic.co.rs
email bszlatibor@eunet.rs
⑤🛁📶2200DIN　🅆🛁📶4400DIN
CC M V
●離巴士總站西方約400m左右，屋頂上寫著超大的飯店名稱，很容易看見。客房裡有電視和無線網路，公寓式的房間裡有空調。

塞爾維亞簡史

◆從王國建立到鄂圖曼帝國的統治

位於巴爾幹半島中央，也就是現在的塞爾維亞共和國的貝爾格勒一帶，從西元前開始就是個各民族不斷爭奪之地。西元前4世紀時，居爾特人建造了現在仍殘留在貝爾格勒的卡萊梅格丹公園Калемегдан中的要塞，之後羅馬人等各民族得到了領土，但6世紀後又被大量移居至巴爾幹半島的斯拉夫民族所占領。

塞爾維亞人就是當初南遷的南斯拉夫民族中的一個，當初曾在拜占庭帝國及保加利亞王國的統治下，進入12世紀之後，則由斯特凡·尼曼雅一世Стефан Немања統一了大部分的塞爾維亞，因而奠定了中世紀塞爾維亞王國的基礎，創立了尼曼雅帝國。甚至在1219年時，塞爾維亞正教會正式從君士坦丁堡中獨立，奠定了塞爾維亞在巴爾幹的優勢地位。

14世紀時，斯特凡·杜尚Стефан Душан取得了包含阿爾巴尼亞以及馬其頓在內的領土，成為塞爾維亞王國的國王，然而黃金時代未能夠長期延續，杜尚死後，勢力減弱的塞爾維亞王國遭到鄂圖曼帝國的攻擊。

為了阻止鄂圖曼帝國的軍隊北上，塞爾維亞的貴族組成聯合軍，在科索沃地區與其對抗。1389年，塞爾維亞在這場科索沃戰爭中敗給了鄂圖曼帝國軍隊，因而被納入鄂圖曼帝國的統治版圖中。

進入17世紀後，曾經將統治勢力版圖擴大至匈牙利的鄂圖曼帝國，勢力開始逐漸式微。19世紀後，不滿長期遭壓制的塞爾維亞農民，對鄂圖曼帝國發動了2次起義，最後在1830年獲得自治權。

◆從帝國統治時代到第一次世界大戰

鄂圖曼帝國在1877年的俄土戰爭中敗北，塞爾維亞王國在聖斯特凡諾條約Preliminary Treaty of San Stefano下誕生。塞爾維亞王國雖積極擴大勢力，但奧匈帝國的統治領域從北方不斷擴張，最後遭到波士尼亞·赫塞哥維納的併吞。對此，各地塞爾維亞人尋求從奧匈帝國勢力中獲得解放的民族運動日漸活絡，1914年，奧地利皇儲夫婦遭到青年波士尼亞黨的塞爾維亞人加夫里洛·普林西普Gavrilo Princip的暗殺，第一次世界大戰也因此爆發。

在這場戰爭中，塞爾維亞雖屢次戰敗，但1918年奧匈帝國瓦解後，統一斯拉夫的「塞爾維亞人·克羅埃西亞人·斯洛維尼亞人王國」建國，但是塞爾維亞的目的是統一所有塞爾維亞人居住的地區。1929年，塞爾維亞出身的亞歷山大一世Александар I Карађорђевић，建立獨裁制的南斯拉夫王國，這個王國特別引起克羅埃西亞人的反感，國王因而於1934年遭到克羅埃西亞的烏斯塔沙Ustaše恐怖組織所刺殺。

◆第二南斯拉夫誕生到現在

南斯拉夫在第二次世界大戰中，原本是與德國站在同一陣線的，但南斯拉夫軍的軍官引發政變後，德國便開始對貝爾格勒Београд展開了攻擊，南斯拉夫王國因而降服，進而分割給德國、義大利、匈牙利、保加利亞。

得到克羅埃西亞的德國，構築了克羅埃西亞獨立。烏斯塔沙恐怖組織在這個傀儡國當中，對塞爾維亞人和猶太人展開迫害，奪走了無數的生命。

在這樣的情勢下，南斯拉夫人民解放軍因而誕生，藉由游擊運動，採行社會主義體制的南斯拉夫聯邦人民共和國在1945年成立，之後於1963年改名為南斯拉夫社會主義聯邦共和國。

1991年共和國瓦解後，以塞爾維亞共和國、蒙特內哥羅共和國的形式，形成了新南斯拉夫聯邦共和國，但1999年3月開始，卻為了科索沃的自治權引發紛爭，歷時3個月的戰爭，最後因北大西洋公約組織NATO聯軍的空襲而終止，但國土卻也因而荒廢。

2000年9月，米洛塞維奇總統Слободан Милошевић因「市民革命」而失去的權力寶座。2003年2月，南斯拉夫從塞爾維亞共和國、蒙特內哥羅共和國的聯邦體制，慢慢地走向聯合國家制，政治體制也多所改變，南斯拉夫之名也已經完全磨滅。2006年6月，蒙特內哥羅正式獨立，塞爾維亞也以獨立國家之姿朝新的道路邁進。

2008年科索沃·梅托希亞自治省宣布以科索沃共和國之名獨立，但塞爾維亞並不承認，依舊認為是國土的一部分。

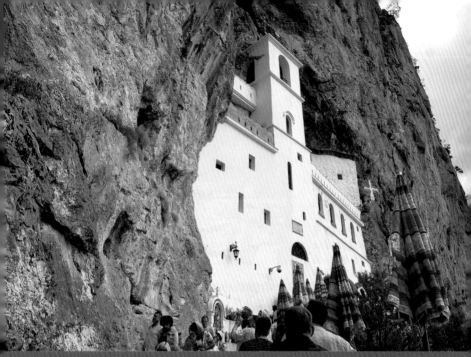

蒙特內哥羅
●Montenegro●

蒙特內哥羅的聖地，歐斯托克修道院

蒙特內哥羅概要

2006年獨立的蒙特內哥羅人口僅只有62萬人，面積大約是台灣的0.38倍，是個小國。不過，狹小的國土裡共有4座國家公園，293km的海岸線中也有73km是海灘，因此可以稱得上是深具魅力、觀光資源豐富的小國。

蒙特內哥羅的國名Montenegro，在義大利語的威尼斯方言中所代表的意思是「黑山」，當地所謂的Crna Gora也是有相同的意思。所謂的黑山是聳立於亞得里亞海沿岸的群山，因樹木茂密使得山看起來像是黑色的，而有了這樣的名稱，和以豐富自然而誇耀的這個國家，非常相得益彰。

而在亞得里亞海岸的港口都市中，除了有登錄為世界遺

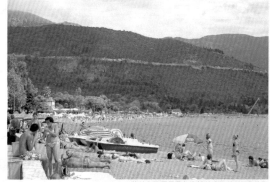

蒙特內哥羅最具代表性的度假勝地，布德瓦

產的柯托爾Kotor外，還有很多擁有悠久歷史、充滿魅力的城鎮。

觀光據點的城鎮是布德瓦Budva以及新海爾采格Herceg Novi等，都集中在沿海地區。這些城市有許多飯店和私人房間，也有許多從當地出發的旅遊行程、迷你巴士、國際巴士等。內陸地區除了波德戈里察Podgorica之外，其他城市的旅館並不多，因此只需選擇一個定點，上山下海去旅遊吧！

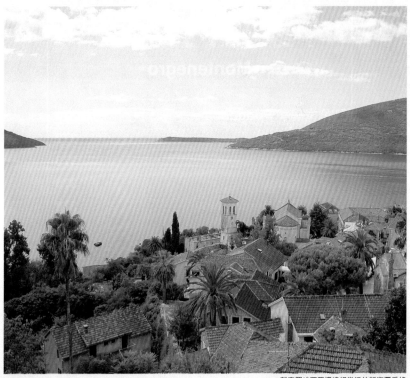

離克羅埃西亞邊境相當近的新海爾采格

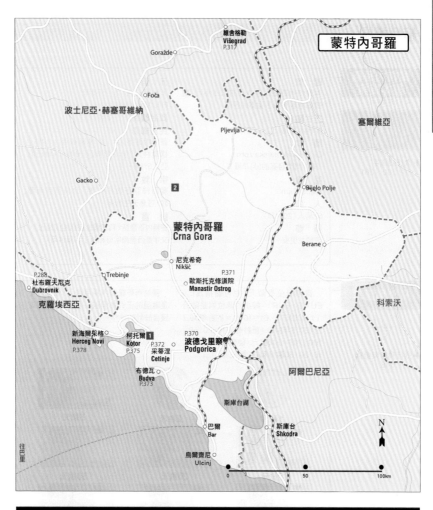

維舍格勒
Višegrad
P.317

Goražde

Foča

波士尼亞·赫塞哥維納

塞爾維亞

Pljevlja

2

Gacko

Bijelo Polje

蒙特內哥羅
Crna Gora

Berane

尼克希奇
Nikšić

P.288
杜布羅夫尼克
Dubrovnik

Trebinje

P.371
歐斯托克修道院
Manastir Ostrog

克羅埃西亞

科索沃

新海爾采格
Herceg Novi
P.378

柯托爾 1
Kotor
P.375

P.372

P.370
波德戈里察
Podgorica

采蒂涅
Cetinje

布德瓦
Budva
P.373

阿爾巴尼亞

斯庫台湖

巴爾
Bar

斯庫台
Shkodra

N

往巴里

烏爾齊尼
Ulcinj

0   50   100km

UNESCO的世界遺產

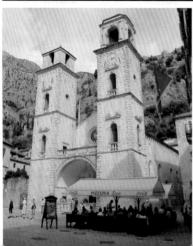

1 柯托爾的自然與文化—歷史區域
Prirodni i Kulturno-istorijski region

grada Kotora　　　　　　　　→P.375

　　位於複雜海灣地形波卡科多斯卡Boka Kotorska
的最深處，背後環山的海洋都市柯托爾Kotor，被城
牆環繞的舊市區，保留著12世紀以來的建築物。

2 杜彌托爾國家公園
Nacionalni park Durmitor

　　海拔2522m的杜彌托爾山周邊，占地約350km²
的國家公園。杜彌托爾山的北邊有險峻的塔拉大峽
谷Kanjon Tare，是僅次於美國科羅拉多大峽谷，世
界第2長的溪谷，舉世聞名。

柯托爾的聖特肋弗教堂

綜合資訊

蒙特內哥羅基本資訊

▶旅行關鍵字
→P.380～381

國 旗
與蒙特內哥羅公國時代的國旗相近，雙頭鷲抱著有獅子圖案的盾牌。

正式國名
蒙特內哥羅　Crna Gora

國 歌
Oj, svijetla majska zoro
（啊，閃閃發亮的5月早晨）

面 積
1萬3812km²

人 口
62萬人（2011年）

首 都
波德戈里察

元 首
菲利普‧武亞諾維奇總統
Filip Vujanović

政治體制　共和制

民族構成
蒙特內哥羅人45%、塞爾維亞人29%、穆斯林人（伊斯蘭教徒）9%、阿爾巴尼亞人5%等。

宗 教
塞爾維亞正教約70%、此外是伊斯蘭教、羅馬天主教等。

語 言
蒙特內哥羅語（和塞爾維亞語相同語言），文字是西里爾字母和拉丁字母併用。

貨幣與匯率

▶旅行預算與金錢
→ P.548

　　貨幣單位是歐元（也可簡稱為E、EURO、EUR），較小的單位則是歐分（¢、CENT）。€1=100¢=約台幣36.7元（2015年8月）。紙鈔有5、10、20、50、100、200、500歐元，硬幣則有1、2、5、10、20、50歐分和1、2歐元。

　　蒙特內哥羅國內採用歐元，但因為不是歐盟的正式加盟國，所以並沒有國家獨自設計的硬幣。

1歐元	2歐元	5歐元

10歐元	20歐元	50歐元

100 歐元	200歐元	500歐元

1歐分	2歐分	5 歐分	10歐分	20歐分	50歐分

如何撥打電話

▶郵政與電話
→ P.556

從台灣撥往蒙特內哥羅　例 撥往波德戈里察(020)123456時

國際電話識別碼 **002**	+	蒙特內哥羅國碼 **382**	+	區域號碼（去除前面的0）**20**	+	對方的電話號碼 **123456**

簽證

雖然蒙特內哥羅給予台灣免簽待遇，但仍必須事先填妥並親簽旅遊計畫表（可前往此處下載表格[URL]www.boca.gov.tw/public/Attachment/448172571.doc），以電子郵件（[✉]visa@mfa.gov.me）或傳真（[FAX]+382-20-225-702）直接通報蒙特內哥羅外交部。等對方回覆收到資料後，必須致電蒙特內哥羅外交部（[TEL]+382-2022-5954）告知申請人姓名，確認對方收到通報無誤後，才能以免簽的方式入蒙特內哥羅。單次停留期限為90天，入境時請隨身攜帶已通報的旅遊計畫表正本、電子郵件或傳真確認清單，以便入境時備查。

護照

護照的有效期限最好在6個月以上。

出入境

▶東歐國家出入境
→ P.552

目前台灣沒有直飛蒙特內哥羅的航班，必須先飛往周邊的城市轉機才行。另外，克羅埃西亞的杜布羅夫尼克國際機場到新海爾采格Herceg Novi僅僅只有25km，所以也可以利用杜布羅夫尼克的機場進入蒙特內哥羅。

從台灣出發的飛行時間

▶從台灣前往東歐的交通
→ P.551

鐵路

從貝爾格勒Београд（塞爾維亞）出發，經由波德里察、最後在巴爾Bar停靠的路線，稱為「巴爾鐵路」，沿途風景美麗。但誤點的情況相當多，要多預留些時間。另外，阿爾巴尼亞、克羅埃西亞、波士尼亞・赫塞哥維納等國，沒有開往蒙特內哥羅的路線。

巴士

貝爾格勒（塞爾維亞）、塞拉耶弗Sarajevo（波士尼亞・赫塞哥維納）、薩格勒布Zagreb（克羅埃西亞）、杜布羅夫尼克Dubrovnik（克羅埃西亞）、史高比耶Скопје（馬其頓）等城市，都有開往蒙特內哥羅的巴士。阿爾巴尼亞的巴士出發點不是首都地拉那Tiranë，而是位於地拉那北方85km的斯庫台Shkodra，這裡僅有迷你巴士運行。從斯庫台的Rozafa Hotel南邊出發，時間為9:00、16:15，而且目的地也不是首都波德戈里察，而是位於蒙特內哥羅西南方的烏爾齊尼Ulcinj。出發的場所和時間可能會有變動，最好事先確認。

從周邊各國出發的交通

▶當地交通
→ P.553

從鄰近各國出發的主要直達火車

貝爾格勒（塞爾維亞）～波德戈里察	每日2班	所需時間10小時15分

從鄰近各國出發的主要長途巴士

貝爾格勒（塞爾維亞）～波德戈里察	每日9班	所需時間9小時～11小時30分
塞拉耶弗（波士尼亞・赫塞哥維納）～波德戈里察	每日7班	所需時間7小時
普里斯提納（科索沃）～波德戈里察	每日2班	所需時間8小時
杜布羅夫尼克（克羅埃西亞）～新海爾采格	每日2班	所需時間1小時30分
史高比耶（馬其頓）～波德戈里察	每日1班	所需時間14小時
斯庫台（阿爾巴尼亞）～烏爾齊尼	每日2班	所需時間1小時30分

從蒙特內哥羅撥往台灣 〔例〕撥往(02)1234-5678時

國際電話識別碼		台灣國碼		去除區域號碼最前面的0		對方的電話號碼
00	+	**886**	+	**2**	+	**1234-5678**

▶蒙特內哥羅國內通話　市內電話不需要撥打區域號碼，市外電話要從區域號碼開始撥打。
▶如何撥打公共電話　①拿起聽筒
　②將電話卡依照卡片上的箭頭方向插入
　③撥打對方的號碼
　④電話卡的餘額會顯示在電話的螢幕上，結束通話後放下聽筒，取出電話卡

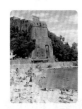

　　蒙特內哥羅屬於地中海型氣候，夏天溫暖降雨少，冬季雨量較多。山區就算是夏天，入夜會變得很冷，服裝上要多加留意，最好準備一件長袖襯衫。旅遊旺季為4～10月，尤其是7、8月，來自歐洲的度假遊客明顯增加。

波德戈里察的氣溫和降雨量

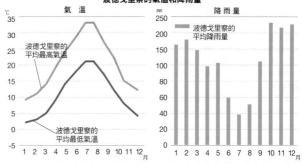

　　與台灣時差為7小時，只要將台灣時間減去7個小時就可以。換言之，台灣6:00時，蒙特內哥羅則是前一天的晚上23:00。夏令時間的話，時差則變為6小時。

　　夏令時間的實施期間，從3月最後一個週日的AM2:00（＝AM3:00）～10月最後一個週日的AM3:00（＝AM2:00）。

　　以下是店家一般的營業時間。

銀　行　週一～五 8:00～15:00、週六8:00～13:00，週日休息。

百貨公司和商店　一般的商店為平日8:00～20:00、週六～15:00，週日和節日幾乎所有店都休息。

餐廳　開門時間8:00～12:00，依店家而異，打烊時間大多是到深夜。

每年會異動的節日以（※）標示，要注意。

1/1		元旦
1/6・7		耶誕節
4/10（'15）	※	耶穌受難日
4/12（'15）	※	復活節
4/13（'15）	※	復活節後週一
5/1		勞動節
5/9		勝利日
5/21		獨立紀念日
7/13		國慶日

　　電壓為230V，頻率50Hz，插頭為C型（雙圓形插頭）。要在當地使用台灣的電器產品，需要攜帶變壓器和轉接插頭。

DVD

　　蒙特內哥羅的電視和錄影規格為PAL、SECAM，台灣、日本或是美國則屬於NTSC，兩者並不相同，在當地購買的錄影帶或是DVD，通常無法用台灣的電器播放。而蒙特內哥羅的DVD區碼Region Code為2，也與台灣不同（台灣為3），因此也無法使用一般家用DVD播放器觀賞。

自來水可以直接飲用，保特瓶裝的礦泉水500mℓ約€0.4就可以買到。

飲用水

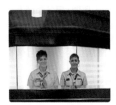

小費

計程車
　基本上不需要給，如果有請司機特別幫忙的話再給就行了。
餐廳
　如果很滿意服務生的服務，可以給消費金額的10%。
廁所
　公共廁所幾乎都要收費，男廁以Muški表示，女廁則是Ženski。

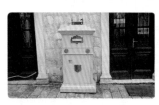

　郵局的營業時間為平日7:00～19:00、週六8:00～14:00，週日休息。
郵資
　寄往台灣的航空郵件約5～10天可抵達，明信片、20g以下的信件€1.05。

郵政

▶郵政與電話
→ P.556

蒙特內哥羅的所有商品都加上了稱為PDV的附加價值稅，稅率為19%，目前沒有退稅制度。

稅金

TAX

安全與糾紛

▶旅行糾紛與
安全對策
→ P.560

　和東歐的其他國家相比，蒙特內哥羅的治安算是好的。但是在亞得里亞海岸的度假勝地，夏天會湧進許多觀光客，扒手和偷竊等案件有增加的趨勢。雖然不需要過度緊張，但不要把行李放著就離開，基本的安全顧慮還是要有的。此外，由於蒙特內哥羅沒有台灣的駐外代表處，而是由駐匈牙利代表處兼管，因此若需要辦理補發護照等事宜，需要花費比平常更多時間。
入境時的外幣申報
　進入蒙特內哥羅時，若持有€2,000以上的現金時，需提出外國貨幣申報。必須請入境審查官填寫外國貨幣申請書。如果沒有外國貨幣申報書，最壞的狀況是出境時，身上的所有現金都會遭到沒收。同樣地，若持有超過€150以上的商品入境時，也必須提出入境申報。請對方填寫外國貨幣持有證明時的蒙特內哥羅語為"Molim Vas da mi izdate potvrdu o prijavljenim stranim

valutama koje unosim u vašu zemlju radi kasnijeg nesmetanog izlaska iz vaše zemlje."。
民族問題
　蒙特內哥羅的人口裡塞爾維亞人占了29%，阿爾巴尼亞人占了5%。由於民族構成相當複雜，很多人都歷經了舊南斯拉夫時代的紛爭、科索沃的獨立問題，不同民族會有不同的意見，民族問題和政治議題很容易引發爭執，盡可能不要詢問對方的所屬民族，或是談到敏感的政治性話題。

警察 **122**　消防 **123**
急救 **124**

在蒙特內哥羅，購買菸酒需要滿18歲以上。

年齡限制

⊗

和台灣相同，距離以公尺，重量以公克、公斤，液體以公升計算。

度量衡

國內的移動方式

蒙特內哥羅的人口只有60萬人，國土面積也僅是台灣的0.38倍，鐵路路線只有2條，國內移動以巴士為主。

鐵路

蒙特內哥羅的火車由蒙特內哥羅鐵路（Željeznički prevoz Crne Gore）營運，2013年10月時，載運遊客的國內路線只有連結巴爾Bar、波德戈里察Podgorica、比耶洛波列Bijelo Polje的路線，以及連結波德戈里察、尼克希奇Nikšić的路線。前者是舊南斯拉夫時代建造的貝爾格勒～巴爾的巴爾鐵路部分區間，目前也有通往貝爾格勒的國際列車。巴爾鐵路以代表巴爾幹半島的風景線而聞名，特別是蒙特內哥羅的比耶洛波列～波德戈里察之間，最高和最低點的海拔高度相差1000m，行駛在起伏劇烈的山區，中途會經過498m長的橋樑Most iznad Male Rijeke等，美麗的景點相當多。與其當作是交通方式，不如視為以旅行為目的而搭乘。可用於蒙特內哥羅

鐵路的火車通行證有Eurail Select Pass和Balkan Flexi Pass等。

蒙特內哥羅鐵路
URL www.zcg-prevoz.me
（蒙特內哥羅語）

巴士

巴士在蒙特內哥羅是最普遍的交通方式，所以各城市都有巴士相連接。從波德戈里察出發經由采蒂涅Cetinje、柯托爾Kotor、布德瓦Budva開往新海爾采格Herceg Novi的路線是班次最多的主要路線。但是這條路線大多是可搭乘20人左右的迷你巴士，若不是在起點上車，可能會因為客滿而無法搭乘。就算事先已經購買車票，也可能因為客滿而拒絕載客，所以移動時的時間安排要寬裕一點。

飛機

蒙特內哥羅有波德戈里察和蒂瓦特Tivat兩處的機場，所有航線皆為國際航線，沒有國內航線。

住宿

在住宿方面，亞得里亞海沿岸和其他地區的差異相當

大。沿海城市有許多的飯店、私人房間，但冬季時有些會要求至少住2晚，或者是沒有提供暖氣。另外，波德戈里察的飯店並不多，而且價格也很貴。

◆高級飯店

單人房1晚€110～，蒙特內哥羅的高級飯店，幾乎都是國內企業，國際高級連鎖飯店目前尚未進入。

◆中級飯店

單人房1晚約€40～75之間，蒙特內哥羅有不少私人房間，因此經濟型旅館並不多，所謂的飯店大多都是中級以上。個人衛浴等設備齊全，而且客房內都能收看衛星節目。

◆私人房間

將自家的空房提供給遊客住宿，可以透過旅行社介紹。在布德瓦等城市，一旦出了巴士總站，會有許多等著攬客的私人房間屋主蜂擁而上。廁所和淋浴設施是共用還是分開，有沒有廚房可使用，私人房間的設備都不盡相同，當然費用也會有所差異，通常1人€11～。很多私人房間都會最少入住天數的要求，入住3晚以下費用可能會比較貴。私人房間的地點可

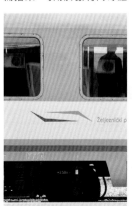

蒙特內哥羅的火車車廂

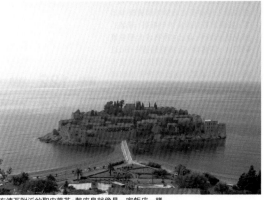

布德瓦附近的聖史蒂芬，整座島就像是一家飯店一樣

能會離市區比較遠，設備好壞落差很大，在與屋主交涉時，最好要針對場所、設備等細節好好確認。

◆**住宿證明書**

在蒙特內哥羅住宿的話，必須要有警察的滯留登錄。住宿證明書由警察局發行，如果住在飯店或是私人房間的話，一般屋主會代為申請，遊客不用介意。但如果是住在當地的朋友家裡，要請屋主陪同到警察局親自辦理手續。不過，有時會發生辦理Check out手續時，沒有拿到住宿證明書。如果在離境時，被要求出示住宿證明書的話，可用飯店或私人房間的住宿收據取代。

用餐

蒙特內哥羅的國土很小，又剛好位於幾個飲食文化圈的交叉點，因此可以享受到種類豐富的料理。內陸地區和塞爾維亞一樣，以肉類料理和乳製品的食物為主，而沿海城市曾經是威尼斯的領土，受到義大利料理的影響相當大。由於面向亞得里亞海，海鮮料理居多，而在斯庫台湖Liqeni i Shkodrës附近地區，則可以吃到鰻魚或是淡水魚的料理。

◆**內陸地區的料理**

內陸地區的飲食，其實和以塞爾維亞為首的巴爾幹各國一樣，深受土耳其料理的影響，Sarma、Musaka、Burek等食物全都是來自土耳其。肉類料理最具代表性的是小肉丸Ćevapi，以及在巴爾幹半島上經常可見的漢堡Pljeskavica，還有串燒料理Ražnići等。和塞爾維亞一樣，串燒料理很受歡迎，使用的肉類比起牛肉，更常看到羊肉和豬肉。

◆**沿岸地區的料理**

蒙特內哥羅沿岸地區的料理當中，最受歡迎的就是在亞得里亞海捕獲到的海鮮，與對岸的義大利以及北邊的克羅埃西亞共通的料理相當多。魚類的烹調方式一般是燒烤的方式，或是以番茄和海鮮熬燉，這是最常使用的燉魚湯Brodet食材。除此之外，日本龍蝦Škampi或是烏賊Lignje，用炸的或是用烤的，都是菜單上最常見的。海

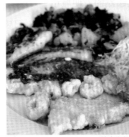

綜合海鮮

鮮燉飯和海鮮義大利麵，也是餐廳最普遍的菜色。

◆**速食**

在蒙特內哥羅，切片販售的披薩店相當多，在城市裡經常可見。還有稱為Burek的派，是最具代表性的輕食。

◆**飲料**

酒精類的飲料有波德戈里察的名產葡萄酒Vranac，水果酒Rakija也很有名。此外，葡萄酒和啤酒也很受歡迎。

資訊收集

◆**遊客中心**

在觀光地以及大多數的主要城市都有觀光局，可以拿到地圖、旅遊手冊等，工作人員的英文也很流利。

實用資訊

【駐外館處】

蒙特內哥羅沒有台灣的駐外代表處，而是由駐匈牙利代表處兼管。(→P.177)

【航空公司】

●**蒙特內哥羅航空**

✉Slobode 23, Podgorica

☎(020) 664411

🌐www.montenegroairlines.com

●**塞爾維亞航空**

✉Vuka Karadžića bb, Podgorica

☎(020) 664740

🌐www.airserbia.com

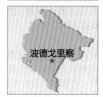

波德戈里察

波德戈里察 *Podgorica*

URL www.podgorica.travel

◆波德戈里察機場
TEL (020) 444222
URL www.montenegro
airports.com

◆火車站
Map P.370-B
✉ Trg goolootočkih Žrtava 7
TEL (020) 441211

◆巴士總站
Map P.370-B
✉ Trg goolootočkih Žrtava
TEL (020) 620430
URL busterminal.me

波德戈里察的❶
◆Turistička Organizacija
Podgorice
Map P.370-B
✉ Slobode 47
TEL (020) 667535
email info@podgorica.traval
圖週一～五　8:00～20:00
　週六　　　8:00～14:00
圖週日、9～6月的週六

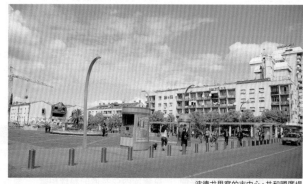

波德戈里察的市中心，共和國廣場

　　順著莫拉查河Morača沿岸發展的蒙特內哥羅首都波德戈里察，其歷史可追溯到羅馬時代以前，但可惜的是在第二次世界大戰時，城市遭到大規模的破壞，存留下來的古老建築物並不多。除了幾間博物館和美術館之外，可遊覽的名勝不算多，但是擁有國際機場的波德戈里察是蒙特內哥羅的玄關，同時也是國內交通網的中心。儘管稱不上是觀光地區，但仍算是個適合當作觀光起點的方便城市。

抵達波德戈里察後前往市區

●波德戈里察機場 *Aerodrom Podgorica*
波德戈里察機場位於市中心往西約12km處。

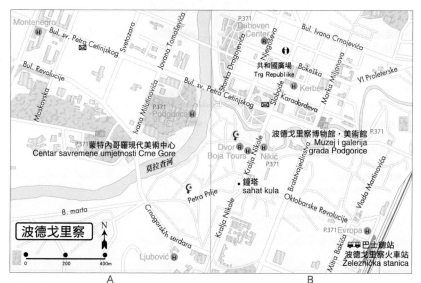

◆如何從機場前往市區◆

從機場到市區並沒有大眾運輸交通工具連結，只能搭計程車，從機場到市區約€6～7。

◆◆◆◆◆◆◆◆◆◆◆◆ 漫遊波德戈里察 ◆◆◆◆◆◆◆◆◆◆◆◆

火車站和巴士總站就在城市的東邊，可以徒步走到市中心。波德戈里察的❶就在廣場的北邊，波德戈里察博物館•美術館Muzej I galerija grada Podgorice也在不遠處。過了莫拉查河的西岸，可以來到蒙特內哥羅現代美術中心Centar savremene umjetnosti Crne Gore，這是利用尼古拉王Nikole的夏季離宮所設立的。

在波德戈里察和尼克希奇Nikšić之間，有一處彷彿埋入斷壁懸崖的歐斯托克修道院Manastir Ostrog。這裡是巴爾幹半島屈指可數的朝聖地，聖約翰騎士團的聖遺物在移往采蒂涅修道院Cetinjski manastir（→P.372）之前，就是放置在這裡的。

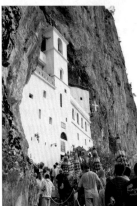
朝聖者絡繹不絕的歐斯托克修道院

◆波德戈里察博物館•美術館
Map P.370-B
TEL (020) 242605
囲9:00～20:00
休週一　費€3

◆蒙特內哥羅現代美術中心
Map P.370-A
囲夏季
　週一～六　8:00～14:00
　　　　　　17:00～22:00
　冬季
　週一～五　8:00～20:00
　週六　　　10:00～14:00
休週日　費免費

◆歐斯托克修道院
地圖外
➡從波德戈里察前往尼克希奇的巴士，班次相當多。上車時告知司機要去歐斯托克修道院，在中途下車，然後換搭在路旁待客的計程車。夏季布德瓦等沿岸的度假勝地，也有往歐斯托克修道院的團體行程。從波德戈里察搭計程車前往的話，可事先和司機溝通，來回車資約€40～。
囲5～9月　　6:00～20:00
　10～4月　6:00～18:00
休無休　費免費

波德戈里察的住宿&餐廳

從台灣撥打電話　002＋382（蒙特內哥羅國碼）＋去除0的區域號碼＋電話號碼

Hotel Podgorica
★★★★　客房數：44　**Map P.370-A**
⊠ Bul. sv. Petra Cetinjskog 1
TEL (020) 402500　FAX (020) 402501
URL www.hotelpodgorica.co.me
email recepcija@hotelpodgorica.co.me
⑤A/C 🛁 📶 🍴 🚪 €125～　Ⓦ A/C 🛁 📶 🍴 🚪 €170～
CC D M V

● 位於莫拉查河畔的4星飯店，儘管位於市中心，不過飯店給人一種寧靜感。從附設的餐廳露台座位看出去，可一邊欣賞河川景色，同時享用佳餚。飯店內有商務中心和健身房，硬體設備完善。客房裡有高速網路以及按摩浴缸。

Hotel Nikić
★★★★　客房數：71　**Map P.370-B**
⊠ Kralja Nikole bb
TEL (020) 220292　FAX (078) 115554
URL www.hotelmnikic.com
email info@hotelmnikic.com
⑤A/C 🛁 📶 🍴 🚪 €60　Ⓦ A/C 🛁 📶 🍴 🚪 €80～110
CC A M V

● 位在從巴士總站前往市中心的途中，2013年2月開幕，設備新穎，飯店內有健身房和餐廳，無線網路免費。

Hotel Evropa
★★★　客房數：30　**Map P.370-B**
⊠ Orahovačka 16
TEL & FAX (020) 623444
URL www.hotelevropa.co.me
email shole@t-com.me
⑤A/C 🛁 📶 🍴 🚪 €36～55　Ⓦ A/C 🛁 📶 🍴 🚪 €51～90
CC M V

● 就在火車站和巴士總站旁，對於晚上抵達或是要一大早出發的旅客而言，相當方便。飯店內附設小規模的三溫暖，1樓是餐廳，接待櫃台在2樓。客房裡有空調、多頻道的電視等，無線網路免費。

Duhoven Center
Map P.370-B
⊠ Njegoševa 27
TEL (020) 665519
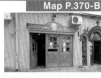
囲週一～六8:00～24:00
週日10:00～14:00
休無休
CC 不可

● 塞爾維亞正教的咖啡館，店內以宗教色彩的濕壁畫裝飾。午餐時段12:00～16:00，有蔬菜料理€2和肉類料理€3兩種。此外，還有輕食和聖代。

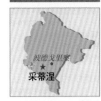

波德戈里察
★
采蒂涅

如何前往采蒂涅

從波德戈里察出發，1小時1～3班，所需時間45分，€3。從布德瓦出發，1小時1～3班，所需時間45分，€3。從柯托爾出發，1小時1～3班，所需時間1小時20分，€6。

采蒂涅的住宿

Hotel Grand
✉ Njegoševa 1
☎ (041) 231651
🌐 www.hotelgrand.me
💰 Ⓢ €46.30
　Ⓦ €66.60
💳 Ⓐ Ⓓ Ⓜ Ⓥ

　　從尼古拉王廣場的東邊，順著當地最繁華的馬路Njegoševa路往南走，穿過公園之後就在右手邊，是當地唯一的飯店。客房數約208間，屬於3星飯店，附設餐廳、泳池等。

◆采蒂涅修道院
✉ Cetinjski manastir
🕐 6:00～18:00
🚫 不定期
🎫 教堂　免費
　　博物館　10人以上
　　1人€2.50

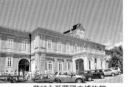

蒙特內哥羅國立博物館

◆蒙特內哥羅國立博物館
✉ Novice Cerovića bb
☎ (041) 230310
🕐 9:00～17:00
🚫 11～3月的週日
🎫 歷史部門
　　大人€3　學生€1.50
　　美術部門
　　大人€4　學生€2
　　采蒂涅所有博物館的共通券
　　大人€10　學生€5

采蒂涅 *Cetinje*

　　采蒂涅位於裸露的岩山綿延的洛夫琴Lovćen國家公園的山腳下，是個人口僅有1萬5000人左右的小城市。但是這座小城在1946年將首都遷往狄托格勒Titograd（現在的波德戈里察）之

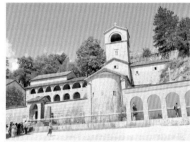

聚集許多朝聖者的采蒂涅修道院

前，大約500年的期間曾經是蒙特內哥羅的首都，對蒙特內哥羅的民眾而言，至今仍是個特別的城市。蒙特內哥羅在1918年之前，曾經是個獨立國家，所以城鎮上有各國昔日駐外使館的建築物，也有利用舊皇宮所設立的博物館。

◆◆◆◆◆◆◆◆◆◆◆◆◆ 漫遊采蒂涅 ◆◆◆◆◆◆◆◆◆◆◆◆◆

　　巴士總站位於市區的西邊，距離市中心的尼古拉王廣場Trg Kralja Nikole，大約是步行10分鐘的距離。大多數的景點都在廣場周邊，從廣場往西走就是采蒂涅修道院，再繼續往西走有一座山丘，站在山丘上可以將整座城市盡收眼底。采蒂涅沒有 🛈。

◆◆◆◆◆◆◆◆◆◆◆◆ 采蒂涅的主要景點 ◆◆◆◆◆◆◆◆◆◆◆◆

采蒂涅修道院 *Cetinjski manastir*
The Monastery of Cetinje

　　這個地方首度出現修道院是在15世紀末期，之後因與鄂圖曼帝國的戰爭不斷上演，好幾度遭到破壞，現在所看到的修道院是在18世紀建造的。寶物館裡收藏著15世紀首度以斯拉夫語印刷的書籍、17～18世紀的聖像畫、有著精緻雕刻的十字架等。

　　另外，修道院的禮拜堂有著馬爾他騎士團所屬的福音書作者路加Loukas所描繪的聖母馬利亞的聖像畫《Our Lady of Philermos》（複製品，真品收藏於蒙特內哥羅國立博物館中）、受洗者約翰的右手、基督教的極刑所使用的十字架有一部分免費公開（要請修士打開保存用的盒子），來自世界各地的朝聖者都會前來此地參觀。

蒙特內哥羅國立博物館 *Narodni muzej Crne Gore*
Montenegro National Museum

　　分成歷史和美術2個部門，在美術部門裡收藏著《Our Lady of Philermos》。在采蒂涅除了這處博物館之外，附近還有尼古拉王博物館muzej klalja Nikole、民俗學博物館Etnografski muzej和Biljarda等3間博物館。

布德瓦 *Budva*

URLwww.budva.travel

★波德戈里察
★布德瓦

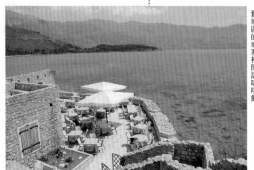

從斯洛文斯卡海灘欣賞被夕陽染紅的布德瓦舊城區

布德瓦和周邊包含Bačići及聖史蒂芬Sveti Stefan等在內，連成一條長25km，被稱為是Budvanska Riviera，而布德瓦就在其中心地區，同時也是蒙特內哥羅國內首屈一指的度假城市。當地有許多住宿設施和旅行社，也能以這裡為起點，前往世界遺產的杜彌托爾國家公園Nacionalni park Durmitor，或是到古都采蒂涅來趟1日之旅。如此的地利之便，再加上殘留著中世紀氣息、被城牆環繞的舊城區，以及附近長600m的斯洛文斯卡海灘Slovenska plaza，使得城鎮本身也充滿了十足的魅力。

◆◆◆◆◆◆◆◆◆漫遊布德瓦◆◆◆◆◆◆◆◆◆

巴士總站就在城市的北邊，步行至南邊的舊城區大約要15分鐘。從舊城區往東延伸則是斯洛文斯卡海灘。

被城牆圍繞的舊城區規模很小，絕對不會迷路。往舊城區的入口有6處，西邊是主要的入口，從這裡直接走進去，右側就是❶，免費提供地圖和旅遊手冊，但並不提供代訂私人房間的業務，打算住在私人房間的遊客，可請旅行社代為介紹。過了❶的東南邊，就是教堂聚集的廣場，南側有城塞Citadela，城塞裡有小規模的海洋博物館、圖書館等，當然也有咖啡館和餐廳，一邊欣賞大海美景同時用餐，實在是太享受了。

如何前往布德瓦

從波德戈里察出發，1小時1～3班，所需時間1小時20分，€6。從柯托爾出發，1小時1～3班，所需時間40分，€3。

布德瓦的❶
◆舊城區
Map P.374-B2
✉Njegoševa 28
☎(033) 452750
⏰6～8月
　　週一～六　9:00～21:00
　　週日　　　9:00～15:00
　　9～5月　　9:00～20:00
休9～5月的週日
◆Jadranski put
Map P.374-A1
✉trg Sunca
☎(033) 376814
⏰5/15～9/14
　　週一～六　7:00～21:00
　　週日　　　8:00～14:00
　　9/15～5/14
　　　　　　　8:00～15:00
休9/15～5/14的週日

布德瓦的旅行社
◆Mercur
Map P.374-A1
✉Autobuska stanica
☎(033) 401512
✉mercur.ag@t-com.me
提供私人房間的介紹、團體行程的申請、車票的訂購等。

◆城塞
Map P.374-B2
✉Citadela Budva
⏰夏季　9:00～23:00
　冬季　9:00～16:00
休無休　料€2

舊城區的城塞裡附設咖啡館

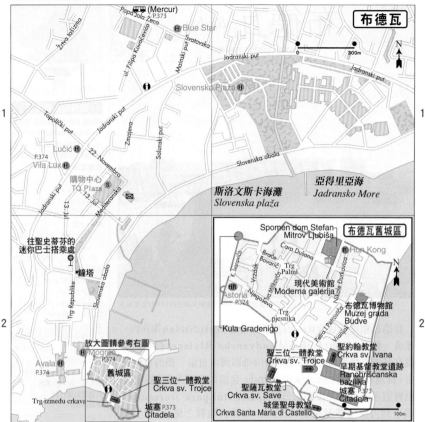

布德瓦

布德瓦舊城區

斯洛文斯卡海灘
Slovenska plaža

亞得里亞海
Jadransko More

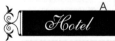

Hotel

布德瓦的住宿

從台灣撥打電話　002+382（蒙特內哥羅國碼）+去除0的區域號碼+電話號碼

Hotel Avala

★★★★ 客房數：303　Map P.374-A2

✉ Mediteranska 2
☏ (033) 441000　FAX (033) 402659
URL www.avalaresort.com　email info@avalaresort.com
S AC 🛁🍴🔌📺 €88～188
W AC 🛁🍴🔌📺 €112～256　CC A D M V

● 就在舊城區旁，是布德瓦最高級的飯店。館內有泳池和私人海灘，設備完善，非常適合在這裡悠閒度假，無線網路要收費。

Hotel Astoria

客房數：12　Map P.374-B2

✉ Njegoševa 4
☏ (033) 451110　FAX (033) 451215
URL www.astoriamontenegro.com
email budva@astoriamontenegro.com
S AC 🛁🍴🔌📺 €95～190
W AC 🛁🍴🔌📺 €120～230　CC A D M V

● 這是一間位於舊城區的精品飯店，地點和設備都無可挑剔，屋頂上的露台視野超棒。

Hotel Mogren

★★★ 客房數：49　Map P.374-A2

✉ Slovenska obala bb
☏ (033) 451102　FAX (033) 452795
URL www.mogrenhotel.com
S AC 🛁🍴🔌📺 €41.30～71.30
W AC 🛁🍴🔌📺 €62.60～92.60　CC A M V

● 就在Hotel Avala的旁邊，價格便宜，雖然沒有泳池等設施，但設備很新而非常舒適，無線網路免費。

Vila Lux

客房數：18　Map P.374-A1

✉ Jadranski put b.b
☏ (033) 455950　FAX (033) 455946
URL www.vilalux.com　email vilalux@t-com.me
S AC 🛁🍴🔌📺 €38～65　W AC 🛁🍴🔌📺 €58～102
CC M V

● 就在從巴士總站前往舊城區的途中，價格便宜，但客房內有空調、Minibar、吹風機以及無線網路等，設備完善。

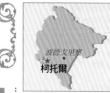

柯托爾 *Kotor*

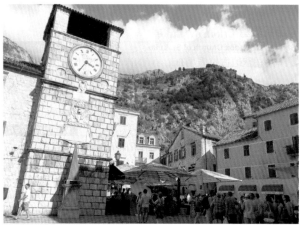

柯托爾的舊城區，背後的山被城牆圍繞

蒙特內哥羅的西部、亞得里亞海沿岸，有一處被稱為波卡科多斯卡Boka Kotorska的地區，該處是由複雜的海灣所構成，柯托爾就位在該海灣中最深處的位置。

柯托爾是由複雜的海岸線和險峻高山所圍繞的天然險要之地，再加上沿著背後的高山所構築的城牆，使其以堅固的城塞港灣城市而繁榮興盛。

在鋪著細小石頭的舊城區中，有因貿易致富所建的豪華宅邸和美麗的教堂，這裡同時也被聯合國教科文組織登錄為世界遺產。大部分的建築雖然曾經因為1979年的地震而受損，但在聯合國教科文組織的協助修復下，城市已經恢復了昔日的風貌。

◆◆◆◆◆◆◆◆◆◆◆◆◆ 漫遊柯托爾 ◆◆◆◆◆◆◆◆◆◆◆◆◆

巴士總站位於城市的南邊，徒步走到舊城區約5分鐘左右。沿著城牆經過了市場之後，就會來到舊城區的正門，❶就在正門旁邊的商店裡，除了可獲取觀光資訊外，還有地圖和紀念品的販售。

舊城區的範圍並不大，只要稍微走一下就能馬上了解其相關地理位置。從舊城區的東北或是東南兩處，可以登上往山上延伸的城牆。

◆◆◆◆◆◆◆◆◆◆ 柯托爾的主要景點 ◆◆◆◆◆◆◆◆◆◆

聖特肋弗教堂 Katedrala sv. Tripuna

St. Tryphon Cathedral | MapP.376-A～B2

柯托爾正好位於羅馬天主教文化圈和東正教文化圈的邊界，城市裡有2種宗教的教堂，聖特肋弗教堂屬於羅馬天主教。這

如何前往柯托爾

✈ 離柯托爾最近的是蒂瓦特機場，除了從貝爾格勒(塞爾維亞)有定期航班外，夏季時也有來自歐洲各城市的包機航班。

🚌 從波德戈里察出發，1小時1～3班，所需時間2小時，€7。從布德瓦出發，1小時1～3班，所需時間30分，€3。從采蒂涅出發，1小時1～3班，所需時間1小時20分，€5。從新海爾采格出發，1小時1～3班，所需時間1小時，€3。從杜布羅夫尼克(克羅埃西亞)，1日3～4班，所需時間2小時，€20。

柯托爾的❶
◆Turistička Informacija Kotor
Map P.376-A2
☎(032)325950
🕐夏季　8:00～20:00
　冬季　8:00～18:00
🚫無休

世 界 遺 産

柯托爾的自然與文化－歷史區域
Prirodni i Kulturno-istorijski region grada Kotor
1979年登錄

◆聖特肋弗教堂
✉Trg od katedrale
🕐6～8月　　9:00～19:00
　9月　　　9:00～18:00
　4・5・10月　9:00～17:00
　11～3月　　9:00～15:00
🚫無休
💰€2

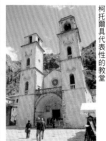

柯托爾具代表性的教堂

◆聖路卡教堂
✉Trg sv. Nikole
☎(032) 325826
🕐9:00～22:00
🚫11～3月
💰免費

◆城牆
🕐8:00～20:00
🚫無休
💰€3

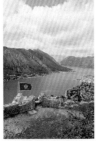

從城牆最高點往下看

座羅馬式教堂除了塔以外的部分，還保留著1160年興建當時的樣貌，內部在1667和1979年的地震中受損，因此做了修建，所以給人新教堂的印象。橫跨主廊和側廊間的拱門上，還殘存著濕壁畫等，散發著中世紀當時的氛圍。主祭壇是在15世紀打造的，上半部是瑞士巴塞爾Basel的工藝師所製作，下半部則是柯托爾的工藝師所完成。

聖路克教堂 Crkva sv. Luke

Serbian Orthodox Church of St. Luke
`MapP.376-A2`

座落在聖尼古拉廣場Trg. sv. Nikole上的2座教堂中較小的那一座，1195年創建，入口右側殘留了少許的濕壁畫，左後方的聖幛Iconostas比教堂正面更值得一看。

城牆 Zidine grada

City Wall
`MapP.376-A～B1`

沿著聳立於舊城區背後的高山所構築的城牆，最高有20m，長度達4.5km。入口處有2個，分別位於城鎮的東北方和東南方。而在山腰上還有一棟建造於1518年的小教堂——救世聖女教堂Gospe od Zdravlja。

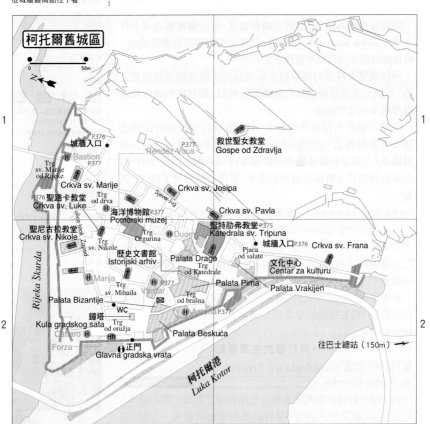

柯托爾舊城區

0 ——— 50m

城牆入口 P.376
Bastion P.377
Trg sv. Marije od Rijeke
Crkva sv. Marije
P.376 聖路卡教堂 Crkva sv. Luke
Trg od drva
海洋博物館 P.377 Pomorski muzej
聖尼古拉教堂 Crkva sv. Nikole
Trg sv. Grgurina
Trg Zapad
歷史文書館 Istorijski arhiv
Palata Drago
Marija
Trg sv. Mihaila
Vardar
Palata Bizantije
鐘塔 WC
Kula gradskog sata
Cattaro
Forza
Trg od oružja
正門
Glavna gradska vrata

Rendez-Vous P.377
救世聖女教堂 Gospe od Zdravlja
Sjever-Jug
Crkva sv. Josipa
Crkva sv. Pavla
Duomo
聖特肋弗教堂 P.375 Katedrala sv. Tripuna
Pjaca od salate
城牆入口 P.376 Crkva sv. Frana
Trg od Katedrale
文化中心 Centar za kulturu
Palata Pima
Palata Vrakijen
Trg od brašna
Astoria P.377
Palata Beskuća

往巴士總站（150m）→

柯托爾港 Luka Kotor

Rijeka Škurda

A   B

站在最高點可以眺望整個柯托爾和柯托爾灣、鄰近的城鎮等，景色非常棒。爬到山頂的時間大約要30分～1小時左右。

海洋博物館 Pomorski muzej

Maritime Museum `Map P.376-A2`

利用18世紀所建造的巴洛克式宅邸的博物館，1～3樓的展示種類非常多元，除了航海圖及航海工具、武器之外，還有裝飾品及服裝、陶瓷器等。特別是船隻的模型，從14世紀的帆船到20世紀的巡航艦都有，非常豐富。

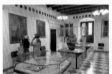
藉由語音導覽更加了解博物館展覽內容

◆海洋博物館
⊠Bokerske Monarije
TEL (032) 304720
圃4～10月
　週一～六 9:00～19:00
　週日 9:00～13:00
　11～3月
　週一～五 9:00～14:00
　週六•日 9:00～13:00
圀無休
圖大人€4 學生€1
門票包含了英、法、德、義、俄語的語音導覽租借費用

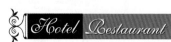
柯托爾的住宿&餐廳

從台灣撥打電話 002+382（蒙特內哥羅國碼）+去除0的區域號碼+電話號碼

柯托爾當地的住宿設施並不多，夏季找不到地方住宿的情況也是常有的。以布德瓦等近郊城市當作起點，當日來回的行程也不錯。

Hotel Astoria
★★★★ 客房數：9
`Map P.376-A2`

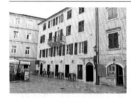

這是利用13世紀建造的宮殿改建而成的精品飯店，在2010年開幕，客房擺飾了古董風的家具，給人沉穩的感覺。附設的餐廳、酒吧都很有歷史感，氣氛很棒。

⊠Stari grad
TEL (032) 302720
FAX (032) 302721
URL www.astoriamontenegro.com
email kotor@astoriamontenegro.com
S AC TV €90～165
W AC TV €125～195
CC A D M V

Hotel Vardar
★★★★ 客房數：24
`Map P.376-A2`

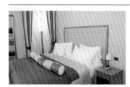

穿過舊城區的正門，位於右後方的4星飯店，館內附設餐廳、健身房等。除了一般的客房外，還有6間公寓式的套房。無線網路免費。

⊠Stari grad
TEL (032) 325084 FAX (032) 325074
URL www.hotelvardar.com
email info@hotelvardar.com
S AC TV €95～125
W AC TV €125～185
CC A D M V

Hotel Rendez-Vous
★★★ 客房數：15
`Map P.376-A1`

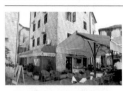

客房內有有線電視、空調、冰箱和無線網路等，設備完善。雖然空間不算寬敞，但以舊城區而言價格算是便宜的，因此很受歡迎。旺季時，得在15天前預約。

⊠Pjaca od mlijeka
TEL (032) 323931
FAX 無
email rendezvouskotor@yahoo.com
S AC TV €30
W AC TV €50～75
CC A D M V

Bastion
`Map P.376-A1`

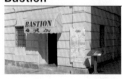

位於舊城區北門的旁邊，是一間相當知名的海鮮餐廳。該店最推薦的一品是Bastion風味的鮮魚拼盤Miješana Riba a la "Bastion" €15。

⊠Stari Grad
TEL (032) 322116
圃11:00～23:00
圀無休
CC M V

新海爾采格 *Herceg Novi*

URL www.hercegnovi.travel

如何前往
新海爾采格

從波德戈里察出發，1日20班，所需時間3小時，€9。從柯托爾出發，1日27班，所需時間1小時，€3。從布德瓦出發，1日21班，所需時間1小時40分，€6。從杜布羅夫尼克（克羅埃西亞）出發，1日2～3班，所需時間約1小時30分，€15。

新海爾采格的❶
◆Turistička Organizacija
Herceg Novi
Map P.378-A
✉Jova Dabovića 12
☎(031) 350820
FAX(031) 350840
✉info@hercegnovi.travel
夏季
　週一～六　9:00～22:00
　週日　　　9:00～16:00
　冬季
　週一～五　9:00～16:00
　週六　　　9:00～14:00
冬季的週日

聖米迦勒天使教堂

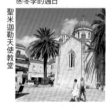

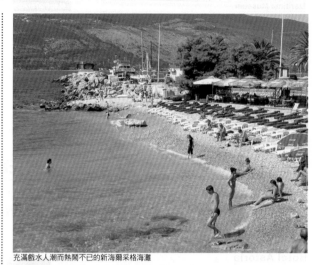

充滿戲水人潮而熱鬧不已的新海爾采格海灘

　　蒙特內哥羅最西端的城市新海爾采格，剛好就在克羅埃西亞的杜布羅夫尼克Dubrovnik，以及蒙特內哥羅的柯托爾Kotor這2座世界遺產都市之間。夏季時，當地都有開辦前往這2座城市的當日旅遊行程，可作為觀光的起點城市。另外，新海爾采格是波卡科多斯卡Boka Kotorska的入口，在戰略上有著極為重要的位置。在過去漫長的歷史中，曾數度更換統治者，現在仍可看到的許多堡壘，清楚傳達著城鎮昔日的重要性。殘留在城牆內的各種不同風格的建築物，則訴說著這座城市在不同文化的統治下，曾有過的繁華過往。

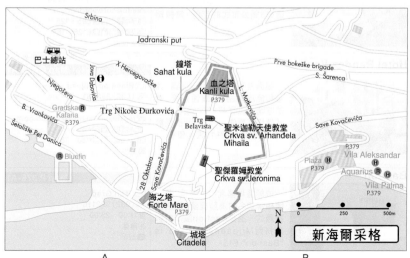

A　　　　　　　　　　B

◆◆◆◆◆◆◆◆◆◆ 漫遊新海爾采格 ◆◆◆◆◆◆◆◆◆◆

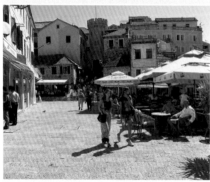

舊城區的中心廣場Trg Nikole Đurkovića

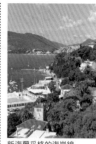

新海爾采格的海岸線

雖然新海爾采格沒有機場，但是在東南方25km外有蒂瓦特機場Tivat Airport，離隔著國境的克羅埃西亞杜布羅夫尼克機場Dubrovnik Airport，也只有30km之遙，都是可以從新海爾采格移動的範圍之內。不論前往哪一邊的機場，都沒有大眾運輸交通工具，只能搭乘計程車。

巴士總站就在城市的西北邊，從那裡順著斜坡往東南方走，途中會經過❶，再繼續往前走就是舊城區的入口Trg Nikole Đurkovića廣場。廣場上的鐘塔是在17世紀的鄂圖曼帝國統治時代所建，上頭也使用了新海爾采格的市徽。通過鐘塔的門之後，來到的是另一座廣場Trg Belavista，這一帶可說是舊城區的中心，北邊有血之塔Kanli kula、西南有海之塔Forte Mare、南邊則有城塔Citadela，舊城區則被這3處的城塞所環繞。

◆血之塔
Map P.378-B
⏰9:00～22:00
❌10～3月左右
💶€1

◆海之塔
Map P.378-A
⏰10:00～15:00
❌10～6月
💶€1

海之塔夏季會上映電影

𝓗otel 𝓡estaurant　　新海爾采格的住宿&餐廳

從台灣撥打電話　002＋382（蒙特內哥羅國碼）＋去除0的區域號碼＋電話號碼

Hotel Plaža

★★★　客房數：374　**Map P.378-B**
✉ Save Kovačevića 58
☎ (031) 346151　📠 (031) 346072
🌐 www.bokaturist.co.rs
✉ vektraboka@t-com.me
Ⓢ A/C 🛁 📺 □ €31.20～43.20
Ⓦ A/C 🛁 📺 □ €48.40～66.40 CC Ⓓ Ⓜ Ⓥ

●離舊城區很近的大型飯店，前面有一大片的海灘。這是一棟10層樓建築，接待櫃台在8樓。只有在接待櫃台附近才有無線網路，夏季有無空調的便宜房間。

Vila Aleksandar

★★★　客房數：16　**Map P.378-B**
✉ Save Kovačevića 64
☎ (031) 345806　📠 (031) 345804
🌐 www.hotelvilaaleksandar.com
✉ hotel.aleksandar@t-com.me
Ⓢ A/C 🛁 📺 □ €34.50～71.50
Ⓦ A/C 🛁 📺 □ €56～110 CC Ⓜ Ⓥ

●位於Restaurant Awuarius餐廳後方的小旅館，16間客房裡有13間是面海。雖然客房數很少，但有個超大泳池，很具有魅力。無線網路免費。

Vila Palma

★★★★　客房數：5　**Map P.378-B**
✉ Šetalište Pet Danica 62a
☎ (031) 345797
📠 (031) 345798
Ⓢ Ⓦ A/C 🛁 📺 □ €50～70
無早餐
CC Ⓐ Ⓓ Ⓜ Ⓥ

●廚房設備完善，適合長期滯留者。房間寬敞又乾淨，從陽台眺望出去的海景很美麗，還有私人海灘。提供無線網路。

Gradska Kafana

Map P.378-A
✉ Njegoševa 31
☎ (031) 324067
⏰ 夏季7:00～23:00
　冬季7:00～20:00
❌無休
CC Ⓜ Ⓥ

●從鐘塔往西走，就在左側的咖啡館、餐廳。因為就在海港正上方，以景色迷人而自豪，店內非常寬敞，曾經當作劇場使用。

回答

早安	**Добро јутро.**
	Dobro jutro.
打招呼	**Добар дан.**
	Dobar dan.
你好（見面問候語）	**Добро вече.**
	Dobro večer.
晚安	**Лаку ноћ.**
	Laku noć.
再見	**До виђења.**
	Do viđenja.

回答

是／不是	**Да. Да. ／ Не. Не.**
謝謝	**Хвала.**
	Hvala.
對不起	**Извините.**
	Izvinite.
不好意思（叫人）	**Извините.**
	Izvinite.
我不知道	**Не разумијем.**
	Ne razumijem.

實用單字

出發	**полазак**	開門	**отворено**
	polazak		otvoreno
抵達	**долазак**	打烊	**затворено**
	dolazak		zatvoreno
兒童	**дете**	昨天	**Јуче**
	dete		Juče
男性	**муж**	今天	**Данас**l
	muž		Danas
女性	**жена**	明天	**Сутра**
	žena		Sutra
私人房間	**приватна соба**		
	privatna soba		

數字

1	**један**	2	**два**
	jedan		dva
3	**три**	4	**четири**
	tri		osam
5	**пет**	6	**шест**
	pet		šest
7	**седам**	8	**осам**
	sedam		osam
9	**девет**	10	**десет**
	devet		deset
11	**једанаест**	12	**дванаест**
	jedanaest		dvanaest
13	**тринаест**	14	**четрнаест**
	trinaest		četrnaest
15	**петнаест**	16	**шеснаест**
	petnaest		šesnaest
17	**седамнаест**	18	**осамнаест**
	sedamnaest		osamnaest
19	**деветнаест**	20	**двадесет**
	devetnaest		dvadeset
100	**сто**	1000	**хиљада**
	sto		tisuca

星期

週一	**понедељак**	週二	**уторак**
	ponedeljak		utorak
週三	**среда**	週四	**четвртак**
	srijeda		četvrtak
週五	**петак**	週六	**субота**
	petak		subota
週日	**недеља**	nedjelja	

月

1月	**Јануар**	2月	**фебруар**
	siječanj		veljača
3月	**март**	4月	**април**
	ožujak		travanj
5月	**мај**	6月	**јуни**
	svibanj		lipanj
7月	**јули**	8月	**август**
	srpanj		kolovoz
9月	**септембар**	10月	**октобар**
	rujan		listopad
11月	**новембар**	12月	**децембар**
	studeni		prosinac

詢問

這是什麼？	**Шта је ово?**
	Šta je ovo?
你是誰？	**Ко сте Ви?**
	Ko ste Vi?

※上方是西里爾字母，下方是克羅埃西亞語及其之外使用的拉丁字母

塞爾維亞／蒙特內哥羅 旅行關鍵字

（這裡）是哪裡？　**Где је овде**
Gde je ovde?

幾點？　**Колико је сати?**
Koliko je sati?

多少錢？　**Колико кошта?**
Koliko košta?

我想要～　**Дајте ми ～ .**
Dajte mi ～ .

這個用塞爾維亞（克羅埃西亞）語要怎麼說？
Како се каже на (српском)?
Kako se kaže na (hrvatskom)?

給我一張去～的車票
Дајте ми једну карту за ～
Dajte mi jednu kartu za ～

到～多少錢？　**Колико кошта до ～ ?**
Koliko košta do ～ ?

幾點開車？　**Када иде воз?**
Kada ide vlak?

住宿

這附近有便宜的飯店嗎？
Има ли јефтин хотел у близини?
Ima li jeftin hotel u blizini?

有空房間嗎？
Имате ли слободну собу?
Imate li slobodnu sobu?

可以寄放行李嗎？
Могу ли оставити ствари?
Mogu li ostaviti stvari?

用餐

這附近有好餐廳嗎？
Има ли добар ресторан у близини?
Ima li dobar restoran u blizini?

請結帳　**Молим, рачун.**
Molim, račun.

乾杯！　**Живели**
Živeli

郵政

郵局在哪裡？　**Где је пошта?**
Gde je pošta?

請給我要寄到台灣的郵票
Дајте ми марке за Тајван!
Dajte mi marke za Tajvan!

糾紛、醫療

救命！　**У помоћ !**
U pomoć !

小偷！　**Лопов !**
Lopov !

警察　**Полиција**
Policija

醫院在哪裡？　**Где је болница?**
Gde je bolnica?

～很痛　**Боли ме ～ .**
Boli me～.

請給我藥　**Дајте ми лек.**
Dajte mi lijek.

　塞爾維亞語、克羅埃西亞語、波士尼亞語、蒙特內哥羅語等，這些語言雖然名稱不同，但就像過去塞爾維亞、克羅埃西亞語被視為是同一種語言那樣，其文法和發音是相同的，只有若干語彙不同的差異而已。文字方面，塞爾維亞語所使用的是西里爾字母 Cyrillic alphabet，克羅埃西亞語則是拉丁字母，波士尼亞語、蒙特內哥羅語則是兩種都使用。

　下列表中左邊的是西里爾字母、Ѓѓ、Ss、Ќќ 是馬其頓語的特有文字，Ђђ、Ћћ 則是塞爾維亞語的特有文字，其他部分是兩國共通。右邊的拉丁字母則是克羅埃西亞語。

Аа	Aa	Зз	Zz	Њњ	Nj nj	Фф	Ff
Бб	Bb	Ss	Ss	Оо	Oo	Хх	Hh
Вв	Vv	Ии	Ii	Пп	Pp	Цц	Cc
Гг	Gg	Јј	Jj	Рр	Rr	Чч	Čč
Ѓѓ		Кк	Kk	Сс	Ss	Џџ	Dž dž
Дд	Dd	Лл	Ll	Тт	Tt	Шш	Šš
Ђђ	Đ d	Љљ	Lj lj	Ќќ			
Ее	Ee	Мм	Mm	Ћћ	Ćć		
Жж	Žž	Нн	Nn	Уу	Uu		

蒙特內哥羅簡史

◆從斯拉夫民族的遷入開始
蒙特內哥羅公國的誕生

現在的蒙特內哥羅人的祖先斯拉夫民族，遷入蒙特內哥羅是在6世紀末至7世紀的事情。9世紀左右接納了基督教的他們，受到當時的強國拜占庭帝國和保加利亞帝國的動向所左右，有時在這些強國的統治之下，有時以獨立政權存續，最後在1185年因斯特凡·尼曼雅一世Стефан Неманя而納入中世紀塞爾維亞王國的版圖中。

中世紀塞爾維亞王國在斯特凡·杜尚大帝Стефан Душан的在位期間，邁入了全盛時期，但在他死後，王國便逐漸衰退，之後蒙特內哥羅脫離塞爾維亞，由最有力的豪族進行獨立統治。

因1389年的科索沃戰役，統治了塞爾維亞的鄂圖曼帝國，也統治了蒙特內哥羅的大部分城市，而亞得里亞海沿岸的各城市則是被威尼斯共和國所統治。Crnojevic王朝在兩國之間取得平衡的同時，並保有中央部分的山區領土，最後於1478年將首都制訂在采蒂涅Cetinje。

◆主教的統治
與蒙特內哥羅王國

1516年以後，蒙特內哥羅採取主教統治體制，由采蒂涅修道院的主教兼任宗教與平民的指導者。主教一開始是以選舉方式選出，但1696年時，丹尼洛·尼古拉·彼德洛維奇Danilo I Petrović-Njegoš被選為主教後，由於主教禁止結婚，所以由叔父傳承給外甥的形式，由彼德洛維奇王朝Petrović世襲繼承。

17世紀末期，鄂圖曼帝國的勢力明顯式微，1799年在蒙特內哥羅知名詩人，同時也是主教的彼得·彼德洛維奇·涅戈什Petar I Petrović-Njegoš的努力下，蒙特內哥羅徹底從鄂圖曼帝國的版圖中獨立。

1852年主教丹尼洛二世Danilo II放棄宗教結了婚，自稱為蒙特內哥羅君主，主教制度因而廢除。之後，蒙特內哥羅和塞爾維亞一同加入了1877年俄土戰爭，並如願獲得了亞得里亞海岸。1910年，蒙特內哥羅從公國變成了王國，在1912年和1913年的2次巴爾幹戰爭中，蒙特內哥羅加入了塞爾維亞等巴爾幹同盟軍的行列並獲得了勝利，得到更多領土。

然而，領土卻在第一次世界大戰中遭奧地利軍隊占領，國王尼古拉Nikole流亡他國。之後，蒙特內哥羅雖在塞爾維亞軍的協助下獲得解放，但國民會議卻決議廢除君主制度以及與塞爾維亞之間的聯盟，並加入「塞爾維亞人·克羅埃西亞人·斯洛維尼亞人的王國」。國名於1929年更改為南斯拉夫王國，第二次世界大戰後，在狄托Josip Broz Tito的統治下，進一步轉變成聯邦制的社會主義制度，在這個聯邦體制之下，蒙特內哥羅成為組成聯邦的6個共和國之一。

◆南斯拉夫的瓦解
和蒙特內哥羅共和國的成立

1980年狄托逝世，進入1990年代後，聯邦內的各共和國對於以塞爾維亞為中心的國家管理制度心生不滿，因而開始採取獨立運動。在那當中，蒙特內哥羅的人口有30%是塞爾維亞人，宗教方面也十分接近，因此在斯洛維尼亞、克羅埃西亞、馬其頓、波士尼亞 赫塞哥維納相繼獨立後，仍一直配合著塞爾維亞的步調。但1999年因科索沃的問題，南斯拉夫遭到ＮＡＴＯ聯軍空襲，隔年米洛塞維奇Milošević政權垮台，蒙特內哥羅國內的獨立意志也逐漸高漲。塞爾維亞為了維持與蒙特內哥羅之間的聯邦關係，於2003年慢慢地將聯邦改為國家聯盟體制，並將國名改成了塞爾維亞·蒙特內哥羅，南斯拉夫之名也就此從歷史上消失。

2006年5月，蒙特內哥羅進行了獨立公投，其條件是投票率超過50%，且有超過55%以上贊成獨立。獨立派以一旦獨立成功就能儘早加入歐盟，獲得經濟改善為訴求。另一方面，反對派則是認為就算獨立，提早加入歐盟是有困難的，62萬人的少數人口也無法拓展經濟，呼籲繼續和塞爾維亞維持聯盟。結果，獨立派獲得55.5%的支持率，以些許之差贏得勝利。2006年4月以「蒙特內哥羅共和國」之名宣告獨立，2007年根據憲法改名為「蒙特內哥羅」。

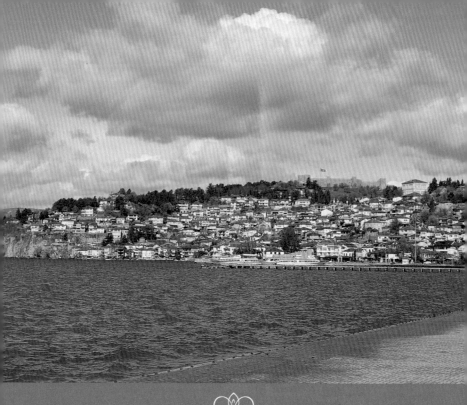

馬其頓

●Macedonia●

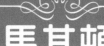

湖岸風光美麗的古都，奧赫里德

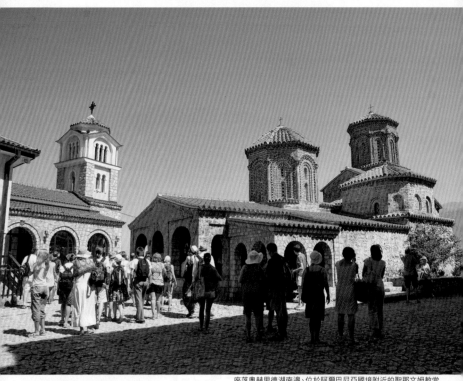

座落奧赫里德湖南邊、位於阿爾巴尼亞國境附近的聖那文姆教堂

　　馬其頓位於舊南斯拉夫最南端，是個只有200多萬人的小國。主要民族是斯拉夫系的馬其頓人，約占人口的70%，其他的25%則是阿爾巴尼亞人及少數的土耳其人。雖然是個小國，但民族的構成卻相當複雜。在宗教方面，馬其頓是東正教的馬其頓正教徒，而阿爾巴尼亞人和土耳其人，則幾乎屬於伊斯蘭教徒。

　　因其歷史及民族構成的複雜性，馬其頓很難不和鄰近國家產生齟齬。基本上，馬其頓的正式名稱是馬其頓共和國，而「馬其頓」在古代，是指包括了希臘內陸部分以及保加利亞西部範圍的地區，尤其會讓人聯想到古代亞歷山大大帝Alexander的帝國，所以包括希臘在內的其他國家，對於使用「馬其頓」這樣的名稱，充滿著強烈的嫌惡感。

　　由於馬其頓語在語言性上和保加利亞語差異不大，再加上領土的變遷等因素，在保加利亞國內，馬其頓人廣泛地被視為與保加利亞人同

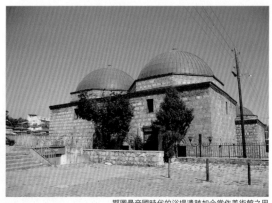

鄂圖曼帝國時代的浴場遺跡如今當作美術館之用

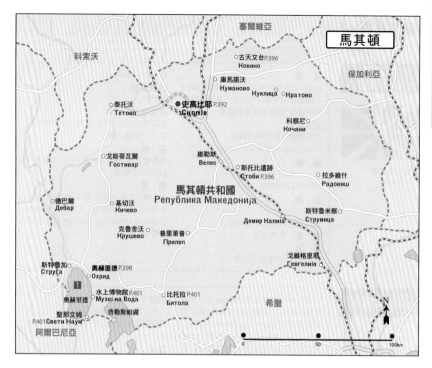

●史高比耶 P.392
Скопје

民族。另外,阿爾巴尼亞人的人口多半以西部為中心,一直以脫離馬其頓為目標,在武力衝突爆發前,這一直是相當嚴重的問題。

馬其頓的身分一直像這樣不斷受到鄰國的牽動,但不論周遭的看法如何,馬其頓人一直深愛著自己的國家,並且以身為馬其頓人自豪。

另外,他們好客的個性,在舊南斯拉夫時代就非常有名,總是熱情迎接旅行者,觀光體制和設備雖然不及觀光大國,但持續進展中。美麗的自然景色,加上歷史古蹟,奧赫里德Охрид每年夏天舉辦的音樂節,以高質感的音樂舉世聞名。

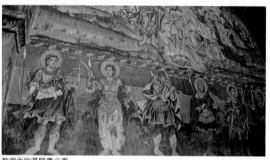

教堂內的濕壁畫必看

UNESCO的世界遺產

1 奧赫里德地區的自然遺產與文化遺產

Охрид →P.398

位於奧赫里德湖東北岸的奧赫里德,是拜占庭美術的寶庫,從9世紀開始,便建造了許多宗教藝術。美麗清澈的湖泊和宗教建築完美融合,孕育出迷人的景觀。

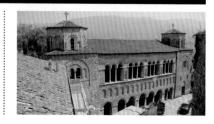

▶旅行關鍵字
→P.403

國 旗

1992年獨立時,採用古代馬其頓王國的「維爾吉納太陽」的設計,遭到希臘政府抗議後,則改為現在的圖案。

正式國名

馬其頓舊南斯拉夫共和國
Република Македониja

國 歌

Денес над Македониja
(今天在馬其頓之上)

面 積

2萬5713km²

人 口 206萬人(2011年)

首 都 史高比耶 Скопje

元 首

格奧爾基·伊萬諾夫總統

Ѓеорѓе Иванов

政治體制

共和制

民族構成

馬其頓人占了一半以上,其次是阿爾巴尼亞人、土耳其人等。

宗 教

馬其頓正教(東正教)占了7成,其他還有3成的伊斯蘭教。

語 言

官方語言是馬其頓語,說阿爾巴尼亞語、土耳其語的人也很多。文字普遍使用西里爾字母,但最近拉丁字母的標示也逐漸增加。

DEN

▶旅行預算與金錢
→ P.548

馬其頓的貨幣是第納爾Денар(複數是Денари),本書以DEN表示,較小的單位是第尼Дени。1DEN＝100第尼。2015年8月匯率,1DEN＝約台幣0.6元、1US$＝約54DEN、€1＝約62DEN。硬幣有1DEN、2DEN、5DEN、10DEN、50DEN。紙鈔有10DEN、50DEN、100DEN、500DEN、1000DEN、5000DEN。

信用卡

除了高級飯店或是餐廳之外,可以使用信用卡的地方不多。幾乎每個城市都有ATM。

匯兌

最容易兌換的外幣是歐元,旅行支票可能會被索取手續費,並不推薦使用。

10DEN

50DEN

100DEN

500DEN

1000DEN

5000DEN

1DEN

2DEN

5DEN

10DEN

50DEN

▶郵政與電話
→ P.556

從台灣撥往馬其頓 撥往史高比耶(02)1234567時

| 國際電話
識別碼
002 | ＋ | 馬其頓
國碼
389 | ＋ | 區域號碼
(去除前面的0)
2 | ＋ | 對方的
電話號碼
1234567 |

簽證

馬其頓共和國政府自民國101年4月1日至107年3月31日給予台灣免簽證待遇。入境時必須備齊護照、機票等訪問目的文件，即可在6個月期限內停留馬其頓不超過90天。

護照

護照的有效期限必須超過6個月以上。

出入境

▶台灣出入境
→P.552

▶東歐國家出入境
→P.552

從台灣出發的飛行時間

目前台灣並沒有直飛馬其頓的班機，所以要先飛往周邊國家，然後再從該地點前往馬其頓。可先飛往維也納、法蘭克福、伊斯坦堡後，再轉機前往史高比耶。

▶從台灣前往東歐的交通
→ P.551

鐵路

從希臘的特沙羅尼基Thessaloniki有連結史高比耶的路線，而塞爾維亞的貝爾格勒Београд、尼什Ниш，科索沃的普里斯提納Prishtina等地，皆有火車開往馬其頓。

巴士

塞爾維亞的貝爾格勒、尼什，保加利亞的索非亞София，土耳其的伊斯坦堡，克羅埃西亞的薩格勒布Zagreb，斯洛維尼亞的盧布爾雅那Ljubljana、阿爾巴尼亞的地拉那Tiranë，科索沃的普里斯提納，希臘的特沙羅尼基等地，都有巴士前往馬其頓。特沙羅尼基在馬其頓語中念做Солун。

從周邊各國出發的交通

▶當地交通
→ P.553

從鄰近各國出發的主要直達火車

貝爾格勒（塞爾維亞）～史高比耶	每日2班	所需時間9小時30分
尼什（塞爾維亞）～史高比耶	每日2班	所需時間3小時45分
普里斯提納（科索沃）～史高比耶	每日1班	所需時間3小時

從鄰近各國出發的主要長途巴士

貝爾格勒（塞爾維亞）～史高比耶	每日11班	所需時間7小時30分～8小時30分
尼什（塞爾維亞）～史高比耶	每日8班	所需時間4小時
索非亞（保加利亞）～史高比耶	每日4班	所需時間4小時30分
地拉那（阿爾巴尼亞）～史高比耶	每日3班	所需時間10小時
伊斯坦堡（土耳其）～史高比耶	每日4班	所需時間12小時
特沙羅尼基（希臘）～史高比耶	每日2班	所需時間3小時30分
盧布爾雅那（斯洛維尼亞）～史高比耶	每日2班	所需時間15小時～17小時30分
普里斯提納（科索沃）～史高比耶	每日15班	所需時間2小時30分

與台灣時差為7小時，只要將台灣時間減去7小時就可以。換言之，台灣6:00時，馬其頓則是前一天的晚上23:00。夏令時間的話，時差則變為6小時。

夏令時間的實施期間，從3月最後一個週日的AM2:00（＝AM3:00）～10月最後一個週日的AM3:00（＝AM2:00）。

時差和夏令時間

從馬其頓撥打往台灣　　**例** 撥往 (02)1234-5678時

國際電話識別碼		台灣國碼		去除區域號碼最前面的0		對方的電話號碼
00	＋	**886**	＋	**2**	＋	**1234-5678**

▶馬其頓國內通話　市內電話不需要撥打區域號碼，市外電話要從區域號碼開始撥打。
▶如何撥打公共電話
①拿起聽筒
②將電話卡依照卡片上的箭頭方向插入
③撥打對方的號碼
④電話卡的餘額會顯示在電話的螢幕上，結束通話後放下聽筒，取出電話卡

營業時間

以下是店家一般的營業時間。

銀 行
週一～五 8:00～19:00、週六8:00～15:00，週日休息。

百貨公司和商店
一般的商店為平日8:00～20:00、週六～15:00，週日和節日幾乎所有店都休息。

餐廳
開門時間8:00～12:00，依店家而異。打烊時間大多是到深夜。

氣 候

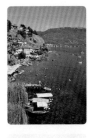

馬其頓屬於溫暖的大陸型氣候，四季分明，四周被群山環繞的中央地帶則屬於地中海型氣候。與阿爾巴尼亞國境交界的科拉比山Голем Кораб是馬其頓的最高峰，海拔2764m。

最佳旅遊季節是在5～9月。5～6月時，郊外的田園地帶有鮮紅的嬰粟花盛開，非常美麗，夏天包含奧赫里德在內的山岳地區都屬於爽朗的氣候。

根據當年氣候、節慶舉行及觀光客的多寡來決定旅遊旺季，觀光地的營業時間也會有所變動。

史高比耶的氣溫和降雨量

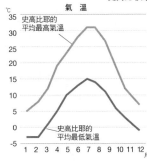

氣 溫

史高比耶的平均最高氣溫

史高比耶的平均最低氣溫

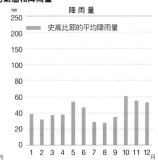

降 雨 量

史高比耶的平均降雨量

節日
(主要節日)

每年會異動的節日以日(※)標示，要注意。

1/1		元旦
1/6・7		耶誕節
4/10 ('15)	※	耶穌受難日
4/12・13 ('15)	※	復活節和復活節後週一
5/1		勞動節
5/24		聖西里爾與聖美索迪尤斯之日
8/2		共和國之日
7/17 ('15)	※	開齋節
9/8		獨立紀念日
10/11		起義紀念日
10/23		革命紀念日

電壓與插頭

電壓為230V，頻率50Hz，插頭為C型（雙圓形插頭）。要在當地使用台灣的電器產品，需要攜帶變壓器和轉接插頭。

播放規格

DVD
馬其頓的電視和錄影規格為PAL、SECAM，台灣、日本或是美國則屬於NTSC，兩者並不相同，在當地購買的錄影帶或是DVD，通常無法用台灣的電器播放。而馬其頓的DVD區碼Region Code為2，也與台灣不同（台灣為3），因此也無法使用一般家用DVD播放器觀賞。

◆綜合資訊

基本上不推薦直接飲用自來水,保特瓶裝的礦泉水500mℓ約15DEN就可以買到。

飲用水

計程車 基本上不需要給,如果有請司機特別幫忙的話再給就行了。

廁所 公共廁所幾乎都要收費,男廁以Мушки表示,女廁則是Женски。

餐廳 如果很滿意服務生的服務,可以給消費金額的10%。

飯店 飯店的行李搬運員,一個行李給30DEN左右。

小費

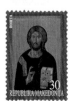

郵局的營業時間為平日8:00～20:00、週六8:00～13:00,週日休息。

郵資

寄往台灣的航空郵件約5～10天可抵達,明信片42DEN、20g以下的信件48DEN。

郵資

▶郵政與電話
→ P.556

馬其頓的所有商品都加上了稱為ДДВ的附加價值稅,稅率為18%,目前沒有退稅制度。

稅金

TAX

安全與糾紛

▶旅行糾紛與安全對策
→ P.560

武力衝突

2000年代前半,馬其頓的治安部隊和阿爾巴尼亞的武裝勢力發生衝突,從停戰協議達成到現在已經趨於穩定。2008年2月科索沃宣布獨立之際,也沒有發生大混亂,當年10月馬其頓承認科索沃是個獨立的國家。就整體而言,馬其頓的現狀是平穩的,但與科索沃和阿爾巴尼亞邊境附近,可能會發生令人難以預估的事態,具有潛在的風險,這也是不可否認的事實。因此在旅行途中,要積極地收集相關資訊

一般犯罪

馬其頓和其他鄰近國家相比,犯罪的情況不算多。不過,近年來針對遊客下手的偷竊和順手牽羊的事件有增加的趨勢,隨身行李千萬不要離開自己的視線範圍。此外,由於馬其頓沒有台灣的駐外代表處,而是由駐希臘代表處兼管,因此若需要辦理補發護照等事宜,需要花費比平常更多時間。現金和護照要分開擺放,藉此分散竊盜時的風險。

計程車

沒有按下跳表、故意繞遠路違法索取高額車資的計程車相當多。如果要搭乘計程車的話,最好不要在路上攔車,而是請飯店人員幫忙叫車。如果要在路上攔車的話,為了避免事後發生糾紛,最好上車前要掌握大概的車資。

入境時的外幣申報

進入馬其頓時,若持有€1萬以上的現金時,需提出外國貨幣申報,請入境審查官填寫外國貨幣申請書。

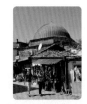

警察	**192**
消防	**193**
急救	**194**

在馬其頓,購買菸酒需要滿18歲以上。

年齡限制

和台灣相同,距離以公尺,重量以公克、公斤,液體以公升計算。

度量衡

國內的移動方式

在馬其頓國內移動，最主要的交通手段是巴士。但是郊外的景點，巴士班次很少，只能以計程車或是租車代步。

鐵路

馬其頓的鐵路是由馬其頓鐵道公司Македонски Железници運行，列車的班次很少，因為經常誤點，就國內移動的手段來說，並沒有搭乘的價值。另外，馬其頓的2大觀光地——史高比耶Ckonje和奧赫里德Oxрид，也沒有鐵路連結。

可用於馬其頓鐵路的火車通行證有Balkan Flexi Pass。

馬其頓鐵路
URL www.mzi.mk

巴士

以首都史高比耶為中心的路線網十分發達，是國內交通工具裡最被利用的。巴士不但很少誤點，車資也很便宜，搭乘也很方便，但是地方路線可能會發生沒有理由就取消班次的突發狀況。基本上巴士都是指定座位，車票上也會記載座位號碼，不過有些路線可能會出現乘客完全不照車票上的座位入座。

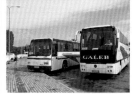
奧赫里德的巴士總站

飛機

馬其頓國內有2處機場，分別是在史高比耶和奧赫里德，但全都是國際航線，沒有國內線。

住宿

首都史高比耶只有中級～高級飯店，就算便宜的飯店單人房一晚也要超過2000DEN，當地幾乎沒有私人房間。另一方面，在觀光勝地奧赫里德有非常多的私人房間，尤其是在旅遊旺季，當巴士一抵達車站時，會有許多攬客的屋主聚集。另外，奧赫里德以中級飯店居多，但位於市中心的飯店並不像度假飯店一樣有泳池或是SPA設施。

◆高級飯店

單人房1晚7000DEN～，首都的史高比耶有國際的連鎖高級飯店進駐。

◆中級飯店

單人房1晚2000～7000DEN左右，馬其頓國內的飯店大多屬於這個層級，價格在這個以下的飯店，通常是史高比耶的青年旅館，或是奧赫里德的私人房間。中級飯店的客房通常有個人的衛浴設備，可以收看衛星節目的電視，以及無線網路。

◆私人房間

這是當地民眾將家中空出來的房間租給遊客，在奧赫里德可以透過旅行社介紹，巴士搭乘處或是在市區，都可以看到有屋主不斷的攬客。馬其頓人非常好客，對遊客都很親切，屋主甚至會邀請遊客一起喝茶或是用餐，這也不失為一個接觸馬其頓人生活的好機會。住宿費用會視廁所和淋浴設備是共用還是分開而異，一個人1晚約700DEN～。有些屋主會要求至少住3晚，或是只住1晚的話價格較貴。

◆住宿證明書

在馬其頓住宿的話，必須要到警察局登錄。住宿證明書由警察局發行，住在飯店或是私人房間的話，可由飯店或是屋主代為取得，一般遊客無須在意，但如果是住在當地朋友家裡，就得請朋友一起到警察局親自辦理手續。

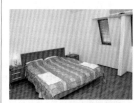
舒適的中級飯店

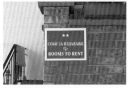
奧赫里德有許多的私人房間，比起住飯店更經濟

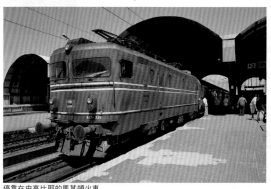
停靠在史高比耶的馬其頓火車

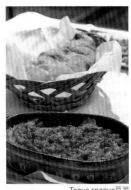

用餐

◆馬其頓料理的特色

馬其頓的料理其特色和鄰國的塞爾維亞、波士尼亞‧赫塞哥維納等國大致相同。由於三者都是長期被鄂圖曼帝國統治，因此受到土耳其料理的影響相當大。燒烤料理當中以肉丸子Кебапи和很像漢堡的Пљескавица最常看到。另外，將豬肉、洋蔥、洋菇等食材一起熬燉，以紅椒作為湯底的濃湯Селско месо，也是馬其頓最具代表性的料理之一。巴爾幹半島都能吃到的派Бурек，在馬其頓也到處能看到，是非常受歡迎的早餐。另外，以紅椒為基底的醬料Ajвар，同樣是整個巴爾幹半島上都能吃到，其中又以馬其頓的味道最好。

◆魚料理

馬其頓的國土沒有面海，是個內陸國家，幾乎沒有地方可以吃到海鮮，不過在奧赫里德可以吃到來自於奧赫里德湖的Brown trout（鱒魚的一種），這種魚的體型相當大，一條大約700g。湖畔的咖啡廳等餐館有販售，價格是以g為單位計算。

◆飲料

和其他巴爾幹半島的國家一樣，以水果釀製的蒸餾酒Ракија是最普遍的酒精飲料，除了店家有販售外，也很流行民眾自家釀製。葡萄酒也是如此，除了市面上的商品外，民眾也會自己釀造。如果到馬其頓民眾家裡作客，主人通常都端出自家釀製的水果蒸餾酒或是葡萄酒招待。除此之外，以水加入乳白色的茴香酒мастика也很常看到。至於在啤酒方面，以國產的品牌Скопско最有人氣。

◆速食

Пљескавица的店很多，漢堡風味的肉、香腸以及麵包和長蔥（有時會是洋蔥）、青辣椒，這些食材是一套的。將這些食物輪流著吃，是當地人的吃法。另外，很多人也會同時點白扁豆熬煮的Тавче гравче豆泥，搭配著一起吃。

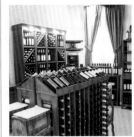

Тавче гравче豆泥

資訊收集

◆遊客中心

2013年在史高比耶的市中心有一處新的❶開幕，奧赫里德的巴士總站也有幫忙訂票的❶。在其他的城市，可以透過飯店的接待櫃台或是旅行社，拿到觀光或是巴士的資訊。

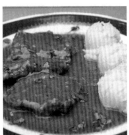

炸肉排

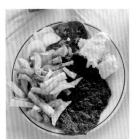

馬其頓風味漢堡Пљескавица

馬其頓也盛產葡萄酒

實用資訊

【駐外館處】

馬其頓沒有台灣的駐外代表處，而是由駐希臘代表處兼管。

●駐希臘代表處

✉57, Marathonodromon Ave. 154 52 Paleo Psychico, Athens, Greece

☎(002-30) 210-677-6750

☎(002-30) 695-185-3337（急難救助電話）

🌐www.roc-taiwan.org/GR

【航空公司】

●奧地利航空

☎(02) 3148372

●塞爾維亞航空

☎(02) 3118306

●亞得里亞航空

☎(02) 22550133

●克羅埃西亞航空

☎(02) 3148390

（皆位於史高比耶）

史高比耶 *Скопje* (Skopje)

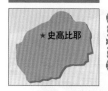

URL www.skopje.com.mk

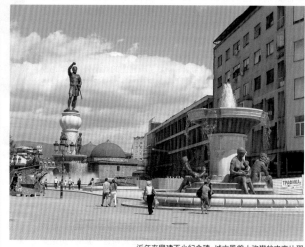

近年來興建不少紀念碑，城市風貌大改變的史高比耶

　馬其頓的首都史高比耶，走在城市裡可以看到東正教教堂、伊斯蘭教寺院、以及像舊共產主義國那樣巨大且毫無特色的建築物林立。仔細聽聽民眾講話，有馬其頓語、阿爾巴尼亞語、土耳其語等，由此可發現這是個多民族的國家。史高比耶可說是在文明十字路口上，不斷重複各種民族的遷移、統治的巴爾幹半島的縮圖。

抵達史高比耶後前往市區

✈ 搭乘飛機抵達
　史高比耶的機場是史高比耶 亞歷山大大帝機場Aеродром Скопje "Александар Велики"，距離市區東方23km之處。
◆如何從機場前往市區◆
　機場巴士會配合飛機抵達的時間，從機場開往市區。從機場出發後經由Hotel Continental、火車站、Holiday Inn前往Hotel Alexander Palace，到火車站大約25分鐘，150DEN，搭計程車的話約1220DEN。
🚄 如何從機場前往市區
　史高比耶中央車站Железничка станица Скопje，距離市心徒步約15分鐘的距離。
🚌 搭乘巴士抵達
　巴士總站就在中央車站旁，售票處兼行李寄物處。

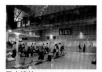
巴士總站

史高比耶的市區交通

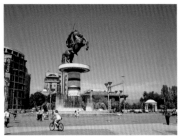

佇立在馬其頓廣場上的亞歷山大大帝雕像

雖然可以搭乘市區巴士和計程車，但如果只是想要逛逛史高比耶這座城市的話，應該不需要利用交通工具。由於當地的計程車有很多沒有裝置跳表或是違法改造跳表，如果要搭計程車的話，還是請飯店人員幫忙叫車比較保險。

連結城市南北的鄂圖曼帝國的石橋

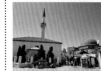
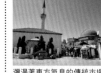

瀰漫著東方氣息的傳統市場 Стара чарш

沿著瓦爾達爾河建立的劇場

◆◆◆◆◆◆◆◆◆◆◆◆◆漫遊史高比耶◆◆◆◆◆◆◆◆◆◆◆◆◆

市中心就在石橋Камен мост南側的馬其頓廣場плостад Македонија，廣場附近餐廳、商店林立。而在廣場東南邊，則有現代化的史高比耶購物中心Градски трговски центар。往南走，則可以抵達舊火車站和史高比耶博物館。

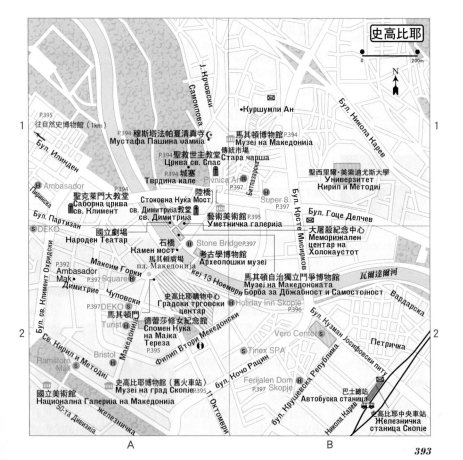

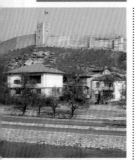

俯瞰城市的城塞
◆城塞
因為進行修復工程不得入內

聖救世主教堂入口
◆聖救世主教堂
✉Макалиев Фрицковски 8
(Makaliev Frickovski)
☎(02)3163812
🕐週二～五　9:00～17:00
　週六・日　9:00～15:00
🚫週一
💰120DEN

◆聖克萊門大教堂
✉блл. св. Климент
Охридски бб
(bul. sv. Kliment Ohridski)
☎(02)3227450

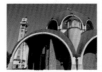

外觀獨特的大教堂

◆穆斯塔法帕夏清真寺
✉Самуилова
(Samuilova)
☎(02) 3116094

◆馬其頓博物館
✉Јосеф Михаиловиќ 7
(Josef Mihailovic)
☎(02) 3116044
🕐9:00～17:00
🚫週一・節日　💰100DEN

◆馬其頓自治
　獨立門爭博物館
🕐10:00～18:00
🚫週一　💰300DEN

　　過了石橋往北走，再越過前方的另一座陸橋，就是被稱為Стара чарш的傳統市場，許多土耳其人住在這裡，充滿著濃郁的東方氣息。再繼續往後走，就會到達食品市場，馬其頓博物館就在附近。另外，從位於市場西邊城塞的山丘上，可以將整座城市納入眼底。附近偷竊事件頻傳，要注意隨身財物。

◆◆◆◆◆◆◆◆◆◆◆◆史高比耶的主要景點◆◆◆◆◆◆◆◆◆◆◆◆

城塞 Тврдина кале

Kale Fortress　　MapP.393-A1

　　聳立於瓦爾達爾河北岸的山丘上，入口處位於從Гоце Делчев大道過了聖救世主教堂後的清真寺附近。山丘上有著美麗草地的公園，同時也有部分殘存的11世紀城塞遺跡，視野很棒，可360度欣賞史高比耶的街景。

聖救世主教堂 Црква св. Спас

The Church Saint Saviour　　MapP.393-A1

　　位於城塞東邊的教堂，18世紀前半所建造，內部有著外觀無法想像的華麗裝飾，特別是聖幛（由於牆壁上嵌了許多聖像畫，所以最裡面才是至聖所）的精緻木雕，被譽為是馬其頓木雕藝術的極致。

聖克萊門大教堂
Саборна црква св. Климент

St. Clement Cathedral　　MapP.393-A1

　　1990年興建的教堂，無論是外觀、內部還是聖像畫，都不同於以往的建築風格，是一座非常獨特的教堂。

穆斯塔法帕夏清真寺
Мустафа Пашина џамија

Mustafa Pasha Mosque　　MapP.393-A1

　　史高比耶受鄂圖曼帝國統治沒多久後，於1492年所建造的伊斯蘭寺院。其美麗的造型外觀，是殘存於馬其頓的眾多伊斯蘭教寺院中首屈一指的。

馬其頓博物館 Музеј на Македонија

Museum of Macedonia　　MapP.393-B1

　　位於穆斯塔法帕夏清真寺東方、Стара чарш傳統市場中。博物館分成收藏各地聖像畫的美術館，以及展示著馬其頓各地傳統服裝、傳統建築模型的民俗學部門。這裡曾經也有考古學部門，不過已經獨立出去，新的考古學博物館就在瓦爾達爾河Вардар旁，於2013年開幕。在這附近還有馬其頓自治獨立鬥爭博物館和大屠殺紀念中心。

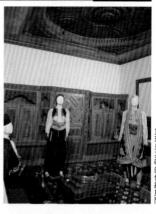

重現馬其頓的傳統房間

史高比耶博物館 Музеј на град Скопје

City Museum of Skopje `MapP.393-A2`

　　1963年的大地震破壞了史高比耶80%的建築物，造成3000人死亡，災情慘重。這間史高比耶博物館是利用因大地震而半損毀的舊火車站而設立的，展示了當地所挖掘到的硬幣及裝飾品、雕刻等等。

藝術美術館 Уметничка галерија

Art Gallery `MapP.393-A1`

　　原本是15世紀所建造的土耳其浴場Даут-пашин амам，之後於1948年時改建為藝術美術館。

德蕾莎修女紀念館
Спомен Кука на Мајка Тереза

The Memorial House of Mother Teresa `MapP.393-A2`

　　在印度傳教、幫助窮人而成為家喻戶曉的德蕾莎修女，出生於阿爾巴尼亞的天主教家庭，她在18歲之前一直住在史高比耶。這座紀念館是為了紀念她的功績而在2009年開幕，內部設計重現了20世紀的馬其頓民宅，與德蕾莎修女有關的照片、她個人使用的物品、出生證明書等，都在紀念館裡能看到。展示間在2樓，3樓是禮拜堂。

自然史博物館
Приподнаучен музеј на Македонија

Macedonian Museum of Natural History `MapP.393-A1外`

　　從市中心往西徒步15～20分左右，就可以來到自然史博物館。這裡堪稱是巴爾幹半島上規模最大的自然史博物館，展示內容包括了礦物、古生物的化石，以及棲息在馬其頓的各種動物、植物標本等等。

◆◆◆◆◆◆◆◆從史高比耶出發的小旅行◆◆◆◆◆◆◆◆

千禧年十字架 Милениумски Крст
Millennium Cross

　　在史高比耶近郊的沃德諾山Водно山頂上，有一座高66m的十字架，這是全世界最大的十字架，從史高比耶的市區就能看到。2011年纜車開通，遊客可以輕鬆到訪，從山頂上遠眺史高比耶市區，360度的廣角視野非常美麗。

聖帕特雷莫修道院 св. Пантелејмон
St. Panteleimon

　　就在沃德諾山腳下，於1164年興建的修道院。內部以濕壁畫裝飾，尤其是北壁緊挨著基督嘆息的聖母馬利亞，這幅畫細膩地描繪出隱藏在內心的悲哀，是濕壁畫的傑作，非常有名。這些濕壁畫分別是在12世紀和16世紀完成的，可以同時欣賞到不同時代的作品，但修道院會不定期關閉。

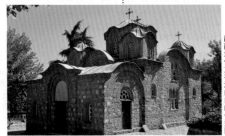
靜靜地佇立在深山內的修道院

◆史高比耶博物館
⊠Митохаји Василски Јасмин бб
（Mitohaji Vasilski Jasmin）
☎(02) 3114742
圖週二～六　9:00～17:00
　週日　9:00～13:00
休週一　圖免費

◆藝術美術館
⊠Крушевска 1а
（Krushevska）
☎(02) 3133102
圖4～9月　10:00～20:00
　10～3月　10:00～18:00
休週一　圖50DEN

◆德蕾莎修女紀念館
⊠Македонија 9
（Makedonija）
☎(02) 3290674
URLwww.memorialhouseof
motherteresa.org
圖週一～五　9:00～20:00
　週六・日　9:00～14:00
休節日　圖免費

◆自然史博物館
⊠Бул. Илинден 86
（Bul. Ilinden）
☎(02) 3116453
圖9:00～16:00
休週一　圖50DEN

如何前往
千禧年十字架

🚌從火車站搭乘往纜車站的巴士8:20～15:20之間，1小時1班，所需時間1小時，35DEN。纜車10～3月9:00～17:00、4～9月9:00～20:00運行，週一休息，所需時間30分，100DEN。
URLzicnica.jsp.com.mk

如何前往
聖帕特雷莫修道院

🚕包計程車前往，所需時間20分，包含1小時的參觀時間在內，來回約900DEN。
◆聖帕特雷莫修道院
圖11:00～17:00
休週一　圖100DEN

如何前往古天文台

🚌🚕因為沒有大眾運輸交通工具可前往，搭計程車的話，可以先搭到庫馬諾沃Куманово比較省錢。但是如果沒有導遊陪同說明的話，要如何觀察可能很難了解，可以到史高比耶的旅行社找私人導遊陪同，或是參加1日遊的行程，一口氣參觀古天文台、人像石等地，可能比較有效率。

◆古天文台
🕐隨時　🈺無休　💰免費

如何前往人像石

🚌🚕搭車前往最近的城市克拉托沃Кратово，距離人像石的所在地Кукулица大約12km。

◆人像石
🕐隨時　🈺無休　💰免費

如何前往斯托比遺跡

🚃在斯托比Стоби下車，從史高比耶出發，1日3班，所需時間1小時20分。

🚌從史高比耶搭巴士到內戈蒂諾Неготино，然後再搭乘計程車，距離約13km。有些巴士司機會讓乘客在斯托比下車。

◆斯托比遺跡
☎(043) 251026
🌐www.stobi.mk
🕐4～9月　8:30～20:00
　10～3月　8:30～16:30
🈺無休
💰120DEN 學生50DEN
包含導覽費用，行程有2種，可以在網路上預約。

古天文台 Кокино
Kokino

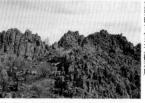

距離史高比耶東北方約50km處，有一個古代天文觀測所的遺址，據說是西元前1800年左右時建造的，以岩石上的標誌為基準，觀察太陽和月亮的移動。在其附近也有土器等文物出土，這些出品都被收藏於庫馬諾沃Куманово的博物館裡。目前正在進行登錄聯合國教科文組織世界遺產的準備。

人像石 Камени Кукули
Kameni Kukuli

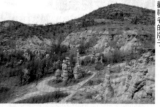

Камени Кукули是石頭人像的意思，這些石頭看起來的確像是直立的人像，奇妙的石柱形成了不可思議的畫面，這是在1000萬年前就形成的。

根據傳說，這些石柱是要去參加婚禮的民眾，但新郎其實已經是已婚男子，卻還要和其他女性舉行婚禮，他的妻子發現之後施了咒語，讓新郎、新娘以及所有參加婚禮的人通通成了石頭。

斯托比遺跡 Стоби
Stobi

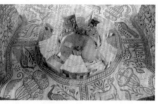

斯托比遺跡是馬其頓境內最大的羅馬遺跡，而且也是最重要的。在羅馬時代，和希臘的特沙羅尼基Thessaloniki並列為馬其頓的首都，基督教公認後，成為信仰的中心而繁榮發展。寬敞的占地裡，留下來歷經好幾世紀的遺跡，教堂曾經三度拓寬，洗禮所的馬賽克上的孔雀，是10DEN紙鈔上的圖案。

🏨 Hotel　　　　　史高比耶的住宿

從台灣撥打電話　002+389（馬其頓國碼）+去除0的區域號碼+電話號碼

與觀光勝地奧赫里德不同，史高比耶幾乎沒有私人房間，但青年旅館卻有增加的趨勢。

Holiday Inn Skopje

★★★★★　客房數：180
Map P.393-B2

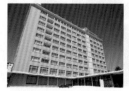

●位於史高比耶購物中心Градски трговски центар後方，是當地最高級的飯店，附設的餐廳可以吃到鄉土料理甚至是異國料理，享受菜色豐富的美食。無線網路需要付費，1日€12。

✉Моша Пиjаде 2 (Moša Pijade)
☎(02) 3292929　📠(02) 3115503
🌐www.holiday-inn.com
📧hiskopje@holiday-inn.com.mk
Ⓢ AC 🛁📶💳€143
Ⓦ AC 🛁📶💳€173
CC ADMV

Stone Bridge

★★★★★ 客房數：40

Map P.393-A2

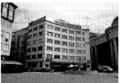

過了石橋往北走就能看到，是史高比耶首屈一指好地段。飯店內有泳池、健身中心、土耳其式的三溫暖等，設備完善。週末（週五～日）有20%折扣。無線網路免費。

✉ Кеј Димитар Влахов 1
（Kej Dimitar Vlahov）
☎ (02) 3244900　FAX (02) 3244901
URL www.stonebridge-hotel.com
email info@stonebridge-hotel.com
Ⓢ AC ♨ ➡ €138
Ⓦ AC ♨ ➡ €159
CC Ⓐ Ⓓ Ⓜ Ⓥ

Hotel Super 8

★★★ 客房數：22

Map P.393-B1

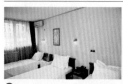

就在Стара чарш傳統市場的東側，觀光相當方便。飯店大廳可享受免費的咖啡，早餐相當豐盛，有馬其頓的特產Ајвар、各類蔬果等。無線網路免費。

✉ Бул. Крсте Мисирков 57-3/1
（Bul. Krste Misirkov）
☎ (02) 3212225　FAX (02) 3217660
URL www.hotelsuper8.com.mk
email contact@hotelsuper8.com.mk
Ⓢ AC ♨ ➡ €40
Ⓦ AC ♨ ➡ €60　CC Ⓜ Ⓥ

😊我住的房間是有陽台的，因為是與其他房間共用，所以陽台的門不能老是開著。除此之外，冰箱、拖鞋、裁縫小道具等，貼心的服務相當多。　　　　　　　　　　　　　　　　　　　　　　（廣島縣　北村小百合　'12夏）

Hotel Square

★★ 客房數：10

Map P.393-A2

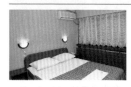

就在面向馬其頓廣場的大樓內，可以搭電梯到最頂樓，再往上一樓就是接待櫃台。空調、無線網路等設備完善，早餐是在1樓的餐廳享用。

✉ Никола Вапцаров 2, 6ет
（Nikola Vapcarov 2, 6Floor）
☎ (02) 3225090　FAX (02) 3225077
URL www.hotelsquare.com.mk
email hotelsquare@mt.net.mk
Ⓢ AC ♨ ➡ €45
Ⓦ AC ♨ ➡ €60　CC Ⓜ Ⓥ

Ferijalen Dom Skopje

青年旅館 客房數：50床

Map P.393-B2

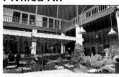

從火車站、巴士總站步行約5分鐘，沒有洗衣間或是廚房，客房幾乎是個人房。多人房有3間，男女分開。附設餐廳，無線網路免費。

✉ Пролет 25（Prolet）
☎ (02) 3114849
FAX (02) 3165029
email hostelfsm@hotmail.com
Ⓓ ♨ ➡ 900DEN
Ⓢ ♨ ➡ 1900DEN
Ⓦ ♨ ➡ 3000DEN　CC Ⓜ Ⓥ

🍴 *Restaurant*　　　史高比耶的餐廳

Pivnica An

Map P.393-B1

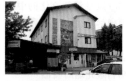

這間餐廳就在傳統市場內，位於1472年建造的商隊旅館裡，可以吃到馬其頓的鄉土料理，主菜190～1050DEN。

✉ Градиште 14（Gradishte）
☎ (02) 3212111
🕐 週一～六　　9:00～24:00
　　週日　　　12:00～24:00
休 無休
CC Ⓜ Ⓥ

🛍 *Shopping*　　　史高比耶的購物

DEKO

Map P.393- A2

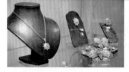

店內專門販售馬其頓原產的紅寶石，加上傳統銀飾工藝製作的飾品，地點就在距離市中心稍微往西的地方。

✉ Димитрија Чуповски 5
（Dimitrija Chupovski）
☎ (02) 3220764
URL www.mkrubin.com
🕐 週一～五9:30～20:30　週六10:00～15:30
休 週日　CC Ⓜ Ⓥ

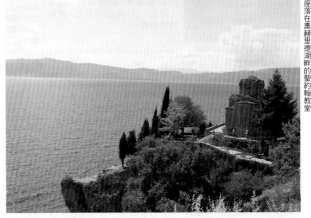

座落在奧赫里德湖畔的聖約翰教堂

奧赫里德 Охрид (Ohrid)

URL www.ohrid.com.mk

✈ 全年飛行的路線是來自
蘇黎世和維也納的航班，每
週僅只有1班。夏季則有來自
歐洲各主要城市的航班。
🚌 從史高比耶出發，1日13
班，所需時間3小時30分～4
小時，520～750DEN。
◆奧赫里德・保羅使徒機場
☎ (046) 252820
URL ohd.airports.com.mk

如何前往
奧赫里德

世 界 遺 產

奧赫里德地區的
自然遺產與文化遺產
Охрид
1979、1980年登錄

奧赫里德的❶
◆Туристичко Биро
Лихнидос
Мар Р.399上-В1
✉ Автобуска станица
（avtobuska stanica)
☎ (046) 230940
🕐 10:00～17:00
🚫 週日
　位於巴士總站內，提供私
人房間介紹。

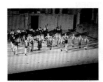

夏季的奧赫里德音樂節會有
民族傳統舞蹈等的各種活動

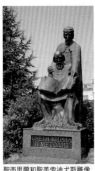

聖西里爾和聖美索迪尤斯雕像

　　位於馬其頓西南方的奧赫里德湖，面積為348km²，但其1/4
是阿爾巴尼亞的領土，是一座國境之湖。聳立於湛藍湖泊旁的
包括了馬其頓境內的最高峰，海拔2764m的科拉比山Голем
Кораб等白雪覆蓋的群峰相連。

　　中世紀時，聖西里爾St. Cyril和聖美索迪尤斯St. Methodius
的弟子聖克萊門St. Clement和聖那文姆St. Naum在這裡進行
傳道，之後奧赫里德便在斯拉夫世界中，以基督教文化的中心
地蓬勃發展。從奧赫里德的舊城區，到奧赫里德湖畔所殘存的
無數教堂，都訴說著當時的繁華景象。保存了美麗自然環境及
文化遺產的奧赫里德，於1979年被聯合國教科文組織登錄為世
界遺產的複合遺產，現則以馬其頓的知名觀光地而興盛。

◆◆◆◆◆◆◆◆◆◆◆◆◆漫遊奧赫里德◆◆◆◆◆◆◆◆◆◆◆◆◆

　　奧赫里德的巴士總站位於市區的東北，裡面有❶，可以在這
裡預約私人房間。從巴士總站出發，前往販售奧赫里德珍珠的
紀念品店和網咖林立的св. Климент Охридски路，徒步約20
分鐘左右。搭計程車的話約100DEN。

　　沿著湖泊進入舊城區後，右側有一棟上層部分突出的白色建
築物，這裡是國立博物館Народен музеј。再稍微往前進，可以
看到聖索非亞大教堂Св. Софија，再繼續走到海岬前端，猶如
漂浮在半空中的聖約翰教堂Св. Јован Канео就在這裡。再次
回到聖索非亞大教堂，爬上斜坡後就是聖克萊門教堂Св.
Климент 與聖像畫博物館Галерија на икони。在奧赫里德的
許多教堂中，聖克萊門教堂的濕壁畫是最傑出的，連同聖像畫
博物館在內，一定要親自去看看。從這裡爬上西邊的斜坡，就
可抵達山丘上的塞繆爾要塞Самоилова тврдина，從這裡眺望
街景和湖泊，視野最好。

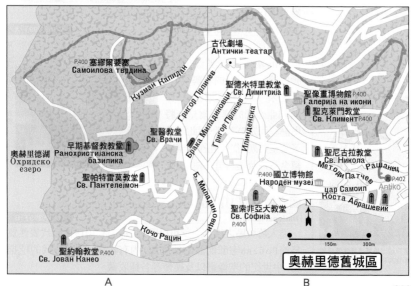

往史高比耶

巴士總站

A

B

Булевар Туристичка

Стив Наумов

Гоце Делчев

Абас Емин

Егеіска

Седми Ноември

Марко Нестороски

Стив Наумов

Гоце Делчев

奧赫里德銀行

Toni P.402

往聖那文姆

Дame Груев

Св. Климент Охридски
бул. Македонски Просветители

Димитар Влахов

Булевар Туристична

Санданоки

Di Angolo P.402

Riviera

К. Јоудфоом

Jане

Партизанска

Нej Маршал Тито

往聖那文姆的
船隻、渡輪搭乘處

奧赫里德舊城區　參考下方放大圖

Royal View P.402
Tino

P.401往水上博物館
P.401往聖那文姆

Аском

Millenium Palace P.402

N

奧赫里德

0　250　500m

古代劇場
Антички театар

P.400 塞繆爾要塞
Самоилова тврдина

Кузман Капидан

Григор Прличев

聖德米特里教堂
Св. Димитрија

聖像畫博物館 P.400
Галерија на икони

聖克萊門教堂
Св. Климент P.400

奧赫里德湖
Охридско езеро

聖醫教堂
Св. Врачи

早期基督教教堂
Ранохристијанска базилика

Брака Миладиновиј

Григор Прличев

Илинденска

聖帕特雷莫教堂
Св. Пантелеímон

聖尼古拉教堂
Св. Никола

Методи Патчев

Рашанец

Б. Миладиновиј

P.400 國立博物館
Народен музеј

цар Самоил

Antiko P.402

Коста Абрашевик

Кочо Рацин

聖索非亞大教堂
Св. Софија

聖約翰教堂
Св. Јован Канео P.400

N

0　150m　300m

奧赫里德舊城區

A

B

◆聖克萊門教堂
TEL 070-697015（行動電話）
開 4～9月　　9:00～19:00
　　10～3月　　10:00～15:00
休 無休
費 100DEN

◆聖像畫博物館
開 5～8月　　9:00～17:00
　　9～4月　　9:00～15:00
休 週一
費 100DEN

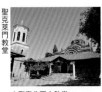
聖克萊門教堂

◆聖索非亞大教堂
開 4～9月　　9:00～19:00
　　10～3月　　10:00～17:00
休 無休
費 大人100DEN
　　學生30DEN

◆聖約翰教堂
TEL 078-330402（行動電話）
開 10:00～20:00
休 11～2月
費 100DEN

◆塞繆爾要塞
TEL (046) 262386
開 6～9月　　9:00～19:00
　　9～5月　　9:00～18:00
休 9～5月的週一
費 30DEN

◆國立博物館
TEL (046) 267173
開 3・4・9・10月 9:00～15:00
　　5・6月　　9:00～17:00
　　7・8月　　9:00～14:00
　　　　　　　19:00～22:00
　　11～2月　　9:00～14:00
休 週一・節日
費 100DEN

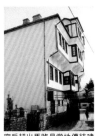
窗戶超出馬路是當地傳統建築物的特徵

◆◆◆◆◆◆◆◆◆◆奧赫里德的主要景點◆◆◆◆◆◆◆◆◆◆

聖克萊門教堂與聖像畫博物館
Св. Климент и галерија на икони
St. Clement's Church & The Gallery of Ohrid Icons　　MapP.399下-B

聖克萊門是聖西里爾和聖美索迪尤斯的弟子，886年左右到奧赫里德傳道後，對當地的基督教文化發展的貢獻持續了30年之久。這裡原本是供奉聖母馬利亞的教堂，但由於聖克萊門的遺骸被遷移至此，因此連名稱也變更為聖克萊門教堂。

來到這裡絕對不可錯過的，就是覆蓋了一整面牆的13世紀末的濕壁畫。包括聖母馬利亞的一生等，在聖經上出現的畫面被畫成濕壁畫，無論是品質、數量和保存狀態都非常好。另外，緊鄰的聖像畫博物館，裡面也展示了許多11～19世紀期間的聖像畫。

聖索非亞大教堂 Св. Софија
The Cathedral Church of St. Sophia　　MapP.399下-B

位於奧赫里德舊城區山丘下的大教堂，於11世紀建造，是奧赫里德最具代表性的教堂，在鄂圖曼帝國時代被當作伊斯蘭寺院，濕壁畫因此遭到全面粉刷。第二次世界大戰之後變回原來的基督教堂，在修復作業之下，遭粉刷的濕壁畫重現原來的風貌。

聖約翰教堂 Св. Јован Канео
The Church St. John Bogoslov-Caneo　　MapP.399下-A

建造於海岬前端的教堂，其小巧可愛的外觀和優越的地利，成為奧赫里德的代表性教堂，但可惜的是內部的濕壁畫並沒有保存得很好。

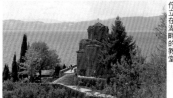
佇立在湖畔的教堂

塞繆爾要塞 Самоилова тврдина
The Ohrid Fortress of Czar Samuel　　MapP.399下-A

聳立於奧赫里德舊城區山丘上的塞繆爾要塞，是馬其頓保存狀態最佳的要塞。從10世紀末～11世紀初期左右，保加利亞帝國的塞繆爾皇帝將奧赫里德定為首都，因此建造了這座要塞。從這裡眺望城鎮全景以及奧赫里德湖，視野很棒。

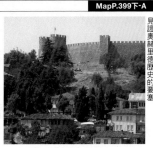
見證奧赫里德歷史的要塞

國立博物館 Народен музеј
National Museum　　MapP.399下-B

進入舊城區之後馬上就可以看到。這座利用19世紀代表性貿易商Робева宅邸而設的博物館，內有希臘・羅馬時代的挖掘物、中世紀的聖像畫以及硬幣等各種收藏。

◆◆◆◆◆◆◆◆◆從奧赫里德出發的小旅行◆◆◆◆◆◆◆◆◆

水上博物館 Музеj на Вода
Museum on Water

　　水上博物館是在湖裡打入柱子所打造的人工島，就在奧赫里德往聖那文姆的途中。這是重現西元前12世紀～7世紀時古人在湖面上打造的部落，實際上湖泊之下也殘留著遺跡。

　　經過修復的人工島上有幾棟的建築物，四角型的建築是民宅，圓形的則是聚會場所。人工島以橋樑和陸地連結，但本來橋樑是可以拆除的。

　　附設的展示室裡，陳列了當地出土的土器、動物的骨頭等。另外，博物館的占地內有著羅馬時代的城牆遺跡。這裡有桌子和椅子，如果帶著食物前來，可以在此享受野餐的樂趣。

聖那文姆 Свети Наум
Saint Naum

　　距離奧赫里德南方約30km，位於阿爾巴尼亞邊境附近的聖那文姆，其地區的命名來自於在當地進行傳道活動的聖那文姆。而位於此處的聖那文姆教堂裡安置著他的遺骸，內部保存著美麗的濕壁畫。每年的7月2‧3日，也就是聖那文姆的忌日時，教堂裡湧進許多教徒。教堂位於複合式飯店內，可以在這裡用餐或住宿。

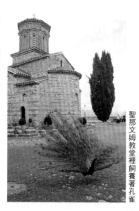
聖那文姆教堂裡飼養著孔雀

比托拉 Битола
Bitola

　　比托拉是位於奧赫里德東方約45km的城市，歷史相當悠久。西元前4世紀，由亞歷山大大帝的父親——腓力二世建造。當時的名稱叫做Хераклеjа，其實就是來自於希臘神話英雄海克力斯 Hercules。腓力二世家族的馬其頓皇室因為是海克力斯的子孫，因此而取名。

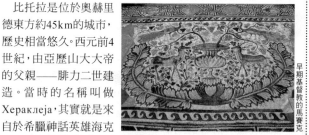
早期基督教的馬賽克

　　城市北邊有著Хераклеjа遺跡，現在挖掘的部分僅占了全體的10%，由此可見這處遺跡規模之大。古代劇場、教堂、公共浴場等，通通被保留下來，尤其是教堂的馬賽克，與斯托比遺跡Стоби（→P.396）並列為早期基督教宗教觀的最重要表現。冬季為了保護遺跡，馬賽克會以沙覆蓋而無法看到。

如何前往水上博物館
🚌從奧赫里德出發，1日7班，搭乘往聖那文姆方向的巴士，在途中下車，所需時間30分，60DEN。
◆水上博物館
🕐9:00～16:00 休週一
💰大人100DEN
　學生30DEN

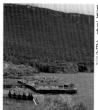

如何前往聖那文姆
🚌從奧赫里德出發，1日7班，110DEN，所需時間約50分。從奧赫里德的巴士總站出發，經由Булевар Туристичка路上的巴士站，往聖那文姆方向前進。
7‧8月由有從奧赫里德出發的船班，1日1班來回，所需時間1小時30分，600DEN。
◆聖那文姆教堂
🕐7:00～日落
休無休
💰大人100DEN
　學生30DEN

如何前往比托拉
🚌從奧赫里德出發，1日9班，200～220DEN，所需時間1小時30分。
◆Хераклеjа遺跡
FAX (047) 235329
🕐夏季　8:00～18:00
　冬季　8:00～16:00
休冬季的週一‧二
💰大人100DEN
　學生50DEN

羅馬五賢君之一的哈德良皇帝時代建造的劇場，可容納2000人

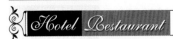

奧赫里德的住宿&餐廳

從台灣撥打電話　002+389（馬其頓國碼）+46（去除0的區域號碼）+電話號碼

Hotel Sveti Naum

客房數：28
地圖外

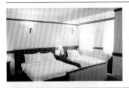

●位於聖那文姆的複合式飯店，就建在高台上，中庭有聖那文姆教堂。客房擺置了木製古董家具，營造出傳統的氣氛。無線網路免費。

✉ Св. Наум（Sv. Naum）
☎&FAX (046) 283080
URL www.hotel-stnaum.com.mk
✉ reservation@hotel-stnaum.com.mk
⑤🛁📶📺🍴🛏€50　Ⓦ📶📺🍴🛏€78
CC Ⓜ Ⓥ

Hotel Millenium Palace

客房數：63
Map P.399上-B2

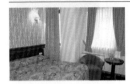

●距離市中心徒步約10分鐘，是奧赫里德市中心附近最高級的飯店。館內有三溫暖、健身房和土耳其式的浴場，還有免費無線網路。

✉ Кеj Маршал Тито бб
　（Kej Marshal Tito）
☎&FAX (046) 263361
URL www.milleniumpalace.com.mk
✉ millenium_palace@t-home.mk
⑤AC📶🍴🛏€49
ⓌAC📶🍴🛏€70　CC Ⓓ Ⓜ Ⓥ

Royal View

客房數：44
Map P.399上-B2

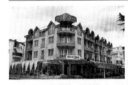

●位於湖畔道路旁的飯店之一，館內有三溫暖（€8）、SPA中心等，硬體設備齊全。客房採取現代化設計，半數以上房間都是面湖，景色非常棒。

✉ Jане Сандански 2
　（Jane Sandanski）
☎ (046) 263072　FAX (046) 231071
URL www.royalview.com.mk
✉ mail@royalview.com.mk
⑤AC📶🍴🛏€45～50
ⓌAC📶🍴🛏€52～70　CC不可

Hotel Toni

客房數：40
Map P.399上-A1

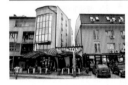

●雖然沒有面湖，但是離舊城區非常近，地段相當好，房間寬敞，早餐和浴室用品很充實。工作人員英語流利，可為遊客打電話查詢巴士時刻，非常親切。

✉ Абас Емин 3（Abas Emin）
☎ (046) 250001　FAX (046) 250003
URL www.hoteltoni.mk
✉ hoteltoni@t-home.mk
⑤AC📶🍴🛏€36
ⓌAC📶🍴🛏€50
CC Ⓐ Ⓓ Ⓜ Ⓥ

Di Angolo Hostel

青年旅館　客房數：21床
Map P.399上-A2

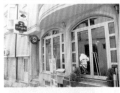

●位於市中心的青年旅館，同名的披薩屋兼作旅館的接待櫃台。多人房是男女混合，有2間8張床的房間。可以租借自行車，1日€7，早餐另計€3。

✉ Петар Чауле 31
　（Petar Chaule）
☎ (046) 260003
FAX 無
✉ diangolohostel@yahoo.com
Ⓓ AC📶🍴🛏€9～10
⑤ Ⓦ AC📶🍴🛏€20～25
CC Ⓜ Ⓥ

Antiko

Map P.399下-B

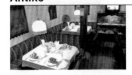

●利用傳統建築物改造的餐廳，菜色包括了從奧赫里德湖捕捉到的鱒魚，以及傳統的馬其頓料理。

✉ Цар Самоил 30（Tsar Samoil）
☎ (046) 265523
🕙 11:00～翌日1:00
🈺 無休
CC Ⓓ Ⓜ Ⓥ

馬其頓　旅行關鍵字

打招呼

早安	Добро утро.
你好	Добар ден.
晚安（見面問候語）	Добра вечер.
晚安	Лека ноќ.
再見	До гледање.

回答

是	Да.
不是	Не.
謝謝	Благодарам.
對不起	Извинете.
不好意思（叫人）	Молам.
我不知道	Не разбирам.

實用單字

出發	поаѓање
抵達	доаѓање
男	маж
女	жена
開門	отворено
打烊	затворено
昨天	вчера
今天	денес
明天	утре
郵局	пошта
私人房間	приватна соба

數字

1	еден	2	два
3	три	4	четири
5	пет	6	шест
7	седум	8	осум
9	девет	10	десет
11	единаесет	12	дванаесет
13	тринаесет	14	четиринаесет
15	петнаесет	16	шеснаесет
17	седумнаесет	18	осумнаесет
19	деветнаесет	20	дваесет
100	сто	1000	илјада

星期

週一	понеделник	週二	вторник
週三	среда	週四	четврток
週五	петок	週六	сабота
週日	недела		

月

1月	јануари	2月	февруари
3月	март	4月	април
5月	мај	6月	јуни
7月	јули	8月	август
9月	септември	10月	октомври
11月	ноември	12月	декември

詢問

這是什麼？	Шта е ова?
（你）是誰？	Кој сте Вие?
（這裡）是哪裡？	Кое е ова место?
幾點？	Колку е часот?
多少錢？	Колку чини?
我想要～	Дајте ми～.

這個用馬其頓語要怎麼說？
　Како се вика на македонски?

～在哪裡？	Каде е～?

請給我一張去～的車票
　Дајте ми една карта за～.

到～多少錢？
　Колко чини до～?

幾點（分）開車？
　Кога оди возот?

這附近有便宜的飯店嗎？
　Има ли евтин хотел близу?

可以寄放行李嗎？
　Можам ли да оставам багаж?

這附近有好餐廳嗎？
　Има ли некој добар ресторан близу?

請結帳	Сметка молам.

請給我寄到台灣的郵票
　Дајте ми марки за Тајван.

糾紛、醫療

～被偷了	Украле～.
救命！	Помош!
小偷！	Крадец!
警察	Полицаец.
醫院在哪裡？	Каде е болница?
～很痛	Ме боли～.

西里爾字母請參照P.381

403

馬其頓簡史

◆馬其頓這個國名的由來

在古代希臘語中，馬其頓這個國名是來自有歷史性的地名。1991年馬其頓從舊南斯拉夫中獨立時，把國名改成了馬其頓共和國，當時遭到了曾是馬其頓地方的希臘強烈反對，結果直到1993年之後，才獲得歐盟各國的認同。

古代馬其頓所包含的地域是現在的馬其頓，再加上保加利亞和希臘的部分地區。那裡曾經是亞歷山大大帝Alexander的王國。西元2～7年期間，王國雖然興盛，但隨著146年羅馬帝國入侵巴爾幹後，馬其頓成了羅馬帝國的屬州。

原本巴爾幹半島的原住民是山岳地帶的少數民族，自古以來，猶如「大雜燴」般的各種民族定居在這塊土地上，進而逐漸構成了複雜的民族結構，之後大量的斯拉夫人於6～7世紀遷移至此，最後才演變成今日的馬其頓人。不過，所謂的馬其頓人民族，在舊南斯拉夫中是被認同的，但希臘和保加利亞至今仍不認同。

◆3帝國統治下的時代

395年，羅馬帝國的狄奧多西大帝Flavius Theodosius身亡後，巴爾幹半島成了東羅馬（拜占庭）帝國的一部分。擁有勢力的西美昂一世Симеон I，在9世紀後半成為相鄰的保加利亞帝國皇帝後，將馬其頓地方納入了統治版圖之中。保加利亞帝國在奧赫里德Охрид建造了保加利亞正教的總大主教座，因而奠定了奧赫里德成為藝術及文化中心地的位置。但進入10世紀後半，巴爾幹半島的保加利亞逐漸式微，與拜占庭帝國之間的版圖之爭，也因此愈來愈激烈化。

1018年，保加利亞帝國滅亡，馬其頓再度納入拜占庭帝國的統治版圖中。但曾經消失的保加利亞帝國，再度復興為保加利亞第二帝國，馬其頓又成了保加利亞和拜占庭相爭之地。進入13世紀後，保加利亞北方的塞爾維亞王國瓦解了保加利亞帝國，馬其頓這次成了塞爾維亞王國的統治領地。

塞爾維亞國王斯特凡·杜尚Стефан Душан在史高比耶Скопје進行皇帝的加冕儀式，並以馬其頓為據點，將勢力版圖擴展至阿爾巴尼亞、希臘的部分領地。但是塞爾維亞王國在1389年的科索沃戰役中，敗給了鄂圖曼帝國，鄂圖曼帝國因而在1430年入侵巴爾幹半島，馬其頓因而納入鄂圖曼帝國的版圖之中。一直到1912年為止，馬其頓在鄂圖曼帝國的統治下持續發展了500年。

但是鄂圖曼帝國的長期統治，引起巴爾幹各地居民的不滿，受到波士尼亞·赫塞哥維納波及的農民起義運動，終於在1878年演變成為俄土戰爭，俄羅斯獲得最後的勝利，因此有了聖斯特凡諾條約Preliminary Treaty of San Stefano的簽訂，馬其頓雖然曾一度成為保加利亞的領土，但由於奧匈帝國和英國反彈，因此在柏林會議的決議中，再次恢復成為鄂圖曼帝國的領土。

◆第一次、第二次巴爾幹戰爭到現在

之後，馬其頓的領土成了周邊各國的領土爭奪之地，隨著鄂圖曼帝國的衰退，第一次巴爾幹戰爭於1912年爆發。保加利亞、塞爾維亞、希臘的同盟軍向鄂圖曼帝國宣戰並獲得勝利，馬其頓因此遭到勝利3國的瓜分。

但因為領土分配問題，引發了塞爾維亞、希臘、羅馬尼亞、蒙特內哥羅、鄂圖曼帝國的同盟軍，與保加利亞之間的第二次巴爾幹戰爭。保加利亞雖然慘敗，但馬其頓的領土依然還是被先前的3個國家瓜分。

馬其頓這個國家被認同是馬其頓人的共和國，是在南斯拉夫聯邦人民共和國建國之後。南斯拉夫在1991年解體，馬其頓舉行了公民投票，獲得9成的贊成票，因而決定獨立。幸運的是，馬其頓不像其他國家那樣，演變成為獨立戰爭或民族鬥爭，而是在和平的狀態下獨立的。

馬其頓的人口約有25%是阿爾巴尼亞人，高喊大阿爾巴尼亞主義的武裝分子和馬其頓國軍引發衝突，導致關係持續緊張。現在，馬其頓人的政黨和阿爾巴尼亞人的政黨共組聯合政府，朝著解決政治問題的方向前進。馬其頓的外交目標為加入北大西洋公約組織NATO和歐盟。2005年成為了歐盟的候選國。

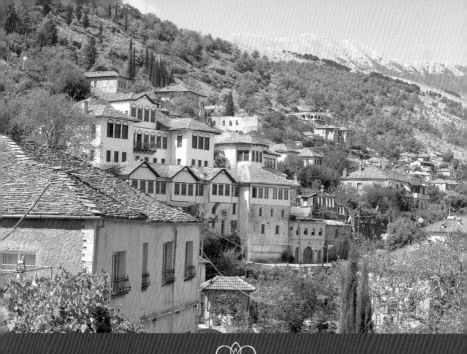

阿爾巴尼亞
● Albania ●

吉諾卡斯特櫛比鱗次的傳統住家

阿爾巴尼亞概要

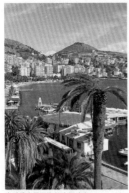
享受愛奧尼亞海的度假時光

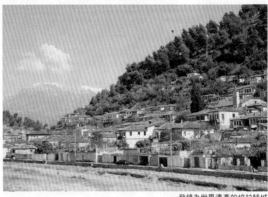
登錄為世界遺產的培拉特城

　　阿爾巴尼亞在共產主義時期實施鎖國政策，因此被認為是歐洲最謎樣的國度。長時間隱藏在面紗下的樣貌，可謂是巴爾幹半島的祕境。

　　阿爾巴尼亞人被認為是伊利里亞人Iliri的後裔，伊利里亞人在8世紀斯拉夫民族移居巴爾幹半島前就廣泛居住此地。他們分成好幾個部族，而沒有成立統一國家，因此一直以來受到羅馬帝國、拜占庭王國、保加利亞王國、塞維亞王國和鄂圖曼帝國等大國的統治。20世紀前半雖然完成國家獨立，但之後遭受義大利墨索里尼和德國納粹的占領。

　　第二次世界戰後由恩維爾·霍查Enver Hoxha帶領的共產主義邁開步伐，但因為對於共產主義認知的差異，與提供援助的國家漸行漸遠，最終走向鎖國政策。1990年導入市場經濟機制，一黨獨大的時代也終於結束，但是人民還來不及適應經濟自由化浪潮，又發生1997年的老鼠會事件而讓經濟受到打擊，國內陷入大混亂。

　　混亂的時局距今已經15年以上，目前經濟穩定成長，遊客也漸增。雖然基礎建設方面稍微不足，羅馬時期遺址和美麗大自然的魅力還是令人無法抗拒。

UNESCO的世界遺產

1 布特林特
Butrint　　　　　　　　　→P.426

　　布特林特是連結克基拉島Κέρκυρα與半島的地理要衝上的古代城市遺址。西元前3世紀建造的劇場、6世紀的基督教洗禮所、15～16世紀威尼斯共和國的城堡等等，這裡保存了跨越時代的各處遺址。

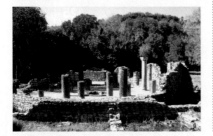

2 培拉特和吉諾卡斯特歷史中心
Berat & Gjirokastra　　　→P.420、423

　　位在阿爾巴尼亞南部的中型城市培拉特與吉諾卡斯特，是保留鄂圖曼帝國時期風貌的博物館城市。吉諾卡斯特的住家屋頂為石造，因此被稱為「石城」，而山丘上滿布住家的培拉特則被稱為「千窗之城」。

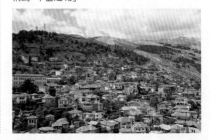

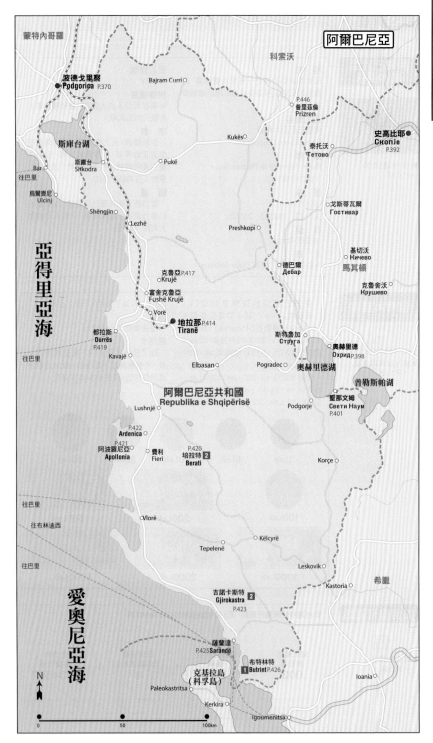

蒙特內哥羅

科索沃

阿爾巴尼亞

波德戈里察
● Podgorica P.370

Bajram Curri ○

○ 普里茲倫
Prizren P.446

Kukës ○

泰托沃
Тетово

史高比耶
Скопје
P.392

斯庫台湖

斯庫台
Shkodra

Bar ○ 往巴里

Pukë ○

戈斯蒂瓦爾
Гостивар

烏爾賈尼
Ulcinj

Shëngjin ○

基切沃
○ Кичево

Lezhë ○

Preshkopi ○

馬其頓

德巴爾
● Дебар

克魯舍沃
○ Крушево

亞
得
里
亞
海

克魯亞 P.417
○ Krujë

富舍克魯亞
Fushë Krujë

Vorë ○

地拉那 P.414
● Tiranë

斯特魯加
Струга

奧赫里德
Охрид P.398

都拉斯
Durrës
P.419

往巴里

Kavajë ○

Elbasan ○

Pogradec ○

奧赫里德湖

阿爾巴尼亞共和國
Republika e Shqipërisë

Lushnjë ○

Podgorje ○

普勒斯帕湖

聖那文姆
Свети Наум
P.401

P.422
Ardenica ○

阿波羅尼亞
Apollonia
P.421

費利
Fieri ○

P.420
培拉特 2
Berati

Korçë ○

往巴里

Vlorë ○

往布林迪西

Tepelenë ○

Këlcyrë ○

往巴里

Leskovik ○

Kastoria ○

希臘

吉諾卡斯特 2
Gjirokastra
P.423

愛
奧
尼
亞
海

薩蘭達
P.425 Sarandë

布特林特 1
Butrint P.426

克基拉島
(科孚島)

Ioania ○

Paleokastritsa ○

N

Kerkira ○

Igoumenitsa ○

0   50   100km

407

阿爾巴尼亞基本資訊

▶旅行關鍵字
→ P.427

國 旗
紅色國旗的中央是一隻黑色雙頭鷹，來自15世紀對抗鄂圖曼帝國的斯坎德培徽章。

正式國名
阿爾巴尼亞共和國
Republika e Shqipërisë

國 歌
Rreth Flamurit të Përbashkuar
（旗之讚歌）

面 積
2萬8700km²

人 口
282萬人（2011年）

首 都
地拉那 Tiranë

元 首
布亞爾·尼沙尼總統 Bujar Nishani

政治體制
共和制

民族構成
阿爾巴尼亞人占大多數，還有極少數的希臘人和馬其頓人。

宗 教
伊斯蘭教、天主教和東正教的阿爾巴尼亞正教等等，戒律都偏寬鬆。因為共產主義時期禁止所有的宗教活動，所以多數人沒有特定信仰。

語 言
官方語言是阿爾巴尼亞語。從事觀光和旅行業者多數說英語，一般人多說義大利語、希臘語。

貨幣與匯率

Lek

▶旅行預算與金錢
→ P.548

阿爾巴尼亞的貨幣是列克 Lek（複數是Lekë），較小的單位是昆卡 Qindarkë（複數是Qindarka）。1Lek＝100Qindarka。2015年8月匯率，1Lek＝約台幣0.27元、1US＄＝121.6Lek、€1＝約140 Lek。

紙鈔有200Lek、500Lek、1000 Lek、2000Lek、5000 Lek，硬幣有1Lek、5Lek、10 Lek、20 Lek、50 Lek、100

Lek。1Lek幾乎沒有在市面上流通。

匯兌
建議攜帶美金或歐元。

信用卡
除了部分高級飯店、餐廳和商店以外，大多數商店不能使用，購物上雖然通用度很低，但是ATM卻很普及。

1Lek

5Lek

10Lek

20Lek

50Lek

100Lek

200Lek

500Lek

1000Lek

2000Lek

5000Lek

如何撥打電話

▶郵政與電話
→ P.556

從台灣撥往阿爾巴尼亞 撥往地拉那(04)1234567時

| 國際電話識別碼 002 | + | 阿爾巴尼亞國碼 355 | + | 區域號碼（去除前面的0） 4 | + | 對方的電話號碼 1234567 |

出入境

簽證

觀光目的停留90天以內不需簽證,但入境時除了護照外,建議攜帶來回機票證明、當地住宿證明、充足旅費(現金或信用卡)、親友邀請函或商務、會議、學術交流邀請函等,以備查驗。

護照

護照的有效期限必須超過3個月以上。

▶東歐國家出入境
→ P.552

從台灣出發的飛行時間

目前台灣沒有直飛阿爾巴尼亞的航班,必須先飛往周邊國家再轉機前往。可以從台灣先飛往倫敦、維也納、羅馬、伊斯坦堡等地,再搭乘前往地拉那的航班。如果從倫敦轉機,必須從希斯洛機場移動到蓋特威克機場Gatwick Airport。

▶從台灣前往東歐的交通
→ P.551

從周邊各國出發的交通

鐵路

從馬其頓的史高比耶Cκonje出發。

巴士

與國境相接的雅典、特沙羅尼基Thessaloniki(同屬希臘)、史高比耶(馬其頓)、普里斯提納Prishtina(科索沃)都有巴士行駛。蒙特內哥羅沒有從首都波德戈里察Podgorica發車,而只有1日2班從烏爾齊尼Ulcinj到斯庫台Shkodra的班次。從斯庫台到地拉那Tiranë還要搭乘巴士或迷你巴士,通常在斯庫台的巴士站會有前往地拉那的迷你巴士等待載客,因此可以馬上換車到地拉那。車資可以用歐元支付,不需要在斯庫台兌換匯。

渡輪

義大利的巴里Bari、第里雅斯特Trieste、安科納Ancona有連結都拉斯Durrës的船班,另外也有連結薩蘭達Sarandë和希臘克基拉島Κέρκυρα(科孚島Corfu)的班次。

▶當地交通
→ P.553

從鄰近各國出發的主要長途巴士

烏爾齊尼(蒙特內哥羅)~斯庫台	每日2班	所需時間1小時30分
史高比耶(馬其頓)~地拉那	每日3班	所需時間8小時~9小時30分
雅典(希臘)~地拉那	每日13班	所需時間13小時30分~16小時
特沙羅尼基(希臘)~地拉那	每日4班	所需時間9~10小時
普里斯提納(科索沃)~地拉那	每日10班	所需時間5小時

時差和夏令時間

與台灣時差為7小時,只要將台灣時間減去7個小時就可以。換言之,台灣6:00時,阿爾巴尼亞則是前一天的晚上23:00。夏令時間的話,時差則變為6小時。

夏令時間的實施期間,從3月最後一個週日的AM2:00(=AM3:00)~10月最後一個週日的AM3:00(=AM2:00)。

從阿爾巴尼亞撥往台灣 撥往(02)1234-5678時

國際電話識別碼		台灣國碼		去除區域號碼最前面的0		對方的電話號碼
00	+	**886**	+	**2**	+	**1234-5678**

▶阿爾巴尼亞國內通話 市內電話不需要撥打區域號碼,市外電話要從區域號碼開始撥打。
▶如何撥打公共電話 ①拿起聽筒
②將電話卡依照卡片上的箭頭方向插入
③撥打對方的號碼
④電話卡的餘額會顯示在電話的螢幕上,結束通話後放下聽筒,取出電話卡

營業時間

以下是店家一般的營業時間。

銀行
週一～五9:00～15:00，週六‧日普遍公休。

百貨公司和商店
9:00～20:00，但大部分會在15:00～18:00休息。週六‧日營業的店家也很多。

餐廳
開店時間介於8:00～12:00之間，多在深夜打烊。

氣候

阿爾巴尼亞屬於溫和的地中海型氣候，終年氣候溫暖，冬天也大多沒有零下氣溫。夏天幾乎不下雨，10～5月雨量較多，山區偶有降雪。旅行最佳季節是4～10月。

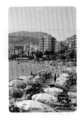

地拉那的氣溫和降雨量

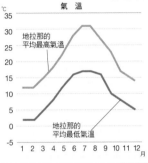

氣溫

地拉那的平均最高氣溫

地拉那的平均最低氣溫

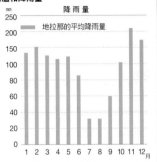

降雨量

地拉那的平均降雨量

節日
（主要節日）

每年會異動的節日以（※）標示，要注意。

日期		節日
1/1		元旦
3/14		立春
3/22		諾魯茲節（波斯新年）
4/5 ('15)	※	復活節（天主教）
4/12 ('15)	※	復活節（阿爾巴尼亞正教）
5/1		勞動節
7/17 ('15)	※	開齋節
9/23 ('15)	※	古爾邦節（宰牲節）
10/19		德蕾莎修女日
11/28		獨立紀念日
11/29		解放日
12/25		耶誕節

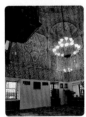

電壓與插頭

電壓為230V，頻率50Hz，插頭以雙頭的C型和SE為主流。要在當地使用台灣的電器產品，需要攜帶變壓器和轉接插頭。

播放規格

DVD
阿爾巴尼亞的電視和錄影規格為PAL，台灣、日本或是美國則屬於NTSC，兩者並不相同，在當地購買的錄影帶或是DVD，通常無法用台灣的電器播放。而阿爾巴尼亞的DVD區碼Region Code為2，也與台灣不同（台灣為3），因此也無法使用一般家用DVD播放器觀賞。

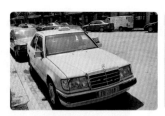

計程車
基本上不需要。

餐廳
基本上不需要。

廁所
公共廁所大多要收費，男廁標示 burrat、女廁gratë。

小費

不要直接飲用自來水。500mℓ礦泉水可以在超市或小賣店買到，一瓶約30Lek。

飲用水

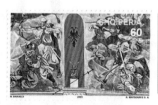

一般營業時間為平日8:00～19:00、週六8:00～13:00，週日休息。

郵資 寄往台灣的航空郵件大約5～10天可抵達，明信片50Lek、20g以下的信件90Lek。

郵政

▶郵政與電話 → P.556

阿爾巴尼亞的絕大多數商品會課徵20%的TVSH附加價值稅，無退稅制度。

稅金

TAX

武器犯罪
因為1997年的動亂和科索沃問題等等原因，使得武器廣泛流出，長途巴士遭武裝集團襲擊等武器犯罪事件頻傳。長途移動的防範對策包括由當地熟人陪同，並避免夜間行動，攜帶行動電話確保通訊，以及收集資訊等。

一般犯罪
扒手或安眠藥搶劫等以觀光客為目標的犯罪，在阿爾巴尼亞幾乎沒有被報出，但是行李不離身、貴重物品謹慎收納等一般的旅行安全防備還是不能大意。阿爾巴尼亞沒有設置台灣代表處，而是由駐義大利代表處兼管，護照遺失等情況需要花費更多時間，所以務必小心攜帶貴重物品。

交通狀況
阿爾巴尼亞的私有車制度上路時間還不長，行車技術和對開車的規範都還大有問題，走路或乘車時務必小心。

停電
電力供給狀況不穩定，偶爾會發生停電，攜帶手電筒會比較方便。

入境時的外幣申報
如果攜帶100萬Lek以上的現金入境阿爾巴尼亞，必須經過外幣申報手續。

警察 **129**

消防 **128**

急救 **127**

安全與糾紛

▶旅行糾紛與安全對策 → P.560

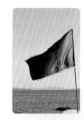

未滿18歲禁止吸菸，但是飲酒並沒有特別的年齡限制。

年齡限制
⊗

和台灣相同，距離以公尺，重量以公克、公斤，液體以公升計算。

度量衡

阿爾巴尼亞 旅行基礎知識

國內的移動方式

鐵路

由阿爾巴尼亞鐵路經營，不但涵蓋範圍小，與巴士相比班次少時間又長。長途移動時雖然比巴士晚非常多，但是地拉那Tiranë～都拉斯Durrës之間的短程線，費用比巴士低，時間也差不多，不妨體驗阿爾巴尼亞的火車，留下旅途回憶。

巴士

巴士比起火車較快，時間也較準確，是阿爾巴尼亞主要的交通方式。之前巴士只行駛到太陽下山前，日落後就停止行駛，近年來雖然班次不多，但是推出夜間行駛的班次。有大型巴士和迷你巴士2種。

在大多數道路整修中的阿爾巴尼亞，座位寬敞的大型巴士速度較慢且時間較長。另一方面，只要坐滿就出發的短程迷你巴士，雖然速度快，但費用也較高且行駛山區時的安全性堪憂。

阿爾巴尼亞包括首都的地拉那，有設置往各方向的巴士總站和迷你巴士車站，但是沒有統一管理這些巴士業者的機構，也沒有售票窗口和時刻表，巴士時刻只能事先向❶、飯店櫃台或巴士司

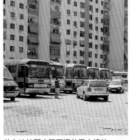
位在地拉那市區西邊的巴士總站

機確認。另外，各巴士時間經常變動，資訊也非隨時更新，因此時間最好不要抓太緊。

飛機

阿爾巴尼亞沒有國內線飛機。

住宿

共產主義時期，阿爾巴尼亞幾乎沒有提供外國人住宿的飯店，但是現在也和其他國家一樣有各種類的住宿設施。

◆高級飯店

單人房一晚1萬Lek～。地拉那除了有國際高級連鎖飯店進駐，其他大多為當地開設。在亞得里亞海Deti Adriatik、愛奧尼亞海Deti Jon海岸度假勝地的高級飯店，與其他世界級觀光地的高級度假飯店相比，不可否認設備和服務方面依然稍顯遜色。

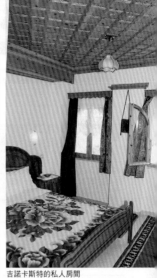
吉諾卡斯特的私人房間

◆中級飯店

阿爾巴尼亞絕大多數的住宿都屬於這個等級，雖然價格差異大，各家設備不盡相同，但大部分都提供舒適的住宿環境。

◆民宿

一般家庭將住家的一部分提供住宿的形式，衛浴設備幾乎都是共用。

◆青年旅館

因應近年來到阿爾巴尼亞的背包客增多，青年旅館也逐漸增加。因為大多是新開的，設備基本上齊全。

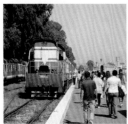
地拉那～都拉斯的火車，車程約1小時，最適合想體驗阿爾巴尼亞火車的旅客

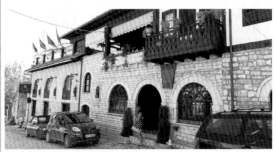
利用傳統住家打造的旅館好有氣氛

用餐

阿爾巴尼亞因為曾經是鄂圖曼帝國的領土，和巴爾幹各國一樣受到土耳其料理很大的影響，加上面向亞得里亞海，也融合義大利和希臘等地中海料理風格，擁有種類多元的飲食文化。首都地拉那雖然幾乎沒有外國料理餐廳，義大利餐廳卻是唯一例外，常看到提供義大利麵和披薩的店家。

◆ 肉類料理

阿爾巴尼亞自古以來養羊業興盛，羊肉本身品質非常優良，是一定要在當地品嚐的食物之一。簡單的羊肉串燒Shish qebap最能吃出食材本來的美味。另外，也有餐廳提供羊腦和羊心等內臟料理。如果想品嚐比較好入口的食物，可以試試阿爾巴尼亞風的漢堡肉Koftë。

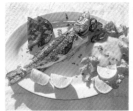
沿岸地區就一定要吃海鮮

◆ 海鮮料理

阿爾巴尼亞除了來自亞得里亞海和愛奧尼亞海的漁獲，還有斯庫台湖Liqeni i Shkodrës和奧赫里德湖Liqeni i Ohrit等湖泊和河川捕獲的淡水魚等等，種類很豐富。

◆ 飲料

酒類方面，與巴爾幹各國相同以果實釀造的蒸餾酒Rakiya聞名。阿爾巴尼亞將Rakiya稱為Raki。Boza也和巴爾幹各國、土耳其相同是常見的飲品，但是阿爾巴尼亞的Boza味道較清爽順口。

資訊收集

◆ 遊客中心

阿爾巴尼亞的遊客中心❶隨著觀光客的增加，也漸漸增設當中，2009年也在首都地拉那成立。但是還是有觀光地沒有設置❶，雖然狀況漸趨好轉，但是很難說已經對外國觀光客的造訪做好萬全的準備。❶的工作人員英語流利，除了可以索取地圖和手冊，還可以查詢巴士時刻和發車場所。在沒有❶的城市，飯店接待櫃台和旅行社就成為重要的資訊來源。

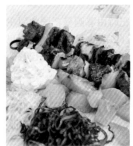
經典的肉類料理Shish qebap

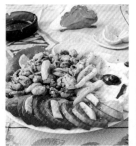
油炸淡菜

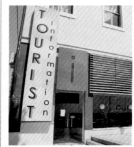
地拉那的❶

實用資訊

【駐外館處】

阿爾巴尼亞沒有台灣的駐外代表處，而是由駐義大利代表處兼管。

● 駐義大利代表處

Ufficio di Rappresentanza di Taipei in Italia

✉ Viale Liegi No 17, 00198 Roma, Italia

☎(002-39)06-9826-2800

☎(002-39)366-8066-434(急難救助電話)

🔗www.taiwanembassy.org/IT

【航空公司】

● 奧地利航空

✉ Hotel Rogner Europapark

Blv. Deshmoret e Kombit Tirana

☎(04)235028

🔗www.austrian.com

🕐9:00～16:30

🚫週六•日

(沒有特別註記的話，皆位於地拉那)

★地拉那

◆地拉那德蕾莎修女國際機場
✉Tirana International
Airport, Rinas, Tirana
☎(04) 2381600
📠(04) 2381545
🌐www.tirana-airport.com
📧info@tirana-airport.com

地拉那的❶
◆Tirana Tourist
Information Office
Map P.415-B2
✉Dedgjaluli
☎(04) 2223313
📧infotourism@tirana.gov.al
🕐週一～五 11:00～17:00
　　週六　　9:00～14:00
🚫週日

地拉那 *Tiranë /Tirana*

🌐www.tirana.gov.al

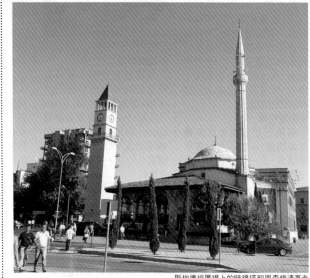

斯坎德培廣場上的時鐘塔和恩森梅清真寺

　　阿爾巴尼亞的首都地拉那是17世紀時由鄂圖曼帝國的領主Sulejman Pasha所建。當時只有清真寺、土耳其浴場和麵包店，但是因為地處商隊路線的要衝，1920年發展為阿爾巴尼亞的首都。

　　城市乍看之下盡是象徵合理化的大廣場和大道路等，稍稍缺乏城市溫柔的一面，但是漫步其中會發現美麗的清真寺、時鐘塔、鄂圖曼帝國時期的石橋，以及現代感十足的彩色建築群，傳達舊時代記憶和面對未來的希望。

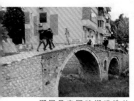

鄂圖曼帝國時期建造的
Tabakëve橋

抵達地拉那後前往市區

✈搭乘飛機抵達
●地拉那德蕾莎修女國際機場 *Aeroporti Në'në' Tereza*
　　位在市中心往西北約15km處，是國內唯一的機場。機場規模很小，建築物全長只有150m，機場內有銀行和ATM。

◆如何從機場前往市區◆
　　機場巴士和計程車2種。

●機場巴士 *Rinas Express Airport Bus*
　　從機場出來直走就有巴士站可以抵達市中心。從機場8:00～19:00、從市中心7:00～18:00，均是每個整點發車。所需時間約25分，250Lek，車票可以在巴士上購買。市內巴士站位在斯坎德培廣場Sheshi Skënderbej西北方的Mine Peza路上。

阿爾巴尼亞的玄關，地拉那
德蕾莎修女國際機場

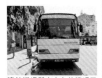

連結機場與市中心的機場巴
士站

● **計程車** *Taksi*

從機場出來就是計程車招呼站，到市中心車資約2000Lek（€17）。

黃色車身的阿爾巴尼亞計程車

搭乘火車抵達

地拉那的火車站位在市區以北，索古一世大道Blv. Zogu I上有斯坎德培廣場Sheshi Skënderbej和德蕾莎修女廣場Sheshi Nënë Tereza，這條路上也有市巴士行駛。

搭乘巴士抵達

地拉那的長途巴士總站從斯坎德培廣場走卡巴亞斯大道Rr. Kavajës約2km，轉向穆黑丁路加尼大道Rr. Muhedin Llagani往南約200m之處。但是這裡只有前往費利Fieri、吉諾卡斯特

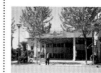

外觀不起眼的火車站

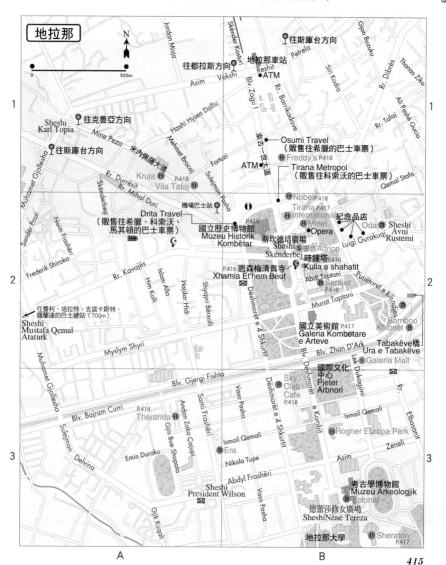

地拉那

往都拉斯方向

往克魯亞方向

往斯庫台方向

Sheshi Karl Topia

往斯庫台方向

地拉那車站

往斯庫台方向

ATM

Osumi Travel
（販售往希臘的巴士車票）

Freddy's P.418

ATM

Tirana Metropol
（販售往科索沃的巴士車票）

Kruja P.418

Vila Tafaj

Nobel P.418

Tirana P.417

International

紀念品店

Drita Travel
（販售往希臘、科索沃、馬其頓的巴士車票）

Minin

Opera

Oda

Sheshi Avni Rustemi

Luigi Gurakuqi

國立歷史博物館
Muzeu Historik Kombëtar

斯坎德培廣場
Sheshi Skënderbej

酒店Adrion

時鐘塔
Kulla e shahatit

P.416 恩森梅清真寺
Xhamia Et'hem Beut

Sarajet P.418

Punëtorët e Rilli

往費利、培拉特、吉諾卡斯特、薩蘭達的巴士總站（700m）

Sheshi Mustafa Qemal Ataturk

Bamboo Kolonat

國立美術館 P.417
Galeria Kombetare e Arteve

Tabakëve橋
Ura e Tabakëve

Galeria Mall

國際文化中心
Pjeter Arbnori

Sky Club Cafe P.418

Theranda P.418

Rogner Europa Park

Era

考古學博物館
Muzeu Arkeologjik

Sheshi President Wilson

Kolonat

德蕾莎修女廣場
SheshiNënë Tereza

地拉那大學

Sheraton P.417

12月21日廣場（Sheshi 21 Dhjetori）的西巴士總站

Blv. Dëshmorët e Kombit 大道上的金字塔型國際文化中心

◆恩森梅清真寺
⊠Sheshi Skënderbej
☎(04) 2223701
🕐9:00～12:00
14:00～16:30
休無休 圖免費

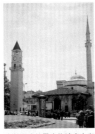

比鄰而建的恩森梅清真寺和時鐘塔

◆時鐘塔
⊠Sheshi Skënderbej
🕐8:00～15:00
休週六·日
圖免費

◆國立歷史博物館
⊠Sheshi Skënderbej
☎(04) 2223446
🕐週二～六　10:00～17:00
週日　10:00～14:00
休週一
圖大人200Lek
學生100Lek
※4/18·5/18·5/21·6/5·9/27·
9/29·11/28·9～5月的最後週
日免費。

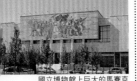

國立博物館上巨大的馬賽克藝術裝飾

Gjirokastra、薩蘭達Sarandë等地的巴士，其他往都拉斯Durrës、斯庫台Shkodra、克魯亞Krujë和國際巴士在另一個巴士站發車。巴士的發車地點偶有變動，事前向❶確認比較好。

◆◆◆◆◆◆◆◆◆◆◆◆◆◆◆◆◆ 漫遊地拉那 ◆◆◆◆◆◆◆◆◆

地拉那的市區以斯坎德培廣場Sheshi Skënderbej為中心，北有索古一世大道Blv. Zogu I、南有Blv. Dëshmorët e Kombit大道，北側有火車站，南側有德蕾莎修女廣場Sheshi Nënë Tereza。市區景點集中在斯坎德培廣場到德蕾莎修女廣場之間，這附近區域走路就可以到。前往索古一世大道的路上，可以看到許多營運前往馬其頓和希臘方向國際巴士的旅行社。

◆◆◆◆◆◆◆◆◆◆ 地拉那的主要景點 ◆◆◆◆◆◆◆◆◆

恩森梅清真寺 Xhamia Et'hem Beut

Et'hem Bey Mosque	MapP.415-B2

這座位於斯坎德培廣場旁的伊斯蘭教清真寺，由建城者Sulejman Pasha的子孫於1793年到1821年建造完成。玄關和內部可以看到滿滿的濕壁畫，西歐畫家描繪當時的河岸城景和橋樑，在伊斯蘭藝術中也是非常獨特的

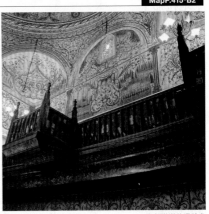

內部滿滿的濕壁畫

存在。因為其極高的藝術價值，在禁止一切宗教活動的共產主義時期也倖免於難，沒有遭受破壞。

時鐘塔 Kulla e shahatit

The Clock Tower	MapP.415-B2

19世紀初與鄰近的恩森梅清真寺幾乎同時期完成，但是上頭的時鐘是在完工後經過1個世紀的1928年才裝設。塔高30m，位在市中心視野很好。

國立歷史博物館 Muzeu Historik Kombëtar

National Historical Museum	MapP.415-B2

面向斯坎德培廣場北側，建築正面的巨大馬賽克藝術十分醒目，描繪穿著各時代服裝、手持武器的阿爾巴尼亞人。博物館內以古代、中世紀、民族復興期、獨立、第二次世界大戰和共產主義時期為順序展示，展示方式充分掌握阿爾巴尼亞的歷史進程，並多用地圖，讓人一眼就能了解領土變遷和異族侵入等歷史事件。展示品從都拉斯Durrës出土的西元前4世紀阿爾巴尼亞最古老馬賽克藝術，到都拉斯、阿波羅尼亞Apollonia和布特林特Butrint等地的出品占多數，可以欣賞到許多貴重的文物。聖

像畫和民族服裝的展示也非常棒。

國立美術館 Galeria Kombetare e Arteve

The National Gallery of Arts `MapP.415-B2`

　　國立美術館是阿爾巴尼亞的藝術殿堂,展示包括13世紀到19世紀的聖像畫等基督教藝術、19世紀初到第二次世界大戰民族復興期的作品、社會主義時期的繪畫和雕刻、現代藝術等5大部分。

◆◆◆◆◆◆◆◆◆◆◆◆從地拉那出發的小旅行◆◆◆◆◆◆◆◆◆◆◆

克魯亞 Krujë

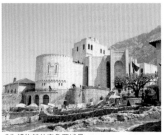

　　克魯亞是地拉那往北47km的山間小鎮,而作為英雄斯坎德培Gjergj Kastrioti Skënderbeu死守之地而聞名的克魯亞城堡Kalaja e Krujës,現在成為博物館,住家和展示品很豐富的民族學博物館也在附近。山腳下還有許多紀念品店。

成為博物館的克魯亞城堡

◆ 國立美術館
⊠ Blv. Dëshmorët e Kombit
☎ (04) 2226033
🕙 10:00～18:00
🚫 週一、二、1/1
💰 200Lek

如何前往克魯亞

🚌 從地拉那搭乘迷你巴士約1小時15分,150Lek。直達車很少,大部分都要在富舍克魯亞Fushë Krujë換車。

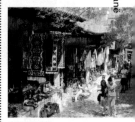

克魯亞的市集

🏨 Hotel 　　　　　　　　　　　　地拉那的住宿

從台灣撥打電話　002+355(阿爾巴尼亞國碼)+4(去除0的區域號碼)+電話號碼

　　阿爾巴尼亞的首都地拉那,從國際高級連鎖飯店到青年旅館都有,可依自身的預算選擇適合的住宿設施。

Sheraton Tirana Hotel & Towers

★★★★★　客房數:151
Map P.415-B3

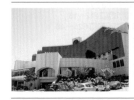

● 德蕾莎修女廣場南側的最高級飯店,附設的購物中心內有餐廳、商店和電影院進駐。右側資訊是採訪當時的費用。客房的無線網路須付費,1小時€5、24小時€15。早餐另計€23。

⊠ **Sheshi Italia**
☎ (04) 2274707　📠 (04) 2274711
🌐 www.starwoodhotels.com
✉ reservations.tirana@sheraton.com
Ⓢ Ⓦ A C 🌐 ▶ €188
🅒🅒 A M Ⓥ

Tirana International

★★★★　客房數:166
Map P.415-B2

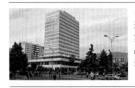

● 位在斯坎德培廣場北側,在商務客和觀光客當中都擁有高人氣。1樓有Hertz租車公司和紀念品店進駐,還有SPA中心。提供週末優惠。

⊠ **Sheshi Skënderbej 8**
☎ (04) 2234185　📠 (04) 2234188
🌐 tiranainternational.com
✉ hotel@hoteltirana.com.al
Ⓢ A C 🌐 ▶ €116～
Ⓦ A C 🌐 ▶ €126～　🅒🅒 A M Ⓥ

Hotel Airport Tirana

★★★★　客房數:50
地圖外

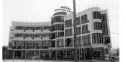

● 地拉那的機場飯店,就位在機場旁,但是中間有柵欄相隔,無法徒步前往,必須搭乘接駁迷你巴士。夏季可以使用附設的戶外泳池。

⊠ **Përballë Aeroportit "Nënë Tereza"**
☎ (04) 4500190　📠 (04) 4500191
🌐 www.hotel-airportirana.com
✉ info@hotel-airportirana.com
Ⓢ A C 🌐 ▶ €60
Ⓦ A C 🌐 ▶ €80　🅒🅒 M Ⓥ

Hotel Theranda

客房數：14
Map P.415-A3

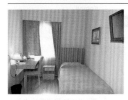

● 距離市中心稍微往西走的住宅區，環境清幽。整體設備很新，客房有電視、Minibar和無線網路等設備。付現或週五～日住房可折抵€10

✉ **Rr. Andon Z. Cajupi, Vila 6 & 7**
☎ (04) 2273766
FAX (04) 2273689
URL www.therandahotel.com
email reservations@therandahotel.com
Ⓢ A/C 🛁 📺 🛏 🖥 €70～
Ⓦ A/C 🛁 📺 🛏 🖥 €80～
CC M V

Vila Tafaj

★★★　客房數：25
Map P.415-A1

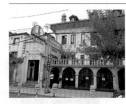

● 房間寬敞、服務也很好，受到旅行相關人士和歐美商務客的好評，即使是淡季也經常客滿。公共區域提供無線網路，客房使用網路線，附設咖啡店和餐廳，中庭也很美麗。

✉ **Mine Peza 86**
☎ (04) 2234280
FAX (04) 2235956
URL www.villatafaj.com
email reservations@villatafaj.com
Ⓢ A/C 🛁 📺 🛏 🖥 €50
Ⓦ A/C 🛁 📺 🛏 🖥 €60
CC M V (手續費3%)

Hotel Nobel

★★　客房數：9
Map P.415-B2

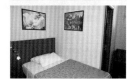

● 就在斯坎德培廣場Sheshi Skënderbej附近，老闆在郊外也有一間旅館，最自豪的是地理位置、完善的無線網路設備和平實的價格。也有公寓式房型可選擇。

✉ **Zogu I "VEVE Business Center"**
☎ & FAX (04) 2256444
URL www.hotelnobeltirana.com
email reservations@hotelnobeltirana.com
Ⓢ A/C 🛁 📺 🛏 🖥 €35
Ⓦ A/C 🛁 📺 🛏 🖥 €50
CC M V

Freddy's Hostel

青年旅館　客房數：39床
Map P.415-B1

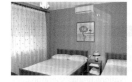

● 位在火車站以南，多人房最多4床，與其說是多人房，倒比較像是一般房間。房間都有空調和無線網路設備，並且有廁所和淋浴設備，非常完善。

✉ **Rr. Bardhok Biba 75**
☎ (04) 2266077　FAX 無
URL www.freddyshostel.com
email alfredsalku@yahoo.com
Ⓓ A/C 🛁 📺 🛏 🖥 €12～16
Ⓢ Ⓦ A/C 🛁 📺 🛏 🖥 €25～48
CC M V

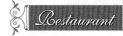

Restaurant 　　　　　　　　　　地拉那的餐廳

Sarajet

Map P.415-B2

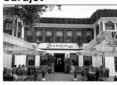

● 使用1837年鄂圖曼帝國時期建造的宅邸，充滿歷史味道的館內還有寬敞的戶外座位也非常推薦。除了阿爾巴尼亞的傳統料理，也有提供義大利麵、披薩和燉飯。

✉ **Rr. Abdi Toptani 7**
☎ 067-4017656 (行動電話)
URL www.sarajet.com
🕐 7:00～24:00
休 無休
CC 不可

Sky Club Cafe

Map P.415-B3

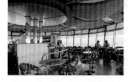

● 位在地拉那最高樓的最頂層，每60分鐘轉一圈的旋轉景觀咖啡吧。從樓下17樓的餐廳上樓，一定要來喝杯咖啡，欣賞360度的美麗夜景。

✉ **Dëshmorët e 4 Shkurtit 5**
☎ (04) 2221111
🕐 8:00～24:00
休 無休
CC A M V

都拉斯 *Durrës/Durrësi*

都拉斯

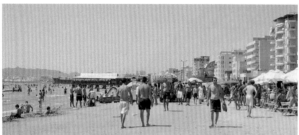
都拉斯的南側是一大片海灘

如何前往都拉斯

從地拉那出發，1日4班，所需時間約1小時，費用70Lek。

從地拉那火車站旁的巴士站出發，1小時2班，所需時間45分，130Lek～。

從巴里Bari（義大利）出發，1日1班，所需時間8小時，€47～。

都拉斯的❶
都拉斯沒有❶。

都拉斯的起源要追溯到西元前7世紀，當時是希臘人的殖民城市。這裡是距離義大利半島最近的港都，羅馬時期被稱為底耳哈琴Dyrrachium。作為橫貫巴爾幹半島的羅馬大道Via Egnatia起點，也扮演非常重要的角色。西元前1世紀的內亂時期，成為凱撒Gaius Julius Caesar和龐培Gnaeus Pompeius Magnus之間底耳哈琴會戰Battle of Dyrrhachium的舞台。

現在的都拉斯也如同羅馬時期，是阿爾巴尼亞最重要的港都。舊城區殘留圓形劇場遺跡和城牆，城市南側則是度假飯店林立的觀光地。

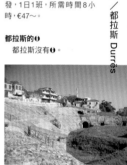
巴爾幹半島最大的都拉斯圓形劇場

漫遊都拉斯

巴士站和火車站都位在市中心東北方。部分巴士會在往東南方6km處的主要道路圓環停車，從這裡可以搭市區巴士到市中心，市區巴士車票可上車購買。另外，從市中心到圓環途中是長長的沙灘，且度假飯店林立，而港口西側海岸周邊則是主要的觀光勝地，考古學博物館Muzeu Arkeologjik、圓形劇場等景點都集中在徒步範圍內。

◆考古學博物館
⊠Shetitorë Tautenta
週二～日9:00～15:00
週一

◆圓形劇場
⊠Tregëtare
9:00～19:00
無休
300Lek

都拉斯的住宿

從台灣撥打電話 002+355（阿爾巴尼亞國碼）+52（去除0的區域號碼）+電話號碼

除了都拉斯市中心之外，市區往東南延伸的海岸也有許多飯店。市中心和海灘之間可以搭乘市區巴士，交通便利。

Adriatik
★★★★★ 客房數：70

⊠Lagjja 13, Plazh
TEL(052) 260850 FAX(052) 260855
URLwww.adriatikhotel.com
emailinfo@adriatikhotel.com
Ⓢ€50～65 Ⓦ€70～85
ⒸⒸADMV

城市南側的度假飯店中設備最完善的，飯店前方是大片私人海灘，中庭設置滑水道泳池，還有網球場和三溫暖設備。

Hotel Kristal
★★★ 客房數：25
⊠Taulantia 1
TEL(052) 229994
FAX(052) 229306
Ⓢ€35 Ⓦ€40
Ⓒ不可

位在海邊的小飯店，眼前有一片小海灘，所有房間都有電視、空調和無線網路。附設餐廳和酒吧。

地拉那

★培拉特

培拉特 *Berat/Berati*

URLbashkia-berat.gov.al

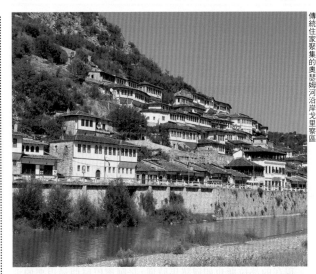

傳統住家聚集的奧瑟姆河沿岸戈里察區

如何前往培拉特

從地拉那出發，1小時2班左右，所需時間約3小時15分，約400Lek。從薩蘭達出發，1日2班，所需時間約5小時20分，約1200Lek。

培拉特的❶
◆巴士總站東側
Map P.421-B2
圃8:00～16:00
困週六・日
◆戈里察區北側
Map P.421-A2
圃夏季　9:00～21:00
　　冬季　9:00～20:00
困無休

世　界　遺　產

培拉特和吉諾卡斯特歷史中心
Berat & Gjirokastra
2005、2008年登錄

◆培拉特城堡
圃隨時　困無休
圓免費
（僅限8:00～18:00入場）

◆Onufri聖像博物館
圃5～9月
　週二～六　9:00～13:00
　　　　　　16:00～19:00
　週日　　　9:00～14:00
　10～4月
　週二～六　9:00～16:00
　週日　　　9:00～14:00
困週一
圓大人200Lek
　學生100Lek

◆培拉特國立民族學博物館
圃5～9月
　週二～六　9:00～13:00
　　　　　　16:00～19:00
　週日　　　9:00～14:00
　10～4月
　週二～六　9:00～16:00
　週日　　　9:00～14:00
困週一
圓大人200Lek
　學生100Lek

　　社會主義時期的1961年，培拉特是阿爾巴尼亞第一個發表博物館城市宣言的城市。山坡上滿滿的紅瓦白牆住家，是被稱為「千窗之城」的美麗城市。2008年因為吉諾卡斯特Gjirokastra的擴大登錄，這裡也被登錄為聯合國世界文化遺產，比較這2座阿爾巴尼亞最自豪的城市風景也十分有趣。

◆◆◆◆◆◆◆◆◆◆◆ 漫遊培拉特 ◆◆◆◆◆◆◆◆◆◆◆

　　培拉特沒有鐵路，巴士總站就是這裡的起點，❶就位在巴士總站稍微往東處，這一帶的城景較為現代，往西走就進入歷史中心。歷史中心分布在河岸兩旁，南側是戈里察區Gorica、北側是曼加連區Mangalem，曼加連區再往北的山丘上就是培拉特城堡。

培拉特城堡 Kalaja e Beratit

Berat Castle　　　　　　　　　　　　MapP.421-A1・2

　　矗立高處守護著城市的培拉特城堡，歷史十分悠久，西元前4世紀建造了要塞。現在城牆中住家林立，許多居民生活於此，給人印象和一般城鎮並無不同。城內也有教堂，多數建於13世紀，其中的聖母

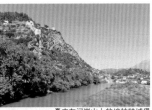

矗立在河岸山上的培拉特城堡

蒙召升天教堂現在成為Onufri聖像博物館Muzeu Ikonografik Onufri對外開放，值得參觀。博物館內展示許多Onufri所繪製的聖像畫作品，Onufri是16世紀阿爾巴尼亞的聖像畫代表畫家，聖

幢的木雕藝術也非常精細。

　欣賞完教堂，別忘了從上往下俯瞰培拉特全景，城堡南端的景色最佳，奧瑟姆河Osam南邊的戈里察區視野非常優美。

培拉特國立民族學博物館
Muzeu Kombëtar Etnografik Berat

National Ethnographic Museum Berat	MapP.421-B1

　位於曼加連區，利用18世紀的傳統住家打造，展示此地傳統生活的相關文物。

◆◆◆◆◆◆◆◆◆◆◆◆◆◆從培拉特出發的小旅行◆◆◆◆◆◆◆◆◆◆◆◆◆◆

阿波羅尼亞 Apollonia

　阿波羅尼亞與都拉斯Durrës齊名，兩者都是希臘羅馬時代亞得里亞海的繁榮港都。以學問之都聞名，據說成為羅馬開國皇帝的奧古斯都Imperator Caesar Divi F. Augustus，是在

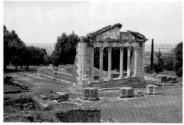
阿波羅尼亞遺址一窺羅馬時期的繁榮

如何前往阿波羅尼亞

費利Fieri是前往阿波羅尼亞的起點，從培拉特可以搭迷你巴士到費利，坐滿就發車。所需時間1小時15分，250Lek。都拉斯的巴士從城市東南端6km處的圓環出發，所需時間約1小時30分，約300Lek。

　從費利也可以包計程車到阿波羅尼亞，單程15～20分，加上1小時的觀光行程來回約1500～2000Lek。如果再加上Ardenica修道院參觀約2500～3000Lek。

◆阿波羅尼亞
- ℡ (038) 320464
- URL www.apollonia.al
- 開 4～9月　8:00～20:00
- 　　10～3月　9:00～17:00
- 休 無休
- 費 300Lek

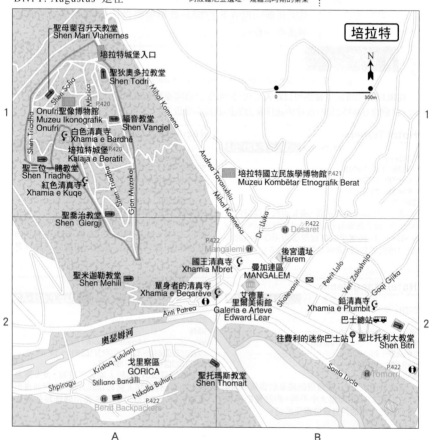

培拉特

聖母蒙召升天教堂
Shen Mari Vlahernes

培拉特城堡入口

聖狄奧多拉教堂
Shen Todri

Shen Sofia

Mbica

Mihal Kommena

Onufri聖像博物館
Muzeu Ikonografik
Onufri
P.420

福音教堂
Shen Vangjel

白色清真寺
Xhamia e Bardhë

Shen Triadha

培拉特城堡 P.420
Kalaja e Beratit

聖三位一體教堂
Shen Triadhe

紅色清真寺
Xhamia e Kuqe

Gjon Muzakaj

Shen Triadha

聖喬治教堂
Shen Giergji

Andrea Tavanxhiu

Mihal Kommena

培拉特國立民族學博物館 P.421
Muzeu Kombëtar Etnografik Berat

Dr. Iliuka

P.422
Desaret

P.422
Mangalemi

後宮遺址
Harem

國王清真寺
Xhamia Mbret

曼加連區
MANGALEM

Shafevani

Petrit Lulo

Veri Zaloshnja

Gaqi Gjika

聖米迦勒教堂
Shen Mehili

單身者的清真寺
Xhamia e Beqarëve

艾德華‧
里爾美術館
Galeria e Arteve
Edward Lear

鉛清真寺
Xhamia e Plumbit

Anti Patrea

巴士總站

往費利的迷你巴士站

聖比托利大教堂
Shen Bitri

奧瑟姆河

Kristaq Tutulani

戈里察區
GORICA

Stiliano Bandilli

Shpiragu

Nikolla Buhuri

聖托瑪斯教堂
Shen Thomait

Santa Lucia

P.422

Tomorri

Berat Backpackers
P.422

A

B

如何前往Ardenica

前往Ardenica的起點和阿波羅尼亞相同，都是費利。從費利可以包計程車前往，培拉特到費利的交通方式參照P.421阿波羅尼亞的邊欄。

◆Ardenica修道院
開7:00～21:00
休無休
費免費

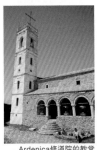

Ardenica修道院的教堂

阿波羅尼亞研讀學問與軍事之時，得知凱撒被暗殺的消息。之後因為3～4世紀發生的地震，還有河川流向的變化使得港口機能衰退，最後只留下遺址。遺址中的出土文物，就在遺址入口附近13世紀創建的修道院內公開展示。

Ardenica修道院 Manastiri i Ardenices

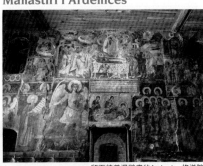

留下精美濕壁畫的Ardenica修道院

位在培拉特西北方30km處，費利Fieri北方10km的Ardenica修道院，創立於13世紀，歷史十分悠久。15世紀時，阿爾巴尼亞的國民英雄斯坎德培就在這裡舉行結婚儀式。修道院內的教堂因為牆上美麗的濕壁畫為人所知，畫作來自18世紀阿爾巴尼亞的代表性宗教畫家——Kostandin Zografi和Athanas Zografi兄弟之手，兄弟倆在希臘正教聖地的阿托斯山也留下了作品。除濕壁畫之外，木雕精美的聖幛也很值得一看。

Hotel 培拉特的住宿

從台灣撥打電話　002+355（阿爾巴尼亞國碼）+32（去除0的區域號碼）+電話號碼

從地拉那到培拉特雖然可以當天來回，但如果想悠閒地觀光或到郊外看看，建議大家住一天。住宿也有多種選擇，改建傳統住家的旅館就特別受歡迎。

Hotel Tomorri

客房數：52　Map P.421-B2

⊠Berat
TEL&FAX(032) 34602
S AC 📺 🛁 🍴 €30
W AC 📺 🛁 🍴 €50
CC不可

●從巴士總站往南走即達，擁有現代化設備的大型飯店，從北側客房可以看到培拉特城堡Kalaja e Beratit、南側可以看到奧瑟姆河Osam的風景。1樓附設餐廳，提供免費無線網路。

Hotel Mangalemi

客房數：20　Map P.421-B2

⊠Rr. Mihal Komneno
TEL&FAX(032) 232093
URL www.mangalemihotel.com
email hotel_mangalemi@yahoo.com
S AC 📺 🛁 🍴 €25～
W AC 📺 🛁 🍴 €35～
CC M V

●建造於歷史中心，改建傳統建築的飯店，客房分成2種，設備相同但大小不同。附設餐廳提供鄉土料理，2樓的戶外座位很受歡迎。

Rezidenca Desaret

客房數：5　Map P.421-B2

⊠Dr. Lluka
TEL&FAX(032) 237593
URL www.desaret.com
email rezidencadesaret@ymail.com
S 📺 🛁 🍴 €25
W AC 📺 🛁 🍴 €35　CC不可

●從Hotel Mangalemi往東北方向延伸的小路前行，沿著木製箭頭右轉50m處，因為沒有招牌不太好找。飯店擁有完善的無線網路，1樓則是餐廳。

Berat Backpackers

客房數：24床　Map P.421-A2

⊠Gorica 295
TEL069-3064429（行動電話）
FAX無
email info@beratbackpackers.com
D 🛁 🍴 €10～12　S 📺 🛁 🍴 €12～14
W 📺 🛁 🍴 €24～28　CC不可

●戈里察區Gorica的人氣青年旅館，多人房為男女共用，有2間6人房和1間8人房。旅館並推出參觀近郊瀑布，以及共產主義相關地點的觀光行程。

吉諾卡斯特 *Gjirokastra / Gjirokastër*

URL www.gjirokastra.org

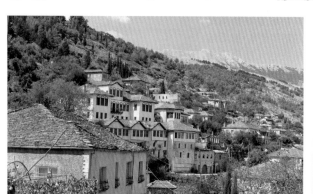

舊城區一排排的石頭屋頂住家

地拉那
吉諾卡斯特

如何前往 吉諾卡斯特

從地拉那出發，1日7班，所需時間約5小時，約1000Lek。從薩蘭達出發，1小時1班左右，所需時間約1小時30分，約300Lek。

吉諾卡斯特的旅行社
◆Alvin Tours
Map P.423-A2
✉ Gjin Bue Shpata
TEL (084) 269755
✉ jonida_dhrami@yahoo.com
🕐 夏季　　8:00～23:00
　冬季　　8:00～14:00
　　　　　15:00～20:00
🈳 無休

推出市區和近郊之旅，行程的路線和時間因個人要求有些差異，基本上2～4人的3小時行程費用€20。

　　吉諾卡斯特位在俯瞰多利諾河Lumi Drino溪谷的山間，鄂圖曼帝國時期是阿爾巴尼亞南部的行政和商業中心，建造了許多房屋，當時的城鎮樣貌被保存得十分良好，並於2005年登錄成為聯合國世界遺產。另外，這裡也是社會主義時期領導者恩維爾・霍查Enver Hoxha和阿爾巴尼亞代表作家伊斯梅爾・卡達萊Ismail Kadare的出生地。

◆◆◆◆◆◆◆◆◆◆◆◆漫遊吉諾卡斯特◆◆◆◆◆◆◆◆◆◆◆◆

　　巴士總站位在城市北端，距離舊城區有一段距離。要到舊城區必須沿著巴士總站西南向大路直走，到體育場旁的路口左轉，走一段石板坡道才會抵達。徒步約15分鐘，搭計程車單程300Lek，車程約5分。

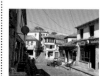

舊城區的石板路和住家的石頭屋頂

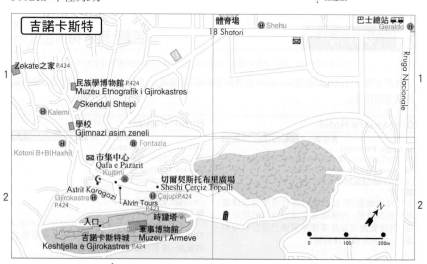

吉諾卡斯特

體育場
18 Shatori

🅷 Shehu

巴士總站
Geralda 🅷

Zekate之家 P.424

民族學博物館 P.424
Muzeu Etnografik i Gjirokastres

Skenduli Shtepi

🅷 Kalemi

學校
Gjimnazi asim zeneli

🅷 Fontazia

Kotoni B+B(Haxhi)

✉ 市集中心
Qafa e Pazarit
🅱 Kujtimi

Astrit Karagozi
Gjirokastra P.424
Alvin Tours
P.423

切爾契斯托布里廣場
Sheshi Çerçiz Topulli

🅷 Çajupi P.424

時鐘塔

入口

軍事博物館 Muzeu I Armeve

吉諾卡斯特城
Keshtjella e Gjirokastres P.424

Rruga Nacionale

0　　100　　200m

A　　　　　B

423

世 界 遺 產

培拉特與吉諾卡斯特的歷史中心
Berat & Gjirokastra
2005、2008年登錄

◆吉諾卡斯特城
圖夏季　　9:00～19:30
　　冬季　　9:00～16:00
圈無休　圖200Lek

◆民族學博物館
圖4～10月　　9:00～19:00
　　11～3月　　9:00～17:00
圈無休　圖200Lek

◆Zekate之家
Map P.423-A1
圖不定期　圖200Lek
※由私人管理，房屋所有人不
會說英語。參觀後再到入口
付費

◆◆◆◆◆◆◆◆◆◆吉諾卡斯特的主要景點◆◆◆◆◆◆◆◆◆◆

吉諾卡斯特城 Keshtjella e Gjirokastres

Gijokastra Castle　　　　　　　　　　　　　MapP.423-A2

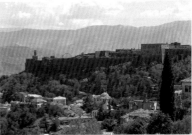
矗立在舊城區上方的吉諾卡斯特城

　　山丘上的吉諾卡斯特城是城牆圍繞的堅固要塞，雖然這裡在西元前就已經建立要塞，但現在的建築是在19世紀初的鄂圖曼帝國統治下，由這個地區的領導者阿里‧帕夏‧塔帕雷奈Ali Pashë Tepelena所建造的。從城堡可以俯瞰傳統房屋聚集的城景，連綿的灰色石砌屋頂，也難怪人們稱作「石城」。

民族學博物館 Muzeu Etnografik i Gjirokastres

Ethnographic Museum

　　共產黨時期領導者恩維爾‧霍查年幼時曾居住的故居。參觀有提供英語說明，詳細介紹各房間的用途、功能和展示品等等。博物館的建築是1966年時重建的。

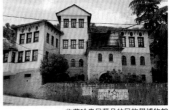
收藏珍貴民藝品的民族學博物館

　　另外，吉諾卡斯特有超過200間以上的建築被指定為古蹟，其中尤其是Zekate之家最值得一看。建築本身雖然老舊，接待室中還保留著紅色櫻桃圖案的濕壁畫。

Hotel　　　　　　　吉諾卡斯特的住宿

從台灣撥打電話　002+355（阿爾巴尼亞國碼）+84（去除0的區域號碼）+電話號碼

　　吉諾卡斯特可從薩蘭達Sarandë出發當天來回，但是末班巴士只到傍晚，想悠閒度過的話建議考慮住宿。

Gjirokastra Hotel
客房數：7　**Map P.423-A2**

✉Lagja Partizani
☎(084) 265982　☎068-4099669（行動電話）
✉hhotelgjirokastra@yahoo.com
Ⓢ Ⓦ Ⓐ Ⓒ 📶 🔧 🛁 🚽€20～30
Ⓒ Ⓒ 不可
●位在舊城區，可以欣賞城堡和周遭傳統建築所形成的風景。內部裝潢是傳統阿爾巴尼亞風格，附設餐廳可以品嚐傳統阿爾巴尼亞料理和酒吧。提供免費無線網路。

Hotel Çajupi
客房數：39　**Map P.423-A2**

✉Sheshi Çerçiz Topulli
☎(084) 269010　FAX(084) 269009
URLwww.cajupi.com
✉info@cajupi.com
Ⓢ Ⓐ Ⓒ 📶 🔧 🛁 🚽€30
Ⓦ Ⓐ Ⓒ 📶 🔧 🛁 🚽€40
Ⓒ Ⓒ 不可
●面向切爾契斯托布里廣場Sheshi Çerçiz Topulli的飯店，3人房€50。最上層是視野優美的餐廳，提供完善的無線網路設備。

薩蘭達 *Sarandë/Saranda*

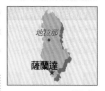

地拉那

薩蘭達

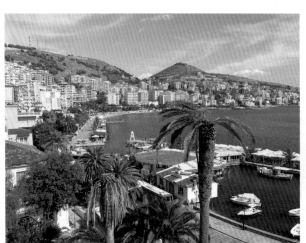

面向愛奧尼亞海的薩蘭達

港都薩蘭達面向美麗的愛奧尼亞海Deti Jon，是南阿爾巴尼亞的度假沙灘。阿爾巴尼亞的2處世界遺產——布特林特Butrint和吉諾卡斯特Gjirokastra，都可以從薩蘭達當天來回，還可以搭乘渡輪到希臘的克基拉島。這裡是可以讓人好好放鬆休息幾天的魅力城市。

◆◆◆◆◆◆◆◆◆◆◆◆◆ 漫遊薩蘭達 ◆◆◆◆◆◆◆◆◆◆◆◆◆

薩蘭達南側面對愛奧尼亞海，西側的渡輪碼頭和東側的Hotel Butrinti之間約1km的地區，可以說是觀光客的活動範圍。從岸邊往陸地走300m處是巴士總站，再往南直走，左邊就是5世紀時建造的猶太教堂遺址，❶也在此。這一帶是中世紀以來的舊城區，過去被城牆包圍，現在的城牆只有在岸邊的眺

如何前往薩蘭達

🚌 從地拉那出發，1日7班，所需時間約7小時，約1300Lek。從吉諾卡斯特出發，1日1班左右，所需時間約1小時30分，約300Lek。從雅典出發，1日2班，所需時間11小時，€20～。

🚢 從克基拉島（希臘）出發，1日1～3班，所需時間約30分，€19～23.80。

薩蘭達的❶
◆海岸步道
Map P.425-B
✉Promnade
🕐夏季　　8:00～16:00
　　　　　17:00～24:00
　冬季　　8:00～16:00
　　　　　17:00～23:00
🚫無休
◆猶太教堂遺址
Map P.425-A
✉Skënderbeu
☎(085) 225011
🕐夏季　　8:00～20:00
　冬季　　8:00～16:00
🚫週六・日

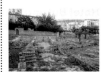

猶太教堂遺址

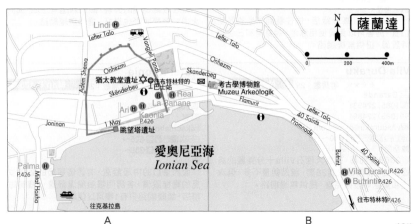

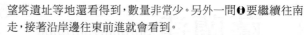

如何前往布特林特

從猶太教堂遺址旁的巴士站乘車。6:30~18:30每小時發車,所需時間約40分,100Lek。

望塔遺址等地還看得到,數量非常少。另外一間❶要繼續往南走,接著沿岸邊往東前進就會看到。

◆◆◆◆◆◆◆◆◆◆◆◆◆從薩蘭達出發的小旅行◆◆◆◆◆◆◆◆◆◆◆◆◆

布特林特 Butrint

布特林特是擁有悠久歷史的古城,在古羅馬詩人維吉爾Publius Vergilius Maro所寫的羅馬建國史詩《伊尼亞斯逃亡記Aeneid》中也曾經提到。傳說建國者是特洛伊王普里阿摩斯Priamus之子赫勒諾斯Helenus。伊尼亞斯在特洛伊陷落後,輾轉在地中海世界流浪,在抵達義大利之前來到了布特林特。

布特林特是在西元前4世紀開始出現在歷史中,作為醫學之神Asclepius的聖地,聚集許多來自古希臘世界的朝聖者。進入羅馬時代後,凱撒Gaius Julius Caesar和奧古斯都Imperator Caesar Divi F. Augustus等推動統治,許多退役軍人被送到此地,水道橋和公共浴場等公共設施也大多是建造於這個時期。除此之外,布特林特歷經拜占庭帝國、鄂圖曼帝國、威尼斯共和國等朝代統治,留下不少建築。山丘上有一座考古學博物館,展示這裡的出土文物。

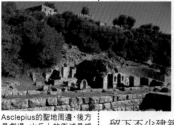

Asclepius的聖地周邊,後方是劇場,山丘上的衛城是威尼斯統治時期建造的城堡

Hotel 薩蘭達的住宿

從台灣撥打電話 002+355(阿爾巴尼亞國碼)+85(去除0的區域號碼)+電話號碼

身為南阿爾巴尼亞的觀光據點,薩蘭達的飯店很多,而且還有增加的趨勢。巴士總站可以看到很多飯店和私人房間的攬客業者。

Hotel Butrinti
★★★★★ 客房數:78　Map P.425-B
Sarandë
TEL (085) 25593
FAX (085) 25544
URL www.hotelbutrinti.com
mail hotelbutrinti.reservation@hotelbutrinti.com
S AC €70~90　W AC €80~100
CC A M V
●薩蘭達的最高級飯店,位在看到海岸的最佳位置。房客可以免費使用泳池、健身房和三溫暖等設備。提供無線網路。

Vila Duraku
★★★★ 客房數:29　Map P.425-B
Sarandë
TEL (085) 224931
FAX (085) 224891
mail viladuraku@gmail.com
S W AC €50~110
CC M V
●2008年開幕,白色大理石Villa十分美麗的高級飯店。客房數只有28間,雖然數量不多,但泳池和餐廳等設備完善。提供無線網路。

Hotel Palma
客房數:28　Map P.425-A
Mitat Hoxha
TEL&FAX (085) 222929
mail hotelpalma@gmail.com
S AC €25~30
W AC €40~50
CC V
●就在渡輪碼頭的旁邊,設備新還有泳池,面向大海的餐廳視野也很好。提供無線網路。

Hotel Kaonia
客房數:24　Map P.425-A
Lagjia 2
TEL (085) 222600
FAX 無
mail kaoniahotel@yahoo.com
S AC €25~
W AC €35~
CC M V
●面向港口的中級飯店,有這個等級的飯店少見的電梯設備。各房間都很簡潔舒適,1樓有咖啡店,無線網路只有1樓可以使用。

阿爾巴尼亞　旅行關鍵字

打招呼

早安	Mirë mengjes
你好	Mirë dita.
晚安（見面問候語）	Mirë mbrëma.
晚安	Natën e mire.
再見	Mirupafshim.

回答

是	Po.
不是	Jo.
謝謝	Faleminderit.
對不起	Me vejn keq.
不好意思（叫人）	Me Falni.
不知道	Nuk kuptoj.

實用單字

出發	nisja
抵達	mbërritja
男	burra
女	gra
開門	hapur
打烊	mbyllur
昨天	dje
今天	sot
明天	nesër
郵局	postë
銀行	banka

數字

1	një	2	dy
3	tre	4	katër
5	pesë	6	gjashtë
7	shtatë	8	tetë
9	nëntë	10	dhjetë
11	njembëdhjetë	12	dymbëdhjetë
13	trembëdhjetë	14	katërmbëdhjetë
15	pesëmbëdhjetë	16	gjashtëmbëdhjetë
17	shtatëmbëdhjetë	18	tetëmbëdhjetë
19	nëntëmbëdhjetë	20	njëzet
100	njëqind	1000	njëmijë

星期

週一	hënë	週二	martë
週三	merkurë	週四	enjtë
週五	premtë	週六	shtunë
週日	dielë		

月

1月	Janar	2月	Shkurt
3月	Mars	4月	Prill
5月	Maj	6月	Qershor
7月	Korrik	8月	Gusht
9月	Shtator	10月	Tetor
11月	Nëntor	12月	Dhjetor

詢問

這是什麼？	Çfarë është kjo?
（你）是誰？	Kush jeni ju?
（這裡）是哪裡？	Ku jemi këtu?
多少錢？	Sa kushton ajo?
我想要～	Unë dëshiroj ～.

這個用阿爾巴尼亞語要怎麼說？
　Si i thoni kësaj në shqip?
請寫下來
　Mund ta shkrash të Lutem？
～在哪裡？　Ku Janë ～？
請給我一張去～的車票
　Te lutem biletë për në ～.
到～多少錢？
　Sa kushton ～？
幾點（分）開車？
　Kur është nisja？
這附近有便宜的飯店嗎？
　A ka ndonje hotel me të lirë këtu afër？
這附近有好餐廳嗎？
　A ka ndonje restorant te mire ketu afër？
請結帳　Faturën të lutem.
請給我寄到台灣的郵票
　Pullë për në Tajvan të lutem.

糾紛、醫療

救命
　Ju lutem më ndihmoni!
警察　polici
醫院在哪裡　Ku është spitali.
～很痛　～ dhemb .
～被偷了
　Me kane vjedhur ～.

阿爾巴尼亞簡史

◆古代阿爾巴尼亞人與伊利里亞人

伊利里亞人Iliri被認為是現今阿爾巴尼亞人的祖先。伊利里亞人在西元前2000年就在包括阿爾巴尼亞的巴爾幹半島西部一帶生活，範圍北從現在的斯洛維尼亞、南到希臘的部分地區。

西元前8世紀左右，希臘人開始在這裡殖民，都拉斯Durrës和阿波羅尼亞Apollonia等城市，都起源於這個時期建立的希臘殖民城市。到了西元前3世紀初，羅馬的勢力擴張至此地，而成為羅馬的一省——伊利里亞Illyria。

◆中世紀阿爾巴尼亞與斯拉夫人的進入

當羅馬帝國在西元4世紀末東西分裂，阿爾巴尼亞被納為東羅馬帝國，也就是之後的拜占庭帝國的一部分。約6世紀開始，斯拉夫人開始進出巴爾幹半島，等同於伊利里亞人的阿爾巴尼亞人的生活範圍就僅限於半島西南部。中世紀的阿爾巴尼亞，歷經拜占庭帝國、保加利亞王國、塞爾維亞王國等巴爾幹半島當時強權國家的統治。

◆鄂圖曼土耳其帝國的統治和斯坎德培

鄂圖曼帝國是在14世紀末開始進入這個地區，到了15世紀初阿爾巴尼亞就完全成為鄂圖曼帝國的領土。但是因為斯坎德培Gjergj Kastrioti Skënderbeu的出現與活躍，阿爾巴尼亞曾經一度脫離鄂圖曼帝國統治，維持了37年的獨立地位。雖然之後又被鄂圖曼帝國統治，但是取得勝利並獲得獨立的斯坎德培，因此被尊崇為阿爾巴尼亞的民族英雄。結果鄂圖曼帝國持續約400年的統治，讓一向基督徒占多數的阿爾巴尼亞，轉變成伊斯蘭教徒占絕大多數的國家。

◆獨立與兩次大戰

第一次巴爾幹戰爭後，雖然實現了盼望已久的獨立願望，但是領土範圍卻遠不及當初的理想目標。第一次世界大戰爆發後，從德國迎來的國王個個早逝，失去領導者而時局混亂的阿爾巴尼亞，因而遭受鄰國入侵。巴黎和會Paris Peace Conference後雖然勉強維持獨立，政局卻持續不穩，1925年改行共和制，3年後，總統索古自命為索古一世Zogu I即位。索古一世為了社會安定，拉攏義大利簽訂許多條約，獲得不少援助，但在1939年被義大利合併，第二次世界大戰時被義大利用作為占領希臘的基

地。義大利戰敗投降後，又換德國找上門，1945年德國投降後，在蘇聯軍的支援下，阿爾巴尼亞獲得解放。

◆共產主義時期

共產主義時期在恩維爾·霍查Enver Hoxha的領導下，以成為史達林主義式的共產主義國家為目標。曾經是第二次世界大戰戰場而沒有發展重工業的阿爾巴尼亞，亟需經濟援助，但是在恩維爾·霍查對史達林主義過於執著的狀況下，反遭受到國際的孤立。鄰國的南斯拉夫在1946年退出共產黨和工人黨情報局後與阿爾巴尼亞斷交，而1961年對史達林進行批判後也與蘇聯對立，之後親近中國並受到文化大革命的影響，發表世界上第一次的無宗教國家宣言，禁止所有宗教活動，但是後來中國否定文化大革命的作為，改走開放路線開始，兩國又漸行漸遠。

◆民主化以後

恩維爾·霍查於1985年逝世後，政權由拉米茲·阿利雅Ramiz Alia接替。面對瀕臨經濟危機的阿爾巴尼亞，拉米茲·阿利雅希望在堅持共產黨一黨獨裁的政治體制下進行改革，但卻抵擋不住東歐各國改革的浪潮，1990年終於放棄一黨獨裁，實行民主體制。

因為轉移到資本主義經濟的劇烈變化，起初以為會順利，但在1997年因為多家老鼠會公司惡性倒閉造成國民財產高達1/3的損失，於各地引發暴動。

從一時混亂中復甦的阿爾巴尼亞經濟，之後總算步上正軌順利成長。另外，以加入歐盟為目標的阿爾巴尼亞，2006年6月簽訂安定及合作計畫架構，跨出加入歐盟的重要一步。

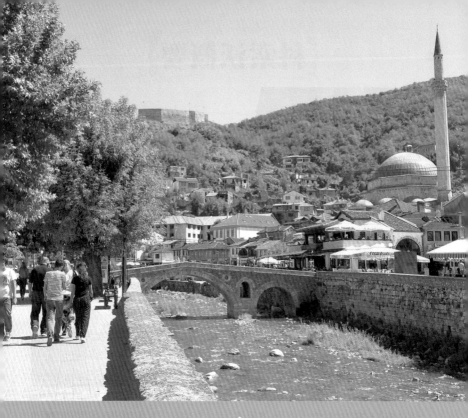

科索沃
● Kosovo ●

普里茲倫的舊城區

科索沃概要

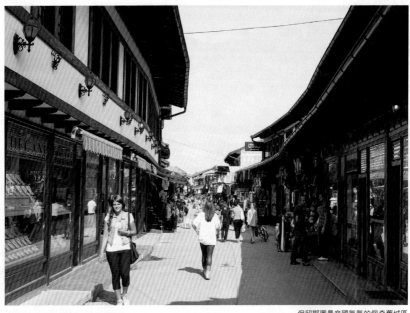

保留鄂圖曼帝國氣氛的佩奇舊城區

　　2008年宣布獨立的科索沃共和國是歐洲最年輕的國家。人口約180萬，面積約1萬1000km²，鄰接塞爾維亞、蒙特內哥羅、馬其頓和阿爾巴尼亞等國。雖然包含美國和日本在內有106國承認科索沃的獨立，但是也有許多國家像俄羅斯和西班牙等不

接受，塞爾維亞至今堅持科索沃屬於塞爾維亞共和國境內的「科索沃‧梅托希亞自治省Косово и Метохија」。

　　因為科索沃戰爭不斷，一向給人危險的印象，但現在漸漸復興，這個國家的文化遺產和大自然正一步步地吸引世界的目光。事實上，文化遺產可以說是讓科索沃問題變得更複雜的因素之一。科索沃是中世紀的塞爾維亞王國中心，登錄為世界遺產的4座修道院和教堂，對塞爾維亞人而言是好比自己的根一樣重要的文化遺產。此外，對阿爾巴尼亞人來說，這塊土地是600年來祖先生活傳承的場所，許多伊斯蘭建築正是他們長久生活的證明。

　　科索沃有著如此複雜而不容易解決的多重歷史背景，想要問問來訪的人們，何謂國家？何謂民族？

保留許多鄂圖曼帝國時期建築的普里茲倫舊城區

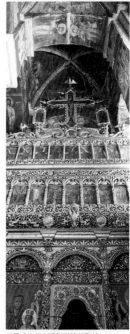

世界遺產德查尼修道院的聖幛

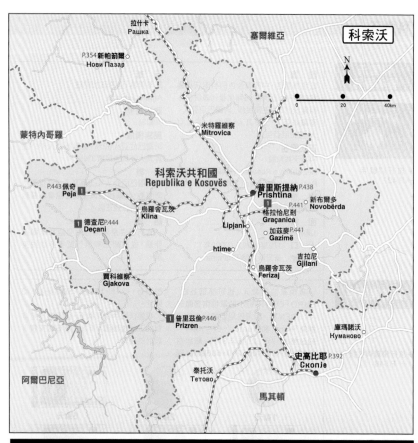

→P.441、444、447

UNESCO的世界遺產

1 科索沃的中世紀建築群
Monumentet Mesjetës në Kosovë

中世紀塞爾維亞王國時期的基督教教堂、修道院群，共4座教堂和修道院所構成。位在佩奇Peja（Peć）的佩奇總主教修道院Patriarkati i Pejës，是塞爾維亞正教總主教座所在的修道院。位在佩奇郊區德查尼Deçani的德查尼修道院Manastir Visoki Dečani是中世紀巴爾幹最大的修道院，教堂內的濕壁畫是巴列奧略王朝Palaiologos時期文的文藝復興傑作。普里斯提納Prishtina郊外的格拉恰尼剎修道院Manastiri i Graçaniës是擁有5個圓頂的拜占庭式建築。普里茲倫Prizren的Ljeviška聖母教堂Kisha Shenpremte Levishke，則是14世紀初建造的後拜占庭式建築。

Ljeviška聖母教堂在2004年的科索沃暴動中遭遇火災，目前只能參拜外觀。2007年時德查尼修道院被人投擲手榴彈，因為塞爾維亞和阿爾巴尼亞的持續對立，而被列為瀕危世界遺產。

※在聯合國教科文組織的世界遺產表裡，是以塞爾維亞的遺產登錄

現在由NATO的維和部隊負責警備，入場須出示護照。

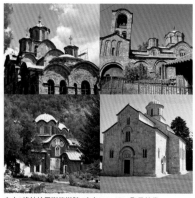

左上：格拉恰尼剎修道院　右上：Ljeviška聖母教堂
左下：佩奇總主教修道院　右下：德查尼修道院

科索沃基本資訊

▶旅行關鍵字
→ P.427

國 旗
底色為藍色，中間有金色的科索沃地圖和6顆白色五角星。6顆星星代表住在科索沃的6個主要民族（阿爾巴尼亞人、塞爾維亞人、土耳其人、羅姆人、古拉尼人、波士尼亞克人）

正式國名
科索沃共和國
Republika e Kosovës（阿爾巴尼亞語）
Република Косово（塞爾維亞語）

國 歌
Evropa（歐洲）

面 積
1萬908km²

人 口
179萬4000人（2008年）

首 都
普里斯提納 Prishtina

元 首
阿蒂費特·亞希雅加總統
Atifete Jahjaga

政治體制
共和制

民族構成
阿爾巴尼亞人92%、塞爾維亞人5%、土耳其人等其他民族3%。

宗 教
阿爾巴尼亞人和土耳其人大多信奉伊斯蘭教，塞爾維亞人主要是信奉基督教中的塞爾維亞正教。

語 言
官方語言是阿爾巴尼亞語和塞爾維亞語，從事觀光和旅行業者多數說英語。

貨幣與匯率

▶旅行預算與金錢
→ P.548

貨幣單位是歐元（也可簡稱為E、EURO、EUR），較小的單位則是歐分（¢、CENT），阿爾巴尼亞語的念法分別為「euro」和「tunto」。€1＝100¢＝約台幣36.7元（2015年8月）。紙鈔有5、10、20、50、100、200、500歐元，硬幣則有1、2、5、10、20、50歐分和1、2歐元。

科索沃國內採用歐元，但因為不是歐盟的正式加盟國，所以並沒有國家獨自設計的硬幣。

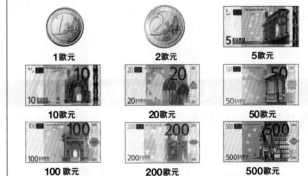

1歐元　2歐元　5歐元
10歐元　20歐元　50歐元
100 歐元　200歐元　500歐元
1歐分　2歐分　5 歐分　10歐分　20歐分　50歐分

如何撥打電話

▶郵政與電話
→ P.556

從台灣撥往科索沃　例 撥往普里斯提納(038)123456時

| 國際電話識別碼 002 | ＋ | 科索沃國碼 381※ | ＋ | 區域號碼（去掉前面的0） 38 | ＋ | 對方的電話號碼 123456 |

※撥打行動電話時的國碼為377或386

◆綜合資訊

簽證

科索沃給予台灣90天內免簽待遇，但必須事先向科索沃駐外使館（請至科國外交部網站ＵＲＬwww.mfa-ks.net查詢）通報入境事宜（通報文件請至此處下載ＵＲＬwww.boca.gov.tw/public/Attachment/312201315371.doc），填妥通報文件內的個人資料，並附上當地住宿證明或足以證明訪問目的（如來回機票或邀請函等）文件影本。建議完成通報申請後，致電至科索沃外交部（ＴＥＬ＋381-38-20011101）告知申請人姓名，確認科索沃收到通報無誤。出發時隨身攜帶通報文件影本，以備登機前或入境時查驗。

護照 護照的有效期限最好在6個月以上。

出入境
▶東歐國家出入境
→ P.552

目前台灣沒有直飛科索沃的航班。必須先飛往周邊國家再轉機前往。可以從台灣先飛往維也納和伊斯坦堡，再轉乘前往里拉斯提納的航班。從周邊各國到科索沃1小時30分～3小時。

從台灣出發的飛行時間
▶從台灣前往東歐的交通
→ P.551

飛機

除了從土耳其的伊斯坦堡、奧地利的維也納出發外，德國的柏林、斯圖加特、慕尼黑，瑞士的日內瓦、巴塞爾，義大利的維洛納、威尼斯等西歐主要城市都有廉價航空的航班。

鐵路

從馬其頓的史高比耶Скопje到普里斯提納Prishtina有火車運行。但是在史高比耶買不到直達普里斯提納的車票，要先買到邊境的車票，到了科索沃再另外買前往普里斯提納的車票。

巴士

從馬其頓的史高比耶、阿爾巴尼亞的地拉那Tiranë、蒙特內哥羅的波德戈里察Podgorica都有巴士行駛。從塞爾維亞的貝爾格勒Београд和新帕扎爾Нови Пазар雖然也有巴士，但是在邊境關口附近被捲入糾紛的可能，建議避免走陸路入國。

從周邊各國出發的交通

▶當地交通
→ P.553

從鄰近各國出發的主要直達火車
史高比耶（馬其頓）～普里斯提納	每日1班	所需時間3小時

從鄰近各國出發的主要長途巴士
地拉那（阿爾巴尼亞）～普里斯提納	每日5班	所需時間4～5小時
地拉那（阿爾巴尼亞）～佩奇	每日1班	所需時間5小時
地拉那（阿爾巴尼亞）～普里茲倫	每日1班	所需時間3小時
史高比耶（馬其頓）～普里斯提納	每日16班	所需時間2小時30分
波德戈里察（蒙特內哥）～普里斯提納	每日2班	所需時間8小時
波德戈里察（蒙特內哥）～佩奇	每日3班	所需時間6小時

與台灣時差為7小時，只要將台灣時間減去7小時就可以。換言之，台灣6:00時，科索沃則是前一天的晚上23:00。夏令時間的話，時差則變為6小時。

夏令時間的實施期間，從3月最後一個週日的AM2:00（＝AM3:00）～10月最後一個週日的AM3:00（＝AM2:00）。

時差和夏令時間

從科索沃撥往台灣　例 撥往 (02)1234-5678時

國際電話識別碼		台灣國碼		去除區域號碼最前面的0		對方的電話號碼
00	+	**886**	+	**2**	+	**1234-5678**

▶科索沃國內通話　市內電話不需要撥打區域號碼，市外電話要從區域號碼開始撥打。
▶如何撥打公共電話
①拿起聽筒
②將電話卡依照卡片上的箭頭方向插入
③撥打對方的號碼
④電話卡的餘額會顯示在電話的螢幕上，結束通話後放下聽筒，取出電話卡

營業時間

以下是店家一般的營業時間。

銀　行
週一～五9:00～16:30、週六9:00～14:30，週日普遍休息。ATM 24小時營業。

百貨公司和商店
一般商店9:00～20:00，週六・日營業的店家也很多。

餐廳
開店時間介於8:00～12:00之間，多在深夜打烊。

氣　候

科索沃南北氣候差異大，北部為大陸型氣候、南部為地中海型氣候。北部夏季炎熱，冬季卻非常寒冷，一整年氣溫變化劇烈。南部夏季乾燥，冬季則會大量降雪。旅行最佳季節是5～9月。

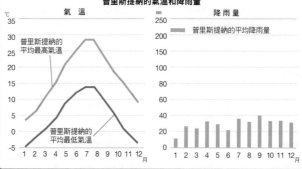

普里斯提納的氣溫和降雨量

節日
（主要節日）

每年會異動的節日以（※）標示，要注意。

1/1		元旦
1/2		新年假期
1/7		耶誕節（塞爾維亞正教）
2/17		獨立紀念日
4/9		憲法紀念日
4/5（'15)	※	復活節（天主教）
4/12（'15)	※	復活節（塞爾維亞正教）
5/1		勞動節
5/9		歐洲日
7/17（'15)	※	開齋節
9/23（'15)	※	古爾邦節（宰牲節）
12/25		耶誕節

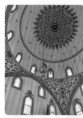

電壓與插頭

電壓為230V，頻率50Hz，插頭以雙頭的C型和SE為主流。要在當地使用台灣的電器產品，需要攜帶變壓器和轉接插頭。

播放規格

DVD
科索沃的電視和錄影規格為PAL，台灣、日本或是美國則屬於NTSC，兩者並不相同，在當地購買的錄影帶或是DVD，通常無法用台灣的電器播放。而科索沃的DVD區碼Region Code為2，也與台灣不同（台灣為3），因此也無法使用一般家用DVD播放器觀賞。

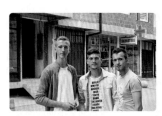

小費

計程車
　基本上不需要。
餐廳
　對服務滿意時可以給金額的10%。
廁所
　有人看管的大多要收費，男廁標示burrat、女廁gratë。

飲用水

不要直接飲用自來水。500mℓ礦泉水可以在超市或小賣店買得到，一瓶約€0.22。

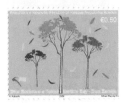

郵政

　一般營業時間為平日8:00～21:00、週六9:00～16:00，週日休息。
郵資
　寄往台灣的航空郵件大約5～10天即可寄達，明信片、20g以下的信件€1.50。

▶郵政與電話
→ P.556

稅金

科索沃的絕大多數商品會課徵16%的TVSH附加價值稅，無退稅制度。

安全與糾紛

民族對立
　自從1999年的科索沃戰爭結束後，科索沃境內的大多數塞爾維亞人都到塞爾維亞共和國避難，但是科索沃目前還是有約占總人口5%的塞爾維亞人居住，對立依舊持續。1月7日的塞爾維亞正教耶誕節、在科索沃戰爭發生地點科索沃波爾耶Fushë Kosovë舉行紀念集會的6月28日等民族宗教紀念日，發生衝突的可能性尤其高，這個時期建議避免到教堂和集會地點周邊。

一般犯罪
　扒手和強盜等犯罪事件時常發生，特別是在首都普里斯提納Prishtina問題非常嚴重。東方面孔很容易被當成下手的目標，務必小心自身物品。另外，夜晚不要走在人煙稀少的暗巷，儘量走在明亮的大路或搭乘計程車。
　科索沃沒有設置台灣代表處，而是由駐匈牙利代表處兼管，護照遺失等情況需要花費更多時間，所以務必小心攜帶貴重物品，並準備分護照號碼和信用卡卡號。

入境時的外幣申報
　如果攜帶1萬US$以上的現金入境科索沃，必須經過外幣申報手續。

外交部國外旅遊警示
　目前科索沃屬於灰色警示的提醒注意區域，搭乘大眾運輸工具及出入公共場所應提高警覺，注意自身安全。

▶旅行糾紛與安全對策
→ P.560

警察 92
消防 93
急救 94

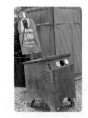

年齡限制
未滿18歲禁止吸菸，但是飲酒並沒有特別的年齡限制。

度量衡
和台灣相同，距離以公尺，重量以公克、公斤，液體以公升計算。

435

國內的移動方式

鐵路

由科索沃國營的鐵路公司Hekurudhat e Kosovës Sh.A營運。國內路線有連結普里斯提納Prishtina和佩奇Peja的路線，1日2班。比起巴士，不僅時間長也不舒適，民眾普遍不愛搭乘，但是作為旅程的回憶也是不錯的。

科索沃鐵路
URL www.kosovorailway.com

巴士

巴士是科索沃最普遍的交通方式，有多家業者營運，同一條路線也有多家公司競爭。各城市巴士總站雖然都有張貼時刻表，但部分城市沒有更新。特別注意巴士通常在週六‧日減班，尤其是週日很多路線停駛。巴士總站的時刻表沒有標示週六‧日的行駛狀況，想知道最新版本最好向巴士總站的詢問處洽詢。

巴士車票可以在巴士總站內的售票處購買，但是近郊路線的巴士，有些是上車才購票，依狀況而異。

另外，人氣長途路線或前

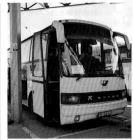
普里斯提納的巴士總站

往阿爾巴尼亞的國際路線，也可以搭乘迷你巴士或共乘計程車。搭乘迷你巴士和共乘計程車並非在巴士總站乘車，乘車地點大多在巴士總站周邊，費用和巴士差不多。

飛機

科索沃沒有國內線飛機。

計程車

科索沃的計程車可以分成照表收費和非照表收費2種。照表計費起跳價為€1.50，每1km加€1.60，等待1小時收費€5是市場行情，可以當作搭乘無跳表計程車時的議價參考。一般在巴士總站周邊待客的計程車喊價較高，出巴士總站多走幾步攔車比較

不會被坑錢。直接打電話叫車是更保險的方法，但是如果是從飯店出發，還可以請櫃台協助叫車，如果自己打電話會有語言不通的問題，心有餘而力不足。

住宿

科索沃近年來有許多飯店相繼開幕，住宿選擇也更廣。

◆高級飯店
單人房1晚€120～，有完善的健身房、土耳其或芬蘭式浴場等等，擁有和他國5星飯店相比毫不遜色的設備和功能。但希爾頓和喜來登等國際連鎖高級飯店尚未進駐。

◆中級飯店
單人房1晚€40～，各家設備不盡相同，雖有好壞差異，但大部分都提供有線電視、空調和無線網路等設備，還附設餐廳。多數有舒適的住宿環境，櫃台人員雖然有程度上的差異，但多少會說英語。

◆民宿
單人房1晚大約€25左右，一般家庭提供住家一部分作為住宿的形式較少見，比較

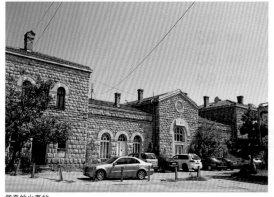
佩奇的火車站

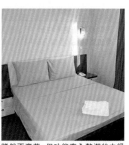
雖然不豪華，但功能齊全整潔的中級飯店

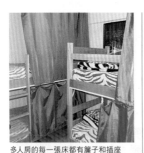

多人房的每一張床都有簾子和插座

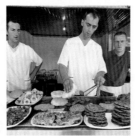

Qebabi和Pleskavicë是經典速食

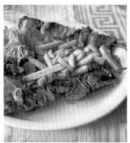

經典飲料Ayran

像是房數少的小旅館。

◆青年旅館

多人房一晚大約€10左右，主要是開設在公寓之中。這些青年旅館幾乎都是新開幕，設備新穎，多數提供上鎖置物櫃和個人插座。

用餐

科索沃料理和巴爾幹各國相同受到土耳其料理很大的影響，與塞爾維亞、阿爾巴尼亞共通點也很多，可以說是結合了兩者的優點。因為聚集各種國際機構的職員，很多本地餐廳也有提供牛排等一般西餐。當然，提供義大利料理等的西洋餐廳也很多。

◆肉類料理

以串燒最受歡迎，包括羊肉串燒Shish Qebap和

土耳其烤肉Qebabi、塞爾維亞和馬其頓的經典速食Pleskavicë等等。

◆海鮮料理

雖然科索沃不面海，但很多餐廳都有提供阿爾巴尼亞和義大利進口的海鮮。科索沃國內捕撈的鱒魚也很有人氣，燒烤和油炸是普遍作法。

◆飲料

酒類方面，用果實釀造的蒸餾酒Rakiya、葡萄酒和

啤酒等為普遍。無酒精類飲料以加鹽的優酪乳Ayran最常見，是肉類和土耳其春捲Börek的最佳良伴。

資訊收集

◆遊客中心

本書介紹的普里斯提納、佩奇和普里茲倫Prizren在市中心都有❶，目前資訊量不是非常多，但是工作人員都會說英語，也可以回答基本的問題。除了❶之外，大多數的飯店都會提供簡單的觀光地圖或免費英語導覽手冊，可以試著索取。

羊肉串燒Shish Qebap

實用資訊

【駐外館處】
科索沃沒有台灣的駐外代表處，而是由駐匈牙利代表處兼管。(→P.177)

【航空公司】

●土耳其航空
✉Fehmi Agani Str. No.32,
Center, 10000 Prishtina
☏(038) 240600
🌐www.turkishairlines.com
🕐9:00～17:00　🈺週六・日

●奧地利航空
☏(05) 17661061(國碼 43)
🕐7:00～19:00　🈺無休
🌐www.austrian.com

普里斯提納

◆普里斯提納國際機場
TEL0501-5021212
URLwww.airportpristina.com

普里斯提納的巴士總站

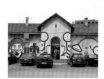

普里斯提納的火車站

普里斯提納的❶
◆Tourist Information Office
Prishtina
Map P.439-B2
✉Bul. Nëna Terezë
TEL044-814005
（行動電話 國碼377）
圃週一〜五　8:00〜19:00
　週日　　　8:00〜14:00
困無休
市內地圖€0.50

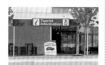

遊客中心

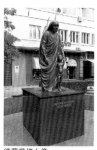

德蕾莎修女像

普里斯提納 *Prishtina* (Priština)

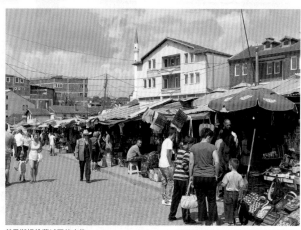

普里斯提納舊城區的市集

　科索沃共和國的首都普里斯提納，是人口約60萬的國內最大城，鄂圖曼帝國時期的伊斯蘭建築、社會主義時期的特殊造型巨大建築、平凡的現代建築奇妙地融合在一起，構成獨特的氛圍。雖然20世紀末的科索沃戰爭讓世人印象深刻，近年來經濟漸漸復甦，戰爭時的記憶幾乎已經淡薄。不妨來到這個揮別戰爭，走出新一步的活力城市走走吧。

抵達普里斯提納後前往市區

●普里斯提納國際機場 *Aeroporti Ndërkombëtar i Prishtinës*
　普里斯提納國際機場位在普里斯提納市區往西南約15km處。

◆如何從機場前往市區◆
　從機場到市區沒有大眾交通，只能搭乘計程車。搭乘機場的計程車車資€15〜20。多數飯店提供接送服務，費用約€12〜15。

◆◆◆◆◆◆◆◆◆◆ 漫遊普里斯提納 ◆◆◆◆◆◆◆◆◆◆

　巴士總站位在市區西南方，距離市中心約2km。計程車開進巴士總站要收取入場費，所以在巴士總站搭計程車就需要多支付費用，到市中心車資約€5。如果不想多花錢，就走出

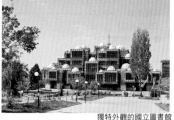

獨特外觀的國立圖書館

巴士總站攔車比較好，到市中心約€2〜3。火車站位在市中心

西方1km處。

德蕾莎修女大道Bul. Nëna Terezë是市中心，規劃為行人徒步區，❶位在道路南端的Grand Hotel Prishtina北側。

沿著德蕾莎修女大道往北走就是舊城區，在成為現代都市的普里斯提納，這裡是可以看到鄂圖曼帝國時期建築的觀光重心。

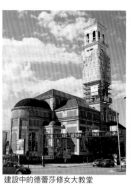
建設中的德蕾莎修女大教堂

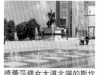
德蕾莎修女大道北端的斯坎德培像

社會主義時期建造的青年文化體育宮

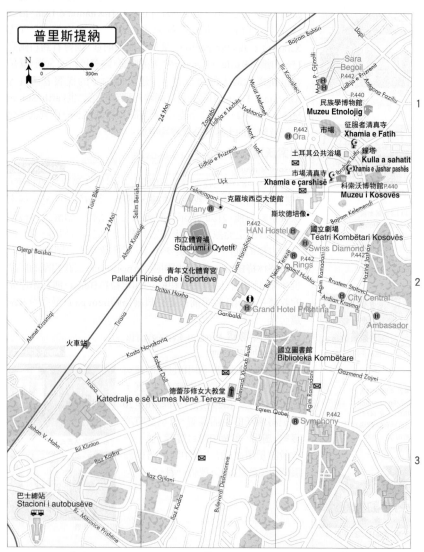
普里斯提納

N 0 300m

民族學博物館 Muzeu Etnolojig
征服者清真寺 Xhamia e Fatih
市場
土耳其公共浴場
鐘塔 Kulla a sahatit
市場清真寺 Xhamia e çarshisë
Xhamia e Jashar pashës
科索沃博物館 Muzeu i Kosovës
克羅埃西亞大使館
Tiffany
斯坎德培像
HAN Hostel
國立劇場 Teatri Kombëtari Kosovës
Swiss Diamond
市立體育場 Stadiumi i Qytetit
青年文化體育宮 Pallati i Rinisë dhe i Sporteve
Rings
City Central
Grand Hotel Prishtina
Ambasador
火車站
國立圖書館 Biblioteka Kombëtare
德蕾莎修女大教堂 Katedralja e së Lumes Nënë Tereza
Symphony
巴士總站 Stacioni i autobusëve
Sara Begoil
Ora
P.442 P.440

A B C

439

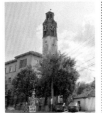
19世紀建造的鐘塔

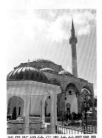
普里斯提納代表性的鄂圖曼建築，征服者清真寺

征服者清真寺內部

◆科索沃博物館
✉Juljfet Humoli
☎044-508055
（行動電話 國碼377）
🕐11:00～18:00
休週一 費免費

創建於19世紀末的軍事建築

◆民族學博物館
✉Zija Prishtina
☎044-264471
（行動電話 國碼377）
🕐10:00～18:00
休週一
費€2.5

用傳統建築樣式建造的宅邸

◆◆◆◆◆◆◆◆◆◆普里斯提納的主要景點◆◆◆◆◆◆◆◆◆◆

普里斯提納舊城區 Pjesa e vjetër e qytetit

Old town of Prishtina | MapP.439-C1

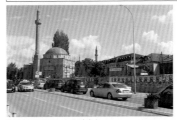
舊城區入口的Carshise清真寺

沿著德蕾莎修女大道往北走就是普里斯提納舊城區的入口，那裡有一座市場清真寺Xhamia e çarshisë，是由參與1389年科索沃戰爭的鄂圖曼帝國蘇丹穆拉德一世I. Murad（1326～1389）所建。

çarshisë指的是市場，這座清真寺也被稱作Xhamia e Tash。沿著清真寺旁道路往東北走就會看到科索沃博物館、清真寺Xhamia e Jashar pashës，接著再繼續前進，則會看到右側高15m的鐘塔Kulla a sahatit聳立在眼前。隔著馬路的左側，就是普里斯提納最大的清真寺——建於1461年的征服者清真寺Xhamia e Fatih，由鄂圖曼帝國蘇丹穆罕默德二世Fatih Sultan Mehmet（1432～1481）所建，清真寺圓頂長達15.5m，南側就是14世紀時建造的土耳其公共浴場遺址。

科索沃博物館 Muzeu i Kosovës

Kosovo Museum | MapP.439-C1

舊城區中的黃色建築讓人印象深刻，科索沃最大的博物館，2樓展示考古學和宗教藝術相關，3樓展示關於20世紀末科索沃戰爭的種種。2樓的展示有阿爾巴尼亞語和英語解說，3樓則只有阿爾巴尼亞語。考古學和宗教藝術的展示很值得一看，但是考古學的展品並非科索沃出土，而多數是來自阿爾巴尼亞的布特林特Butrint和阿波羅尼亞Apollonia，宗教相關的展品也多來自阿爾巴尼亞的費利Fieri和培拉特Berat。博物館原先的收藏在科索沃戰爭前被運往貝爾格勒Београд，至今尚未歸還。

民族學博物館 Muzeu Etnografik

Ethnographic Museum | MapP.439-C1

位在舊城區北側，利用18世紀的建築開設的博物館，四周有圍牆包圍。展示品放在主建物和2間別館，介紹16至20世紀科索沃的生活樣貌，重現當時的寢室、廚房、客廳和陽台等等，並一一解說該房用途。展示櫃中陳列著民族服裝和民藝品等等，值得一看。

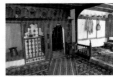
了解傳統生活方式

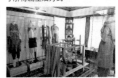
展示民族服飾

◆◆◆◆◆◆◆◆從普里斯提納出發的小旅行◆◆◆◆◆◆◆◆

加茲麥斯塔那紀念碑 Gazimestan

1389年爆發的科索沃戰爭，是一場改變了巴爾幹半島命運的著名戰爭。蘇丹穆拉德一世率領的鄂圖曼帝國軍隊，和以塞爾維亞為首的基督教聯軍展開激烈對戰，激戰當中穆拉德一世遭暗殺，但是鄂圖曼帝國最終取得勝利，持續往後500年的統治地位。這場戰爭的地點就在這裡，1953年的南斯拉夫時期為了紀念戰爭而建造這座紀念碑，碑頂放置記載戰時軍隊配置圖的石版。

從紀念碑往西走約2km，就是穆拉德一世陵墓Tyrbja e Gazimestanit，代代傳承超過500年的陵墓管理員堅守崗位，家族氏名Turbedar在土耳其語中就是「守墓人」之意。腹地中的房屋過去是管理員一家居住的地方，現在成為博物館展示穆拉德一世的相關物品。順帶一提，穆拉德一世的陵墓在當時鄂圖曼帝國首都的布爾薩Bursa也有一座。建造2座陵墓的原因是為了延緩遺體的腐壞，紀念碑附近的陵墓放置的是從遺體中取出的內臟，遺體則是運送到布爾薩。

格拉恰尼剎修道院 Manastiri i Graçanicës

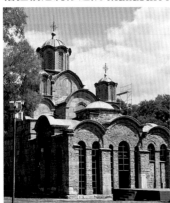

擁有5座圓頂的修道院

位在普里斯提納往東約10km處的塞爾維亞村中。1321年由斯特凡·烏羅什二世Краљ Стефан Урош II Милутин所建。烏羅什二世因為與拜占庭帝國的公主結婚，為此地帶來拜占庭文化影響，格拉恰尼剎修道院就是拜占庭樣式建築，內部的濕壁畫描繪聖經題材、聖人生涯還有尼曼雅王朝Немањићи的皇室家譜。

大理石洞窟 Shpella e Gadimes

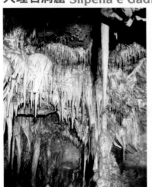

布滿洞窟的鐘乳石

這裡是1969年發現的鐘乳石洞穴，全長1500m，其中的500m開放一般民眾參觀。參觀由導覽人員帶領，並用阿爾巴尼亞語和英語解說，全程約40分鐘。可以看到各型各狀的鐘乳石、石筍和石柱，依照各個形狀命名為德蕾莎修女、羅密歐與茱麗葉、鋼琴等等。

如何前往 加茲麥斯塔那紀念碑

🚌從普里斯提納搭乘往米特羅維察Mitrovica方向的巴士在中途下車，所需時間約20分，€0.50。

◆加茲麥斯塔那紀念碑
🕐8:00～24:00
❌無休 💰免費
※入場須出示護照

科索沃戰爭紀念碑

如何前往 穆拉德一世陵墓

從加茲麥斯塔那紀念碑往米特羅維察方向約2km，看到Nissan招牌的路口左轉直走。

◆穆拉德一世陵墓
🕐8:00～18:00
❌無休 💰免費

穆拉德一世棺木

如何前往 格拉恰尼剎修道院

🚌從普里斯提納往吉拉尼Gjilani方向的巴士，約20分1班。在格拉恰尼剎Graçanica中途下車，所需時間約20分，€0.50。

◆格拉恰尼剎修道院
📞049-776069
（行動電話 國碼386）
🕐6:00～20:00
❌無休 💰免費
※入場須出示護照

世 界 遺 產

科索沃的中世紀建築群
Monumentet e Mesjetës në Kosovë 2004年登錄

如何前往 大理石洞窟

🚌從普里斯提納往加茲麥Gazimë方向的巴士1日13班，車程約30分，€1。

◆大理石洞窟
📞044-285941
（行動電話 國碼377）
🕐10:00～20:00
❌無休 💰€2.50

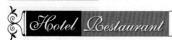

普里斯提納的住宿&餐廳

從台灣撥打電話 002＋381（科索沃國碼）＋38（去除0的區域號碼）＋電話號碼

普里斯提納的住宿設施有漸漸增加的趨勢，整體來說新開幕的很多，從高級飯店到青年旅館都有。

Swiss Diamond Hotel

★★★★★　客房數：140
Map P.439-C2

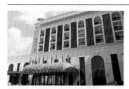

2011年12月開幕，位於德蕾莎修女大道Bul. Nëna Terezë上的普里斯提納最高級飯店。廣達1200m²的健身中心中有室內泳池和各種類型的三溫暖設備。

✉ Sheshi Nëna Terezë p.n.
☎ (038) 220000　FAX (038) 250000
URL www.swissdiamondhotelprishtina.com
email info@swissdiamondhotelprishtina.com
Ⓢ Ⓐ/Ⓒ 🛁📶🔽🖥 €129
Ⓦ Ⓐ/Ⓒ 🛁📶🔽🖥 €149
CC Ⓐ Ⓓ Ⓜ Ⓥ

Hotel Begolli

★★★★　客房數：30
Map P.439-C1

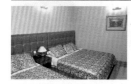

位在舊城區北端，1943年創業歷史悠久的飯店，經過多次翻新環境舒適。有電梯，工作人員也很親切，機場接送費用€12。提供免費無線網路。

✉ Rr. Maliq Pashë Gjinolli 8
☎ (038) 244277　FAX 無
URL www.hotelbegolli.com
email hotelbegolli@gmail.com
Ⓢ Ⓐ/Ⓒ 🛁🔽🖥 €40　Ⓦ Ⓐ/Ⓒ 🛁🔽🖥 €50
CC Ⓐ Ⓓ Ⓜ Ⓥ

Hotel Ora

客房數：35
Map P.439-C1

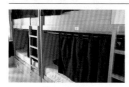

位在市中心較隱密的地方，環境寧靜。附設餐廳，客房有電視、空調和冰箱，提供免費無線網路。機場接送費用€15。

✉ Rr. Anton Zako Çajupi 4
☎&FAX (038) 233709
URL www.hotelora.eu
email info@hotelora.eu
Ⓢ Ⓐ/Ⓒ 🛁🔽🖥 €40
Ⓦ Ⓐ/Ⓒ 🛁🔽🖥 €50
CC Ⓐ Ⓜ Ⓥ

HAN Hostel

客房數：14床
Map P.439-C2

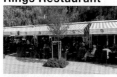

德蕾莎修女大道上的公寓4樓，多人房為男女共用，有一間6床房和一間8床房。提供免費毛巾、寢具和無線網路。機場接送費用€15。

✉ Fehmi Agani 2/4
☎ 044-760792（行動電話 國碼377）
FAX 無
URL www.hostelhan.com
email info@hostelhan.com
🔽🖥 €10～12
CC 不可

Rings Restaurant

Map P.439-C2

位於德蕾莎修女大道上，戶外座位很受歡迎。除了牛排、義大利麵和燉飯，還有三明治等輕食類。主餐€3.50～12.80。

✉ Sheshi Nëna Terezë 16
☎ (038) 712712
URL www.restaurantrings.com
🕐 7:00～24:00
🏠 無休
CC Ⓐ Ⓓ Ⓜ Ⓥ

Symphony

Map P.439-C3

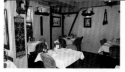

可以品嚐到科索沃的鄉土料理。前菜的瑪芬和脆棒沾醬、沙拉組合€5，主餐€3.50～12。老闆是科索沃交響樂團的團員。

✉ Ulpian C7
☎ (038) 548271
URL www.codexsymphony.com
🕐 7:30～24:00
🏠 無休
CC Ⓜ Ⓥ

佩奇 *Peja (Peć)*

★佩奇
普里斯提納

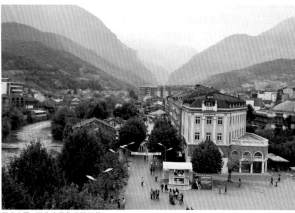

佩奇市區，西北方是魯戈瓦河谷

如何前往佩奇

從普里斯提納出發，1小時1～3班，所需時間約小時30分 €5。從普里茲倫出發，1日7班，所需時間約2小時，€3。從地拉那Tiranë（阿爾巴尼亞）出發，1日1班，所需時間5小時，€12。

從普里斯提納出發，1日2班，所需時間2小時，€3。

阿爾巴尼亞語為Peja、塞爾維亞語則是Peć。雖然阿爾巴尼亞人占人口大部分，但卻是塞爾維亞正教總主教座的所在地，市郊有佩奇總主教修道院Patriarkati i Pejës，郊外還有被列為世界遺產的德查尼修道院Manastir Visoki Dečani。雖然大家都把目光聚集在世界遺產，但周圍大自然也非常美麗，西北方的魯戈瓦河谷Gryka e Rugovës是科索沃著名的自然觀光景點，擁有高人氣。

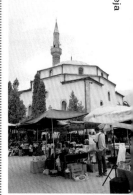

佩奇代表性的清真寺
Bajrakli Xhamia

◆◆◆◆◆◆◆◆◆◆ 漫遊佩奇 ◆◆◆◆◆◆◆◆◆

巴士總站和火車站都在市區東側，從巴士總站沿著提烏塔女王大道Mbretresha Teute往南走約20分，便抵達河岸的殉教

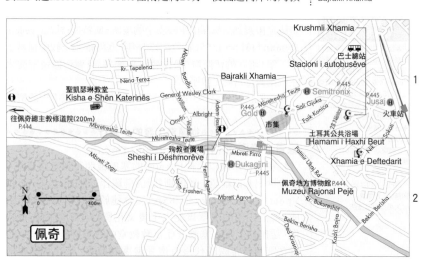

Krushmli Xhamia

巴士總站
Stacioni i autobusëve

Bajrakli Xhamia

聖凱瑟琳教堂
Kisha e Shën Katerinës

往佩奇總主教修道院(200m)
P.444

殉教者廣場
Sheshi i Dëshmorëve

Semitronix

Jusaj

火車站

土耳其公共浴場
Hamami i Haxhi Beut

Xhamia e Deftedarit

佩奇地方博物館 P.444
Muzeu Rajonal Pejë

佩奇

N
0   400m

A   B

443

佩奇的❶

◆Tourist Information Office
Peja

殉教者廣場
Map P.443-B1

✉Sheshi i Dëshmorëve
🕐8:00～16:00　休週六・日
即使是在營業時間內，很多
時候是沒有開的。

城市西端
Map P.443-A1

✉Lekë Dukagjini nn
☎044-252247
（行動電話 國碼377）
🕐8:00～19:30　休無休
自行車租借1小時€1，1日€6。

◆**佩奇地方博物館**

✉Sheshi Haxhi Zeka
☎(039)431976
🕐8:00～12:00、
　13:00～16:00
休週六・日　費€1

展示民俗學相關文物

◆**佩奇總主教修道院**

✉Lekë Dukagjini nn
🕐11:00～16:00
休無休　費免費
※入場須出示護照

世 界 遺 產

科索沃的中世紀建築群
Monumentet e Mesjetës
në Kosovë　2004年登錄

如何前往
德查尼修道院

🚌從佩奇有很多班往賈科
維察Gjakova的巴士，所需時
間約30分，€1。中途在德查尼
Deçani下車，從市中心的圓環
往西的Sali Çeku大道前進約
200m，走到底的三岔路口右
轉，再往前進1.5km處。

◆**德查尼修道院**
☎049-776254
（行動電話 國碼386）
🕐週一～六10:30～14:00、
　　15:30～17:30
　週日　10:30～17:30
休無休　費免費
※入場須出示護照

者廣場Sheshi i Dëshmorëve。這一帶屬於市中心，四周有最高級的飯店Dukagjini Hotel和❶。從廣場沿河岸往東走就是佩奇地方博物館，斜對面的步道是保留古城風貌的市集。通過步道看到的是1471年創建的清真寺Bajrakli Xhamia，四周有許多攤販。這一區是保留鄂圖曼帝國時期氛圍的舊城區，清真寺南側是土耳其公共浴場Hamami i Haxhi Beut。

佩奇有2處❶，另一處位於從殉教者廣場沿河邊往西走2km處，這裡提供自行車租借，可以享受西邊魯戈瓦河谷Gryka e Rugovës的自行車樂趣。工作人員會說英語，對近郊資訊非常熟悉。從❶再往西走約200m就會看到列入世界遺產的佩奇總主教修道院。

◆◆◆◆◆◆◆◆◆◆◆◆◆**佩奇的主要景點**◆◆◆◆◆◆◆◆◆◆◆◆◆

佩奇地方博物館 Muzeu Rajonal Pejë

Regional Museum Peja	MapP.443-B2

利用18世紀末宅邸改建，展示這個地區的民族服飾、裝飾品、樂器和日用品等民俗學相關文物。1樓展示的是羅馬時期的墓石等考古學相關品，但數量不多。

佩奇總主教修道院 Patriarkati i Pejës

Patriarchate of Peja	MapP.443-A1外

位在城市西端，聳立在魯戈瓦河谷入口的塞爾維亞正教修道院。創建時間不明，但在13世紀中葉因為主教座所在的Žiča修道院Манастир Жича（→P.352）受到保加利亞王國的威脅，於

紅色外觀令人印象深刻

是決定搬遷到這個深山中較安全的場所。斯特凡・杜尚Стефан Душан（1308～1355）在位的1346年，塞爾維亞正教會從君士坦丁堡（現在的伊斯坦堡）的總主教廳獨立，佩奇修道院從大主教座升格為總主教座。

修道院內的教堂由3座教堂構成，最古老的是正中央的聖使徒教堂。

◆◆◆◆◆◆◆◆◆◆◆**從佩奇出發的小旅行**◆◆◆◆◆◆◆◆◆◆◆

德查尼修道院 Manastir Visoki Dečani

位在佩奇市區以南約15km處的塞爾維亞正教堂修道院。由中世紀塞爾維亞王國的斯特凡・烏羅什三世Краљ Стефан Урош III Дечански（1285～1331）建於1327年，耗費8年完成，據說內部的濕壁畫是完工後又花費15年的時間描繪製作。這座修道院在塞爾維亞正教教堂中的規模是最大的，並且在鄂圖曼帝國時代沒有遭受嚴重的掠奪，保存狀態非常

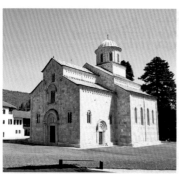

教堂使用不同顏色的大理石建造而成

好。拜占庭式、羅馬式和初期哥德式融合的建築風格，與斯圖德尼察修道院Манастир Студеница（→P.352）相同，擁有東正教教堂少見的雕刻裝飾。內部的濕壁畫超過1000件，是中世紀最多的。

聖幛附近用紅布覆蓋的棺木是創立者烏羅什三世，據說他的遺體有治療病痛的力量，每週四晚上19:00舉行開棺蓋儀式，總是聚集眾多信徒。

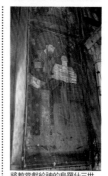

將教堂獻給神的烏羅什三世

世界遺產

科索沃的中世紀建築群
Monumentet e Mesjetës
në Kosovë 2004年登錄

 Hotel 佩奇的住宿

從台灣撥打電話　002＋381（科索沃國碼）＋38（去除0的區域號碼）＋電話號碼

Dukagjini Hotel

客房數：67
Map P.443-B2

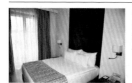

位在市中心，面向殉教者廣場的佩奇最高級飯店。客房分成3種，豪華房幾乎都有陽台。附設健身中心和餐廳。

⊠Sheshi i Dëshmorëve 2
℡(038) 771177　FAX(038) 771100
URLwww.hoteldukagjini.com
emailinfo@hoteldukagjini.com
S A/C 📶 📺 ☎ 🛁 €50～
W A/C 📶 📺 ☎ 🛁 €70～
CC A D M V

Hotel Semitronix

客房數：30
Map P.443-B1

前往市中心途中的高樓最上層，從巴士總站就能看到招牌。客房雖然不大，設備都很新，同一層樓的餐廳可以品嚐鄉土料理，是視野絕佳的人氣店。

⊠Adr. Qendra tregtare "Semitronix Center"
℡(038) 733588　FAX無
URLwww.hotel-semitronix.com
emailinfo@hotel-semitronix.com
S A/C 📶 📺 ☎ 🛁 €40　W A/C 📶 📺 ☎ 🛁 €60
CC M V

Hotel Gold

客房數：16
Map P.443-B1

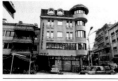

屬於市中心的經濟型旅館，改裝後的客房很整潔，設備也很基本，提供電視和無線網路，但是沒有電話和空調。工作人員不會說英語。

⊠Mbretresha Teute
℡&FAX(039) 434571
S 📶 📺 🛁 €30
W 📶 📺 🛁 €40
CC M V

Hotel Jusaj

客房數：24
Map P.443-B1

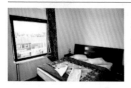

火車站附近的經濟型旅館，2樓的餐廳兼作櫃台。隨著房間大小和衛浴設備有無，價格也有不同，提供免費無線網路。

⊠Rr. 254/7
℡&FAX(039) 427631
S A/C 📶 📺 🛁 €10～20
W A/C 📶 📺 🛁 €20～40
CC不可

普里茲倫 *Prizren*

如何前往
普里茲倫

從普里斯提納出發，1小時1～4班，所需時間約1小時30分，€4。從佩奇出發1日7班，所需時間約2小時，€3。從地拉那（阿爾巴尼亞）出發，1日1班，所需時間3小時，€10。

普里茲倫的❶
◆Tourist Information Office
Prizren
Map P.446-A2
✉Remzi Ademaj
🕐8:00～16:00
🚫週日

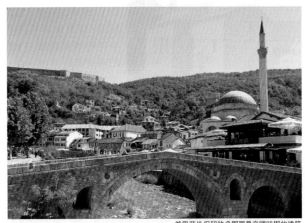

普里茲倫保留許多鄂圖曼帝國時期的建築

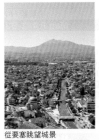

從要塞眺望城景

　　普里茲倫是保留許多鄂圖曼帝國時期建築的科索沃南部中心城市，城市起源很早，羅馬時期被稱作Theranda。因為科索沃戰爭的緣故，居民幾乎都是阿爾巴尼亞人，但是市區保留了伊斯蘭教清真寺、塞爾維亞正教教堂、天主教教堂。另外，普里茲倫會說土耳其語的阿爾巴尼亞人比例比其他科索沃城市高，從這裡可以知道曾經有多民族在此居住。

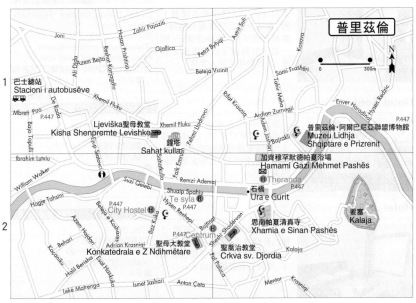

普里茲倫

巴士總站
Stacioni i autobusëve

Ljeviška聖母大教堂
Kisha Shenpremte Levishke

鐘塔
Sahat kullas

Ljeviška聖母教堂

普里茲倫·阿爾巴尼亞聯盟博物館
Muzeu Lidhja
Shqiptare e Prizrenit

加齊穆罕默德帕夏浴場
Hamami Gazi Mehmet Pashës

Theranda

石橋
Ura e Gurit

City Hostel

Te syla

思南帕夏清真寺
Xhamia e Sinan Pashës

要塞
Kalaja

Centrum

聖母大教堂
Konkatedrala e Z Ndihmëtare

聖喬治教堂
Crkva sv. Djordia

A   B

◆◆◆◆◆◆◆◆◆◆◆漫遊普里茲倫◆◆◆◆◆◆◆◆◆◆◆

巴士總站位在城市西北方，從巴士總站往南走會看到河，左轉沿河邊走就會到市中心。途中有❶。

市區可以看到許多鄂圖曼帝國時期建造的伊斯蘭教相關建築。其中最有名的是廣場中的思南帕夏清真寺Xhamia e Sinan Pashës和16世紀建造的土耳其公共浴場——加齊穆罕默德帕夏浴場Hamami Gazi Mehmet Pashës等等。另外，普里茲倫‧阿爾巴尼亞聯盟博物館Muzeu Lidhja Shqiptare e Prizrenit展出歷史和民俗學相關展示。

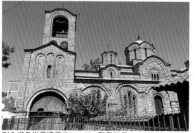
列入瀕危世界遺產的Ljeviška聖母教堂

伊斯蘭教建築非常吸引人目光，但是普里茲倫也有天主教教堂和塞爾維亞正教的教堂，其中的Ljeviška聖母教堂Kisha Shenpremte Levishke是14世紀建造的塞爾維亞正教教堂，並且被登錄為世界遺產。但遺憾的是在2004年的科索沃戰爭中被火燒，目前只能從外面參觀。

城市東側是山丘，可以從山頂的要塞Kalaja俯瞰城市全景。

◆普里茲倫‧阿爾巴尼亞聯盟博物館 Map P.446-B1
✉Rr. Sharri
🕐8:00～18:00
休週一 費€1

1999年科索沃戰爭時被破壞，之後又重新修復

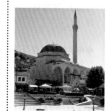
思南帕夏清真寺

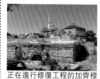
正在進行修復工程的加齊穆罕默德帕夏浴場

✎Hotel Restaurant　普里茲倫的住宿&餐廳

從台灣撥打電話　002＋381（科索沃國碼）＋29（去除0的區域號碼）＋電話號碼

Hotel Theranda

★★★★ 客房數：96　Map P.446-B2
✉Rr. Adem Jashari 1
TEL(029) 242442　FAX無
URLwww.hoteltheranda.com
emailinfo@hoteltheranda.com
S A/C 🚿📺€50
W A/C 🚿📺€60 CC不可

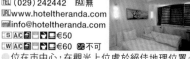

● 位在市中心，在觀光上位處於絕佳地理位置。2012年11月改裝新開幕，房間寬敞而且有免費無線網路，但是基本設備品質中等，不算豪華。

Centrum Hotel

客房數：26　Map P.446-A‧B2
✉Rr. Bujtinat 1
TEL&FAX(029) 230530
URLwww.centrumprizren.com
emailinfo@centrumprizren.com
S A/C 🚿📺€40
W A/C 🚿📺€60 CC M V

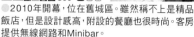

● 2010年開幕，位在舊城區。雖然稱不上是精品飯店，但是設計感高，附設的餐廳也很時尚。客房提供無線網路和Minibar。

City Hostel

客房數：24　Map P.446-A2
✉Rr. Ilaz Kuka 66
TEL049-466313（行動電話 國碼386）　FAX無
emailcityhostelprizren@hotmail.com
D A/C 🚿📺€11
S A/C 🚿📺€18　W A/C 🚿📺€23
W A/C 🚿📺€28　W A/C 🚿📺€33 CC不可

● 位在舊城區的西側，離巴士總站也很近。4床的多人房有3間，分作男用、女用和男女混合。房間都很新，也有個人用置物櫃，提供免費無線網路。

Te syla

Map P.446-A2
✉Rr. Iugishtë e Qytetit
TEL(029) 240240
URLwww.tesyla.com
🕐7:00～23:00
休無休
CC不可

● 1967年創業，對面就是河川，河岸擺設露天座位，可以品嚐鄉土料理。串燒Qebap一份€0.30、Koftë一份€0.70、Pleskavicë€3。

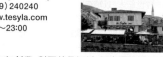

科索沃簡史

◆古代開始斯拉夫民族的進入

在羅馬帝國勢力進入之前，這裡居住的是名為伊利里亞人Iliri的民族。有一說認為伊利里亞人是阿爾巴尼亞人的祖先，因此成為科索沃原先是阿爾巴尼亞人土地的根據。羅馬帝國從3世紀左右開始無法抵擋異族侵略，4世紀時分裂為東、西羅馬帝國，6世紀時南斯拉夫人（塞爾維亞人）進行民族遷徙而定居此地。

◆中世紀塞爾維亞王國

塞爾維亞人在9世紀時接受基督教，12世紀時斯特凡・尼曼雅一世Стефан Немања（1113～1200）統一塞爾維亞各部落，開啟尼曼雅王朝Немањићи。中世紀塞爾維亞王國的中心，在現在的塞爾維亞南部以及科索沃，科索沃的世界遺產修道院都是在此時建造的。塞爾維亞王國於14世紀中期斯特凡・杜尚Стефан Душан在位時國力達到顛峰，在他死後漸漸衰退。斯特凡・杜尚之子烏羅什五世Цар Стефан Урош V Нејаки（1336～1371）沒有留下子嗣就逝世，尼曼雅王朝就此斷絕。就在此時鄂圖曼土耳其帝國的勢力開始進入巴爾幹半島。

◆科索沃戰爭

面對來勢洶洶的鄂圖曼帝國，塞爾維亞的諸侯們團結一致。赫塞哥維納王和瓦拉幾亞大公共同率領的基督教聯軍，於1389年和穆拉德一世I. Murad所帶領的鄂圖曼帝國軍在科索沃平原（現在的加茲麥多斯塔Gazimestan）爆發會戰。穆拉德一世雖然在戰爭中遭到暗殺，鄂圖曼軍隊還是獲得勝利，得到這個區域的統治權。

◆鄂圖曼帝國統治的時期

這個時期的科索沃漸漸伊斯蘭化，改信伊斯蘭教的阿爾巴尼亞人也進入此地居住。另外，基督教徒因為有上繳稅金，信仰自由得到認可，許多塞爾維亞人也開始到此生活。

持續至今的民族結構變化起因，可以追溯到17世紀末。以哈布斯堡王朝為中心的歐洲各國和鄂圖曼帝國之間的戰爭，塞爾維亞人受到歐洲各國煽動，對鄂圖曼帝國展開游擊攻勢。戰後，塞爾維亞人遭受鄂圖曼帝國的報復行動，被迫離開故鄉往北遷移，取而代之的是進入科索沃的阿爾巴尼亞人。

◆脫離鄂圖曼帝國獨立

1878年塞爾維亞完成獨立，阿爾巴尼亞人在同年也組成普里茲倫聯盟Lidhja e Prizrenit，以鄂圖曼帝國統治下的阿爾巴尼亞人自治為目標展開活動。

兩次的巴爾幹戰爭結果，雖然阿爾巴尼亞在1912年也脫離鄂圖曼帝國獨立，科索沃卻不屬於阿爾巴尼亞，而是屬於塞爾維亞的領土。科索沃在第一次世界大戰後屬於南斯拉夫，第二次世界大戰以後成為南斯拉夫聯邦6個共和國中，塞爾維亞共和國內的自治州。

◆科索沃戰爭與獨立

經過1974年的修憲，科索沃雖然獲得高度自治權，阿爾巴尼亞裔居民要求科索沃成為共和國，不時引發暴動。1989年塞爾維亞人和阿爾巴尼亞人之間的民族對立日漸嚴重，科索沃的自治權被大幅縮減。

進入90年代南斯拉夫解體，阿爾巴尼亞人開始為科索沃獨立發聲，針對這個問題，塞爾維亞祭出停止自治權等方法讓對立更加激烈，終於使阿爾巴尼亞人設立名為科索沃解放戰線的武裝組織進行武力抗爭，塞爾維亞人也以治安部隊反擊。

1999年3月由NATO居中進行和平交涉，但是談判卻破裂。NATO以科索沃的人權危機逐漸升高為由，針對塞爾維亞全境的軍事設備和基礎建設投擲炸彈，這時有數十萬的阿爾巴尼亞裔居民成為難民。同年6月，塞爾維亞撤回科索沃的治安部隊，結果因為塞爾維亞裔居民恐懼報復，約26萬人從科索沃往塞爾維亞避難。

之後的科索沃由聯合國暫時統治，塞爾維亞和科索沃之間的地位交涉也持續進行，但卻無法達成共識。2008年科索沃議會宣布科索沃獨立，截至目前為止有106國承認科索沃的獨立，但是塞爾維亞不承認，堅持科索沃是塞爾維亞領土的一部分。

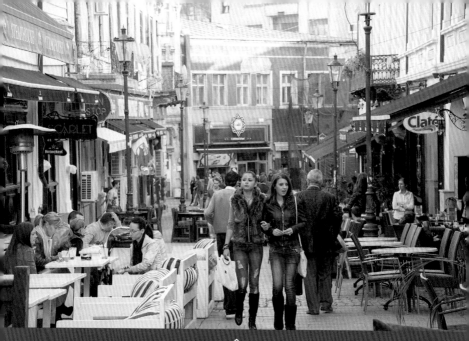

羅馬尼亞
•Romania•

咖啡館林立的布加勒斯特舊城區

羅馬尼亞概要

東歐唯一留存拉丁民族血脈的羅馬尼亞，也許正因為如此，羅馬尼亞人特別開朗有活力，看到有困難的遊客總是會熱心幫忙。雖然外國遊客還不是很多，但旅途中一定可以多次感受到他們開放又溫暖的民族性。國土中央圍繞外西凡尼亞盆地的喀爾巴阡山脈Munţii Carpaţi和阿普塞尼山脈Munţii Apuseni，周圍則是廣大的平原。沿著塞爾維亞和保加利亞邊界流過的多瑙河，在羅馬尼亞東部注入黑海，終結了它漫長的旅程。

羅馬尼亞是中世紀和現代並存的國度。坐火車離開市區，載著茅草的馬車、帶著牧羊犬的牧羊人追趕羊群的場景就在眼前，昔日的風俗習慣傳承至今。在鄰接烏克蘭和匈牙利國界的西北部馬拉穆列什地區Judeţul Maramureş，每週日都會看到穿著民族服飾的年輕男女來來去去。以外西凡尼亞地區Transilvania的德古拉城原型——布蘭城Castelul Bran、過去羅馬尼亞王的夏宮佩雷什城堡Castelul Peleş為首，各個城市都保留中世紀的懷舊風情。

另外，黑海沿岸北部的多瑙河三角洲是歐洲最大的濕地，可以搭乘遊輪參觀多樣大自然。

生活在現代卻又保留昔日儉樸生活的羅馬尼亞，對遊客而言有著無限大的魅力。

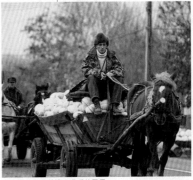

遇見羅馬尼亞質樸又溫暖的風景

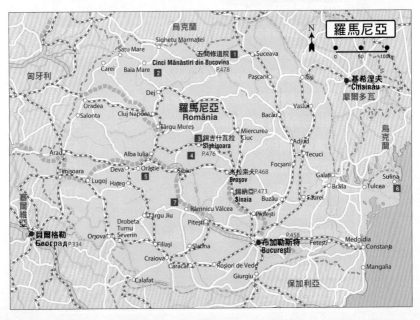

UNESCO的世界遺產

1 摩爾多瓦地區的教堂群（五間修道院）
Biserici din Moldova →P.478

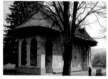

摩爾多瓦公國在16世紀初的黃金時期，於北摩爾多瓦和布科維納Bucovina建造的修道院群。森林中被鮮豔濕壁畫妝點的修道院美得讓人屏息。

2 馬拉穆列什的木教堂群
Ansamblul Bisericilor de Lemn din Maramureș

在馬拉穆列什地區的小村落，人們穿著民族服裝以畜牧維生。好幾個村子裡都有木教堂，其中8處被列為世界遺產，充分展現這裡特有的木造建築文化，高超的技術和成熟的藝術性令人驚訝。

【交通】從布加勒斯特Bucureşti搭火車到馬拉穆列什地區的入口巴亞馬雷Baia Mare約14小時，再搭乘火車或巴士到各個村莊。

3 錫吉什瓦拉歷史地區
Centrul Istoric Sighişoara →P.476

從布加勒斯特往西北約300km，位在外西凡亞地區中央的錫吉什瓦拉Sighişoara，是以14世紀時建造的鐘塔為中心的要塞城市，由13世紀入住此地的薩克遜人所建。保持自身特色、沒有觀光地化的質樸小鎮十分有魅力，吸血鬼德古拉伯爵的原型——瓦拉幾亞Valahia大公弗拉德三世Vlad Ţepeş的故居也在此。

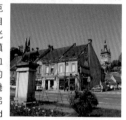

4 外西凡尼亞地區的要塞教堂村落
Situri sa'tes̨ti cu Biserici Fortificate din Transylvania
→P.471、→P.477

位在外西凡亞地區7個村子裡的要塞教堂，是13～16世紀時薩克遜人為防止異族入侵所建。最有名的是錫吉什瓦拉近郊別爾坦Biertan的要塞教

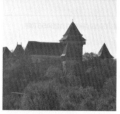

堂，使用三道城牆防護的教堂內有糧食倉庫，可以應付突如其來的攻擊。

5 奧勒什蒂耶山脈的達基亞要塞群
Cetăţile Dacice din Munţii Orăştiei

西元前1世紀為了抵擋羅馬帝國侵入所建的要塞，是當時的達基亞人Dacians展現完美的社會制度和高明的建築技術。現在有6處被保存下來，最有名的是Sarmisegetuza。

【交通】從布加勒斯特搭火車到奧勒什蒂耶Orăştie約8小時。

6 多瑙河三角洲
Delta Dunării

多瑙河流域途經東歐8國後，最後分成3道支流注入黑海，河口形成的大片濕地就是多瑙河三角洲。這處廣達5500km²、歐洲面積最大的濕地，是野生動物的寶庫，超過300種的候鳥和110種以上的魚類棲息，蘆葦覆蓋的區域更是野狼、野豬和水獺的居住地，同時也是歐洲唯一的鵜鶘群棲息地。

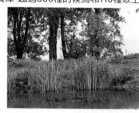

【交通】從布加勒斯特的Autogara Augustina搭巴士到圖爾恰Tulcea約5小時，轉搭船到蘇利納Sulina約2小時～4小時30分。

7 霍雷祖修道院
Mănăstirea Horezu

瓦拉幾亞大公康斯坦丁·布倫科維亞努Constantin Brâncoveanu的指揮下，1697年完成的修道院。這座融合羅馬尼亞傳統和巴洛克樣式的勃蘭科溫式Brancovan建築，以主教堂為中心，聖斯特凡教堂、聖母教堂、使徒教堂和天使教堂以十字架格局排列，內部設有圖書館和繪畫學院，可以說是文化的中心。教堂內的濕壁畫也非常精美。

【交通】從布加勒斯特的Autogara Militari搭巴士約4小時30分，班次不多。

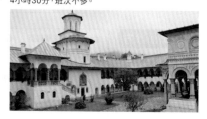

羅馬尼亞基本資訊

▶旅行關鍵字
→ P.480

國 旗
從左起依序是藍色、黃色、紅色的三色旗。

正式國名
羅馬尼亞România

國 歌
Deșteaptă-te Române！
（醒來吧羅馬尼亞人！）

面 積
約23萬7500km²

人 口
2149萬人（2009年）

首 都
布加勒斯特Bucureşti

元 首
克勞斯・約翰尼斯總統
Klaus Iohannis

政治體制
共和制

民族構成
羅馬尼亞人約89%、匈牙利人7%，還有德國和羅姆人等等。

宗 教
羅馬尼亞正教87%、新教6%、羅馬天主教5%。

語 言
官方語言是羅馬尼亞語（羅曼語族）。部分外西凡亞地區說馬札兒語（匈牙利語）和德語。外語方面，英語、義大利語和法語相對較能溝通，會說多國語言的人也很多。

貨幣與匯率

RON

▶旅行預算與金錢
→ P.548

　　羅馬尼亞的貨幣是列伊Leu（複數是Lei）。2005年實施貨幣改革，現在Leu改名為新羅馬尼亞列伊（RON），較小的單位是巴尼Ban（複數為Bani）。1RON＝100Bani。2015年8月匯率，1RON＝約台幣8.26元、€1＝約4.44RON。

　　紙鈔有500 RON、100 RON、50 RON、10 RON、5 RON、1RON，硬幣有50 Bani、10 Bani、5 Bani、1Bani。

信用卡　在餐廳、中級以上飯店和百貨公司等，使用信用卡較為普遍。都市的ATM也很多。

匯兌　每間匯兌所匯率不同，人潮眾多的地方和銀行的匯率差不多或是更差。除了匯率，別忘了也要確認手續費金額。在火車站、飯店周邊和匯兌所前遇到有人問「Change money？」時，千萬不要理會也別停下腳步。

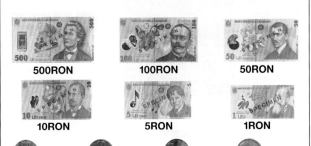

| 500RON | 100RON | 50RON |
| 10RON | 5RON | 1RON |

50Bani　10Bani　5Bani　1Bani

電話のかけ方

▶郵政與電話
→ P.556

從台灣撥往羅馬尼亞　 撥往布加勒斯特(021)1234567時

| 國際電話識別碼 002 | ＋ | 羅馬尼亞國碼 40 | ＋ | 區域號碼（去除前面的0）21 | ＋ | 對方的電話號碼 1234567 |

出入境

簽證
　　觀光目的停留90天以內不需簽證。將來預計成為申根會員國。目前前往羅馬尼亞的停留天數不計算於申根區停留天數，停留羅馬尼亞天數單獨計算，每180天內最多可停留90天。

護照
　　出境時護照的有效期限必須超過3個月以上。

▶台灣出入境
→P.552

▶東歐國家出入境
→P.552

　　目前台灣沒有直飛羅馬尼亞的航班，可以從台灣先飛往維也納、法蘭克福等城市，再轉機前往布加勒斯特。由於近年中東地區部分國家恐怖活動升高，同時為打擊人口走私，以及羅馬尼亞為加速進入申根區等因素，羅馬尼亞對外籍旅客入境把關最甚嚴，建議在西歐地區國家轉機，儘量避免經由中東地區或中國大陸轉機入境。

從台灣出發的飛行時間

▶從台灣前往東歐的交通
→ P.551

鐵路
　　與匈牙利、俄羅斯和保加利亞之間有許多火車行駛，也有許多國際列車從布加勒斯特Bucureşti發車。陸路的邊境城市，分別是與匈牙利交界的薩圖馬雷Satu Mare、奧拉迪亞Oradea、阿拉德Arad；與塞爾維亞交界的蒂米什瓦拉Timişoara；與保加利亞交界的則是多瑙河橫跨的久爾久Giurgiu、卡拉法特Calafate、黑海沿岸的曼加利亞Mangalia。

巴士
　　許多國際巴士都有到布加勒斯特。前往伊斯坦堡（土耳其）的巴士中途會經過保加利亞，另外也有前往布達佩斯（匈牙利）、雅典（希臘）、基希涅夫Chişinău（摩爾多瓦）的巴士。往索非亞София的巴士1日1班，夏天還有開往黑海沿岸瓦爾納Варна的巴士。

從周邊各國出發的交通

▶當地交通
→ P.553

從鄰近各國出發的主要直達火車

布達佩斯（匈牙利）～布加勒斯特	每日2班	所需時間13～16小時
索非亞（保加利亞）～布加勒斯特	每日2班	所需時間9小時
莫斯科（俄羅斯）～布加勒斯特	每日1班	所需時間44小時30分
伊斯坦堡（土耳其）～布加勒斯特	每日1班	所需時間20小時30分
貝爾格勒（塞爾維亞）～布加勒斯特	每日1班	所需時間14小時30分

從鄰近各國出發的主要長途巴士

布達佩斯（匈牙利）～布加勒斯特	每日1班	所需時間20～22小時
索非亞（保加利亞）～布加勒斯特	每日1班	所需時間7～8小時
伊斯坦堡（土耳其）～布加勒斯特	每週6班	所需時間12～13小時

　　與台灣時差為6小時，只要將台灣時間減去6個小時就可以。換言之，台灣6:00時，羅馬尼亞則是同一天晚上0:00。夏令時間的話，時差則變為5小時。

　　夏令時間的實施期間，從3月最後一個週日的AM2:00（＝AM3:00）～10月最後一個週日的AM3:00（＝AM2:00）。

時差和夏令時間

從羅馬尼亞撥往台灣 撥往(02)1234-5678時

國際電話識別碼		台灣國碼		去除區域號碼最前面的0		對方的電話號碼
00	+	886	+	2	+	1234-5678

▶如何撥打公共電話　市區各處都有橘色的插卡式公共電話。
①拿起聽筒
②將電話卡依照卡片上的箭頭方向插入
③撥打對方的號碼
④電話卡的餘額會顯示在電話的螢幕上，結束通話後放下聽筒，取出電話卡

以下是店家一般的營業時間。

銀 行
週一～五9:00～15:00，週六‧日普遍休息。也有在週六‧日營業不休息的匯兌所。

百貨公司和商店
一般商店9:00～10:00開店，18:00～

20:00打烊，週六僅在上午營業，週日和節日普遍休息。都市也有24小時營業的店家。

餐廳
10:00～深夜營業居多，週六‧日營業的店家很多。

氣 候

羅馬尼亞和北海道幾乎位在同一條緯度線上，屬於大陸型氣候，四季分明。但是以國土中央呈現倒C走勢的喀爾巴阡山脈為界，山區和平原的氣候差異很大，山區積雪量也很多。夏天早晚氣溫低，建議準備薄外套。

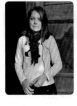

布加勒斯特的氣溫和降雨量

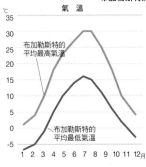

氣 溫

布加勒斯特的平均最高氣溫

布加勒斯特的平均最低氣溫

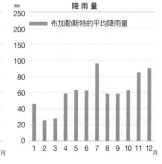

降 雨 量

布加勒斯特的平均降雨量

節日
（主要節日）

每年會異動的節日以（※）標示，要注意。

1/1 ～ 2		新年
4/5 ('15)	※	復活節
4/6 ('15)	※	復活節後週一
5/1		勞動節
5/2		青年節
5/31 ('15)	※	聖靈降臨節
12/1		建國紀念日
12/25 ～ 26		耶誕節

電壓與插頭

電壓為230V，頻率50Hz，插頭有C型和SE型，但大多數是C型。要在當地使用台灣的電器產品，需要攜帶變壓器和轉接插頭。

播放規格

DVD
羅馬尼亞的電視和錄影規格為SECAM，台灣、日本或是美國則屬於NTSC，兩者並不相同，在當地購買的錄影帶或是DVD，通常無法用台灣的電器

播放。而羅馬尼亞的DVD區碼Region Code為2，也與台灣不同（台灣為3），因此也無法使用一般家用DVD播放器觀賞。

小費

計程車
短程的話可以用不用找零的方式付小費,長途包車時支付5～10%。

餐廳
在高級餐廳用餐,如果對服務滿意時可以給金額的10%。

飯店
接受客房服務或是請服務生搬運行李時,可以給5～10RON左右的小費。

廁所
公共廁所大多要收費,費用大約1～1.50RON,入口處可以索取衛生紙,但是在大城市或觀光區費用通常會翻倍。廁所以坐式馬桶為主,但水壓不強,使用後的衛生紙記得丟在旁邊的垃圾桶。

飲用水

自來水雖然可以喝,但是最好不要喝。500mℓ礦泉水(Apa Minerala)可以在超市或小賣店買到,一瓶約2RON。

郵便

▶郵政與電話
→ P.556

郵局稱作Posta Română,不管多小的小鎮幾乎都會有,寄東西也很少丟失。各城市的中央郵局營業時間為週一～五7:00～20:00(分局~17:00),週六僅在上午營業,週日休息。

郵便料金
寄往台灣的航空郵件費用為:明信片(Carte Poştală)和信件(Scrisoare)20g以下3.10RON,1kg包裹(Pachet)77.28RON。大約1週會到。

稅　金

TAX

在羅馬尼亞,絕大多數商品會課徵24%的TVA附加價值稅,對觀光客並無退稅制度。攜帶€1萬以上的外幣入境時必須申報,而這份海關申報證明務必保管至出境時。

安全與糾紛

▶旅行糾紛與安全對策
→ P.560

實行民主化之後惡質犯罪漸增,尤其是布加勒斯特Bucureşti的假警察換錢詐欺和安眠藥強盜、扒手層出不窮,務必提高警覺。

地方城市相對治安較佳,但是像康斯坦察Constanţa等黑海沿岸的度假地,都是需要特別注意的區域。

警察
警官稱作Politist,穿著藍灰色調的制服,警車時常在街上巡邏。

扒手
擁擠的火車、地下鐵車內、車站周邊和巴士總站等地都是扒手最常出沒之地。需要時時保持警戒。

假警察
最常出現的手法是換錢詐欺,首先地下換錢的人會接近搭訕,即使遊客拒絕,談話途中假警察會突然出現說這是

「違法行為」,然後進行隨身物品檢查,這時皮夾裡的錢就會被拿走。當然他們從一開始就是一夥的。

真正的警察不可能在路上對一般遊客說「我要檢查你的錢」,如果遇到這種狀況,就知道自己碰到假警察了。

安眠藥強盜
這個手法指的是在路上被搭訕,喝了別人給的咖啡或吃了餅乾之後失去意識,結果身上的東西都被拿走。或是裝作親切友善,花費一整天到最後把東西都騙走。

警察
消防
急救
112

年齡限制

在羅馬尼亞未滿18歲禁止購買菸酒。

度量衡

和台灣相同,距離以公尺,重量以公克、公斤,液體以公升計算。

455

羅馬尼亞 旅行基礎知識

國內的移動方式

飛機

羅馬尼亞面積約台灣的6.5倍，在這樣幅員廣大的土地上，雖然搭飛機最便利，但是以布加勒斯特Bucureşti為起點，來往於地方城市較不適合。國內線的航空公司為TAROM。

TAROM

🔗www.tarom.ro

鐵路

羅馬尼亞國鐵C.F.R.(Căile Ferate Române)所營運的路線既準時又便宜而受歡迎。臥鋪列車和夜間列車也很多。

火車分成都市特急「IC」(Inter City)、地區快速「IR」(Inter Refio)和普通車「R」(Regio)。除了普通車外，特急和快速都需要另付費用和訂位費。臥鋪列車還要追加臥鋪費用。

車廂分為1等「Clasa 1」和2等「Clasa 2」，兩者差別在於隔間的座位數和大小。

另外，部分區間由私鐵的「Regiotrans」和「Trans-Feroviar Grup SA」營運。

羅馬尼亞國鐵

🔗www.cfr.ro

◆**如何查詢火車時刻**

火車的抵達和出發時間雖然在都會公布在各車站，但是事先拿到時刻表，旅遊規劃時也會更方便。時刻表在每年12月中旬會變更一次，在車站、C.F.R.各據點或是C.F.R.官方網站都可以查詢。

◆**如何購買火車票**

直到出發前一日都可以在C.F.R.各據點預訂車票，當日車票直接到車站窗口購買。說英語幾乎不會通，可以先把目的地寫在紙上交給站務人員。發車時間總是非常擁擠，建議提早前往。

巴士

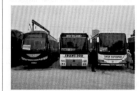

從布加勒斯特往蘇恰瓦的巴士

羅馬尼亞的國內巴士雖然便利，但以布加勒斯特為首，各巴士業者的乘車地點都不同，讓人有些困擾。

長途巴士從布加勒斯特出發，往布拉索夫Braşov、蘇恰瓦Suceava、康斯坦察Constanţa等等，路線網幾乎涵蓋全國，另外雅西Iaşi～圖爾恰Tulcea之間也很便利。地方上的村里之間也有近距離巴士，如果活用當地路線，絕大部分的地區都能抵達。但是地方巴士的時刻常常有誤，有些班次也很少。假日也有停駛的時候，務必事先確認。

租車

大間旅行社或是大飯店的櫃台都有提供租車協助，依客人要求也會提供司機和導遊隨行，也可以常常看到AVIS和Hertz這些外國租車業者。自己開車時需要持有國際駕照(3個月以內的停留)，由於在不熟悉的道路上發生事故的可能性較高，務必購買保險。到布蘭城Castelul Bran、布科維納地區Bucovina的五間修道院Cinci Mănăstiri din Bucovina觀光時，租車可以大幅節省時間。

→國際駕照P.541

計程車

計程車採跳表計費制，布加勒斯特市區1km約1.50RON。市中心常看到亨利科安德國際機場Bucharest Henri Coandă International Airport的1km3.50RON計程車在候客，為了避免因為車資發生糾紛，搭車前務必先確認車窗下寫的費用，另外在2012年發生日本女性搭計程車被共乘者殺害的慘劇。計程車雖然方便，但別忘了也可能成為犯罪的密室。

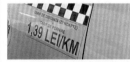

費用寫在車窗下方

住宿

布加勒斯特的住宿都集中在市中心，所以很好找。但是地方城市要找高級飯店以外的住宿就要花點時間。

◆**飯店**

從1星到5星都有，一般來說首都和觀光地的費用較高。離開都市的話可以找到便宜又舒

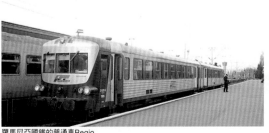

羅馬尼亞國鐵的普通車Regio

適的房間。2星以下的飯店費用基本上是以當地貨幣RON支付，3星以上的飯店則可以用外幣（美金或歐元）支付，可以刷卡的地方也不少。旅行支票大部分都不能用。

◆私人房間

借用一般家庭的房間，衛浴設備等與屋主家人共用的方式，會提供鑰匙，因此沒有門禁的問題。可以經由旅行社介紹，很多時候會比1星飯店便宜又乾淨。但是協助介紹的旅行社並不多。

◆青年旅館

一晚費用大約€8～10，適合年輕人的住宿，多人房大多男女混合。基本上用RON現金支付，幾乎不能使用信用卡或旅行支票支付。

用餐

因為物價便宜，市區的中級餐廳點一碗湯、主餐、甜點和飲料只要€10～15。高級餐廳的費用也不會超過€30，想省錢的話也可以到立食餐廳。

◆湯Ciorba

料多味美的湯品，類似Ciorba de Burta（含醋的牛胃湯），還有Ciorba de perisoare（肉丸蔬菜湯）等種類豐富。加上麵包的話就非常飽足。

◆燉高麗菜捲Sarmale

經典的羅馬尼亞料理，使用冬季醋醃的高麗菜，包絞肉、洋蔥和米飯，用清爽的番茄醬汁燉煮的羅馬尼亞風高麗菜捲。各地方和各餐廳的口味不同，品嚐比較也是一種樂趣，有時會使用葡萄葉取代高麗菜。

◆玉米糕Mămălig

羅馬尼亞傳統的配菜，通常會和燉高麗菜捲一起食用。將玉米粉加牛奶揉成麵糰再拿去蒸，外觀很像馬鈴薯泥，慕斯狀口感相當鬆軟。

◆Papanaşi

用起司、雞蛋、麵粉混合之後油炸，類似甜甜圈的點心，現炸淋上櫻桃醬和酸奶油的吃法最常見。起初是發源於布拉索夫Braşov的點心，現在在各餐廳都可以吃得到。

◆羅馬尼亞的酒類

最具代表性的葡萄酒是Murfatlar，紅酒和白酒都有，口味清爽好入口。很受歡迎的餐前酒Ţuică酒精濃度高，家家戶戶都會自己釀造，主要原料為李子，也會使用洋梨和蘋果釀

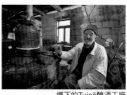
鄉下的Ţuică釀酒工廠

造。國產啤酒種類豐富。

資訊收集

◆遊客中心

錫納亞Sinaia、布拉索夫Braşov和蘇恰瓦Suceava等觀光地，許多都市都有設置遊客中心，資訊豐富，人員也很親切，雖然沒有代訂住宿的服務，但是有提供飯店的清單。但是在沒有設置遊客中心的城市，就要到旅行社或是飯店櫃台洽詢。中級以上的飯店接待櫃台，大多有提供免費導覽手冊。

◆旅行社

雖然以觀光客為對象推出行程商品的旅行社還不多，但在觀光地還是有的，可以先貨比三家，挑選值得信任的旅行社。

實用資訊

【緊急時】

●醫院

Medicover Hospital
✉Str. Pechea nr.8, Cartierul Aviaţiei
☎(021) 9896
🕐週一～五 8:00～20:30　週六·日 8:00～14:30

Floreasca Clinic Emergency Hospital
✉Calea Floreasca nr.8
☎(021) 2300106　🕐24小時

【駐外館處】

羅馬尼亞沒有台灣的駐外代表處，而是由駐斯洛伐克代表處（→P.151）與駐匈牙利代表處（→P.177）共同兼管。

【其他】

●DHL（國際快遞）
✉Str. Buzeşti 65-69, sector 1
☎(021) 2221777
🔗www.dhl.ro
🕐週一～五9:00～19:00、週六9:00～13:00
🈺週日

（皆位於布加勒斯特）

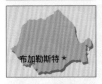

布加勒斯特 ★

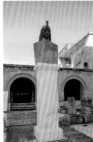

舊王宮遺跡和弗拉德三世像。布加勒斯特是德古拉伯爵原型的瓦拉幾亞大公弗拉德三世淵源之地

布加勒斯特 *Bucureşti*

🌐www.pmb.ro（羅馬尼亞語）

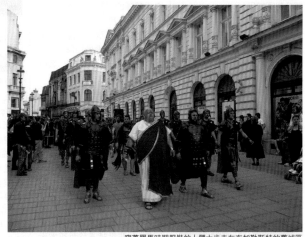

穿著羅馬時期服裝的人們大步走在布加勒斯特的舊城區

布加勒斯特的情報誌

　　針對觀光客發行的免費雙月刊《BUCUREST》在大型飯店和旅行社都可以拿到。
🌐www.bucurestiwww.ro
　　提供演唱會、劇場和餐廳等資訊的週刊雜誌《Şapte Seri》雖然只有羅馬尼亞文，但最適合蒐集資訊。飯店、旅行社和劇場都可以索取。

◆亨利科安德國際機場
☎(021) 2041000
🌐www.otp-airport.ro
從機場到市區的計程車費

　　過去在機場有許多白牌計程車，但自從實施公定費用制度，白牌計程車就不見蹤影。機場計程車費用3.5RON/1km，比市區計程車的1.5RON/1km貴很多，不過有時要注意市區的攬客行為。一出機場就是計程車招呼站，機場到市區車資約100RON。
機場匯兌
　　機場雖然有銀行和匯兌所，但匯率不比市區好，尤其是行李轉盤附近的匯兌所匯率特別不好，最好出海關之後先換必要的現金即可。

　　羅馬尼亞的首都布加勒斯特位在喀爾巴阡山脈Munţii Carpaţi南部的瓦拉幾亞地區Valahia東南部，人口約220萬人。

　　布加勒斯特的地名由來有多種說法，其中具代表性的是傳說中的牧羊人Bucar（高興之意），他帶著羊群從現在市區的西北橫越到東南，定居在登博維察河râul Dâmboviţa河岸平原，之後他的後代子孫被稱為Bucureşti，因此地名就來自於此。

　　羅馬尼亞在20世紀初被譽為「巴爾幹的小巴黎」，景色十分優美，但是現在還能勉強看出殘存景色的只有舊城區的一小部分，以及通往凱旋門Arcul de Triumf的路上。古老教堂和歷史建築都被獨裁的共產黨所破壞殆盡，走在路上會被巨大無比的建築物吸引目光，彷彿是將逝去的西奧塞古Nicolae Ceauşescu野心具體化的國民之館Casa Poporului和舊共產黨本部Fostul Comitet Central al Partidului Comunist……

　　1989年12月，羅馬尼亞經歷了一場虐殺一般民眾、總統被處決等讓人聯想起18世紀法國大革命的流血革命事件，宣告一個時代的結束。

　　革命至今已過20多年，布加勒斯特正不斷地在改變。舊城區歷史悠久的建築經過完善的整修，找回了過去的美麗，道路也禁止車輛通行。目前雖然還有多處在施工，但可以悠閒漫步市區的日子已經不遠了。

•抵達布加勒斯特後前往市區•

✈搭乘飛機抵達
　　搭飛機或國內線入境的旅客會抵達亨利科安德國際機場（舊

奧托佩尼機場Bucharest Otopeni International Airport）。如果搭乘廉價航空，也可能是降落在離市區比較近的奧雷爾弗拉依庫機場Bucharest Aurel Vlaicu Airport（統稱伯尼亞薩機場Băneasa Airport），出發前記得確認。

●亨利科安德國際機場
Bucharest Henri Coandă International Airport

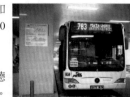
連接機場和市區的巴士

亨利科安德國際機場位在布加勒斯特北方約18km處，車程約30分。

◆如何從機場前往市區◆

前往市區的巴士要到亨利科安德國際機場入境大廳的地下樓乘車。783號巴士中途經過奧雷爾弗拉依庫機場、市中心各地，約60分鐘抵達統一廣場Piaţa Unirii。780號巴士則前往諾德車站，30分鐘～1小時一班，來回車資7RON，加上IC卡使用費Cardul Multiplu 1.6RON，車資共計8.6RON。深夜也有行駛。另外，從機場最近的車站到諾德車站也有Henry Coandă Expres火車行駛，車票包含機場到最近車站的接駁巴士票，以套票販售。到諾德車站約60分鐘，單程車資7.70RON。

從市區到機場，783號巴士每30分鐘～1小時從統一廣場發車，經過大學廣場Piaţa Universităţii、羅馬那廣場Piaţa Romană、勝利廣場Piaţa Victoriei、奧雷爾弗拉依庫機場，終點站亨利科安德國際機場。如果從諾德車站附近的乘車站可以搭乘780號巴士。

🚉搭乘火車抵達

國際和國內線都在諾德車站Gara de Nord發車。從車站到市中心可以搭乘地下鐵。

🚌搭乘巴士抵達

來自鄰近各國的國際線巴士都在Autogara Filaret發車。前往國內各地的Autogara（巴士總站）則是按照不同巴士公司和目的地，分散在市區。

• 布加勒斯特的市區交通 •

◆4大公共交通工具◆

布加勒斯特的大眾交通包括地下鐵Metrou、無軌電車巴士Troleibuz、巴士Autobuz、路面電車Tramvai 4種。除地下鐵以外，均屬於RATB（Regia Autonomă de Transport Bucureşti）公司營運，車票也都可以共通，但是路線稍微複雜，對觀光客而言可能有些困難，因此地下鐵還是最好用方便的。

●地下鐵 *Metrou*

Ⓜ是地下鐵出入口的標誌。目前有4條路線，車站和地圖上標示黃色是Ⓜ1、藍色是Ⓜ2、紅色是Ⓜ3、綠色是Ⓜ4。營運時間5:00～23:30，每5～10分鐘一班。

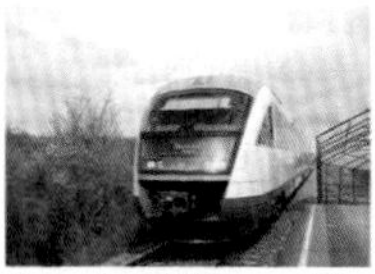

Henry Coandă Expres火車
C.F.R.（國鐵旅行中心）
Map P.461-A3
✉ Calea Griviţei 139
☎ (021) 3128947
⏰ 週一～五　7:00～20:00
　 週六　　　9:00～13:30
🚫 週日
　 從諾德車站徒步3分，位在Ibis飯店以東。

布加勒斯特的巴士總站
◆Autogara Ritmului
Map P.460-B2
錫納亞Sinaia、布拉索夫Braşov、錫吉什瓦拉Sighişoara等
◆Autogara Militari
Map P.460-A2
霍雷祖Horezu、錫比烏Sibiu、克盧日納波卡Cluj-Napoca等
◆Autogara Obor
Map P.460-B2
蘇恰瓦Suceava、勒德烏齊Rădăuţi等
◆Autogara Augustina
Map P.460-A2
圖爾恰Tulcea等
◆Autogara Filaret
Map P.460-B2
希臘、土耳其、摩爾多瓦等許多城市
計程車
布加勒斯特市區的計程車資1km約1.50RON，但也有司機會哄抬價格，尤其是諾德車站附近，即使是正規的計程車，也不乏有惡質司機。

主要計程車公司
Cobălcescu 　☎9451
Cristaxi　　　☎9461
Meridian　　　☎9444
Getax　　　　☎9531

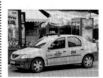
計程車數量很多

地下鐵
2次券　4RON
10次券　15RON
1日券　6RON
1週券　20RON

　乘車前先購買車票，再通過自動驗票機，車票上就會自動記載進入日期和時間。車票插入驗票後會跳出返還，記得拿回車票再乘車。可以自由轉車，車票直接向驗票口的站務人員購買。

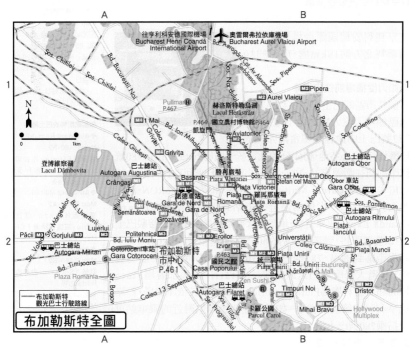

布加勒斯特全圖

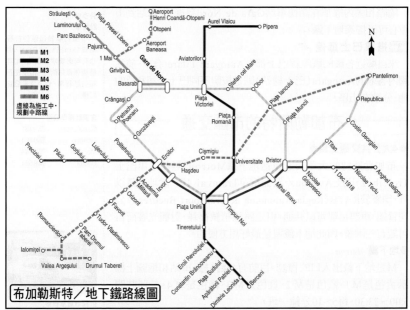

布加勒斯特／地下鐵路線圖

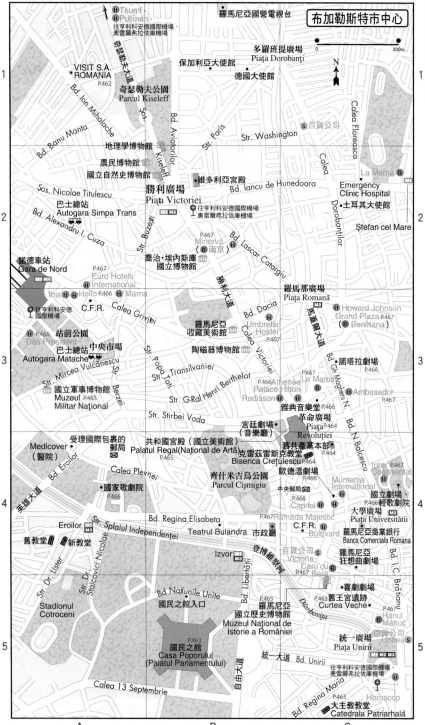

布加勒斯特市中心

A　　B　　C

奇瑟勒夫大道
Triumf
Pullman
往亨利科安德國際機場、
奧雷爾弗拉庫依庫機場

羅馬尼亞國營電視台

多羅班提廣場
Piaţa Dorobanţi

0　　　300m

N

VISIT S.A.
ROMANIA
P.462

奇瑟勒夫公園
Parcul Kiseleff

保加利亞大使館

德國大使館

百貨公司

Calea Floreasca

Bd. Ion Mihalache

Sos.

Bd. Aviatorilor

Str. Paris

Str. Washington

La Mama

1

Bd. Banu Manta

地理學博物館

農民博物館

國立自然史博物館

維多利亞宮殿

Bd. Iancu de Hunedoara

Emergency
Clinic Hospital

土耳其大使館

Sos. Nicolae Titulescu

巴士站站
Autogara Simpa Trans

勝利廣場
Piaţa Victoriei

M1 M2

往亨利科安德國際機場
奧雷爾弗拉庫依庫機場

Dorobanţilor

Ştefan cel Mare

2

Bd. Alexandru I. Cuza

Str. Buzeşti

Minerva
（南京）
P.467

Bd. Lascar Catargiu

喬治·埃內斯庫
國立博物館

羅馬那廣場
Piaţa Romană

M2

Howard Johnson
Grand Plaza P.467
Benihana

3

諾德車站
Gara de Nord

M1 M4

Euro Hotels
International
P.467

勝
利
大
道

Bd. Dacia

Umbrella
Hostel

Calea Victoriei

P.467

諾塔拉劇場
P.466

Ibis
Hello
Marna
P.466

C.F.R.

往亨利科安德
國際機場

站前公園
Das President
P.466

巴士總站
Autogara Matache
P.466

中央市場

Str. Popa Tatu

羅馬尼亞
收藏美術館

陶磁器博物館

Str. Gh. Magheru N.

La Mama
P.467

Athénée
Palace Hilton
Radisson
P.466

Ambasador
P.467

Str. Mircea Vulcanescu

Str. Berzei

國立軍事博物館
Muzeul P.465
Militar Naţional

Str. Transilvaniei

Str. G-Ral Henri Berthelot

雅典音樂堂
P.466

革命廣場
Piaţa
Revoluţiei
P.464

Bd. N. Balcescu

Str. Stirbei Voda

宮廷劇場
（音樂廳）

Medicover
（醫院）

受理國際包裹的
郵局

共和國宮殿（國立美術館）
Palatul Regal(National de Artă)
P.465

舊共產黨本部
P.464

Inter P.467
Continental

4

Bd. Eroilor

Calea Plevnei

齊什米吉烏公園
Parcul Cişmigiu

克雷茲雷斯克教堂
Biserica Creţulescu
P.464

歐德溫劇場
P.466

Muntenia
International

Str. Splaiul Independenţei

國家歌劇院
P.466

中央郵局
P.466

Capitol

國立劇場 P.466
輕歌劇院
大學廣場
Piaţa
Universităţii

英雄大道

Eroilor
M3

Bd. Regina Elisabeta

Teatrul Bulandra

市政廳

P.467

Ramada Majestic

Bulevard

C.F.R.

羅馬尼亞商業銀行
Banca Comerciala Romana

Str. Dr. Lister

Str. Dr. Stajcovici Nicolae

舊教堂　新教堂

Izvor
M3

Bd. Libertăţii

Victoria

百貨公司

羅馬尼亞
狂想曲劇場

Caru'cu
Bere
P.467

Bd. I.C. Brătianu

5

Stadionul
Cotroceni

Bd. Naţiunile Unite

國民之館入口

P.465

羅馬尼亞
國立歷史博物館
Muzeul Naţional de
Istorie a României

Dâmboviţa

喜劇劇場 P.463
舊王宮遺跡
Curtea Veche

Hanul
Manuc
P.467

百貨公司
Unirea

P.463

國民之館
Casa Poporului
(Palatul Parlamentului)

統一廣場
Piaţa Unirii

M2 M3

往亨利科安德國際機場、
奧雷爾弗拉庫依庫機場

自由大道

Calea 13 Septembrie

統一大道

Bd. Unirii

Bd. Regina Maria

P.463

大主教教堂
Catedrala Patriarhală

Horoscop

A　　B　　C

Card Activ與Cardul Multiplu

　布加勒斯特的市區交通已經漸漸由IC卡取代車票。Card Activ在布加勒斯特所有的大眾交通工具都可以使用，最初購買價為11.70RON的卡片，當中已經預先儲值8RON，用完可以再加值。Cardul Multiplu價格1.60RON，但是只能用來坐巴士。

布加勒斯特觀光巴士

　布加勒斯特交通局RATB所籌辦，巡迴主要景點並且可以自由上下車的巴士。10:00～22:00之間每15分鐘一班。從市區北端經由凱旋門Arcul de Triumf、國立農村博物館Muzeul Naţional al Satului、勝利廣場Piaţa Victoriei、統一廣場Piaţa Unirii、國民之館Casa Poporului等等。車票24小時有效，25RON，冬季停駛。

[URL]bucharestcitytour.ratb.ro

小心扒手！

　諾德車站內的扒手很多，獨自步行或晚上外出要特別小心。

布加勒斯特的旅行社

◆VISIT S.A. ROMANIA

Map P.461-A1

[✉]Bd. Ion Mihalache 62
[TEL](021) 2231818
[FAX](021) 2231810
[URL]www.visit-romania.ro
[✉]yuko.kurihara@visit-romania.ro
[時]9:00～18:00
[休]週六・日

　提供飯店住宿預訂、導遊和租車協助等等。從搭計程車的方式到國內旅遊都可以詢問。

●**無軌電車巴士** *Troleibuz*　■**巴士** *Autobuz*　◀**路面電車** *Tramvai*

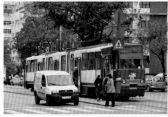

路面電車路線多在郊外

　要熟悉地面上的大眾交通工具需要費些工夫，因為路線十分複雜。書店有販賣附路線圖的市區地圖，不妨購買作參考。只要掌握路線，乘車方式並不會很困難。

　首先看到站牌柱子上面的標示欄，上面的是站名，下面的是停靠巴士或電車的編號，而在車前方的擋風玻璃上都有寫該輛車的編號，只要對照一下就可以。行駛時間為5:00～23:00，車票採IC卡收費，上車時要先在車內機器過卡，留下乘車記錄。有時會進行人工查票，即使有卡片但沒有乘車記錄是會被罰款的。

◆◆◆◆◆◆◆◆◆◆◆◆◆**漫遊布加勒斯特**◆◆◆◆◆◆◆◆◆◆◆◆◆

　布加勒斯特有4個火車站。國際列車和國內主要列車發車地點是諾德車站Gara de Nord，周邊有許多適合遊客的便宜住宿。

　航空公司總部高樓和高級飯店集中的是馬蓋爾大道Bd. Gh Magheru，這裡是布加勒斯特的主要道路，餐廳、咖啡館和精品店很多，總是十分熱鬧。馬蓋爾大道往西300m是南北向的勝利大道Calea Victoriei，這2條道路中間是高級精品店、畫廊和舞廳分布的時尚區域。勝利大道中間有個被好幾座雄偉石造建築包圍的廣場，這裡是1989年12月成為革命舞台的革命廣場Piaţa Revoluţiei，而圍繞著這座廣場的建築分別是共和國宮殿Palatul Regal（國立美術館Muzeul Naţional de Artă）、雅典音樂堂Ateneul Român、舊共產黨本部Fostul Comitet Central al Partidului Comunist、克雷茲雷斯克教堂Biserica Creţulescu等等。

　沿著馬蓋爾大道往南，左側是高樓飯店Inter Continental，經過飯店之後是大學廣場Piata Universitatii，就面對著布加勒斯特大學。這一帶是聚集劇場和餐廳的鬧區，成為布加勒斯特的潮流發信地。

　從大學廣場沿著布勒蒂亞努大道Bd. I. C.Brătianu再往南，就會看到巨大噴水池的

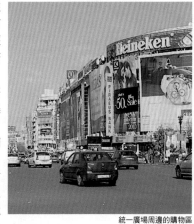

統一廣場周邊的購物區

統一廣場Piaţa Unirii，東西向的道路是統一大道Bd. Unirii。這條路是已故西奧塞古Nicolae Ceauşescu總統模仿巴黎香榭里舍大道，發布都市計畫政策後重整舊城區所開闢的大道，大道兩旁的巨大建築群本來是共產黨員的公寓。往巷子裡走，可以看到殘存的老街風光和小教堂，而致力於恢復昔日城市美麗的活動依舊持續著。西側走到底的是西奧塞古傾注所有權力建設的未完成宮殿——國民之館Casa Poporului。

◆◆◆◆◆◆◆◆◆◆布加勒斯特的主要景點◆◆◆◆◆◆◆◆◆◆

國民之館 Casa Poporului(Palatul Parlamentului)

Palace of Parliament `MapP.461-B5`

已故西奧塞古總統投入鉅資建造的未完成宮殿，地上8層、地下5層，地下最下層是核災避難所。房間數多達3107間，地上面積廣達33萬m²，在世界各地的政府機關、宮殿當中，規模僅次於美國國防部五角大廈。命名「國民之館」只是虛有其名，這座建築只是為了滿足西奧塞古個人私欲。

宮殿內部的天花板、牆壁和窗戶等都用黃金裝飾，寬18m、長150m的迴廊Honour Gallery以及高18m、總面積2200m²的大廳Union Hall令人驚嘆。支撐宮殿的大柱所使用的白色、紅色、黑色、粉紅色和褐色的大理石，據說是從羅馬尼亞全國各地運送過來，可以說是極盡奢華之能事，卻讓國民更加陷入飢餓當中。館內參觀僅限導覽帶領。

大主教教堂 Catedrala Patriarhală

Patriarchal Cathedral `MapP.461-C5`

位在統一廣場旁的Mitropoliei山丘上，擁有3座圓頂的羅馬尼亞正教總部。1655年在瓦拉幾亞大公Radu Leon宅中建造，1925年時被認可為大主教教堂。教堂內祭祀聖人Dimitrie Basarabov死後製作的木乃伊。

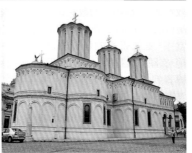
雄偉的大主教教堂

舊王宮遺跡 Curtea Veche

Old Princely Court `MapP.461-C5`

別名「穿刺公」，被認為是布拉姆・斯托克Bram Stoker小說《吸血鬼德古拉Dracula》筆下主角原型的弗拉德三世Vlad Ţepeş在15世紀建造的要塞遺跡。這一帶是布加勒斯特最古老的地區，大部分都因為地震或火災毀壞，但舊王宮幸運地保留了當時的面貌。旁邊是布加勒斯特最古老的Curtea Veche教堂。

◆國民之館
✉Calea 13 Septembrie
☎(021) 4141426
FAX(021) 3120902
🕐10:00~16:00 🚫無休
💰標準路線
　（所需時間1小時）25RON
　庭院路線
　（所需時間30分）15RON
　地下室路線
　（所需時間30分）10RON
　標準路線＋　庭院路線
　（所需時間1小時10分）35RON
　標準路線＋　地下室路線
　（所需時間1小時10分）30RON
　標準路線＋
　地下室路線＋庭院路線
　（所需時間2小時）45RON
　參觀僅限參加導覽，每天的路線行程不同。參觀時需要出示護照。

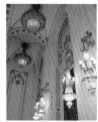
令人驚嘆的華麗裝潢

售票處在建築北側

◆大主教教堂
🕐7:00~20:00
💰免費 🚫無休
　從地下鐵Piaţa Unirii站往國民之館走，沿著統一大道Bd. Unirii前進，就在左斜方的坡上。

◆舊王宮遺跡
🕐9:00~17:00 🚫無休
💰4RON

舊王宮的地下

羅馬尼亞國營電視台局

Map P.461-B1

1989年民主革命時期的重要舞台。因為電視台被革命派勢力完全掌握，所以才能夠向全國人民傳達情勢。從地下鐵Aviatorilor站往市中心走，沿著Calea Dorobanţilor徒步約5分，位置在左側。

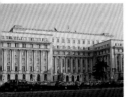

很有威嚴的舊共產黨本部

◆舊共產黨本部
內部不開放參觀。

◆克雷茲雷斯克教堂
⊠Calea Victoriei 47
⏰8:00〜18:00　休無休
料免費
舊共產黨本部對面。

◆凱旋門
從羅馬那廣場Piaţa Romană搭乘131號巴士在Arcul de Triumf下車。從地下鐵Aviatorilor站沿著公園旁道路徒步約5分。

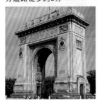

被稱為「巴爾幹小巴黎」時的象徵

◆國立農村博物館
⊠Şos. Kiseleff 28-30
☎(021) 3179106
⏰9:00〜19:00
休週一
料大人 10RON
　學生 5RON
沿著奇瑟夫大道Şoseaua Kiseleff北上，經過凱旋門，從赫洛斯特勒烏公園Parcul Herăstrău內右轉。

革命廣場 Piaţa Revoluţiei

Revolution Square　　　　　MapP.461-C3

1989年爆發民主革命時槍戰的舞台。廣場周圍是共和國宮殿Palatul Regal、舊共產黨本部、大學圖書館、雅典音樂堂。

作為總統府使用的共和國宮殿地下，有一條約80m的祕密地下通道。革命時期，支持西奧塞古的治安部隊利用這條地下道不斷出現，市民革命軍只能拚死對抗槍彈。直到此時，一般民眾才知道這條地下道的存在。周圍的建築因為抗爭被破壞殆盡，尤其是治安部隊駐守的大學圖書館，因為受到猛烈攻擊，大半的藏書都已經被燒毀。

舊共產黨本部
Fostul Comitet Central al Partidului Comunist

Former Central Committee of the Communist Party　MapP.461-C4

革命廣場中矗立的巨大白色建築，彷彿宣示當時共產黨的權力一般，給人很大的壓迫感。1989年12月22日，已故西奧塞古總統在這座建築的陽台對廣大群眾進行最後的演說之後，馬上搭乘屋頂的直升機展開逃亡。

建築物前方是為了紀念革命犧牲者的慰靈碑，至今獻花致意的人們仍然絡繹不絕。

克雷茲雷斯克教堂 Biserica Creţulescu

Cretulescu Church　　　　　MapP461-C4

革命廣場中18世紀建造的教堂，2座尖塔是典型的羅馬尼亞正教樣式。寂靜肅穆的教堂讓人忘記自己身在都市。在這樣的靜寂當中，虔誠祝禱的信徒絡繹不絕。玄關的天花板上，可以看到描繪審判善惡之神姿態的18世紀美麗濕壁畫。

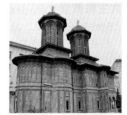

默默矗立於巨大建築中的教堂

凱旋門 Arcul de Triumf

Triumphal Arch　　　　　MapP.460-B1

紀念第一次世界大戰勝利而於1922年所建，起初是塗灰泥的木造建築，1936年由羅馬尼亞雕刻家們重新塗裝，才有現在的樣貌。從亨利科安德國際機場往市中心的巴士路上也看得到。

國立農村博物館 Muzeul Naţional al Satului

National Village Museum　　　　　MapP.460-B1

從羅馬尼亞各地的農村，搬運農家、教堂、水車等共計297棟建築做展示的戶外博物館。重現18〜19世紀各地的代表建築樣式，身為民俗藝文寶庫的羅馬尼亞魅力在這裡被完整呈現。可以實際進入幾間民家和教堂，深入了解當時人們的生活風俗。在館內逛一圈，就像是走過羅馬尼亞的各個地方。博物館商店販售民俗藝品、織品和原創唱片等等。

國立美術館 Muzeul Naţional de Artă

The National Museum of Art `MapP.461-C3`

　　面向革命廣場的部分共和國宮殿，現在作為美術館使用，無論質還是量都是羅馬尼亞具代表性的美術館。館內分成展示羅馬尼亞寶物和美術的羅馬尼亞國立展，以及展示歐洲美術的歐洲美術展，門票分開販售，也有共通票券。

　　羅馬尼亞的寶物包括金、銀的聖遺物盒、十字架和食器等等，讓人眼花撩亂。羅馬尼亞美術方面，收藏中世紀到現代的宗教美術、繪畫、雕刻品，尤其是宗教美術包含各地各時期的聖像作品，還有展現高超木雕技術的聖幛（放置於教堂內至聖所前的的屏風）等都非常值得一看。另外，也收藏羅馬尼亞近代繪畫3大巨匠 Ion Andreescu、Nicolae Grigorescu、Ștefan Luchian的代表作。歐洲美術方面則有林布蘭Rembrandt van Rijn、葛雷柯El Greco、魯本斯Peter Paul Rubens、克拉納赫Lucas Cranach der Ältere等大師作品，看點非常豐富。

羅馬尼亞國立歷史博物館
Muzeul Naţional de Istorie a României

National History Museum of Romania `MapP.461-C5`

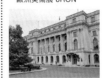
宮殿般的壯麗外觀

　　位在勝利大道Calea Victoriei南端的巨大博物館，建築內外充滿優雅風格，據說已故西奧塞古總統夫人經常在此舉辦舞會。展示品以古代達基亞人Dacians的珠寶和武器等遺跡出土文物為主，而中世紀到近代的民族服裝、寶石和陶器收藏也值得一看。

國立軍事博物館 Muzeul Militar Naţional

National Military Museum `MapP.461-A3`

　　一到入口處就可以看到歷代王公貴族的人像。在羅馬尼亞悠長的歷史中，曾經經歷多麼複雜又激烈的民族抗爭，來到這裡就可以深入了解。使用等身大的人像，具體重現與鄂圖曼帝國的交戰、第二次世界大戰等歷史上的戰鬥場面。另外戰場出土品和武器類的展示也非常用心，不過這裡只有羅馬尼亞文的解說。館內參觀的高潮是1989年民主革命的街頭對戰，可以從當時配發的傳單、戰死市民的遺物和照片等等，體會到戰況的激烈程度。

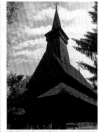
遷移到農村博物館前的馬拉穆列什木造教堂

◆國立美術館
⊠Calea Victoriei 49-53
TEL (021) 3133030
URL www.mnar.arts.ro
開夏季　　　11:00～19:00
　冬季　　　10:00～18:00
休週一・二
料共通票券15RON
　羅馬尼亞國立展 10RON
　歐洲美術展 8RON

過去曾是宮殿

◆羅馬尼亞國立歷史博物館
⊠Calea Victoriei 12
TEL (021) 3157056
開9:00～17:00
最後入場為休館前30分鐘
休週一・二
料大人 8RON
　學生 4RON

◆國立軍事博物館
⊠Str. Mircea Vulcănescu
125-127
TEL (021) 3195904
開9:00～16:00　休週一
料大人　　10RON
　學生　　2.50RON
　攝影機　50RON
　相機　　50RON

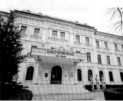
可以看到1989年革命後展示品的博物館不多

Theater & Concert Hall 🎵　布加勒斯特的劇場·音樂廳

　　布加勒斯特的戲劇和音樂會等藝文活動十分盛行，尤其是被稱作「布加勒斯特百老匯」的勝利大道Calea Victoriei，聚集許多年輕人的小劇場。雖然幾乎都是以羅馬尼亞語演出，但是享受氣氛也很不錯。

國家歌劇院 *Opera Română*
Map P.461-A4

⊠Bd. M. Kogălniceanu 70-72
☎(021) 3131857
演出歌劇和芭蕾舞蹈等等，多在18:30開演。

國立劇場 *Teatrul Național Bucureşti*
Map P.461-C4

⊠Bd. Nicolae Bălcescu 2　☎(021) 3147171
音樂會以及古典到現代的戲劇演出。

輕歌劇院 *Teatrul de Operetă*
Map P.461-C4

⊠Bd. Nicolae Bălcescu 2　☎(021) 3136348
可以輕鬆欣賞輕歌劇的劇院

雅典音樂堂 *Ateneul Român*
Map P.461-C3

⊠Str. Franklin 1-3　☎(021) 3156875
以古典音樂會為主。

歐德溫劇場 *Teatrul Odeon*
Map P.461-C4

⊠Calea Victoriei 40-42　☎(021) 3155053
深受當地年輕人喜愛。

諾塔拉劇場 *Teatrul Nottara*
Map P.461-C3

⊠Bd. G. Magheru 20　☎(021) 3174101
從古典作品到現代戲劇，劇本範圍廣泛。

✦ Hotel　布加勒斯特的住宿 ✦

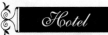

布加勒斯特　002＋40（羅馬尼亞國碼）＋21（去除0的區域號碼）＋電話號碼

Athénée Palace Hilton

★★★★★　客房數：272
Map P.461-C3

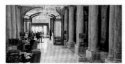

●就在雅典音樂堂旁的布加勒斯特最高級飯店，位處市區觀光的絕佳位置，室內泳池和三溫暖設備完善，右邊是採訪當時費用。

⊠Str. Episcopiei 1-3
☎(021) 3033777　FAX(021) 3152121
URLwww.hilton.com
S W755RON～　無早餐
CC A D J M V

Hotel Capitol

★★★　客房數：80
Map P.461-C4

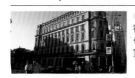

●女生一個人也可以放心的住宿場所。房間視野很好，單人房也是設置雙人床，室內整體十分寬敞。

⊠Calea Victoriei 29
☎(021) 3158030
FAX(021) 3124169
URLwww.hotelcapitol.ro
S €60～　W €70～　附早餐
CC M V

Hello Hotels

★★　客房數：126
Map P.461-A3

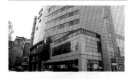

●從諾德車站徒步3分，房間雖然簡單但具功能性，分成標準房型和稍寬敞的舒適房型。可使用免費無線網路。

⊠Calea Grivitei 143
☎0372121800
FAX0372121801
S W €38～
附早餐
CC M V

Das President

★　客房數：85
Map P.461-A3

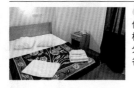

●諾德車站旁的人氣平價住宿，位置就在車站前很便利。因為價格便宜，房間也很簡單，但是十分整潔。無線網路雖然免費，但各個房間收訊狀況不一。

⊠Bd. Dinicu Golescu 29
☎(021) 3110353　FAX(021) 3110721
S85RON（浴室·廁所共用）
W120RON（浴室·廁所共用）
S120RON（附浴室·廁所）
W160RON（附浴室·廁所）　無早餐
CC M V

飯店名	地址・電話・FAX	費用・客房數	URL・e-mail／備註
Hotel Inter Continental Bucharest	**Map P.461-C4** ✉ Bd. Nicolae Bălcescu 4 TEL (021) 3102020 FAX (021) 3125162	⑤€120〜 Ⓦ€150〜 早餐另計 客房數：257 CC Ⓐ Ⓓ Ⓙ Ⓜ Ⓥ	URL www.intercontinental.com 面向大學廣場，觀光便利的位置。 ★★★★★
Howard Johnson Grand Plaza	**Map P.461-C3** ✉ Calea Dorobanților 5-7 TEL (021) 2015000 FAX (021) 2011888	⑤€140〜 Ⓦ€160〜 早餐另計 客房數：285 CC Ⓜ Ⓥ	URL www.hojoplaza.ro email sales@hojoplaza.ro 從羅馬尼亞廣場徒步2分，客房的最新設備頗受商務客好評。 ★★★★★
Pullman	**Map P.460-A1** ✉ Piața Montreal 10 TEL (021) 3183000 FAX (021) 3162550	⑤Ⓦ€205〜 早餐另計 客房數：203 CC Ⓐ Ⓓ Ⓙ Ⓜ Ⓥ	URL www.pullmanhotels.com email pullman@pullman.ro 位在世貿中心腹地內。 ★★★★
Ramada Majestic	**Map P.461-C4** ✉ Calea Victoriei 38-40 TEL (021) 3102772 FAX (021) 3102799	⑤240RON〜 Ⓦ290RON〜 附早餐 客房數：111 CC Ⓐ Ⓓ Ⓙ Ⓜ Ⓥ	URL www.ramadamajestic.ro email reservations@ramadamajestic.ro 位在許多店家林立的勝利大道上，房間窗戶大又舒適。 ★★★★
Minerva	**Map P.461-B2** ✉ Str. Gheorghe Manu 2-4 TEL (021) 3111155 FAX (021) 3123963	⑤€85〜 Ⓦ€95〜 早餐另計 客房數：149 CC Ⓓ Ⓙ Ⓜ Ⓥ	URL www.minerva.ro email reservation@minerva.ro 位在勝利廣場和羅馬尼亞廣場中間一帶的安靜住宅區。1樓的中餐館南京很有人氣。 ★★★★
Hotel Ambasador	**Map P.461-C3** ✉ Bd. G. Magheru 8-10 TEL (021) 3159080 FAX (021) 3123595	⑤€61〜67 Ⓦ€72〜78 附早餐 客房數：209 CC Ⓐ Ⓜ Ⓥ	URL www.ambasador.ro email hotel@ambasador.ro 馬蓋爾大道上的老飯店，在宮本輝的作品《多瑙河的旅人》當中有出現。 ★★★/★★★★
Euro Hotels International	**Map P.461-A2** ✉ Str. Gheorghe Polizu 4 TEL (021) 3179970 FAX (021) 3168360	⑤€60〜100 Ⓦ€70〜110 附早餐 客房數：151 CC Ⓜ Ⓥ	URL www.euro-hotels.ro（羅馬尼亞語） email reservations@euro-hotels.ro 距離諾德車站約500m，有舊館和新館，新館十分乾淨舒適。 ★★★
Umbrella Hostel	**Map P.461-B3** ✉ Str. General Christian Tell 21 TEL (021) 2125051 FAX 無	Ⓓ45〜55RON ⑤Ⓦ110〜150RON 附早餐 床數：32 CC 不可	URL umbrellahostel.com email booking@umbrellahostel.com 改裝羅馬尼亞王國時期歷史建築的民宿，浴室引進最新設備。

 Restaurant

布加勒斯特的餐廳

Caru'cu Bere

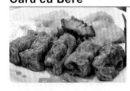

● 1879年開業的羅馬尼亞老餐廳，改裝後的店內氣氛好又熱鬧。午餐價格22.4RON，主餐價位約10〜40RON。

Map P.461-C4

✉ **Str. Stavropoleos 5**
TEL (021) 3137560
🕗 8:00〜24:00
週五・六8:00〜翌日2:00
休 無休
CC Ⓐ Ⓜ Ⓥ

La Mama

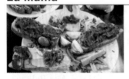

● 布加勒斯特高人氣的連鎖餐廳，可以用實惠的價格品嚐羅馬尼亞家常菜，從學生到上班族都非常喜愛。

Map P.461-C3

✉ **Episcopiei 9**
TEL (021) 3129797
URL www.lamama.ro
🕗 10:00〜24:00
休 無休
CC Ⓜ Ⓥ

Hanul Manuc

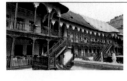

● 利用19世紀初亞美尼亞人建造，具歷史意義的驛站旅館所改裝。除了羅馬尼亞料理，還分成黎巴嫩料理和輕食咖啡部門。

Map P.461-C5

✉ **Str. Franceza 62-64**
TEL (021) 3131411
URL www.hanulluimanuc.ro（羅馬尼亞語）
🕗 7:00〜24:00
休 無休 CC Ⓐ Ⓜ Ⓥ

布拉索夫
★
布加勒斯特

布拉索夫 *Braşov*

URLwww.brasov.ro

如何前往布拉索夫

從布加勒斯特搭乘普通～IC，1日14班左右，所需時間3小時30分。從錫吉什瓦拉搭乘普通～IC，1日14班左右，所需時間2小時15分～3小時10分。從錫納亞搭乘普通～IC，1日14班，所需時間1小時30分～2小時。從布達佩斯(匈牙利)和維也納(奧地利)等地的國際列車也會停靠。

布拉索夫的①
Map P.469-A1
✉Piaţa Sfatului 30
TEL (0268) 419078
URLwww.ghid-brasov.ro
圖9:00～17:00
休週六‧日

附設於舊市政廳的歷史博物館中，可以索取布拉索夫的行程和住宿的介紹、地圖等等。

◆C.F.R.(國鐵旅行中心)
Map P.469-B1外
✉Bd. 15 Noiembrie 41
TEL (0268) 471018
圖8:00～19:00
休週六‧日

◆中央郵局
Map P.469-B1
✉Str. N. Iorga 1
圖週一～五 7:30～19:30
週六 8:00～13:00
休週日

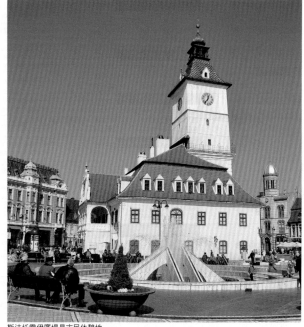

斯法托露伊廣場是市民休憩地

從布加勒斯特往北約170km，位在坦帕山Muntele Tâmpa和波斯特瓦魯山Muntii Postavarul山腳下的布拉索夫，是保留中世紀風情的美麗古都。搭纜車往坦帕山上走，可以俯瞰在綠色山谷中的中世紀古城。

布拉索夫於12世紀由德國人建設，再加上羅馬尼亞人、匈牙利人，整個城市便是經由這3民族之手而發展起來，與羅馬尼亞其他城市不同的是，布拉索夫的德國色彩特別濃厚。另外，布拉索夫也是德古拉傳說中的布蘭城Castelul Bran、周圍的要塞教堂和波依阿納布拉索夫Poiana Braşov等人氣觀光地的據點。

◆◆◆◆◆◆◆◆◆◆◆◆◆ 漫遊布拉索夫 ◆◆◆◆◆◆◆◆◆◆◆◆◆

火車站和巴士總站(Autogara)位在城市東北端，從車站前搭乘4號巴士到市中心約10分，看到左側的公園就表示到了市中心。搭計程車到市中心約5分，車資5RON。

中央公園旁的英雄大道Bd. Eroilor上除了Hotel Aro Palace，還有老牌飯店Capitol、電信局和美術館。從這條路延伸到市中心斯法托露伊廣場Piaţa Sfatului的共和大道Str. Republicii，是兩旁聚集咖啡館和餐廳的行人徒步區。

接著徒步走到稍微離開市中心的舊城區史凱區Şchei大約15分，如果只有觀光市區，走路就可以了。另外，一定要搭乘纜車

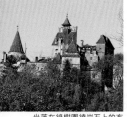

坐落在綠樹圍繞岩石上的布蘭城

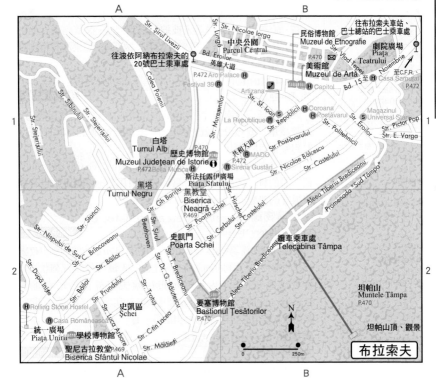

中央公園
Parcul Central

往波依阿納布拉索夫的
20號巴士乘車處

往布拉索夫車站、
巴士總站的巴士乘車處

民俗博物館
Muzeul de Etnografie

劇院廣場
Piaţa
Teatrului

美術館
Muzeul de Artă

白塔
Turnul Alb

歷史博物館
Muzeul Judeţean de Istorie

黑塔
Turnul Negru

黑教堂
Biserica
Neagră

斯法托露伊廣場
Piaţa Sfatului

史凱門
Poarta Schei

纜車乘車處
Telecabina Tâmpa

坦帕山
Muntele Tâmpa

要塞博物館
Bastionul Ţesătorilor

Rolling Stone Hostel

Casa Românească

統一廣場
Piaţa Unirii

學校博物館

史凱區
Schei

聖尼古拉教堂
Biserica Sfântul Nicolae

坦帕山頂、觀景

布拉索夫

到城市南側的坦帕山上看看，從山頂觀景台俯瞰的中世紀美景堪稱一絕。

前往近郊波依阿納布拉索夫的巴士乘車處，從英雄大道走到底就會看到。

◆◆◆◆◆◆◆◆◆◆◆◆◆ 布拉索夫的主要景點 ◆◆◆◆◆◆◆◆◆◆◆◆◆

黑教堂 Biserica Neagră

Black Church MapP.469-A1

矗立在市中心的是高約65m，外西凡尼亞地區Transilvania最大的後哥德式教堂，從14世紀後半到15世紀初，耗時80年建設完成。1689年遭受哈布斯堡軍隊攻擊，造成外牆焦黑而得名。教堂內可以看到1839年製造，擁有約4000根吹管和4段鍵盤的羅馬尼亞最大管風琴。另外，教堂的牆上到處都裝飾著15～18世紀土耳其製作的絨毯。

聖尼古拉教堂 Biserica Sfântul Nicolae

Church of St. Nicolae MapP.469-A2

位在市中心徒步約15分的史凱區Schei，屬於羅馬尼亞正教的教堂。14世紀建設當初還是小小的木造建築，後來經過改建成為現在的樣貌。教堂旁的古老建築，是1760年建造的羅馬尼亞最古老學校，並在這裡第一次使用羅馬尼亞語教學，現在則是展示古書籍的博物館。

◆黑教堂
⊠Piaţa Sfatului
圖夏季10:00～19:00
　冬季10:00～15:30　困週日
圍大人6RON 學生5RON

哥德式建築尖塔很顯眼的黑教堂

◆聖尼古拉教堂
⊠Piaţa Unirii 1-2
圖8:00～18:00
困無休　圍歡迎捐獻

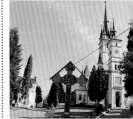
教堂前方的古老石板路，一片寧靜的風光

469

如何前往布蘭城

聖尼古拉教堂周邊被稱作史凱區，這是由於德國移民建城之時，原住民的羅馬尼亞人被迫遷移到此區。保留到現在的史凱門Poarata Schei就是用來與市中心做區隔，如果沒有特別許可，羅馬尼亞人是不能通過這道門往前的。

坦帕山 Muntele Tâmpa

Mt. Tampa	MapP.469-B2

聳立於城市東南方，海拔865m的坦帕山被定為自然保護區，搭乘纜車只要幾分鐘就能到山頂。山頂有規劃登山步道，可以看到家家戶戶登山的身影。

從觀景台可以俯瞰喀爾巴阡山脈Munţii Carpaţi山腰上如開花一般的紅褐色屋頂群，非常美麗，而山頂上的纜車站也有景觀很好的餐廳。

歷史博物館 Muzeul Judeţean de Istorie

County History Museum	MapP.469-A1

斯法托露伊廣場Piaţa Sfatului中央的是1420年建造的舊市政廳改建的博物館。高約60m的眺望塔上設置大鐘，萬一有任何狀況發生可以通知市民。內部展示布拉索夫和外西凡尼亞地區Transilvania的雕刻、美術品和歷史資料，可以深入了解歷史軌跡。雖然只有羅馬尼亞語的解說，但值得一看。

美術館 Muzeul de Artă

Art Museum	MapP469-B1

展示羅馬尼亞近代到現代的各種作品。1樓以現代美術的繪畫和最近照片為中心展示，2樓則是展示19世紀的雕刻、繪畫和銀製的聖像等等。

位於美術館旁邊的是民俗博物館Muzeul de Etnografie，館內可以看到穿著羅馬尼亞各地服裝的等身大人偶。紀念品區也非常豐富。

要塞博物館 Bastionul Ţesătorilor

Weaver's Bastion Museum	MapP.469-A2

位於坦帕山腳的16世紀要塞遺跡，現在成為了博物館，展示中世紀的武器、公會文物、貨幣和當時的布拉索夫城市模型等歷史資料。

◆◆◆◆◆◆◆◆◆◆◆◆◆從布拉索夫出發的小旅行◆◆◆◆◆◆◆◆◆◆◆◆

布蘭城 Castelul Bran

以「吸血鬼德古拉」的居所原型為人所知的布蘭城，位在布拉索夫西南26km之處，矗立在布切吉山Munţii Bucegi山麓的布蘭村Bran岩山上，為一座典型的中世紀城堡。

這座城堡是在1377年德國商人為了及早發現從瓦拉幾亞平原入侵的鄂圖曼軍隊所建。14世紀末，瓦拉幾亞大公弗拉德一世在此居住，德古拉吸血鬼的原型弗拉德三世Vlad Ţepeş（1431～1476）是他的孫子。拉德三世將鄂圖曼士兵用木棒穿刺排列，行為十分殘暴，穿刺公（Ţepeş在羅馬尼亞語中為穿刺之意）的別名也由來於此。

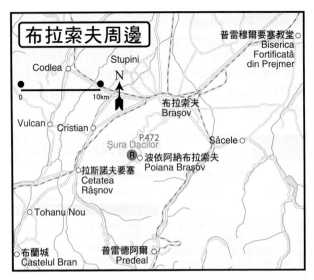

P.472

城堡當中有王的辦公室等許多房間，塔的最頂層可以俯瞰外西凡尼亞綠油油的風景。

城堡入口處是戶外村落博物館，可以用布蘭城共通門票入內參觀。這裡集結布蘭地區的古老民家和風車，15～20分鐘左右可以逛完。

拉斯諾夫要塞 Cetatea Râşnov

外西凡尼亞代表性的大要塞，位在布拉索夫往布蘭的路上約15km處的小山頂。拉斯諾夫要塞歷史悠久，為預防薩克遜等異族入侵所建，是15世紀最堅固的要塞之一。

防壁內側約可居住5000人，現在可以看到放置的損壞馬車和生活用品等等。

普雷穆爾要塞教堂 Biserica Fortificată din Prejmer

位在布拉索夫東北方約15km處的普雷穆爾村中，是世界遺產的外西凡尼亞地區要塞教堂群之一。

防壁高12m、厚度9m，特別的是防壁內部是擁有250間房的3層樓集合住宅，在其中幾間房可以窺見中世紀的守城生活。

要塞的攻擊系統也很優秀，槍孔（牆上的射擊窗口）設在防壁的上方，可以同時進行連續射擊，這個場面被稱為「死亡風琴」。

波依阿納布拉索夫 Poiana Braşov

位在布拉索夫往西南約13km處，喀爾巴阡山脈中的海拔約1000m的高原度假勝地。地點在波斯塔瓦魯魯山Masivul Postăvarul（海拔1799m）山麓，夏季是避暑勝地，冬天則是滑雪場吸引各地遊客，也有好幾間可以吃到美味鄉土料理的餐廳。要前往波斯塔瓦魯魯山頂可以搭乘纜車。

◆戶外村落博物館

⏰夏季

週二～日　9:00～18:00

週一　　　12:00～18:00

冬季

週二～日　9:00～16:00

🚫冬季的週一

💰大人 8RON　學生 2RON

如何前往 拉斯諾夫要塞

🚌從市區北側2km處的巴士總站Autogara 2，搭乘前往Moeciu de jos的巴士（途經布蘭）。中途如果看到RANSOV的招牌就要下車，下車後徒步約20分，從山麓入口到要塞有使用貨車改裝的觀光列車行駛，單程3RON。

◆拉斯諾夫要塞

☎(0268) 230002

⏰9:00～19:00　🚫無休

💰大人 10RON

　學生 5RON

如何前往 普雷穆爾要塞教堂

🚌市區北側2km處的巴士總站Autogara 2西側約500m，有一個Gara Bartolomeu車站，其前方的教堂旁每30分鐘有一班前往普雷穆爾的巴士，所需時間20分，週日停駛。

◆普雷穆爾要塞教堂

☎(0268) 362052

⏰夏季

週二～五　9:00～17:00

週六　　　9:00～15:00

冬季　　　9:00～15:00

🚫週日・一

💰大人 8RON　學生 4RON

世　界　遺　產

外西凡尼亞地區的要塞教堂村落

Situri săteşti cu Biserici fortficate din Transilvania

1993年、1999年登錄

特殊的樓梯設計

如何前往 波依阿納布拉索夫

🚌從英雄大道Bd. Eroilor西端的巴士站搭乘每30分鐘一班的20號巴士，所需時間約25分，單程3.50RON。

如何前往
普雷德阿爾

從布拉索夫出發，包括普通和IC，1日22班，所需時間約30～40分。

普雷德阿爾 Predeal

　位在布拉索夫以南約27km處，是海拔約1000m的滑雪度假地，人氣度與波依阿納布拉索夫並列，即使是12月到3月以外的非滑雪季節，來此避暑和享受森林浴的遊客依舊很多。城鎮中還有18世紀末到19世紀初建造的普雷德阿爾修道院Mânăstirea Predeal。

ℋotel ℛestaurant　　布拉索夫的住宿&餐廳

從台灣撥打電話　002＋40（羅馬尼亞國碼）＋268（去除0的區域號碼）＋電話號碼

Aro Palace
★★★★★　客房數：104　Map P.469-B1

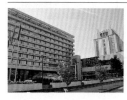

布拉索夫第一的高級飯店，如果是面山的房間，可以從大片窗戶欣賞美麗的景致，提供免費無線網路。同集團還有Capitol、Coroana等不同等級的連鎖飯店，可以依照自己的預算選擇。

⊠ Bd. Eroilor 27
TEL (0268) 478800
FAX (0268) 469228
URL www.aro-palace.ro
email arobv@aro-palace.ro
S €100～　W €120～　附早餐
CC A M V

Bella Muzica
★★★　客房數：23　Map P.469-A1

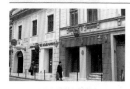

面對斯法托露伊廣場Piaţa Sfatului，改裝自400年前的建築，充分呈現古典氣氛。洞窟風的餐廳也很推薦，提供墨西哥和匈牙利料理。

⊠ Piaţa Sfatului 19
TEL&FAX (0268) 471956
URL www.bellamuzica.ro
email hotel@bellamuzica.ro
S 220RON　W 270RON
附早餐
CC A M V

Casa Samurai
客房數：12　Map P.469-B1外

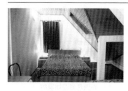

居住在布拉索夫的日本人所經營，親切的老闆提供觀光相關的洽詢。另外，車站和機場的接送服務、私人旅遊也很受歡迎。旁邊的民宿也是同一位老闆經營。

⊠ Petru Maior 12A
TEL (0268) 547162
FAX (0268) 547163
URL casasamurai.com
email brasov@casasamurai.com
S 140RON　W 170RON　附早餐
CC M V

Sirena Gustări
Map P.469-B1

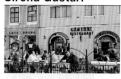

面對市中心熱鬧的斯法托露伊廣場，是平價的羅馬尼亞餐廳，露天座位具有開放感。

⊠ Piaţa Sfatului 14
TEL (0268) 469365
時 8:30～22:30
休 無休
CC 不可

Şura Dacilor
Map P.471

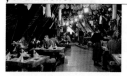

波依阿納布拉索夫的餐廳。內部擺設許多民俗藝品，充滿達基亞風格。店員的服裝也很有時代感，來這裡一定要品嚐鄉土料理。

⊠ Poiana Braşov
TEL (0268) 262327
FAX (0268) 262423
email www.suradacilor.ro
時 11:00～24:00　休 無休
CC M V

錫納亞 *Sinaia*

錫納亞 ★
布加勒斯特

如何前往錫納亞

從布加勒斯特搭乘普通和IC,1日14班,所需時間約2小時～3小時15分。從布拉索夫搭乘普通和IC,1日15班,所需時間約1小時～1小時30分。

從布拉索夫的巴士總站（Autogara）前方,有前往布加勒斯特的Maxi Taxi會停靠錫納亞車站。6:00～22:30每1～2小時一班,所需時間1～2小時。

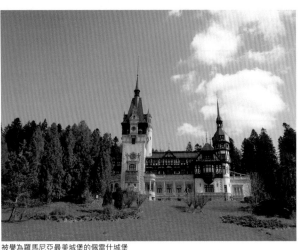

被譽為羅馬尼亞最美城堡的佩雷什城堡

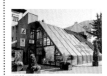

錫納亞的 ❶

錫納亞的 ❶
Map P.474-A1
✉ Bd. Carol I 47
☎ (0244) 315656
📧 office@infosinaia.ro
🕐 8:30～13:00
　 13:30～16:30
休 週六・日
　 工作人員英語流利,對周邊資訊也很了解。

　海拔2000m以上高山連綿的喀爾巴阡山脈**Munţii Carpaţi**呈現"つ"字形,跨越羅馬尼亞中央。從布加勒斯特**Bucureşti**往北約120km,被譽為「喀爾巴阡的珍珠」的錫納亞,被這座喀爾巴阡山脈圍繞,位在奇岩怪石聞名的布切吉山**Munţii Bucegi**山腰

　城市的歷史從17世紀錫納亞修道院成立開始,18世紀時作為布加勒斯特王公貴族的別墅地點而興盛,因此這裡有許多宮殿風的小宅邸,可以感受到和羅馬尼亞其他城市不同的風情。綠意盎然的錫納亞,夏天是避暑勝地、冬天則是滑雪勝地,一整年都有觀光人潮湧入。

◆◆◆◆◆◆◆◆◆◆ **漫遊錫納亞** ◆◆◆◆◆◆◆◆◆◆

　一出位在喀爾巴阡山脈中的錫納亞車站,正前方就是樹木圍繞的石頭階梯。走上階梯就會看到錫納亞的主要道路——卡羅一世大道**Bd. Carol I**,而❶、主要飯店、餐廳和咖啡館都集中在這條路上。從卡羅一世大道往**Str. Octavian Goga**大道走,徒步5～6分就是錫納亞修道院**Mănăstirea Sinaia**。從修道院後方的小路往前徒步15分就是佩雷什城堡**Castelul Peleş**。因為城市規模小,主要景點走路就可以看完。

◆◆◆◆◆◆◆◆◆◆ **錫納亞的主要景點** ◆◆◆◆◆◆◆◆◆◆

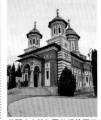

美麗大自然包圍的錫納亞修道院

錫納亞修道院 **Mănăstirea Sinaia**

Sinaia Monastery	MapP.474-B2

　紀念17世紀來訪的瓦拉幾亞大公**Cantacuzino**所建立的修道院。進門後正前方的新建築,是19世紀時由來自德國的羅馬尼亞國王卡羅一世**Carol I**所建。

◆錫納亞修道院
🕐 8:00～19:00
休 無休
💰 大人　4RON
　 學生　2RON

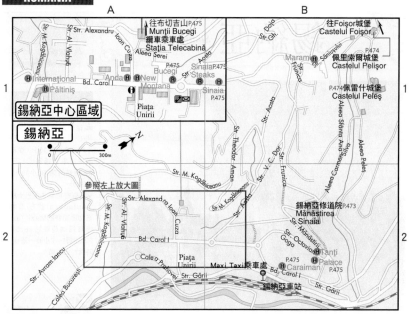

◆佩雷什城堡
只能跟團參觀
URLwww.peles.ro
圖5月中旬～9月中旬
　週二　　11:00～17:00
　週三～日　9:00～17:00
　9月中旬～5月中旬
　週三　　11:00～17:00
　週四～日　9:00～17:00
困週一、冬季的週二
圖大人　20RON
　學生　　5RON
※閉館前1小時停止入場

◆佩里索爾城堡
URLwww.peles.ro
圖5月中旬～9月中旬
　　　11:00～19:00
　9月中旬～5月中旬
　週三　　11:00～17:00
　週四～日　9:00～17:00
困週一、二、夏季的週三
圖大人　20RON
　學生　　5RON
※閉館前1小時停止入場

樹木圍繞的佩里索爾城堡

　　左側的古老建築，除了在17世紀末由Cantacuzino繼任者瓦拉幾亞大公Brâncoveanu所增建的玄關門簷之外，其他部分都完整保留當時樣貌，牆上的濕壁畫必定不能錯過。

佩雷什城堡 Castelul Peleş

Peles Castle MapP.474-B1

　　1875年卡羅一世耗時8年所建造的羅馬尼亞皇室夏宮，宮殿內部使用義大利文藝復興、巴洛克和洛可可樣式裝飾，外觀是使用哥德和德國文藝復興式的壯麗建築，坐落在美麗的廣大庭園中。宮殿內的房間多達160間，各房間以卡羅一世收集的繪畫、雕刻等藝術品、陶瓷器、金銀珠寶、中世紀武器裝飾。

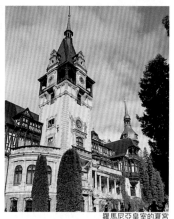

羅馬尼亞皇室的夏宮

佩里索爾城堡 Castelul Pelişor

Pelisor Castle MapP.474-B1

　　與佩雷什城堡相同位在腹地北側，是卡羅一世狩獵用的城堡。乍看外觀簡樸，內部裝飾著豪華的水晶吊燈和地毯，還有訪客用的寢室。從這裡沿著綠蔭小路走約100m，就可以從樹蔭中看見Foişor城堡。

布切吉山 Munţii Bucegi

Bucegi Mountains　　　　　　MapP.474-A1外

　　從錫納亞市中心坐纜車只要10分鐘，海拔2000m，眼前是連綿到天邊的喀爾巴阡山脈風景，但是春、秋兩季登上山頂，務必要準備禦寒衣物，而這一帶也是很適合滑雪的人氣滑雪地。從山頂車站再徒步約2小時30分，就可以登上布切吉山頂的奧姆峰Vârful Omu（海拔2507m）。登山途中還有另一台纜車。

◆前往布切吉山的纜車
　　從New Montana飯店後方的山麓站搭纜車COTA1400再轉搭COTA2000，所需時間約15分，每30分鐘一班。
圖9:00（夏季8:30）～19:00
休週一
費到COTA1400
單程	18RON
來回	31RON

到COTA2000
單程	32RON
來回	62RON

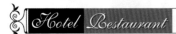

錫納亞的住宿&餐廳

從台灣撥打電話　002＋40（羅馬尼亞國碼）＋244（去除0的區域號碼）＋電話號碼

　　飯店大多聚集在火車站附近的卡羅一世大道Bd. Carol I，而離大道稍微遠一些，有許多利用昔日貴族宅邸改裝的民宿。

Palace
★★★★　客房數：150
Map P.474-B2

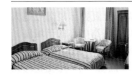

大廳就十分舒適有氣氛，客房也很整潔。豪華的附設餐廳口味頗受好評，大廳周邊可以使用無線網路。

⊠Str. Octavian Goga 4
TEL(0244) 312051　FAX(0244) 312067
URLwww.palace-sinaia.ro
emailrezervari@hotelsinaia.ro
S240RON～　W330RON～
附早餐　CC A M V

Sinaia
★★★★　客房數：240
Map P.474-B1放大圖

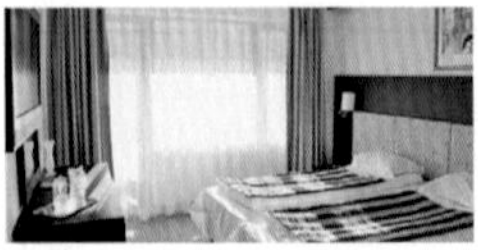

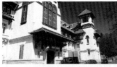

卡羅一世大道上的大飯店，團體客很多。館內有旅行社和健身房，附浴缸的房間也很多，提供免費無線網路。

⊠Bd. Carol I 8
TEL&FAX(0244) 302900
URLwww.hotelsinaia.ro
emailrezervari@hotelsinaia.ro
S215RON～　W370RON～
附早餐　CC M V

Caraiman
★★　客房數：70
Map P.474-B2

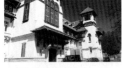

爬上車站前樓梯後過馬路，飯店就在正前方。室內寬敞舒適，1樓餐廳使用民俗風格裝飾。

⊠Bd. Carol I 4
TEL&FAX(0244) 311542
URLwww.palace-sinaia.ro
emailoffice@palace-sinaia.ro
S155RON　W205RON　附早餐
CC M V

Sinaia Steaks
Map P.474-A1放大圖

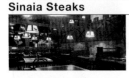

卡羅一世大道上的人氣牛排店，巨大鐵板就在入口附近烤，牛排之外的菜色也很豐富。

⊠Bd. Carol I 12
TEL(0244) 314690
圖週一～五9:00～24:00
週六・日9:00～翌日1:00
休無休　CC不可

Bucegi
Map P.474-A1放大圖

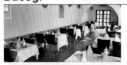

鄰近Hotel New Montana，菜單以鄉土料理和披薩為主，庭院是露天咖啡座。

⊠Bd. Carol I 22
TEL(0244) 313902
圖9:00～23:00
休無休
CC M V

錫吉什瓦拉
★
布加勒斯特

錫吉什瓦拉 *Sighişoara*

URL**www.sighisoara.org.ro**（羅馬尼亞語）

如何前往 錫吉什瓦拉

🚆從布加勒斯特搭乘快速～IC，1日7班，所需時間6小時10分。從布拉索夫搭乘普通～IC，1日14班，所需時間2小時30分～3小時20分。
🚌連結布拉索夫和布加勒斯特，1日約8班。

◆時鐘塔
Map P.476-A2
🕘9:00～15:30
休週一
💰大人　10RON
　　學生　2.50RON

世 界 遺 產

錫吉什瓦拉歷史地區
Centrul Istoric Sighişoara
1999年登錄

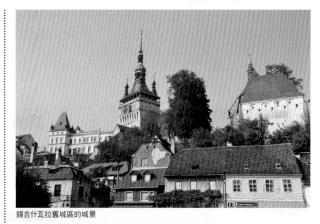

錫吉什瓦拉舊城區的城景

　　外西凡尼亞地區Transilvania的錫吉什瓦拉，是薩克遜人打造的要塞城市。以14世紀建造的時鐘塔為中心的舊城區，保留濃厚的中世紀氣氛，也登錄為聯合國世界遺產。

　　出生在這座城市最有名的就是布拉姆·斯托克Bram Stoker小說《吸血鬼德古拉Dracula》主角的原型——弗拉德三世Vlad Ţepeş，他的故居現在改建為餐廳。

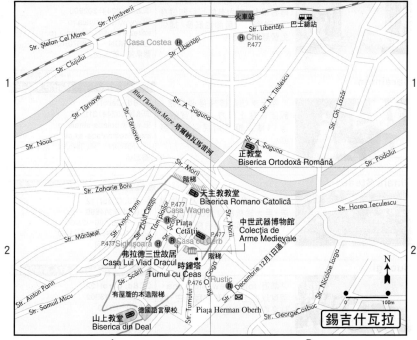

◆◆◆◆◆◆◆◆◆◆漫遊錫吉什瓦拉◆◆◆◆◆◆◆◆◆◆

火車站正前方是三角形屋頂的Hotel Chic，左側是近郊巴士來往的小型巴士總站（Autogara），從巴士總站直走Str. Nicolae Titulescu大道，就會看到白色圓頂的正教堂Biserica Ortodoxă Română。從這裡過橋再往南走，舊城區就位在山丘上，時鐘塔則是顯著的地標。

城牆圍繞的舊城區主要景點都在時鐘塔周邊。鐘塔現在是歷史博物館Muzeul de Istorie，周圍還有中世紀武器博物館Colecția de Arme Medievala。舊城區西南側的有屋簷階梯，可以通到山上教堂Biserica din Deal。

點燈後的時鐘塔

◆◆◆◆◆◆◆◆◆◆從錫吉什瓦拉出發的小旅行◆◆◆◆◆◆◆◆◆◆

別爾坦 Biertan

薩克遜人是12世紀時為了匈牙利王國的邊境防衛，而入住外西凡尼亞的德裔民族。薩克遜人為了防備異族入侵而將教堂要塞化，隨時為進入要塞長期防守做準備。現在有7處要塞教堂被

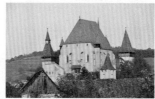

坐落村落中心的要塞教堂

登錄為聯合國世界遺產，其中有三道城牆防護的別爾坦教堂，因為十分堅固而為人所知。

如何前往別爾坦

從錫吉什瓦拉到別爾坦，有迷你巴士會到距離別爾坦8km遠的地方，但是往前就沒有大眾交通工具，沒有開車的話就無法抵達。可以在錫什瓦拉包計程車或飯店協助安排車輛。從錫吉什瓦拉到別爾坦的費用含參觀約80～120RON。
◆別爾坦的要塞教堂
開 10:00～13:00、
14:00～17:00
休 無休 費 6RON

世 界 遺 産

外西凡尼亞地區的要塞教堂村落
Situri săteşti cu Biserici fortficate din Transylvania
1993年、1999年登錄

𝓗otel 𝓡estaurant

錫吉什瓦拉的住宿&餐廳

從台灣撥打電話 002+40（羅馬尼亞國碼）+265（去除0的區域號碼）+電話號碼

Hotel Sighis,oara

★★★　客房數：33　**Map P.476-A2**

✉ Str. Şcolii 4-6
TEL&FAX (0265) 771000
email office@sighisoarahotels.ro
S 210RON　W 230RON　附早餐
CC M V
● 位在舊城區中心，觀光便利。飯店用歷史建築改裝別具風味，500年前的濕壁畫都還保留在會議室牆上，提供免費無線網路。

Casa Wagner

★★★　客房數：21　**Map P.476-A2**

✉ Piata Cetatii
TEL (0265) 506014　FAX (0265) 506015
URL www.casa-wagner.com
email office@casa-wagner.com
S €29～39　W €39～49　無早餐
CC M V
● 面向舊城區中心的廣場，改裝自19世紀建造的住家，客房使用古董家具重現當時氛圍。1樓餐廳和大廳可以使用無線網路。

Chic

客房數：8　**Map P.476-B1**

✉ Str. Libertăţii 44
TEL&FAX (0265) 1775901
URL www.sighisoara-tourism.com
email vilafranka@gmail.com
S W €19（浴室·廁所共用）
S W €24.50（附浴室·廁所）　無早餐
CC 不可
● 位在車站前，晚上抵達也很方便，房間價格會隨著電視等設備的有無細微變化。1樓是披薩屋也是Check-in櫃台，雖然營業到深夜，但晚到的話還是得事先聯絡。旁邊也有商店。

Casa cu Cerb

Map P.476-A2

✉ Str. Şcolii 1
TEL (0265) 774625　FAX (0265) 777349
URL www.casacucerb.ro
開 8:00～22:00　休 無休
CC M V
● 同名飯店附設的餐廳，可以在時尚的氣氛中享受外西凡尼亞的鄉土料理。葡萄酒種類也很豐富。

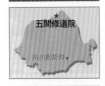

五間修道院

Cinci Mănăstiri din Bucovina

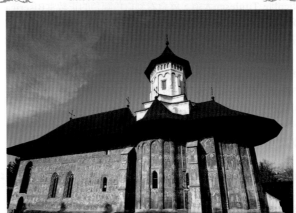

紅色彩漆很醒目的摩爾多瓦修道院

如何前往 五間修道院

　　不管要去哪一間都要從蘇恰瓦Suceava出發，前往蘇恰瓦的方式如下，路線參照各項。

✈ 從布加勒斯特的亨利科安德國際機場出發，1日1班

🚃 從布加勒斯特搭乘快速～IC，1日7班，所需時間6小時45分～7小時10分。

🚌 從布加勒斯特的Autogara Obor巴士總站出發，1日9班，所需時間7小時30分～9小時。

修道院的入場費用和開院時間
⏰8:00～19:00
💰每間各5RON
　相機 10RON

世 界 遺 産

摩爾多瓦地區的教堂群（五間修道院）
Biserici din Moldova
1993年登錄

「五間修道院」巡禮
　　1日遊行程只能租車或包計程車，或是請旅行社安排。計程車費約€60～，議價可能更便宜。從蘇恰瓦出發，想慢慢欣賞壁畫的話，大概預估要花9小時。

冬天的布科維納地區
　　布科維納地區有句話說「一年有一半16個月是冬天、夏天只有一天是星期五」，可見冬天漫長又寒冷。2月左右有些地方會因為積雪，導致車輛無法通行。

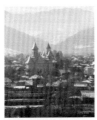

布科維納的雪景

　　16世紀初是摩爾多瓦公國的黃金時期，但是同時也是圍繞巴爾幹半島大國勢力擴張的時期。已經將外西凡尼亞地區Transilvania收為國土的鄂圖曼帝國對維也納展開侵略，奧地利帝國也併吞匈牙利，接著對外西凡尼亞虎視眈眈。

　　這時身為小國卻保持獨立的摩爾多瓦公國，在斯特凡三世Ştefan cel Mare～波格丹三世Bogdan al III-lea～彼得魯四世Petru Rareş等歷代明君的治理下，讓羅馬尼亞中世紀文化開花結果。這個地區保留至今的修道院可說是時代象徵，摩爾多瓦北部、布科維納地區Bucovina的修道院群中，有幾座在1993年登錄為聯合國世界遺產。

　　每間修道院的主要參觀重點便是鑲嵌於外牆上的鮮豔濕壁畫，與鄂圖曼帝國之間的戰爭、聖經的場面都變成色彩鮮豔的繪畫，這些濕壁畫在燦爛陽光照射下下更添美麗。

◆◆◆◆◆◆◆◆◆◆◆◆◆ 漫遊五間修道院 ◆◆◆◆◆◆◆◆◆◆◆◆◆

　　修道院散布在布科維納的山中，搭乘大眾交通很難抵達，巴士和火車一天也只有幾班，換車也很不便。想要參觀全部，至少要花上3天。

　　外牆上畫著濕壁畫的教堂在布科維納有8座，其中保存良好的被稱為「五間修道院」。

◆◆◆◆◆◆◆ 五間修道院的主要景點 ◆◆◆◆◆◆◆

蘇切維查修道院 Mănăstirea Suceviţa

Sucevita Monastery

　　完成於1586年的女子修道院，是「五間修道院」中占地最

廣、濕壁畫的狀態也保存得最好，但卻沒有列入世界遺產。進門後第一眼看到的是北面外牆上畫的《天國的梯子》、東面的《聖人傳》、南面的《耶西之樹》以及西面的《最後的審判》。

摩爾多維查修道院 Mănăstirea Moldoviţa

Moldoviţa Monastery

斯特凡三世Ştefan cel Mare之子彼得魯四世Petru Rareş於1532年所建，壁畫是為了向不識字的農民傳教所繪，比較特別的是南面牆上畫的是戰爭的場面。雖然以626年的波斯軍入侵為主題，但士兵的臉和裝備怎麼看都是土耳其風格，可以得知當時飽受鄂圖曼帝國的威脅。

阿耳伯爾修道院 Biserica Arbore

Church of Arbore

為摩爾多瓦公國的一位貴族所建，但因為建築樣式相同而被列為五間修道院之一。修道院完工於1503年，壁畫描繪《聖人們的生活》等等。

胡摩爾修道院 Mănăstirea Humorului

Humor Monastery

從蘇恰瓦Suceava往西約47km，位在Gura Humorului郊外約6km處。1530年時，由摩爾多瓦公國的Toader Bubuiog大臣夫婦所建，壁畫出自宮廷畫家托馬Toma等人之手於1535年完成，這也是「五間修道院」中唯一得知壁畫家姓名的修道院。

沃羅內茨修道院 Mănăstirea Voroneţ

Voroneţ Monastery

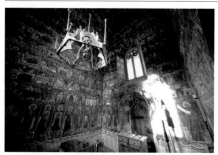

地點在與胡摩爾修道院正好相反的位置，中間隔著Gura Humorului城鎮，是沃羅內茨村最大的修道院。奉斯特凡三世之命，於1488年完成。西面的《最後的審判》是一大傑作，可以說僅僅為了這幅畫來到布科維納Bucovina都不為過。

普特納修道院 Mănăstirea Putna

Putna Monastery

1460年由斯特凡三世所建，包括教堂以及周圍的修士房，是典型的正教教堂男子修道院。因為教堂外牆上沒有濕壁畫，所以不被列入「五間修道院」中，也不是世界遺產。這裡還有斯特凡三世和其家族的墓園，教堂內牆有滿滿的濕壁畫，搖曳的燭光和莊嚴的聖像構成一幅夢幻的畫面。

如何前往蘇切維查修道院、普特納修道院

🚗🚌 從蘇恰瓦搭計程車到蘇切維查修道院是比較實際的做法，也可以搭巴士到勒德烏齊Rădăuţi的巴士總站（Autogara）（所需時間約1小時）再轉乘迷你巴士。到普特納修道院可搭乘往普特納的巴士坐到終點（所需時間約2小時50分）。從車站到修道院約2km，可以徒步或搭計程車。

如何前往摩爾多維查修道院

🚂 搭乘從蘇恰瓦出發往Vama的火車，在Vama下車（所需時間約2小時），接下來只能搭計程車。

如何前往阿耳伯爾修道院

🚌 因為沒有鐵路所以只能搭巴士，也有利用私家車行駛的共乘巴士，如果人數夠的話可以詢問目的地在哪裡。雖然有從勒德烏齊出發的班次，但1天只有1班，不能當天來回。

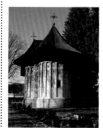

沃羅內茨修道院

如何前往胡摩爾修道院、沃羅內茨修道院

🚂🚌 從蘇恰瓦搭乘往Gura Humorului的火車，或是搭巴士在Gura Humorului下車（所需時間約1小時）。下車後北邊是胡摩爾修道院、南邊是沃羅內茨修道院，兩者都距離市區約5km。Gura Humorului到沃羅內茨修道院只能搭乘計程車，但是往胡摩爾修道院有共乘巴士行駛，在Best Western Bucovina Hotel旁發車。

羅馬尼亞　旅行關鍵字

打招呼

早安	Bună dimineața.
打招呼	Bună ziua.
你好（見面問候語）	Bună seara.
晚安	Noapte bună.
再見	La revedere.

回答

是	Da.
不是	Nu.
謝謝	Mulțumesc.
不客氣	N-aveți pentru ce.
拜託你了	Vă rog.
對不起	Vă cer scuze.

實用單字

廁所	toaletă
廁所使用中	toaletă ocupata
出發／抵達	plecare ／ sosire
大人／小孩	adult ／ copil
男／女	barbat ／ femeie
外幣匯兌	schimb valutar
收據	chitanța
逃生門	ieșire in caz de urgența
開館／休館	deschidere ／ închidere
入口／出口	intrare ／ ieșire
打開／關閉	a deshide ／ a inchide
時刻表	mersul ／ orar
車站	gară
機場	aeroport
飛機	avion
火車	tren
地下鐵	metrou
巴士	autobuz
計程車	taxi
地圖	hartă
銀行	banca
遊客中心	birou de informații
博物館	muzeu
票	bilet
醫生	doctor

右／左	dreapta ／ stânga
熱／冷	cald ／ frig
多／少	mult ／ puțin
好／壞	bun ／ rău
大／小	mare ／ mic
今天	azi
昨天／明天	ieri ／ mâine
上午／下午	dimineață ／ după amiază

數字

1	unu(una)
2	doi(două)
3	trei
4	patru
5	cinci
6	șase
7	șapte
8	opt
9	nouă
10	zece
11	unsprezece
12	doisprezece
13	treisprezece
14	paisprezece
15	cincisprezece
16	șaisprezece
17	șaptesprezece
18	optsprezece
19	nouăsprezece
20	douăzeci
30	treizeci
40	patruzeci
50	cincizeci
100	o sută
1000	o mie

星期

週一	luni	週二	marți
週三	miercuri	週四	joi
週五	vineri	週六	sâmbătă
週日	duminică		

月

1 月	ianuarie	2 月	februarie
3 月	martie	4 月	aprilie
5 月	mai	6 月	iunie
7 月	iulie	8 月	august
9 月	septembrie	10 月	octombrie
11 月	noiembrie	12 月	decembrie

詢問

這是什麼？	Ce?
你是誰？	Cine?
在哪裡？	Unde?
什麼時候？	Când?
幾點？	Cât este ceasul?
有幾個？	Câţi sunt?
距離多遠？	Cât este distanţa?
請問你叫什麼名字？	Cum te cheamă?
我的名字是～	Mă numesc ～ .
不知道	Nu vă înţeleg.
我想要～	Aş vrea ～ .
我想去～	Aş vrea să merg la ～ .

住宿

附近有便宜（不錯）的飯店嗎？
Îmi puteţi recomanda un hotel ieftin (bun) ～ ?

有空房嗎？	Aveţi camere libere?
一晚房價多少？	Cât costă o noapte?

有單人房（雙人房）嗎？
Aveţi o cameră cu un pat (două paturi)?

附衛浴設備	cu baie, toaleta
沒有熱水	Nu este apă caldă.

用餐

請給我菜單	Meniul, vă rog.
請給我～	Daţi-mi ～
很好吃	E foarte bun.
請結帳	Faceţi-mi nota va˘ rog.
礦泉水	apă minerală
咖啡	cafea

購物

請問找什麼？	Vă pot fi de folos?

不用沒關係，我只是看看
Nu, mulţmescu. Aruncam numai o privire.

多少錢？	Cât costâ ?

這個便宜／貴
Este ieftin. ／ scump.

有其他價位的商品嗎？
Este vreo diferenţa de preţ ?

郵政・電話・匯兌

郵局在哪裡？
Unde este oficiu poştal ?

請給我 5 張寄到台灣的郵票
Daţi-mi, vă rog, cinci timbre pentru Taiwan.

我想打電話到台灣
Aş vrea să dau un telefon pentru Taiwan.

～可以匯兌嗎？	Pot schimba ～ ?

糾紛、醫療

救命！	Ajutor !
小偷！	Tâlhar !
叫警察！	Chemaţi poliţia !

身體不舒服
Nu mă simt bine.

醫院在哪裡？
Unde este spital ?

可以給我～的藥嗎？
Îmi puteţi da ceva împotriva ～ ?

羅馬尼亞簡史

◆羅馬尼亞人的由來

羅馬尼亞的歷史，可以從西元前8世紀定居喀爾巴阡山脈Munţii Carpaţi和巴爾幹半島北部的印歐語系達基亞人Dacians開始說起，西元前1世紀初，布雷比斯塔Burebista建立了政治組織，被認為是羅馬尼亞的第一個國家。

西元106年，羅馬帝國的圖拉真大帝Trajan跨越多瑙河，征服達基亞人並將此地納為所屬。達基亞人融入羅馬社會後漸漸拉丁化，這也成為羅馬尼亞人的原型。

西元3世紀，西哥德人入侵，羅馬人被迫從達基亞撤退。從此時到13世紀，因為文獻資料的不足，長達1000年的羅馬尼亞歷史深陷迷霧之中。

到了14世紀，羅馬尼亞2個最初的獨立國家誕生，分別是奉匈牙利為宗主國的瓦拉幾亞公國，以及反匈牙利派的摩爾多瓦公國。

幾乎征服巴爾幹半島全區的鄂圖曼帝國，開始將手伸入兩公國。羅馬尼亞的諸公們雖然用盡各種辦法抵抗，最終仍然逃不過被統治的命運，必須上繳固定金額的貢金。吸血鬼德古拉的原型瓦拉幾亞大公弗拉德三世Vlad Ţepeş，以及在布科維納地區Bucovina建造沃羅內茨Mănăstirea Voroneţ等多處修道院的摩爾多瓦大公斯特凡三世Ştefan cel Mare，對於入侵的鄂圖曼帝國起身勇敢的對抗，是人們心中的民族英雄。

進入18世紀後，俄國推行南下政策，而於1768年向鄂圖曼帝國宣戰。俄國以保護基督教之名，干涉兩公國內政，利用兩公國作為多次俄土戰爭的踏板，最終在1853年的克里米亞戰爭中敗給鄂圖曼帝國。

◆近代誕生的統一羅馬尼亞

從俄國魔掌中逃出的兩公國，作為土耳其統治下的自治王國羅馬尼亞正式統一，首都設在布加勒斯特Bucureşti。1877年羅馬尼亞在對抗鄂圖曼帝國的戰爭中，加入俄國同盟奮力一戰。隔年1878年的柏林會議中，羅馬尼亞的完全獨立被認可，1881年卡羅大公宣布羅馬尼亞王國成立，即位為卡羅一世Carol I。

1914年爆發的第一次世界大戰，羅馬尼亞因為加入英、法、俄的協約國而贏得勝利，領土獲得擴張。1919年巴黎和約後，羅馬尼亞取得原為奧匈帝國屬地的外西凡尼亞地區Transilvania。

到了1930年代後，法西斯的組織「鐵衛團Garda de fier」趁著世界恐慌所造成的混亂暗中興起。國王卡羅二世Carol II採取獨裁制，親納粹的色彩逐漸變強。在第二次世界大戰中，羅馬尼亞以德國同盟的身分參戰。

◆第二次世界大戰後～西奧塞古政權崩壞

第二次世界大戰後蘇聯軍進入布加勒斯特，羅馬尼亞被納入蘇聯統治，得到蘇聯強大後盾的共產黨勢力，開始獨占內閣官員席位。1948年總書記德治Gheorghe Gheorghiu-Dej將黨名改為「勞動黨」，1952年頒布新憲法，宣布無產階級專政的羅馬尼亞共和國時代來臨。

1965年因為德治逝世，當時47歲的西奧塞古Nicolae Ceauşescu就任黨的總書記，將黨名恢復為共產黨。西奧塞古起初頗受人民愛戴，之後專制色彩漸趨濃厚。1974年石油危機時背負龐大外債的羅馬尼亞，為償還債務實施強勢出口經濟政策，但是以出口為主力的經濟體制導致嚴重的物料不足，對國民生活帶來嚴重壓迫。1980年代設置祕密警察，人們開始生活在恐怖政治的陰影下，而匈牙利裔居民也被高壓統治。

1989年12月，在蒂米什瓦拉Timişoara發生的匈牙利人牧師驅逐令，引發全國性的抗爭運動，戲劇化的革命活動在西奧塞古夫婦被處決後畫下句點。之後實施民主化，外交上致力於與西側國家的親近和關係的強化，2004年3月加入NATO，2007年1月加入歐盟。現在正面臨少數民族與經濟政策等各種議題的挑戰。

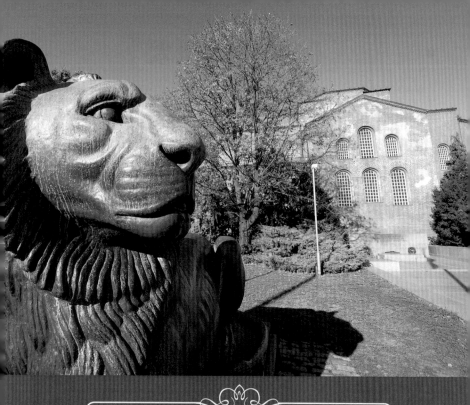

保加利亞
● Bulgaria ●

索非亞的聖索非亞教堂

保加利亞概要

保加利亞雖然是歐洲國家，卻瀰漫亞洲風情。保加利亞因為地處巴爾幹半島要衝而經常受到異族干涉，從14世紀後半開始被鄂圖曼帝國統治約500年，目前土耳其裔居民仍然很多，伊斯蘭教寺院和教堂並存的多元文化景觀，正是受到這樣的歷史背景所影響。

巴爾幹山脈Стара планина橫亙國土中央，境內充滿高山和丘陵，觀光資源也十分豐富。索非亞София近郊的里拉修道院Рилски Манастир是保加利亞正教堂代表性的修道院，修道院牆上的濕壁畫更是傑作。普羅夫地夫Пловдив舊城區中，有許多讓人印象深刻的民族復興時代樣式住家。被森林和山丘圍繞的大特爾諾沃Велико Търново，是保加利亞第二帝國的首都。另外還有玫瑰盛開的玫瑰谷Розовата Долина、黑海沿岸的度假勝地以及雪白的滑雪勝地，一整年都可以玩樂。

保加利亞除了以優格產地聞名，其他的魅力都還未為人所知。保加利亞生產的香水等物品所使用的玫瑰精油，在世界市場占有率就高達7成。

保加利亞人雖然沉默寡言又生性害羞，一旦認識就會非常親切地協助對方。老實真誠又有人情味被認為是保加利亞人的特性，來到這裡必然可以好好體驗一番。

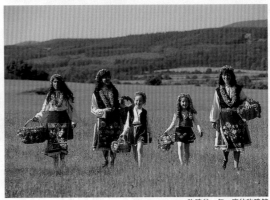

玫瑰谷一年一度的玫瑰節

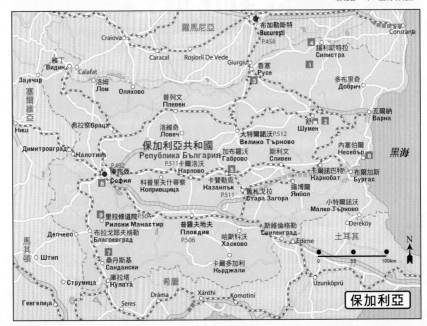

UNESCO的世界遺產

1 斯韋什塔里的色雷斯人墓
Свещарската Гробница

1982年在保加利亞北部斯韋什塔里所發現，西元前3世紀左右建造的色雷斯王墓。從古墓入口沿著細長的通路走就是國王與王妃長眠之地。周圍是守護棺木的10座女性人像，呈現當時高度優越的藝術性和文化性。
【交通】搭乘索非亞София往伊斯佩里赫Исперих的巴士，再轉乘計程車。

2 馬達拉騎士像
Мадарски Конник

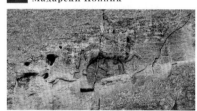

距離舒門往東約18km處的馬達拉高原，在高原陡峭的斷崖崖面上有一幅巨大騎士雕刻。關於這位帶著獵犬、手拿酒杯騎馬的勇士原型，說法眾說紛紜，其中最有力的說法是保加利亞傳說中的騎士Khan Tervel。但是騎士碑文上刻有保加利亞第一帝國Първо българско царство歷代君主的姓名，因此也被認為是8世紀左右製作。
【交通】從舒門Шумен搭乘巴士或火車約20分抵達馬達拉Мадара，再從馬達拉徒步約20分。

3 伊凡諾沃岩洞教堂
Ивановски Скални Църкви

位在保加利亞北部，洞窟內有一座13世紀中葉建造，名為「主之溪谷教堂」的教堂，可以看到內部鮮豔的濕壁畫。曾經有一段時期，這裡被視為聖地，建造了300多座禮拜堂和教堂，但是進入14世紀在鄂圖曼帝國統治下，教堂被棄置，一半以上都已經腐朽毀壞。
【交通】從魯塞Pуce搭計程車或跟團前往。

4 斯雷伯爾納自然保護區
Резерват "Сребърна"

鄰近羅馬尼亞，位於北部城市錫利斯特拉Силистра近郊的自然保護區。以斯雷伯爾納湖為中心的濕地中有著卷羽鵜鶘、金雕等超過100種瀕臨絕種珍貴鳥類棲息。1992年因為嚴重的自然破壞而被登錄為「瀕危世界遺產」，之後因為積極的保育活動而解除。
【交通】從索非亞搭巴士到錫利斯特拉Силистра，再轉乘巴士約30分。

5 卡贊勒克的色雷斯人墓
Казанлъшка Тракийска Гробница →P.511

發現於1994年的色雷斯人墓，內部有3個墓室，其中一室中保留西元前300年左右描繪的壁畫，色雷斯人Thracians的埋葬儀式和戰鬥場面色彩鮮豔，並被保存下來。實物被收藏在保存室，雖然有參觀限制，但是旁邊就有精製的複製品，忠實呈現原本樣貌。

6 內塞伯爾古城
Старият град Несебър

往黑海方向延伸，以長400m的細長道路與陸地連結的港都內塞伯爾Несебър，歷史悠久，色雷斯人約3000年前就開始居住於此。海洋圍繞的天然要塞是很有魅力的交易和戰略據點，從西元前5世紀希臘人入住以來，歷經羅馬帝國、前期拜占庭帝國和鄂圖曼帝國等的統治。
【交通】從布爾加斯Бургас搭乘巴士。

7 皮林國家公園
Националният Парк "Пирин"

海拔2914m的維赫倫峰Вихрен及其周邊的國家公園一帶被列入世界自然遺產，2010年時範圍又再擴大。約有70處冰河湖、小河流、瀑布、湖泊和溫泉散布在廣大的山岳地區，周圍是頗受矚目的度假山區，中心區域班斯科Банско觀光客也很多。
【交通】從索非亞前往班斯科約3小時，雖然在中央巴士總站也有發車，但是從Автогара Овча Купел巴士總站出發的車比較多。

8 波揚納教堂
Боянска Пъркова →P.500

從索非亞往西南方約8km，位在維多薩山Планина Витоша的山麓。雖說是一座教堂，因為擴建的緣故，由1048年建造的聖尼古拉教堂、1259年建造的聖潘提雷蒙教堂、1845年創建的第3教堂構成，每一座的內部都有精美的濕壁畫。

9 里拉修道院
Рилски Манастир →P.504

位在索非亞往南約65km，里拉山Рила深山中矗立的修道院，可以說是保加利亞正教的代表性修道院。這座修道院建於10世紀，14世紀因為國王庇護，讓修道院文化大放異彩。

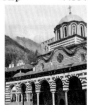

保加利亞基本資訊

▶旅行關鍵字
→ P.514～515

國 旗
白、綠、紅的三色旗

正式國名
保加利亞共和國
Република България

國 歌 Мила Родино（親愛的祖國）

面 積 11萬1000km²

人 口 752萬人（2010年）

首 都 索非亞 София

元 首
羅森・普列夫內利耶夫總統
Росен Плевнелиев

政治體制
共和制（2007年1月起加入歐盟）

民族構成
保加利亞人（南斯拉夫系）83.9%、土耳其人9.4%、羅姆人4.7%，還有阿爾美尼亞人、希臘人和羅馬尼亞人等等。

宗 教
保加利亞正教86.6%，還有伊斯蘭教等等。

語 言
官方語言是保加利亞語。飯店、餐廳還有如索非亞等的大城市，英語相對較流通,俄語、德語也能通。以東北部為中心，說土耳其語的人也很多。

貨幣與匯率

Лев

▶旅行預算與金錢
→ P.548

　保加利亞的貨幣單位是列弗Лев（複數為列瓦Лева），本書以Lv標示。與歐元掛鉤的固定匯率，2015年8月匯率，1Lv＝約台幣18.7元、€1＝約1.95Lv。較小的單位為斯托延基Стотинки，1Lv＝100斯托延基。

　紙 鈔 有100Lv、50Lv、20Lv、10Lv、5Lv、2Lv，硬幣有1Lv、50斯托延基、20斯托延基、10斯托延基、5斯托延基、2斯托延基、1斯托延加。

信用卡
　限於高級餐廳和飯店使用。

匯兌
　保加利亞語的匯兌稱作Обмяна（На Валута），市區的匯兌所招牌會用英文寫EXCHANGE，和匯率告示牌一起擺出來。匯兌基本上需要出示護照，也會開立匯兌證明（收據）。旅行支票雖然可以在銀行兌換，但須支付約5%的手續費。

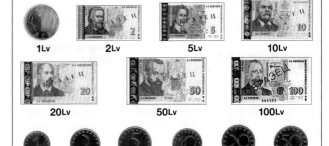

1Lv	2Lv	5Lv

10Lv

20Lv | 50Lv | 100Lv

1 斯托延加　2 斯托延加　5 斯托延加　10 斯托延加　20 斯托延加　50 斯托延加

如何撥打電話

▶郵政與電話
→ P.556

從台灣撥往保加利亞　　⑲ 撥往索非亞(02)1234567時

| 國際電話識別碼 002 | + | 保加利亞國碼 359 | + | 區域號碼（去除前面的0） 2 | + | 對方的電話號碼 1234567 |

簽證

觀光目的停留90天以內不需簽證。前往保加利亞的停留天數不計算於申根區域停留天數，停留保加利亞天數單獨計算。

護照

入境時護照效期必須超過6個月以上。

出入境

▶台灣出入境
→P.552

▶東歐國家出入境
→P.552

目前台灣沒有直飛保加利亞的航班，必須在周邊各國轉機。可以選擇維也納、巴黎、法蘭克福、米蘭、莫斯科和伊斯坦堡等城市，再轉乘前往索非亞的航班。

從台灣出發的飛行時間

▶從台灣前往東歐的交通
→ P.551

鐵路 從鄰國塞爾維亞、土耳其、羅馬尼亞和希臘都有火車班次前來。

巴士 從鄰近各國出發的班次很多，其中從土耳其出發的巴士更是開往保加利亞主要城市。除了索非亞София、普羅夫地夫Пловдив（土耳其語為Filibe）和瓦爾納Варна之外，土耳其裔居民居多的舒門Шумен也有很多班次。從布加勒斯特Bucureşti也有巴士開往索非亞和魯塞Pyce。雖然比火車快速，有時在跨越邊界時需要花費較多時間。

從周邊各國出發的交通

▶當地交通
→ P.553

從鄰近各國出發的主要直達火車

布加勒斯特（羅馬尼亞）～ 索非亞	每日2班	所需時間9～10小時
貝爾格勒（塞爾維亞）～ 索非亞	每日2班	所需時間12小時
伊斯坦堡（土耳其）～ 索非亞	每日1班	所需時間13小時
特沙羅尼基（希臘）～ 索非亞	每日3班	所需時間6～7 小時

從鄰近各國出發的主要長途巴士

史高比耶（馬其頓）～ 索非亞	每日5班	所需時間5小時
特沙羅尼基（希臘）～ 索非亞	每日2班	所需時間5～8小時
伊斯坦堡（土耳其）～ 索非亞	每日7班	所需時間15小時

與台灣時差為6小時，只要將台灣時間減去6個小時就可以。換言之，台灣6:00時，保加利亞則是同一天晚上0:00。夏令時間的話，時差則變為5小時。

夏令時間的實施期間，從3月最後一個週日的AM2:00（＝AM3:00）～ 10月最後一個週日的AM3:00（＝AM2:00）。

時差和夏令時間

以下是店家一般的營業時間。

銀 行

週一～五8:30～16:30，週六‧日休息。

百貨公司和商店

一般商店週一～五10:00～20:00，週六～13:00，週日和節日普遍休息。購物中心大部分10:00～21:00營業，無休。

餐廳

營業時間介於12:00～24:00之間，城市也有24小時營業的店家。

營業時間

從保加利亞撥往台灣 撥往 (02)1234-5678時

國際電話識別碼		台灣國碼		去除區域號碼最前面的0		對方的電話號碼
00	+	**886**	+	**2**	+	**1234-5678**

▶**保加利亞國內通話** 市內電話不需要撥打區域號碼，市外電話要從區域號碼開始撥打。

▶**如何撥打公共電話** 保加利亞的公共電話由VIVACOM經營，雖因行動電話普及，導致公共電話數量減少，但是郵局一定會有公共電話，也有販售電話卡。

氣　候

　　保加利亞整體上來說屬於大陸型氣候，但是以橫亙國土中央的東西向巴爾幹山脈為界，南北地區的氣溫和雨量有很大的差異。北部的冬季酷寒乾燥、夏季潮濕，南部受到地中海氣候影響而溫暖潮濕。

索非雅的氣溫和降雨量

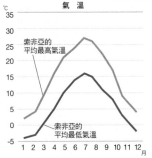

氣　溫

索非亞的平均最高氣溫

索非亞的平均最低氣溫

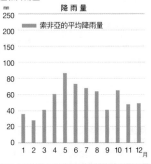

降雨量

■ 索非亞的平均降雨量

節日
（主要節日）

　　每年會異動的節日以（※）標示，要注意。

1/1		元旦
3/3		解放紀念日
4/5 ('15)	※	復活節（Великден）
4/6 ('15)	※	復活節後週一
5/1		勞動節
5/6		喬治日暨軍隊節
5/24		斯拉夫字母暨教育文化節
9/6		統一紀念日
9/22		獨立紀念日
11/1		文化偉人日
12/24～26		耶誕節

電壓與插頭

　　電壓為230V，頻率50Hz，插頭為C型（雙圓形插頭）。要在當地使用台灣的電器產品，需要攜帶變壓器和轉接插頭。

播放規格

DVD

　　保加利亞的電視和錄影規格為SECAM，台灣、日本或是美國則屬於NTSC，兩者並不相同，在當地購買的錄影帶或是DVD，通常無法用台灣的電器播放。而保加利亞的DVD區碼Region Code為2，也與台灣不同（台灣為3），因此也無法使用一般家用DVD播放器觀賞。

小費

計程車
　　以不找零當作小費。

餐廳
　　在高級餐廳用餐，對服務滿意時可以給消費金額的10％。

飯店
　　通常包含服務費所以不需要，如果有特殊要求可以付約1Lv。

廁所
　　車站和巴士總站的公共廁所（Тоалетна）基本上要收費，一次0.50Lv左右。付費會拿到衛生紙。入口會標示女廁（Жени）、男廁（Мъже）。蹲式馬桶方向與台灣相反。

自來水雖然可以喝，但因為水管老舊，水可能變得混濁。也有販賣礦泉水（Минерална Вода），500㎖約0.55Lv左右。有很多人會到集水場去取水。

飲用水

寫著大大的招牌ПОЩА的就是郵局，營業時間為週一～五8:00～18:00，週六日休息。

郵資

寄往台灣的航空郵件，20g以下的明信片、信件1.40Lv，大約1週左右可寄達。

郵政

▶郵政與電話
→ P.556

保加利亞的絕大多數商品會課徵20%的附加價值稅ДДС，基本上商品價格都是含稅，不需另外付稅金，但某些高級飯店會把住房費用和稅金分開收取。在

免稅購物店消費時只要準備好表單，經過申請手續可以退稅。

稅　金

除了首都索非亞София，魯塞Русе等地的邊境地區、觀光客較多的瓦爾納Варна等，以觀光客為目標的犯罪時常發生，必須特別注意。特別警戒地區為索非亞的國立文化宮殿Национален Дворец на Културата、聖尼達亞廣場пл. Св. Неделя、日本大使館附近的Hotel Pliska巴士站周圍、中央車站（中央巴士總站）周邊等等。

警察

警察稱為Полицай，穿著藍色系的制服。雖然有假警察，不過真正的警察即使要求出示護照，也不會要求出示錢包。

扒手

最容易發生的區域在索非亞市中心、中央車站、巴士總站周邊、路面電車和市區巴士車內。通常會有好幾個人包圍目標，製造混亂場面後，趁亂拿走包包或口袋裡的貴重物品。

安眠藥強盜

常見手法是在市區被搭訕，一起喝杯咖啡（或是吃餅乾）後失去意識，清醒時發現身上被搶奪一空。最近手法漸趨巧妙，即使提高警覺還是有很多人被騙。吃餅乾的時候，對方會先在面前拆封包裝再自己吃一塊使人安心，但其實是從包裝上方用針筒注入安眠藥。另外還有一種，起初不斷請客博取信任，最後再

一次騙走錢財的惡劣手法。總之，最好的辦法就是不要隨便接受陌生人的食物飲食。

假匯兌、假警察

聽到有人喊「CHANGE MONEY」，準備停下腳步交談時，假警察就會出現以「違法匯兌」為理由要求出示護照和現金，對方大多會在假裝點鈔時取走現金。

計程車

保加利亞的計程車規定車體要塗成黃色，並且要註明車資。每輛計程車車資不同，乘車前務必確認清楚車身的車資表。主要城市和邊境地區的計程車雖然都有標示車資，但某些惡質計程車會收取10倍的費用，或是將計程表改裝。另外，還有在付車錢時趁機抽走錢包，再把乘客趕下車逃逸的狀況發生，記得把電話號碼和車牌號碼記下來比較保險。

安全與糾紛

▶旅行糾紛與安全對策
→ P.560

警察・急救・消防 112

在保加利亞，未滿18歲禁止購買菸酒。

年齡限制

和台灣相同，距離以公尺，重量以公克、公斤，液體以公升計算。

度量衡

國內的移動方式

鐵路

保加利亞國鐵名為Бдж（Български държавни железници）。列車種類分為國際列車（M）、特快（E）、快速（Б）、普通（П）。

代表性的路線為①連接索非亞София和布爾加斯Бургас的路線（途經普羅夫地夫Пловдив或卡爾洛沃Карлово）②連接索非亞和瓦爾納Варна的路線（途經上奧里亞霍維察Горна Оряховица或卡爾洛沃）、從索非亞經過魯塞Русе（都會經過普列文Плевен）往羅馬尼亞的3個路線。如果不是搭乘主要幹線，不但班次減少，大多也只有普通列車。如果不在意這點的話，路線涵蓋範圍很廣，主要觀光地幾乎都有火車會到，發車時刻也都很正確。索非亞到普羅夫地夫的火車一天有很多班次，國際列車和特快車則需要事先預訂車票。

車廂內基本上是包廂形式，1等可坐6人、2等可坐8人。2等雖然常常很擁擠，但是在人少的1等車廂反而會遇到犯罪事件。Inter City列車2等車廂也很舒適。

保加利亞國鐵
URL **www.bdz.bg**

◆如何查詢火車時刻

車站內公布的時刻表，一半是往標示車站的出發時刻（Заминаване），另一半是往該車站的抵達時刻（Пристигане），站名皆用西里爾字母表示，建議把目的第車站的站名記一下比較好。

時刻表查詢
URL **razpisanie.bdz.bg**

◆如何購買火車票

除了國際列車售票處之外，售票窗口人員幾乎都不會說英語。字母拼音相對較普及，可以把目的地名稱寫在紙上交給售票員，或是說「Един билет до目的地站名моля（請給我1張到～的車票）」就行了。各地的國鐵據點受理的事務不同，有些可以預約購票、有些只能查詢時刻表。

另外班次較少的特快車或是地方城市，乘客會集中在同一班火車上。售票處常常大排長龍，如果發車時間快到才前往買票，恐怕會來不及搭車，最好前一天事先買好。

巴士

保加利亞國內包括Group、ETAP等巴士業者非常多，路線從索非亞到大特爾諾沃Велико Търново、舒門Шумен、瓦爾納和布爾加斯都有。各家的路線和費用差異不大。夏季會推出往黑海方向的臨時車班，大多有冷氣很舒適。雖然很多地方有火車，但是巴士班次較多，有時還比較快速抵達。另外，里拉修道院Рилски Манастир只有巴士通行，而且比火車安全也是一大優點。

◆如何購買巴士車票

如果購買首班車車票，要到名為АВТОГАРА的巴士總站購票，還要注意長途巴士一定要事先訂票才能搭乘。

住宿

首都索非亞的飯店很多，旅行社也會介紹飯店或私人房間，所以並不難找。在地方城市，高級飯店知名度高很好找，但是要憑路名和地址找中級飯店或廉價旅館就比較困難。因為都用西里爾文字標記，英語並不普及。

◆飯店

從5星到1星，用星級分類。一般來說即使是同等星級，位在首都的還是價位較高，到地方城市大多能用實惠的價格找到舒適的住宿。基本上都是以當地貨幣列弗支付費用，3星以上的飯店大多接受外幣付款（歐元或美金），也可以刷卡。

◆私人房間

一晚約€10左右，相當便宜，若是旅行社介紹的較安全且乾淨。住宿會交付

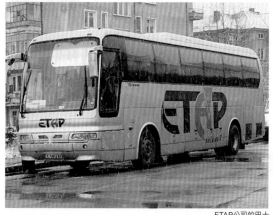
ETAP公司的巴士

房門和入口的鑰匙，大多沒有門禁時間。因為比起1星飯店便宜又舒適而頗受好評，到旅行社被介紹的機率很高。

另外，有時會在街上遇到主動提供房間的屋主，這時要先確認房間、價格和地點再決定。雖然被捲入糾紛的案例不多，但是碰到不滿意的機會也很大。

用餐

保加利亞料理和土耳其料理手法很類似，但是廣泛使用優格做調味、醬料是特色之一。

◆保加利亞代表料理

酸乳湯 Таратор

以優格為基底，放入切片小黃瓜的冷湯，可用大蒜做調味。

內臟湯

Шкембе Чорба

湯頭用內臟熬，放入很多大蒜和醋，味道很獨特。這道料理不是人人能夠接受。

Shopska沙拉

Шопска Салата

說到保加利亞的沙拉就是它，切成條狀的蔬菜上放大量的羊起司粉。

肉腸 Кебапче

把豬肉或羊肉絞碎，再捏成長條狀火烤，常見於路邊攤，特色是濃濃的香草味。

肉丸 Кюфте

食材與肉腸大致相同，差別在於捏成球狀再烤。有些會在裡面放起司，路邊攤還會以三明治的形式販賣。

Кавърма

肉類和蔬菜一起炒，是保加利亞的代表性料理。通常也會放在砂鍋裡烤，每間店的調味和材料都小有不同。

◆保加利亞的酒

葡萄酒以「梅爾尼克 Мелник的紅酒」聞名世界，其他還有哈斯科沃Хасково的紅酒和舒門Шумен的白酒都很受歡迎。餐前酒方面，用李子釀造的蒸餾酒Сливова Ракия很常飲用。

資訊收集

◆遊客中心

主要觀光地都有設置遊客中心，工作人員普遍會說英語，提供免費的情報誌和地圖等等。不過沒有遊客中心的城市還是很多，有的僅在夏季營業，這時飯店的免費英語情報誌就成為重要的資訊來源。

實用資訊

【緊急時】

●醫院

Tokuda Hospital Sofia（索非亞德田醫院）

⌧бул. Никола Й. Валцаров 51Б

（Bul. Nikola Vaptsarov）

℡(02)4034000　URLwww.tokudabolnica.bg

🕐7:30～19:30（週六8:00～14:00）　困週日

Pirogov

⌧бул. Тотлебен 21（Bul. Totleben）

℡(02)9154411

URLwww.pirogov.bg（保加利亞語）

🕐24小時　困無休

【駐外館處】

保加利亞沒有台灣的駐外代表處，而是由駐希臘代表處兼管。

●駐希臘代表處

Taipei Representative Office in Greece

Посолство на Япония

⌧57, Marathonodromon Avenue, 15452

　Paleo Psychico, Athens, Greece

℡(002-30) 210-677-6750

℡(002-30) 6951853337（急難救助電話，專供如車禍、搶劫、有關生命安危緊急情況等緊急求助之用，非急難重大事件請勿撥打）

【其他】

●中央郵局　　　　　　　　　Map P.495-B4

⌧пл. Ген. Гурко 6（ul. Gen. Gurko）

URLwww.bgpost.bg（保加利亞語）

🕐7:00～20:30　困無休

●DHL（國際快遞）　　　　　Map P.495-C4

⌧бул. Васил Левски 93-А

　（Bul. Vasil Levski）

℡(02)9882309　URLwww.dhl.bg

🕐週一～五　9:00～12:30、13:00～17:30

　週六　　　10:00～14:00　困週日

【航空公司】

●保加利亞航空

　　　℡(02)4020400　　URLwww.air.bg

●俄羅斯航空　　　　　℡(02)9621001

●義大利航空　　　　　℡(02)9802212

●法國航空　　　　　　℡(02)9397050

●奧地利航空　　　　　℡(02)8060001

●TAROM（羅馬尼亞）　℡(02)9331055

●土耳其航空　　　　　℡(02)9883596

●英國航空　　　　　　℡(02)9547000

●漢莎航空　　　　　　℡(02)9304242

　　　　　　　　　　　（皆位於索非亞）

★索非亞

索非亞 *София*
(Sofia)

info-sofia.bg

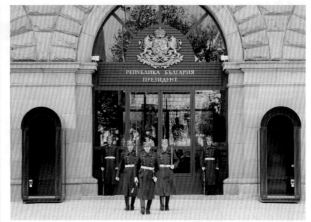

總統官邸前每個整點舉行的衛兵交接儀式

保加利亞人的手勢

一般來說保加利亞人表示肯定時會搖頭、否定時會點頭，也就是說和台灣人正好相反。雖然會說英語的人大多會配合外國人，但要小心別搞混！

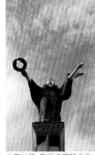

市區地標，聖索非亞記念像

◆索非亞機場

航班洽詢

TEL (02) 9372211～3

URL www.sofia-airport.bg

搭計程車從機場前往市區

在入境大廳的計程車窗口申請，到市中心費用約10～15Lv。

但是機場到市中心的計程車上，時常發生乘客被搶錢的意外。計程車窗口和下車時司機要求的費用相差好幾倍，所以最好是在乘車前直接詢問司機比較清楚。

◆機場內的計程車公司

OK Supertrans

TEL (02) 9732121

中央巴士總站也有計程車窗口。

保加利亞西部，巴爾幹半島近中心位置的首都索非亞，是一個人口149萬人，位在維多薩山 Планина Витоша 山麓海拔550m的高原城市。在歐洲各國的首都中，高度僅次於西班牙的馬德里。北為巴爾幹山脈 Стара планина、南為維多薩山、西為留林山留林，群山環繞，以清澈好喝的好水聞名。地理上是連結得里亞海和黑海的交通要衝，自古以來貿易興盛。

城市的歷史可以追溯到西元前7世紀，古代色雷斯人 Thracians 建城，直到西元後的羅馬時期的舊名為塞爾迪卡 Serdica。7世紀時斯拉夫人改名為 Sredets，11世紀的拜占庭帝國又改成 Triaditsa，到了14世紀才有了現在索非亞的名稱，其名稱來自市中心的聖索非亞教堂。

索非亞的市區以聖尼達亞廣場 пл. Св. Неделя 為中心，道路呈現放射狀的棋盤式，好比一座巨大的迷宮。市區可以看到基督教的教堂還有伊斯蘭教的清真寺，充滿東西方混合的文化氣息。

抵達索非亞後前往市區

✈ 搭乘飛機抵達

從歐洲抵達的轉乘或直飛班機會抵達索非亞機場。

●索非亞機場

Летище София / Sofia Airport

位在距離市中心東南方約10km處，機場有2座航廈，依照搭乘的航空公司區分。

第2航廈以保加利亞航空為首，有漢莎航空、奧地利航空、法

國航空、俄羅斯航空和義大利航空等大型航空公司起降。第1航廈有Easyjet和Wizz Air等廉價航空公司，2座航廈之間可以搭乘免費迷你巴士（7:00～18:00每30分一班、18:00之後視需求為主）。

◆**如何從機場前往市區**◆

第1航廈有84號巴士、第2航廈則有84號和384號巴士可以搭乘，所需時間約30分，每15～30分一班，行駛到最後航班時間之後。往市區單程票價1Lv，可以在車上購票。攜帶大件行李（60 X 60 X 40cm）時，每件行李都需要購票。搭乘84號在鷹橋廣場пл. Орлов мост、384號巴士在бл. 6 ж.к. Младост 1街下車，就可以轉乘地下鐵M1線。從市區往機場的巴士站，位在索非亞大學Софийски университет前的沙皇解放者大道бул. Цар Освободител（Map P.495-C4）上，每15～30分一班。地下鐵M1線於2014年延伸至機場。

🚆 搭乘火車抵達

國際列車和國內列車都會抵達索非亞中央車站Централна жп Гара София。搭乘地下鐵M2線到市中心聖尼達亞廣場пл. Св. Неделя只有2站，在塞爾迪卡2站Сердика 2下車。

🚌 搭乘巴士抵達

市區的主要長途巴士總站有3個。

中央車站斜對面的中央巴士總站Централна Автогара主要有開往瓦爾納Варна、布爾加斯Бургас、大特爾諾沃Велико Търново、舒門Шумен和魯塞Русе等國內地方城市的巴士和國際巴士。國際巴士和部分國內線停靠的塞爾迪卡巴士

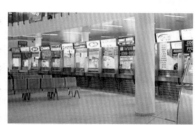
一整排的巴士公司售票櫃台

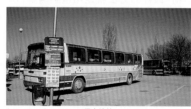
Автогара Овча Купел巴士總站

總站Автогара Сердика在中央車站正對面，中央巴士總站也在旁邊。這2座巴士總站和中央車站一樣，轉乘地下鐵很方便。

開往里拉修道院Рилски Манастир、班斯科Банско、布拉戈耶夫格勒Благоевград方向的巴士，則在索非亞市區西南方的Автогара Овча Купел巴士總站上下車。從市中心搭乘5號路面電車約20分，搭計程車約5～6Lv。

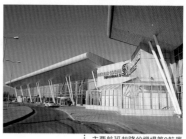
主要航班起降的機場第2航廈

◆**索非亞中央車站**
Map P.495-A1
✉бул. Кн. Мария Луиза（bul. Kn. Maria Luiza）
☎(02) 9311111

陸地上的玄關索非亞中央車站

要事先預訂國際列車票就到Рила（Rila）
①索非亞中央車站站內
Map P.495-A1
☎(02) 9323346
②市中心
Map P.495-B4
☎(02) 9870777
③國立文化宮殿（NDK）的地下
Map P.495-A5
☎(02) 9658402
◆**中央巴士總站**
Map P.495-B1
✉бул. Кн. Мария Луиза 100（bul. Kn. Maria Luiza）
☎0900-21000
🌐www.centralna avtogara.bg

中央巴士總站

◆**塞爾迪卡巴士總站**
Map P.495-B1
✉бул. Кн. Мария Луиза（bul. Kn. Maria Luiza）
◆**Автогара Овча Купел 巴士總站**
Map P.495-A4外
✉Овча Купел（Ovcha Kupel）

493

計程車車身都是黃色

地下鐵車站附近的遊客中心

索非亞的市區交通

◆關於大眾運輸和車票◆

索非亞市區的大眾運輸包括路面電車（Трамвай）、巴士（Автобус）、無軌電車巴士（Тролейбус）、地下鐵（Метро）。詳細路線圖可以到書店或小賣店購買市區地圖（4～5Lv）或上交通局網站（URLwww.sofiatraffic.bg）查詢。

營運時間都在5:30～23:00左右，路面電車、巴士、無軌電車巴士的車票（билет）共通，單次1Lv，回數票10張8Lv，在車站附近的售票處和小賣店都買得到。售票處的營業時間大多在7:00～18:30，但並非每個巴士站都有，最好事先把車票準備好。路面電車和無軌電車巴士的車票可以在車上的自動售票機購買，地下鐵車票在驗票口旁的窗口購買，單次1Lv。

稱為КАРТИ的套票，1日券4Lv，包含地下鐵在內所有大眾運輸工具都可以使用。另外，攜帶大件行李（60 X 60 X 40cm）需要多買一張車票。

上車後，乘客要到柱子或窗邊的黃色打洞式驗票機自己打洞，偶爾車掌會前來查票，檢查乘客是否有購票或打洞。每輛車打洞位置都有些許不同，如果作弊馬上會被發現，罰金20Lv，使用КАРТИ則不需要打洞。

●計程車 Такси

很多司機會因為是外國人，就故意哄抬價格，如果不想當冤大頭，可先向飯店或旅行社確認清楚正常的車資。以OK Supertrans公司（→P.492邊欄）為例，車資0.79LV/km（夜間0.90Lv/km，電話叫車加價0.70Lv）。計程表左側數字1代表白天、2代表夜間。另外，有些司機會故意把計程表關掉或調快。

搭車時需要特別注意的地點是索非亞中央車站、Sofia Hotel Balkan、購物中心ЦУМ周邊，這邊候客的計程車有可能哄抬價格，最好的方法就是用電話叫車。司機大多不懂英語，記得明確告知目的地。

◆◆◆◆◆◆◆◆◆ 漫遊索非亞 ◆◆◆◆◆◆◆◆◆

走出索非亞中央車站，正對面是國際巴士起訖的塞爾迪卡巴士總站Автогара Сердика，其右邊就是中央巴士總站Централна Автогара。站前的大馬路бул. Кн. Мария Луиза一路延伸約1km至聖尼達亞廣場пл. Св. Неделя，地下鐵路線也是沿著這條路前進。地下鐵的路線不斷延伸，漸漸取代原先的路面電車和巴士，成為主要的市區交通工具。

聖尼達亞廣場是地下鐵、路面電車、巴士的起點，也是索非亞的中心。廣場中央露出頂端的是聖佩特卡地下教堂Храм Св. Петка，教堂周邊的地下道有許多紀念品店和咖啡館，每天都很熱鬧。地下道對面的是飯店Sofia Hotel Balgan，旁邊就是聖尼達亞教堂Катедрален храм Св. Неделя，教堂前的廣場上總是有街頭藝人、花販和攤販等等，聚集大批人潮。

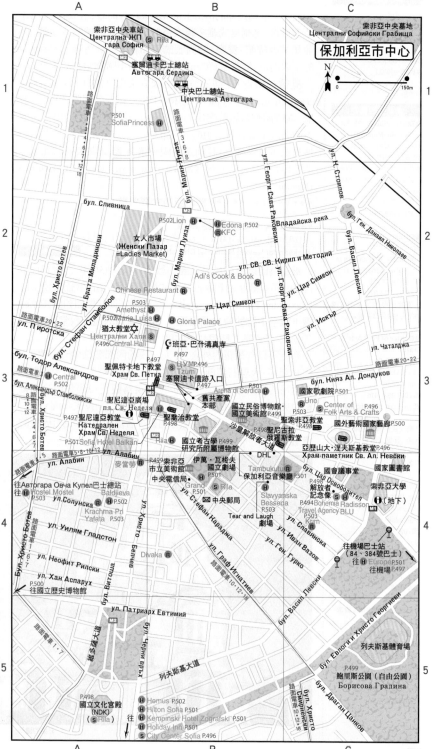

保加利亞市中心

N

0   150m

A   B   C

索非亞中央車站
Централна ЖП
гара София
（S Rila）

塞爾迪卡巴士總站
Автогара Сердика

中央巴士總站
Централна Автогара

索非亞中央墓地
Централни Софийски Грабища

P.501
SofiaPrincess

路面電車
3・6・8・18

бул. Сливница

P.502Lion
Edona P.502
KFC

女人市場
（Женски Пазар
=Ladies Market）

ул. СВ. СВ. Кирил и Методий

Adi's Cook & Book

Chinese Restaurant

ул. Цар Симеон

P.503
Amethyst
P.502Maria Luisa
Gloria Palace

猶太教堂
Централни Хали
P.496Central Hall

班亞·巴什清真寺

P.497
ЦУМ P.496
Tzum

聖佩特卡地下教堂
Храм Св. Петка

舊共產黨
本部

Arena di Serdica P.501

P.497
聖尼達亞廣場
пл. Св. Неделя

聖喬治教堂
P.498

P.497聖尼達亞教堂
Катедрален
Храм Св. Неделя

Sofia Hotel Balkan

ул. Алабин

索非亞
市立美術館

國立考古學
研究所附屬博物館
P.499

伊萬·瓦梭夫
國立劇場
P.501

中央電信局

Grand
P.501
Rila

бул. Ген. Данаил Николаев

Владайска река

бул. Васил Левски

бул. Георги Сава Раковски

ул. Искър

ул. Чаталджа

路面電車 20・22

бул. Княз Ал. Дондуков

國立歌劇院 P.501
Uno
Center of
Folk Arts & Crafts P.496
P.503

國立民俗博物館・
國立美術館 P.499

聖尼古拉
俄羅斯教堂

沙皇解放者大道

DHL

Tambukutu P.499

保加利亞音樂廳 P.501

國外藝術國家藝廊

亞歷山大·涅夫斯基教堂 P.496
Храм-паметник Св. Ал. Невски

國家會議事堂

P.499 бул. Цар Освободител

解放者
記念像

索非亞大學
（地下）

國家圖書館

索非亞大學

中央郵局

Slavyamska
Besseda P.494

Tear and Laugh
劇場

Bohemia Radisson
Travel Agency BLU

Kum

ул. Славянска

ул. Иван Вазов

ул. Ген. Гурко

往機場巴士站
（84・384號巴士）
往

Europe P.501

往機場 P.497

бул. Ген. Гурко

бул. Христо Ботев

бул. Брата Миладинови

бул. Стефан Стамболов

бул. Тодор Александров

бул. Александър Стамболийски

Central
P.502

往Автогара Овча Купел巴士總站
往
Hostel Mostel
P.503 Baldjieva
ул. Солунска
Krachma Pri
Yafata P.503

ул. Пиротска

ул. Алабин

麥當勞

P.499

ул. Стефан Караджа

P.502

ул. Уилям Гладстон

ул. Неофит Рилски

ул. Хан Аспарух

P.500
往國立歷史博物館

Divaka

бул. Христо Ботев

бул. Черни връх

бул. Витоша

ул. Граф Игнатиев

ул. Патриарх Евтимий

列夫斯基大道

索多爾大道

國立文化宮殿
（NDK）
（S Rila）

Hemus P.502
Hilton Sofia P.501
Kempinski Hotel Zografski P.501
Holiday Inn P.501
City Center Sofia P.496

列夫斯基體育場

бул. Евлоги и Христо Георгиеви

P.499
鮑里斯公園（自由公園）
Борисова Градина

бул. Васил Левски

бул. Драган Цанков

бул. Христо Смирненски

路面電車
10・12・18

A   B   C

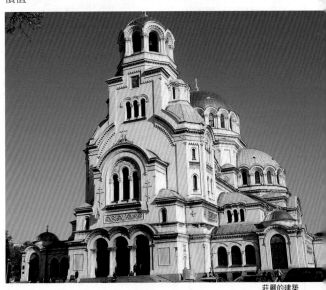

◆中央電信局

Map P.495-B4

✉ ул. Ген. Гурко 4
(ul. Gen. Gurko)

☎(02) 9802220

🕐8:00～19:00
（日10:00～16:00）

休週日

索非亞的購物

Ⓢ Tzum　Map P.495-B3

✉ бул. Кн. Мария Луиза 2
(bul. Kn. Maria Luiza)

☎(02) 9260700

🕐週一～六　10:00～21:00
週日　　　11:00～20:00

休無休

老字號百貨公司，許多人氣高級品牌進駐。

Ⓢ Central Hali

Map P.495-B3

✉ бул. Кн. Мария Луиза
(bul. Kn. Maria Luiza)

☎(02) 9176106

🕐7:00～22:00左右

開設於歷史建築中的購物中心，食品種類豐富。

Ⓢ Center of Folk Arts & Crafts

Map P.495-C3

✉ ул. Париж 4
(ul. Parizh)

☎(02) 9896416

URL www.craftshop-bg.com

🕐9:30～18:30　休週日

國立民俗博物館所營運的商店。有民族服裝、陶器、繡織地毯、玫瑰精油等，種類相當豐富。

Ⓢ City Center Sofia

Map P.495-A5外

✉ бул. Арсеналски 2 (bul. Arsenalski)

☎(02) 8657285

🕐10:00～22:00 休無休

內有100間以上商店和電影院進駐的大型複合式購物中心，可以搭乘6號路面電車抵達。

◆亞歷山大・涅夫斯基教堂

🕐7:00～19:00左右

休無休　費免費

◆地下聖像博物館

☎(02) 9815755

🕐10:30～17:30

休週一

費大人6Lv　學生3Lv
面向教堂左側。

從中央車站延伸的бул. Кн. Мария Луиза大道，過了聖尼達亞廣場後，名稱變成維多薩大道бул. Витоша繼續往南延伸，並集結咖啡館、餐廳、時尚服飾店和紀念品店等等，是索非亞的主要街道，沿路還有Central Hali等大型購物中心。

繼續往南走，左側看到的是國立文化宮殿Национален Дворец на Културата（通稱NDK），這裡是演唱會場地、舞廳、咖啡館和電影院聚集的藝文區域。從聖尼達亞廣場往東南方向的沙皇解放者大道бул. Цар Освободител兩旁，美術館和博物館等景點林立，往前還有國會議事堂。這個廣場的北方是亞歷山大・涅夫斯基教堂Храм-паметник Св. Александър Невски。

◆◆◆◆◆◆◆◆◆◆◆◆索非亞的主要景點◆◆◆◆◆◆◆◆◆◆◆◆◆

亞歷山大・涅夫斯基教堂
Храм-паметник Св. Александър Невски

Aleksandar Nevski Memorial Church　　　　**MapP.495-C3**

被譽為巴爾幹半島最美麗的教堂，可容納5000人，擁有12座高60m黃金圓頂的新拜占庭樣式豪奢教堂，出自俄羅斯建築師Alexander Pomerantsev之手。為了紀念在促成保加利亞獨立的俄土戰爭中犧牲的20萬士兵，而開始建造的這座教堂，於1882年動工，直到完工耗費40年的歲月。

教堂不只有華麗的外表，令人驚嘆的內部裝飾中，牆面使用大量瑪瑙、大理石裝飾的精巧馬賽克畫鋪蓋，從圓頂天花板往下垂吊的巨大豪華水晶燈，也讓人嘆為觀止。3座祭壇分別獻給中央的俄羅斯、右邊的保加利亞和左邊的斯拉夫各國。

地下室的聖像博物館收藏來自國內各地的聖像，也有欣賞的價值。

莊嚴的建築

聖尼達亞教堂 Катедрален Храм Св. Неделя
St. Nedelya Cathedral　　MapP.495-A3

與廣場同名的教堂

位於聖尼達亞廣場上的石造保加利亞正教教堂。爬滿藤蔓的黑色牆面乍看之下有些破敗，與教堂內部形成強烈對比。教堂內有上百支蠟燭，溫和的燭光映照聖幛（放置於至聖所前，以聖像裝飾的隔牆）和牆上的聖像，以及來訪的信徒。

聖尼達亞教堂過去是小小的木造教堂，自從從鄂圖曼帝國解放後，集結周邊的教堂和神學院而成為現在的建築。1925年發生以當時國王鮑里斯三世Борис III為目標的爆炸事件，造成120多人罹難，國王本人倖免於難，包括國王以及眾多人士都出席葬禮。

◆聖尼達亞教堂
⬜пл. Св. Неделя
（pl. Sv. Nedelya）
☎(02) 9875748
🕐7:00～18:30
休無休　費免費

聖佩特卡地下教堂 Храм Св. Петка
St. Petka of the Seddlers Church　　MapP.495-B3

建造在通往Serdica站的地下道中，只有屋頂從大馬路口突出地面的半地下教堂。教堂建造於鄂圖曼帝國統治時期的14世紀，沒有窗戶的儉樸外觀很難看出是教堂，但是內部裝飾卻十分精美。教堂與購物中心ЦУМ對面高聳的清真寺（班亞・巴什清真寺）形成特別的對比。

現在教堂周邊的地下道經過整修，成為紀念品店和咖啡館林立的熱鬧商店街。

◆聖佩特卡地下教堂
⬜бул. Кн. Мария Луиза 2
（bul. Kn. Maria Luiza）
☎(02) 9807899
🕐7:30～19:30　休無休
費2Lv
（攜帶相機10Lv）

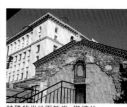
特殊的半地下教堂，毀壞的牆壁傳達苦難的歷史

班亞・巴什清真寺 Баня Баши джамия
Banya Bashi Mosque　　MapP.495-B3

1566年，由被譽為鄂圖曼帝國最棒的建築師米瑪・希南Mimar Sinan所打造設計，位在бул. Кн. Мария Луиза大道上的市中心，從遠處就能看到顯眼的圓頂和尖塔。班亞・巴什清真寺不但是少數保存至今的鄂圖曼時期建築，周邊仍然有許多土耳其裔居民居住，瀰漫與其他地區不同的風情。

班亞在土耳其語中表示「澡堂」，是因為清真寺東側就是一座大型溫泉設施。清真寺後方的公園不斷湧出的飲用溫泉，讓市民一早就抱著空瓶來取水，非常熱鬧。

◆班亞・巴什清真寺
⬜бул. Кн. Мария Луиза
（bul. Kn. Maria Luiza）
☎無
🕐10:00～18:00左右
休無休　費2Lv
※女性要從入口租借並穿著綠色連帽外套入館（帽子要戴上）

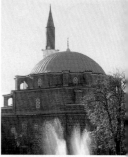
鄂圖曼帝國時期的殘影

塞爾迪卡遺跡 Античната крепост Сердика
Ruins of Serdica　　MapP.495-B3

這是在進行舊共產黨本部前的地下鐵工程之時，偶然發現的古城遺跡，可以看到2～14世紀的城牆和2座五角塔。可從舊共產黨本部前的階梯進入。

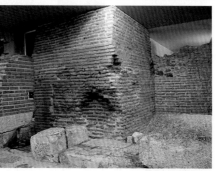
羅馬帝國時期的遺跡

◆塞爾迪卡遺跡
🕐7:00～22:00
（地下道入口的開關時間）
休無休　費免費

國立文化宮殿 Национален Дворец на Културата

National Palace of Culture | MapP.495-A5

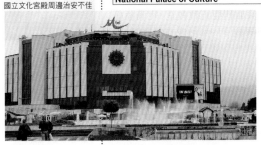

國立文化宮殿周邊治安不佳

通稱NDK，紀念建國1300年而建於1981年的綜合文化中心。1700m²的腹地中包括大小14座的各種功能場地，還有銀行、電視攝影棚、電影院、餐廳和舞廳。販售演唱會門票的售票處位在建築正面的左側。

◆國立文化宮殿
✉ пл. България 1
（pl. Balgariya）
☎ (02) 9166300
🌐 www.ndk.bg
（保加利亞語）
🕐 8:30～19:00左右
🚫 依店家而異

聖尼古拉俄羅斯教堂
Храм Св. Николай Чудоворец

St. Nicholai Church | MapP.495-B3

擁有5座黃金圓頂和綠寶石尖塔的聖尼古拉俄羅斯教堂，可愛的外觀好比童話故事中的建築。這座教堂是1913年奉俄羅斯外交官之命所建。

俄羅斯人和保加利亞人雖信仰相同宗教，但是派別不同，據說他們是恐懼自己的宗教信仰動搖才建造這座教堂。

◆聖尼古拉俄羅斯教堂
✉ бул. Цар Освободител 3
（bul. Tsar Osvoboditel）
☎ (02) 9862715
🕐 7:45～18:30
🚫 無休 💰 免費（歡迎捐獻）

黃色圓頂很醒目

聖索非亞教堂 Храм Св. София

St. Sofia Church | MapP.495-C3

6世紀時查士丁尼大帝Justinianus I建造的拜占庭式教堂，在鄂圖曼帝國統治時期當作清真寺使用，見證保加利亞的盛衰榮枯。之後建築因為地震遭受損壞，現在的建築是1900年之後復原的產物。索非亞在希臘語意指「智慧」，城市的名字也是來自這座教堂。教堂後方是文豪伊萬・瓦梭夫Иван Минчов Вазов和一般士兵的墓地。

◆聖索非亞教堂
✉ ул. Париж 2
（ul. Parizh）
🕐 夏季 7:00～19:00
　冬季 7:00～18:00
🚫 無休 💰 免費（歡迎捐獻）

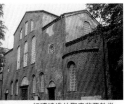

紅磚建造的聖索非亞教堂

聖喬治教堂 Храм-ротонда Св. вмчк Георги

St. George Church（Rotunda） | MapP.495-B3

位在Sofia Hotel Balgan後方的紅磚教堂，4世紀由羅馬帝國所建，是索非亞現存教堂中最古老的一座。內部的牆壁和天花板上可以看到10～14世紀描繪的宗教畫，教堂背後保存羅馬時代的浴場遺跡。

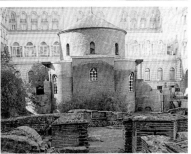

被稱為Rotonda的圓形構造教堂

◆聖喬治教堂
✉ бул. Княз Дондуков Двора на Президентството 2
（bul. Knaz Dondukov, Dvora na Prezidentstovo）
☎ (02) 8908216
🕐 夏季 8:00～19:00
　冬季 8:00～18:00
🚫 無休 💰 免費（歡迎捐獻）

解放者記念像 Паметникът на Царя Освободител

Monument to the Liberators | MapP.495-C4

Hotel Radison BLU前方的國會議事堂廣場上，豎立的是俄國沙皇亞歷山大二世Александр II Николаевич（1818～1881）的騎馬像。

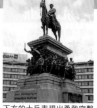

亞歷山大二世是因為俄土戰爭的勝利，而將保加利亞從鄂圖曼帝國手中解放的英雄。亞歷山大‧涅夫斯基教堂Храм-паметник Св. Александър Невски也同樣因為紀念鄂圖曼帝國的解放戰爭所建。騎馬像高約14m，右手拿著交給鄂圖曼帝國的宣戰書，底座碑文寫著「我的同胞們，只為解放」。

鮑里斯公園（自由公園）Борисова Градина

Borisova Gradina (Freedom Park)　　　**MapP.495-C5**

索非亞市內最大的公園，位在市區東南方，面積360公頃。起初是作為保加利亞王國最後一位國王鮑里斯三世Борис III的遊樂地所建造，曾經被稱為「皇太子的公園」，現在是市民的休憩地。

◆鮑里斯公園（自由公園）
囲隨時開放

國立美術館 Национална Художествена Галерия

National Art Gallery　　　**MapP.495-B3**

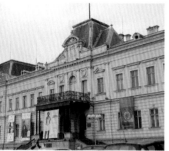

保加利亞第一座國立美術館，淡黃色的美麗建築是鄂圖曼帝國時期的市政廳，解放之後作為王宮使用。1876年四月起義時，領導者之一的瓦西爾‧列夫斯基Васил Левски就在這裡接受審問。館內收藏巨匠拉布雷諾夫Цанко Лавренов的作品等保加利亞藝術家的傑作。國立美術館的右半邊是國

國立美術館和國立民俗博物館位在同一座建築

立民俗博物館Национален ЕтнограФски Музей，展示各地的民族服裝工藝品，博物館商店中販售民藝品和玫瑰香油等商品。

◆國立美術館
⊠пл. Княз Ал. Батенберг 1
　(pl. Knyaz Al. Batenberg)
TEL(02) 9800093
URLwww.nationalartgallerybg.org
囲10:00～18:00
休週一
围大人6Lv　學生3Lv

◆國立民俗博物館
⊠пл. Княз Ал. Батенберг 1
　(pl. Knyaz Al. Batenberg)
TEL(02) 9874191
囲10:00～18:00
围大人3Lv　學生1Lv

國立考古學研究所附屬博物館
Национален Археологически Институт с Музей

National Institute of Archaeology with Museum　　　**MapP.495-B3**

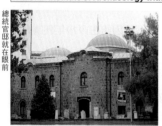

1494年建立的清真寺（Büyük Dzhamiya＝大清真寺）從19世紀就作為考古博物館使用。1樓的大廳放置羅馬時期的出土品等展示，2樓則是聖像等以中世紀保加利亞的教堂文化為中心的收藏。

◆國立考古學研究所附屬博物館
⊠ул. Съборна 2
　(ul. Saborna)
TEL(02) 9882406
URLwww.naim.bg
囲夏季　10:00～18:00
　冬季　10:00～17:00
休冬季的週一
围大人10Lv　學生2Lv

◆索非亞市立美術館
⊠ул. Ген. Гурко 1
　(ul. Gen. Gurko)
TEL(02) 9872181
URLwww.sghg.bg
囲週二～六　10:00～19:00
　週日　　11:00～18:00
休週一
围免費

索非亞市立美術館
Софийска Градска Художествена Галерия

Sofia City Art Gallery　　　**MapP.495-B4**

市民庭園南端的小美術館，展示以保加利亞藝術家為中心的繪畫和雕刻。雖然以現代美術為主，也有舉辦古典美術等特展，範圍廣泛。

索非亞市立美術館

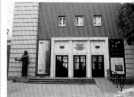

◆國外藝術國家藝廊
✉ул. 19-ти февруари 1
　(ul. 19 Fevruari)
☎(02) 9884922
🌐www.foreignartmuseum.bg
🕐11:00～18:30
※18:00停止入場　休週二
💰大人6Lv　學生3Lv
※每週最後一個週六免費

如何前往Алеко

🚋搭乘10、18號路面電車
到пл. Велчоба заверая廣
場，轉乘67號巴士在Алеко
下車。

如何前往波揚納

🚋搭乘5號路面電車前往
Автогара Овча Купел巴
士總站，轉乘107號巴士。也可
以到沙皇解放者大道бул.
Цар Освободител的索非
亞大學前，或國立文化宮殿前
搭乘21號迷你巴士就可以直
達。搭乘迷你巴士時要向司
機招手才會停車。

世 界 遺 產

波揚納教堂
Боянска Църква
1979年登錄

◆波揚納教堂
✉ул. Боянско Езеро
1-3, Бояна
　(ul. Boyansko Ezero, Boyana)
☎(02) 9590939
🌐www.boyanachurch.org
🕐夏季　　9:30～17:30
　冬季　　9:00～17:00
休無休　💰10Lv
英語導覽10Lv

◆國立歷史博物館
Map P.495-A4外
✉ул. Витошко Лале 16,
Бояна
　(ul. Vitoshko Iale, Boyana)
☎(02) 9554280
🌐www.historymuseum.org
🕐夏季　　9:30～18:00
　冬季　　9:00～17:30
休無休　💰大人10Lv　學生1Lv
外語導覽(日語、英語、西班
牙語、法語、俄語)要預約
30Lv
🚋從ул. Прага大道
(Map P.495-A5)搭乘2號
無軌電車巴士到終點站，所
需時間25分，徒步1小時。從
波揚納教堂搭乘21號迷你
巴士約5分，搭乘迷你巴士時
要向司機招手才會停車。

國外藝術國家藝廊
Национална Галерия за Чуждестранно Изкуство

National Gallery for Foreign Art　　　MapP.495-C3

　　白色大理石宮殿般的建築，由居住國外的保加利亞人出資興建，就在亞歷山大•涅夫斯基教堂前方。館內展示印第安工藝品和日本的浮世繪等來自世界各地的藝術品，德拉克羅瓦Eugène Delacroix、畢卡索Pablo Picasso等巨匠作品也很引人注目。

◆◆◆◆◆◆◆◆◆◆◆◆◆◆從索非亞出發的小旅行◆◆◆◆◆◆◆◆◆◆◆◆◆

維多薩山 Планина Витоша
Mt. Vitosha

　　索非亞南方的維多薩山是海拔2000m以上高山連綿的連續山峰，最高峰是海拔2290m的Черни Връх(意指「黑色山頂」)。山頂附近的村莊Алеко是距離索非亞約23km的人氣滑雪勝地，滑雪季節從11月到4月初，周邊有許多餐廳和飯店，冬季還有眾多滑雪客，非常熱鬧。

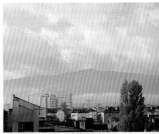

從索非亞市區也可以遠望山景

波揚納 Бояна
Boyana

　　維多薩山中最接近索非亞的村莊。這裡的波揚納教堂Боянска Църква建於11世紀，其中的濕壁畫世界知名。1259年所畫的《最後的晚餐》雖然是在文藝復興時期前完成，但卻

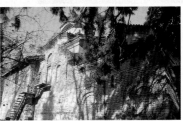

經過兩次擴建至今

與文藝復興手法非常神似，十分珍貴，因此在1979年列為世界遺產。

國立歷史博物館 Национален Исторически Музей
National Museum of History

　　展示約6萬5000件文物，紀錄西元前到20世紀的保加利亞歷史，是國內最大的博物館。過去位在索非亞市中心的維多薩大道бул. Витоша上，2000年7月遷至波揚納的舊迎賓館。展示品以史前時期、古代、中世紀、鄂圖曼帝國時期、民族復興期作區分，文物從古墳出土物、財寶類、武器、民族服裝到聖像等等，種類多元，其中就屬象徵古代色雷斯人Thracians繁榮的金銀工藝品最精緻。說明雖以保加利亞語居多，事先預約也可以要求外語導覽。

Theater & Concert Hall 布加勒斯特的劇場・音樂廳

每天都有音樂會、歌劇和芭蕾舞表演，開演時間約19:00。購票可以直接到售票窗口（當天也可以）或是國立文化宮殿Национален Дворец на Културата內的售票處。

保加利亞音樂廳 *Bulgaria Hall*

Map P.495-B4

ул. Аксаков 1 (ul. Aksakov) TEL (02) 9877656

大多是古典音樂會的演出。

國家歌劇院 *National Opera Sofia*

Map P.495-C3

ул. Врабча 1 (ul. Vrabcha) TEL (02) 9871366

可以欣賞歌劇和芭蕾舞蹈表演。

伊萬・瓦梭夫國立劇場 *Ivan Vazov National Theatre*

Map P.495-B4

ул. Дякон Игнатий 5 (ul. Dyakon Ignatii)
TEL (02) 8119227
URL www.nationaltheatre.bg（保加利亞語）

以保加利亞的國民作家伊萬・瓦梭夫Иван Минчов Вазов為名的劇院，擁有容納750人的表演廳。

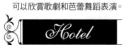

Hotel 索非亞的住宿

從台灣撥打電話　002+359（保加利亞國碼）+2（去除0的區域號碼）+電話號碼

市區的住宿從5星飯店到青年旅館等各種等級都有，最近飯店漸漸增加，平價住宿也慢慢變多。索非亞沒有所謂的飯店街，都分散各區，但是基本上都在飲食和觀光方便的地區。另外，因為私人房間很多，適合想省錢的遊客，可以透過旅行社介紹。

飯店名	地址・電話・FAX	費用・客房數	URL・e-mail
Sofia Hotel Balkan	Map P.495-B3 пл. Св. Неделя 5 (pl. Sv. Nedelya) TEL (02) 9816541 FAX (02) 9806464	S W €125～ 早餐另計 客房數：184 CC A D J M V	URL www.sofiahotelbalkan.com email sofia.reservations@luxurycollection.com 面向聖尼達亞廣場的豪華石造飯店。 ★★★★★
Kempinski Hotel Zografski	Map P.495-A5外 бул. Джеймс Байчър 100 (bul. Dzheyms Baychar) TEL (02) 9692222 FAX (02) 9692223	S W €78～ 早餐另計 客房數：428 CC A D J M V	URL www.kempinski.com email kempinski.zografski@kempinski.com 位在市區以南，商務設備完善的高級飯店。最高層的餐廳視野很好。 ★★★★★
Grand Hotel Sofia	Map P.495-B4 ул. Гурко 1 (ul. Gurko) TEL (02) 8110811 FAX (02) 8110953	S €150～ W €175～ 附早餐 客房數：122 CC A D M V	URL www.grandhotelsofia.bg email preservations@grandhotelsofia.bg 從聖尼達亞教堂徒步1分的好位置。房間寬敞也很新，使用冷色調統一。 ★★★★★
Arena di Serdica	Map P.495-B3 ул. Будапеща 2 (ul. Budapeshta) TEL (02) 8107777 FAX (02) 8107770	S €210～ W €230～ 附早餐 客房數：63 CC A D M V	URL www.arenadiserdica.com email hotel@arenadiserdica.com 位在市中心，規模雖不大，但舒適且設備完善。 ★★★★★
Hilton Sofia	Map P.495-A5外 бул. България 1 (bul. Balgariya) TEL (021) 9335000 FAX (021) 9335111	S W €170～ 早餐另計 客房數：245 CC A D J M V	URL www.hilton.bg email reservations.sofia@hilton.com 位在國立文化宮殿後方。 ★★★★★
Holiday Inn Sofia	Map P.495-A5外 бул. Александър Малинов 111 (bul. Aleksandar Malinov) TEL (02) 8070707 FAX (02) 8070708	S W €100～ 附早餐 客房數：130 CC A D J M V	URL www.hisofiahotel.com email info@holidayinnsofia.bg 位在市區以南的商業中心區。 ★★★★★
Sofia Princess	Map P.495-B1 бул. Кн. Мария Луиза 131 (bul. Kn. Maria Luiza) TEL (02) 9338888 FAX (02) 9338777	S W €118～ 附早餐 客房數：600 CC M V	URL sofia.bgprincess.com email isofia@bgprincess.com 中央車站前的平價大型飯店。說舊名Dedeman也會通。 ★★★★
Best Western Europe	Map P.495-C4外 ул. Лидице 1 (ul.Liditse) TEL (02) 9701500 FAX (02) 9701511	S €110～ W €130～ 附早餐 客房數：32 CC A D M V	URL www.hotel-europe-bg.com Best Western系列的小型飯店，但設有健身房和泳池。 ★★★★

Hotel Maria Luisa

★★★★ 客房數：20
Map P.495-B3

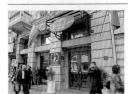

●位於бул. Кн. Мария Луиза
大道上，鄰近班亞·巴什清真寺
Баня Баши джамия。因為建
築頗具歷史，外觀有些老舊，但
是室內很乾淨並經過改裝而充
滿華麗氣氛，設備也很完善，全
館20房中有5間套房。

✉ бул. Кн. Мария Луиза 29
　（bul. Kn. Maria Luiza）
☎ (02) 9805577
FAX (02) 9803355
URL www.marialuisa-bg.com
email reservations@marialuisa-bg.com
S €75〜　W €85〜 附早餐
CC A D M V

Central

★★★★ 客房數：25
Map P.495-A3

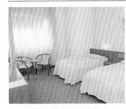

●室內雖然不寬敞，但是裝潢使
用現代感素材打造，感覺舒適。
館內附設SPA，夏天會開放中庭
餐廳。每間房都有衛星電視和無
線網路，其中3間為公寓式客房
（€120〜）。

✉ бул. Христо Ботев 52
　（bul. Hristo Botev）
☎ (02) 9812364
FAX (02) 9864561
URL www.central-hotel.com
email central@central-hotel.com
S €65〜　W €80〜
附早餐
CC A D J M V

Lion

★★★ 客房數：33
Map P.495-B2

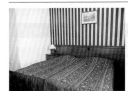

●位在Lion橋前方，鄰近火車站
和市中心十分便利。入口處有一
間不錯的咖啡店，裝潢也非常精
美。飯店內也有電梯，客房備有
冰箱和電視，地下室是按摩店。

✉ бул. Кн. Мария Луиза 60
　（bul. Kn. Maria Luiza）
☎ (02) 9178400 FAX (02) 9178401
URL www.hotelslion.bg
email office@hotel-lion.net
S €44〜　W €54〜
附早餐
CC A M V

Baldjieva

★★★ 客房數：8
Map P.495-A4

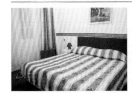

●位在維多薩大道бул. Витоша
往西一個街區的巷弄中，共有8
間房的小旅館。各間環境整潔，
設置衛星電視和吹風機，客房備
品也很充實。

✉ ул. Цар Асен 23
　（ul. Tsar Asen）
☎&FAX (02) 9872914
URL www.baldjievahotel.net
email baldjievahotel@yahoo.com
S 48Lv〜　W 68Lv〜
無早餐
CC A M V

Hemus

★★★ 客房數：210
Map P.495-A5外

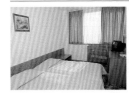

●位在市中心稍微往南之處，設
備完善，最上層是主廚為日本人
的日本料理餐廳。房間種類分成
標準和古典2種，早餐採自助
式。

✉ бул. Черни Връх 31
　（bul. Cherni Vrah）
☎ (02) 8165000 FAX (02) 9634280
URL www.hemushotels.com
email info@hemushotels.com
S 69Lv〜　W 82Lv〜
附早餐
CC A D M V

Edona

★★ 客房數：15
Map P.495-B2

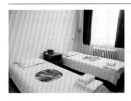

●位在Lion旁邊，1樓是肯德
基。每間房都有電視，設備也很
新，可以舒適度過。接待櫃台有
保險櫃，部分房間可以使用無線
網路。

✉ бул. Сливница 172
　（bul. Slivnitsa）
☎ (02) 9832036 FAX 無
email hotel_edona@abv.bg
S 30Lv　W 40Lv（浴室·廁所共用）
S 40Lv　W 55Lv（附浴室·廁所）
無早餐
CC M V

Slavyanska Besseda

★★　客房數：93
Map P.495-B4

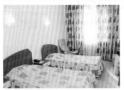

●位在市中心的ул. Георги Сава Раковски大道上，十分方便。93間房中的20間已改裝完成，並設置空調，還有附浴缸的房間和公寓式房間，以及中華料理餐廳。

✉ ул. Славянска 3
　（ul. Slavyanska）
☎ (02) 9801303　FAX (02) 9802523
URL www.slavyanska.com
✉ reception@slavyanska.com
⑤ €33～48　Ⓦ €46～58
附早餐
CC Ⓙ Ⓜ Ⓥ

Amethyst

★　客房數：27
Map P.495-B3

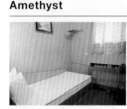

●鄰近Central Hali，觀光很便利的位置。接待櫃台位在上樓處，各間房都有衛星電視，公寓式房型（80Lv～）備有冰箱。

✉ ул. Цар Симеон 67
　（ul. Tsar Simeon）
☎ & FAX (02) 9835475
URL www.hotelamethyst.com
✉ hotel_amethyst@abv.bg
⑤ 48Lv～　Ⓦ 60Lv～
無早餐
CC 不可

Hostel Mostel

青年旅館　客房數：60床
Map P.495-A4外

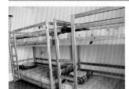

●沿著ул. Алаоин大道往西，進入бул. Македония大道後的右側有一個小入口。提供免費早餐、義大利麵、啤酒、床單、毛巾和車站的接送，並舉辦前往里拉修道院的行程。在普羅夫地夫和大特爾諾沃也有青年旅館。

✉ бул. Македония 2A
　（bul. Makedoniya）
☎ (02) 4704182　FAX 無
URL www.hostelmostel.com
✉ info@hostelmostel.com
Ⓓ €9～13　⑤ €22～25
Ⓦ €26～34（浴室·廁所共用）
附早餐
CC 不可

Restaurant

索非亞的餐廳

Krachma Pri Yafata

Map P.495-A4

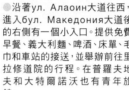

●使用紡織品等裝飾的傳統保加利亞餐廳，週日以外每日18:30左右會舉行傳統音樂演奏。主餐約6.20～28Lv。

✉ ул. Солунска, ул. Цар Асен 28
　（ul. Solunska, ul. Tsar Asen）
☎ (02) 9801727　FAX (02) 9814854
🕐 12:00～24:00
休 無休
CC Ⓐ Ⓓ Ⓜ Ⓥ

Krim

Map P.495-C4

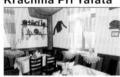

●位在市中心角落的餐廳，過去常有共產黨幹部前來用餐，除了保加利亞料理之外，海鮮類也很豐富。全室禁菸。

✉ ул. Славянска 17
　（ul. Slavyanska）
☎ (02) 9810666
🕐 12:00～24:00
休 週日
CC Ⓐ Ⓜ Ⓥ

Uno

Map P.495-C3

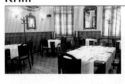

●鄰近國家歌劇院的正統義大利餐廳，價位雖然較高，店內氣氛很佳。披薩、義大利麵和葡萄酒等種類豐富，還有里拉修道院周邊捕撈的鱒魚料理。

✉ ул. Г. Раковски 121
　（ul. G. Rakovski）
☎ (02) 9805958　FAX (02) 9867022
URL www.uno-sofia.com（保加利亞語）
🕐 11:00～24:00
休 無休　CC Ⓐ Ⓓ Ⓜ Ⓥ

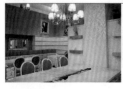

索非亞
★里拉修道院

里拉修道院
Рилски Манастир(Rilski Manastir)

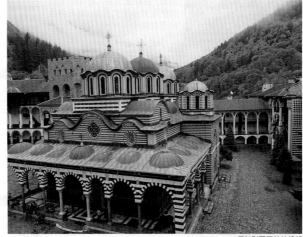

保加利亞正教的總部

如何前往里拉修道院

從索非亞往修道院的直達巴士,10:20從Автогара Овча Купел巴士總站出發(修道院往索非亞的巴士15:00出發),所需時間約3小時,1Lv。都在Автогара Овча Купел巴士總站起訖。

如果從別的城市出發,先到里拉村再轉乘往修道院的車。從布拉戈耶夫格勒Благоевград出發,6:20~19:00幾乎每小時都有車,所需時間40分,1.90Lv。從索非亞到里拉村10:20、18:25出發,所需時間2小時30分,9Lv。

從里拉村到修道院7:40、12:50、15:50出發(里拉修道院出發時間8:20、9:00、15:00、17:00、17:10),所需時間30分,2Lv。

世界遺產

里拉修道院
Рилски Манастир
1983年登錄

里拉修道院行程

索非亞有很多旅行社都有前往里拉修道院的行程,幾乎都是私人包團,包一台車就要€50~150,價格不便宜。Bohemia Travel Agency (→P.494)就有定期的行程,8:00從索非亞出發,有英語導遊隨行,回程大約16:00,費用1人90Lv。但不一定每天都有團,務必事先確認。另外,Hostel Mostel(→P.503)也有1人€20的導遊隨行行程,3人以上出團,9:30出發、17:30左右抵達索非亞。

里拉修道院的注意事項

修道院不但是觀光勝地,別忘了更是一個神聖的場所,穿著太暴露的衣服、無袖或短褲是不能進入修道院的。牛仔褲OK,即使是夏天也建議帶一件可以披上的小外套。

◆聖母誕生教堂
圖7:00~19:30左右
困無休 圍免費

里拉修道院靜靜坐落在索非亞往南65km處的里拉山Рила中,可說是保加利亞正教的總部,也是國內知名的觀光勝地。

修道院的歷史可以追溯到10世紀,修道士里拉的聖約翰Иван Рилски所選擇的隱居之地,並建立小規模修道院,結果漸漸成為中世紀的宗教與文化中心。

修道院的歷史可以追溯到10世紀,修道士里拉的聖約翰所選擇的隱居之地,並建立小規模修道院,結果漸漸成為中世紀的宗教與文化中心。

◆◆◆◆◆◆◆◆◆里拉修道院的主要景點◆◆◆◆◆◆◆◆◆

聖母誕生教堂 Църква Рождество Богородично
Main Church "Holy Birth"

被4層樓的外牆牢牢包圍保護的就是聖母誕生教堂,穿過黑白條紋的拱門就會看到外牆上和天花板滿是濕壁畫,色彩鮮豔地描繪36幅聖經場面和這裡各個時期的生活樣貌。

聖幛(放置在教堂的至聖所前方,以聖像裝飾的隔牆)寬達10m,十分氣派華麗。精緻的雕刻上還有一層金箔,這個被譽為保加利亞木雕藝術的最高傑作,花費5年歲月才完成。

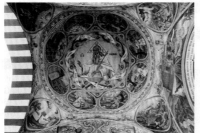

教堂外回廊的美麗壁畫

聖幛前是里拉的聖約翰聖遺物。教

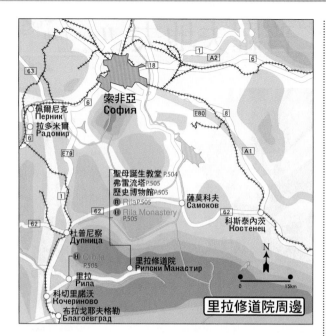

里拉修道院周邊

**里拉修道院的
住宿和餐廳**

Rila Monastery
TEL&FAX (07054) 3383
URL www.rilamonastery.pmg-
blg.com
✉ rilska_sveta_obitel@abv.
bg
⑤40Lv Ｗ45Lv
無早餐

　位在里拉修道院內，接待
櫃台在歷史博物館附近。修
道院在21：00關門，超過
22：00就不能進門了，房間鑰
匙必須在退房當天10：00前
交給歷史博物館的工作人
員。

Orbita
✉ ул. СВ. Иван Рилски 2
（ul. Sv. Ivan Rilski）
TEL (07054) 2167
FAX (07054) 2262
⑤25～30Lv Ｗ50Lv
無早餐

　從里拉村的巴士總站徒步
1分，位在村子中心。夏天會
開放戶外泳池，房間設備簡
單乾淨，附設餐廳。

Rila
TEL 0898705399（行動電話）
⏰8：00～22：00
休無休

　從修道院後門出去即達。
充滿民族風的餐廳內，可以
品嘗酸乳湯Таратор和
Кавърма等保加利亞料
理。鱒魚料理300g 10Lv。

堂建築本身是歷經1833年的大火後重建的，據說負責指揮修
復的是出身於班斯科Банско的Neofit Rilski（保加利亞語
Неофит Рилски），壁畫則是巨匠Zahari Zograf（保加利亞語
Захарий Зограф）等人免費畫的。

弗雷流塔 Хрельова Кула

Hrelyo's Tower

　里拉修道院的老舊建築在1833年的大火幾乎燒毀，但是這座塔
倖免於難，還保有14世紀建造當時的樣貌，外牆的壁畫也沒有褪
色，非常值得好好欣賞。現在塔的1樓是紀念品店。

歷史博物館 Църковно Исторически Музей

History Museum

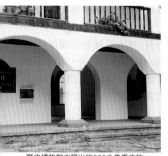

歷史博物館中展出約600件貴重文物

　　　　　　　圍繞中庭的東側建築（從大門
看過去是正面）1樓成為歷史博
物館，這是脫離鄂圖曼帝國後所
創設，展示聖像和古聖經等等。
這裡的一大亮點是19世紀初製
作的「拉法爾的十字架」，高
50cm的十字架，經由修道士拉
法爾之手雕刻出140個聖經故事
場景，登場人物高達600人以上。
耗時12年終於完成之時，據說拉
法爾的視力已經完全喪失。

　除此之外，還有地毯、掛毯、19世紀的銅版印刷機、Neofit
Rilski製作的地球儀等教堂的寶物。

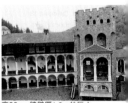

高23m、牆壁厚1.8m的巨大
塔樓

◆歷史博物館
⏰8：30～16：30
費大人8Lv
※英語導覽1小時20Lv。禁
止攜帶相機

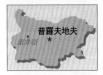
普羅夫地夫
索非亞 ★

普羅夫地夫 Пловдив
(Plovdiv)

URL www.plovdiv-tour.info

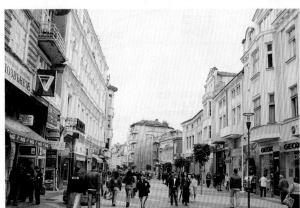

熱鬧的亞歷山大大道

如何前往 普羅夫地夫

從土耳其的伊斯坦堡有火車和巴士可以到達。

🚄索非亞出發，1日16班，所需時間2小時～3小時20分，7.90～9Lv。

🚌從索非亞的中央巴士總站出發，7:00～20:00間1小時1～2班，所需時間2小時，14Lv。

普羅夫地夫的❶
◆新城區
Map P.507-B4
✉пл. Централен 1
（pl. Tsentralen）
☎(032) 620229
URLwww.plovdiv-tour.info
🕐週一～五 9:00～18:00
週六‧日 10:00～14:00
㊡無休

◆舊城區
Map P.507-C2
✉ул. Саборна 22
（ul. Saborna）
☎(032) 620453
🕐8:45～17:30 ㊡週六‧日

◆中央郵局
Map P.507-B4
✉пл. Централен
（pl. Tsentralen）
郵政
🕐週一～六 7:00～19:00
週日 7:00～11:00
㊡無休
電話
7:00～22:00 ㊡無休

◆Zlatyu Boyadzhiev之家
Map P.507-C2
✉пл. Саборна 18
（ul. Saborna）
☎(032) 635308
🕐8:30～16:30
㊡無休
💰大人5Lv 學生1Lv

◆保加利亞民族復興博物館
（Georgiadi之家）
Map P.507-C2
✉пл. Лавренов 1
（ul. Lavrenov）
☎(032) 623378
🕐週三～一 9:30～17:00
週日 12:30～17:00
㊡無休
💰大人2Lv 學生0.50Lv

斯雷那山脈Средна гора和羅多彼山脈Родопи中間的色雷斯平原，擁有溫暖氣候，很適合農業發展。而位在中央位置的就是普羅夫地夫，距離索非亞София東南方130km，人口約38萬人的保加利亞第2大城市。

普羅夫地夫擁有6000年歷史，是世界上最古老的城市之一。因為地處塞爾迪卡Serdica（索非亞）和君士坦丁堡的交易道路上，西元前3世紀就已經成為馬其頓的主要城市。取自熱愛這座城市的馬其頓國王腓力二世Philippos II之名，稱為菲利波波利Philippopolis，之後由羅馬帝國統治，又因為地形改名為Trimontium（意指3座山丘）。在羅馬的統治下，Trimontium蓬勃發展，建造了議事堂和競技場，現在在普羅夫地夫的各地都可以見到殘存的樣貌。

經歷保加利亞第一、第二帝國時期，進入鄂圖曼帝國統治的14世紀，又重新改名為菲利佩Filibe。隨著人口增加，新城區也持續擴張，每到此時又會有新的建築樣式讓城市更繽紛。現在殘存於舊城區中的民宅，有著突出窗台的獨特樣式，塑造出美麗的城市風景。

◆◆◆◆◆◆◆◆◆◆◆◆漫遊普羅夫地夫◆◆◆◆◆◆◆◆◆◆◆◆

城市大致上分成舊城區和新城區。因為是歷史悠久的城市，新舊社區的確切分界點看法因人而異，基本上主街道的亞歷山大大道ул. Княз Александър Батенберг東側是舊城區、西側是新城區。往民俗博物館前的上坡路走，經過民族復興樣式的住宅，就是西元前3世紀的色雷斯人Thracians所建的Останки

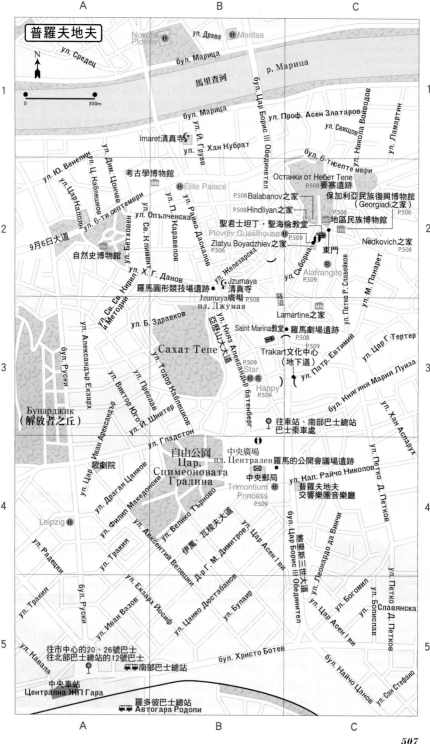

A　　　　　　　B　　　　　　　C

普羅夫地夫

N

0　　　300m

ул. Средец

Novotel
Plovdiv

ул. Драва

Maritsa

бул. Марица

р. Марица

馬里查河

бул. Марица

ул. Ц. Кабленов

ул. Проф. Асен Златаров

ул. Никола Войводов

ул. Свищов

ул. Ламартин

бул. Цар Борис III Обединетел

бул. 6-ти септемеври

Imaret清真寺

ул. И. Груев

ул. Хан Кубрат

ул. Ю. Венелин

ул. Дим. Цончев

ул. Цар Калоян

ул. 6-ти септември

考古學博物館

Elite Palace

Останки от Небет Tene　P.508
要塞遺跡

P.508 Balabanov之家

保加利亞民族復興博物館
（Georgiadi之家）　P.506

ул. П. Райко Даскалов

ул. Бетховен

ул. Св. Климент

ул. Караvelов

ул. Опълченски

P.508 Hindliyan之家

聖君士坦丁・聖海倫教堂

Plovdiv Guesthouse　P.509

Zlatyu Boyadzhiev之家
P.506

地區民族博物館　P.508

Nedkovich之家
P.508

9月6日大道

自然史博物館

ул. Х. Г. Данов

ул. Съборна

東門

Alafrangite
P.509

ул. Петко Р. Славейков

ул. М. Панарет

ул. Св. Св Кирил
и Методий

ул. Железарска

羅馬圓形競技場遺跡

Jzumaya
清真寺

Jzumaya廣場　P.508
пл. Джумая

亞歷山大大道

Lamartine之家

ул. Б. Здравков

Saint Marina教堂　羅馬劇場遺跡
P.508

隧道

ул. Цар Г. Тертер

Сахат Тепе

ул. Александър Екзарх

бул. Руски

ул. Иван Александър

ул. Тодор Каблешков

ул. Виктор Юго

ул. Преслав

ул. Княз Александър Батенберг

Trakart文化中心
（地下道）

Star　P.509

Happy　P.509

ул. Патр. Евтимий

ул. Княгиня Мария Луиза

ул. Хан Аспарух

Бунарджик
（解放者之丘）

ул. Й. Шнитер

往車站、南部巴士總站
巴士乘車處

歌劇院

ул. Цар Иван Александър

ул. Драган Цанков

ул. Гладстон

自由公園
Цар.
Сцимеоновата
Градина

中央廣場
пл. Централен 羅馬的公開會議場場遺跡

ул. Кап. Райчо Николов

普羅夫地夫
交響樂團音樂廳

中央郵局

ул. Петко Д. Петков

Leipzig

ул. Филип Македонски

ул. Авксентий Велешки

ул. Велико Търново

伊萬・瓦桑夫大道

ул. Цар Асен I ви.

Trimontium
Princess　P.509

бул. Цар Борис III Обединител

飽里奧斯三世大道

鲍里斯三世大道

ул. Леонардо да Винчи

ул. Радецки

бул. Руски

ул. Тракия

ул. Екзарх Йосиф

ул. Иван Вазов

Д-р. Г. М. Димитров

ул. Цанко Дюстабанов

ул. Буаир

ул. Цар Асен I ви

ул. Цар Асен I ви

ул. Богомил

ул. Борислав

Славянска

ул. Петко
Д. Петков

ул. Трakия

ул. Кавала

往市中心的20、26號巴士
往北部巴士總站的12號巴士

南部巴士總站

中央車站
Централна ЖП Гара

羅多彼巴士總站
Автогара Родопи

бул. Христо Ботев

бул. Найчо Цанов

ул. Ст. Стефано

A　　　　　　　B　　　　　　　C

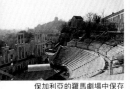
保加利亞的羅馬劇場中保存狀態十分良好

от Небет Тепе要塞遺跡。遺跡本身雖然已經荒廢，但從這裡可以俯瞰普羅夫地夫的風景。

現在的普羅夫地夫也被稱為「六丘之城」，包括舊城區的Trimontium（3座山丘）和圍繞新城區的3座大山丘，特別是舊城區的山丘高低起伏十分立體。亞歷山大大道ул. Княз Александър Батенберг是行人徒步區，兩旁是精品店和咖啡館。新城區除了是歌劇院所在地，也是以高樓公寓為中心的住宅區。馬里查河以北也屬於新城區，國際展覽會場和大飯店都在這裡。

市區的3處巴士總站當中，南部巴士總站Автогара Юг和羅多彼巴士總站Автогара Родопи都在城市南側，火車站也在附近。從火車站到舊城區中心的中央廣場пл. Централен，走伊萬·瓦梭夫大道ул. Иван Вазов只要10分鐘，也可以搭乘20、26號巴士，而從市中心到北部巴士總站Автогара Север可以搭乘21、99號巴士。

◆◆◆◆◆◆◆◆◆◆普羅夫地夫的主要景點◆◆◆◆◆◆◆◆◆◆

Jzumaya廣場 пл. Джумая
Jzumaya Plaza　　　　　　　　　　　　`MapP.507-B2`

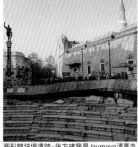
圓形競技場遺跡，後方建築是Jzumaya清真寺

從中央廣場沿著亞歷山大大道走，就會看到攤販聚集的Jzumaya廣場。地下是羅馬圓形競技場的遺跡，從廣場也能看到其樣貌。

廣場旁是14世紀時，鄂圖曼帝國蘇丹穆拉德二世II. Murad統治之下建造的Jzumaya清真寺，鑽石狀的光塔非常美麗，非禮拜時間可以入場參觀。

羅馬劇場遺跡 Римски Театър
Roman Theatre　　　　　　　　　　　　`MapP.507-C3`

位在舊城區（Trimontium）的斷崖，為西元2世紀的羅馬時代所造的半圓形劇場遺跡，因為土石坍方才被發現，經過整修有了現在的樣貌。可以容納3000人，5～10月的夏季會舉辦戶外歌劇等表演。

地區民族博物館 Регионален Етнографски Музей
Regional Ethnographic Museum　　　　`MapP.507-C2`

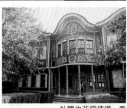
外觀也非常值得一看

伊斯坦堡出身的Haji Georugi在1847年所建的宅邸，採巴洛克與民族復興的混合風格，現在成為民族博物館。這座博物館可以說是舊城區豪宅中最美麗的，收藏當時的家具用品、民族服裝和風笛等等。

Trakart文化中心 Културен Център Тракарт

Cultural Centre Trakart ┃ **MapP.507-C3**

位在橫跨鮑里斯三世大道бул. Цар Борис III Обединител的地下道內，館內保存羅馬時代的宅邸遺址，地板的馬賽克藝術也值得一看。除了現代藝術作品展示，還有販售色雷斯人時代古蹟的複製品。

◆Trakart文化中心
✉подлез Археологически
　(podlez Arheologicheski)
☎(032) 631303
🕘9:00～19:00
休無休
💰大人2Lv　學生1Lv

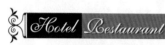

Hotel Restaurant ｜ 普羅夫地夫的住宿&餐廳

從台灣撥打電話　002+359(保加利亞國碼)+32(去除0的區域號碼)+電話號碼

Trimontium Princess

★★★★　客房數：158
Map P.507-B4

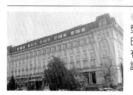

●因為Dedeman為人所知的大型飯店，距離舊區、火車站和巴士總站都不遠，地點方便。還有健身房、三溫暖和泳池等館內設施。

✉ул. Капитан Райчо 2
　(ul. Kapitan Raicho)
☎(032) 605000　FAX(032) 605009
URL plovdiv.bgprincess.com
✉plovdiv@bgprincess.com
Ⓢ215Lv～　Ⓦ254Lv～
附早餐
CC ＡＤＪＭＶ

Star Hotel

客房數：59
Map P.507-B3

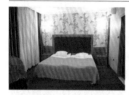

●位在亞歷山大大道ул. Княз Александър Батенберг上，觀光購物都很方便。雖然等級屬於廉價旅館，但是使用曾經是3星的舊保加利亞飯店設備，雖然設備不新，但還算舒適。

✉ул. Патриарх Евтимий 13
　(ul. Patriarh Evtimiy)
☎&FAX(032) 633599
URL www.starhotel.bg
✉hotelsmarketing_pl@yahoo.com
Ⓢ45～67Lv　Ⓦ65～85Lv
無早餐
CC ＭＶ

Plovdiv Guesthouse

Guesthouse　客房數：12
Map P.507-C2

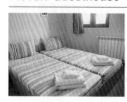

●位在舊城區的中心，遊客中心就在旁邊。每間房間都有空調，設備也很新，提供無線網路。4間8～12床的多人房，因為具有高人氣，建議提早預約。

✉ул. Съборна 20 (ul. Saborna)
☎&FAX(032) 622432
URL www.plovdivguest.com
✉info@plovdivguest.com
Ⓓ€9～10
Ⓢ€20～25
Ⓦ€25～36
附早餐　CC ＭＶ

Happy Grill & Bar

Map P.507-B3

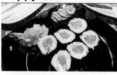

●就在Star Hotel旁，可以品嚐保加利亞料理肉丸Кюфте和肉腸Кебапче、墨西哥薄餅、中華料理和壽司等等，種類非常豐富。

✉ул. Патриарх Евтимий 13,
　(ul. Patriarh Evtimiy)
☎(032) 625132　FAX無
URL happy.bg
🕘9:00～24:00
休無休　CC ＭＶ

Alafrangite

Map P.507-C2

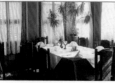

●位在舊城區，改裝自老舊民宅的保加利亞餐廳，團體客很多，最好先訂位。夏天開放中庭位置用餐，氣氛很好。主菜5.20～14.80Lv。

✉ул. Кирил Нектариев 13
　(ul. Kiril Nektariev)
☎(032) 269595
FAX(032) 666188
🕘12:00～23:00(冬季會縮短時間)
休無休
CC不可

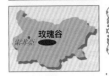

玫瑰谷

玫瑰谷
Розовата Долина (Valley of the Rose)

玫瑰谷的玫瑰

　　玫瑰谷大部分栽種的是香水用玫瑰。比常見的玫瑰小一些，呈現淡粉紅色，雖然外表不華麗，香氣卻十分濃郁，裝在花紋小木瓶中的玫瑰精油在博物館和紀念品店都買得到。要得到1kg的精油竟然需要3000kg的玫瑰提煉，還可以做成果醬和酒類。

　　玫瑰谷並不是真的被玫瑰覆蓋的小鎮，而是因為近郊田地中栽種的香水用玫瑰，別以為一下車就其能看到爭奇鬥豔的玫瑰。

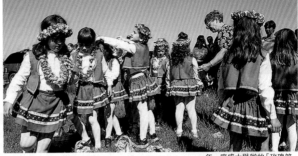

一年一度盛大舉辦的「玫瑰節」

　　大家可能都不知道，使用在香水等產品的玫瑰香料，保加利亞產的就占全球市場的7成，其中絕大部分都來自巴爾幹山脈Стара планина和斯雷雷那山脈Средна гора之間的「玫瑰谷」，採收精煉而成。玫瑰谷位在保加利亞的中心位置，溫暖乾燥的氣候非常適合玫瑰栽種，每到春天，這一帶總是一片花香四溢。

　　玫瑰園以卡贊勒克Казанлък為中心，延伸至卡爾洛沃Карлово等地周邊城市，5月採收期在天亮前就要開始採摘，穿著民族服裝的女性載歌載舞慶祝豐收的「玫瑰節」也在此時舉行。活動期間舉辦玫瑰女王選拔賽以及大規模遊行，整個玫瑰谷一帶都非常熱鬧。因為這是保加利亞最大的慶典，不先預約的話很難訂到飯店，但是在這玫瑰谷最美麗閃耀的季節，不參與就太可惜了。活動時間從每年6月的第一週開始，詳情可以洽詢旅行社。

　　玫瑰谷在玫瑰節以外的時期，是一個非常寧靜的區域，如果春天來到保加利亞，就算只為百花盛開的玫瑰美景也值得造訪一趟。

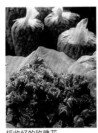

採收好的玫瑰花

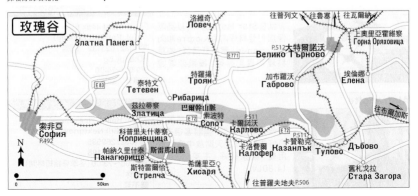

卡贊勒克
Казанлък (Kazanlak)

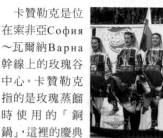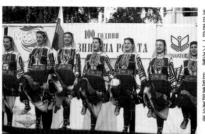

玫瑰節的一大亮點，民族舞蹈嘉年華

卡贊勒克是位在索非亞София～瓦爾納Варна幹線上的玫瑰谷中心。卡贊勒克指的是玫瑰蒸餾時使用的「銅鍋」，這裡的慶典規模也是最大的，很多國內外遊客都來共襄盛舉。

玫瑰節期間，城市的各個角落會舉辦各種活動。集結周邊各國舞蹈團的國際民族舞蹈大會、攀岩，以及最後一天在近郊田園的玫瑰採摘活動是慶典的高潮。

卡贊勒克城鎮規模很小，從車站走到市中心只要10分鐘不到。飯店數量也很少，活動期間最好住近郊或提早預訂，有時甚至提早1個月也訂不到。

另外，市區東北部的公園Парк Тюлбето內，可以看到被列入世界遺產的卡贊勒克的色雷斯人墓Казанлъшка Гробница；市區的火星報歷史博物館Исторически Музей "Искра"展示城鎮相關歷史文物；玫瑰博物館Музей на Розата中則展示製造玫瑰精油過程的照片、蒸餾鍋和玫瑰節相關物品。

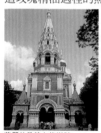

莊嚴的希普卡修道院

近郊的希普卡山口Шипченски проход是俄羅斯和保加利亞聯軍擊破鄂圖曼帝國，讓保加利亞從鄂圖曼約5世紀的統治中被解放的歷史戰場。紀念犧牲者的自由之碑Паметникът на Свободата和希普卡修道院Храм-Паметник Рождество Христово將過去的記憶傳遞到現代。

卡爾洛沃
Карлово (Karlovo)

玫瑰節的另一個場地就是卡爾洛沃，位在卡贊勒克以西約60km處。市中心是時鐘塔所在的7月4日廣場，從火車站往北走10分鐘就會抵達廣場。

提到保加利亞歷史，就不能不提到的重要革命家——瓦西爾·列夫斯基Васил Левски（1837～1873），他的故居就在這裡。瓦西爾·列夫斯基從鄂圖曼帝國時期就成立革命中央委員會，致力於保加利亞民族解放運動，後來卻遭背叛而被逮捕處決。他追求自由的精神思想超越民族對立，受到廣大民眾的支持。

如何前往卡贊勒克

🚄從索非亞出發的直達列車1日3班，所需時間約4小時30分，14.40Lv。

🚌從索非亞中央巴士總站出發，10:30～17:30約5班左右，所需時間3小時，17Lv。從大特爾諾沃的西部巴士總站出發，1日5班，所需時間約1小時40分～2小時50分，7～8.70Lv。

世 界 遺 產

卡贊勒克的色雷斯人墓
Казанлъшка Тракийски Гробница
1979年登錄

卡贊勒克的 ⓘ
✉ ул. Искра 4 (ul. Iskra)
TEL&FAX (0431) 62817
🕐 9:00～13:00
　14:00～18:00　休週六・日
Grand Hotel Kazanlak所在的Sevtopolis廣場附近。

如何前往希普卡山口

6號近郊巴士6:30～20:40每30分鐘一班，所需時間約20分，1.50Lv。巴士站附近的廣場周邊有咖啡館和商店，希普卡山口就在往加布羅沃Габрово方向約12km處。如果想看看希普卡鎮和希普卡山口，建議搭乘計程車，或是在卡贊勒克的巴士總站搭乘往加布羅沃的巴士中途下車。

卡贊勒克的住宿

Grand Hotel Kazanlak
✉ пл. Севтополис 1　(pl. Sevtopolis)
TEL (0431) 63210
FAX (0431) 64828
URL www.hotelkazanlak-bg.com
💰 S58Lv　W76Lv
　位在卡贊勒克中心，設備相對完善的大型飯店。

如何前往加爾諾沃

🚄從卡贊勒克出發，1日7班，所需時間50分～1小時25分，3.30～5.40Lv。

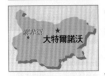

索非亞
★
大特爾諾沃

大特爾諾沃 *Велико Търново*
(Veliko Tarnovo)

URL www.velikoturnovo.info

如何前往
大特爾諾沃

🚂從索非亞沒有直達火車，只有到前2站的上奧里亞霍維察 Горна Оряховица車站，再轉乘往Дъбово的火車中途下車。從索非亞到上奧里亞霍維察1日10班，所需時間4小時～6小時50分，11.80～19.30Lv。

從上奧里亞霍維察到大特爾諾沃1日10班，所需時間約20分，1.40～2.60Lv。如果搭乘迷你巴士就在新城區的市場前站下車，1.20Lv。

🚌從索非亞的中央巴士總站6:30～24:30間班次很多，所需時間約3小時，15～18Lv。

大特爾諾沃的 ❶
Map P.513-A2
✉ул. Христо Ботев 5
（ul. Hristo Botev）
TEL (062) 622148
FAX (062) 600768
URL www.velikotarnovo.info
🕙9:00～12:00、
　13:00～18:00
🚫11～4月的週六・日

◆民族復興期博物館
Map P.513-B2
✉пл. Съединение 1
（pl. Saedinenie）
TEL (062) 682511
🕙9:00～17:00
🚫週二
💰大人6Lv 學生2Lv
　攜帶相機5Lv

◆查雷維茨山丘
Map P.513-B2
TEL (062) 638841
🕙8:00～18:00
　（最後入場～17:15）
🚫無休
💰大人6Lv 學生2Lv

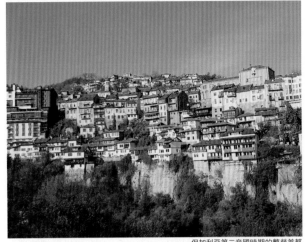

保加利亞第二帝國時期的繁榮首都

位在橫亙保加利亞的巴爾幹山脈Стара планина東側，是一座人口不到7萬的地方城市。森林環繞的好幾座山丘、蜿蜒於山丘旁的揚特拉河Янтра所切鑿出的美麗崖壁，這座中世紀的城市就融入在這片大自然中。

大特爾諾沃也是1187～1393年保加利亞第二帝國的首都，在伊凡・阿森二世Иван Асен II統治下的最盛時期甚至擊敗拜占庭帝國，勢力幾乎擴及整個巴爾幹半島。當時的學術風氣也非常興盛，據說留學生遠從羅馬尼亞和莫斯科前來學習知識。

但是伊凡・阿森二世死後，帝國開始走向衰敗，最終屈服於宿敵500年後才從鄂圖曼帝國手中獨立，而這裡就是召開保加利亞王國第一次國會的所在地。

◆◆◆◆◆◆◆◆漫遊大特爾諾沃◆◆◆◆◆◆◆◆

大特爾諾沃分成3大區，分別是新城區、舊城區和3座山丘。市中心是保加利亞之母廣場пл. Майка България，廣場以東是舊城區、以西是新城區，舊城區可以看到教堂和民族復興期博物館Музей на Възраждан ei Учредително чъбрание等景點以及餐廳，因此觀光可以先到舊城區。

沿著舊城區的主要大街往東走，大主教教堂就在查雷維茨山丘Царевец上。在保加利亞第二帝國時期，整個山丘就是一座宮殿，但在與鄂圖曼帝國交戰後就成了一座廢墟，但從這裡望去的視野非常好。

車站位在距離舊城區很遠的山丘下，從車站到保加利亞之母廣場約2km，但是上坡需要走約30分鐘，4、5、13號巴士有到廣場附近的瓦西爾・列夫斯基大道бул. Васил Левски。前往卡贊

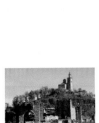

查雷維茨山丘

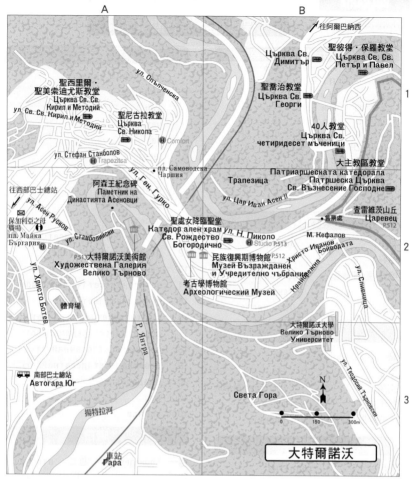

勒克Казанлък、魯塞Русе等地的巴士，在保加利亞之母廣場以西約3km處的西部巴士總站Автогара запад發車。另外，前往索非亞София、瓦爾納Варна等地的巴士，在市中心區以南約1km處的南部總站Автогара Юг發車。

Hotel — 大特爾諾沃的住宿

從台灣撥打電話　002＋359（保加利亞國碼）＋62（去除0的區域號碼）＋電話號碼

Studio
★★★ 客房數：13　Map P.513-B2
✉ ул. Тодор Лефтеров 4（ul. Todor Lefterov）
TEL (062) 604010　FAX (062) 604009
URL www.studiohotel-vt.com
email studio.studiohotel-vt.com
S €35～　W €45～
附早餐　CC M V
●設計感十足的精品飯店，共13間房，附設空調、Minibar、無線網路、液晶電視等等。1樓的酒吧氣氛也很好，從庭院可以看到查雷維茨山丘。

Etar
★★ 客房數：74　Map P.513-A2
✉ ул. Ивайло 2（ul. Ivailo）
TEL (062) 621838　FAX (062) 621890
URL www.hoteletar.com
email hoteletar@hotmail.com
S 50Lv～　W 64Lv～
附早餐　CC M V
●保加利亞之母廣場附近的高樓飯店，房間雖小，但設備很齊全，高樓層靠近舊城區的房間視野也不錯。飯店前有巴士站，提供免費無線網路。

保加利亞 旅行關鍵字

西里爾字母＝英文字母對照表

А а	A	К к — K		Ф ф — F	
Б б	B	Л л — L		Х х — H	
В в	V	М м — M		Ц ц — TS	
Г г—	G	Н н — N		Ч ч — CH	
Д д	D	О о — O		Ш ш – SH	
Е е	E	П п — P		Щ щ – SHT	
Ж ж –	ZH	Р р — R		Ъ ъ	A
З з	Z	С с — S		Ь ь —	Y (軟音)
И и	I	Т т — T		Ю ю	YU
Й й	Y	У у — U		Я я —	YA

打招呼

早安	Добро utro.
你好	Добър ден.
晚安（見面問候語）	Добър вечер.
晚安	Лека нощ.
再見	Довиждане.

回答

是	Да.
不是	Не.
謝謝	Благодаря/Мерси
對不起	Извинете.
不好意思（叫人）	Моля.

實用單字

廁所	тоалетна
出發	заминаване
抵達	пристигане
時刻表	разписание
大人	възрастен
兒童	дете
男	мъж
女	жена
開門	отворен
打烊	затворен
昨天	вчера
今天	днес
明天	утре
票	билет
私人房間	частна квартира
單人（雙人）房	единична(двойна)стая

數字

1	един (една, едно)
2	два (две)
3	три
4	четири
5	пет
6	шест
7	седем
8	осем
9	девет
10	десет
11	единадесет (единайсет)
12	дванадесет (дванайсет)
13	тринадесет (тринайсет)
14	четиринадесет (четиринайсет)
15	петнадесет (петнайсет)
16	шестнадесет (шестнайсет)
17	седемнадесет (седемнайсет)
18	осемнадесет (осемнайсет)
19	деветнадесет (деветнайсет)
20	двадесет (двайсет)
100	сто
1000	хиляда

曜日

週一	понеделник	週二	вторник
週三	сряда	週四	четвъртък
週五	петък	週六	събота
週日	неделя		

月

1月	януари	2月	февруари
3月	март	4月	април
5月	май	6月	юни
7月	юли	8月	август
9月	септември	10月	октомври
11月	ноември	12月	декември

詢問

這是什麼？	Какво е това？
（你）是誰？	Кой сте(Вие)？
（這裡）是哪裡？	Къде е(Тук)？

幾點? Колко е часът?
多少錢? Колко струва?
不知道 Не разбирам.
請再說一次
　Повторете　моля.
初次見面 Приятно мие.
請問你叫什麼名字?
　Как се казвате
請稍等一下 Казвам се ～.
請稍等一下
　Почакайте малко моля.
這個用保加利亞語要怎麼說
　Как се казва на български

購物

不用沒關係，我只是看看
　Не благодаря. Само гледам.
我想要～ Искам ～.
多少錢? Колко струва?
這個便宜／貴
　Това е евтино／скъпо.
有其他價位的商品嗎?
　Имате ли нещо с друга цена?

住宿

這附近有便宜(安全)的飯店嗎?
　Има ли наблизо евтин(безопасен)
　хотел?
有離車站近的飯店嗎?
　Има ли хотел близо до гарата?
有空房嗎?
　Има ли свободни стаи?
一晚房價多少?
　Колко струва на вечер?
有單人(雙人)房嗎?
　Имате ли единична(довойна) стая?
有附衛浴設備的房間嗎?
　Имате ли стая с баня и тоалетна?
請讓我看一下房間
　Покажете ми стаята.
我決定住這裡 Из бирам тук.
沒有熱水 Няма топла вода.

可以寄放行李嗎?
　Можли да оставя багажа си при вас?

用餐

這附近有好餐廳嗎?
　На близо има ли хубав ресторант?
可以坐這裡嗎?
　Може ли да седна тук? ／ Свободно ли е тук?
請給我菜單
　Покажете ми менюто.
請給我～ Дайте ми ～.
味道如何(好吃嗎)?
　Харесва ли Ви(Вкусно ли Ви е)?
很好吃 Вкусно е.
請結帳
　Дайте ми сметката. ／ Сметката моля.

郵政・電話・匯兌

郵局在哪裡?
　Къде е пощата?
請給我寄到台灣的郵票
　Дайте ми пощенска марка за Тайван.
我想打電話到台灣
　Искам да се обадя до Тайван.
有電話卡嗎?
　Имате ли фонокарта?
這裡可以兌換旅行支票嗎?
　Тук мога ли да обменя пътнически
　чек?

糾紛、醫療

救命! Помощ !
小偷! Крадец !
警察 Полицай
～被偷了 Откраднали са ми ～.
身體不舒服 Лошо ми е.
醫院在哪裡?
　Къде е болницата ?
～很痛 Боли ме ～.
請給我藥 Дайте ми лекарство.

保加利亞簡史

◆古代保加利亞的基石

最早在現在的保加利亞定居的是印歐語系的色雷斯人Thracians，他們從事農耕、畜牧和金銀加工，儼然已經是一個國家。從普羅夫地夫Пловдив附近的帕納久里什泰Панагюрище發現的9個純金寶物、卡贊勒克Казанлък的墳墓、瓦爾納Варна的遺跡出土文物來看，可以說已經建立世界最古老的黃金文明。

之後的西元前7世紀希臘人、西元前4世紀馬其頓人紛紛進駐黑海沿岸形成一股勢力，最後趁他們衰敗而異軍突起的是羅馬帝國，西元46年掌控了整個巴爾幹半島。羅馬帝國在395年東西分裂，由拜占庭（東羅馬）帝國取得保加利亞的統治權。

◆王國的全盛時期
到鄂圖曼統治時期

6世紀時斯拉夫人從多瑙河順流而下定居保加利亞。到了7世紀後半，首領阿斯巴魯赫率領亞裔的保加爾人Bulgar（原先的保加利亞人）入侵，與斯拉夫人聯手在多瑙河流域的多布羅加地區Добруджа擊敗拜占庭帝國，681年成立保加利亞第一帝國，帝國的首都位於普利斯卡Плиска。

在鮑里斯一世Борис I（853～889）的統治下，國力達到巔峰。邀請聖西里爾St. Cyril和聖美索迪尤斯St. Methodius的弟子，並將基督教奉為國教也是在這個時期，西里爾文字也漸漸普及。西美昂一世Симеон I（893～927）在位時將首都遷至普雷斯拉夫Преслав，成為巴爾幹半島最強大的國家。

但是繼任者卻沒有讓國力更強盛，在西美昂一世死後王國急速衰敗，最後在1018年被拜占庭帝國消滅。

1187年，特爾諾沃（現在的大特爾諾沃

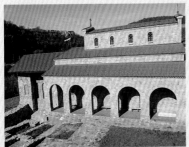

大特爾諾沃的40人教堂是由阿森王所建

Велико Търново)的領主阿森兄弟率領反拜占庭勢力崛起，脫離拜占庭帝國取得獨立，建立保加利亞第二帝國。阿森Иван Асен I登基為國王，首都設在特爾諾沃。

繼位的卡洛揚國王Калоян Асен將拜占庭剩餘勢力驅逐，接著在伊凡·阿森二世Иван Асен II的治理下，建造了許多獨特建築樣式的修道院，讓修道院文化蓬勃發展。但是阿森二世死後，國力衰退，1396年被漸趨強大的鄂圖曼土耳其帝國征服。之後500年在鄂圖曼統治期間，菲利佩Filibe（普羅夫地夫）等城市十分繁榮。

◆從民族復興走到現代

15～19世紀被稱為民族復興時代，因為向鄂圖曼帝國爭取解放引發各種反抗活動，但都以失敗告終。1876年由瓦西爾·列夫斯基Васил Левски帶領的四月起義雖然引起廣大迴響，最後也遭到鎮壓。1877年，俄國挺身為保加利亞爭取獨立，1878年俄國取得勝利，終於讓保加利亞從鄂圖曼帝國中解放。

歐洲列強為了擴張領土，開始把觸角伸向過去被鄂圖曼土耳其統治的巴爾幹半島，歐洲強國紛紛成為半島上各國的後盾，各國也開始爭取自己的領土，因此爆發巴爾幹戰爭。

1912年的第一次巴爾幹戰爭讓保加利亞國土大幅擴張，但是第二次巴爾幹戰爭時，失去的部分比第一次獲得的還要多，在兩次世界大戰中又因為靠攏德國而以敗戰國收場。1946年保加利亞廢除君主制，成立人民共和國，從蘇聯返國的格奧爾基·迪米特洛夫Георги Димитров Михайлов組共產黨內閣擔任第一任總理，與蘇聯關係良好，被稱為是蘇聯的第16個共和國。

1989年，掌握黨權長達35年的托多爾·日夫科夫Тодор Христов Живков下台，造成共產黨一黨獨大的獨裁體制崩壞，民主化得以推動。

2005年，舊共產黨勢力的保加利亞社會主義黨成立的「保加利亞聯盟」雖然成為第一黨，但無法單獨樹立政權，於是與第二黨的「西美昂二世國民運動」（後改稱NDSV）、第三黨的土耳其派政黨DPS組成聯合政府。在這樣的政局下，保加利亞於2007年1月加入歐盟。

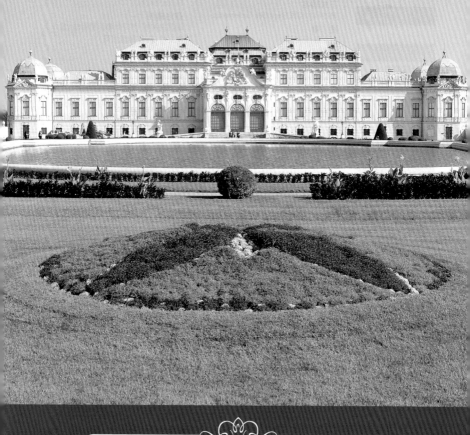

作為進出門戶的
奧地利
•Austria•

現在是國立美術館的美景宮

奧地利基本資訊

▶旅行關鍵字
→ P.538

國 旗
紅白紅相間的兩色旗。

正式國名
奧地利共和國 Republik Österreich

國 歌
山之國，河之國
Land der Berge, Land am Ströme

面 積
約8萬3900km²

人 口 約838萬人（2010年）

首 都
維也納。人口約170萬人（2010年）

元 首
海因茨‧菲舍爾總統
Heinz Fischer

政治體制
聯邦共和制。由9個聯邦州組成，是永久中立國，為EU歐盟成員

民族構成
90%日耳曼人

宗 教
天主教78%，新教5%，還有伊斯蘭教和猶太教

語 言 德語

貨幣與匯率

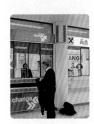

▶旅行預算與金錢
→ P.548

　　貨幣單位是歐元（可略稱為 E、EURO、EUR），較小的單位則是歐分（¢、CENT）。€1=100¢=約台幣36.7元（2015年8月）。紙鈔有5、10、20、50、100、200、500歐元，硬幣則有1、2、5、10、20、50歐分和1、2歐元。

　　奧地利有屬於自己獨特的歐元硬幣設計，2歐元背面是和平主義者並於1906年獲得諾貝爾和平獎的女性貝爾塔‧馮‧蘇特納Bertha von Suttner、1歐元背面是莫札特、50歐分是新藝術運動建築、20歐分是美景宮、10歐分是聖史蒂芬大教堂、5歐分是櫻草、2歐分是雪絨花、1歐分是龍膽花。

1歐元

2歐元

5歐元

10歐元

20歐元

50歐元

100 歐元

200歐元

500歐元

1歐分

2歐分

5歐分

10歐分

20歐分
50歐分

如何撥打電話

▶郵政與電話
→ P.556

從台灣撥往奧地利 例 撥往維也納(01)12345678時

| 國際電話識別碼 **002** | + | 奧地利國碼 **43** | + | 區域號碼（去除前面的0） **1** | + | 對方的電話號碼 **12345678** |

簽證
6個月以內,停留天數在90天之內,並且是以觀光為目的不需要辦理簽證。
護照
離開申根國家當日,護照的有效期限為3個月以上。

出入境

▶台灣出入境
→P.552

▶東歐國家出入境
→P.552

從台灣飛往維也納的直飛航班有中華航空和長榮航空,飛行時間約13~14小時。

若是轉機的話,從台灣也有直飛班機前往法蘭克福,再轉往維也納的航班也很多,非常方便。

從台灣出發的飛行時間

▶從台灣前往東歐的交通
→ P.551

鐵路 從德國、瑞士和義大利等歐洲各國都有很多國際列車班次。

巴士 來自鄰近各國的巴士班次很多。

船 搭乘行駛於多瑙河的水翼船,可以從斯洛伐克的布拉提斯拉瓦Bratislava和匈牙利的布達佩斯Budapest進入維也納。

從周邊各國出發的交通

▶當地交通
→ P.553

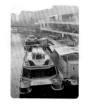

從鄰近各國出發的主要直達火車

布拉提斯拉瓦(斯洛伐克)~維也納	每小時1班	所需時間1小時~1小時10分
布拉格(捷克)~維也納	每日8班	所需時間4小時40分
布達佩斯(匈牙利)~維也納	每日8班	所需時間2小時45分~3小時
盧布爾雅那(斯洛維尼亞)~維也納	每日1班	所需時間6小時
薩格勒布(克羅埃西亞)~維也納	每日1班	所需時間6小時30分
華沙(波蘭)~維也納	每日3班	所需時間7小時50分~9小時20分
慕尼黑(德國)~維也納	每日7班	所需時間4小時~6小時15分

從鄰近各國出發的主要長途巴士

布拉提斯拉瓦(斯洛伐克)~維也納	每小時1~2班	所需時間1小時
布拉格(捷克)~維也納	每日3班	所需時間3~4小時
薩格勒布(克羅埃西亞)~維也納	每日3~4班	所需時間4~5小時

連結鄰近國家的主要航路 (冬季沒有船班)

布拉提斯拉瓦(斯洛伐克)~維也納	每日3~5班	所需時間1小時30分
布達佩斯(匈牙利)~維也納	每週2班	所需時間6小時30分

與台灣時差為7小時,只要將台灣時間減去7小時就可以。換言之,台灣6:00時,奧地利則是前一天的晚上23:00時。夏令時間的話,時差則變為6小時。

夏令時間的實施期間,從3月最後一個週日的AM2:00(=AM3:00)~10月最後一個週日的AM3:00(=AM2:00)。

時差與夏令時間

從奧地利撥往台灣 **例** 撥往 (02)1234-5678時

國際電話識別碼		台灣國碼		去除區域號碼最前面的0		對方的電話號碼
00	+	**886**	+	**2**	+	**1234-5678**

▶奧地利國內通話　市內電話不需要撥打區域號碼,市外電話要從區域號碼開始撥打。

▶如何撥打公共電話
① 拿起聽筒
② 將電話卡依照卡片上的箭頭方向插入
③ 撥打對方的號碼
④ 電話卡的餘額會顯示在電話的螢幕上,結束通話後放下聽筒,取出電話卡

營業時間

以下是店家一般的營業時間。

銀　行

週一～五9:00～15:00、週四～17:30、週六・日、節日休息。

百貨公司和商店

週一～五10:00～18:00、週六9:00～13:00

餐廳

午餐11:30～14:00、晚餐17:30～22:00

氣　候

奧地利的城市氣候很類似夏天的北海道和冬天的日本東北。夏天因為空氣乾燥，平均最高溫也只有23°C，滿舒適的。

10～12月經常會降雨，11月會下第一場雪，進入3月中旬就可以感受到春天的氣息。

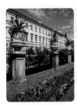

維也納的氣溫和降雨量

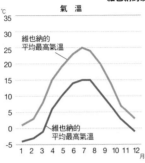

氣　溫

維也納的平均最高氣溫

維也納的平均最高氣溫

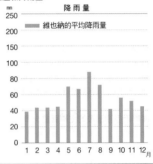

降雨量

維也納的平均降雨量

節日
（主要節日）

基督教相關的節日很多，每年會異動的節日以(※)標示，要注意。另外，12/24和12/31商店都只營業到中午，政府機關則是公休。

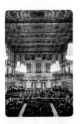

1/1		元旦
1/6		主顯節
4/5 ('15)	※	復活節
4/6 ('15)	※	復活節後週一
5/1		勞動節
5/14 ('15)	※	耶穌升天日
5/24 ('15)	※	聖靈降臨節
5/25 ('15)	※	聖靈降臨節後週一
6/4 ('15)	※	聖體節
8/15		聖母升天節
10/26		建國紀念日
11/1		諸聖日
12/8		聖母聖潔日
12/25		耶誕節
12/26		聖史蒂芬日

電壓與插頭

電壓為230V，頻率為50Hz。插頭以C型為主流（雙圓形插頭），部分使用SE型。要在當地使用台灣的電器產品，需要攜帶變壓器和轉接插頭。

播放規格

DVD

奧地利的電視和錄影規格為PAL，台灣、日本或是美國則屬於NTSC，兩者並不相同，在當地購買的錄影帶或是DVD，通常無法用台灣的電器播放。而

奧地利的DVD區碼Region Code為2，也與台灣不同（台灣為3），因此也無法使用一般家用DVD播放器觀賞。

小費

　　餐廳和飯店的費用通常包含服務費，所以不一定要付小費。但是習慣對協助自己的人以小費表達謝意。
計程車　費用的10%左右。
餐廳　麻煩行李員或客房服務時支付€1左右。

飯店　麻煩行李員或客房服務時支付€1左右。
廁所　如果有擺放小碟子，就放€0.20～0.30。

飲用水

　　奧地利的自來水幾乎來自阿爾卑斯的泉水，適合飲用。礦泉水分成氣泡式（mit Kohlensaure）和非氣泡式（ohne Kohlensaure）2種。超市賣的500ml瓶裝約€0.50、商店約€1～1.50。

郵政

▶郵政與電話
→ P.556

　　郵局一般營業時間是平日8:00～18:00、週六9:00～12:00、週日和節日休息。有些小郵局會午休、有些大城市的車站郵局營業到深夜。
郵資
　　郵資分成Priority和Economy 2種。Priority寄到台灣2～6天就到了，Economy則不一定。航空郵件費用，明信片€1.70（只有Priority）。
　　50g以內的信件，Priority€2.10、Economy€2.40。

稅　金

TAX

▶東歐國家出入境
→ P.552

　　奧地利的絕大多數商品會課徵20%的附加價值稅Ust.（書籍和食品除外），觀光客經過申請手續可以退稅，但是只有購買商品才能退，住宿費或餐飲費是不能退稅的。

安全與糾紛

▶旅行糾紛與
安全對策
→ P.560

　　雖然奧地利是出名的治安良好國家，但是在維也納的機場和車站周邊也有發生扒竊案件。飯店的大廳或餐廳也發生過偷竊案件，務必小心自己的隨身物品。避免晚上獨自走在暗處，而且要懂得保護自己。

警察 **133**　**消防** **122**
急救 **144**

年齡限制

　　在奧地利，未滿18歲禁止飲酒和吸菸。租車的話，各租車公司和車種有各自的年齡限制，並且需要出示信用卡。

度量衡

　　和台灣相同，距離以公尺，重量以公克、公斤，液體以公升計算。另外，在某些秤重計算的賣場，10g稱為Deka，100g稱為10Deka。

其他

廁所
　　廁所稱為Toilette或WC，也有的在門上寫「00」。女廁是Damen或Frauen、男廁是Herrn或Männer，或只以頭文字D和H表示。百貨公司裡面只有餐廳樓層才有廁所，博物館的廁所很乾淨，參觀博物館的時候建議順道過去。使用中標示besetzt、無人使用標示frei。

禁菸
　　奧地利的機場、車站和車廂內禁菸，餐廳和咖啡館室內的座位也是禁菸或分區，入口處會張貼禁菸或吸菸標示。戶外座位可吸菸。

維也納★

維也納 *Wien*

URL www.wien.info

◆維也納國際機場
URL www.viennaairport.com

維也納國際機場的❶
圏6:00～23:00
　工作人員在營業時間中多半在提行李處旁的窗口，如果門關著，可以按鈴呼叫。在這裡預約住房，需要先支付一晚的費用和手續費€3。

◆機場巴士
前往Morzinplatz/Schwedenplatz車站
　4:50～翌日0:20，每30分鐘一班（深夜時間每1～2小時也會有一班），所需時間20分。
　途經Wien Meidling車站前往維也納西站Wien Westbahnhof
　6:05～翌日0:04，每30分鐘一班。
　到Wien Meidling車站約30分、到維也納西站約45分。
圏單程€8、來回€13
　入境大廳正門出去右側就是機場巴士站，車票在巴士站的自動售票機或上車向司機購買。

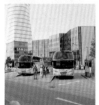

維也納機場的巴士站。除了可以到維也納市內，也可以前往斯洛伐克的布拉提斯拉瓦

西站發車的機場巴士

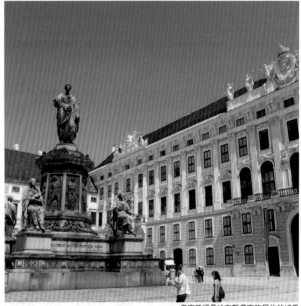

皇宮曾經是哈布斯堡家族居住的城堡

　被譽為「音樂之都」、「森林之都」的古都維也納，在這裡坐著行駛於舊城區環城大道Ring的路面電車，欣賞沿路的哥德式、巴洛克式、新哥德式建築，彷彿時光倒流，回到了過去。另外，維也納一年四季都會舉行約翰‧史特勞斯、莫札特等的音樂演奏會，還可以接觸到古典美術到現代美術等多樣藝術活動。

　保留哈布斯堡王朝榮景還有多元藝術交融的城市維也納，讓我們漫步其中感受其悠長的歷史。

抵達維也納後前往市區

✈ 搭乘飛機抵達

　維也納國際機場是從台灣直飛維也納的東歐門戶所在。

●**維也納國際機場** *Flughafen Wien*　　　Map P.525-C4外

　維也納國際機場位在維也納市中心東南方約18km處，車程約20分。

◆如何從機場前往市區◆

　從機場前往市區，可以搭乘機場巴士、機場快線City Airport Train、S-Bahn（近郊列車Schnellbahn）、計程車共4種方式。

●**機場巴士** *Autobus*

　從機場到市區，有前往Morzinplatz/Schwedenplatz車站，方便

轉乘地下鐵U1、U4和路面電車,以及途經Wien Meidling車站前往維也納西站Wien Westbahnhof的路線。

●機場快線(CAT) *City Airport Train(CAT)*

連結維也納機場站和Wien Mitte車站的City Air Terminal,所需時間約16分。搭車前在專用自動售票機購買車票,也可以在車上買,但價格較高。

●S-Bahn(近郊列車) *Schnellbahn*

S-Bahn 7號線連結機場和Wien Mitte車站、Praterstern車站。S-Bahn的維也納機場站Flughafen Wien-Schwechat月台在入境大廳的地下1樓,入境大廳有許多前往機場站月台和發車說明的標示,跟著標示走就可以。票價€4.20。

●計程車 *Taxi*

計程車招呼站位在背對入境大廳正門的右側,到維也納市區的費用一般是€40左右,所需時間約30分(塞車的話費用和時間更多)。

🚂搭乘火車抵達

維也納主要的總站是維也納西站、Wien Meidling車站和法蘭茲・約瑟夫車站Franz-Josefs-Bahnhof。以前的維也納南站已經關閉,目前在原址進行維也納中央車站的工程,預計在2015年年底正式啟用。過去在南站發車的火車暫時遷到Wein Meidling車站,但是前往布拉提斯拉瓦Bratislava等地的部分列車則從南站的臨時車站發車。

●維也納西站 *Wien Westbahnhof* `Map P.524-B2`

前往瑞士、德國、匈牙利和塞爾維亞的列車都在這裡搭乘。搭乘地下鐵U3可以前往市中心。

●Wien Meidling車站 *Wien Meidling* `Map P.524-C2外`

位在中央車站預定地的西南方約4km處。中央車站完工前,前往德國、義大利、捷克、斯洛伐克、波蘭和斯洛維尼亞的火車都在這裡發車,並與地下鐵U6共構,站名是Philadelphia Brücke。

🚌搭乘巴士抵達

國際巴士的主要巴士總站是地下鐵U3 Erdberg站旁的維也納國際巴士總站VIB。包括往布拉提斯拉瓦、布達佩斯Budapest、布拉格Praha和華沙Warszawa的巴士都在這裡起訖。

🚢搭船抵達

航行在多瑙河上的船往來於布拉提斯拉瓦(斯洛伐克)、布達佩斯(匈牙利)和維也納之間(→P.154、P.184),前往布達佩斯在Schiffahrtzentrum Wien碼頭搭乘、前往布拉提斯拉瓦則在Schwedenplatz的Wien City碼頭搭乘。

◆機場快線
City Airport Train
6:00 ～ 23:36每30分鐘一班
URLwww.cityairporttrain.com
圓單程€12、來回€19
車內購票加€2

City Airport Train

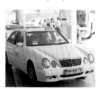
機場候客的機場計程車

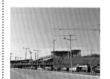
正在進行改建的維也納南站

維也納國際巴士總站

◆**Schiffahrtzentrum Wien**碼頭
Map P.525-A4
◆**Wien City**碼頭
Map P.527-B3

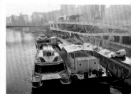
前往布拉斯提拉瓦的渡輪停靠在Wien City碼頭

維也納全圖

卡倫山
（484m）▲

維也納森林 WIENER WALD

格林琴
Grinzing
海里根施塔特

Kagran

多瑙河 DONAU

史丹夫教堂
維也納西站
Wien Hütteldorf

聖史蒂芬大教堂
環城大道 Ring
維也納西站

Wien Mitte 車站

普拉特公園

法蘭茲；
約瑟夫車站

美泉宮
紅框範圍為本跨頁地圖。

Günel

Reumannplatz

銀係島 Lobau

Hermesvilla
Lainzer 野生動物園
Lainzer Tiergarten

中央墓地

維也納國際機場 ✈

往格林琴

Billroth
str.

垃圾焚化
Fernheiz

Spit

Nußdorfer Str. U6

Nußdorfer
Str.

舒伯特故居

Währinger Str.-Volksoper

Währinger Gürtel U6

國民歌劇院
Volksoper P.534

Michelbeuern
Allg.
Krankenhaus

綜合醫院
Allgemeine Krankenhaus

U6

U6 Alser Str.

Währinger Str.

Alser Str.

Ottakringer Str.

Josefstädter Str. U6

約瑟夫城劇院
Theater i.d. Josefstadt

市政
Ratha

Ottakring S
U3

Thaliastr.

Thaliastr. U6

Lerchenfelder Str.

Parlan

鐵路
（S-Bahn、近郊列車等）

鐵路
（國鐵幹線）

地下鐵
（U-Bahn）

路面電車

Gablenzgasse

往史丹夫教堂

P.536
Pension Atrium

Jugendherberge Wien
Myrthengasse / Neustiftgasse

U1

Burggasse-Stadthalle U6

Burggasse

Neubaugürtel

Zieglergasse

Neubaugasse

Kettenbrücke

青春派
Majolika

Hütteldorfer Str.
U3

Schweglerstr.

Johnstr.

Mariahilfer Str.

皇宮家具
博物館

Neubaugasse

0   500   1000m

N

Goldschlagstr.

Felberstr.

U3 維也納西站
Wien Westbahnhof

Motel One P.536

H

Zieglergasse
U3

Wiechl

Penzing S

P.536 Wombat's
City Hostel

H

海頓之家與
布拉姆斯紀念室
P.536

往Wien Hütteldorf

Hostel Ruthensteiner
P.536

H

Ibis Wien Mariahilf P.536

Pilgramgasse U4

The Base

H

Mariahilfer Str.

Gumpendorfer Str. U6

萊蒙德劇院 P.534
Raimundtheater

Hietzing
U4

Hadikgasse

產業技術博物館
Technisches Museum. für
Industrie und Gewerbe

Sechshauser Str.

Gumpendorfer Str.

Margaretengürtel

Linke Wienzeile

Margaret

馬車博物館

Schönbrunn

U4

Schönbrunner Str.

U4
U6 Längenfeldgasse

Margaretengürtel

溫室
Palmenhaus
日本庭園

動物園
Tiergarten

美泉宮 P.532
Schloß Schönbrunn

Meidling Hauptstr.

Arndtstr.

Niederhof-str. U6

Niederhofstr.

Matzleindorfe

海神噴泉

凱旋門
Gloriette

Grünbergstr.

✉

往Wien Meidling / Philadelphiabrücke

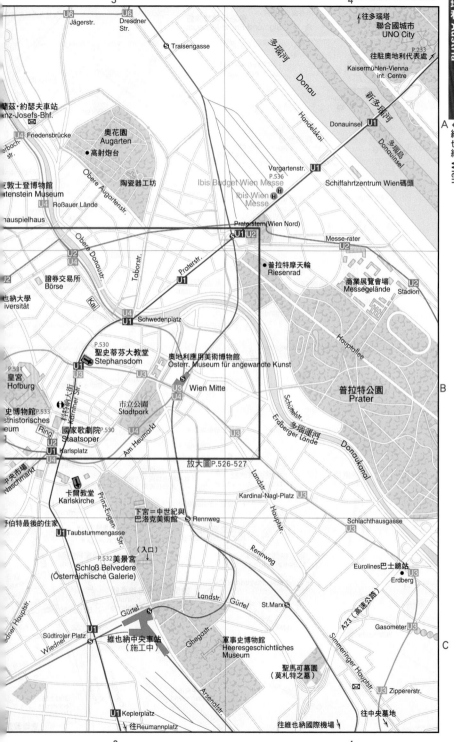

U6 Jägerstr. U6 Dresdner Str.

S Traisengasse

往多瑙塔
聯合國城市
UNO City

往駐奧地利代表處

Kaisermühlen-Vienna
int. Centre

法蘭茲・約瑟夫車站
nz-Josefs-Bhf.

U4 Friedensbrücke

奧花園
Augarten

●高射炮台

陶瓷器工坊

多瑙河 Donau

新多瑙河

Donauinsel U1

多瑙島
Donauinsel

敦士登博物館
tenstein Museum

U4 Roßauer Lände

hauspielhaus

Handelskai

Vorgartenstr.
P.536 U1

Ibis Budget Wien Messe

Ibis Wien H
Messe

Schiffahrtszentrum Wien碼頭

Obere Augartenstr.

Obere Donaustr.

Praterstern(Wien Nord)

U1 U2

Messe-rater

U2

U2
U4

證券交易所
Börse

Taborstr.

Praterstr.

U1

●普拉特摩天輪
Riesenrad

商業展覽會場
Messegelände

U2

U2 Stadion

也納大學
iversität

Kai

U4

U1 Schwedenplatz

P.530
聖史蒂芬大教堂
Stephansdom

奧地利應用美術博物館
Osterr. Museum für angewandte Kunst

Hauptallee

普拉特公園
Prater

P.531
皇宮
Hofburg

U1

Kärntner Str.

U3

U3
U4 S Wien Mitte

市立公園
Stadtpark

Schottelstr.

Erdberger Lände

多瑙運河

Donaukanal

史博物館 P.533
sthistorisches
eum

Ring

國家歌劇院 P.530
Staatsoper

U2
U1 Karlsplatz

U4

Am Heumarkt

U3

放大圖P.526-527

央市場
Naschmarkt

U4

卡爾教堂
Karlskirche

Prinz-Eugen-Str.

下宮＝中世紀與
巴洛克美術館
S Rennweg

Landstr.

Kardinal-Nagl-Platz U3

Hauptstr.

Schlachthausgasse

予伯特最後的住家

U1 Taubstummengasse

（入口）

P.532美景宮
Schloß Belvedere
(Österreichische Galerie)

Rennweg

Eurolines巴士總站

Erdberg

dner Hauptstr.

Gürtel

Gürtel

St.Marx S

A23（高速公路）

Simmeringer Hauptstr.

Gasometer U3

Südtiroler Platz

U1

Wiednerstr.

Ghegastr.

Landstr.

維也納中央車站
（施工中）

軍事史博物館
Heeresgeschichtliches
Museum

聖馬可墓園
（莫札特之墓）

Zippererstr.

Arsenalstr.

U3

U1 Keplerplatz

往中央墓地

往Reumannplatz

往維也納國際機場

病理・解剖學博物館
Pathologisch-Anatomisches
Bundesmuseum

往國民歌劇院

佛洛伊德博物館
Sigmund-Freud-Museum

Schlickgasse

往海里根施塔特

Berggasse

Schwarzspanierstr.

AAI

Türkenstr.

Kolingasse

Schottenring

Börse

奧地利國家銀行
Österr. Nationalbank

Otto-Wagner-
Platz

威恩教堂
Votivkirche

Schottentor-
Universität

Alsersfr.

Universitätsstr.

U2

Wahringer Str.

A

Gonzagagasse

Franz-Jo

證券交易所
Börse

Neutorgasse

Börsegasse

Werdertorgasse

Schweizer Pension
Solderer

Heinrichg
pla

河畔聖母教堂
Maria am Gestade

Ru
pla

法院
Landesgericht

Wickenburggasse

維也納大學
Universität
Wien

貝多芬之家
Beethoven Pasqualatihaus

Schottentor-
Universität

Schottengasse

修登修道院

Am Hof

安霍夫教堂
Kirche am Hof

市政廳
Rathaus P.531

Rathauskeller

Rathaus
platz

Rathausstr.

Rathauspl./
Burgtheater

城堡劇院 P.534
Burgtheater

U3 Herrengasse

Peterskirche Wien教堂

格拉本大街
Graben

Pensio

Pertschy

Demel P.537

Pension

DO & CO

B

國會
Parlament

Reichsratsstr.

Landesgerichtsstr.

Stadiongasse
Parlament

國民花園
Volksgarten

Michaeler-
platz

米歇爾教堂

U1 U3

Stephanspla

Rathaus Wein & Design
P.535

Dr-Karl-Renner-Ring

卡爾大公騎馬雕像

皇宮
Hofburg P.531

皇宮禮拜堂

西班牙馬術學校
Spanische Reitschule

Kai
Eliza

Heldenplatz

Josefsplatz

歐根親王騎馬雕像

卡普齊納教堂
皇帝納骨所

Neuer Markt

Kärntner Str.

國民劇場
Volkstheater

U3
U2

Bellariastr.

自然史博物館
Naturhistorisches
Museum

Burgring

新皇宮
（以弗所博物館，收藏狩獵
武器和古樂器）

阿爾貝蒂娜博物館
Albertina

Albertinaplatz

Sacher P.536

Café Sacher

Volkstheater

Burggasse

MUMOK

Kirchberggasse

Gutenberggasse

Spitelberggasse

瑪麗亞・泰瑞莎雕像
P.533

莫札特雕像
P.534

城堡花園
Burggarten

國家劇院預售票中心

JCB Plaza

美術史博物館
Kunsthistorisches
Museum

Museumsplatz

Burgring

Opernring

國家歌劇院
Staatsoper P.530, 534

Stiftgasse

K-Schweighofer-Gasse

維也納博物館區
Museumsquartier P.533

U2

Museumsquartier

造型美術協會繪畫館
Akademie der bildenden Künste,
Gemäldegalerie

Opernring

Opergasse

Oper

Kärntne

Ring

Künstle

Karlsplatz

U1
U2
U4

藝術
Künstle

C

Stiftskirche

Mariahilfer Str.

Stiftsgasse

P.534 維也納劇院
Theater an der Wien

Lehárgasse

中央市場
Naschmarkt

分離派會館
Secession P.531

Bösendorferstr. P.536

Wiedner
Hauptstr.

Resselpark

工科大學
Technische
Universität

Linke Wienzeile

Rechte Wienzeile

Gumpendorfer Str.

Opergasse

查理教堂

1

2

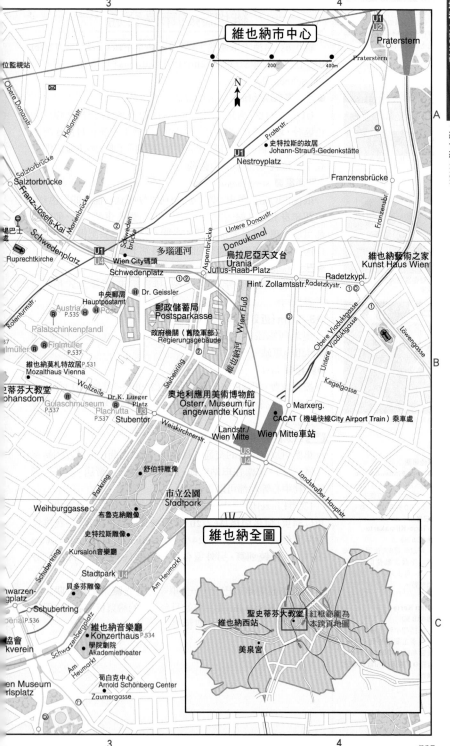

維也納市中心

0 200 400m

N

Pratersterm
Pratersterm

史特拉斯的故居
Johann-Strauß-Gedenkstätte

位監視站

Obere Donaustr.

Hollandstr.

Salztorbrücke

Salztorbrücke

Franz-Josefs-Kai

Schwedenplatz

Ruprechtkirche

場巴士

Nestroyplatz

Franzensbrücke

多瑙運河

Wien City碼頭

Schwedenplatz

Marienbrücke

Schwedenbrücke

Untere Donaustr.

Donaukanal

Aspernbrücke

烏拉尼亞天文台
Urania

Julius-Raab-Platz

維也納藝術之家
Kunst Haus Wien

Radetzkypl.

Hint. Zollamtsstr. Radetzkystr.

Dr. Geissler

中央郵局
Hauptpostamt

Post

Obere Viaduktgasse

Untere Viaduktgasse

Löwengasse

Austria P.535

Rotenturmstr.

Palatschinkenpfandl

Figlmüller
P.537

郵政儲蓄局
Postsparkasse

政府機關（舊陸軍部）
Regierungsgebäude

Wien Fluß

維也納輪河

Kegelgasse

維也納莫札特故居 P.531
Mozarthaus Vienna

Wollzeile

Dr.K. Lueger
Platz

Gulaschmuseum
P.537

Plachutta
P.537

Stubenring

奧地利應用美術博物館
Österr. Museum für
angewandte Kunst

Marxerg.

tansdom

ohansdom

Stubentor

Weiskirchnerstr.

Landstr./
Wien Mitte

CACAT（機場快線City Airport Train）乘車處

Wien Mitte車站

U3
U4

舒伯特雕像

Parkring

市立公園
Stadtpark

Landstraßer Hauptstr.

Weihburggasse

布魯克納雕像

史特拉斯雕像

Kursalon音樂廳

hwarzen-

plerz

Schwarzenbergplatz

Stadtpark U4

Am Heumarkt

貝多芬雕像

perial P.536

協會
kverein

維也納音樂廳
Konzerthaus P.534

學院劇院
Akademietheater

Am
Heumarkt

葡白克中心
Arnold Schönberg Center

en Museum
rlsplatz

Zaumergasse

維也納全圖

聖史蒂芬大教堂

維也納西站

紅框範圍為
本跨頁地圖

美泉宮

部分地下鐵行駛在路上

行駛在環城大道Ring的路面電車

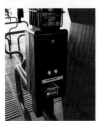

搭乘大眾交通務必記得驗票

維也納的市區交通

維也納有4種大眾運輸工具，分別是地下鐵（U-Bahn）Unter Bahn、路面電車Straßenbahn、巴士Autobus和S-Bahn（近郊列車）Schnelbahn。

●地下鐵（U-Bahn） *Unter Bahn*

U1（紅）、U2（紫）、U3（黃）、U4（綠）、U5（棕）5條路線以顏色區分，地下鐵車站標示為圓形的U，搭車前先在月台確認路線名和終點站名以及搭乘的方向。車門採手動，停車後將門把往左右拉就可以開，會自動關門。

●路面電車 *Straßebahn*

很復古的路面電車，車速不快，可以好好欣賞窗外的景色。先確認車身上的路線編號，在行進方向右側的車站上車，前後門都可以上車，但是要按鈕門才會開，下車時也要記得按門旁的白色按鈕。建議看路線圖確認在第幾站下車比較安心。

●巴士 *Autobus*

路線編號使用數字和英文字母排列組成，乘車方式和路面電車相同。

●S-Bahn（近郊列車） *Schnellbahn*

奧地利國鐵的近郊列車，連結Wien Mitte車站和Wien Meidling車站。

●計程車 *Taxi*

按表計費，初乘€2.50，深夜時段（23:00～翌日6:00）、週日和節日車資較高。另外，有重物、電話叫車、到機場或外縣市時會有追加費用。

🚃 車票的種類與使用方式

車票可以在所有的交通工具使用，彼此之間也可以互相轉乘（限市區）。車票在車站窗口、自動售票機、小賣店、市區交通的服務中心等地都可以買得到。

1次券Einzelfahrschein票價€2.10，在巴士和路面電車車內也可以購買，但是價格為€2.20，票價較貴而且不找零。待在維也納時間較長的遊客可以買24小時券Netkarte 24-Stunden-Wien（€7.10）比較划算。另外還有48小時券（€12.40）、72小時券（€15.40）。

搭乘路面電車或巴士，一上車一定要先驗票紀錄日期和時間，地下鐵和S-Bahn要在車站月台入口的驗票機驗票。使用24小時券只有第一次搭車需要驗票。

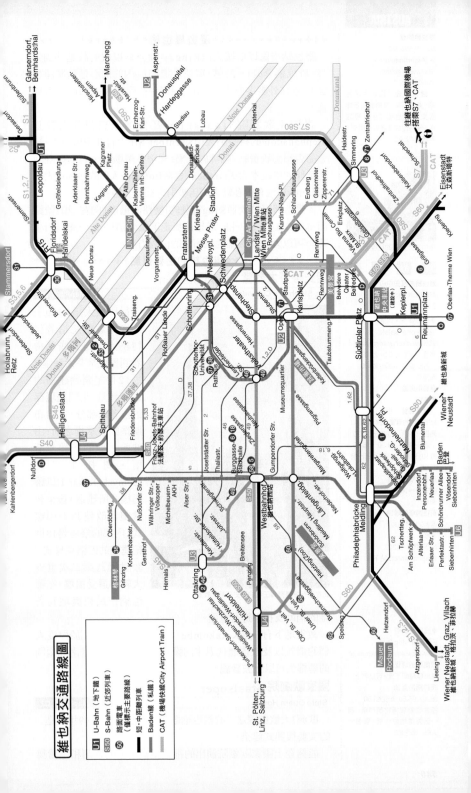

維也納的🛈

Map P.526-C2

✉Albertinaplatz 1

🔗www.wien.info

🕐9:00～19:00

提供免費地圖和手冊等等,資源豐富,音樂會和各種藝文資訊也可以在這裡取得。預約住房需要有信用卡,手續費€2.90。

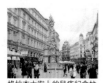

格拉本大街上的鼠疫紀念柱

世　界　遺　產

維也納的歷史中心

Altstadt von Wien

2001年登錄

◆聖史蒂芬大教堂

✉Stephansplatz

🔗www.stephanskirche.at

🕐週一～六　6:00～22:00

　週日・節日　7:00～22:00

㊡無休

身廊中央區

💰€4

語音導覽　　€5

地下墓地的導覽之旅

🕐週一～六　10:00～16:30

　週日・節日　13:30～16:30

每30分鐘一次,滿5人即出發

💰€5

前往北塔的電梯

🕐9:00～18:00

💰€5

前往南塔的階梯

🕐9:00～18:00

💰€4

地下鐵U1、U3的

Stephansplatz站下車

◆國家歌劇院

✉Opernring 2

🔗www.wiener-staatsoper.at

歌劇院的導覽之旅

🕐出發時間不定,可以到上面的網站查詢

💰大人€6.50 學生€3.50

包含歌劇院博物館門票。週一因為博物館休館,票價大人€5、學生€2

維也納市區以環城大道Ring為中心,呈現放射狀延伸到郊外。維也納分成1～23區,環城大道Ring內的圓心是舊城區(1區),愈往外數字愈大。景點主要集中在環城大道Ring及其周邊。

從國家歌劇院Staatsoper延伸到聖史蒂芬大教堂Stephansdom的科特納大街Kärntner Str.上有許多精品店、紀念品店和高級餐廳、咖啡館聚集。史蒂芬廣場Stephanspl.往西北延伸的格拉本大街Graben、皇宮Hofburg入口的科馬克大街Kohlmarkt也有很多魅力商店吸引大批觀光客。

搭乘沿著環城大道Ring行駛的1號路面電車(向右)和2號路面電車(向左)逛一圈,或是徒步走環城大道Ring一圈(約1小時),可以大致掌握維也納市區的位置方向。

聖史蒂芬大教堂 Stephansdom

St. Stephan's Cathedral	MapP.527-B3

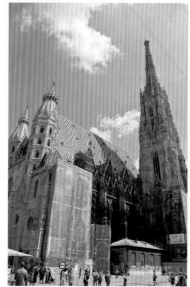

正在進行外觀整修工程的聖史蒂芬大教堂

從環城大道Ring上的國家歌劇院沿著科特納大街走到底就會看到聖史蒂芬大教堂。

12世紀開始建造的這座教堂,正門是現存最古老的部分。在哈布斯堡家族掌權之前,由波希米亞的普熱米斯爾・奧托卡二世Přemysl Otakar II以羅馬樣式所建造。後來教堂整體改建為哥德樣式,內部的祭壇是18世紀建造的巴洛克樣式。教堂因為第二次世界大戰時遭受損壞,在維也納市民和奧地利各地的捐助支援下進行重建。

教堂地下有一處Katakombe(地下墓地),保存死於鼠疫人們的遺骸以及放置歷代君主內臟的壺罐。另外,教堂南北兩側的塔樓也可以上去參觀。

國家歌劇院 Staatsoper

State Opera House	MapP.526-C2

歐洲3大歌劇院之一的維也納歌劇院,是1861～1869年建造的文藝復興式建築。

能夠登上國家歌劇院演出的都是頂級水準的歌劇和芭蕾舞

蹈，除了淡季的7、8月，幾乎每天、一年超過300天都有節目演出。如果不看表演，也可以參加內部的導覽解說。

皇宮 Hofburg

Imperial Palace `MapP.526-B~C2`

征服歐洲的哈布斯堡家族所居住的皇宮，直到1918年為止，期間長達650年。面向Michaelerplatz廣場的是13～18世紀建造的舊皇宮Holfburg，環城大道Ring上的是19～20世紀建造的新皇宮Neue Burg。

內部目前是開放參觀的博物館，包括皇帝房和茜茜公主博物館Kaiserappartments und Sisimuseum、宰相宮Reichskanzlertrakt和亞梅麗宮Amalienburg、利奧波德宮Leopoldinischer Trakt，重現法蘭茲・約瑟夫一世與王后伊莉莎白的時代氛圍，讓人一探為人嚴謹的國王與擁有傾國美貌的王后戲劇化的人生。

宮庭銀器收藏Silberkammer展示曾經真實使用過的餐具、皇宮寶物館Schatzkammer則展示奢華的金銀財寶，兩者皆不能錯過。

市政廳 Rathaus

City Hall `MapP.526-B1`

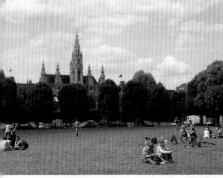

19世紀後半建造，是一座美麗的新哥德式建築。市政廳前常常在夏季舉辦各種活動，總是可以看到維也納市民在此休閒放鬆。市政廳地下的餐廳「Rathauskeller」，提供傳統維也納料理，當地人非常喜愛。

從皇宮看到的維也納市政廳

維也納莫札特故居 Mozalthaus Vienna

Mozalt House Vienna `MapP.527-B3`

莫札特Wolfgang Amadeus Mozart在1784～1787年居住的地方，在這裡完成了名曲《費加洛的婚禮Le Nozze di Figaro》。2006年莫札特誕辰250年紀念時進行整體改裝，使用最新的設備回顧天才音樂家的生涯、作品以及當年的維也納。

分離派會館 Secession

Secession `MapP.526-C2`

被戲稱為「金色高麗菜」的圓頂讓人印象深刻。1898年，由奧托・華格納Otto Wagner的弟子約瑟夫・馬里亞・歐爾布里希Joseph Maria Olbrich所設計建造。分離派指的是從當時保守的美術界分離出來的藝術家派別，他們自創Jugendstil（Art

◆皇宮
⊠Inner Burghof
☎(01) 5337570
🖷(01) 5337570-33
🌐www.hofburg-wien.at
🕙9～6月　　9:00～17:30
　7・8月　　9:00～18:00
閉館前1小時停止入場
休無休
📷皇帝房、茜茜公主博物館、銀器收藏共通，提供語音導覽
大人€11.50　學生€10.50

◆皇宮禮拜堂
🌐www.hofburgkapelle.at（德語）
🕙週一～四　10:00～14:00
　週五　　　11:00～13:00
閉館前30分鐘停止入場
休週三・四・六・日・節日、7・8月
📷€1.50

◆皇宮寶物館
🕙9:00～17:30
閉館前30分鐘停止入場
休週二
📷大人€12　學生€9

◆市政廳
☎(01) 52550
🌐www.wien.gv.at
🕙導覽之旅
　週一・三・五13:00出發（5人以上）
　在市政廳的維也納市服務中心集合。雖然以德語進行，但可以免費借用英語的語音導覽設備。
休週二・四・六・日・節日、議會開議期間
📷免費

◆維也納莫札特故居
⊠Domgasse 5
🌐www.mozarthausvienna.at
🕙10:00～19:00
休無休　📷€10　學生€8

◆分離派會館
⊠Friedrichstr. 12
☎(01) 5875307
🖷(01) 5875307-34
🌐www.secession.at
🕙10:00～18:00
休週一
📷貝多芬橫飾帶與特展
　大人€8.50　學生€5
　僅特展
　大人€5　學生€4

◆美泉宮
✉Schönbrunner Schloß straße
☎(01) 81113527
🌐www.schoenbrunn.at
📅4〜6・9・10月
　　　　　8:30〜17:30
　7・8月　8:30〜18:30
　11〜3月　8:30〜17:00
🚫無休
💰Imperial Tour
　　大人€11.50
　　學生€10.50
　Grand Tour
　　大人€14.50
　　學生€13.20
　導遊隨行的Grand Tour
　Führung
　　大人€16.50
　　學生€15.20
搭乘地下鐵U4在Schönbrunn或Hietzing下車。搭乘10、58號路面電車在Schloß Schönbrunn下車。

Sisi Ticket
💰大人€25.50
皇宮與美泉宮的Grand Tour，以及皇宮家具博物館的共通券。

🌐 世 界 遺 產

美泉宮與宮廷花園
Schloß Schönbrunn und Garten
1996年登錄
◆美景宮
✉Prinz-Eugen-Straße27
☎(01) 79557134
🌐www.belvedere.at
📅週四〜二　10:00〜18:00
　週三　　　10:00〜21:00
閉館前30分鐘停止入場
🚫無休
💰上宮
　　大人€12.50
　　學生€10
　下宮
　　大人€11　學生€8.50
搭乘路面電車D在Schloß Belvedere下車就可以到上宮。搭乘路面電車D在Am Heumarkt下車或是搭乘71號在Unteres Belvedere下車就可以到下宮。

從上宮望向維也納市區

Nouveau)所謂的新藝術運動潮流。

地下室的壁畫《貝多芬橫飾帶Beethoven Frieze Gustav Klimt》是古斯塔夫・克林姆Gustav Klimt所繪，以貝多芬的《第9號交響曲快樂頌》為主題的大件作品。

美泉宮 Schloß Schönbrunn

Schönbrunn Palace	MapP.524-C1

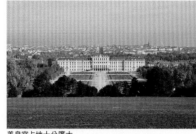
美泉宮占地十分廣大

來到維也納一定要到美泉宮。由17世紀末巴洛克建築巨匠Joseph von Erlach所建造，是哈布斯堡家族的夏宮。女王瑪麗亞・泰瑞莎Maria Theresia和年少期的瑪麗王后Marie Antoinette都曾在此居住。1814〜1815年的維也納會議也是在此召開。

宮殿外觀是統一以鮮黃色為主的巴洛克樣式，宮內則是華麗的洛可可風格，宮殿前方的巴洛克庭園總面積達1.7km²，非常值得一看。內部參觀有2種選擇，分別是參觀法蘭茲・約瑟夫一世Franz Josef I與伊莉莎白王后Elisabeth von Österreich-Ungarn等22間房的Imperial Tour（所需時間約35分），以及加上瑪麗亞・泰瑞莎相關房間等共計40房的Grand Tour（所需時間約50分）。因為這裡是高人氣景點，建議提早前往，做好好等待入場的心理準備。

美景宮 Schloß Belvedere

Belvedere Palace	MapP.525-B〜C3

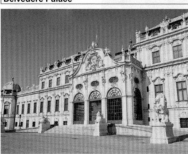
收藏世紀末藝術傑作而聞名

美景宮是分成上宮和下宮的巴洛克樣式豪華宮殿，為18世紀初建造的歐根親王夏宮。歐根親王Prinz Eugen von Savoyen是鄂圖曼軍隊入侵維也納時十分活躍的英雄總司令。

現在的美景宮作為美術館Österreichische Galerie，展示很多藝術作品。尤其是上宮收藏許多維也納分離派作品而聞名，可以一次見到古斯塔夫・克林姆的《接吻Der Kuss》、《茱蒂斯Judith》，埃貢・席勒Egon Schiele的《死神和少女Tod und Mädchen》等傑作。下宮開放歐根親王的起居室，且不時舉辦特展。

美術史博物館 Kunsthistorisches Museum
Museum of Fine Art `MapP.526-C1`

被譽為歐洲3大美術館之一，繪畫和工藝品的收藏不用說，館內裝飾更是精美。1樓展示古埃及、羅馬時期工藝品，2樓展示活躍於近代初期畫家的作品，十分齊全值得欣賞。以知名畫作聞名的這座美術館最有人氣的，是荷蘭畫家魯本斯Peter Paul Rubens的作品以及布勒哲爾Bruegel Pieter the Elder的最佳傑作《農民的婚禮Peasant wedding》、《雪中的獵人The Hunters in the Snow》等等。其他還有義大利畫家提香、拉斐爾，西班牙畫家維拉斯奎茲Diego Velázquez、牟利羅Bartolomé Esteban Murillo、作品稀少的維梅爾Jan Vermeer等人的畫作收藏。

自然史博物館 Naturhistorisches Museum
Natural History Museum `MapP.526-B1`

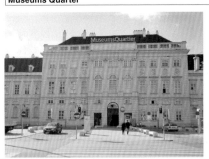

就在美術史博物館對面，以瑪麗亞・泰瑞莎的丈夫法蘭茲一世Franz I的收藏為基礎，展示古化石和礦物、世界各地收集而來的標本等等，涵蓋自然科學相關的各種展示品。遠

瑪麗亞・泰瑞莎廣場的自然史博物館

古時期的展示也很豐富，甚至還有西元前約2萬5000年時期的「維倫多爾夫的維納斯Venus of Willendorf」像等極重要的出土文物。

維也納博物館區 Museumsquartier
Museums Quarter `MapP.526-C1`

位在美術史博物館和自然史博物館所在廣場的西南角，世界上最大規模的現代文化藝術複合中心。廣達6萬km²的腹地內有美術館、大會堂和劇院等設施，成為各種活動舉辦的熱門場地。

好幾座博物館集中的維也納博物館區

其中最引人注目的是利奧波德美術館Leopold Museum，展示席勒、克林姆等活躍於19世紀末到20世紀初的分離派代表作。還有現代藝術博物館Museum Moderner Kunst Stiftung Ludwig（MUMOK）、展覽會場Kunsthalle、維也納建築中心Architekturzentrum Wien等等，景點非常多。

◆美術史博物館
⊠Maria Theresien-Platz
℡(01) 525240
URLwww.khm.at
開10:00～18:00(繪畫部門週四～21:00)
閉館前30分鐘停止入場
休9～5月
費大人€14 學生€11
路面電車1、2、D在Burgring下車

◆自然史博物館
⊠Burgring 7
℡(01) 52177
URLwww.nhm-wien.ac.at
開週四～一 9:00～18:30
週三 9:00～21:00
休週二
費大人€10 學生€5

◆維也納博物館區
⊠Museumsplatz 1/5
URLwww.mqw.at
地下鐵U2的Museums-quartier下車

◆利奧波德美術館
℡(01) 52570-0
URLwww.leopoldmuseum.org
開週五～三 10:00～18:00
週四 10:00～21:00
休9～5月的週二
費大人€12 學生€8

◆現代藝術博物館
℡(01) 52500-0
URLwww.mumok.at
開週一 14:00～19:00
週二・三・五～日 10:00～19:00
週四 10:00～21:00
休無休
費大人€10 學生€8

◆維也納建築中心
℡(01) 5223115
URLwww.azw.at
開展示大廳和商店 10:00～19:00
圖書館
週一・三・五 10:00～17:30
週六・日 10:00～19:00
休展示大廳和商店無休、圖書館是週二・四
費展示大廳 大人€7 學生€4.50

Theater & Concert Hall ⸙ 　　　維也納的劇場·音樂廳

　　來到音樂之都維也納，一定要享受一場魅力的舞台和演奏。如果已經決定要看的表演，建議提早預訂，直接到當地的劇場窗口或洽詢飯店櫃台也可以。

　　假使買到很好的座位欣賞表演時，男性需穿著西裝打領帶，女性最好穿著洋裝作正式打扮。站位就可以不那麼拘謹，但還是避免過於休閒的裝扮。

⸙ 歌劇、輕歌劇、芭蕾

國家歌劇院 Staatsoper

Map P.526-C2

✉ Operring 2　☎ (01) 5131513
🌐 www.wiener-staatsoper.at
🕐 （劇場內的當日券售票處）
　　週一～五 9:00～17:30　🚫 週日·節日

國民歌劇院 Volksoper

Map P.524-A2

✉ Währinger Str. 78
☎ (01) 514443318　🌐 www.volksoper.at
🕐 （劇院內的預售票售票處）
　　週一～五　8:00～18:00
　　週六·日·節日 9:00～12:00
🚫 無休
以輕歌劇和德語音樂劇為主，氣氛較輕鬆。

⸙ 音樂會

愛樂協會 Musikverein

Map P.526～527-C2～3

✉ Bösendorferstr. 12
☎ (01) 5058190　📠 (01) 5058190-94
🌐 www.musikverein.at
🕐 （愛樂協會前預售票售票處）
　9～6月　週一～五 9:00～20:00
　　　　　週六　　　9:00～13:00
　7·8月　週一～五 9:00～12:00
🚫 週日、7·8月的週六
　作為維也納愛樂樂團的總部而聞名。但是維也納愛樂的音樂會因為定期會員可優先購票，要買到票並不容易。

維也納音樂廳 Konzerthaus

Map P.527-C3

✉ Lothringerstr. 20
☎ (01) 242002　📠 (01) 24200110
🌐 konzerthaus.at
🕐 （票務中心）
　8/26～7/23　週一～五　9:00～19:45
　　　　　　　週六　　　9:00～13:00
　7/24～8/25　週一～五　9:00～13:00
　週六·日·節日開演前45分開門。
　維也納交響樂團的總部。

⸙ 戲劇

城堡劇院 Burgtheater

Map P.526-B1

✉ Dr.-Karl-Lueger-Ring 2
☎ (01) 5131513　📠 (01) 51444-4143
🌐 www.burgtheater.at
　古典戲劇、維也納喜劇和現代戲劇等十分多樣化。

⸙ 音樂劇

維也納劇院
Theater an der Wien

Map P.526-C2

✉ Linke Wienzelle 6
☎ (01) 58885　🌐 www.theater-wien.at
　1801年開業的維也納最古老劇院，莫札特的《魔笛Die Zauberflöte》第一次演出地點。

萊蒙德劇院 Raimundtheater

Map P.524-C2

✉ Wallgasse 18
☎ (01) 58885　🌐 www.musicalvienna.at

⸙ 售票處

國家劇院預售票中心

Map P.526-C2

✉ Operngasse 2
🕐 週一～五 9:00～18:00
　週六·日·節日　　　　9:00～14:00　🚫 無休
　販售國家歌劇院、國民歌劇院、城堡劇院等的票券。

Hotel
維也納的住宿

從台灣撥打電話 002＋43（奧地利國碼）＋去除0的區域號碼＋電話號碼

維也納的住宿設施，無論數量或是種類都非常豐富。雖然一整年都有遊客造訪，但夏季和新年期間卻是觀光客前來的高峰期，飯店也非常難訂，尤其是位於景點集中的市區飯店相當受歡迎，因此必須要及早預約，而這個時候的住房費用也相對較昂貴。

Hotel Bristol
★★★★★ 客房數：140
Map P.526-C2

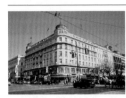

位於國家歌劇院Staatsoper附近，創業於1892年，歷史悠久。古董家具和裝飾藝術風格營造出奢華氣氛。洗練的餐廳、酒吧和咖啡館都很有人氣。

✉ **Kärntner Ring 1**
☎ (01) 515160　FAX (01) 51516550
URL www.starwoodhotels.com
email reservations.bristolvienna@luxurycollection.com
Ⓢ Ⓦ €260～800　早餐另計
CC Ⓐ Ⓓ Ⓙ Ⓜ Ⓥ

Rathaus Wein & Design
★★★★ 客房數：39
Map P.526-B1

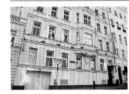

以葡萄酒為主題的設計飯店。客房門上印著奧地利各地釀酒廠的標籤，Minibar裡也隨時備有葡萄酒。1樓的酒吧有各種品牌的葡萄酒，非常齊全。

✉ **Lange Gasse 13**
☎ (01) 4001122
FAX (01) 400112288
URL www.hotel-rathaus-wien.at
email office@hotel-rathaus-wien.at
Ⓢ €120～150　Ⓦ €160～210
早餐€17
CC Ⓐ Ⓓ Ⓜ Ⓥ

Hotel Austria
★★★ 客房數：46
Map P.527-B3

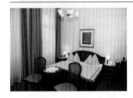

舊城區安靜巷弄內的中級飯店，鄰近地下鐵Schwedenplatz站，方便觀光。部分單人房雖然不大，但是環境和家具都很乾淨。

✉ **Fleischmarkt 20**
☎ (01) 51523
FAX (01) 51523506
URL www.hotelaustria-wien.at
email office@hotelaustria-wien.at
Ⓢ €96～108　Ⓦ €133～166
附早餐
CC Ⓐ Ⓓ Ⓜ Ⓥ

Pension Pertschy
★★★★ 客房數：55
Map P.526-B2

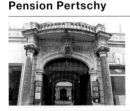

位在皇宮Hofburg和聖史蒂芬大教堂Stephansdom之間，使用歷史建築改裝的民宿，客房內水晶燈和柔和色調的沙發等作裝飾。夏季容易客滿，建議提早1個月預訂。

✉ **Habsburgergasse 5**
☎ (01) 534490　FAX (01) 5344949
URL www.pertschy.com
email info@pertschy.com
Ⓢ €83～128　Ⓦ €125～184
附早餐
CC Ⓐ Ⓜ Ⓥ

Pension City
★★★ 客房數：18
Map P.526-B2

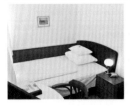

距離聖史蒂芬大教堂非常近，位置好價格卻不貴，十分受歡迎。位在建築物的其中一層，提供衛星電視、Minibar和無線網路等等，設備齊全。

✉ **Bauernmarkt 10**
☎ (01) 5339521
FAX (01) 5355216
URL www.citypension.at
email welcome@citypension.at
Ⓢ €65　Ⓦ €85～95
附早餐
CC Ⓙ Ⓜ Ⓥ

Pension Atrium

★★★ 客房數:18

Map P.524-B2

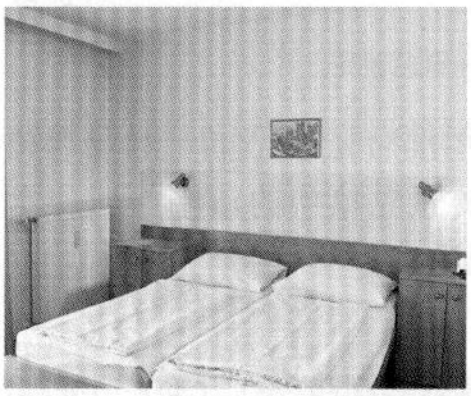

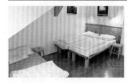

●從地下鐵U6的Bruggasse-Stadthalle站徒步約7分，距離維也納西站只要1站，如果班機是深夜或者回國時間是翌日都比較方便。早餐可以指定時間在房間內享用。

⊠Burggasse 118
TEL (01) 5233114 FAX (01) 52331149
URL www.pension.atrium.at.tf（德語）
email pension.atrium@chello.at
S €60
W €90 附早餐
C/C 不可

Hostel Ruthensteiner

青年旅館 客房數:100床

Map P.524-C2

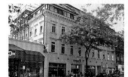

●擁有40年以上的歷史，改裝次數頻繁，因此保持得十分新又乾淨。由於人氣很高，建議提早預訂。提供置物櫃、廚房和洗衣設備等等，也有附廚房的客房。

⊠Robert-Hamerlinggasse 24
TEL (01) 8934202
FAX (01) 8932796
URL www.hostelruthensteiner.com
email info@hostelruthensteiner
D €12～18 W €44～60 早餐另計
C/C Ⓜ Ⓥ（手續費3%）

Wombat's City Hostel

青年旅館 客房數:322床

Map P.524-C2

●共有2處，一處是從西站出來，位在Mariahilfer Str.上的新館The Lounge，以及位在5分鐘距離Grangasse上的本館The Base，預計還要開設第3館。每間房都有淋浴設備、廁所和免費置物櫃。

⊠Mariahilfer Str. 137（The Lounge）
⊠Grangasse 6（The Base）
TEL (01) 8972336 FAX (01) 8972577
URL www.wombats.at
email office@wombats-vienna.at
D €20
S W €58 早餐另計
C/C Ⓐ Ⓓ Ⓜ Ⓥ

飯店名	地址•電話•FAX	費用•客房數	URL•e-mail
Hotel Imperial	Map P.527-C3 ⊠Kärntner Ring 16 TEL (01) 501100 FAX (01) 50110410	S W €359～2850 早餐另計 客房數:138 C/C Ⓐ Ⓓ Ⓙ Ⓜ Ⓥ	URL www.luxurycollection.com/imperial email reservations.imperialvienna@luxurycollection.com 歷史悠久的高級飯店。 ★★★★★
The Ring	Map P.526-C2 ⊠Kärntner Ring 8 TEL (01) 22123800 FAX (01) 22122900	S €320 W €370 早餐另計 客房數:68 C/C Ⓐ Ⓓ Ⓙ Ⓜ Ⓥ	URL www.theringhotel.com email info@theringhotel.com 鄰近國家歌劇院，2007年秋天開幕的頂級飯店。 ★★★★★
Sacher Wien	Map P.526-C2 ⊠Philharmonikerstr. 4 TEL (01) 514560 FAX (01) 51456810	S W €400～1360 早餐另計 客房數:151 C/C Ⓐ Ⓓ Ⓙ Ⓜ Ⓥ	URL www.sacher.com email wien@sacher.com 發明薩赫蛋糕的Franz Sacher之子Eduard於1876年創業的老字號飯店。 ★★★★★
Hotel Kaiserin Elizabeth	Map P.526-B2 ⊠Weihburggasse 3 TEL (01) 51526 FAX (01) 515267	S €138～250 W €250～320 附早餐 客房數:63 C/C Ⓐ Ⓓ Ⓙ Ⓜ Ⓥ	URL www.kaiserinelisabeth.at email info@kaiserinelisabeth.at 聖史蒂芬大教堂附近的好位置，以伊莉莎白王后命名的優雅飯店。 ★★★★
Hotel Ibis Wien Mariahilf	Map P.524-C2 ⊠Mariahilfer Gütel 22 TEL (01) 59998 FAX (01) 5979090	S €69 W €79 早餐另計 客房數:341 C/C Ⓐ Ⓓ Ⓙ Ⓜ Ⓥ	URL www.ibishotel.com email h0796@accor.com 從維也納西站徒步5分，十分便利。 ★★★
Motel One	Map P.524-B2 ⊠Europaplatz 3 TEL (01) 359350 FAX (01) 3593510	S €70.01～ W €86.44～ 早餐另計 客房數:441 C/C Ⓐ Ⓓ Ⓜ Ⓥ	URL www.motel-one.com email wien-westbahnhof@motel-one.com 好位置和現代感的客房擁有高人氣。左方費用為調查當時的實際價格。 ★★★
Ibis Budget Wien Messe	Map P.525-A4 ⊠Lassallestrasse 7 TEL (01) 2120424 FAX (01) 2120424555	S €44～ W €58～ 早餐另計 客房數:250 C/C Ⓐ Ⓙ Ⓜ Ⓥ	URL www.ibis.com 從Praterstern車站徒步7～8分，到市中心也很方便的連鎖旅館。

Restaurant 維也納的餐廳

除了供應名菜維也納炸肉排Wiener Schnitzel的維也納式餐廳外，一大早就開門的咖啡館、可以喝到Heuriger 的酒吧等等，種類多元。也可以到複合式咖啡館Konditorei享受甜點。

Figlmüller

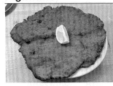

Map P.527-B3

位在從聖史蒂芬大教堂Stephansdom往東北方向的小巷弄尾端，創業於1905年的小店。有名的維也納炸肉排分量大到超出盤子，因為是人氣名店，用餐難免與人併桌。

✉ **Wollzeile 5**（總店）
☎ (01) 5126177
FAX (01) 320425720
URL www.figlmueller.at
🕐 12:00～24:00（最後點餐23:00）
🚫 8月歇業　CC A D J M V
✉ **Bäckerstrasse 5**上有分店

Plachutta

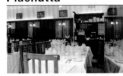

Map P.527-B3

提供維也納另一道名菜清燉牛肉Tafelspitz的名店，這道料理是以清燉的高湯將牛肉熬煮至透爛，再搭配辣根食用。

✉ **Wollzeile 38**
☎ (01) 5121577
URL www.plachutta.at
🕐 11:30～24:00（最後點餐23:00）
🚫 無休
CC A D M V

Gulaschmuseum

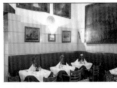

Map P.527-B3

使用大量紅椒燉煮牛肉的匈牙利湯Gulyás專賣店，在這裡可以選擇各種食材，菜單上也有照片方便點餐。

✉ **Schulerstr. 20**
☎ (01) 5121017
URL www.gulasch.at
🕐 10:00～23:00
🚫 無休
CC 不可

天滿屋

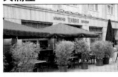

Map P.526-C2

科特納大街Kärntner Str.巷中的日本料理，可以品嚐壽司、鐵板燒、丼飯和麵類等等。廚師為日本人。

✉ **Krugerstraße 3**
☎ (01) 5127397
URL www.tenmaya.at（德語）
🕐 12:00～14:30LO
　 17:00～22:00LO
🚫 無休　CC A D J M V

Sacher

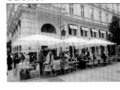

Map P.526-C2

位於Hotel Sacher 1樓的優雅咖啡館。甜度剛好，加上鮮奶油的薩赫蛋糕Sachertorte €4.90，用木盒包裝的薩赫蛋糕也很適合拿來送禮。

✉ **Philharmonikerstr. 4**
☎ (01) 59547715
URL www.sacher.com
🕐 9:00～翌日1:00
🚫 無休
CC A D J M V

Demel

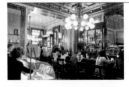

Map P.526-B2

創業於1786年，法蘭茲·約瑟夫一世Franz Josef I愛用的宮廷御用老咖啡館。以與Hotel Sacher競爭始祖地位的薩赫蛋糕為首，蛋糕種類非常豐富。

✉ **Kohlmarkt 14**
☎ (01) 5351717
URL www.demel.at
🕐 10:00～19:00
🚫 無休
CC A D J M V

奧地利 旅行關鍵字

打招呼

你好	Grüß Gott.
早安	Guten Morgen.
晚安（見面問候語）	Guten Abend.
再見	Auf Wiedersehen.
Bye Bye	Tschüs.

回答

是	Ja.
不是	Nein.
謝謝	Danke.
對不起	Entschuldigung.
不客氣	Bitte schön.
不知道	Ich verstehe nicht.
我知道了	Ich verstehe.

實用單字

廁所	toilette
男廁／女廁	Herren ／ Damen
無人／使用中	frei ／ besetzt
推／拉	drücken ／ ziehen
禁止～	verbieten
警察	polizei
入口／出口	Eingang ／ Ausbang
營業中／打烊	geöffnet ／ geschlossen
出發／抵達	Abfahrt ／ Ankunft
服務中心	information
銀行	bank
郵局	postamt
車站	bahnhof
機場	flughafen
收據書	rechnung
預約	reservierung
車票	fahrkarte
售票處	fahrkarteschalter
單程車票	einfache fahrkarte
來回車票	hin- und rückfahrkarte
東／西	ost ／ westen
南／北	süden ／ nord
左／右	links ／ rechts
貴的／便宜的	teuer ／ billig
大的／小的	große ／ klein

數字

1	eins	2	zwei
3	drei	4	vier
5	fünf	6	sechs
7	sieben	8	acht
9	neun	10	zehn
11	elf	12	zwölf
13	dreizehn	14	vierzehn
15	fünfzehn	16	sechzehn
17	siebzehn	18	achtzehn
19	neunzehn	20	zwanzig
30	dreißig	50	fünfzig
100	hundert	1000	tausend

星期

週一	Montag	週二	Dienstag
週三	Mittwoch	週四	Donnerstag
週五	Freittag	週六	Samstag
週日	Sonntag		

月

1月	Januar
2月	Februar
3月	März
4月	April
5月	Mai
6月	Juni
7月	Juli
8月	August
9月	September
10月	Oktober
11月	November
12月	Dezember

糾紛、醫療

救命！／出去！ Hilfe! ／ Raus!
（護照）不見了
Ich habe (meinen Reisepass) verloren.
幫我叫醫生！
Bitte rufen Sie einen Arzt!
身體不舒服
Ich fühle mich nicht wohl.

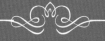

旅行準備與技術

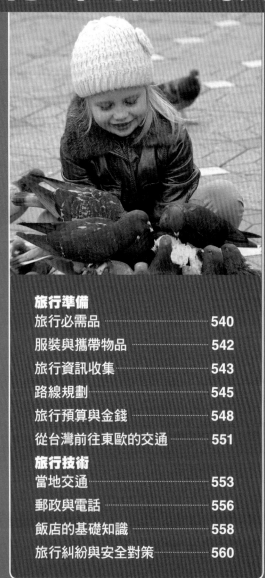

旅行必需品

護照

護照是旅遊海外的人可以證明自己的國籍和身分，並且請求外國給予國人安全通行與保護的重要文件，也是到國外旅行的第一步。申請簽證也需要護照，如果要辦簽證的話，就要考慮到護照申辦期間，提早申請。另外也要注意每個國家入境時，護照的有效期限規定不同，效期不足是無法入境的（參照各國綜合資訊的出入境）。護照剩餘期間未滿1年時即可申請換發新照。

首次申辦護照，必須本人親自至領事事務局或外交部中、南、東部辦事處辦理，並繳交相關文件。若無法親自辦理，則須親自至外交部委辦的戶政事務所進行「人別確認」後，再委任代理人續辦護照。護照的有效期限為10年。護照一般件為4個工作天（自繳費之次半日起算），為了不要在出發前才趕忙著送急件，記得要提早申請。

護照效期和簽證

本書中所提到的東歐各國，目前只要是在規定期間內的觀光旅遊，都是免簽證。護照效期的限制則要參照各國綜合資訊的出入境部分。

◆護照相關資訊詢問處

外交部領事局
✉ 台北市濟南路一段2-2號3~5F
☎ (02) 2343-2807
☎ (06) 2343-2808
🌐 www.boca.gov.tw/passport/Notes.html

中部辦事處
✉ 台中市黎明路二段503號1樓
☎ (04) 2251-0799

南部辦事處
✉ 高雄市成功一路436號2樓
☎ (07) 211-0605

東部辦事處
✉ 花蓮市中山路371號6F
☎ (03) 833-1041

申辦護照必要文件（新辦‧換發）
① **普通護照申請書(1份)** 在護照申請書填上個人資料，申請書可至外交部網站下載（6www.boca.gov.tw）填寫，也可直接至外交部領事事務局拿單子，現場填寫。
② **身分證明文件(1份)** 身分證正本及正、反面影本分別黏貼於申請書正面，未滿14歲且沒有身分證的人，需準備戶口名簿正本及影本1份。
③ **相片(2張)** 須準備6個月內拍攝光面、白色背景護照專用照片。照片規格為直4.5cm×橫3.5 cm，自頭頂至下顎之長度不得少於3.2 cm及超過3.6 cm，半身、正面、脫帽、露耳、嘴巴閉合，五官清晰之照片。
④ **其他** 未成年人如要申請護照，應附父母親或監護人同意書且需加蓋印章；男子(16~36歲)及國軍人員需在護照申請書上加蓋兵役戳記（戳既可在內政部派駐外交部領事事務局櫃台辦理）。
⑤ **護照** 申請換發者繳交尚有效期的舊護照。
⑥ **規費** 1300元。
領取護照必要文件
① **本人親自領取** 必須攜帶身分證正本和繳費收據正本領取護照。
② **由他人代為領取** 必須攜帶代理人身分證正本與繳費收據正本才能代領。

旅行前可以準備的相關證件

國際學生證（ISIC 卡）

學生只要出示國際學生證，到博物館、美術館、劇院的門票，以及青年旅館或大眾運輸都可能享有優惠價格。國際學生證International Student Identity Card（也稱作ISIC卡），是由WYSETC（國際青年學生教育旅遊組織）所發行，總部設在阿姆斯特丹。

國際青年證

國際青年證的優惠與國際學生證相似，未滿30歲都可申辦。在國外的當地旅行社也可以代辦。

青年旅館會員證

如果考慮在國外的青年旅館住宿就需要一張會證，可向康文文教基金會或是中華民國青年之家申請。

國際駕照

要在國外租車，必須有一張國際駕照International Driver Permit。駕照可以到各地監理所辦理，只要備妥相關證件，當天就能拿到。有效期限最長3年，若在台灣的駕照有效期限低於3年，則依駕照的有效期限為準。

海外旅遊保險

預防海外發生意外或生病時的龐大費用，最好是先加入保險比較安心。假如突然生病，部分保險公司還有提供免費專線的醫院介紹和掛號，醫療費也直接由保險公司負擔。

海外旅遊保險種類有傷害保險（死亡、後遺症、治療費用）、疾病保險（治療費用、死亡）、賠償責任保險（不小心損壞物品或傷害他人等等）、行李保險（行李遺失、損壞或遭竊）。

捷克旅遊需要購買醫療保險

到捷克旅遊必須加入海外旅遊保險，捷克外事警察有權攔檢外國人身分證件及是否購買醫療保險，該醫療保險保額至少達€3萬，其中必須包括緊急醫療、住院、緊急轉送回國，倘不幸過世之遺體運送回國費用，未購買旅遊醫療險入境捷克違反捷克法規，可能會遭警方罰款。

● 捷克經濟文化辦事處
URL www.mzv.cz/taipei
● 駐捷克代表處
URL www.roc-taiwan.org/CZ

◆ 國際學生證
URL www.statravel.org.tw
費用
　350元（郵寄需付郵寄費用）
必要文件
　申請表、學生證正反影本、英文姓名以及就讀學校的英文簡稱（英文名字須與護照上姓名一致 ）、2吋照片1張
◆ 國際青年證
費用
　350元（郵寄需付郵寄費用）
必要文件
　申請表、身分證正反面影本、護照英文姓名、2吋照片1張
◆ 青年旅館會員證
費用
　600元（郵寄需付郵寄費用）
必要文件
　申請表、身分證正反面影本、護照英文姓名
◆ 國際駕照
交通部公路總局
URL www.thb.gov.tw
各縣市所屬監理單位
台北、新北(02)2688-4366
新竹 (03)589-2051
台中 (04)2691-2011
高雄 (07)771-1101
費用 250元
必要文件
　身分證、護照影本（查核英文姓名）、駕照、最近6個月內2吋照片2張

服裝與攜帶物品

從亞得里亞海的度假勝地克羅埃西亞，到冬季酷寒的波蘭，氣候變化範圍非常廣。冬季前往需要依據地區做好禦寒準備。另外即使是夏季，很多地方的日夜溫差也很大，最好攜帶一件薄外套比較好。關於詳細的氣候和合適服裝，請參照各國綜合資訊的氣候部分。

攜帶物品清單					
	品　　名	確認		品　　名	確認
貴重品	護照		**日用品**	香皂、洗髮精	
	機票（電子機票）			毛巾	
	現金（台幣）			吹風機	
	現金（外幣）			衛生紙	
	旅行支票（T/C）			洗衣精	
	信用卡			旅行用曬衣架	
	海外旅遊保險		**醫藥品**	常備藥	
	國際駕照、台灣駕照			胃腸藥	
	住宿預約確認書			OK蹦	
	鐵路周遊			生理用品	
	國際學生證、國際青年證、青年旅館會員證			旅遊書	
衣服	內衣類		**其他**	會話集、字典	
	襯衫			行動電話、智慧型手機	
	長袖襯衫			相機、記憶卡	
	外套、領帶、洋裝			行動電源、充電器	
	睡衣			傘、雨衣	
	襪子			筆記本、筆	
	帽子			證件照	
	泳衣			鬧鐘	
	拖鞋			指甲刀、掏耳棒	
	墨鏡			針線包	
日用品	牙刷組			塑膠袋	
	洗面乳、刮鬍刀			瑞士刀	
	化妝品			青年旅館用床單	

以防萬一的準備物品

1. 護照影本和證件照
2. 機票影本
3. 旅行支票編號、面額、發行日和使用狀況
4. 信用卡卡號、有效期限、掛失電話
5. 海外旅行保險編號、緊急聯絡電話

旅行資訊收集

準備 ●

旅行前的資訊收集、做足功課很重要。直接在當地取得最新資訊雖然很好，但是有時間和語言問題，不是那麼容易。

◉當地資訊收集

東歐各國的主要城市和觀光地都有政府管轄的 ❶ 提供的服務雖然各有不同，大部分都可以用英語溝通，也有免費地圖和手冊，還有預訂住房、售票和販售紀念品的服務。週末或節日公休的話，可到飯店櫃台洽詢。

赫瓦爾島的 ❶

駐台使館

捷克
◆捷克經濟文化辦事處
⊠台北市基隆路一段200號7樓B室
☎(02) 2722-5100
🔗www.mzv.cz/taipei
🕙週一～四9:30～16:00（簽證處）

波蘭
◆華沙貿易辦事處
⊠台北市基隆路一段333號16樓1601室
☎(02) 7718-3300
🔗poland.tw

斯洛伐克
◆斯洛伐克經濟文化辦事處
⊠台北市基隆路一段333號12樓1203室
☎(02) 8780-3231
🔗www.mzv.sk/taipei

匈牙利
◆匈牙利貿易辦事處
⊠台北市敬業一路97號3樓
☎(02) 8501-1200-2
🔗hungary.org.tw
🕙週二・四10:00～12:00（簽證）

東歐各國觀光局

◆捷克官方網站
🔗www.czech.cz
◆捷克旅遊局
🔗www.czechtourism.com

◆波蘭官方旅遊推廣網站
🔗www.poland.travel
◆波蘭觀光局
🔗www.pot.gov.pl

◆斯洛伐克觀光局
🔗slovakia.travel

◆匈牙利觀光局
🔗www.hungary.org.tw

◆斯洛維尼亞觀光局
🔗www.slovenia.info

◆克羅埃西亞觀光局
🔗croatia.hr/en-GB/Homepage

◆塞爾維亞觀光局
🔗www.serbia.travel

◆阿爾巴尼亞觀光局局
🔗www.akt.gov.al

◆羅馬尼亞觀光局
🔗romaniatourism.com

◆保加利亞觀光局
🔗bulgariatravel.org

資訊收集便利網站・其他

◆In Your Pocket
🔗www.inyourpocket.com
當地旅遊導覽網站。

◆TripAdviser
🔗www.tripadvisor.com.tw
觀光地、飯店、餐廳等等，來自世界各地遊客的心得評價。

◆Exchange-rates.org
🔗tw.exchange-rates.org
查詢東歐各國的匯率。

◆外交部領事事務局
⊠台北市中正區濟南路一段2-2號
☎(02) 2343-2888
🔗www.boca.gov.tw

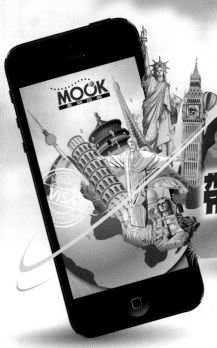
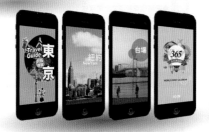
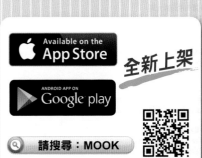
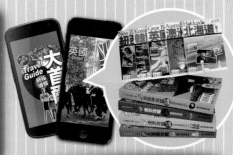

路線規劃

　　東歐聚集了10幾個魅力國度，如果能夠慢慢欣賞各國風情當然是最理想，但是對大多數人而言是不可能的，因此要如何在廣大的東歐地區抓重點旅遊，這裡介紹幾個具代表性的經典路線。安排行程時，因為每個人的喜好和時間不同，行程也會有差異，但是這裡介紹的路線連同交通也一起考慮在內，應該可以作為大致上的參考。

　　安排從台灣出發的行程時，別忘記去程至少花費1天、回程花費2天。以下路線是以當地停留時間做介紹。

1週 嚴選人氣城市消遙遊

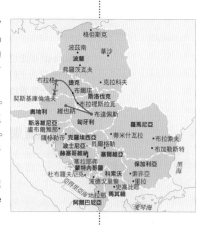

　　布拉格 Praha、契斯基庫倫洛夫 Český Krumlov、布達佩斯 Budapest、維也納 Wien 都是東歐代表性的人氣觀光勝地。各地之間的距離不遠，不會花費太多時間在交通上，可以有時間好好觀光。

　　出發時先抵達有直飛航班的維也納比較方便。如果時間充裕，前往斯洛伐克的布拉提斯拉瓦 Bratislava 或捷克東部的布爾諾 Brno 也很不錯。尤其是維也納到布拉提斯拉瓦，可以搭乘航行於多瑙河的水翼船當天來回。

　　從契斯基庫倫洛夫回到維也納因為沒有直達火車，要在捷克布傑約維采 České Budějovice 或布拉格換車，或是利用前往維也納的接駁車。

1週 沿著亞得里亞海探訪舊南斯拉夫各國

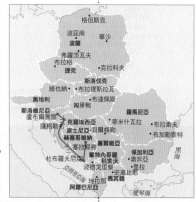

　　脫離舊南斯拉夫獨立的斯洛維尼亞、克羅埃西亞、波士尼亞‧赫塞哥維納，再度吸引來自世界各地的人們到此觀光。

　　從維也納出發的話，可選擇搭乘飛機、火車或巴士到盧布爾雅那 Ljubljana。盧布爾雅那的布列德湖 Blejsko jezero 和波斯托伊納鐘乳石洞 Postojnska jama 等都可以當天來回，一定要去造訪看看。接著從盧布爾雅那搭火車到薩格勒布 Zagreb，再搭乘長途巴士到「亞得里亞海的珍珠」杜布羅夫尼克 Dubrovnik。時間充裕的話，順道前往亞得里亞海沿岸的古城也很不錯。搭車時窗外景色十分美麗，長時間坐車也不容易覺得辛苦。從杜布羅夫尼克再搭乘巴士到塞拉耶弗 Sarajevo，途中經過的莫斯塔爾 Mostar 有時間也很推薦去走走。時間足夠也一定要到塞爾維亞。

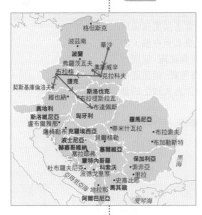

行程以波蘭、捷克、斯洛伐克、匈牙利等東歐北部4國為主。

首先參觀華沙Warszawa，再搭火車到克拉科夫Kraków。波蘭在第二次世界大戰時雖然有許多城市遭受破壞，但克拉科夫的受損程度卻是最小的，還保留中世紀的風情。當天還可以到奧斯威辛Oświęcim，深入理解那段歷史的悲劇。

從克拉科夫到布拉格Praha則搭乘夜間火車，到布拉格雖然只參觀布拉格城Pražský hrad和舊城區，但至少要花2天的時間。美麗的中世紀城市契斯基庫倫洛夫Český Krumlov搭巴士去較便利。

從布拉提斯拉瓦Bratislava到布達佩斯Budapest，中途也可以到維也納Wien。從維也納到布達佩斯，夏季有航行於多瑙河上的水翼船可以搭乘，雖然時間比火車長，但是多瑙河的船之旅一定會成為印象深刻的回憶吧。

2週 **遊覽東歐南部巴爾幹半島各國**

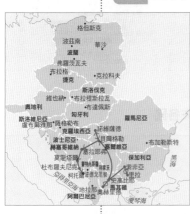

東歐南部各國保留著歐洲昔日美好年代的樸實與各種風情，各國與土耳其、義大利的淵源也很深，可以感受到和東歐北部不同的氛圍。

搭飛機到索非亞София之後，當天到里拉修道院Рилски Манастир，接著搭巴士到奧赫里德Охрид。從奧赫里德途經史高比耶Скопje進入貝爾格勒Београд，而從貝爾格勒則可以到諾維薩德Нови Сад來趟1日遊。當天從貝爾格勒搭乘夜間巴士到塞拉耶弗Sarajevo，時間不夠的話也可以搭飛機。

從塞拉耶弗搭巴士途經莫斯塔爾Mostar前往杜布羅夫尼克Dubrovnik，會經過波士尼亞 赫塞哥維納的一段驚險卻美麗的山路，寶石藍的亞得里亞海就突然在眼前展開。停留杜布羅夫尼克期間，有時間的話可以到近郊島嶼或蒙特內哥羅的柯托爾Kotor走走。

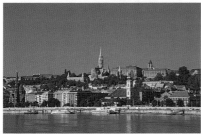

俯瞰多瑙河而建的皇宮（布達佩斯）

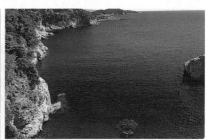

海岸線曲折複雜的亞得里亞海（杜布羅夫尼克）

3週 走過各國首都掌握東歐全貌

從北到南以首都為主縱貫東歐的路線。各國之間剪不斷理還亂的歷史糾葛，體驗彼此的共通點和相異處十分有趣。

首先搭飛機進入華沙，古都克拉科夫雖然不是首都，但是保留濃厚的中世紀風情，十分值得一訪。從華沙也可以當天來回，但是能住一晚更好。從克拉科夫選擇搭夜間火車就可以節省時間。

接著從布拉提斯拉瓦經過維也納到盧布爾雅那Ljubljana，從盧布爾雅那可以到薩格勒布Zagreb、布達佩斯、布加勒斯特Bucureşti和索非亞。

移動時間較長的旅程，最後容易變成只有首都的旅行，途中順道前往中等規模城市或近郊1日遊，也能讓旅途添加不少樂趣。

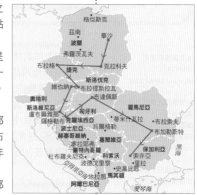

1個月 世界遺產之旅

東歐各國有許多被列入聯合國世界遺產的景點，很多地方是一整個城市的舊城區，這邊以遊客好走的景點為中心做介紹。

首先搭飛機到華沙，參觀第二次世界大戰後重建的城市景觀後前往克拉科夫。除了保留波蘭王國黃金時期面貌的克拉科夫歷史地區Stare Miasto w Krakowie，還有奧斯威辛Oświęcim的集中營遺跡、維耶利奇卡鹽礦Kopalnia soli w Wieliczce，這3處世界遺產彼此的距離都不遠。

從克拉科夫越過塔特拉山脈Tatry Wysokie進入斯洛伐克，搭巴士前往景觀壯麗的斯皮斯基城堡Spišský hrad。到捷克的布爾諾Brno參觀圖根哈特宅邸Tugendhatova vila之際，順道參觀附近的歐洛慕奇Olomouc也不錯。看完庫特納后拉Kutná Hora、布拉格和契斯基庫倫洛夫的美麗舊城區後，出發前往維也納。尋訪瓦豪河谷Wachau、薩爾斯堡Salzburg後就到薩格勒布，再接著前往斯普利特Split，途中會經過的十六湖國家公園nacionalni park Plitvička jezera也一定要去造訪看看。從斯普利特可以到旭本尼克Šibenik和特羅吉爾Trogir來趟1日遊，再到城牆圍繞的杜布羅夫尼克舊城區，接著從杜布羅夫尼克搭巴士或飛機回到薩格勒布，前往布

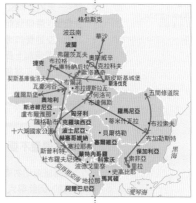

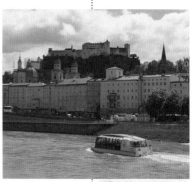

世界遺產城市薩爾斯堡是著名的莫札特出生地

達佩斯。從布達佩斯可以當天來回保存傳統家屋的何洛可Hollókő，再途經布加勒斯特Bucureşti前往蘇恰瓦Suceava，參觀五間修道院Cinci Mănăstiri din Bucovina美麗的濕壁畫，最後經過索非亞造訪里拉修道院。

旅行預算與金錢

物價

關於東歐的物價，歐盟國和非歐盟國的物價差距很大，如捷克和匈牙利等歐盟國的物價，近年來與西歐各國愈來愈接近。拿餐飲費來說，在歐盟國的一般餐廳用餐大約台幣450元。但如果是塞爾維亞和馬其頓等非歐盟國，同樣的食物台幣250元就能吃到。交通費比起西歐也非常便宜，搭2小時的火車也只要台幣300元，博物館等的門票價格也不高。在東歐各國花費最多的就是住宿費用，廉價旅館～中級飯店一晚都要台幣1800元左右。

預算

雖然國家和地區不同，物價也有所不同，但下列為大略估算的平均值。

餐費：假設飯店費用含早餐，午餐吃輕食三明治，晚餐到餐廳吃大餐。一天約台幣600元。

住宿費：廉價旅館～中級飯店一晚約台幣1800元

其他：交通費和博物館等地門票一天約台幣300元。

合計：即使加上長途車費和電話費等雜費，一天台幣3000元就夠了，如果住在青年旅館當然就能更節省。

攜帶現金與匯兌

現金儘量不要帶太多

出國旅遊切勿攜帶很多現金出門，現金一旦被偷或遺失是很難失而復得的，因此帶大量現金出國是很危險的行為，建議在當地使用信用卡付款。

中級以上的飯店、接待觀光客的餐廳和商店幾乎都可以刷卡和提款，ATM全年無休，24小時營業。但有遺失的風險，準備一張備用的信用卡比較安全。

最便利的現金是歐元，無論何處都可以匯兌，其次是美金。高級飯店的話，費用會以外幣價格表示，就可以直接使用外幣付款。另外，如果有小額歐元紙幣，在錢稍微不夠的時候可以只換需要的金額，避免換太多。

出國時可以準備台幣（出國和回國時可用）、依據前往的城市攜帶美金、歐元和信用卡。各國信用卡的流通程度不同，請參照各國「綜合資訊」的匯兌部分。

◆查詢最新匯率
OANDA
URL www.oanda.com

◆受理歐元旅行支票的公司
美國運通
☎免費0120-779-656
URL www.americanexpress.com/taiwan

◆主要信用卡公司
美國運通
URL www.americanexpress.com/taiwan
VISA
URL www.visa.com.tw
MasterCard
URL www.mastercard.com/tw
JCB
URL www.jcb.tw
花旗大來卡
URL www.citibank.com.tw

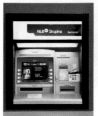

盧布爾雅那機場內的ATM

東歐各國的物價比較表

	礦泉水	礦泉水	可口可樂	香菸（Marbolo）	麥當勞的漢堡
捷克	1Kč＝約台幣1.37元	500mℓ 12Kč～	500mℓ 27Kč	86Kč	20Kč
波蘭	1zł＝約台幣8.58元	500mℓ 1.5zł～	500mℓ 3.5zł	13.60zł	2.5zł
斯洛伐克	1€＝約台幣36.7元	500mℓ €0.5	500mℓ €0.99	€3.50	€1
匈牙利	1Ft＝約台幣0.12元	500mℓ 110Ft～	500mℓ 250Ft	800Ft	290Ft
斯洛維尼亞	1€＝約台幣36.7元	500mℓ €0.70	500mℓ €1	€3.30	€1
克羅埃西亞	1Kn＝約台幣4.81元	500mℓ 6Kn	500mℓ 9Kn	25Kn	7Kn
波士尼亞·赫塞哥維納	1KM＝約台幣17.73元	500mℓ 0.60KM～	500mℓ1KM～	3.90KM	1.50KM
塞爾維亞	1DIN＝約台幣0.29元	500mℓ 33DIN～	500mℓ 58DIN～	240DIN	100DIN
蒙特內哥羅	€1＝約台幣36.7元	500mℓ €0.38～	500mℓ €0.73	€2.40	
馬其頓	1DEN＝約台幣0.6元	500mℓ 12DEN～	500mℓ 30DEN～	120DEN	
阿爾巴尼亞	1Lek＝約台幣0.27元	500mℓ 50Lek～	500mℓ 70Lek～	250Lek	
科索沃	€1＝約台幣36.7元	500mℓ €0.15～	500mℓ €0.49～		
羅馬尼亞	1RON＝約台幣8.26元	500mℓ 1.80RON～	500mℓ 2.50RON～	14RON	3.30RON
保加利亞	1Lv＝約台幣18.7元	500mℓ 0.75Lv	500mℓ 1.30Lv	5.30Lv	0.99Lv
奧地利	1€＝約台幣36.7元	500mℓ €0.55	500mℓ €1.05	€4.70	€1

＊表中資料為採訪時至各國首都調查的結果，並以2015年8月的匯率計算。上列商品基本上以超市或便利商店購買的價格為主。

◆刷卡付費要注意幣別和匯率
　刷卡時，有時不是用當地貨幣而是以台幣計費。雖然並不違法，但小心匯率會對店家比較有利，簽名前記得確認幣別和匯率。如果店家沒有說明清楚就擅自結帳，回國後可以洽詢發卡銀行。

信用卡

　東歐各國的信用卡普及率幾乎和台灣差不多，中級以上的飯店或餐廳大多可以使用。但是因為國家或卡別的不同，即使店家有張貼可刷卡的標示，刷卡時也可能遇到「我們這裡不能刷卡」的情況，或是發卡公司要另外收取收續費等等，建議購物前先確認清楚。住飯店也是一樣，在Check-in前務必問清楚。如果要提領當地貨幣（使用信用卡提領），銀行ATM 24小時營業，雖然會收取手續費，但假日和晚上都可以用。

　卡片遭竊或遺失，第一時間通報發卡銀行，請銀行處理避免被盜刷（→P.564）。為了在遇到這種狀況時能迅速反應，建議將發卡銀行的聯絡方式和卡號事先準備好。

國際金融卡

　可以從國外的ATM中以外幣形式提領本國帳戶的存款。只要是有Cirrus和PLUS標誌的提款機就可以使用，但是需支付手續費，每間銀行的金額不同。但是部分銀行不接受新客戶申請，申請前請先向銀行確認。

國外專用現金卡

　國外專用現金卡是省去匯兌手續、購物能更安心的便利卡片之一。多數外幣匯率比在當地匯兌要好，出國前先到ATM把一定數量現金放入卡中，出國時在當地的ATM就能以外幣形式提領卡中的現金。雖然會收取手續費，但就不怕花太多或是帶著現金趴趴走。

當地匯兌

◆旅遊多國時
　旅遊東歐各國時，要注意匯兌問題。部分國家對於攜帶貨幣出國有規範限制，要不然就是不同國家就很難換匯，雖然想換多一點，但是每次換錢都要付手續費也不划算。建議先把預算計畫好，每到另一個國家前把錢用完是最好的。

　各國的國際機場或車站都有匯兌所，其他包括銀行、部分飯店、市區匯兌所和旅行社等等也可以兌換外幣。時間充裕的人可以各方比價，選擇匯率最好的地方。但是在某些市區的匯兌所，即使匯率好，卻收取高額手續費，建議可以先說希望的價格，讓店家計算後告知再決定。一般來說機場和飯店的匯率很差，最好只換必要的金額或是避免在這些場所換錢。

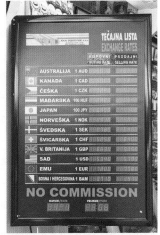

匯兌所出示的匯率，可以多方比較

從台灣前往東歐的交通

準備 ●

從台灣到東歐的航班

從台灣到東歐，直飛航班只有到維也納，要前往其他國家都需要轉機。大部分的東歐首都只要搭乘方便轉機的航班，都可以因為時差的關係儘快抵達目的地。

在哪裡轉機

選擇前往東歐的轉機地點時，考慮到各種方便性和搭配組合，其實選擇也並不多。雖然每個人喜好不同，但總是要在不浪費時間等待轉機的情況下，選擇最快抵達目的地的轉機地點。目前最方便也最多人選擇是在維也納轉機，其次是德國的法蘭克福還有芬蘭的赫爾辛基。

其他包括巴黎、倫敦、阿姆斯特丹，這些地點感覺上是先繞遠路到西歐再飛回來，但實際上整個歐洲包括北歐到東歐都只要大約3小時，差距並不大，重要的是轉機時間是否有銜接上。建議配合行程、預算和哩程數優惠慎選航空公司。

各國的出入境手續大致相同，只要知道大概的流程並非難事，出發日和回程日提早準備才能讓過程更順利。各國的出入境手續大致相各

◆ **在伊斯坦堡轉機**

如果旅行以巴爾幹半島為主，先抵達地理位置較近的伊斯坦堡，再走陸路也是一種選擇。

◆ **從鄰國由陸路前往**

進入歐洲後也可以搭乘國際列車或國際巴士前往東歐，特別是德國和奧地利有許多前往捷克、匈牙利和波蘭的舒適特快列車。但整體而言，巴士比起火車的班次較多，有時候車程也比較快。

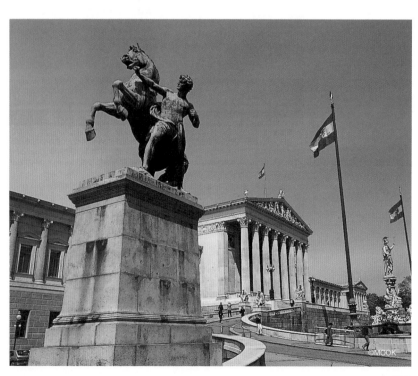

©MOOK

◆國際線班機

液狀物品上機限制

攜帶液狀物品(凝膠、噴霧、牙膏、乳液、化妝水等等)上機要遵守下列規範。如果不遵守會將物品沒收。
①所有液狀物品都要裝在100mℓ以下的容器中。
②將容器裝在1公升以下的透明夾鏈袋中。
③每位乘客最多攜帶一個夾鏈袋。

◆嚴禁購買仿冒品

國外模仿知名品牌商標、設計和肖像等等的仿冒品、遊戲或唱片等等的盜版品，絕對不要購買。攜帶這些物品回國，可能被海關沒收或遭受損害賠償的要求。

◆攜帶物品免稅範圍
（歐盟會員國）

香菸

紙捲菸200支、雪茄50支、菸絲250g

酒類

酒精濃度22%以上1公升（22%以下2公升）、葡萄酒2公升。

香水

香水50g、古龍水250cc。
※非歐盟國的規定各有不同，詳情請洽詢各國大使館等相關機構。

台灣出入境

各國的出入境手續大致相同，只要知道大概的流程並非難事，出發日和回程日提早準備才能讓過程更順利。

台灣出境

①登機手續
到航空公司櫃台出示護照和電子機票，領取登機證(Boarding Pass)和行李託運單(Baggage Claim Tag)。

②行李檢查
手提行李和安全檢查。為防止恐怖攻擊，保安檢查漸趨嚴格。除了在免稅店購買的物品，液體類要帶上機都有相關限制(參照邊欄)。

③海關審查
如果攜有超額台幣(10萬元)、外幣現鈔(超過等值1萬美元現金)、有價證券(總面額超過等值1萬美元)，或是攜帶貨樣和其他隨身自用物品(如個人電腦、專業用攝影、照相器材等)，其價值超過免稅限額(2萬美元)且日後預備再由國外帶回者，應向海關申報。

④出境審查
出示護照和登機證，海關人員會在護照上蓋出境章。護照套記得先拿掉。

⑤出境大廳
出境審查結束後就到管制區的「國外」，聽到登機廣播即前往登機門登機，這裡也是購買免稅品的地方。

台灣入境

①檢疫
一般人直接通過就可以了。旅途中發生嚴重腹瀉或發高燒等症狀請洽健康諮詢單位。

②入境審查
前往本國人櫃台出示護照，蓋入境章。

③領取行李
前往搭乘航班對應的行李轉盤領取，遺失或損壞時出示行李託運單洽詢相關人員。

④動植物檢疫
攜帶水果、肉類和鮮花入境要到動植物檢疫櫃台辦理相關手續。

⑤海關
攜帶物品在免稅範圍內，選擇「免申報櫃」(即綠線櫃)通關；若是超出免稅範圍或者不清楚有無超出免稅範圍，必須由「應申報櫃」(紅線櫃)通關。

入境台灣免稅範圍
香菸　捲菸200支、雪茄25支、菸絲1磅
酒類　1公升
其他　非管制進口物品，並且是攜帶者已使用過的行李物件，每件完稅價格台幣1萬元以下。未使用過的禮品，完稅價格總值低於台幣2萬元。

東歐國家出入境

東歐國家入境

①境審查
出示護照，從其他申根會員國入境則不需要接受審查。

申根會員國
冰島、義大利、愛沙尼亞、奧地利、荷蘭、希臘、瑞士、瑞典、西班牙、斯洛伐克、斯洛維尼亞、捷克、丹麥、德國、挪威、匈牙利、芬蘭、法國、比利時、波蘭、葡萄牙、馬爾他、拉脫維亞、立陶宛、列支敦士登、盧森堡

②領取行李
前往搭乘航班對應的行李轉盤領取，遺失或損壞時出示行李託運單洽詢相關人員。

③海關申報
攜帶物品在免稅範圍內則不必申報，超過免稅範圍者要提出申報書。

東歐國家出境

①登機手續
通常起飛前2小時開櫃，到航空公司櫃台出示護照和電子機票，領取登機證(Boarding Pass)和行李託運單(Baggage Claim Tag)。

②出境審查
出示護照和登機證，審查員會在護照上蓋出境章。

③退稅手續
退稅櫃台可能人潮眾多，建議提早前往辦理。如果在歐盟多國旅遊，只要在最後出境的國家辦理退稅。但是像波士尼亞‧赫塞哥維納、塞爾維亞、蒙特內哥羅等國是沒有退稅制度的。

歐盟會員國
愛爾蘭、英國、義大利、愛沙尼亞、奧地利、荷蘭、賽普勒斯、希臘、克羅埃西亞、瑞典、西班牙、斯洛伐克、斯洛維尼亞、捷克、丹麥、德國、匈牙利、芬蘭、法國、保加利亞、比利時、葡萄牙、波蘭、馬爾他、拉脫維亞、立陶宛、羅馬尼亞、盧森堡

當地交通

技術 ●

飛機

別說是國內的長途交通，跨國交通也是絕對不可或缺的重要大眾運輸工具。路線不但比過去增加，現在上網也能輕鬆預訂機票。

搭乘廉價航空

歐洲有許多可以直接上網購票的新型態航空公司。

廉價航空最大的優勢就是便宜的價格，還有可以馬上查詢機位進行預訂。但是隨著預定時期和機位狀況，有時也會比正規航空還要貴。

廉價航空的缺點在於大多數的公司資歷很淺、飛行時數也不多，信賴感相對較低。另外，機上服務大多需要付費。某些航線飛抵的機場離市區較遠或是小機場，建議搭機時先確認到機場的交通方式。還有轉機時必須先提領行李再做一次Check-in，因此無法保證可以準時搭上轉機的班機。

火車

各國的火車普及率並不相同，部分國家的火車以輔助巴士交通為主，但是像捷克的超級城際列車Super City Pendolino（SC）和斯洛維尼亞的ICS，使用高速專用列車行駛在高規格的鐵路上，在這些國家中，火車扮演極為重要的腳色。

火車的形式

車廂大多區分為1等和2等車。1等車車資較高，但是空間寬敞，可以擁有舒適的長途旅行。2等車其實也並不會太狹窄，但是有時安全性不如巴士，1等車則讓人安心許多。

車內的格局可以大致分成包廂和開放式2種。包廂車的部分為走道，每間包廂就像小房間一樣有隔間，包廂中是面對面的座位。一般來說，1等車是3人面對面的6人房，2等車則是6人房或4人面對面的8人房。

開放式空間顧名思義就是沒有隔間的車廂，新車大多採用這種方式。1等車的兩側各坐1人和2人，2等車則普遍是各坐2人的4人座。

火車的種類

●Euro City（EC）

跨越國界高速行駛在歐洲大陸上，歐洲的代表性國際特快車，時刻表上多以EC表示。

Euro City分成1等和2等車，還有餐車。EuroNight（EN）是Euro

◆擁有東歐航線的廉價航空
瑞安航空 Ryanair
URLwww.ryanair.com
易捷航空 easyJet
URLwww.easyjet.com
日爾曼之翼 Germanwings
URLwww.germanwings.com
柏林航空 Air Berlin
URLwww.airberlin.com
尼基航空 Niki
URLwww.flyniki.com
Eurolot
URLeurolot.com（波蘭語）
Wizzair
URLwww.wizzair.com
Smartwings
URLwww.smartwings.com
Carpatair
URLwww.carpatair.com
Blueair
URLwww.blueairweb.com

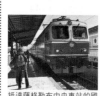

抵達薩格勒布中央車站的國際列車

553

City的臥鋪車、Inter City（IC）則是國內的特快列車。

　　部分的EC、IC（波蘭、匈牙利和斯洛伐克等等）採用全劃位制，因此最好事先預訂。另外，布拉格Praha～奧斯特拉瓦Ostrava之間的Super City Pendolino（SC）也需要先預訂。

●臥鋪車

　　包廂裡有床鋪和洗臉台、衣架等等的夜間列車。床鋪沒有拉簾，會提供礦泉水，有些還會有廁所和淋浴間。除非是一家人、情侶或是單人房，否則購買時會區分性別。包廂的門可以從裡面反鎖，但是工作人員持有備用鑰匙。

●坐臥兩用車

　　包廂形式的簡易臥鋪車，價格比上述臥鋪車低，但是沒有洗臉台。有6人房、4人房，大多沒有區分性別。

☺從蘇黎士到維也納的
　臥鋪車
從蘇黎士到維也納的臥鋪車上，我住在2張上下鋪的4人房。上鋪沒有梯子，上上下下有點辛苦，建議訂票時指定要下鋪。
　　　（新潟縣　Rui　'12秋）

European East Pass（東歐4國火車通行證）

　　可以無限制搭乘，分為1等和2等，可以使用的國家包括奧地利、捷克、斯洛伐克和匈牙利。效期1個月，用於其中的5～10天，可以自由選擇搭乘日，但是搭車時要自己把搭乘日寫在車票欄位上。當天第一次搭乘的火車如果是19:00之後出發的夜間列車，就要寫隔天的日期，日期必須用原子筆書寫。雖然EC和IC也可以搭乘，但是東歐各國火車票都很便宜，通行證常常是無法回本的，只是省下不少購買車票的時間。

　　初次使用時要在車站填寫開始日期、結束日期和護照號碼，交由站務人員蓋章生效。這道手續稱作Validation，如果忽略的話會有罰金。

Balkan Flexipass（巴爾幹半島火車通行證）

　　可以在羅馬尼亞、保加利亞、塞爾維亞、蒙特內哥羅、馬其頓、波士尼亞•赫塞哥維納、希臘和土耳其使用的火車通行證。從使用日起效期1個月，可以自由選擇5日、10日、15日用，並僅限1等車廂使用，分成大人、兒童（4～12歲）、銀髮族（60歲以上）、青年（13～25歲）4種。搭乘全劃位制和夜間列車時，需要預訂和額外的費用。

Eurail Global Pass（歐洲火車通行證）

　　可以在歐洲28國使用，東歐包括捷克、斯洛伐克、奧地利、匈牙利、羅馬尼亞和保加利亞。

European East Pass車資	
1等	
5日	€246
6日	€272
7日	€298
8日	€324
9日	€350
10日	€376
2等	
5日	€168
6日	€192
7日	€216
8日	€240
9日	€264
10日	€288

Balkan Flexipass車資	
1等大人	
5日	€180
10日	€314
15日	€378
1等銀髮族（60歲～）	
5日	€144
10日	€252
15日	€303
1等青年（13～25歲）	
5日	€108
10日	€188
15日	€227

Eurail Select Pass車資								
1等　大人			1等　2～5人同行			2等　青年(12～25歲)		
LOW	MEDIUM	HIGH	LOW	MEDIUM	HIGH	LOW	MEDIUM	HIGH
€169	€338	€407	€144	€288	€347	€112	€222	€267
€195	€379	€444	€167	€323	€379	€129	€249	€291
€245	€456	€518	€210	€389	€441	€162	€299	€339
€293	€526	€591	€250	€448	€503	€193	€344	€386

（5日、6日、8日、10日 左列）

Eurail Select Pass（歐洲任選4國火車通行證）

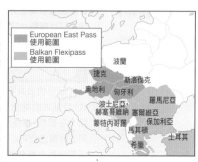

用於鐵交通網絡相鄰的4個國家，選擇的國家國境必須相連，或是有直達的火車或渡輪。效期2個月，可以選擇5日、6日、8日、10日的使用期間。本書所介紹的東歐各國中，波蘭、馬其頓、波士尼亞・赫塞哥維納和阿爾巴尼亞、科索沃除外的所有國家都在使用範圍內，可以搭配自己的行程做安排。此外，保加利亞、塞爾維亞及蒙特尼哥羅算一個國家；克羅埃西亞及斯洛維尼亞算一個國家。

12～25歲的青少年使用的Youth Pass為2等車，其他票種皆為1等車。2人以上使用時，有推出必須一起行動為條件的優惠團體票。

巴士

東歐的國內交通，搭乘巴士比火車還方便的國家不在少數。建議先到城市的巴士總站取得時刻表和路線等資訊。但如果是很多家業者都有行駛的路線，就可能使用不同的巴士總站。

租車

隨著心情來去自如是開車最大的魅力。各國的道路網也都維護得不錯，而且駕駛座和台灣相同為左駕，可以享受駕車兜風的樂趣。

租車需要有國際駕照。申請方式請參照→P.541，還需出示台灣駕照、護照和信用卡。不過有部分國家要求「25歲以上取得駕照超過1年的人才能租車」。

水路

跨國河川多瑙河穿過東歐各國注入黑海，搭船就是航行在連結奧地利、斯洛伐克和匈牙利3國的多瑙河航路上。這3國的首都，維也納Wien、布拉提斯拉瓦Bratislava和布達佩斯Budapest都位在多瑙河沿岸。原則上冬季停駛。詳情參照→P.147、171、519。其他還有連結北歐各國和波蘭的波羅的海航路以及義大利、克羅埃西亞、斯洛維尼亞和阿爾巴尼亞之間的亞得里亞海航路。

◆其他火車通行證
單國火車通行證
Eurail　捷克通行證
Eurail　波蘭通行證
Eurail　斯洛伐克通行證
Eurail　匈牙利通行證
Eurail　斯洛維尼亞通行證
Eurail　克羅埃西亞通行證
Eurail　羅馬尼亞通行證

雙國火車通行證
Eurail　德國・捷克通行證
Eurail　德國・波蘭通行證
Eurail　奧地利・匈牙利通行證
Eurail　匈牙利・羅馬尼亞通行證

3國火車通行證
Eurail　奧地利・克羅埃西亞
　　　／斯洛維尼亞通行證
Eurail　匈牙利・克羅埃西亞
　　　／斯洛維尼亞通行證

◆租車公司在
　台灣的預約中心
Hertz
TEL(02)2731-0377
FAX(02)2776-6772
URL www.hertz.com
AVIS
TEL0800-600-601
FAX(02)2776-6772
URL www.avis-taiwan.com

郵政與電話

郵政

東歐各國的郵政系統都算完善,寄到台灣的航空明信片或信件大約1週就能收到。寄到台灣時地址可以寫中文,但是要用英文清楚註記「TAIWAN」、「AIR MAIL」。寄包裹的話,各國有不同的重量限制等等,但是航空包裹也是大約1週會到。

郵局大多無法用英語溝通,不過只要把寄的東西拿到櫃台,對方大致都可以理解,如果有問題可以寫在紙上比較清楚。

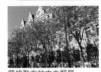

薩格勒布的中央郵局

◆預付卡洽詢電話
中華電信國際電話預付卡
☎急難0800-080100
台灣大哥大Super Card
☎急難0809-000-166
遠傳電信世界卡
☎急難0809-080-080

電話

大部分的公共電話都採用電話卡式,投幣式的電話正在年年減少。電話卡在郵局、❶或小賣店都有販售。用公共電話也可以撥長途電話,小賣店等地也有販售國際電話專用的電話卡,可以事先確認。

電話卡分成2種,一種是和台灣一樣插卡使用,一種是按卡號後撥打。撥打方式為先按電信公司編號,接著把電話卡背面的號碼刮開輸入,聽到餘額說明再撥對方的電話號碼。

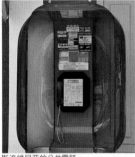

斯洛維尼亞的公共電話

使用台灣的國際電信公司服務

●國際信用卡通話

中華電信推出的「TrustPhone」及「幸福卡」等國際信用卡通話,撥打台灣專線號碼或服務電話號碼後,按5進入系統後,透過中文指示撥打電話。不過要注意的是,上述國際信用卡若搭配行動電話使用時,除了卡片費用外,還必須另付行動電話漫遊費用。

●預付卡通話

日可從台灣購買由台灣電信公司所發行的預付電話卡,撥打時只需依循中文語音指示,相當方便。有中華電信的「國際電話預付卡」、台灣大哥大的「Super Card」,以及遠傳電信的「世界卡」等可供選擇,使用時不需插入卡片,只需撥打各電信公司卡片上的號碼,接著輸入密碼,按照語音指示撥打即可。預付卡在電信業者門市、便利商店等地都有販售,不過必須事先確認可使用的國家。

●行動電話

在國外撥打行動電話時，可以使用自己原來的手機或是租借手機。關於使用方法或服務等詳細內容，還是要洽詢各家行動電話公司。另外也可以在當地購買SIM卡插入自己的手機。

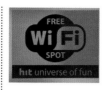

網路

飯店或咖啡館大多提供無線網路服務，攜帶筆電、平板或智慧型手機都很方便。還有很多地方都有網咖，但是部分沒有中文介面或輸入功能。

飯店的無線網路使用

飯店的無線網路大多免費，但是某些高級飯店的客房網路需要付費。相對地也提供更高速的網路環境或是比無線更迅速的有線網路設備。通常都需要輸入密碼，可以詢問飯店櫃台人員。

機場等地也會有付費的公共無線網路服務，幾乎都需要刷卡付費取得密碼。

◆東歐各國的國碼
捷克　420
波蘭　48
斯洛伐克　421
匈牙利　36
斯洛維尼亞　386
克羅埃西亞　385
波士尼亞‧赫塞哥維納　48
塞爾維亞　381
蒙特內哥羅　382
馬其頓　389
阿爾巴尼亞　355
科索沃　381
羅馬尼亞　40
保加利亞　359
奧地利　43

從當地撥往台灣

國際電話識別碼 **00**	+	台灣國碼 **886**	+	去除區域號碼最前面的0	+	對方的電話號碼

從台灣撥往當地（有區域號碼的國家）

國際電話識別碼 **002**	+	國碼（參考右上欄）	+	去除區域號碼最前面的0	+	對方的電話號碼

在海外使用行動電話時，費用、通話地區的詳細內容	遺失手機時聯絡電話
中華電信 URL www.cht.com.tw/portal/Rate	中華電信（國際識別碼00）+886+928000086（須付費）
台灣大哥大 URL consumer.taiwanmobile.com/mobile/travel	台灣大哥大（國際識別碼00）+886+2+9952120（須付費）
遠傳電信 URL www.fetnet.net/estore/planStore.do?cmd=initRoamFet&pageNo=1&tag=1	遠傳電信（國際識別碼00）+886+936010888（須付費）

飯店的基礎知識

住宿的種類

從1990年代開始,老舊建築和飯店的改建、改裝紛紛展開,還有很多新飯店陸續開幕。尤其是大城市從高級飯店到便宜民宿都有,選擇十分多元。住宿種類除了飯店以外,包括民宿、私人房間和青年旅館各式各樣。和低廉的物價相比,可能會驚訝於大城市和觀光區高級飯店的昂貴房價,但是如果稍微離開市中心,就會有很多物美價廉的中級飯店。

●高級飯店

以大城市和觀光地為中心,世界級的連鎖飯店也漸漸增加。設備和服務十分完善的同時,價格也不便宜。

●中級飯店

選擇衛浴設備共用的房間價格較低,而且房內備有洗臉台。

●民宿

規模較小也較便宜。有些利用歷史性建築改建,有些營造居家氣氛,各有特色。

●私人房間

將自家空房提供給旅客居住的民宿形式。部分私人房間規定最少住2晚,雖然可以向❶或旅行社代訂,但因房間數較少,如果臨時提出延長住宿,可能會被主人拒絕。在有國際列車停靠的大車站,常常會有私人房間屋主前來招攬客人,交易成立之前,務必先確認價格和地點。另外也有公寓形式的私人房間。

●青年旅館

住這裡可以遇到來自世界各地的青年朋友,適合學生和背包客。許多學生宿舍會在暑假開放給一般遊客住宿,部分適用國際學生證和青年旅館會員優惠。房間型態有多人房和個人房等等,一般以4~8人居住的衛浴共用房間為多。

預訂住宿

不管是哪一國的住宿,只要有空房就可以馬上入住。訂房時,自己到處走走看看選擇喜歡的住宿當然是最好,但是愈晚愈不容易有空房,建議儘量上午抵達目的地,接著到旅行社或❶幫忙代訂較有效率。

另外,隨著網路普及,上網訂房已經成為最普遍的作法,很多網站在價格上也會推出許多吸引人的優惠。因為轉機等原因導致夜晚才抵達時,出發前先訂至少一晚比較放心。

◆私人房間
私人房間最好是請旅行社或❶代訂。也有很多地方貼出「ＲＯＯＭ」、「Zimmer Frei」、「Sobe」、「Pokoj」等招牌,或是在車站招攬客人。由於安全性和內容無法保證,記得確認清楚,自己對自己負責。

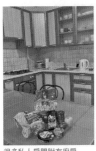

很多私人房間附有廚房

◆主要訂房網站
Booking.com
URL www.booking.com
Espedia
URL www.expedia.com.tw
Hostel World
URL www.chinese.hostelworld.com

飯店訂房範例（E-mail）

主旨
Inquiry about room rate
（住宿費用相關詢問）

本文
Dear Sir or Madam,

I would like to know whether the room described below is available.
（請問下列時間是否有空房？）

Name: Ayumu Chikyu （姓名：例　地球　步）
Number of persons: 2 （住房人數：例　2人）
Type of rooms: Twin room （希望房型：例　雙人房）

Arrival Date: 1st September, 2015 （入房日：例　2015年9月1日）
Departure Date: 3rd September, 2015 （退房日：例　2015年9月3日）
Total nights: Two nights （訂房期間：例　2晚）

I also want to know what type of credit cards you accept.
（請問可以用什麼信用卡付款？）

Could you confirm my booking and let me know the price in return?
（請協助確認預約狀況與住宿費用）

I'm looking forward to hearing from you soon.
（麻煩盡速回覆）

Sincerely yours,
Ayumu Chikyu

◆**訂房時可以使用的**
其他範例
請回信告知住宿費用。
Please tell me the price by
return e-mail.
希望房間有獨立衛浴設備。
A room with bath and
lavatory, please.
有附早餐嗎？
Is breakfast included?
房間可以使用網路嗎？
Can I log on the internet
from my room?
請問從最近車站到飯店的交
通方式？
Please tell me how to get
there from the nearest
station.

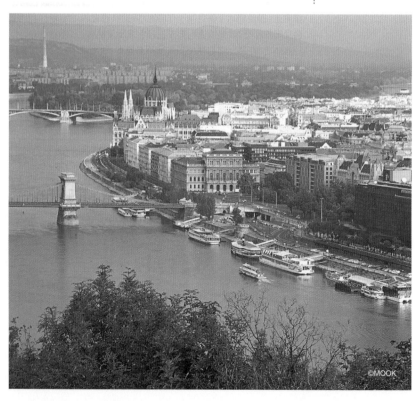

©MOOK

旅行糾紛與安全對策

東歐治安

東歐各國目前的重大犯罪案件並不多。但是隨著外國觀光客來訪增加，扒手和詐騙等犯罪案件整體有增多的趨勢，尤其是觀光客很多的大城市，被害人層出不窮。但如果能事前掌握犯罪手法和對策，很多都是可以避免的。雖然不需要過度緊張，還是要注意該小心的地點和時間，確實做好自我管理。

另外，塞爾維亞、波士尼亞‧赫塞哥維納、馬其頓、阿爾巴尼亞和科索沃等國的部分地區情勢不穩定，出發前務必向外交部確認當地的治安資訊。

犯罪手法‧注意事項

地下匯兌商與假警察集團

東歐各國常見的假警察，不只是亞洲觀光客，也有許多歐美人受害。

通常會在路上遇到地下匯兌商搭訕：「Change money?」當有所回應時假警察就會出現，以不法交易為藉口，要求檢查護照和錢包再把錢拿走。即使對地下匯兌商不作回應，假警察也會說：「剛剛你和地下匯兌商說什麼？我要檢查。」要求把錢包拿出來檢查。

基本上，在路上遇到匯兌商搭訕不要理會，即使他們的匯率比合法匯兌商好，但多半會用假鈔等詐騙手法騙取金錢。再者，真正的警察

◆海外急難救助聯絡資訊
旅外國人急難救助
全球免付費專線
桃園國際機場的外交部辦事處設有「旅外國人急難救助全球免付費專線」800-0885-0885，有專人24小時輪值接聽。在國外如果無法與台灣駐外館處取得聯繫，可在當地撥打這支電話尋求協助。
◆外交部海外安全相關情報
只要登入進下列的網站，點選右側國外旅遊警示，就可以查詢相關的旅遊安全資訊。
URLwww.boca.gov.tw

遇到假警察該怎麼辦？

1 出示護照影本

如果遇到假警察要求檢查護照，就出示影本。影本不會有任何問題，記得準備一份。

2 準備2種錢包

如果遇到檢查錢包，先把零錢和鈔票、小額和高額分2個錢包放。只要把小額的錢包拿出來就可以，然後堅持自己只有這些錢，期間絕對不要讓錢包離開自己的視線。

真正的警察不會在路上要求把錢包拿出來，遇到的話看到對方穿便服就不用說，即使穿制服也要保持懷疑。接著只要沒有身家危險，就不要把貴重物品拿出來。如果對方說「台灣人身上一定有台幣吧」，就百分百鐵定是假警察。

3 催促對方一起到警察局

如果可能的話，就說「我們到警察局，再讓你檢查護照和錢包」，然後催促對方一起到警察局。這時，以防對方趁機把人帶到陌生的場所，最好自己要先掌握警察局的位置，如果不確定又只有一個人的時候，千萬不能跟對方走。為了避免這種狀況，建議到新城市先確認該地警察局的位置。

4 考慮逃跑

無論是中文或是英文，或是能不能和對方溝通，總之大聲說話引起周圍人注意。先裝作聽不懂，比起打倒對方，先以逃跑為優先考量，並且要跑到人潮較多的地點。

不會在路上要求遊客出示錢包或穿著便服問話。如果被陌生人搭訕，之後又有自稱警察的人出現，就知道一定是詐騙集團（遇到假警察的對應方式參照P.562）。

安眠藥強盜

索非亞София和布加勒斯特Bucureşti等地常見的手法，在路上被搭訕一起喝杯咖啡和餅乾後昏倒，恢復意識後身上被洗劫一空。為讓人安心，對方先開封餅乾或先喝飲料也是很常用的手段，必須注意，最好是不要隨便接受剛認識的人給的食物。最近還有人花費一天或好幾天取得對方信任，再進行詐騙的可惡案例，尤其是在首都圈，被搭訕最好先提高警覺。

扒手、偷竊

扒手常常出現在地下鐵、長長的電扶梯和車門附近。搭電扶梯時貴重物品被扒走後，後面就不斷有人走過，一下子就找不到人了。另外，在電車上即使相對較空，人潮集中在車門或狹窄通路附近時要特別注意，好幾個共犯會假裝很擁擠，碰撞身體後趁機把錢包摸走，甚至會拉開包包拉鍊或用刀割開。

還有故意用番茄醬或冰淇淋把對方衣服弄髒，幫忙擦拭時趁機把錢包偷走也是常見手法。

觀光地的餐廳、飯店和機場等地都會有慣犯游走，要特

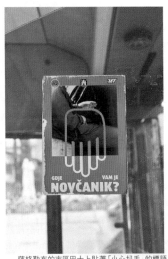

薩格勒布的市區巴士上貼著「小心扒手」的標語

別注意。用餐時要避免把背包或放有貴重物品的外套掛在椅子上，儘量放在腳邊或自己的視線範圍內。比起一個人的時候，和朋友一起行動分散注意力時反而更容易受害，住宿飯店的大廳或吃早餐的自助吧餐廳都有發生過類似案件。

夜間列車（尤其是臥鋪車）上的竊盜案也很多，務必保管好自己的行李，即使白天乘車，也儘量不要打瞌睡或把行李放著去廁所。覺得不放心的話，建議乘坐1等車廂，包廂盡量上鎖。青年旅館的多人房也一樣不能掉以輕心。

危險地區

當地情勢隨時都會有變化，出發前務必向外交部確認安全資訊。特別是不穩定的舊南斯拉夫各國，先掌握危險地區位置，隨時收集新情報。

◆光頭集團

索非亞、布拉格和布達佩斯等地，最近正發生由光頭年輕人組成的集團使用暴力的案件，看到的話絕對不要接近。晚上外出建議避開人少的地區。

◆民族・宗教・歷史問題

當地情勢不斷變化，出發前一定要向外交部確認。別是不穩定的舊南斯拉夫各國，先掌握危險地區位置，隨時收集新情報。

防止受害基本對策

財不露白，分散收納

相機掛在脖子上或是拿V8拍攝，都是在觀光地常見的行為，但是一眼就看出是觀光客，反而會成為扒手等的犯罪目標，女性穿戴的飾品也是一樣。特別是犯罪者對日本人有既定印象，而台灣人又常被誤認為是日本人，認為一定持有大量錢財。

再者，不要把貴重物品放在同一個地方，尤其是現金要分開放。外出時身上不要帶太多現金。

強盜的手法

●拳頭強盜

通常在一早或深夜，歹徒躲在人少的地下鐵出口等死角，突然揮拳過來搶奪財物。他們通常以女性或弱男子為目標，因此要避免一個人走在人煙稀少的地方。

●藏在暗處

拿著槍或刀從暗處出現的重大犯罪，雖然遇到的機率不高，但是萬一遇到的話，順著對方的要求做會比抵抗來得獲救機率高。

●勒頸強盜

1. 大白天一個人在公園的長椅上睡覺或看書時，突然從背後勒脖子讓人失去意識，再奪走財物。

2. 在人煙稀少的地方拿著相機專心拍照時，突然從背後靠近，用相機繩或手臂勒頸讓人失去意識，再拿走相機和其他財物。

詐騙的手法

1. 手法有很多種，都會巧妙利用觀光客不安的心理。

2. 首先用英語或簡單的中文前來搭訕（這裡就要提高警覺了），有時為了讓人鬆懈，會是一對情侶或是帶著小孩，就算是一個人，過一會就會有自稱是朋友的人出現。如果你是男性，就可能是大美女來搭訕。

3. 搭訕的話題各式各樣，音樂或運動、對中文很有興趣想學、在台灣有朋友或家人（雖然是說謊卻對台灣地名很了解）等等。

4. 聊天過程很愉快，漸漸打開心防（這時候發現是詐騙的話不會受害）。

5. 可能花費數天讓人放下戒心，勾肩搭背一起拍照時就會把錢包摸走。

- 在咖啡館或小餐廳用餐時被陌生人請客，為了回禮就跟對方說「下次我請」，結果被帶到對方指定的餐廳當凱子。就算說沒有帶錢，也會強迫用信用卡付帳（當初認識的朋友也早就不見蹤影）。

- 被邀請到家裡或朋友家中作客（很可疑），大家開心地打牌或小賭一把，起初有贏錢，但是回過神來才發現中計輸很多。有時不會賭博，會被下安眠藥。

- 被帶到紀念品店，強迫購買高價商品（不一定真的有高價的價值）。

- 被美女邀約到酒吧或飯店，結果不用說也想像得到……

6. 以上所述的都是很傳統的詐騙手法，過去遊客曾經在許多地區遇到。預防被害的方法就是有人搭訕時，就先認定他心懷不軌，所以要避開。雖然其中也有好心人，但是對觀光客而言並不容易分辨。

掌握危險場所

各城市的車站周邊治安普遍不佳，人煙稀少的小巷也一樣，可以參照本書的各國治安相關內容，洽詢飯店或遊客中心。也有白天不小心進入危險地區，遇到強盜的案例。另外，預防萬一可以跑到警察局，先調查警察局的位置也比較安心。在波士尼亞・赫塞哥維納等地還有地雷區，這種時候就真的有生命危險了。

夜間搭乘計程車

晚上外出時避免徒步前往目的地，建議搭乘計程車。布加勒斯特和索非亞等地雖然是首都，但路燈很少很暗，即使距離很近也不要掉以輕心。另外，比起路上攔車，電話叫車比較安全。

◆態度要堅決
在跨國列車內，遇到真正的警察（入境管理官）索賄或騙取找零等不合理的情況時，不要屈服，而要堅定表達自己的立場。不要覺得換算台幣也不多，這樣會讓後面的遊客繼續受害。

被害時

即使有高度的警覺性和萬全的對策，還是可能不幸遇到。這時馬上到最近的警察局要求開立報案證明。但是報案後，損失的財物拿回來的可能性非常低，做筆錄也需要一整天，但是報案紀錄是申請保險賠償的重要證明。如果情況很嚴重就聯絡駐外館，地址參照各國的實用資訊。

糾紛對策

遺失護照

護照被偷或是遺失的時候，先到當地警察局報案，並要求開立報案證明，之後再到各國駐外館申請護照補發。關於申請補辦護照手續請參照下方表格，另外如果記得護照號碼、發照年月日和發照地，會加快護照補發流程進行。

◆護照遺失、遭竊或損毀
詳情請上外交部網站
URL www.boca.gov.tw/ct?xItem=1238&ctNode=733&mp=1ct?xItem=1238&ctNode=733&mp=1

申請補辦護照的必要文件

●報案證明
若當地警察機關不受理、不發給報案證明，可以自己書寫一份「遺失護照說明書」代替

●照片
6個月內2吋照片（直4.5cm×橫3.5 cm）2張。

●普通護照申請書
通申請書可在駐外館處領務櫃台取得，或自外交部領事事務局網站下載「國外用或在台無戶籍國民在國內填用」之護照申請書

●身分證明文件
如果能提出原護照號碼、發行日期等資料更好。補發護照時間約為1～2星期

●手續費
內植晶片護照，每本收費美金US$50。若因急需使用護照，來不及等候晶片護照補、換發，而獲發1年效期護照，每本收費US$10。

如果事先抄下護照號碼、發照日期和發照地，手續也會更迅速。建議事先準備一份護照影本還有證件照出國比較安心。

遺失旅行支票

如果只有簽一次名又沒有用過的旅行支票是可以重開的。首先到警察局報案取得證明，接著聯絡旅行支票的發行銀行辦理。需要準備購買時的收據、身分證還有旅支編號。為了預防這種狀況，建議除了收據外，另外抄下一份旅支編號。

遺失信用卡

防止遺失的信用卡被不法利用，必須立即聯絡發卡銀行辦理掛失，因此建議先準備好銀行的聯絡電話和卡號，在發卡銀行的各分行或辦事處也可以辦理。

發生意外

如果是租車時發生車禍，先聯絡警察，必要時叫救護車，最後聯絡租車公司。自己或對方接受治療時先向購買的保險公司詢問處理方式，保險理賠需要有醫師診斷書和醫院收據。

疾病‧受傷

旅途中容易過於緊張而水土不服，攜帶腸胃藥等平常服用的藥物比較安心。身體不舒服的話不要勉強，先告知飯店櫃台人員，請他們協助告知可用英語溝通的醫院。部分保險公司提供電話服務，介紹醫院接受治療。

飛機相關糾紛

飛機停飛或延誤的情況並不少見，有時會因為機位超賣，導致航班被更換到隔天或改搭別間航空公司的班機。建議提早處理，取得最新資訊。

Lost Baggage指的是搭機時的託運行李遺失，這時要立刻到遺失物櫃台出示行李託運單要求處理。

另外，託運行李被翻開，貴重物品被偷走的情況也曾經發生，因此貴重物品和必要的隨身物品還是帶上機比較放心。

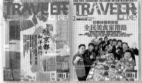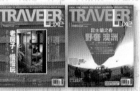

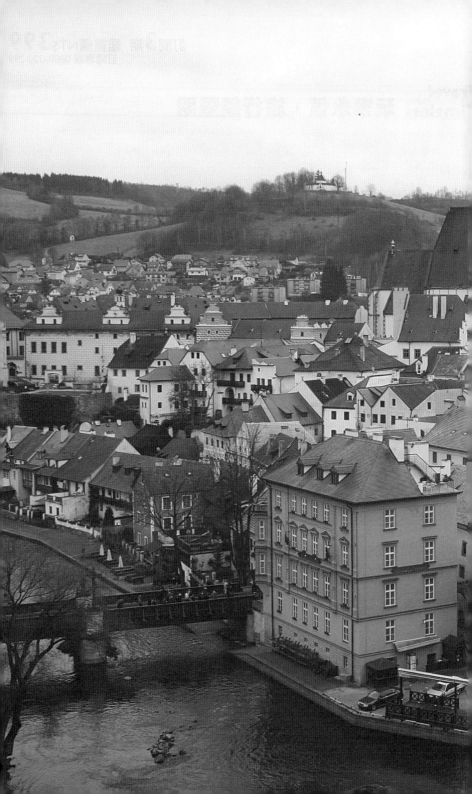

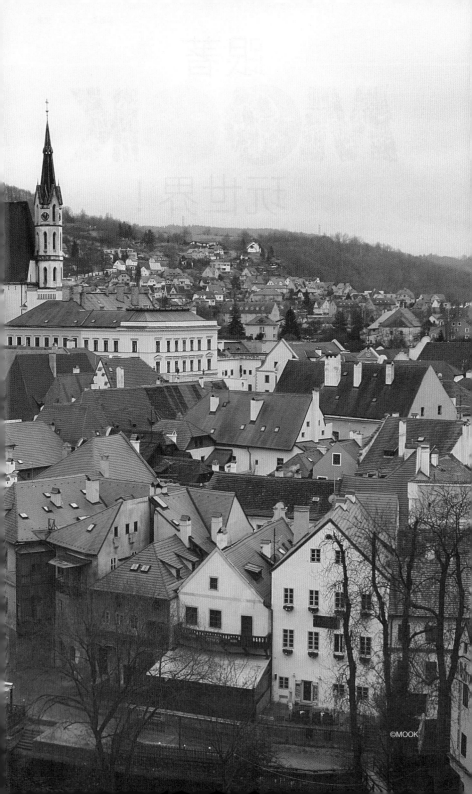

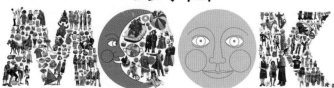
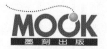
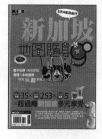
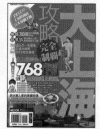
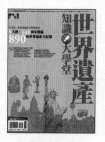
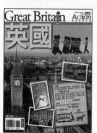
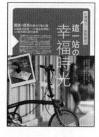
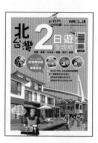
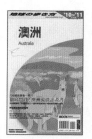
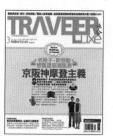

●地 名

INDEX

●景點

旅人.15

一·直·往·前

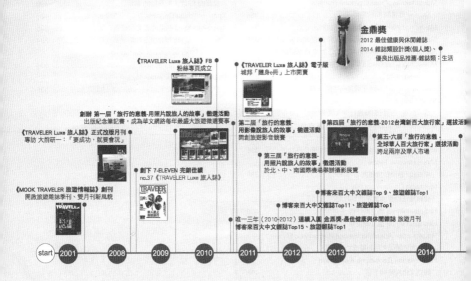

TRAVELER Luxe 旅人誌

從 2001 年進入旅遊市場以來，《TRAVELER Luxe旅人誌》始終以「工作狂變成旅行家的進化論」為宗旨，也是華文市場專為成功上班族所規劃的品味旅遊誌，致力於追求『Travel in Luxury and Elegant』的刊物；以最具創意的方式領導旅遊潮流，幫助讀者探索旅遊的價值精神，發現生活中的感動與美好，培養精緻旅遊視野，從此成為品味生活的延伸！

金鼎獎
2012 最佳健康與休閒雜誌、
2014 雜誌類設計獎(個人獎)、
優良出版品推薦-雜誌類：生活

《TRAVELER Luxe 旅人誌》FB
粉絲專頁成立

《TRAVELER Luxe 旅人誌》電子版
城邦「隨身e冊」上市開賣

創辦 第一屆「旅行的意義-用照片說旅人的故事」徵選活動
出版紀念筆記書，成為華文網路每年最盛大旅遊徵選賽事

第二屆「旅行的意義-
用影像說旅人的故事」徵選活動
開創旅遊影音競賽

● 第四屆「旅行的意義-2012台灣新百大旅行家」選拔活動

《TRAVELER Luxe 旅人誌》正式改版月刊
專訪 大前研一：「要成功，就要會玩」

● 第五·六屆「旅行的意義-
全球華人百大旅行家」選拔活動
跨足兩岸及華人市場

創下 7-ELEVEN 完銷佳績
no.37《TRAVELER Luxe 旅人誌》

● 第三屆「旅行的意義-
用照片說旅人的故事」徵選活動
於北、中、南國際機場舉辦攝影展覽

《MOOK TRAVELER 旅遊情報誌》創刊
開啟旅遊雜誌季刊、雙月刊新風貌

● 博客來百大中文雜誌Top 9、旅遊雜誌Top1

● 博客來百大中文雜誌Top11、旅遊雜誌Top1

唯一三年（2010-2012）連續入圍 金鼎獎-最佳健康與休閒雜誌 旅遊月刊
博客來百大中文雜誌Top15、旅遊雜誌Top1

start — 2001 — 2008 — 2009 — 2010 — 2011 — 2012 — 2013 — 2014

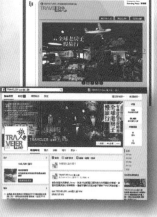
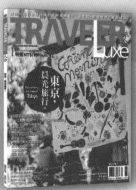
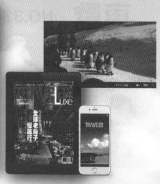

▶ 立即體驗 **TRAVEER** Luxe旅人誌 全方位媒體閱聽 〉〉〉

1 兩大行動系統 **搜尋 App** 隨身閱覽最新旅遊內容

App Store Google play TRAVEER 旅人 Luxe

TRAVELER Luxe旅人誌 搜尋

● 《TRAVELER Luxe 旅人誌》App
正式上架

TRAVEER 旅人 Luxe

2 各大電子書城 **下載 電子雜誌** 影音、Slide Show、超連結開啟旅遊新視野

 隨身e冊 Hami⁺書城 myBook 遠傳e書城

讀書吧 reading.udn.com Pubu電子書城 www.pubu.com.tw Kollect kono

3 加入 Facebook 粉絲團 f TRAVELER Luxe旅人誌 隨時掌握最新動態

4 全省 各大實體、網路書店 讀享紙本創意設計手感

to be
continue ······

5 訂閱 3期新刊 **鑑賞價 NT\$.499** 服務專線：0800-020-299

地球の歩き方

東歐　NO.33

主編　Senior Editor
丁奕岑

作者　Writer & Editor
地球の歩き方編集室

譯者　Translator
黃文玲・柯璇

美術編輯　Art Editor
慢慢

封面插畫　Cover Illustrator
李俊建

發行人　Publisher
何飛鵬　Feipong Ho

總經理　PCH Group President
許彩雪　Cher Hsu

社長　Managing Director
李淑霞　Kelly Lee

總編輯　Editor in Chief
林志恆　Lin Chih-Heng

行銷企畫主任　Marketing Supervisor
呂妙君　Cloud Lu

行銷企畫　Marketing Specialist
王逢瑋　Fengyuan Wang

出版公司　Publication
墨刻出版股份有限公司
地址：台北市104民生東路二段141號9樓
電話：886-2-2500-7008
傳真：886-2-2500-7796
E-mail：mook_service@cph.com.tw
讀者服務：readerservice@cph.com.tw
網址：travel.mook.com.tw

發行公司　Publication(TW)
英屬蓋曼群島商家庭傳媒股份有限公司城邦分公司
地址：台北市104民生東路二段141號2樓B1
電話：886-2-2500-7718　886-2-2500-7719
傳真：886-2-2500-1990　886-2-2500-1991
城邦讀書花園：www.cite.com.tw
劃撥：19863813
戶名：書虫股份有限公司

香港發行所　Publication(HK)
城邦(香港)出版集團有限公司
地址：香港灣仔駱克道193號東超商業中心1樓
電話：852-2508-6231
傳真：852-2578-9337

製版　Production
藝樺彩色印刷製版股份有限公司
印刷　Printing
漾格科技股份有限公司

經銷商　Agency
聯合發行股份有限公司（電話：886-2-29178022）
金世盟實業股份有限公司

城邦書號
KJ0033

定價
NT＄650元 HK＄217

ISBN
978-986-289-229-9

2015年9月初版

國家圖書館出版品預行編目資料

東歐/『地球の歩き方』編集室作；黃文玲‧柯璇譯
.－－初版 .－－台北市：墨刻出版：家庭傳媒城邦分
公司發行，2015.9
580面：13.5×21公分 .－－(地球の歩き方：33)
ISBN 978-986-289-229-9 （平裝）
1.旅遊 2.東歐

744.09　　　　　　　104016413